뮤지컬 배우는
어떻게 탄생하는가

【개정증보판】

조 디어, 로코 달 베라의

뮤지컬 배우는
어떻게 탄생하는가

★ ★ ★ ★ ★

브로드웨이 배우들의 뮤지컬 교과서

조 디어, 로코 달 베라 지음 | 이계창 옮김

쌤앤파커스

이 책에 바치는 헌사

뮤지컬 무대에서의 공연 연구에 대한 포괄적이고 생각을 자극하는 지침서다. 나는 이 책을 매우 흥미롭고 실용적이라고 생각했으며, 여러분도 마찬가지일 것이다.

_톰 존스(Tom Jones), 작가/작사가, 토니상 수상자, 대표작:〈판타스틱스〉, 〈110 in the Shade〉, 〈I Do, I Do!〉

드디어, 뮤지컬 연기 방법론을 다룬 책이 나왔다! 정말로 명료하고 정확하다. 디어와 달베라는 뮤지컬의 리허설, 공연, 오디션에서의 실제적인 접근법들을 완전히 내 것으로 만들기 위한, 이해하기 쉬우면서도 어떻게든 유연하게 적용할 수 있는 방법론을 명료하게 밝혀냈다. 그들은 뮤지컬을 위한 이 선물 같은 책 속에서 뮤지컬 연기의 기초에서부터 악보와 가사를 쉽게 분석하고 활용할 수 있는 탄탄한 방법론, 그리고 '승리하는 태도'를 유지하는 방법에 이르기까지 모든 것을 (그리고 그 이상을) 이야기한다.

_라라 티터(Lara Teeter), 토니상 뮤지컬 부문 남우주연상 후보, 대표작: 〈On Your Toes〉, 미국 웹스터대학교 뮤지컬학과장

오랫동안 이 일을 해온 우리들에게 이 책은 학생들과 아이디어를 나눌 수 있는 포괄적인 방법을 제공해 준다. 사실, 이 책은 연기 교사와 배우 모두에게 환상적인 도구다. 수많은 예시와 연습과제는 제시된 방법론들을 학습하는 데 도움을 주며, 꼼꼼한 설명은 매우 특

별하면서도 복잡한 공연예술 형식에 완전히 몰입할 수 있도록 도와준다.

_크리스티 케이츠(Kristy Cates), 브로드웨이 여배우, 대표작:〈Wicked〉,〈Finding Neverland〉, 뉴욕 영화 아카데미(NYFA) 뮤지컬 스쿨의 크리에이티브 디렉터

디어와 달 베라는 뮤지컬 배우가 되기 위한 기본적인 요소들에 관해 매우 세밀하고 철저한 방법을 제공한다. 저자들은 유럽 오페레타에서 록 뮤지컬에 이르기까지 뮤지컬 스타일에 관해 놀랍도록 다양한 예시와 연구 자료를 제공한다.

_E. C. 스카일스(E. C. Skiles),〈초이스 북 리뷰(Choice Book Reviews)〉

저자들은 재미있고 기발한 접근법으로 독자들을 견고한 연기술의 세계로 안내한다. 뮤지컬에 대해 궁금한 점이 있다면 이 책에서 답을 찾을 수 있을 것이다.

_에반 패퍼스(Evan Pappas),〈아메리칸 시어터 매거진(American Theatre Magazine)〉

뮤지컬 지도 교사와 연출가의 작업에 혁신적인 접근법과 정보를 제시하고 있는 이 책을 학생과 직업 배우 모두에게 강력히 추천한다.

_케이트 아레키(Kate Arecchi),〈시어터 토픽스(Theatre Topics)〉

예상컨대, 이 책은 전국의 학생들을 위한 교과서로 활용될 것이다. 뮤지컬을 훈련하는 학생들뿐만 아니라 오페라를 훈련하는 학생들에게도 유용할 것이다. 교육 방법론은 탄탄하고, 연습은 실용적이며, 학습 진행 과정은 체계적이고 효율적이다.

_데이비드 알트(David Alt), 뮤지컬 아트 박사(DMA), 미국 플로리다주 마이애미 대학교 프로스트 음악원 성악과 전 학과장

이 책은 연기, 음악 용어, 스타일 그리고 오디션 등 모든 것을 다룬다. 뮤지컬 연기를 공부하는 모든 학생과 지도 교사에게 필수적인 자료다.

_메리 조 로지(Mary Jo Lodge), 연극학 교수, 미국 라파예트 칼리지

마침내, 학생들이 음악 속에서 자연스럽게 캐릭터에 생명을 불어넣을 수 있도록 안내해주는 책! 뮤지컬 교육의 중요한 이정표다.

_로버트 바튼(Robert Barton), 명예교수 · 전 연기과 학과장, 미국 오리건 대학교《Acting: Onstage and Off》저자

저자들은 뮤지컬의 복잡한 영역을 여러 항목으로 짜임새 있게 구분하여 이해하기 쉽도록 구성했다. 당신이 뮤지컬 초보자든 경험 많은 전문가이든, 이 책은 다양하고 가치 있는 통찰, 제안, 길잡이, 그리고 연습 과제를 제공하고 있다.

_마이클 엘리슨(Michael Ellison), 뮤지컬 시어터 학과장, 미국 볼링그린 주립대학교

열정적인 학생들을 위한 훌륭한 안내서다. 모든 발전 단계에 적용할 수 있다.

_캐슬린 새비지(Kathleen Savage), 퍼포머스 칼리지, 영국 에식스

뮤지컬 연기에 관한 포괄적인 가이드로서, 빈 틈새를 채워주는 매력적인 책이다.

_주디스 A. 세베스타(Judith A. Sebesta), 미국 미주리 대학교 컬럼비아 캠퍼스

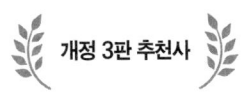
: 대니 버스타인(Danny Burstein) :

뮤지컬 연기란 무엇일까? 나는 이 질문을 아주 오랫동안 고민해왔다.

소년 시절, 부모님께서 가지고 계셨던 뮤지컬 레코드들 - 〈피니안의 무지개(Finian's Rainbow)〉, 〈오클라호마!(Oklahoma!)〉, 〈뮤직 맨(The Music Man)〉, 〈헬로, 돌리!(Hello, Dolly!)〉, 길버트와 설리번(Gilbert & Sullivan)의 모든 오페레타 등 - 을 들으며 자랐다. 방바닥에 누워 천장을 바라보며 스테레오에서 흘러나오는 노래를 들으면서 무대를 상상하던 나는 친구가 별로 없는 소심하고 조용한 소년이었다. 어떤 방식으로든 주목받는 것을 싫어했지만, 이 뮤지컬 속 캐릭터들에 빠져들면서 어떤 변화를 느꼈다. 특히 〈피니안의 무지개〉의 'When I'm Not Near the Girl I Love'를 부르는 것을 좋아했는데, 멜로디가 매우 장난스러우면서도 가사는 아주 똑똑하고 재치 있다고 느꼈다. 이후로 뮤지컬 레코드를 사기 시작했고, 레코드 재킷 뒤에 있는 이름들을 외우곤 했다. 그렇게 뮤지컬에 대한 사랑이 시작되었다.

뮤지컬은 내 첫사랑이다. 마치 영광스러운 여행을 떠나는 것처럼 현실 세계가 사라지고 상상의 세계가 공허한 공간을 아름답게 채우는 그 느낌을 좋아했다. 그러한 아름다움을

대니 버스타인 : 18개의 브로드웨이 작품에 출연했으며, 〈The Drowsy Chaperone〉, 〈지붕 위의 바이올린 (Fiddler on the Roof)〉, 〈남태평양(South Pacific)〉, 〈폴리스(Follies)〉, 〈골든 보이(Golden Boy)〉와 같은 다양한 쇼로 6차례 토니상(Tony Award)에 노미네이트 되었다.

현실의 무대에서 펼쳐 보이기 위해 사용되는 기술에 감탄했고, 작가와 연출가, 그리고 스타들은 나의 영웅이 되었다.

소년 시절, 그리니치 빌리지에 있는 'Gilbert & Sullivan Players'에서 길버트와 설리번의 쇼를 여러 번 보았다. 모든 공연에 매료되었지만, 실제로 배우가 되어 돈을 벌 수 있다는 생각은 해본 적이 없었다. 그만큼 연기는 내 인생 계획에 없었던 것이다. 당시에는 너무 어리고 경험이 없었으며, 아버지처럼 선생님이 될 거라고 생각했다. 그러나 나는 내심 그게 맞지 않다는 것을 알고 있었다. 그러던 중 아버지는 내가 연극 대본은 별로 접해보지 않았다는 것을 눈치채시고, 내 흥미를 확인하기 위해 연극 대본 몇 개를 주셨다. 아버지의 노력은 분명 효과가 있었다. 나는 대본의 대화 형식을 좋아했고, 서로 다른 관점에서 이야기한다는 것을 곧바로 이해했다. 캐릭터들이 현실 속의 사람들처럼 자신만의 생각과 관점을 표현한다는 것에 매료되었다. 여기까지 내 이야기를 들은 당신은 내가 이미 세상의 이치를 다 깨달은 사람처럼 보일지도 모르겠지만, 천만에, 그렇지 않다.

중학교 때 한 선생님께서 내게 예술고등학교에 진학할 것을 제안하셨을 때, 나는 선생님께 그게 뭐냐고 되물었다. 선생님은 설명해 주시고 오디션을 위해 독백 몇 개를 준비해야 한다고 말씀하셨다. 나는 부끄러워하면서 "독백이 뭔가요?"라고 다시 물었다. 몇 주 후 모든 용기를 모아 오디션에 참가했고, 이전에 한 번도 오디션을 본 적은 없었지만, 운 좋게도 합격했다. 내가 오디션을 본 그해에 뉴욕 시 학생 4,000명 이상이 그 학교에 지원했고, 127명만이 입학할 수 있었다.

그곳에서 나는 4년 동안 훈련했고, 나의 길을 걸었다. 그곳에 있는 동안, 뮤지컬에 대해 많은 생각을 했다. 왜 뮤지컬 배우와 드라마 배우의 연기 스타일이 그렇게 다른 걸까? 연기는 다 같은 연기 아닌가? 수년간의 고민끝에 나는 진실성(reality)이 핵심이라는 결론에 이르렀다.

나는 대학 교수이자 멘토인 에드워드 M. 그린버그(Edward M. Greenberg)가 들려준 이야기를 기억한다. 그가 링컨 센터 극장(Lincoln Center Theatre)에서 제리 오바크(Jerry Orbach)가 출연하는 작품을 연출할 때의 일이다. 리허설 중 휴식 시간에 오바크는 그린버그에게 〈Annie Get Your Gun〉 재공연 때 함께 작업했던 에델 머먼(Ethel Merman)과 있었던 일을 이야기했다고 한다. 제리와 에델은 함께 나오는 장면을 연습하고 있었다. 에델은 바깥을 바라보며 자신의 대사를 말하고 있었고, 제리는 그녀를 쳐다보며 그녀의 대화에 맞춰 제스처를 하거나 움직였다. 그녀는 몇 줄의 대사를 하다가 멈추더니 화를 내며 "잠깐, 잠깐, 잠깐! 당신 지금 무슨 짓거리를 하고 있는 거예요? 왜 그렇게 움직이고 있어요?"라고 말했다. 제리는 약간 긴장하고 당황했습니다. 그는 "머먼 씨, 저는 그저 당신이 말하는 것에 반응했을 뿐이에요."라고 대답했다. 그러자 그녀는 "아니오, 아니오, 아니오. 움직이지 말고 그냥 거기 서서 당신의 빌어먹을 대사나 말하세요. 나는 당신과 대화하는 게 아니에요. 그러니까 당신은 나에게 어떠한 반응도 보이지 마세요."라고 말했다.

다행히도 지금은 시대가 변했다. 과장되고 부자연스러운 뮤지컬 코미디 연기는 이제 거의 사라졌다. 더 이상 그런 스타일을 연습하는 사람은 거의 없다. 시대적 요구에 따라 새롭고 더욱 사실적인 스타일이 유기적으로 진화한 것이다. 뮤지컬이 다루는 주제는 더욱 복잡해졌으며, 따라서 연기 스타일도 더욱 솔직하고 복잡해졌다. 뮤지컬 배우는 종종 이도 저도 아닌 연기를 한다는 악평을 듣는다. 그런 배우는 과장하거나 너무 드러내며, 섬세한 연기는커녕, 실제인 것처럼 보이지도 않는다. 그들은 예쁘게 노래하지만, 이차원적으로 느껴진다. 그리고 솔직히 말하자면, 이런 상투적인 연기는 어쩔 수 없는 것으로 여겨지기도 했다. 그러나 내가 이 업계에 종사한 36년 동안 흐름이 크게 바뀌었다. 뮤지컬에서 연기하는 것은 엄청난 기술과 재능이 필요하다. 혹독한 훈련과 엄청난 집중력이 요구되고, 연극과는 다른 기술들을 연마해야 하며, 그것들이 조화를 이루어야 한다. 오늘날의 뮤지컬 배우는 슈퍼히어로가 되어야 한다. 노래와 춤, 깊이 있는 연기력에 어떤 예술 장르보다 강력한 체력까지 요구된다.

나에게 있어 어떤 장르에서 일하든 – 영화, 방송, 무대 등 – 언제나 진실성이 핵심이다. 그 장르들은 각각 고유한 규칙과 특수성을 가지고 있다. 마치 각 프로젝트마다 모두 다른 게임 규칙이 있는 것과 같다.

예를 들어, 방송에서의 게임 규칙은 다음과 같다. 당신은 촬영 시간에 가까워져서야 대본을 받게 되는데, 그것마저도 끊임없이 수정된다. 사전 연습은 잠깐 하거나 전혀 하지 못할 때도 많다. 여러분 주변에는 한 대 혹은 여러 대의 카메라가 있고, 붐 마이크가 있으며,

많은 사람이 근처에 있을 것이다. 이러한 상황에서도 당신이 해야 할 일은 가능한 한 간단하고 정직하게 장면을 연기하는 것이다. 장면을 거듭 촬영하면서도 집중력을 유지해야 한다. 하루에 12시간 이상 일할 것이며, 한 장면을 마치면 완전히 새로운 대본으로 넘어간다. 그 대본도 여러 번 바뀔 것이다.

　뮤지컬 극장의 규칙은 다음과 같다. 당신은 연습실에서 몇 주 동안 연습하며 노래와 안무 동작을 익히고, 장면을 만든다. 그런 다음 엄격한 수정 작업과 반복 연습 그리고 런-스루(run through)라고 부르는 리허설을 거쳐 관객 앞에서 공연하게 된다. 방송과 영화가 당신을 내적으로 향하게 하는 반면, 뮤지컬은 당신의 감정과 느낌이 밖으로 뿜어져 나올 것을 요구한다. 매우 외향적인 예술이라고 할 수 있다. 당신은 극장 안의 모든 관객에게, 당신 자신을 포함해서, 당신이 만든 세계에서 당신의 감정을 노래하는 것보다 더 잘 표현할 방법은 절대 없다는 확신을 줘야 한다. 그것은 당신과 관객 모두가 이 세계를 믿고 그 안으로 뛰어들 수 있어야 가능하다. 진실성에 대한 당신의 믿음과 당신의 재능은 공연의 성패를 좌우할 것이고, 그것은 단순한 오락거리를 하나의 예술 작품으로 변화시켜줄 것이다. 그리고 물론, 여러분은 다음날 모든 것을 다시 시작해야 한다. 게다가 수요일과 토요일에는 무려 하루에 두 번씩이나 말이다.

　이 글을 쓰는 동안, 나는 브로드웨이의 알 허시펠드 극장(Al Hirschfeld Theatre)에서 공연하는 뮤지컬 〈물랭루즈(Moulin Rouge)〉의 해롤드 지들러 역을 맡고 있다. 작년에 브로드웨이에서 오픈하기 전에, 우리는 보스턴의 콜로니얼 극장(Colonial Theatre)에서 공연을 했다. 이 쇼를 브로드웨이에 올리기까지 10년이 걸렸다. 그것은 긴 숙성 기간이었지만, 뮤지컬을 만드는 과정에는 복잡한 기술력과 많은 어려움이 요구되기 때문에 그 정도의 시간은 드문 일이 아니다. 지들러는 내가 매우 즐기는 멋진 역할이다. 그는 진정한 쇼맨이다. 사나우면서도 섹시하며, 동시에 친절하다. 지들러는 보컬적으로 음역대가 넓은 역할인데, 아이러니하게도, 나는 정식으로 노래 레슨을 받은 적이 없으며, 본질적으로 스스로를 가수라고 생각하지 않는다. 나는 그저 노래하는 배우일 뿐이다. 이 말을 어떤 거짓된 겸손으로 하는 것이 아니다. 나는 꽤 쓸 만한 목소리를 가지고 있으며, 그것은 저를 여기까지 데려왔지만, 제가 집중하는 것은 가사로 이야기를 전달하는 것이다. 이것이 내가 계속 뮤지컬계에서 활동할 수 있는 단 하나의 이유다. 모든 사람은 각자의 재능을 가지고 있으며, 그 재능을 찾아내고 활용해야 한다. 내게 있어, 그 특별한 재능은 노래를 연기하는 것일 뿐이다.

연습이 시작되기 전부터 연습 기간 내내 내가 맡은 특별한 캐릭터에 어울리는 소리가 무엇인지 찾아내려고 노력한다. 캐릭터의 소리, 걸음걸이, 몸매와 외모를 찾으며 내가 연기하는 캐릭터의 특성을 찾아내는 것을 즐긴다. 그리고 그 특성들이 캐릭터의 노래에 영향을 끼치도록 한다. 물론, 나는 음을 정확하게 내려고 신경 쓰지만, 내게는 가사가 항상 최우선이며, 나를 관통하고 이끄는 것은 언제나 노래 속의 이야기다. 다시 말해, 나는 노래를 부를 때 음정을 맞추는 것보다 이야기를 어떻게 하면 가장 흥미로운 방식으로 전달할지에 집중한다.

55세가 되어서, 역할의 연기하는 것보다는 스스로를 관리하는 데 훨씬 더 많은 시간을 할애한다. 사실 단순하게 얘기하자면, 연기는 내가 나이를 먹고 많은 경험이 쌓이면서 더 쉬워졌다고 생각한다. 나이가 들면서, 내 공연에 대해 항상 가지고 있었던 오래된 두려움을 떨쳐버리려고 노력한다. 그리고 내가 추구하는 진실성이라는 새로운 자유는 내 작품에 더 큰 깊이를 가져다주었다.

그러나 나에겐 나보다 30살 어린 내 동료 배우들처럼 다리를 높게 들어 올리는 것은 굉장한 도전이다. 아직까지는 할 수 있지만, 매 공연 전에 두 시간 동안 목소리와 신체를 워밍업하고, 그런 다음에는 무대 위에 올랐을 때 내 연기 기술이 발휘되게 해달라고 기도한다. 또한 상대 캐릭터의 이야기를 최선을 다해 열심히 듣고, 새로운 뉘앙스와 깨달음을 얻게 해달라고 기도한다. 나는 지금도 매일 밤 올라가는 공연을 더욱 풍부하게 만들기 위해 최선을 다하고, 내 연기가 끝났을 때 이 공연이 좀 더 정직한 방향으로 크게 성장했기를 바란다.

이 유별난 직업에 대해 더 알고자 하는 사람들에게 박수를 보낸다. 이 일은 매우 스릴 넘치지만 자비란 없다. 그리고 이보다 더 나은 삶은 없다고 생각한다.

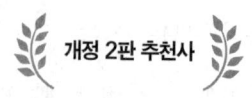

: 빅토리아 클락(Victoria Clark) :

어쩌다 가끔 삶이 되풀이된다고 느낄 때가 있다. 그때마다 우리는 같은 곳에 있다고 생각하지만, 사실은 다른 곳이다.

나는 학교에서 연기를 제대로 공부해본 적이 없다. 배우가 될 생각은 전혀 없었고, 연출가가 되려고 했기 때문이다. 처음에는 연출가가 왜 연기를 공부해야 하는지 잘 이해하지 못했다. 대학에서 한 학기 정도 연기 수업을 들었는데, 그 수업이 마음에 들지 않았다. 마치 우리가 한 무리의 소 떼처럼 취급받는 느낌이었다. 당시에 연기가 무엇인지 이미 알고 있다고 생각했고, 솔직하게 말하자면, 누군가가 내게 특정한 방식대로 "이렇게 해."라고 강요하는 것이 두려웠다.

그러던 중 뉴욕대학교 대학원에서 연출 공부에 몰두하고 있을 때, 한 캐스팅 감독의 설득으로 브로드웨이 뮤지컬 〈Sunday in the Park with George〉의 오디션을 보게 됐다. 그 작품에 캐스팅되면서 정말 우연히 배우가 된 것이다. 갑자기 그리고 긴급하게 연기 훈련이 필요해졌고, 작품 리허설과 동시에 연기 훈련을 받았다. 공식적인 훈련은 마이클 하워

빅토리아 클락 : 〈The Light in the Piazza〉로 토니상을 수상했다. 그녀는 또한 〈지지(Gigi)〉, 〈신데렐라〉, 〈시스터 액트(Sister Act)〉로 토니상에 노미네이트되었으며, 〈How to Succeed…〉, 〈타이타닉〉, 〈카바레(Cabaret)〉, 〈유린타운(Urinetown)〉, 그리고 브로드웨이의 수많은 연극과 뮤지컬에 출연했다. 출연한 영화로는 팀 로빈스가 감독을 맡은 〈Cradle Will Rock〉과 M. 나이트 샤말란의 〈The Happening〉 등이 있다. 빅토리아가 출연한 방송 드라마 가운데에는 〈홈랜드(Homeland)〉에서 캐리 매디슨의 엄마 역이 있다. 뛰어난 교육자, 연출가, 배우, 친구이며, 그리고 T. L.의 어머니 역이 그녀가 가장 사랑하는 역할이다.

드 스튜디오(Michael Howard Studios)에서 레베카 테일러(Rebecca Taylor)에게, 그리고 나중에는 마이클에게 리허설 일정 틈틈이 받았다. 이런 이유로 내가 본 것 중 가장 포괄적인 뮤지컬 연기 교재의 추천사를 지금 쓰고 있다는 사실이 아이러니하게 느껴진다. 내가 배우를 시작할 때 이 책이 있었다면 얼마나 좋았을까. 이 책은 단 하룻밤 공연으로 존재했다가 사라지는, 연기라는 덧없는 예술을 뮤지컬에서 어떻게 다룰 것인지에 대한 대부분의 질문과 고민을 해결해 주고 있다.

조 디어와 로코 달 베라가 이 책을 써줘서 정말 기쁘다. 덕분에 우리 중 누구도 이런 책을 쓸 필요가 없어졌다. 이 책을 능가하는 것은 거의 불가능하다고 생각한다.

조와 나는 23년 전, 네이단 레인(Nathan Lane)과 페이스 프린스(Faith Prince)가 주연을 맡고 제리 작스(Jerry Zaks)가 연출한 뮤지컬 〈아가씨와 건달들(Guys and Dolls)〉의 브로드웨이 재공연을 준비하면서 만났다. 나는 앙상블이면서 페이스의 대역으로 그녀를 커버해야 했고, 조는 무대 감독이었다. 그는 배우에서 연출가로 전환하는 첫 단계에 있었다. 반면 나는 배우가 되기 위해 연출가의 꿈을 포기한 상태였다. 그는 많은 훌륭한 브로드웨이 연출가, 안무가와 함께 일했지만, 나는 대역이었기 때문에 다른 배우들보다 무대 감독들과 더 많은 시간을 보내야 했다. 대부분의 연습은 목요일과 금요일에 이루어졌다. 조는 매우 지적이고 친절한 사람으로, 사람들에게 진심으로 관심이 많았다. 그가 당시 브로드웨이 최고의 스타를 대역으로 커버하는 내 일의 어려움을 이해했다고 믿는다. 우리는 대화를 나누었고, 내 기억이 맞다면 여러 번 나를 격려해 줬다.

조와 내가 만난 지 15년 후, 그는 라이트 주립대학교에서 가르치면서 연출을 하고 있었고, 나는 막 〈The Light in the Piazza〉의 브로드웨이 공연을 마쳤을 때였다. 나는 그의 학생들이 뮤지컬의 다양하고 복잡한 요소들을 이해하고 정리하도록 돕고 싶었다. 나의 과거를 생각해서라도, 절대 이 기회를 놓칠 수 없었다. 그리고 그 경험은 내가 기대했던 것보다 훨씬 더 보람 있었다. 라이트 대학교 학생들에게서 영감을 받고 활력을 얻은 나는, 미국과 유럽을 돌아다니며 젊은 배우들과 함께 일하는 또 다른 경력을 우연히 시작하게 되었다. 노래와 연기를 결합하는 기술을 연구하는 것만으로도 내가 다시 태어나고 젊어진 것처럼 느껴질 줄은 몰랐다.

어떤 사람들은 연기에 있어 가장 중요한 것은 호흡 조절이라고 말한다. 혈액에 산소가 공급되는 것처럼, 노래와 말하기에서는 의식적으로 호흡을 조절하는 기술이 필수라는 것이다. 또 어떤 이들은 배우의 신체 능력이 매우 중요하다고 주장한다. 배우들은 항상 신체적으로 건강하고 감각이 살아있어야 하며 유연해야 한다는 것이다. 또는 대학생들이 가진 추진력과 열정, 전염성이 강한 기쁨과 불굴의 정신이 중요하다고 말할 수도 있다. 그러나 호흡, 신체 능력, 젊음의 열정을 뛰어넘는 무언가가 있다. 감정을 표현한다는 행위는 카타르시스를 일으키며 전염성이 강하다. 표현은 배우가 하는 일이며, 많은 사람은 할 수 없는 일이다. 우리는 인간의 삶을 반영해야 한다는 임무를 부여받았고, 이는 축복이자 저주이다.

가끔 그러한 축복은 풍부하고 깊은 감동을 준다. 10년 전, 시애틀에 있는 인티먼 극장(Intiman Theatre)과 시카고의 굿맨 극장(Goodman Theatre)에서 〈The Light in the Piazza〉 공연을 마친 후, 나는 세 번째 공연을 앞두고 있었다. 이번에는 브로드웨이 링컨 센터 극장에서의 공연이었다. 이때 나는 10살 아들과 함께 새로운 아파트로 이사했고, 내 삶은 다시 시작되고 있었다. 내 눈은 앞으로 펼쳐질 새로운 인생 여정을 기대하며 저 먼 지평선을 바라보고 있었다. 이 새로운 여정이 내 삶을 영원히 바꿀 수 있기를 바랐다. 그리고 실제로 그렇게 되었다. 〈The Light in the Piazza〉는 뮤지컬의 걸작으로 널리 인정받았고, 나에게 미친 영향은 더욱 컸다. 그 작품은 내 연기 경력을 새로운 차원으로 올려주었고, 토니상과 상상 이상의 인정을 받을 수 있는 기회를 제공했다. 그러나 무엇보다 작품 자체와 마가렛 존슨이라는 역할을 개발하고 연기한 경험이 더 큰 선물이었다. 그 경험 덕분에 내 삶을 돌아보고 변화를 받아들이는 방법을 배울 수 있었다. 그 마법 같은 과정은 나를 위로하고 격려하고 가르쳤으며, 궁극적으로 나를 치유했다.

어떻게 하나의 역할이 한 사람의 존재에 그토록 깊은 영향을 끼치고 기억에 남을 수 있을까? 어떻게 멋진 공연을 만드는 협업 과정이 우리를 변화시킬 수 있을까? 우리의 삶은 아름다우면서 취약하지만, 우리는 다른 사람들을 돕기 위해 노력한다. 뮤지컬 창작자인 아담 궤텔(Adam Guettel)과 크레이그 루카스(Craig Lucas), 그리고 연출가 바틀릿 셔(Bartlett Sher), 안무가 조나단 버터렐(Jonathan Butterell), 음악 감독 테드 스퍼링(Ted Sperling)의 도움으로 나는 대본과 악보 속의 요소들을 신뢰해야 한다는 것을 배웠다. 그리고 내 길을 찾는데 다른 사람들의 도움을 받아들여야 한다는 것도 배웠다.

고집 세고 자존심이 강하고 거만한 성격이었던 나는 아마도 고독과 공허함 속에서만 역할을 창조할 수 있다고 생각했었다. 그러나 점차 나를 둘러싼 보호 장벽을 무너뜨리고 나의 약점을 드러내는 방법을 배웠다. 내 곁에는 서로의 작품을 지원하고 우리 모두를 외롭지 않게, 그리고 용기를 북돋아주는 훌륭한 배우, 작가, 공연 예술가 집단이 있었기 때문이다.

궁극적으로 나는 이런 깨달음을 얻었다. 공연을 만드는 사람으로서 역할의 목적을 명확하게 이해해야 역할을 명확하게 연기할 수 있다는 것, 그리고 모든 역할은 나의 몸으로 표현되기 때문에 연기는 나의 삶과 연결되어 있다는 것을 깨달았을 때 비로소 살아있는 연기를 할 수 있다는 것을. 나는 의사가 될 수도 없고, 빌어먹을 HIV나 암을 치료할 수도 없을 것이다. 하지만, 적어도 무엇이 우리 모두를 웃게 하고, 슬프게 하고, 그리워하게 하고, 기쁘게 만드는지 이해하려고 노력할 것이다. 그리고 내가 가장 좋아하는 점은, 우리는 혼자 일하지 않는다는 것이다. 우리는 서로의 학생이자 스승이고, 함께 일하면서 성장한다. 위대한 공연은 우리 주변의 모든 것을 바꾼다. 우리 자신을 포함해서 말이다.

원을 한 바퀴 돌아 다시 처음으로 돌아왔다. 어떻게 이런 일이 일어났는지 모르겠지만, 이제 뉴욕 시에 있는 유명한 대학의 연극학과 종신 재직 교수로서 많은 졸업생들을 배출할 만큼 나이가 들었다. 몇 달 전, 에이미 로저스(Amy Rogers) 교수가 전화를 걸어 이번 학년 동안 페이스 공연예술학교(Pace School of the Performing Arts)의 상주 예술가로 와서 〈The Light in the Piazza〉를 가르치고 연출해 달라고 요청했다.

나는 흔쾌히 승낙했다. 브로드웨이 공연인 로저스와 해머스타인의 〈신데렐라(Cinderella)〉에서의 일주일에 여덟 번의 공연 일정, 그리고 까다로운 체육관 운동, 휴식, 다이어트, 그리고 공부를 뒤로하고 학교로 돌아가 다시 시작한다. 〈Piazza〉를 연출하는 것은 처음이지만, 바라건대 마지막은 아닐 것이다. 우연의 일치처럼, 나는 다시 이사했고 내 삶의 또 다른 새로운 장을 시작하고 있다. 내 아들은 현재 대학 2학년생으로, 〈The Light in the Piazza〉의 등장인물인 클라라와 프랑카를 연기하는 젊은 여성들과 같은 나이다. 나는 이 작품을 새로운 눈으로 보고 있다. 학생들이 이제까지 들어보거나 본 적 없는 〈Piazza〉에 관한 새로운 것들을 가르쳐주기 때문이다. 다시 한 번, 마법이 시작됐다.

뮤지컬이 왜 나를 기분 좋게 만드는지, 어떤 역할이든 연기하는 이 일이 왜 이렇게 큰 기쁨을 주는지 그 이유를 정확히 알지 못한다. 단지 그렇다는 것만 알고 있다. 협업의 마법이나 팀으로서 무언가를 성취하는 것이 혼자 승리하는 것보다 왜 더 만족스러운지도 완전히 이해하지 못한다. 다만 나는 이것을 알고 있다. 다른 사람의 영혼을 이해하려는 성스러운 탐험을 통해 우리는 우리 자신의 영혼을 조금 더 잘 알 수 있는 기회를 가진다는 것을. 그리고 그것에 대해 깊이 감사한다.

교사와 학생 모두에게 바라는 것은, 여러분이 연기의 과정을 탐구하는 그 시간이 당신을 변화시키고 놀라게 하고 영감을 주는 것이다. 그것이 당신을 더욱 풍요로운 삶으로 이끌 것이다.

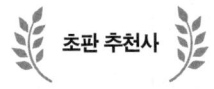

: 린 아렌스(Lynn Ahrens) :

내가 태어나서 처음 접한 뮤지컬은 영화 〈웨스트 사이드 스토리(West Side Story)〉였다. 영화가 시작되고 30분이 진행되는 동안 난생처음 보는 신세계는 너무 당혹스러웠다. 왜 저 아이들은 길바닥에서 춤을 추고, 손가락을 튕기면서 목이 터져라 노래하고 있지? 하지만 30분이 지나면서부터 의구심은 사라지고 나는 화면에서 눈을 떼지 못했다.

30분간 나를 당황스럽게 만든 바로 그 점이 뮤지컬의 핵심이자 모순점이다. 일상에서는 그 누구도 길바닥에서 춤을 추거나 손가락을 튕기며 노래를 부르지 않는다. 그런데 우리가 더 이상 감정을 억누를 수 없을 때 노래와 춤으로 분출시키는 그런 세상이 있다고, 우리가 말할 때조차 음악이 흘러나오는 그런 세상이 실제로 있다고 관객을 납득시키고 믿게끔 만드는 뮤지컬 작가가 지금 나의 직업이다.

노래라는 수단으로 진실을 전파하는, 그런 환상적인 세상을 만드는 일은 작가에게 부여된 임무이기도 하지만 이는 동시에 배우의 사명이기도 하다. 이 사명을 수행하기 위해서는 엄청난 기술이 요구된다. 배우는 고난도의 훈련을 거쳐 연기를 마스터해야 할 뿐 아니라 리듬과 운문 그리고 멜로디의 틀 안에서 연기를 소화할 수 있어야 한다. 배우는 박자를

린 아렌스 : 브로드웨이 뮤지컬 〈Ragtime〉으로 토니상(Tony Award)과 Drama Desk and Outer Critics Circle Awards에서 극본상을 수상하였다. 연극, 영화 그리고 방송 등 다방면에 걸쳐 활약하여 에미상(Emmy Award)과 London Oliver Award도 수상하였다. 그리고 그래미상(Grammy)에 세 번, 아카데미상(Academy Award)에 두 번 후보로 선정되었다. 1983년부터 작곡가 스테판 플래허티(Stephen Flaherty)와 공동 작업을 하고 있다.

타면서 말할 수 있어야 하고, 그들의 감정을 노래로 표현할 수 있어야 하고, 그리고 어떻게 해서든지 자신의 진심을 관객에게 전달해야 한다. 이게 내가 위대한 배우들에게 경외심을 느끼는 이유이다.

링컨 센터 극장에서 막을 올린 새로운 뮤지컬 〈The Glorious Ones〉에 관해 이야기하고 싶다. 이 작품은 16세기 이탈리아의 극단 코메디아 델라르테(commedia dell'arte)를 다루고 있는데, 이는 모두 배우들에 관한 것이다.

이 작품에 등장하는 7명의 배우들은 완벽 그 자체다. 지난 몇 주간 연습실에서 나는 매일같이 놀라움을 경험했다. 자기 자신을 잊고 캐릭터에 흠뻑 빠져 있는 배우들의 모습, 그들의 위트, 그리고 자기 자신과 캐릭터에 대한 끊임없는 탐구정신은 나를 경이로움에 빠뜨렸다. 그들은 하나같이 진지했다.

배우들은 엉덩방아를 찧고, 말처럼 무대를 질주하고, 계단을 오르락내리락하는 그런 와중에도 계속 노래를 하며 자기 자신을 송두리째 연기에 쏟아 붓고 있었다. 호기심이 일었다. 무엇이 그들을 저렇게 움직이게 하는 걸까? 그들은 선천적으로 타고난 걸까? 아니라면 그것을 가르칠 수도 있지 않을까? 내 생각은 "그래, 가르칠 수 있다."였다.

재미있게도 〈The Glorious Ones〉의 배우들 중 몇몇은 초대형 극장의 맨 뒷좌석까지 닿을 만큼 큰 목소리를 가지고 있어서 뮤지컬에 풍미를 더했다. 하지만 모든 배우가 우렁찬 목소리를 가져야 하는 것은 아니다. 이 특별한 뮤지컬은 배우가 이끌어가는 작품이다. 배우를 발탁하는 데 있어서 우리가 가장 고민했던 점은 배우가 얼마나 훌륭히 연기할 수 있는가, 배우가 얼마나 훌륭히 캐릭터를 구축할 수 있는가, 배우가 우리가 창조하려는 특별한 세상을 이해하고 있는가 하는 점이었다. 그렇기 때문에 훌륭한 목소리를 가지고 있다고 반드시 캐스팅이 되는 것은 아니다. 감정의 무게, 지성, 훈련 그리고 그 배우의 배경보다 더 중요한 것은 그 배역에 대한 배우의 이해력일 때도 있다. 운이 좋은 어떤 이들은 아름다운 목소리와 훌륭한 춤 실력을 타고 난다. 그러나 그들이 가지고 태어난 그 도구들을 훈련시키고 발전시키지 않는다면 아무짝에도 쓸모가 없다. 반면 훌륭한 목소리를 가지고 있지 않아도 얼마나 훈련을 잘 소화하느냐에 따라 얼마든지 노래 부르고 연기할 수 있다.

당연하게도 음악은 작품의 리듬, 속도 그리고 분위기를 창조한다. 또한 고유의 정서적인 느낌을 제공해준다. 그리고 가사는 이러한 음악의 위에 자리하면서 대본의 방향을 지시한다. 그런데 과연 이것은 어떻게 "읽어야" 하는 걸까? 물론 나는 가사를 쓸 때 대화가 이루어질 수 있도록 그리고 음악과 자연스럽게 어울리도록 신경을 쓴다. 단어들과 프레이즈(phrase. 선율의 자연스러운 구분을 가리킨다. 작은악절의 뜻으로 사용하는 경우가 많은데 시대와 곡의 종류에 따라 프레이즈의 길이는 일정하지 않다. ─ 역주)는 불필요하게 강조되어서는 안 되고, 시와 같은 가사는 경직되게 들려서는 안 된다. 왜냐하면 언제나 나의 목표는 말하는 것처럼 자연스럽고 편안하게 노래할 수 있도록 만드는 것이기 때문이다. 나는 그 인물이 방금 전에 말했던 것과 똑같이 노래하기를 원한다. 노래는 간단히 말해서 대화의 연장이자 확대, 강화이다. 만일 우리 배우들과 작가들이 대화와 노래 사이의 변화를 자연스럽게 연결시킬 수 있다면, 관객은 자신이 보는 것이 실제의 삶이라고 납득하게 될 것이다.

대부분의 뮤지컬이 완성되는 과정은, 마치 심사가 뒤틀린 괴수와 끊임없는 격투를 벌이며 이 괴수가 흥분을 가라앉히고 온순해질 때까지 끝없이 수정하는 일이라고 할 수 있다. 극작 과정 전반에 걸쳐서, 그리고 일반적으로 연습 과정 중에도 작가, 연출자 그리고 음악 스태프들은 드라마 구성 속에 대사, 움직임, 노래를 매끈하게 연결하기 위해 쉬지 않고 작업한다. 우리는 매 순간 수백 개의 자잘한 결정들을 내려야만 한다. 그녀의 마지막 음을 두 번째 박자에서 끊을 것인가, 세 번째 박자에서 끊을 것인가? 그녀는 이 프레이즈의 어디에서 숨을 멈추고 있을 것인가? 그녀는 두 마디 안에 대사를 전부 말할 수 있을까? 아니면 음악이 더 필요한가? 이 장면의 편곡은 배우의 감정을 너무 억누르고 있지 않나? 그녀의 대사를 부각시키기 위해 키를 반음 낮춰야 할까? 저토록 큰 모자를 쓰니까 이 노래가 안 웃기잖아! 조명이 너무 밝으니까 이 노래가 드라마틱하지 않아! 배우는 노래를 부르면서 굉장히 나쁜 짓을 하고 있는데, 노래가 너무 정직하지 않나? …… 그렇다면 아마도 우리는 다 바꾸어야 할지도 모른다!

몇몇 배우들은 이런 수정 과정을 모두 자신을 구속하고 기세를 꺾기 위한 것으로 받아들일지 모른다. 심지어 지옥처럼 느끼는 사람도 있을지 모른다("그러니까 당신 말은 나보고 대사를 하다가, 마지막 세 단어는 노래로 하고, 4박자의 다운비트에 맞춰서 퇴장하라는 거야?"). 그러나 어떤 배우들에게 이러한 요구는 도전이자 즐거움이다. 우리는 도전을 즐기는 배우를 찾고 있다. 아니, 우리는 이런 배우를 간절히 바라고 있다!

우리는 우리 작품의 배우들이 세상에서 가장 멋지게 보이기를 바라면서 작업에 임한다. 그 답례로, 우리는 배우들이 우리의 의도를 지키기 위해 최선을 다해 주리라고 기대한다. 마지막으로 하고 싶은 말이 있다. 우리에게 가장 중요한 것은 개개인이 아니라 이 작품이 가지고 있는 예술적인 목표이다. 우리 모두는 그 목표를 향해 나아가는 공동 창작자이다.

나는 이 책이 많은 배우들의 발전에 귀중한 자원이 되리라 확신한다. 나는 희망한다. 인간의 진심이 통하는 드넓은 광장에서 춤을 추고 손가락을 튕기며 목이 터져라 노래 부르는 그들을 만나기를. 그러한 배우들은 마치 어린아이처럼 나를 매혹시키고 내 가슴을 뛰게 한다.

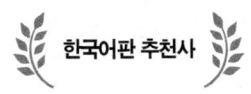
뮤지컬 배우는 태어나는가?

: 김의경 :

흔히들 위대한 예술가는 태어난다고 말한다. 곧 노력만 가지고는 일가를 이룰 수 없다는 뜻이다. 그러나 다른 이들은, 아무리 재능을 타고 났어도 이에 상응하는 노력이 뒤따르지 않는다면 역시 위대한 예인은 될 수 없는 것이라고 경고한다. 재능과 노력이 동반하지 않으면 안 된다는 뜻이리라. 가만히 생각해보면 재능과 노력은 동전의 양면이다. 재능 있는 배우는 노력하는 자요, 노력하는 자는 재능 있는 자이기 때문 아니겠는가?

모스크바에 쉐프킨 연극학교가 있다. 러시아 불후의 명배우 쉐프킨의 이름을 딴 학교이다. 쉐프킨은 비중이 작은 역을 맡던 배우였다. 어느 날 주역배우가 과음으로 인사불성이 되었다. 저녁 공연이 눈앞에 임박했다. 이 급박한 순간 연출자는, 재능은 탁월했지만 농노라는 신분 때문에 주연급으로 발탁할 수 없었던 쉐프킨을 떠올렸다. 하지만 한 번도 해본 적이 없는 배역이 아닌가. 그러나 쉐프킨은 망설임 없이 무대에 올랐다. 그는 그 어떤 배우보다도 더 아름답게, 더 완벽하게 연기를 펼쳤고, 객석을 감동으로 물들였다. 그는 자기 배역뿐 아니라 모든 배역을 소화할 수 있도록 부단히 연습해왔던 것이다. 그 날을 기점으로 그는 명성을 떨쳤으며, 러시아 연극사의 전설적 존재로 남았다. 재능과 노력이란 이러한 것이다.

김의경(1936~2016) : 극작가, 연극 및 뮤지컬 연출가. 전 현대극장 대표. 전 한국연극협회 이사장 역임.

이 책은, 노력을 기울이면 누구나 배우가 될 수 있다는 희망을 심어주고 출발한다. 이 글의 독자, 아니 미래의 배우들은 이 '희망'에 고무되어 연기공부를 시작할 것이다. 그러나 저자들은 영리하기 짝이 없다. 필요한 항목마다 수학개론의 정리처럼 명쾌하게 설명하여 놓고는 그것을 더욱 각인시키기 위해 수많은 함정을 파놓았다. 그래서 청운의 꿈을 안고 시작한 뮤지컬 연기공부는 때때로 진창에 빠지기도 하고, 혼미하여 미로에 갇힐 수도 있다. 하지만 멈추지 말기를 바란다. 노력을 중지하면 시간낭비가 된다. "나는 재능을 가지고 태어났다. 고로 나는 포기하지 않을 것이다." 이 책의 교훈이다.

"아, 역시 저것이 인간이야!"

한 편의 연극이 끝났을 때, 우리가 얻는 것은 '인간'에 대한 발견이며 깨달음이다.

연기 수련이란, 알고 보면 인간 관찰이고 인생 실습이다. 배우가 관객에게 보여주는 것은 실은 (배우의) 한갓된 기술이 아니다. '인간'을 증명하는 일이다. 그 증명의 근거는 무엇일까? 인간이 긴 역사를 통해 공동으로 간직해 온 인간의 정서요, 사회적 정의이며 우주의 보편성이다. 정서란 감정의 실마리이다. 인간은 기쁨, 즐거움, 아름다움을 만나면 편안해지고 사악한 것을 보면 두려움과 혐오를 느낀다. 나쁜 일을 저지르고 상을 받은 사람에게 우리는 이를 쉽게 동의하지 않는다. 편치 않은 것이다. 우리는 사회의 구성원으로서 공정하고 공평하게 살기를 희망한다. 훌륭한 정치를 펴지 못하는 정치인들을 우리는 혐오하고 배척한다. 나는 맹자의 성선설에 매달리지는 않지만, 우리 속에 있는 착한 성품을 믿는 자이다. 대부분의 우리가 그러할 것이다. 악한 마음이 생겨서 남을 해치고 자신의 이익만을 추구하는 일이 때때로 생기지만, 우리는 곧 후회하고 참회하지 않는가? 이것이 바로 보편성이다. 드라마는 인간과 사회의 잠들어 있는 윤리의식을 흔들어 놓고, 이를 아름답게 수습한다. 옳은 일로 목숨을 바친 주인공들에게 박수치고, 그렇지 못한 사람들에게 징벌이 내리며 안도하는 것, 이것이 우리 인간의 본성이다. 이런 일들은 사리에 맞아야 한다. 억지로 꾸민 이야기에 우리는 감동하지 않는다. 보편성을 떠났기 때문이다.

연기는 대단히 정교하고 세심하고 때로 교묘하게 속이는 기술이기도 하다. 여기에 뮤지컬 연기는 음악과 무용이 중첩된다. 뮤지컬 연기의 어려움이 여기에 있다. 이 책은 뮤지컬 연기의 여러 가지 기술을 설명하고 이를 연마하는 방법을 구체적으로 제시한다. 그리고 이 정밀한 기술이 도달하는 곳은 다름 아닌 인간세계의 질서라는 것이다. 연기학도들이 높은 산 넘고 깊은 물 건너, 험난한 여정의 끝에 도달했을 때, 거기에 자신이 서 있음을 발견할 것이다.

이계창 군이 《뮤지컬 배우는 어떻게 탄생하는가》를 번역, 출간한다는 소식을 듣고 이를 데 없이 기쁘다. 이 군은 지난 95년부터 연기를 시작하였으니 그의 무대 경력이 이미 20년, 몹시 바쁜 연기생활을 하면서, 미국 최초의 뮤지컬 연기 입문서로 알려진 이 방대한 책을 번역하였다니 놀랍고, 이는 공부가 부족한 우리 연극계에 잔잔한 충격을 줄 것임에 틀림없다.

이 군은 대학을 세 번씩이나 옮겨 다니면서 연극학 연구에 매진, 전문학사(95), 학사(03), 석사(06)를 거쳐, 머지않아 연극학 박사가 될 학구파이다. 그는 이미 수년 전부터 여러 대학에 출강하면서 후진을 가르치느라 혼신의 노력을 아끼지 않는 교사이면서 유능한 뮤지컬 배우이기도 하다. 1998년부터의 나와의 인연은 너무 길어 생략한다.

이 책은 젊은 연기지망생에게는 물론 연기교사들에게도 훌륭한 지침서가 될 것으로 믿어 의심치 않는다. 다시 한 번 《뮤지컬 배우는 어떻게 탄생하는가》의 발간을 축하하며, 이를 계기로 한국 뮤지컬이 한 발 더 발전하기를 기대한다.

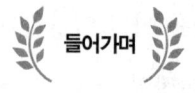

: 이계창(역자) :

이 책과의 첫 만남 이후 약 16년이란 세월이 흘렀습니다. 그 시간의 의미를, 그 변화의 흔적을 이 책의 세 번째 개정판을 번역하며 깨닫게 되었습니다. 그 사이 고인이 되신 김의경 선생님의 추천사를 다시 읽으며 새삼 선생님의 향기에 취해 즐거웠고, 선생님의 빈 자리가 느껴져 슬펐습니다. 선생님의 추천사를 개정판에 수정하지 않고 싣기로 하였습니다. 이에 16년 전, 저의 글도 그대로 옮겼습니다.

런던의 어느 서점에서 우연히 이 책을 발견하던 그때가 지금도 생생히 떠오릅니다. 이런 게 운명인가 봅니다. 공연과 학교 강의 틈틈이 번역 작업을 진행한 지 2년하고도 반이 훌쩍 넘어선 지금, 다시 돌이켜보아도 뮤지컬 배우로 살다가 뒤늦게 만학도의 대열에 합류했을 당시의 저와 이 책의 만남을 달리 설명할 말이 없기 때문입니다.

뮤지컬의 아름다운 음악이 만들어내는 또 다른 세상에 매료되어 뮤지컬 배우의 길을 택했지만, 사실 대학에서 연극을 전공했던 저에게 음악과 춤은 정복해야 하는 커다란 장애물이었습니다. 무수한 나날을 뮤지컬에서 요구하는 기술을 연마하는 데 보낸 저로서는 매일같이 직면할 수밖에 없는 질문이 있었습니다. '이 기술들을 완벽히 구사하면 연기를 잘하게 되는 것일까? 이건 단지 겉모습일 뿐이지 않을까?' 캐릭터의 진실을 '느껴보려고' 애를 쓸 때마다 음악의 템포와 안무 동작은 저의 집중을 깨는 쓸데없는 사치품같이 느껴졌고, 내 마음이 가는 대로 노래하고 싶은 저를 제지하시던 음악지도 선생님의 말씀이 마치 나의 앞길을 가로막으려는 꿍꿍이로 느껴질 때도 있었습니다. 지금 돌이켜보면 참으로 어처구니없는 생각이지만, 그때의 저에게는 그만큼 절실한 문제였습니다.

지금 대학에서 학생들을 지도하면서 그때 저의 갈망과 조급함을 봅니다. 뮤지컬 배우를 꿈꾸는 사람들은 항상 '정답'을 알고 싶어 합니다. 연기에 정답은 없다는 것을 이해는 하면서도, 자신의 연기가 '정답'이기를 원하는 학생들의 마음을 십분 이해하기에 이 책을 번역할 결심을 굳혔습니다. 더 이상 경험에서 우러나오는 '말'이 아닌, 아이들에게 객관적 기준이 되어 줄 전문 서적이 최소한 하나쯤은 있어야겠다는 생각 때문이었습니다. 공연 관련 학과가 백여 개나 되는 대한민국에서 뮤지컬에 관한 전문 교재가 하나도 없는 현실이 너무 슬프기도 했습니다. 하지만 저는 전문 번역가도 아니고, 글 쓰는 훈련을 전문적으로 받아본 적도 없습니다. 글보다는 몸으로 이야기하는 것에 익숙한 저로서는 번역이란 넘을 수 없는 벽이요, 무모한 도전이었습니다. 그래도 '어떻게든 되겠지.' 하고 겁 없이 뛰어든 것은 낙천적이고 충동적인 저의 성격 탓일 겁니다.

《뮤지컬 배우는 어떻게 탄생하는가》의 원제는 《Acting in Musical Theatre - A Comprehensive》로, 직역하자면 '뮤지컬 연기 – 종합 과정' 정도가 됩니다. 문자 그대로 이 책은 뮤지컬 공연에 등장하는 캐릭터를 구축하고 연기하는 데 필요한 종합적인 방법을 다루고 있습니다. 뮤지컬 배우는 연기, 노래 그리고 춤의 다양한 양식에 정통한 사람을 뜻하고, 이 책은 바로 그러한 분야들을 훈련하는 데 도움을 주는 최초의 책입니다. 그런 만큼 이 책에는 무수히 많은 정보와 자료가 담겨 있습니다. 이 책의 두 저자는 영어권의 뮤지컬 배우 지망생을 주 대상으로 삼아 집필하였기 때문에, 대한민국에 사는 우리에게는 생경한 단어들이 곳곳에서 튀어나옵니다. 이런 단어들이 나올 때마다 일일이 구체적인 설명을 달아야 하나 고민을 많이 했습니다. 하지만 그럴 경우 자칫 이 책이 만물상처럼 변모하여 독자 여러분이 길을 잃고 헤매게 되지 않을까 하는 우려가 들었습니다. 그래서 뮤지컬 관련 전문 용어이거나 문맥상 반드시 필요하다고 판단되는 경우에 한하여 '역주'를 달았습니다. 그러나 여러분의 궁금증을 그냥 무시하고 넘어가라는 말은 아닙니다. 인터넷이라는 정보의 바다가 여러분 곁에 있습니다. 활용하십시오.

마지막으로 이 책에 등장하는 작품명의 표기에 대해서 설명하겠습니다.

첫째, 널리 알려져 국내 독자들에게도 친숙한 작품의 경우 작품명을 소리 나는 대로 한

글로 표기하였으며, 처음 표기 시에만 영문을 병기하였습니다. (예 : 〈웨스트 사이드 스토리 (West Side Story)〉)

둘째, 국내에 번역되어 소개되었거나 공연된 작품의 경우 번역된 작품명을 차용하였으며, 처음 표기 시에만 영문을 병기하였습니다. (예 : 〈아가씨와 건달들(Guys and Dolls)〉)

셋째, 국내에 번역되었거나 공연되지는 않았으나 역자가 번역한 경우도 있습니다. 마찬가지로 처음 표기 시에만 영문을 병기하였습니다. (예 : 〈포럼으로 가는 길에 일어난 재미난 일(A Funny Thing Happened on the Way to the Forum)〉)

넷째, 국내에 알려지지 않은 작품으로 역자가 번역하기에 작품에 대한 이해나 정보가 부족한 경우, 원어 그대로 표기하였습니다. (예 : 〈110 in the Shade〉)

뮤지컬 배우를 꿈꾸는 모든 이들에게 이 한 권의 책이 작지만 소중한 등대가 되기를 바라봅니다.

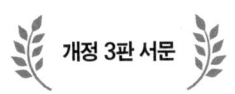

이 책은 여전히 뮤지컬에서 역할에 접근하는 완전한 과정을 담고 있는 유일한 책으로 남아 있다. 초보 연기자들을 위한 기본적인 기술, 전문가들을 위한 실용적인 통찰력, 그리고 베테랑 뮤지컬 배우들이 자신의 기술을 연마하는 데 도움이 되는 팁까지 다루고 있다. 교육자들은 다양한 훈련 과정과 프로그램에 적용할 수 있는 이상적인 명확한 체계를 발견할 수 있을 것이다.

세 번째 개정판에서 업데이트된 내용은,

- 이 책을 이해하는 데 도움이 되는 자료를 담고 있는 웹사이트 정보를 이 책 곳곳에 실었다. 그 온라인 자료는 단기 및 장기 과정을 위한 풍부한 교육 자료와 파워포인트, 그 밖에도 인쇄가 가능한 정보들이 담겨 있다.
- 〈해밀턴(Hamilton)〉, 〈Waitress〉, 〈디어 에반 한센(Dear Evan Hansen)〉과 같은 최신 스타일의 뮤지컬 작품에서의 다양한 예시와 공연 사진 및 연습 문제를 업데이트했다.
- 레벨이 다른 학생과 교사 모두의 이해를 돕기 위해 리허설과 공연 관련 내용을 개선했다.
- 대본/악보/시청각 자료 리스트를 업데이트하여 독자들이 연습실에서 특별한 경험을 쌓고 자신을 발전시킬 수 있도록 개선했다.
- 제6부 '직업배우'에 캐스팅, 자기 홍보 및 오디션 연습에 관한 최신 트렌드를 반영한 내용을 추

가했다.

    《뮤지컬 배우는 어떻게 탄생하는가》는 참고하기 쉽도록 여러 개의 장으로 구분하였으며, 그룹으로 하는 연습이든, 혼자서 하는 연습이든 학생과 전문가 모두에게 필수적인 내용으로 구성된 교재다.

    조 디어는 라이트 주립대학교의 뮤지컬학과 교수이며, 경험이 풍부한 연출가이자, 안무가, 예술 감독, 그리고 베테랑 브로드웨이 배우, 무용수, 그리고 무대 감독이다. 30년 이상 국제적으로 존경받는 최고의 교사인 그는 〈티칭 시어터 저널(Teaching Theatre Journal)〉과 〈드라마틱 매거진(Dramatics Magazine)〉을 포함한 연극 간행물에 자신의 글을 기고하고 있다.

    로코 달 베라는 신시내티 대학교 음악원의 연극학과 교수로 재직하면서 뮤지컬, 연기, 오페라, 무용, 예술경영, 무대디자인 및 제작 분야를 이끌었다. 그는 로버트 바튼과 함께 《보이스: 온스테이지 앤드 오프(Voice: Onstage and Off)》를 포함한 여섯 권의 책을 집필하고 편집했다.

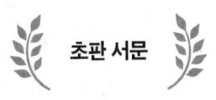

좋은 연기란 진실 속 어딘가에서 나온다고 우리는 믿고 있다. 자, 그렇다면 당신은 다음과 같은 캐릭터를 연기하면서 진실을 찾을 수 있겠는가?

그녀는 너무 슬픈 나머지 노래를 부르기 시작한다.
여자를 유혹하여 데리고 나가기 위해 춤을 춘다.
바다 밑 파인애플 집에 산다.

뮤지컬의 세계에 온 것을 환영한다. 이곳에서는 일상과 동떨어진 방식으로 진실을 표현한다. 바로 이것이 뮤지컬 연기의 가장 어려운 점이다. 이제 우리는 뮤지컬의 열정과 기쁨, 유머 그리고 고통을 맛보기 위하여 기꺼이 우리의 의심과 불신을 버리고자 한다. 왜냐하면 당신의 현실 감각은 뮤지컬을 연기하거나 또는 관람하는 데 아무런 도움이 되지 않기 때문이다. 우리가 뮤지컬을 카타르시스든, 일상의 탈출이든, 혹은 단순한 즐길 거리든, 아니면 감정이 충돌하는 세계 등등 뭐라고 부르든 간에 뮤지컬은 관객을 그들이 희망하는 어딘가 또 다른 세계로 이끌고 간다.

뮤지컬 배우가 되기 위한 훈련법

뮤지컬 배우는 다양한 종류의 공연 형식들과 그 공연에서 요구하는 여러 훈련 방법들 그리고 뮤지컬 고유의 스타일들을 자유자재로 다룰 수 있어야 한다.

흥미롭고 도전적인 훈련법은 학생들 스스로 노래, 춤, 연기를 습득할 수 있도록 이끌어 준다. 학생들은 시간이 흘러감에 따라 어떻게 해서든지 자기 자신을 캐릭터 속으로 집어넣어 표현해낸다. 하지만 노래, 춤, 연기 등의 다양한 요소들을 통합했다는 몇몇 뮤지컬 훈련 프로그램조차도 학생들이 쉽게 접근하고 스스로 적용할 수 있는 훈련 방법을 제시하는 경우는 찾기 힘들었다.

지금까지 뮤지컬 연기에 관한 가이드북이나 뮤지컬 연기의 모든 요소들을 통합, 확립한 방법론은 없었다. 때로 연기지도교사들은 작품을 가지고 학생을 지도하거나 배우의 연기를 결정할 때 자신의 경험이나 직관에 따르고는 했다. 아마도 연기지도교사는 학생이 배우 경력을 쌓아감에 따라 궁극적으로 이러한 경험이 그의 연기 테크닉을 향상시킬 것이라고 생각했을 것이다. 그러나 이러한 접근법은 여러 가지 이유로 바람직하지 못하다. 첫째, 학생들이 연기교사의 실력을 능가하기란 매우 힘들다. 둘째, 뮤지컬 연기를 위한 명확한 방법론이 없이는, 연기자는 자신의 연기 테크닉에 대한 어떠한 확신도 갖지 못하게 된다. 나아가 스스로에 대한 확신이 없으므로 자신에게 지시를 내리는 다른 누군가에게 의존하게 될 가능성이 커지며, 이러한 관계는 결코 창조적인 작업을 위한 완벽한 동료 관계라고 할 수 없을 것이다. 간단히 말해서, 뮤지컬 연기를 위한 명료한 시스템이 없다면 학생들로서는 엄청난 손해다.

이 책의 특징

만일 당신이 뮤지컬 배우 지망생이라면 이 책은 당신을 기초 훈련부터 전문적인 작업에 이르기까지 당신을 올바른 길로 이끌어 줄 도구상자가 되어줄 것이다. 이 책은 여러분에게 뮤지컬 연기 테크닉의 초석을 마련해 줄 수 있다. 만일 당신이 연기를 가르치는 교사라면, 이 책은 당신의 학생들을 견고하고 믿음직한 연기 테크닉으로 이끌어 줄 효과적인 일련의 체험들을 제공해 줄 것이다. 만일 당신이 기성 배우라면 이 책은 당신이 자주 사용했던 연기 테크닉에 대해 다시 한 번 생각해 볼 수 있는 기회를 제공해 줄 것이다. 그러나 아마도 명료함과 섬세함에서는 실제 공연이 주는 활력만 못할 것이다.

이 책의 특징은 다음과 같다.

1. **이 책은 이해하기 쉽다.** 뮤지컬 연기는 복잡한 과정이 필요 없다. 우리가 집필할 때 세웠던 목표 중 하나는 주제를 분명히 하고 헷갈릴 만한 내용들을 쉽게 푸는 것이었다.

2. **이 책은 단계를 밟도록 구성되었다.** 훌륭한 연기 테크닉은 무대 위에서 만들어진다. 우리는 기술을 연마하는 순차적인 과정을 밟아 배우가 확실하고 완전하게 기술을 습득할 수 있도록 구성을 짰다.

3. **이 책은 뮤지컬 연기와 관련된 포괄적인 내용을 담고 있다.** 우리는 단순한 형식의 뮤지컬에서부터 복잡한 형식의 뮤지컬까지, 뮤지컬을 처음 공부하는 순간부터 전문배우로서 발을 내디딜 때까지 필요한 모든 영역을 차근차근 탐험할 것이다.

4. **이 책은 오랫동안 확립되어온 연기론에 토대를 두고 있다.** 우리는 전통적이고 고전적인 연기 양식을 통합하여 이를 뮤지컬에서 요구하는 테크닉으로 발전시켰다. 만일 당신이 전통적인 연기를 배웠다면, 당신은 우리의 이야기가 친숙하게 느껴질 것이다. 만일 당신이 연기에 이제 막 발을 내디딘 사람이라면, 뮤지컬 연기가 아닌 다른 연기 수업에서 배우게 될 테크닉과 전문 용어들에 대한 기초지식을 쌓게 될 것이다.

5. **이 책은 다양한 교육 과정에 두루 쓰일 수 있을 만큼 충분히 융통성을 지니고 있다.** 개인 수업, 단체 수업 그리고 한 학기 과정에서부터 수년간의 교육과정 등에 두루 활용될 수 있도록 구성되었다. 또한 이 책은 전문배우의 집중적인 훈련 프로그램으로도 사용될 수 있으며, 단기 교육 과정에서 일부분만 선택적으로 사용될 수 있도록 고안된 최초의 교재이다. 이 책이 제공하고 있는 개인 연기 연습과제들은 배우 개인 혹은 독자 그리고 공동 작업을 계획하고 있는 그룹 모두에게 유용하다.

6. **이 책은 흥미를 돋우고 용기를 북돋워준다.** 심각하지 않다. 아무 걱정 없이 마음 편하게 다가갈 수 있을 것이다.

이 책의 구성

우리는 수많은 뮤지컬의 구성요소들을 버리고, 배우에게 필요한 내용을 총 6부로 정리했다. 그리고 각 부마다 지시문과 연습과제를 단계별로 제공하여 학생들이 해당 항목을 잘 습득할 수 있도록 구성했다.

1부 뮤지컬 연기의 기초에서는 목적, 장애물, 전술, 관계, 비트 그리고 캐릭터 구축을 다루고 있다. 가상의 상황을 통해서 뮤지컬 연기에 접근하는 방법에 대해 설명한다.

2부 악보와 가사의 분석에서는 뮤지컬의 음악, 가사 그리고 대본을 탐구한다. 또한 뮤지컬 작품의 구성요소들을 살펴보면서 캐릭터를 발전시킬 수 있는 단서를 찾는다.

3부 노래의 여정에서는 음악의 드라마적인 구조를 밝히는 과정을 다루고 있다. 음악은 캐릭터의 욕망 때문에 격렬해지기도 하고, 인물 간의 관계를 명확하게 드러내기도 한다. 그리고 이것이 뮤지컬의 가장 중요한 부분이기도 한데, 음악은 우리를 삶 속으로 데리고 간다.

4부 무대화하기에서는 강의실이나 연습실에서 벗어나서 무대 위에서 연기를 펼치는 방법에 대해서 다룬다. 제스처의 사용법, 뮤지컬 어법(musical phrasing), 리허설의 전 과정 등 공연이 만들어지는 과정을 단계별로 다루고 있다.

5부 뮤지컬의 스타일은 다양한 장르와 스타일의 뮤지컬을 소개하고 이것을 연기할 수 있는 특별한 방법론을 소개한다.

6부 직업 배우에서는 전문 뮤지컬 배우가 되기 위해 알아야 할 많은 궁금증에 답을 주고 있다. 에이전트와의 작업부터 웹사이트를 만드는 것까지 모든 것을 망라하고 있다.

이 책의 활용

개개인이 훈련할 수 있는 특별한 기술과 개념들은 각 절에서 다루고 있으며, 각 절이 묶여서 장을 이룬다. 나아가 여러 개의 장이 묶여서 부를 이룬다. 각각의 절은 따로 소제목으로 구분되어 있지만 앞뒤 절과 내용상 연결되어 있다. 그래서 당신은 모든 장의 마지막에 이르면 각 절에서 다룬 중요한 개념들을 어떻게 적용할 것인지 분명히 알게 될 것이다. 우리는 당신에게 다양한 개념들을 쉽게 전달하기 위해 수많은 연습과제를 제공했다. 몇몇 부분에서 각기 다른 연습과제를 선별하든지 아니면 이 책 전체를 탐구해서 여러 개념들을 면밀하게 공부하든지 그것은 여러분의 몫이다.

한 학기 동안 이 책을 교재로 사용하기로 한 연기교사의 경우, 일주일에 2개의 장은 다루어야 교육과정을 마칠 수 있을 것이다. 6부의 내용을 다른 연기 연습과 병행한다면 학생들이 견고한 연기 기술을 구축함과 동시에 직업 배우가 되는 전문적인 준비를 할 수 있다. 만약 좀 더 시간을 길게 잡고서 지도하는 교사라면, 더욱 세밀하게 이 책의 요소들을 탐구할 수 있다. 이 책의 이상적인 교육 방법은 그룹의 모든 학생들이 이해할 때까지, 수업을 통해 각각의 개념들을 완전히 발전시킬 때까지, 연기교사가 주의 깊게 지도한 내용들이 학생의 연기에 적용되기 시작할 때까지 하나의 장에 오랜 시간 집중하는 것이다. 이러한 긴 교육과정이라도 교사들은 학생들이 6부의 내용을 미리 읽고 탐구하도록 할 수 있으며, 수업 중 이 내용을 다룰 수 있을 것이다. 교육과정 중 오디션을 보는 날을 편성하면 교육과정이 다채로워지고, 학생들의 에너지를 집중시키고 흥미를 유지하는데 효과적이다.

이 책을 혼자 공부하려는 배우들은 그들의 노래 교사나 코치와 작업할 때 이 책을 참조하면 좋을 것이다. 이 책의 마지막 장에서 권장하는 것처럼 함께 연습할 동료를 찾아 같이 공부하는 것도 좋다. 일주일에 한 번 저녁시간에 정기적으로 모일 수 있는 그룹이 있다면, 이 책을 통해 얻은 생각들을 신선하게 유지하는 데 도움이 될 것이다. 학생들은 온라인에서 훌륭한 고전과 현대 뮤지컬을 찾아볼 수 있다. 5부에는 대표적인 뮤지컬 리스트를 실었다. 주기적으로 이러한 온라인 자료를 찾아 시청하거나 뮤지컬 극장을 찾아 공연을 관람하는 것은 꼭 필요한 공부다.

온라인 자료 활용법

많은 독자가 이 책을 자신만의 가이드로 삼아 뮤지컬 연기 과정을 다듬는 데 도움을 받을 것이다. 그리고 이 책은 그러한 방식에 매우 효과적이다. 그러나 또 다른 사람은 이 책을 공식적인 교육 과정에서 사용할 것이다. 이러한 독자들을 위해 우리는 수십 개의 연습 과제, 지도 방법, 평가 기준, 퀴즈, 강의 자료, 시청 및 청취할 수 있는 자료 링크, 요약 및 과제 체크리스트를 제공하여 이 주제를 중심으로 여러 과정을 구성할 수 있도록 했다.

Routledge 웹사이트(www.routledge.com/cw/deer)에 접속하여 이 책의 각 부에 실린 연습 과제를 찾을 수 있다. 또한 개별 과정의 요약과 교육 자료도 찾을 수 있다. 이러한 자료의 대부분은 대학 및 대학원 학생들을 위해 최적화되었지만, 고등학생을 위한 프로그램으로 특별히 설계된 부분도 있다. 이 책을 혼자 공부하는 독자들도 이러한 자료를 활용하여 자기 주도적 학습을 진행할 수 있다.

환영의 글

만일 가슴 속에서 강렬한 무언가가 꿈틀거리고 있다면 당신은 이제 그 마음을 노래해야 한다. 만일 가슴에 뜨거운 무엇이 가득 차서 흘러넘칠 것 같다면 당신은 이제 춤을 추어야 한다. 만일 당신이 어떤 캐릭터가 되어 자신의 생각이나 감정의 흐름에 따라 발을 구르고 있다면 당신은 분명 뮤지컬 배우이고, 당신은 이제 여기에서 자신의 집을 찾은 것이다.

차 례

1부 | **뮤지컬 연기의 기초**

1장 연기의 기본 – 그 시작 • **51**

1.1 훌륭한 연기란 • 52

1.2 준비 작업 • 53

1.3 피드백 주고받기 • 54
1.3.1 피드백을 수용하라 • 54 | 1.3.2 피드백 주기 • 56 | 1.3.3 질문하기 • 57 | 1.3.4 편안한 공간 • 58

1.4 배우 되기 • 61
1.4.1 만약에 ~이라면 Magic "IF" • 61 | 1.4.2 믿음과 진실 • 61 | 1.4.3 최초의 경험 • 62 | 1.4.4 군중 속의 고독, 그리고 노출의 즐거움 • 63 | 1.4.5 연기는 믿음이다 – 연기와 행위의 차이점 • 63 | 1.4.6 공연하듯이 연습하고, 연습하듯이 공연하라 • 64 | 1.4.7 연극성 • 64 | 1.4.8 안에서 밖으로, 밖에서 안으로 • 65

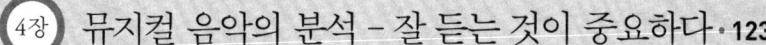

6장 스토리텔링의 구성요소 · **193**

1부

뮤지컬 연기의
기초

- 1장 -
연기의 기본
그 시작

당신은 극장에 앉아 있다. 조명이 어두워지고 객석은 조용해진다. 피아노가 울리고, 한줄기 빛이 배우를 비춘다. 배우는 노래를 시작하고…… 그리고 마법은 시작된다. 우리의 마음은 흔들리고, 감동하고, 변화한다.

왜일까? 무슨 일이 벌어진 것일까? 아름다운 음악보다, 통찰력이 가득한 가사보다, 몇몇의 멋진 안무보다 더더욱 우리에게 감동을 주는 것이 있다. 그것은 무엇일까? 무엇 때문에 우리는 인위적으로 만든 연극기법 따위는 잊고, 노래하는 배우에 깊이 빠져들까?

연기 때문이다.

오랫동안 연기라는 단어는 겉치레나 위장 그리고 교묘한 거짓말을 뜻했다. 그러나 오늘날 전문적으로 연기하는 배우들은 이런 정의에 반대한다. 연기는 연기자 개인의 진실을 배역이라는 렌즈를 통해서 표현하는 것이다. 우리는 단순히 연기가 아니라 연기자의 진실이 담긴 연기에 빠져들고, 그들이 그리는 인간의 보편적인 경험에 감동받는다. 이것이 극장(the theatre)의 마법이다. 이 때문에 사람들은 비싼 돈 주고 티켓을 사고, 이 때문에 저녁시간 내내 극장 안에서 꼼짝도 하지 않고 앉아 있으며, 이 때문에 공연이 끝난 후에도 커피를 앞에 놓고 공연에 대해 이야기를 나누고, 그리고 이 때문에 여러 날이 지나도록 그날의 기억을 잊지 못하는 것이다. 그들은 공연을 즐겼을 뿐 아니라 그 공연을 통해서 변화했다.

이 장을 공부한 후, 여러분은 다음을 할 수 있어야 한다.

- 연습실과 무대 리허설 및 공연을 위해 개인이 할 수 있는 일련의 훈련 계획을 세우고 실천한다.
- 훈련 과정 중 효과적으로 피드백을 주고받는다.
- 연기를 연습하는 과정에 체계적인 접근법을 적용한다.

1.1 — 훌륭한 연기란

연기는 가르칠 수 있는 것일까? 재능은 가르칠 수 없다고 말한다. 주위를 둘러보면 예술적 재능을 타고난 사람들이 존재한다. 물론 연기는 예술에 속한다. 그러나 동시에 배울 수 있는 기술이기도 하다.

재능이 뛰어난 사람도 해당 분야의 기술을 터득해야 한다. 천재 피아니스트도 오랜 시간을 건반 앞에서 보내야만 위대한 음악가가 된다. 연기도 마찬가지다. 타고날 수 있는 재능은 한두 가지에 불과하지만 배워서 익힐 수 있는 기술은 무수히 많다.

하나의 예술 형태로서 뮤지컬은 많은 재능과 기술을 요구한다. 당신은 노래도 잘 부르고 춤도 잘 추어야 하지만 그것만으로는 부족하다. '하이 C(높은 도)' 음을 내고 피루엣 3회전을 멋들어지게 처리한다고 해도 관객이 신뢰할 수 있는 캐릭터를 진실 속에서 꺼내어 선명하게 표현하지 못하면 관객을 몰입시킬 수도, 감동시킬 수도 없다. 연기는 공연의 각 요소들을 하나로 만드는 접착제이다.

당신은 훌륭한 연기를 어떻게 알아보는가? 사람들은 훌륭한 연기를 구분할 수 있다고 착각하지만 십중팔구 눈앞에 보고 있는 동안에도 이게 정말 위대하고 훌륭한 연기인지 전혀 눈치채지 못할 가능성이 높다. 왜냐하면 훌륭한 연기란 투명하기 때문이다. 훌륭한 연기는 '연기를 하고 있다'는 느낌이 들지 않을 만큼 보는 이를 극 속으로 몰입시킨다. 연기가 뛰어나면 뛰어날수록 사람들은 연기 테크닉을 알아차리지 못한다. 너무 자연스러워서 연기를 하고 있다는 사실을 잊게 만든다. 세계적인 골프 선수의 스윙을 보면 그 동작이 너무 편하게 느껴져 마치 힘을 모조리 빼고 휘두르는 것처럼 보일 때가 있다(당신이 직접 시도해보기 전까지는 쉬워 보인다). 마치 그런 스윙을 볼 때처럼 훌륭한 연기도 매우 자연스럽다.

이런 스윙은 배울 수 있다. 훌륭한 연기에는 법칙이 있고, 테크닉이 있다. 훌륭한 연기는 마치 꿰맨 자국 하나 없는 천처럼 공연의 각 요소를 하나로 아름답게 통합한다. 그리고 우리는 이런 연기를 얼마든지 배울 수 있다. 이것이 연기의 진실이다. 운동선수가 기초를 닦지 않으면 실력을 발휘할 수 없듯이 배우 역시 연기의 기본 요소들을 터득하지 않으면 연기예술가로서의 잠재력을 발휘할 수 없다.

준비 작업

1.2

만일 당신이 이제 막 연습계획을 짜고 있고, 그 작품과 관련된 쓸 만한 자료들을 가지고 있다면 연습에 도움이 될 것이다. 만일 당신이 그룹으로 연습을 하겠다면, 당신은 모두 함께할 수 있는 작품을 엄선하든지, 아니면 여러 작품 가운데 몇 장면을 선별하여 공부할 수도 있을 것이다. 만일 당신 혼자 연습하겠다면, 관심을 끄는 하나의 역할을 탐구하거나, 혹은 그렇게 탐구한 자료들로 포트폴리오를 만들 수도 있다. 우선 처음에 당신은 적어도 두 가지의 서로 대비되는 노래와 그 노래가 들어 있는 대본을 준비해야 한다. 또한 이 두 곡의 반주를 녹음한 CD나 파일을 준비하거나 혹은 반주자를 구해야 한다.

연습 시간에 늦지 마라. 목도 풀고 몸도 풀어라. 그런 다음 연습할 준비를 하라. 움직이기 편한 옷으로 입어라. 숨쉬기 불편한 옷은 안 된다. 아니면 자신의 역할에 어울리는 옷을 입어라. 실제 의상을 입을 필요는 없다. 하지만 당신이 맡은 역할이 신사화에 모자를 쓰거나 혹은 코트를 걸치고 넥타이를 매거나 혹은 긴 드레스에 하이힐을 신는다면, 처음부터 이런 의상을 입고 연습하는 것이 좋다. 만일 당신의 머리카락이 길면 얼굴이 잘 드러나도록 뒤로 묶어라. 불필요한 액세서리, 피어싱, 보석류는 착용하지 마라.

1.3 피드백 주고받기

배우의 작업은 매우 주관적이다. 우리 연기의 생생한 재료는 우리 자신의 영혼, 감정 그리고 내면의 과정에서 나온다. 당신이 경험을 쌓을수록 통찰력과 자각은 더욱 깊어질 것이다. 그러나 우리 대부분은 자신의 느낌, 생각 그리고 충동들을 명확히 이해하고 표현하는 데 미숙하다. 초보 연기자는 지금 자기가 하고 있는 것은 신뢰하지만, 그 밖의 나머지는 완전히 다른 것으로 인식한다. 아마 배우의 성장 과정 가운데 초보 연기자 시절에 가장 중요한 문제가 있다면, 그것은 내면의 감정과 이를 겉으로 드러내는 표현 사이의 불균형을 일치시키는 방법을 배우는 일이다. 이러한 차이를 일치시키고, 우리가 표현하던 방식을 재조정하기 위해서 우리는 연출자와 연기 교사에게 의견을 묻듯 동료들에게도 의견을 구할 필요가 있다. 그런 다음 우리는 그들의 조언이나 피드백을 내 것으로 만드는 법을 배워야 한다.

1.3.1 피드백을 수용하라

관객은 결코 틀리지 않는다. 작품에 대한 피드백을 받을 때 우리는 종종 관객이 작품의 내용을 잘 모르는 것은 아닐까 하고 의심한다. 그러나 명심하라, 관객은 이 작품의 내용을 잘 알고 있다. 이 말은 무슨 뜻인가 하면 당신이 전달하려고 했던 의도 따위는 중요한 게 아니라는 말이다. 당신이 무엇을 전달하려고 했든 사람들은 당신의 행동을 통해서 무언가를 이해하고 느낀다. 의도가 아니라 행동을 본다. 그 행동을 통해서 어떤 느낌을 전달받는다. 만일 그들의 피드백이 마음에 거슬린다면 원하는 반응이 나올 때까지 당신의 표현 방식을 바꾸어야 한다.

피드백을 받았다면 감사하다고 말하고 긍정적으로 받아들여라. 훈련 과정에서 가장 상처받기 쉬운 순간 중 하나는 교사나 동료 앞에 서서 피드백을 듣는 시간일 것이다. 가슴에 비수처럼 꽂히는 말도 있고, 혹은 자만에 빠뜨리는 이야기도 있다. 그러나 어떤 피드백을 받더라도 당신이 그곳에 왜 서 있는지 잊지 마라. 당신은 배우가 되기 위해 배우고 있는 중이다. 대부분의 교육은 말을 통해서 이루어진다. 그러므로 모든 피드백을 선물이라고 생각하고 즐거운 마음으로 기대하고 건설적으로 받아들여야 한다. 피드백 받기를 두려워해서는 안 된다. 몇몇 교사들은 꾸짖기를 즐기는 것처럼 보인다. 그러나 그들은 당신을 도우려고 그러는 것일 뿐이다. 아마도 훗날 깨닫겠지만, 피드백은 정신적으로 굳건한 버팀목이 되어줄 것이다.

네! 그리고요? 당신이 일단 사람들에게 피드백 받는 일에 대한 두려움에서 벗어나기만 한다면 실제 전문배우들이 매번 피드백을 받을 때마다 그렇듯이, "네, 그리고요?"라고 대답할 것이다. 이 말의 진정한 의미는, 당신이 연습하고 피드백 받는 과정을 진심으로 즐기고 있다는 신호이다. 나아가 당신의 긍정적인 태도는 수업이나 연습 과정에서 열린 분위기를 유지하고 확립하는 데 도움을 준다.

당신의 연기를 설명하거나 변명하지 마라. 그 장면에서 무슨 일이 일어났는지 당신의 행동을 통해 전달하는 것이 중요하다. 그러나 당신은 (특히 그것이 정확하게 전달되지 않았다고 생각될 때 더욱) 자신이 무엇을 표현하려고 했는지 설명하고 싶은 강한 욕구를 느낄 수 있다. 그럴수록 작품에 집중하고 당신의 연기를 통해서 전달하려고 노력하라. 관객은 설명이 덕지덕지 붙어 있는 당신의 안내서를 필요로 하지 않는다. 그리고 당신 연기의 의도를 동료나 연출자에게 얘기하는 것도 아무 도움이 못 된다. 당신의 의도를 선생님이 물어보지 않는 한, 그것을 설명하고 싶은 충동에 저항하라. 그래도 설명하고 싶은 마음이 드는가. 당신에게는 자제력이 필요하다.

관객은 당신을 비추는 거울이다. 거울을 더럽히지 마라. 당신은 관객에게 너무 많은 것을 알려준 나머지 중요한 무언가를 위태롭게 만들 수도 있다. 당신이 현재 하고 있거나 이제 하려는 연기를 설명한다는 말은 당신의 작업을 객관적인 시선으로 보고 있는 연출자나 동료의 안목을 우습게 본다는 뜻이다. 그들은 자신이 본 그대로 당신에게 피드백을 준다. 객관성처럼 깨지기 쉬운 것도 없다. 만일 당신이 한 명의 편견 없는 관객을 잃는다면 이를 다시 되돌리기란 불가능에 가까운 일이다.

1.3.2 ── **피드백 주기**

당신이 원했거나 기대했던 것이 아니라 보고 느낀 점을 말하라. 동료 배우에게 피드백을 줄 때 당신이 보고 싶었던 것과 당신이 실제로 본 것을 구분하는 법을 배워야 한다. 배우에게는 이해하기 쉽게 얘기해야 한다. 좋은 거울이 되라.

당신의 경험이 반영된 단순명료한 피드백이 가장 유용하다. 이런 어법을 사용하라. "네가 연기했을 때, 난 ～을 느꼈어", "나는 ～라고 이해했어", "나는 ～을 봤어" 이런 식의 피드백이 연습 중인 배우에게 도움이 된다. 다음과 같은 말은 피하라. "이렇게 하면 어때?"라든가 "이렇게 해봐" 또는 "나라면 이렇게 할 텐데" 하는 식으로 당신이 그 연기를 하는 입장이 되어 말하지 말라. 그것은 조언자로서 좋은 태도가 아니다.

잘난 척하고 싶은 마음을 억제하라. 뽐내고 싶은 마음을 억눌러라. 만일 당신이 자신의 능력을 뽐내려고 한다면 당신도 모르는 사이에 동료를 깎아내릴 것이다. 자신이 똑똑하다는 것을 증명하기 위해서라든지, 다른 누군가를 불안하게 만들려는 의도로 피드백을 주지 마라. 앙상블을 이루어야 할 팀원에게는 어울리지 않는 행동이다. 대신 당신의 힘이 닿는 한 모든 동료를 도와라. 그들이 먼저 성공해야 당신과 당신의 작품 전체도 빛날 것이다.

공연 연습을 하는 동안 당신은 연출자가 아니라 배우이다. '이게 좋다, 저건 싫다'는 식의 판단은 연기교사나 연출자의 몫이다. 배우는 오로지 연기하는 사람이다. 동료 배우끼리 서로 간섭하지 않도록 조심해야 한다. 어떤 캐릭터든 해석의 여지는 많고, 모든 연기에는 무한한 가능성이 열려 있다. 도를 넘어선 조언은 오히려 배우를 혼란에 빠뜨린다. 더구나 배우들은 연출자의 생각을 거스르면서까지 인물에 대해서 해석하지 않는다. 게다가 만일 이런 식으로 동료의 작업에 신경을 쓴다면 당신은 자신이 맡은 인물에 몰입할 수 없을 것이다. 당신의 배역에 몰입하라. 당신 주위에서 일어나고 있는 상황에 직관적으로 반응하라. 배우는 객관적으로 작품 전체를 보는 사람이 아니다.

그것은 연출자의 몫이다. 당신 자신의 일을 하라.

공연 연습 중에는 다른 배우의 연기를 지적하지 마라. 그것은 오랫동안 지켜온 관례이다. 다만 연기 수업 중에는 배우들끼리 서로 피드백을 주고받거나 토론하는 것이 흔히 쓰이는 훈련 방법이다. 둘의 차이를 혼동하지 마라.

질문하기

모호한 질문은 삼가라. 구체적으로 질문하라. "그래서 당신은 어떻게 생각해요?" 이런 질문에는 "좋았어요." 내지는 "이건 좋았고, 저건 좋지 않았어요." 같은 막연한 대답만 듣게 될 것이다. 이런 대답은 긍정적이든 부정적이든 결코 도움이 되지 않는다. 당신에게 도움이 되는 것은 뿌연 안개가 사라진 아주 명료하고 쓸모 있는 피드백이다. 이와 같이 질문하라. "당신은 내가 누구라고 생각했어요?" "나의 목적이 뭐였다고 생각하세요?" "나에게 어떤 버릇이 있던가요?" "나는 누구에게 말하고 있었죠?" 그리고 "우리는 어떤 관계처럼 보였나요?" 등등. 당신이 절대로 해서는 안 되는 질문은 "가장 기억에 남는 장면이 뭐예요? 왜요?" 따위의 평범한 질문들이다. 구체적으로 질문하면 당신은 유용한 답변을 더욱 손쉽게 얻을 수 있다.

피드백을 주고받는 방법을 배우는 일은 훈련에서 매우 중요한 과정이다. 당신의 생각과 느낌을 정확히 표현할 수 있는 능력도 향상되고 더불어 관찰력도 커진다. 그러면 자기 것으로 받아들여 내면화시킬 수 있는 방법을 터득하게 되고, 동시에 다른 사람들의 피드백에 응답할 수 있게 된다.

연습과제 1A

작업노트를 작성하라

피드백을 받는 동안 집중해서 듣는 일도 중요하다. 그러나 피드백 내용을 재빨리 메모하는 것도 중요하다. 메모는 토론이 끝난 후에 정리하면 된다. 이런 메모들과 함께 모든 캐릭터에 관한 다양한 숙제가 담겨 있는 작업노트를 만들어라. 링으로 묶여 있는 바인더도 좋고, 작문 노트도 괜찮고, 특별한 용도를 위한 노트여도 상관없다. 쓰는 데 지장만 없으면 된다. 어떤 배우들은 모든 프로젝트와 공연물 혹은 수업을 위해 그때마다 작업노트와는 별도의 독립된 일지를 만들기도 한다. 작업노트 안에 일지를 쓰는 것도 당신 계획의 일부라면 가능하다. 그러나 우리는 당신이 적어도 다음의 과제들을 위해서 작업노트를 활용할 것을 권한다.

- 캐릭터에 대한 분석을 적어라(이 책에서 다룰 내용이다).
- 리허설과 수업시간에 들었던 피드백을 적어라. 각 수업별로 명확하게 구분해서 노트를 작성하라. 몇 년 후, 이 노트들이 얼마나 유용한지 깜짝 놀라게 될 것이다.
- 캐릭터를 발전시킬 수 있는 중요한 연구 자료와 작품 세계를 이해하는 데 도움이 되는 자료들을 조사하고 모아라.

1.3.4 — 편안한 공간

당신은 수업 시간이라든지 오디션을 볼 때, 아니면 무대 위에서 연기할 때마다 매 순간 대사 속에 자신을 몰입시킬 것이다. 하지만 살면서 한 번쯤은 연기할 때보다 자기 자신을 더 잘 드러낼 때도 있다. 배우가 되기 위한 훈련은, 특히 뮤지컬에서, 당신의 충동을 깨우고 감정을 가로막는 보호막이나 장애물 없이 극중 인물 속으로 들어갈 것을 요구한다. 만일 당신이 연습실에서 감정적으로나 신체적으로 편안하다고 느끼지 못한다면 당신은 극중 인물에 몰입할 수 없게 된다. 습관이 중요하다. 일상에서 누구나 할 수 있는 작은 배려가 큰 변화를 만들기도 한다. 모두를 위해서 당신이 나선다면 분위기는 금세 좋아질 것이다.

안전하고 영리하게 연습하라

〈당신의 연습 장소를 편안한 공간으로 바꾸어 줄 실용적인 방법 20가지〉

1. 지각하지 마라. 몸을 풀고 연습을 준비하라.

2. 누가 시키기 전에 자신의 음악, 대사, 안무를 숙지하라.

3. 당신이 맡은 역할에 대해서 숙제와 조사를 하고 아이디어를 내라.

4. 주의가 산만해지면 안 된다. 휴대폰과 무선 장치를 꺼라(연출자와 동료 배우들의 허락을 받아 연습 장면을 녹음하는 경우가 아니라면).

5. 개인적인 문제들은 집에 두고 와라. 분쟁거리가 있든, 누구와 사랑에 빠졌든 연습실까지 안고 오지 마라.

6. 연습 공간을 존중하라. 당신의 열정을 남에게 보이려고, 혹은 당신의 에너지를 발산하기 위해서 의자를 집어 던지는 짓은 하지 마라.

7. 진지해져라.

8. 위생 상태에 신경 써라. 입 안에 염증이 있는 상태에서는 파트너와 키스하지 마라. 입 냄새를 주의하라.

9. 청결을 유지하라. 연극은 친밀함을 요구하고, 뮤지컬에서는 많은 신체 접촉이 요구된다. 공동 작업이 언제나 즐겁지만은 않다. 향수나 냄새 나는 물건은 치워라. 어떤 사람들은 알레르기 반응을 보일 수 있다.

10. 신체 접촉 시에는 예의를 지켜라. 배우는 무대 위에서 사적으로 은밀한 동작을 할 때, 잘 절제되지 않을 때가 있다. 그럴 때는 개인적으로 수위를 정하는 것이 좋다. 당신의 파트너와 대화를 나누고, 그 한계선을 지켜라.

11. 극장은 종종 위험한 공간으로 바뀐다. 암전 중이거나 무대 위에 안개를 뿌리면 당신은 발을 헛디뎌 떨어질 수도 있고, 자칫 오케스트라 피트 아래로 실족할 수도 있다. 무대 장치가 머리로 떨어지거나, 날카로운 무언가에 상처를 입을 수도 있다. 총이 발사될 수도 있다. 스트로브 라이트, 턴테이블, 하이힐 그리고 총검이 무대 위에 놓여 있다. 집중력을 유지하고 위험 요소가 있다면 그 부분을 반복해서 연습하라.

12. 동료 모두를 존중하라. 하나의 공연에는 다양하고 특별한 예술가들의 기술과 재능이 필요하다. 배우들은 관객이 절대 볼 수 없는 무대 뒤편의 좁은 공간에서 움직이는 사람들에게 의존한다. 그들 모두는 공연 전체의 성공에 있어서 무대 위의 배우들만큼 중요하다. 막이 내리고 박수를 받을 때, 당신은 이 공연을 함께 만든 사람들을 떠올려야 한다. 가능하다면 배우가 아닌 스태프가 되어 무대 뒤에서 작업하는 시간을 가져라. 무대 뒤편에서 벌어지는 일을 배워라. 그러면 당신은 그들과 효과적으로 영향을 주고받을 수 있고, 이러한 직업에 종사하는 그들에게 감사함을 느낄 것이다.

13. 소품을 가지고 장난치지 마라. 무대 리허설이나 공연 전에 자신의 소품을 두 번 세 번 확인하라.

14. 의상을 입은 채로 담배를 피우거나 음식을 먹지 마라. 물은 거의 항상 괜찮지만, 음식이나 음료를 섭취하기 전에 먼저 극장의 규정을 확인하라.

15. 새로운 아이디어에 마음을 열고 귀를 기울여라. 연출자의 지시뿐 아니라 무대 위의 다른 배우로부터 다양한 정보를 잘 받아들인 다음 충실하게 표현하라.

16. 절대 똑같은 실수를 두 번 다시 되풀이하지 않도록 주의하라. 잊어버리지 않도록 꼼꼼히 메모하라.

17. 신뢰할 수 있는 사람이 돼라. 남을 험담하지 마라. 교실과 연습실에서 동료 예술가들과 친해질 수 있는 이상적인 환경을 만들어라. 험담과 불평은 누군가가 시작하기 때문에 퍼져나가는 것이다.

18. 어린애 같은 행동은 괜찮지만, 절대 유치해지지는 마라. 창조적인 충동에 의해서 연기를 해야지 아무 생각 없이 연기하지 마라.

19. 스스로에게 높은 기준을 제시하라. 그리고 자신과 경쟁하라.

20. 다른 사람에게 영감을 주는 본보기가 되어라.

이제 당신이 매일 연습을 하면서 이런 습관을 기르기 시작한다면 당신과 동료들 그리고 당신의 지도교사 또는 연출가 모두에게 편안한 공간을 만드는 방법과 그 공간을 특별하게 이용하는 법을 알게 될 것이다. 이 공간에서는 따분해하는 태도나 난해한 공방 따위는 용납되지 않는다. 많은 사람이 극장에 매혹되는 이유가 있다. 극장은 포용력이 있는 공간이며, 도움을 나누는 공간이며, 그리고 마음이 열려 있는 공동체이기 때문이다. 이것을 무대예술인들의 신성한 단어로 '앙상블(ensemble)'이라고 한다. 이를 조화롭게, 자연스럽게 보여주는 것이 우리 특별한 사람들의 역할이다. 그것은 우연히 일어나는 것이 아니다, 계발되는 것이다. 그리고 우리는 외부의 여러 방해 요소들로부터 앙상블을 지켜내야 한다.

배우 되기

— 1.4

당신이 시작한 이 일은 필사적으로 도전할 만큼 가치가 무한한 직업이다. 이 일을 잘하기 위해서는 특별한 태도와 능력이 필요하다. 우리는 당신이 이 작업을 시작하기에 앞서 당신에게 필요한 다음 몇 가지를 알고 있기 바란다.

만약에 ~이라면 Magic "IF"

— 1.4.1

위대한 연기 지도자이자 연출가인 스타니슬랍스키(Konstantin Stanislavski)는 전문용어 하나를 만들었다. 한 세기 전에 그가 처음 들고 나왔던 Magic "IF"라는 단어로, 이 말은 현재까지도 널리 쓰인다. 그는 우리에게 질문을 하나 던진다.

만약에 내가 이러한 상황이었다면, 나는 어떻게 행동했을까?

대부분의 현대 연기 이론은 이 간단한 질문에서 비롯되었다. 이 질문은 우리로 하여금 개성과 감성을 가지고 행동하는 다른 누군가가 되도록 만들어준다. 배우로서 선택을 해야 할 때마다 당신은 이 질문으로 되돌아올 것이다. 캐릭터의 주어진 상황을 진실로 받아들일 수 없다면 아마도 당신은 올바른 선택을 하지 못한 것이다.

믿음과 진실

— 1.4.2

연극은 본래 부자연스러운 것이다. 왜냐하면 연기란 다른 사람인 척하는 것이기 때문이다. 수업이나 공연 연습 중 동료를 관찰해보자. 실재 현실에서의 관계보다는 작가가 인위적으로 만들어낸 상황 아래에서 믿음이 가는 관계, 진실한 관계를 구축했을 때가 더욱 쓸모 있고 좋다.

연극에서의 믿음이란, 작가가 창조한 캐릭터가 대본 안에서 하고 있는 행동과 태도들을 우리의 타고난 느낌을 이용하여 만들어 내는 것이다. 캐릭터 간의 관계와 줄거리 그리고 캐릭터의 특성에 맞는 행동과 태도를 찾았을 때, 우리는 그 행동과 태도를 믿음을 주는 연기라고 말한다. 만약 행동과 태도에 연극적인 진실성(reality)이 없다면 우리는 직감적으로 알아차린다.

믿음이란 어떤 주어진 장면 속에서 연기하고 있는 배우의 진실성으로 만들어진다. 연기에서 진실(truth)이란 (작가가 창조한) 캐릭터의 진실성 그리고 배우의 진실성과 일직선상에 있다. 캐릭터의 생각, 욕구 그리고 느낌은 그 캐릭터를 연기하는 배우가 가진 개성을 통해 표현된다. 물론 그 이면에는 연극은 인위적인 것이고, 진실한 연기는 인위적인 티가 나지 않아야 한다는 전제가 깔려 있다.

배우는 완벽하게 극중 인물이 되려고 노력한다. 또한 무대 위의 동료 배우뿐 아니라, 작가가 펼치는 상상의 세계, 작품의 역사적인 배경, 그리고 우리의 상상으로부터 오는 모든 자극들에 반응하려고 노력한다. 믿음과 진실은 이 목표를 달성하는 데 중추적인 역할을 한다.

우리는 당신에게 믿음과 진실에 집중하라고 권하고 싶다. 왜냐하면 이 두 가지가 정의 내리기 어렵고 애매모호한 연기의 두 얼굴을 잘 설명하고 있기 때문이다. 믿음과 진실은 우리가 말하고자 하는 것을 표현하는 방법이고, 배우에게 가장 중요한 도구 가운데 하나다.

1.4.3 — 최초의 경험

스타니슬랍스키의 Magic "IF"는 자연스럽게 다음 단계, 즉 우리가 처음으로 경험한 것처럼 반응해야 한다는 이론으로 확장된다. 당신은 연습하고 계획한 대로 연기를 펼치지만 이때 당신의 연기는 마치 그전에는 한 번도 그런 일이 일어나지 않았던 것처럼 보여야 된다는 뜻이다. 무언가를 발견할 때는 아이처럼 놀라야 하고, 실패할 때는 예상치 못한 일에 괴로워해야 하고, 승리했을 때에는 날아갈 듯이 즐거워해야 한다. 그리고 당신이 하는 말과 춤, 노래는 아주 새로운 것처럼 당신으로부터 튀어나와야 한다. 이것이 관객으로 하여금 무대 위에 펼쳐진 상상의 세계를 진실로 믿게끔 만든다.

군중 속의 고독, 그리고 노출의 즐거움

배우는 자신의 가장 개인적인 모습을 군중 앞에 드러낸다. 이것이 군중 속의 고독이다. 이것이 연기의 원리이고, 모든 배우는 이 원리를 터득해야 한다. 그러면 연기 교사 앞에서든 연출자 앞에서든, 교실에서든 배우들 앞에서든, 돈을 지불한 관객 앞에서든 언제 어디서나 자신의 가장 깊숙한 곳에서부터 감정을 끄집어내어 펼쳐 보일 수 있게 된다. 이런 개인적인 모습을 함께 나눌 수 있다는 것이 공연의 매력이다. 관객은 다른 누군가의 삶을 지켜보면서 자신은 할 수 없거나 혹은 두려워서 차마 하지 못하는 숨겨진 감정 드러내기를 간접적으로 경험한다. 배우는 용감한 감정의 전사(emotional warriors)다. 이처럼 개인적인 감정의 노출을 자발적으로 즐기게 된다면 당신은 훌륭한 배우가 될 수 있다.

연기는 믿음이다 – 연기와 행위의 차이점

사람들이 연극을 하고 싶어 하는 가장 큰 이유는 무엇일까? 많은 사람이, 관객이 지켜보는 무대에 서고 싶기 때문이라고 말한다. 무언가에 집중하는 동안 에너지가 샘솟고, 우리의 내면 깊은 곳에 존재하는 기쁨과 슬픔의 감정을 관객과 함께 나눌 때, 우리는 바로 그 순간에 도취된다. 이럴 때일수록 스스로를 만족시키기 위한 행위(performing)와, 캐릭터 속으로 들어가서 작가의 의도에 충실한 연기(acting)를, 어렵겠지만 구별할 수 있어야 한다. 훈련을 통해 점차 발전해가면서 아마도 당신은 꾸밈없는 행동이 굉장한 전율을 줄 수 있다는 사실을 알게 될 것이다. 이 전율은 더욱 강화되거나 혹은 또 다른 자극으로 전이된다. 이런 전율은 당신이 생각하는 대로 자유롭게 연기할 수 있도록 도와줄 것이다. 어쩌면 당신은 여전히 자신의 배역이 처한 가상의 상황에 진실하게 몰입하여 그 배역으로 살아가는 스릴을 맛보고 싶을지 모른다. 그러나 더 이상 그것이 목적이 되어서는 안 된다. 그것은 겉모습일 뿐이다. 관객의 시선을 끌고 싶은 배우가 아니라 극적인 순간에 충실한 배우가 훌륭한 배우이다. 그리고 이것이 행위자(performer)가 되느냐, 배우(actor)가 되느냐의 차이다.

최고의 카바레 쇼 그리고 콘서트에 출연하는 예술가들 가운데 많은 이들이 자신의 노래를 마치 연극의 한 장면처럼 만들고 있다. 이들이 각각의 노래마다 캐릭터를 창조하여 주어진 상황 속으로 몰입한다면 연기를 하는 것만큼 드라마틱할 것이다.

매일 밤 공연의 마지막에는 배우들의 무대 인사가 있다. 이때만큼은 순전히 개인적인 만족을 위한 시간으로, 당신과 관객 사이의 사랑을 확인하는 순간이다. 관객의 환호에 행복을 느끼는 것은 당신의 특권이자 명예이다.

1.4.6 — 공연하듯이 연습하고, 연습하듯이 공연하라

뮤지컬을 공연한다는 것은 그곳이 고등학교든, 지방극단이든, 혹은 브로드웨이나 웨스트 엔드건 간에 매우 즐거운 일이다. 동시에 매우 힘든 작업이다. 그리고 직업으로서 잘하기 위해서는 즐거움은 잠시 접어두고 고된 순간을 참아내며 노력해야 할 때가 있는 법이다. 이때는 당신의 장점을 만들고 기르는 데 몰두해야 한다. 예술가들의 열정은 한 순간에 타오르다 꺼지는 것이 아니라 내가 공연에 도움이 된다고 느낄 때까지 쉼 없이 불타오른다. 반면 아마추어들은 처음의 가장 쉬운 과정에 만족하여 주저앉는다.

당신이 무대 예술가가 되기 위해서는 각각의 장면이나 노래에서 요구하는 감정을 그때마다 마음먹은 대로 정확히 불러일으킬 수 있을 때까지 마음을 조절할 수 있는 훈련을 되풀이해야 한다. 대본에 나와 있는 행동을 당신이 "느끼지 못하기 때문에" 할 수 없다면, 그건 생각만 해도 끔찍한 일이다. 물론 당신은 어떤 어려운 상황에서도 언제든지 자신의 신체적인 수단들을 활용할 수 있는 테크닉을 발전시킬 것이다. 전문 직업배우들은 매 순간 신체적인 목표뿐 아니라 동시에 감정적인 목표까지 달성한다.

1.4.7 — 연극성

우리는 위대한 배우의 연기를 보면서 그가 무대를 장악하는 힘이라든지, 그가 자신만의 색깔로 캐릭터를 표현하는 모습이라든지 혹은 숙달된 기술, 그리고 공연을 즐기는 아이 같은 순수한 모습에 사로잡힌다. 목소리와 몸짓을 크게 함으로써 그는 발코니 뒤편의 객석까지 캐릭터의 진심을 전달한다. 이를 연극성(Theatricality)이라고 부른다. 일상적인 삶을 무대에 맞게 증폭시킨 것이다. 모든 연극적인 공연은 어느 정도의 연극성을 가지고 있다. 무대에 알맞게 증폭시킨 말과 행동은 관객들이 뮤지컬이라는 커다란 세계를 상상하는 데 많은 도움을 준다. 뮤지컬 〈원스(Once)〉와 〈네모바지 스폰지밥 (SpongeBob SquarePants)〉이 극장에서 보여주는 전혀 다른 세계를 생각해 보라.

뮤지컬은 진지한 배우에게는 어려운 예술 형태일지도 모른다. 왜냐하면 뮤지컬은 기존의 예술에 대한 도전에서 시작되었기 때문이다. 이러한 도전은 뮤지컬의 연극성에서 분명히 드러난다.

사람들에게 좋은 연기란 무엇이냐고 물어보면, 대부분은 자연스럽고, 진실하고, 믿을 수 있고, 꾸밈없고, 있는 그대로 그 자체인 것, 실제의 삶과 똑같은 것이라고 대답할 것이다. 하지만 당신은 리얼한 삶을 살면서 동시에 재치 있는 선율의 이중창을 부르며 복잡한 스텝의 춤을 추어야 한다. 그러면서 당신이 처음으로 사랑에 빠졌다는 사실을 5천 석 규모의 극장에 가득 찬 관객에게 믿도록 만들어야 한다. 바로 이 점이 뮤지컬을 연기하는 즐거움이자 이 일을 하기 위하여 반드시 필요한 부분이다.

당신은 아마도 진실하게 표현하고자 하는 욕망과, 춤과 노래를 통해 관객과 하나가 되어야 하는 현실적인 요구 사이에서 갈등을 할 것이다. 둘 중 한 가지를 선택할 필요는 없다. 사실 이 두 가지를 동시에 달성하지 못하면 아무리 좋은 작품이라도 성공하기 힘들 것이다. 하지만 많은 경우에, 당신의 진실한 감정을 관객에게 전달하려고 노력하는 그 순간, 진실은 더욱 증폭될 것이고 당신과 관객 모두에게 더욱 큰 감동을 줄 것이다. 기억하라. 다음 문장은 무대에 서는 우리에게는 하나의 약속이다. 만일 우리가 볼 수도 없고 듣지도 못하는 일이라면 그것은 아예 있지도 않은 일이다.

안에서 밖으로, 밖에서 안으로

이 책에 나와 있는 연습과제들을 하나씩 연습해 나가면서, 당신은 우리가 적어도 두 가지의 다른 시각으로 이 작업에 접근하고 있다는 사실을 깨닫게 될 것이다. 첫째, 당신은 감정적인 그리고 심리학적인 방법을 통해서 캐릭터에 접근하게 된다. 이것은 결국 무대에 알맞은 신체와 목소리를 찾게 해준다. 이는 효과적인 접근법으로, 대사 안으로 나를 집어넣는 방법이다. 아마 당신은 이런 식의 수업을 많이 받아봤을 것이다. 우리는 이를 '안에서 밖으로'의 작업이라고 부른다. 왜냐하면 이 방법은 당신 내면의 경험이 당신의 몸과 목소리를 통해 캐릭터의 구체적인 행동으로 나타나도록 도와주기 때문이다.

우리는 또한 몸과 목소리에서 시작하여 당신의 마음으로 접근할 수 있도록 도와주는 연습과제들을 충분히 제공한다. 당신의 신체적 상태가 당신의 마음에도 영향을 끼친다. 우리는 이것을 '밖에서 안으로'의 작업이라고 부른다. 이 작업 또한 연기, 움직임 그리고 노래 부문의 모든 예술가들이 수년간 훈련하는, 매우 효과적인 접근법이다.

당신이 이 연습과정 가운데 어디에서부터 시작하든지 관계없이, 당신은 결국 연기를 창조하기 위한 동일한 목표, 즉 마음을 풍요롭게 하고 몸을 통해 표현하기 위한 목적을 향해 나아간다. 예술을 지탱하는 이 두 가지, 즉 몸과 마음은 자연스럽고 견고하게 서로 소통해야 한다. 밖으로부터의 자극을 내면화하는 자세도 필요하고, 내면의 충동을 명료하고 힘 있게 표현하는 것도 필요하다.

당신이 이 책의 어디에서부터 시작하든 문제가 되지 않는다. 안과 밖은 서로 돌고 돈다. 우리는 한 접근법을 다른 접근법보다 우선시하지 않는다. 위대한 배우들은 자신의 역할이 무엇을 원하는지, 그 주어진 상황이 요구하는 것이 무엇인지에 따라 다양한 접근법을 활용한다는 것을 알기 때문이다.

신체적으로 혹은 감정적으로 유해하거나 혹은 진실하지 못하고 흥미가 생기지 않는 작업이 아니라면 어떠한 훈련도 거부해서는 안 된다. 배우가 되기 위한 훈련은 일생에 걸쳐 이루어지기 때문이다.

당신은 당신 삶으로부터 유용한 경험들을 끌어 모아서 당신의 테크닉을 만들고 끊임없이 다듬어야 한다. 자신을 위한 것이지 다른 누구를 위한 작업이 아님을 깨달아야 한다. 그리고 한 역할에게 효과적인 접근법이 다른 역할에게는 맞지 않을 수도 있다는 것을 알게 될 것이다. 모든 것에 꼭 들어맞는 접근법은 존재하지 않는다. 이 훈련과 정에서 우리는 많은 시도를 하겠지만 이중 거의 대부분은 실패에 이르고 만다. 그래서 필요한 게 열린 마음이다. 만일 당신이 열린 마음을 가지고 작업에 임한다면, 혹시 누가 알겠는가? 당신이 다음번에는 행운을 잡을지?

이제 연기의 기본을 구성하는 여러 요소에 대하여 더욱 깊이 파고들어 보자.

- 2장 -

기초 연기
단계별 학습

연기의 기본 요소 2.1

연기의 과정을 명확하게 이해하기 위해서는 흔히 쓰이는 몇 가지 용어를 알아둘 필요가 있다. 그래서 우리는 몇 가지 일반적인 용어들을 제시하고 자세히 살펴볼 것이다.

이 장을 공부한 후, 여러분은 다음을 할 수 있어야 한다.

- 주어진 상황을 파악하여 텍스트를 분석할 수 있다.

- 당신의 역할과 주변 인물들 사이에 강력한 관계성을 부여할 수 있다.

- 구체적이고 강력한 목표를 추구할 수 있다.

- 당신의 캐릭터가 극복해야 할 장애물을 세울 수 있다.

- 당신은 캐릭터의 목표를 추구하기 위해 다양한 전략과 전술을 사용할 수 있다.

- 당신은 캐릭터로서 판단하고, 발견하고, 적응할 수 있다.

- 텍스트, 서브텍스트 및 내면의 독백에 대해 명확히 이해하고 캐릭터를 구축할 수 있다.

다음의 용어들은, 연기를 이해하기 위한 기본적인 약속이다.

주어진 상황 : 당신의 캐릭터가 살고 있는 환경. 그 인물의 삶 속의 모든 사실들, 개인적인

과거, 인간관계, 사회적 환경과 물리적인 환경

관계 : 당신과, 당신을 둘러싼 주변의 모든 사물들 그리고 모든 사람들 간의 관계 그리고

그것들이 왜 당신에게 중요한지

목적 : 당신의 캐릭터가 이뤄지길 바라는 것

비트 : 장(scene)보다 작은 단위. 목적을 이루었든지, 목적을 포기했든지 아니면 기존의 목

적을 바꿨든지, 당신의 변화를 중심으로 나뉜 단위

장애물 : 당신이 목적하는 방향에 끼어든 어떤 것

전략 : 당신이 바라는 것을 얻기 위한 본능적인 혹은 의도적인 계획

전술 : 당신의 계획을 이행하기 위한 지금의 행동

판단 : 충동이 억제되고, 행동의 다양한 가능성 가운데 어떤 것은 무시하고 어떤 것을 선택

하기로 심사숙고하는 그 순간

텍스트(text) : 작가, 작곡가, 안무가, 연출자 그리고 디자이너에 의해 만들어졌으며, 특히 대

본, 음악 그리고 가사에서 나타나는 모든 유형적인 요소들

서브텍스트(subtext) : 텍스트 안에 명확하게 규정되어 있지는 않지만 배우에 의해 암시되고

있는 모든 무형적인 요소들. 예를 들면 당신이 말한 것과 반대되는 속마음

내면의 독백 : 내 안의 생각, 느낌, 감각 그리고 충동의 일정한 흐름. 그러나 반드시 드러나

는 것은 아니다.

어떠한 기술이든지 성공하려면 기본기가 탄탄해야 한다. 경험이 있는 배우라면 연습
과정에서는 이런 기본적인 요소들을 의식적으로 사용하고, 무대 위에서는 배역으로서
겪게 되는 모든 순간에 본능적으로 적용시킨다.

주어진 상황

'IF'의 세계에 오신 걸 환영합니다!

'IF'는 대단히 멋진 장소이다. IF, 즉 만약에 지금이 1962년이고 내 생애에 가장 중요한 일로 내 머리카락이 완전히 곤두서 있다면? 혹은 만약에 지금이 1899년이고 내가 신문 배달부로서 생계를 유지하기 위해 신문 한 장을 팔려고 고군분투하고 있다면? 혹은 만약에 지금이 1776년이고 내가 새로운 국가를 건설하기 위해 싸우고 있다면……. 하지만…… 잠깐만, 이것은 지금 실제로 일어났다. 나는 저 시대에 걸맞은 장소에 살기 위해 이 자리에 서 있다. 나는 여전히 작고 늙은 나 자신이지만 나와는 아무 관련도 없고, 결코 존재하지도 않는 장소에 있는 어떤 사람으로 변신해야 한다. 하지만 어떻게?

대본 속 세상의 사실들

먼저 이해부터 해야 한다. 대본에 나와 있는 모든 것을 공부하라. 캐릭터가 처한 상황은 희곡의 세계에서 일어난 것이다. 이것은 허구의 세계다. 설령 배경이 〈해밀턴(Hamilton)〉처럼 역사적 사실을 바탕으로 한 뮤지컬이라도, 이야기의 관점과 인물의 삶은 꾸며진 것이다. 그러나 그 세계에 들어가기 위해서는 그럼에도 불구하고 그 세계를 이해할 필요가 있다.

첫 번째로, 사실들을 찾으면서 대본을 읽어라. 작품의 구성, 캐릭터들, 사회적 환경, 그리고 물리적 환경을 이해하는 데 도움이 될 만한 사실들을 찾아라. 특정 사실들은 각기 다르게 보이지만 서로 연관되어 있다. 다음과 같은 질문을 던져라.

1. 무슨 이야기인가?

2. 캐릭터들은 누구인가? (그들의 나이, 사회적 신분, 신체적 묘사, 교육 수준, 직업 그리고 사는 곳)

3. 그들은 서로 어떤 관계인가?

4. 이 이야기는 어디에서 일어나는가? (각 장면마다 답변하고, 이 장소들에 관해 조사하라.)

5. 이 이야기는 언제 일어났는가? (각 장면마다 연도, 계절, 날짜, 날씨 등을 찾아라.)

이 단계에서는 대본에 나와 있는 사실들과 당신이 조사한 사실들 이외에 당신의 주관적인 생각이 들어가서는 안 된다. 추측하기에 앞서 정확한 사실들을 모아라.

연습과제 2A

당신이 조사한 내용을 발표하라

이 연습과제에서 당신은 뮤지컬 전체 대본과 녹음된 음악 반주를 구해야 한다. 악보를 구할 수 있다면 더욱 좋다. 만일 수업 중이라면, 모든 사람이 다 함께 탐구할 수 있도록 동일한 작품을 선택하는 것이 유용하다. 당신이 선택한 뮤지컬의 세계를 탐구하면서 당신이 조사할 수 있는 모든 영역의 목록을 만들어라. 목록 전체에 마음을 기울여라(지금이 작업노트 작성을 시작하기 좋은 때이다). 당신은 포괄적인 목록을 만들어야 할 뿐 아니라 가장 중요한 항목을 선택해야 한다. 한 명씩 혹은 (만일 당신이 더 큰 그룹에 속해 있다면) 한 쌍으로 그룹을 나누어라. 과제를 할당하고 각자 자기 대본 속의 세계에 대해 조사하라.

당신은 자신에게 주어진 항목을 조사한 후 동료 앞에서 발표하게 된다. 조사한 내용을 어떻게 발표할지 결정해야 한다. 사진, 비디오, 음식과 음악을 가져와라. 저 세계로부터 온 이미지들로 방을 장식하라. 지역 단체의 모임, 정치적인 토론회 혹은 뮤지컬 세계의 한 장소로 무대를 꾸며라. 여러분이 찾아낸 정보를 언제 발표할지 결정하라.

2.2.2 주어진 상황에서 추리하기

당신이 시대 배경과 관련된 객관적인 사실들을 이해했다면 이제 불문명한 상황들을 파악하기 위해 추리가 필요하다. 그러나 대본 속에 실재하는 세계를 이해하기 전에 이 단계로 건너뛰면 안 된다. 그렇지 않으면 당신은 잘못된 추측을 범할 수 있다.

추리란 'IF'의 세계로 들어가는 시작점이다. 캐릭터의 세계관 속에 존재하는 당신 개인만의 공간이다. '만약 내가 ○○○이었고, 당신이 ○○○이었다면, 우리는 ○○○일 것이다!' 그리고 당신은 자유롭게 움직이기 시작한다. 방금 당신은 주어진 상황 속으로 들어가기 시작했다. 추리의 첫 번째 규칙은 절대 사실을 부정해서는 안 된다는 점이다. 추리를 할 때는 작가가 만들어 낸 캐릭터의 상황과 늘 일치해야 한다.

세계관

그들이 세계를 어떻게 인식하느냐에 따라서 캐릭터는 규정되고 구체화된다. 우리는 이를 세계관이라 부른다. 세계관은 무엇이 진짜이고, 무엇이 가능한지를 판단할 때 영향을 끼친다. 확실한 문제를 가지고 고민하는 인물은 없을 것이다. 비록 캐릭터는 매번 자신이 혁명적인 통찰력을 가지고 있다고 생각하고 있을지 몰라도(〈웨스트 사이드 스토리〉에서 토니와 마리아는 둘이 함께할 수 있을 것이라고 생각한다), 그들은 세계관의 지배를 받는다. 뮤지컬 〈해밀턴〉에서 알렉산더 해밀턴과 안젤리카 슈일러는 여성인 안젤리카가 이제 막 신흥독립국이 된 미국의 대통령이 될 수 있을지도 모른다는 생각은 결코 할 수 없었을 것이다. 당시의 여성들에게는 그런 질문을 떠올리는 것 자체가 금기였다.

하나의 세계관은 작품 전체에 영향을 끼친다. 우리는 바닷속에서 뛰노는 열대어가 될 수도 있고, 함락되는 베트남을 탈출하는 군인이 될 수도 있고, 허풍떨기 좋아하는 갱스터가 될 수도 있다. 이 세계들은 단순하기도 하고 복잡하기도 하다. 그리고 그들 중 누구도 당신과 닮지 않았다. 그것을 설명하려 들지 말고, 지금 당신이 살고 있는 세계를 통해서 뮤지컬의 세계를 이해하라. 당신이나 연출가는 좀더 현대적인 시각으로 작품을 재해석할 수도 있다. 그러나 원작의 맥락과 상황을 이해하는 것에서부터 시작해야 한다.

우리 자신의 세계관을 배제한 채 뮤지컬의 세계에 들어가기란 언제나 힘든 일이다. 그러나 그만큼 배우의 즐거움은 커진다. 이 부분에 대해서는 이 책의 다른 장에서 다루기로 하겠다.

나의 세계관은?

앞에서 조사한 자료를 활용하여 뮤지컬 속의 캐릭터와 당신의 세계관을 비교하라.
다음의 질문은 당신이 대답할 것인지, 아니면 캐릭터로서 대답할 것인지 정하라.

1. 나는 어디에서 살고 있는가? (도시, 시골, 동해안, 서해안, 사막, 산, 아파트, 주택, 천막, 궁전……)
2. 나는 어떻게 말하고 있나? (형식적으로, 비속어로, 히피처럼, 학자처럼)
3. 어디가 아름다운가?
4. 어디가 섹시한가? (앞뒤로 돌아보아라.)
5. 당신의 성정체성은? (당신은 무엇을 허용하고, 무엇을 허용하지 않는가? 진부한 타입인가?)
6. 훌륭한 에티켓이란 무엇이고, 금기는 무엇인가?
7. 즐거워지기 위해서 무엇을 하는가?
8. 당신이 믿는 종교는 무엇이고, 내세에 대해서 어떻게 생각하는가? 죄악이란 무엇인가?
9. 무엇의 지배하에 있는가? (사회 정의, 정치) 권력과 당신은 무슨 관계에 있는가?
10. 당신의 교육 수준은 어느 정도인가?
11. 당신의 직업은 무엇인가?
12. 과학, 탐험 그리고 기술 분야에서 최근에 어떤 진척이 있었나?
13. 극중 세계는 배우의 현실 세계와 다른 특별한 규칙이 있는가? (마법, 특별한 힘이나 능력, 말/노래/춤으로 자신을 표현하는 동물 등)

이러한 정보는 당신과 캐릭터 간에 공유하고 있는 세계관의 목록을 만드는 데 도움이 된다. 그리고 당신과 캐릭터 간에 일치하지 않는 세계관들의 목록도 작성하여 당신의 작업노트에 적어라. 그리고 수업 시간에 발표하라. 만일 당신과 캐릭터의 세계관이 일치한다면, 당신은 매일매일 어떤 변화를 겪는지 적어라.

관계

당신은 뮤지컬 속의 모든 사람들 그리고 모든 사물들과 관계를 맺고 있다. 주변 인물들, 자그마한 소품, 할머니에 대한 기억에 이르기까지 당신은 이 모든 것들과 개인적으로 관계를 맺고 있다. 물건이든 사람이든 그것들은 당신에게 무언가 의미를 지닌다. 중요한 것은 그 의미가 더 구체적이고 강력할수록, 배우인 당신에게 더욱 유용하다는 것이다.

연습과제 2 C

관계 목록을 작성하라

1. 당신의 생애에서 가장 중요한 다섯 사람의 목록을 만들어라. 그들이 가족이기 때문이라든가, 돌봐야 하는 사람이기 때문에 중요한 사람이 되는 것은 아니다. 단지 당신의 생애를 통틀어서 가장 중요한 다섯 사람이어야 한다. 다섯 명의 이름을 적은 다음, 왜 그들이 나에게 중요한지 한 문장으로 적어라.
2. 이번에는 당신의 생애에서 가장 소중한 물건 세 가지를 적어라. 돈으로 환산했을 때 가장 값어치가 나가는 것이 아니라, 어떤 이유에서든지 당신에게 가장 소중한 것이어야 한다. 세 개의 물건을 적은 다음, 왜 그것이 소중한지 단 한 문장으로 묘사하라.
3. 당신은 명확한 관계 목록을 얻었다. 이 연습과제와 똑같은 질문을 캐릭터로서의 당신에게 다시 물어보라.

나의 세계에 온 것을 환영합니다

당신은 개인적으로 무언가를 빼앗아 본 적이 있는가? 만일 당신이 솔직한 사람이라면, 대답은 "그렇다"일 것이다. 왜냐하면 그것을 빼앗는 것 이외에는 정말 다른 방법이 없었기 때문이다. 사랑하는 그녀를 우주의 중심이라고 믿는 것은 내 성격에 결함이 있기 때문이 아니다. 단순히 그렇게밖에는 보이지 않기 때문이다. 세상의 모든 것은 '나의' 무엇으로 존재한다. 나의 집, 나의 학교, 나의 개, 나의 은행 등. 심지어 우리가 거부한 것조차도 우리 자신 안에서 개념화된다. 나의 예전 남자친구, 나보다 부자들이 다니는 나의 라이벌 학교, 믿을 수 없는 이상한 것들을 주장하는 나의 교회 등. 개인화시키는 것이 이번에 다룰 우리의 주제이다. 모든 것이 '나의 것'이라는 것을 받아들여라.

> **연습과제 2 D**
>
> # 모든 것은 나의 것이다
>
> 앞의 연습과제에서 당신이 작성했던 목록을 다시 꺼내보기 바란다. 그리고 모든 사람들과 모든 것들 앞에 '나의'라고 써넣어라. 이미 그렇게 되어 있는가? 그렇다면 당신은 외롭지 않을 것이다. 당신과 당신의 캐릭터를 위하여 이 작업을 수행하라.

2.3.2 의미를 부여하라

어떤 것이든지 그 속에 내재되어 있는 모든 것은, 우리의 욕구나 판단, 우리의 가치 그리고 믿음 같은 개인 고유의 렌즈를 통해 이해되고 형성된다. '나는 저것을 어떻게 느끼는가?' 내가 아는 내 강아지는 귀엽고, 무서움을 많이 타고, 가끔 재채기를 나게 만들고, 나를 보호해주는 녀석이다. 하지만 똑같은 강아지가 다른 누군가에게는 두려움의 대상일 수 있고, 또 다른 누군가에게는 사랑스런 애완동물일 수 있다. 강아지에 대한 객관적인 진실은 중요하지 않다. 당신이 연기하는 캐릭터에게는 그 캐릭터가 느끼고 있는 주관적인 진실밖에 없다. 이렇게 어떤 사람이나 사물에게 특성을 부여하는 것을 '의미 부여하기'라고 부른다. 당신이 강아지를 보면서 "내 작고 귀여운 푸티"라고 말하거나, "나를 물어뜯으려는 괴물"이라고 말할 때, 당신은 그 강아지에게 의미를 부여한 것이고, 당신과 강아지 사이의 관계를 규정한 것이다.

우리는 또한 생명이 없는 사물과도 특별한 관계를 맺을 수 있다. 뮤지컬 〈캐치 미 이프 유 캔(Catch Me If You Can)〉에서 프랭크 애버그네일 주니어는 자신이 위조한 수표를 흥미로운 삶으로 가는 마법의 양탄자로 보는 반면, 그의 아버지는 그것을 언젠가 대가를 치러야 할 빚으로 보고 있다. 한편, 프랭크 애버그네일 주니어를 추적하는 한래티 요원에게 이 위조 수표는 자신을 범인에게로 이끌어 주는 빵부스러기, 즉 단서다. 이러한 경우처럼 당신은 매우 복잡하고 다양한 관계를 만들어 낼 수 있다. 기억을 통해서, 예상을 통해서 아니면 눈 뜬 장님과 같은 실제 인간들 사이에서 일어나는 다양한 행위들 속에서 관계가 만들어진다. 의미를 부여하라.

연습과제 2 E

의미를 부여하라

자신과 캐릭터 사이의 관계를 다룬 처음의 목록을 사용하자. 그 목록에 사람이나 사물의 특성을 묘사한 칼럼을 추가하라. 그 묘사는 다음과 같이 하라. "나의 (형용사) (명사)" 예를 들어, "나의 환상적인 치어리더이며 헌신적인 여자 친구," 또는 "나의 흉악한, 항상 술에 취해 있고, 쓰레기 같은 처형" 등등.

당신의 캐릭터에 대한 묘사를 그룹 안의 다른 사람들이 작성한 것과 비교하라. 그리고 차이점에 대해 이야기하라.

연습과제 2 F

거짓말쟁이 클럽

자신과 아무 관련 없는 물건을 무작위로 세 가지 골라서 가져와라. 당신이 가져온 물건을 옆의 친구와 맞바꾸어도 좋다. 혹시 가능하다면 극장 안의 소품창고에서 물건들을 찾아라.

각 물건들을 이용하여 이야기를 만들어라. 이 물건은 무엇인지, 어디에서 왔는지, 이것이 왜 나에게 중요한지. 그 물건에 얽힌 실제 이야기가 아니라, 이 물건을 가지고 이야기를 만들어내는 것이 중요하다. 어쩌면 당신은 주머니칼을 가지고 있을지도 모른다. 할아버지가 남기신 유품인 듯 여겨라. 당신이 캠핑을 떠나던 날, 할아버지가 주신 칼이다. 그 물건과 연관된 어떤 특별한 사건을 만들어라(비록 당신과 아무런 관련이 없다고 해도!).

당신의 모든 감각을 동원하여 그 물건에 개성을 불어넣어라. 그리고 이 물건과 관련된 기억을 떠올려라. 모닥불이 타닥 타오르는 소리, 구운 마시멜로가 노릇하게 구워지며 풍기는 냄새, 그리고 그 칼을 손수 전해주시던 할아버지의 눈길을 떠올리고, 할아버지의 목소리를 들어라.

상상 속에서의 이러한 진실성이 확고해졌을 때 당신이 즐겨 부르는 노래 가운데 한 곡을 불러라. 그리고 노래를 부르면서 한 가지 물건을 사용하라. 그러면 아마도 당신은 노래를 부르면서 어디에서 소품을 사용하는 것이 좋은지 쉽게 알 수 있을 것이다. 이제 뮤지컬 레퍼토리 가운데에서 노래를 하나 고르고, 그 노래와 관련 있는 물건을 떠올려보자. 예를 들어, 뮤지컬 〈알라딘(Aladdin)〉의 'Proud of Your Boy'를 골랐다면, 스카프를 떠올리고 이것이 어머니가 주신 선물이라고 상상해 보자.

이렇게 꾸며낸 사연에 빌려온 물건을 사용하는 것이 당신에게 어떠한 영향을 끼쳤는가?

2.3.3 — 은유적인 관계

우리가 관계들을 개념적으로 설명하는 방법은 어쩌면 매우 황당하거나 은유적일 수도 있고, 시대를 초월하거나 아니면 매우 특이할지도 모른다. 어떤 소녀는 자신의 남자 친구를 어린애 취급한다. 어느 부모는 다 큰 자식을 무책임하다고 여길 수도 있고, 물가에 내놓은 아이 같다고 생각할 수도 있다. 어떤 엄마는 딸에게 최고의 친구일 수도 있다. 당신은 오로지 생각만으로 당신이 점찍은 그 사람을 나쁜 남자, 섹시한 남자 혹은 얼간이로 만들 수 있다. 당신에게는 상상 속의 그 모습이 진실이다. 당신의 단짝 친구는 당신을 자신의 고해 신부, 재치 있는 반쪽, 봉, 형제, 카운슬러 등으로 여길 수 있다. 이러한 모든 관계에 제목을 붙이면 은유적 성격을 강하게 해주는 동시에 모든 관계에 개성을 불어넣어 준다. 만일 당신이 친구, 아내 혹은 사촌 같은 밋밋한 표현을 선택한다면 이러한 관계에 잠재되어 있는 가능성들을 포기하는 셈이 된다. 관계에 강력한 개성을 불어넣는 것은 당신의 행동에 에너지를 불어넣어 주는 것이다. 약하거나 평범한 묘사는 당신의 흥미를 일으키지도 못하고, 상대를 굴복시킬 만한 행동을 촉발시키지도 못한다. 그러므로 성격을 강렬하게 표현하는 것을 두려워하지 마라. 당신은 나의 복수의 여신, 나의 섬세한 꽃, 나의 의무, 나의 위로 등등. 강도가 세면 셀수록 좋다. 다만 문자를 뛰어넘어서 당신과의 관계 속에 존재하는 더욱 깊은 본질을 살펴라.

여기 은유적인 관계를 보여주는 짧은 목록이 있다.

나의 구세주	나의 노예	나의 포획자	나의 치료사
나의 스승	나의 부하	나의 색마	나의 돌격대장
나의 심복	나의 동료	나의 공모자	나의 놀이친구
나의 포로	나의 짝꿍	나의 독재자	나의 늙은 말
나의 복수의 여신	나의 영감의 원천	나의 골칫덩이	나의 아첨꾼
나의 사랑의 노예	나의 중독자	나의 버팀목	나의 주인님
나의 감방 친구	나의 호랑이	나의 부관	나의 선장님
나의 경쟁자	나의 귀여운 파이	나의 수호성인	나의 천사

당신은 이 목록에 당신을 자극하는 수백 개의 은유적인 관계들을 추가할 수 있다. 당신과의 관계의 본질을 적절히 표현하고 있는 단어를 찾을 때까지 사전을 뒤져라.

당신이 어떤 관계에 개성을 불어넣을 때 당신은 자연스럽게 다른 사람의 성격을 묘사한다. 이러한 성격 묘사는 객관적인 사실일 수도, 그렇지 않을 수도 있다. 중요한 것은 그것이 당신에게 진실로 느껴져야 한다는 점이다. 뮤지컬 〈뉴시즈〉에서 조셉 퓰리처는 캐서린의 헌신적인 아빠다. 하지만 잭에게 퓰리처는 헤비급 복서와도 같은 상대이다. 그리고 다른 신문 배달원들에게 있어 퓰리처는 폭군이다. 이러한 다양한 관점은 퓰리처가 실제로 어떤 사람인지 명확히 알려주지는 않지만, 주변 인물들이 퓰리처를 어떻게 생각하고 있는지는 우리에게 알려준다. 흥미로운 것은 당신 주변의 모든 사물과 사람들의 특징을 묘사하는 과정이다. 당신은 연기에 있어서의 또 다른 중요한 문제점을 해결할 것이고, 당신은 자신만의 캐릭터를 확립하게 될 것이다.

연습과제 2G

관계를 설정하라

1. 하나의 작품에서 파트너와 함께할 수 있는 노래를 한 곡 고른다.

2. 종이 위에 은유적인 관계들의 목록을 줄 맞춰 적은 다음, 하나씩 따로 잘라 작은 종잇조각으로 만든다. 그리고 이 종잇조각들을 모자나 컵 속에 넣는다. 그런 다음 하나를 뽑는다. 이때 당신의 파트너에게 무엇을 뽑았는지 알려서는 안 된다. 그리고 노래를 부르면서 종이에 적혀 있는 관계를 연기한다.

3. 다시 한 번 한다. 이번에는 당신과 당신 파트너가 각자 무작위로 하나씩 종이를 뽑은 다음, 같이 노래하며 연기한다. 상대방에게 무엇을 뽑았는지 말하면 안 된다.

4. 당신이 연기를 끝낸 다음, 어떤 관계라고 생각했는지 파트너 그리고 동료에게 물어봐라. 그런 다음에야 당신이 어떤 관계를 연기했는지 밝힐 수 있다.

5. 이 과정을 다시 한 번 되풀이하는데, 이번에는 종잇조각을 공개한 상태에서 한다. 당신이 선택한 노래에 가장 잘 어울린다고 생각되는 관계를 선택하라. 그런 다음 당신의 파트너에게는 당신이 고른 관계를 보완해줄 수 있는(혹은 당신에게 호의적인, 아니면 당신과 대립하는) 관계를 고르도록 한다. 당신이 연기한 다음 노래하면서 이러한 관계가 어땠는지 토론한다.

6. 이번에 당신의 파트너는 이전과 정반대되는 관계를 선택한다. 만일 당신이 파트너를 '나의 구세주'라고 불렀다면 파트너는 당신을 '나의 선구자'라고 부를 수 없다. 파트너를 당신의 경쟁상대로 만들어라. 그리고 이제 무슨 일이 일어나는지 지켜봐라.

관계를 바꿔라

관계는 여러 개의 얼굴을 가지고 있다. 오늘 저녁 식사 중에도 아내는 나의 놀이친구에서부터 잔소리꾼, 나의 안식처로 계속 변할 수 있다. 당신의 적이 동지로, 마침내 애인으로 발전하는 이야기 구조 속에서 이러한 관계의 변화는 당신이 연기하는 캐릭터의 여정에 흔적을 남기고 하나의 궤적을 이룬다. 〈해밀턴〉의 시작 부분에서, 엘리자베스는 알렉산더를 그녀의 꿈의 연인으로 본다. 그러다가 어느 순간 갑자기 그를 배신자로 대하더니, 결국에는 그를 자신의 파트너로 바라보게 된다. 시간이 흐름에 따라 그와 쌓인 경험들이 그들의 관계를 새롭게 정의하면서, 그를 바라보는 시각은 급격하게 변화한다.

연습과제 2H

은유적인 관계들

1. 당신과 캐릭터의 관계 목록표로 다시 돌아가라. 그리고 은유적인 표현을 더욱 강화시켜라. 예를 들면 "나의 환상적인 치어리더이며 헌신적인 여자 친구"는 이제 "나의 환상적인 치어리더이며 헌신적인 사랑의 노예"가 되고, "나의 흉악한, 항상 술에 취해 있고, 쓰레기 같은 처형"은 이제 "나의 흉악한, 항상 술에 취해 있고, 쓰레기 같은 복수의 여신"이 될 수 있을 것이다.

2. 장면이 진행되는 동안 캐릭터 간의 관계를 변화시켜라. 예를 들면, 당신의 처형은 "나의 가장 친한 술친구"로 시작하여 "나의 신경질적이고, 비판적이고, 청교도 같은 수녀"로 변할 수도 있다.

3. 앞서의 연습과제와 마찬가지로 같은 파트너와 함께 당신이 선택한 노래를 부르면서 위의 두 가지 방법으로 관계를 설정하여 연기하라.

내가 누구인지 그게 중요해?

배우들은 캐릭터를 구축해야 하는 순간에 자기 자신으로 돌아가려는 습성이 있다.

그들은 '내가 어떻게 반응해야 할까?' 또는 '내가 어떻게 보일까?' 혹은 '관객들은 이해할 수 있을까?'와 같은 걱정에 사로잡힌다. 한번 이런 걱정에 휩싸이면 문제는 걷잡을 수 없이 커진다. 만일 당신이 어떤 것을 설명하려고 애쓰기 시작하면 그 연기는 피상적이고 인위적으로 보일 것이다. 또한 당신은 자신을 너무 의식한 나머지 무대 위의 다른 캐릭터들과 소통할 수 없게 된다. 만약 당신이 캐릭터와의 관계에 집중하게 되면 당신은 스스로에게서 벗어나 무대 위에 있는 그 순간으로 스며들어 다른 캐릭터와 소통할 수 있게 된다. 당신 자신에게서 벗어나라. 그리고 다른 사람들 속으로 들어가라. 당신이 다른 인물에 집중할 때 당신은 자신으로부터 벗어날 수 있다.

탐욕스러운 캐릭터를 연기한다고 상상해보자. 당신은 어떻게 이 캐릭터를 보여줄 것인가? 당신은 노력하지만 곧 좌절감에 빠진다. 왜? 당신의 질문이 잘못되었기 때문이다. 올바른 질문은 이렇다. '당신과 주변 캐릭터들은 어떤 관계이며, 그 관계는 당신에 관하여 우리에게 무엇을 말해주고 있는가?' 〈올리버!(Oliver!)〉에 등장하는 패긴을 보라! 그는 교활하고, 탐욕스러우며, 거짓말을 밥 먹듯이 하는, 무자비한 생존본능을 가진 사람이다. 게다가 다른 이들을, 특히 힘없는 어린 고아들을 등쳐 먹는다. 만일 당신이 탐욕이라는 렌즈를 통해 주변 캐릭터들을 보면 패긴이 그렇듯 주위 사람들이 모두 이렇게 보이기 시작할 것이다. 나의 도구, 나의 어릿광대, 나의 복덩어리, 나의 공범, 나의 봉, 나의 약점, 나의 멍청한 소매치기 등등. 다음과 같은 생각이 끼어들지 않도록 주의하라. 나의 사랑, 나의 친구, 나의 위안 등등. 낸시가 올리버를 "자신의 아들"처럼 보는 것에 반하여, 당신은 올리버를 "나의 복덩어리"로 볼지도 모른다. 올리버는 단지 올리버일 뿐이지만, 주변 캐릭터들과의 관계에 따라서 올리버라는 인물이 명확히 드러난다. 당신이 누구인지는 당신이 바라보고 있는 세상과의 관계에 의해서 규정된다.

게다가 당신이 관계들을 정립해 나가는 방법은 다른 사람들에게 느낌을 불어넣고, 자극을 주고, 강력한 반응을 유발한다. 왜냐하면 당신은 그녀가 당신에게 어떤 의미인지, 그리고 당신이 그녀에게 어떤 감정을 가지고 있는지 명확하게 이해했기 때문이다. 그녀는 당신의 시선에 따라 자연스럽게 응답할 것이다. 뮤지컬 〈하데스타운(Hadestown)〉에서 하데스는 모든 사람을 영원히 자신의 노예로 살아가야 하는 존재로 대한다. 결론적으로 어떤 사람들은 그의 이러한 캐릭터 구축을 받아들여 그에게 복종하였고, 또한 어떤 사람들은 맹렬히 저항하여 반대 세력으로 맞섰다. 이러한 방법은 캐릭터 간의 상호 관계를 역동적으로 만드는 데 매우 효과적인 접근법 가운데 하나이다. 당신이 캐릭터의 주어진 상황들을 이해하기 시작하자마자 당신의 관심은 관계를 부여하는 과정으로 쏠리게 된다. 당신은 캐릭터를 구축하는 데 생기는 문제점을 해결할 것이며 당신 스스로를 공연 속의 상호작용 안으로 집어넣을 수 있게 될 것이다.

마찬가지로 당신이 어떤 사물에 개성을 부여함에 따라 캐릭터가 더욱 흥미로워질 수도 있다. 〈찰리 브라운(You're a Good Man, Charlie Brown)〉에서 라이너스에게 담요는 가장 친한 친구이자 부적이자 구명보트이자 그 밖에 무수히 많은 긍정적인 대상이다. 이러한 면은 라이너스를 이 뮤지컬에 등장하는 다른 소년들과 차별화된 존재로 만든다. 이것은 또한 이 배역을 연기하는 배우에게 여러 가지 다양한 재미있는 일들을 할 수 있게 한다. 라이너스의 세계는 그와 담요의 관계로 규정지을 수 있다. 사실 이 뮤지컬에 등장하는 모든 캐릭터들은 이 담요와 특별한 관계에 있다.

사람과 사물 사이에 부여된 관계는 상호이해 관계를 갖는다. 당신 캐릭터의 세계 속에서 모든 것들은 위험과 필요, 그리고 성공과 실패의 가능성을 모두 가지고 있다. 저 사람이 당신을 거부한다면 혹은 환영한다면 무슨 일이 벌어질까? 저 사람이 당신을 더 이상 신뢰하지 않는다면 혹은 담요를 찢었다면 무슨 일이 벌어질까? 저 사람이 갑자기 죽는다면 혹은 담요를 훔쳐간다면 무슨 일이 벌어질까?

목적

2.4

캐릭터들은 잠시도 멈춰 있지 않는다. 그들은 뮤지컬이 공연되는 동안 계속 무언가를 한다. '나는 무엇을 하는가?' 이렇게 캐릭터의 행동에 질문을 해보자. 어떤 캐릭터가 무언가를 할 때, 우리는 그것을 행동(action)이라고 부른다. 적과 맞서다, 누군가를 진정시킨다, 비밀을 털어놓는다, 혹은 곤란한 문제를 회피한다와 같은 것들은 모두 행동이다. 배우(actor)란 곧 행동(action)을 하는 사람이지 않은가.

왜 vs 무엇을 위해서

왜 그는 그런 일들을 하는 거죠? 이런 질문은 캐릭터의 동기를 자극할 뿐 아니라 당신이 캐릭터의 동기를 이해하는 데 도움을 준다. 왜냐하면 이런 질문은 당신이 그 캐릭터를 연기할 때 알아야 하는 중요한 정보들, 즉 전후 관계와 과거, 그리고 그 캐릭터가 그렇게 행동할 수밖에 없는 이유를 심리적으로 그리고 감정적으로 이해할 수 있게 도와준다. 그러나 이러한 정보는 대부분 그 장면에서의 사건보다 시간적으로 앞서 일어난 것이다. 그것은 실제로 그 캐릭터의 과거지사다. '왜'에 대한 답변은 당신이 행동하는 데 도움이 되지 않는다. 그것은 당신에게 '무엇을 위해서'라는 생각을 억제시키는, 무미건조하고 이치에 딱 들어맞는 이론적 근거를 제공할 것이다. 예를 들면, 장발장은 왜 빵을 훔쳤을까? 그는 배가 고팠고, 가난했고 그리고 다른 해결방법이 없었기 때문에 빵을 훔쳤다. 이 답변은 모두 진실이다. 그러나 파닥이는 물고기와 같은 생동감이 없다.

연기는 적극적이고 능동적인 것이다. 캐릭터들은 행동하기를 원한다. "내 캐릭터는 왜 저렇게 행동하나요?"라고 묻지 말고, "내 인물은 무엇을 하고 있나요?"라고 물어라. "내 캐릭터는 무엇을 위해서 이렇게 행동하죠?" "그는 무슨 일이 일어나길 바라나요?" 바로 지금 당신은 캐릭터의 '목적'에 대해 묻기 시작했다. '목적'은 실현가능할 뿐 아니라 당신이 행동하도록 이끄는 동력이 될 것이다. 목적은 캐릭터의 행동에 불을 붙이는 로켓 연료이며, 그 목표 지점은 미래에 일어날 결과다. 처음에는 동기와 목적의 차이점을 구별하기가 쉽지 않다. 그러나 당신이 다음과 같이 말했을 때 어떤 기분이 들었는지 그 차이점에 주목하라. "나는 배가 고팠기 때문에(because) 빵을 훔친다."와 "나는 살기 위해서(what for) 빵을 훔치고 있다." 전자는 '왜'에 해당되고, 후자가 가슴을 북받치게 만드는 '무엇을 위해서'에 해당된다. 우리는 '때문에(because)'라는 단어를 조심해야만 한다. 그것은 당신을 합리적인 설명에 집중시켜 가슴이 아닌 머릿속에 당신을 가두어놓는다. 반면에 "나는 살기 위해서 빵을 훔치고 있다."는 말은 당신을 캐릭터의 목적에 집중시켜 당신을 행동하게 만든다.

캐릭터를 분석할 때 당신은 캐릭터의 행동, 동기 그리고 목적에 주목해야 한다. 이 셋은 같지는 않지만 서로 연관되어 있다. 다음과 같은 질문을 스스로에게 던져라.

- 나의 캐릭터는 무엇을 하고 있는가? 이 질문은 당신의 행동을 설명하기 위한 것이다. 강렬한 동사를 사용하여 답변하라. 나는 싸운다, 나는 유혹한다, 나는 집적거린다, 나는 맛본다, 나는 죽인다······

- 나의 캐릭터는 왜 이런 행동을 하는가? 이 질문은 당신에게 동기를 부여하고, 당신을 이 순간으로 이끌어 온 과거에 대한 명확한 감각을 줄 것이다. '~때문에'라는 문장으로 답변하라. 나는 외롭기 때문에, 나는 슬프기 때문에, 나는 상처받았기 때문에, 당신이 나를 간절히 원하기 때문에······

- 나는 지금 무엇을 이루기 위해서 싸우고 있나? 이 질문은 당신의 목적을 밝혀줄 것이다. '나는 ~을 원한다.'는 문장으로 답변하라. 나는 소유하기를 원한다, 나는 살기를 원한다, 나는 변화를 원한다, 나는 복수를 원한다, 나는 알기를 원한다······

연습과제 21

왜 vs 무엇 때문에

1. 작업노트를 사용하라. 당신의 캐릭터가 하고 있는 일들의 목록을 만들어라.
2. 이제 다음과 같은 도표를 작성하라. 각각의 맨 위 칸에 명칭을 붙이고, 먼저 '행동'의 칸에 캐릭터의 행동 목록을 순서대로 적어라. 그런 다음 그 행동에 관한 각각의 질문들에 답변을 달아라.

: 표 2-1

행동	동기	목적
나는 무엇을 하는가?	나는 왜 저런 행동을 하는가?	나는 무엇을 위해서 이런 행동을 하는가?

어떤 행동을 하도록 만드는 동기와, 당신이 실제로 원하는 것 사이의 구분이 명확해질 것이다. 동기는 연기될 수 있는 것이 아니다. 동기에 집중하게 되면 당신은 이 뮤지

컬에서 점점 멀어지게 될 것이다. 반면 당신이 일어나기를 바라는 무언가를 위해 싸우는 것은 당신을 그 캐릭터의 경험 속으로 몰입하도록 만든다. 이를 다른 말로 표현하면, '왜'는 과거에 관한 것이고, '무엇을 위해서'는 미래에 관한 것이다.

2.4.2 초목적

일반적으로 캐릭터는 이야기 전체에서 모든 것에 우선하는 중요한 한 가지를 갖고 있다. 이를 초목적(Superobjective)이라고 부른다. 캐릭터는 연속된 자그마한 목적들을 거쳐서 초목적으로 나아간다. 모든 막, 장, 노래 그리고 그보다 작은 단위의 행동에서도 그 자체의 목적을 가지고 있다. 그러나 그 모든 목적들은 캐릭터의 초목적을 향해 정렬되어 있다. 이것을 목적 체계(objective hierarchy)라고 부른다.

때로 캐릭터는 왜 자신이 이런 행동을 하는지 정확히 깨닫지 못한다. 많은 캐릭터들이 실제로 어떤 행동을 한 후에 그것을 맹렬히 부정하기도 한다. 자신의 행동을 통찰한다는 것은 여행을 떠나는 것과도 같다. 캐릭터는 뮤지컬이 진행되면서 서서히 완성된다. 그리고 그 캐릭터가 하는 행동의 본질은, 그 작품의 클라이맥스가 되어서야 비로소 밝혀지고, 실감하고, 이해된다. 예를 들면, 〈피핀(Pippin)〉에서 피핀은 'Corner of the Sky'를 부를 때 자신이 원하는 것은 아버지나 남편 그리고 평범한 농부가 되는 것이라고 직접적으로 말하지는 않는다. 사실 피핀 자신이 원하는 것은 "특별한 삶을 사는 것"이라고 말하고 있다. 그는 자신의 꿈을 이루기 위해 너무나도 뻔한 길들을 모두 거부하고, 변변찮은 비천한 길로 단호하게 접어든다. 배우는 캐릭터가 방향을 잃고 헤매는 순간에도 그 캐릭터의 초목적을 이해하고 있어야 한다. 피핀의 경우, 그는 자신의 초목적이 "내 영혼이 자유롭게 뛰놀 수 있는, 저 하늘에서 나만의 장소를 찾는 것"이라고 주장한다. 그는 자신의 이러한 초기의 생각이 너무나도 순진한 것이었음을 깨닫게 된다. 그러나 초목적을 향한 그의 여정은 변하지 않는다. 결국, 피핀은 평범해 보이는 한 여자와 그녀의 아들과 함께하는 가정적인 삶이 바로 자신이 가장 원하는 특별한 삶이라는 것을 깨닫게 된다.

초목적은 주의 깊게 선택될 수도 있지만 좀더 일반적으로는 캐릭터를 결정짓는 것이라고 생각할 수 있다. 그것은 "나는 사랑을 통해 각기 다른 사람들을 다시 하나로 만들어야 한다."[〈Once on This Island〉의 티문]와 같은 근본적인 충동일 수도 있고, "나는 우리 세대를 자유롭게 만들어야 한다."[〈스프링 어웨이크닝(Spring Awakening)〉의 멜키에]와 같이 억제할 수 없는 욕망일 수도 있다. 또한 그것은 "나는 아버지를 죽인 놈들에게 복수해야 한다."[〈라이온 킹(The Lion King)〉의 심바]와 같이 캐릭터를 어쩔 수 없는 상황에 몰아넣은 어떤 것이 될 수도 있다.

캐릭터의 초목적을 결정하는 데는 신중한 분석이 필요하다. 배우는 작품 전체를 넓게 보는 눈과 하나의 작은 순간에 집중해서 들여다보는 눈, 두 가지 관점을 모두 가지고 있어야 한다. 넓은 시각과 좁은 시각으로 본 행동은 겉으로는 모순되어 보이지만 그 행동들 사이에는 일관성이 있다.

공연 연습 과정에서 얻게 되는 가장 중요한 소득 중 하나는 캐릭터의 초목적을 실험해보고 다듬을 수 있다는 사실이다. 당신은 행동의 일관성(throughline of action)이라는 틀 속에서 캐릭터의 모든 행동을 포함시키고 체계화할 수 있는 단 하나의 원동력을 찾아야 한다.

행동의 일관성이란 개념은 '캐릭터의 모든 것은 그가 최초로 원하던 그곳을 향하고 있다'는 것을 인지하는 것에 기초한다. 만일 당신이 올바른 초목적을 찾을 수 있다면 그 욕망은 캐릭터의 모든 행동들을 조직화하고 집중시킬 것이다.

초목적은 캐릭터의 삶 한가운데 존재하며 사방으로 중력을 미친다. 주위의 모든 것을 끌어당기므로 티끌 하나도 달아날 수 없다. 그것은 이야기의 끝에서부터 거슬러 올라가며 당신이 맡은 캐릭터의 목을 움켜쥐고 뮤지컬 속으로 당신을 끌어당긴다. 예를 들어, 만일 당신이 〈웨스트 사이드 스토리〉의 아니타 역을 맡았다면 당신은 그 캐릭터를 연기하기 위해 다음과 같은 점들을 고려해야 할 것이다. "나는 미국에서 내가 처한 환경과 싸워야 한다." 또는 "이 새로운 나라의 위험들로부터 마리아를 보호해야 한다." 또는 "나는 베르나르도를 지배하고, 그가 나를 원하도록 만들어야 한다." 이것들은 모두 그녀가 원하는 것이고, 그녀가 싸우는 이유이다. 초목적은 바로 이러한 욕구들 가운데 가장 중요한 그 무엇이다.

많은 경우 캐릭터는 욕망과 투쟁하고, 그것들 사이에서 선택을 강요받는다. 그 선택은 효과적이다. 왜냐하면 그가 선택한 그것은 그가 진정으로 원하는 초목적이기 때문이다.

아니타의 경우, 그녀는 자신과 같은 (푸에르토리칸) 친구들이 존중받기를 원하고, 베르나르도의 사랑을 원하고, 그의 죽음에 복수하기를 원한다. 그리고 명백히 모순된 이러한 욕구들 가운데에서도 마리아를 위해 베르나르도를 죽인 남자(토니)를 찾아가 그가 위험에 처했음을 경고해주기도 한다. 만일 저렇게 감정적으로 복잡한 상태에서 아니타가 마리아의 부탁을 들어주기로 선택했다면 이는 그녀에게 가장 중요한 것이 무엇인지를 알려주는 중요한 단서가 된다. 그녀의 초목적은 "마리아를 보호하고 도와주는 것"이 될 것이다.

일단 당신이 초목적을 명확히 결정하고 나면 온갖 상반된 충동들이 일어남을 경험하게 될 것이다. 캐릭터는 그 충동에 맞서야 하고, 단념하거나 혹은 극복해야 한다. 아니타가 자신의 친구에게 충실한 동시에 베르나르도의 복수를 할 수는 없다. 그렇다고 계속해서 마리아를 보호하고 도와줄 수도 없다. 이러한 갈등 상황은 아니타란 인물에게는 극적으로 격렬한 장애물이 된다. 우리는 다음 장에서 이와 같은 장애물의 유용성에 대해서 좀더 이야기를 나눌 것이다.

우리의 마음 깊은 곳에서 간절히 바라는 것들은 대부분 비이성적이고 실현되기 어려운 것들이다. 그러나 이러한 무의식적인 욕구들이 우리의 삶을 움직이는 힘이다. 피핀은 언제나 완전무결한 성취를 원한다. 그렇지 않으면 그는 속세의 덫에 빠질 것이라고 생각한다. 내가 아닌 다른 누군가를 위해서 이러한 목적을 달성한다는 것이 가능할까? 그러나 목적을 달성하는 것이 중요한 게 아니다. 초목적은 당신을 행동하게 하고, 뮤지컬이 진행되도록 만든다. 목적은 달성되지 않을 수도 있고, 아무리 이성적인 캐릭터라 할지라도 어리석은 목적에 사로잡힐 수 있다. 예를 들면, "나는 신을 죽여서라도 복수를 하고야 말겠다."처럼 말이다.

당신이 연기해야 하는 캐릭터의 목적들을 체계적으로 발전시키려면 캐릭터가 등장하는 주요 장면들의 윤곽을 잡고, 그 장면의 목적을 찾는 데서 시작해야 한다.

목적 체계

작품을 아래와 같은 구성단위로 나눈다. 큰 단위를 먼저, 작은 단위를 나중에 작업하되 각 단위별로 캐릭터가 원하는 것이 무엇인지 적어라.

작품 전체의 큰 목적

막(Act)의 목적

장(Scene)※의 목적

유닛(unit)※ 또는 노래의 목적

찾아낸 목적들은 연습 과정 초반에 임의적으로 설정된 목적임을 명심하라. 이 말은 가장 적당한 목적을 찾기까지 수차례 시행착오를 겪을 수 있다는 뜻이다. 당신은 신중하게 그리고 계획적으로 작업해야 한다. 그리고 그 배역에 대한 이해가 깊어질수록 단계적으로 바꾸어 나가야 한다.

※ 장(Scene, 장면) : 일반적으로 장소의 변화나 인물의 등·퇴장으로 장면을 구분한다.
※ 유닛(unit) : 한 개 이상의 비트가 상호작용을 하여 하나의 이야기를 구성하는 단위.

목적을 테스트하라

2.4.3

목적이 당신과 배역 사이를 강력하게 연결해 주었다면 이를 연습 과정을 통해서 확인해 본다. 모든 목적은 예정된 결과를 가져온다. 다음과 같이 질문해보자.

- 만일 내가 무엇을 원하는지 분명하게 알고 있다면 무슨 일이 일어날까?

- 내가 원하던 것이 이루어졌다는 사실을 나는 어떻게 아는가?

- 목적의 달성이 어떻게 표현되었나?

우리는 이러한 질문들을 시험해볼 수 있다. 〈웨스트 사이드 스토리〉에서 마리아와 아니타가 부르는 이중창 'I Have a Love/A Boy Like That'을 보자. 베르나르도는 방금 전에 살해당했다. 그의 애인인 아니타는 베르나르도의 여동생인 마리아와 다투고 있는데, 바로 토니 때문이다. 토니는 마리아의 애인이자 갱들 간의 싸움에서 베르나르도를 죽인 장본인이다(표 2-2 참조).

거의 대부분의 경우, 당신은 또 다른 누군가의 행동을 보고 당신이 원했던 것이 이루어졌음을 알게 된다. 그렇기 때문에 당신 목적의 달성 여부는 대개 내가 아닌 다른 사람에게 달려 있다. 이 경우에 아니타는 마리아가 원하는 대로 따르고, 마리아는 아니타의 도움과 허락을 얻기 위한 싸움에서 승리하였음을 아니타의 반응을 보고서 알게 된다. 상대 배역의 관점에서 목적을 바라보게 되면 당신은 다른 사람과의 관계 속에 자연스럽게 녹아 들게 된다. 당신에게 필요한 것은 상대 배역에게 집중하는 것이다. 그래서 그녀를 변화시키고, 그녀를 행동하도록 만드는 것이다. 이것은 당신뿐 아니라 상대방을 위해서도 필요한 일이다. 마리아는 아니타가, 자신을 비난하는 사람에서 자신을 돕는 사람으로 바뀌었음을 알게 된다. 그녀는 오로지 아니타가 한 행동 때문에 이러한 변화를 알아차렸다.

: 표 2-2

마리아의 목적은 자신이 사랑하는 토니를 위해서 아니타의 도움을 구하는 것이다.	**아니타의 목적은** 토니가 마리아를 속인 것이라는 것을 깨닫게 만들고, 그 둘의 관계를 끝내도록 마리아를 납득시키는 것이다.
아니타가 비난을 멈추고 마리아와 토니에게 도움을 주기로 하면서, **마리아는 자신이 바라던 것이 이루어졌음을 알게 된다.**	마리아가 토니와의 관계를 끊겠다고 하자 **아니타는 자신이 바라던 것이 이루어졌음을 알게 된다.**
마리아의 목적이 달성되었음은 소중한 친구이자 조언자인 아니타가 자신을 껴안고, 도움을 청하는 자기의 요구에 "알았어"라고 말하면서 머리를 끄덕이는 행동으로 표현된다.	**아니타의 목적이 달성되었음은** 눈물을 흘리며 자신이 가족을 배신한 것에 용서를 구하는 마리아의 기도라는 행동을 통해서 표현된다.

구체적으로 결과를 상상하라

상대 연기자에게 구체적으로 반응해달라고 요구하라. 예를 들면, 당신은 지금 재정적 파산으로부터 가족의 유산을 지켜내기 위해 도움이 절실한 상황에 처해 있다. 그런데 "나는 성공하고 싶다"와 같은 목적은 너무 식상하다. 뮤지컬 〈킹키 부츠(Kinky Boots)〉에서 찰리는 롤라의 도움이 너무나 간절하다. 롤라가 자신이 디자인한 부츠를 찰리의 책상 위에 올려놓을 때 그는 도움을 받게 되었다는 것을 알게 된다.

모든 캐릭터는 자신을 표현하는 독특한 방식을 가지고 있다. 좀더 면밀히 의도된 결과는 연기를 더욱 쉽고 재밌게 만든다. 당신의 목적이 무엇인지를 안다면 당신은 더 이상 "나는 네가, 너 자신이 저지른 행동 때문에 고통에 빠지길 바란다."와 같이 평범한 생각은 떠올리지 않을 것이다. 오히려 당신은 구체적으로 상상하여 결과를 찾게 될 것이다. "나는 네가 불길에 휩싸여 비명을 지르며 검은 연기 속으로 사라지기를 바란다. 나는 네가 한 줌의 재가 될 때까지 지켜볼 것이다." 그런 다음에야 비로소 당신의 사업에 동참하기로 한 롤라에게, 당신을 껴안는 아니타에게 혹은 불길에 휩싸인 당신의 적에게 집중할 수 있을 것이다.

연습과제 2K

구체적으로 결과를 상상하라

당신이 발전시켜온 목적 체계 리스트를 가지고 작업하라. 모든 목적에 다음과 같이 질문하라. "만약 내가 바라던 것이 이루어졌다면 구체적으로 무슨 일이 일어날까? 그리고 그것은 정확히 어떻게 표현될까?"

이 리스트를 공연 연습 과정에도 적용해보자. 당신이 원하는 것에 추상적으로 접근하지 말고 구체적으로 어떠한 일이 벌어질지 상상하려고 노력하라. 더욱 쉽고 명료해질 때까지 살펴보아야 한다.

당신의 목적을 수정하는 것이 좋을지 어떨지 이러한 방법을 이용하여 결정하라.

우리의 모든 작업은 중복되어 진행된다는 점을 유념해야 한다. 캐릭터에게 주어진 상황을 이해하라. 명료하고 구체적인 관계를 구축한 다음 연기를 시작하라. 당신과 관계되어 있는 사람들 그리고 사물들에 개성을 부여하고, 성격을 구축하라. 상대 배역에 집중하고, 구체적인 목적을 찾아내라. 그리고 주도면밀하게 의도한 결과를 상상하도록 하라. 이 모두는 당신을 캐릭터 속으로 들어가도록 도와줄 것이고, 뮤지컬 공연 내내 당신이 열정적으로 연기할 수 있도록 도와줄 것이다.

2.5 — 비트

한 장면 안에서 당신은 목적을 달성하기도 하고, 때로는 강력한 힘에 떠밀려 목적이 바뀌기도 한다. 때로는 이야기의 흐름이 달라지거나 마음이 변하는 일도 벌어진다. 목적을 이루거나 아니면 목적이 바뀌는 것은 하나의 유닛이나 노래 안에서 일어나는데, 이때 목적의 변화에 따라 유닛이나 노래를 더 작은 단위로 나눌 수 있다. 예로부터 배우들은 이 작은 단위를 '비트(Beat)'라는 전문용어로 불러왔다.

만약 당신이 비트를 나누는 작업을 무시한다면 그러한 변화를 일으킨 작가의 의도를 파악하지 못할 것이고, 캐릭터의 세세한 경험 속으로 우리 자신을 올바로 이끌어가지 못할 것이다. 연기의 많은 문제점을 해결하는 방식이 그러하듯이 비트를 나누는 일도 날카로운 대본 분석과, 당신 스스로를 캐릭터의 경험 속으로 투사할 수 있는 상상력을 필요로 한다. 유닛을 더욱 작은 단위로 쪼개면 관객은 그 연기의 맥락을 쉽게 이해할 수 있게 되고, 진실성에 대한 믿음은 더욱 확고해진다.

2.5.1 — 비트 나누기

당신이 원하는 것이 무엇인지, 그리고 당신이 원하는 바가 언제 변하는지 질문을 던지는 것으로 시작하자.

예를 들어 아니타를 살펴보자. 그녀가 처음 등장하는 장면을 기억하는가. 그녀와 마리아는 웨딩숍에서 일하고 있다. 아니타는 마리아를 위하여 하얀 성찬식 드레스를 파티 의상으로 수선하고 있다. 마리아는 아니타에게 드레스를 좀더 섹시하게 만들어 달라고 조르고 있다. 이 부분에서 아니타의 목적은 뚜렷하다. 그녀의 목적은 혼기가 찬 마리아의 순진하기만 한 열정을 자제시키는 것이다. 마리아보다 나이도 많고 경험도 많은 아니타는 어린 소녀의 철없는 행동이 무슨 일을 일으키는지 잘 알고 있다. 그리고 마리아가 자신을 자극하지 못하도록 스스로 마음의 고삐를 죄는 것은, 마리아를 보호하는 것이 초목적인 아니타에게도 필요한 행동이다. 마리아는 꿈쩍도 않는 아니타를 다양한 방법으로 설득하려고 애쓴다. 이 비트는 목선을 좀더, 아주 조금만 내리기로 하는 대신에 드레스의 색깔은 빨강이 아닌 흰색으로 하기로 타협하면서 끝난다. 이 비트가 끝이 나면 베르나르도와 치노가 들어오고, 이야기는 다음 유닛으로 넘어가게 된다.

〈웨스트 사이드 스토리〉는 탄탄하게 구성된 에피소드 형식의 작품이다. 이 뮤지컬에서 비트는 종종 하나의 유닛과 일치하기도 한다. 그러나 어떤 장면을 보면 비트는 하나의 유닛이나 노래보다 작은 단위임을 알 수 있다. 이때 하나의 유닛을 구분하는 기준은 하나의 중요한 이야기를 담고 있는가 하는 점이다. 하나의 비트는 캐릭터의 작은 목적 하나를 담고 있다. 유닛을 구분하는 것은 이야기이다. 목적은 캐릭터가 매 순간 원하는 것이다. 유닛과 비트는 때로 일치하기도 하지만 대부분의 경우 비트는 더 작은 단위를 이룬다. 유닛을 이루는 이야기의 요소들을 파악하는 것은 매우 중요하다. 무슨 일이 일어나고 있는지 알고 있어야 명료한 감각을 유지할 수 있다. 그러나 이야기가 연기는 아니다. 목적이 있는 행동이 연기를 만든다. 유닛 못지않게 비트가 중요한 이유이다. 당신은 이러한 구분을 통해 대본과 장면을 분석하는 동안은 잠시 연출가가 되었다가, 각 유닛과 비트에서 캐릭터의 목적을 찾아낸 후에는 다시 매우 주관적이고 자기중심적인 배우의 세계로 돌아가야 한다.

댄스파티가 끝난 후 아니타, 베르나르도 그리고 샤크파 갱들과 그들의 여자들이 아지트에 모인다. 이 장면에서 아니타의 목적은 베르나르도를 통제하고, 지배하고, 자신의 매력에 푹 빠지도록 만드는 것이다. 그리고 전통적인 푸에르토리코 여자의 굴레를 벗어던지고, 독립심이 강한 미국 여자처럼 당당하게 자신의 특권을 주장하는 것이다.

그들이 등장하면, 베르나르도(마리아의 오빠)는 마리아에 대한 걱정에 사로잡혀 있다. 이 첫 번째 비트에서 아니타의 목적은 베르나르도의 관심을 자신에게로 돌려놓는 것이다. 그녀는 이러한 목적을 대사 6개로 달성한다. 베르나르도가 그녀의 이름을 재잘거리며 불러대기 시작하는 순간 아니타는 자기 소원이 이루어졌음을 알게 된다. 이러한 자각과 동시에 아니타의 목적은 달라지고, 우리는 다음 비트로 넘어가게 된다.

연습과제 2 L

비트 찾기

1. 노래가 포함된 장(scene)을 하나 선택하라.

2. 스스로에게 질문하라. "이 장에서 무슨 일이 일어났는가?" 이때 대본을 보고 답하지 말 것. 단지 이 장의 줄거리를 이야기하면 된다. 만일 당신이 그룹으로 작업하고 있다면 팀원들을 둥글게 앉히고 한가운데 당신이 앉는다. 그런 다음 당신은 맞은편에 있는 사람과 짤막한 줄거리 한 토막씩 주고받는다. 먼저 당신이 맞은편 사람에게 이 장에서 일어난 사건 중 하나를 이야기하면 맞은편 사람은 당신에게 "그 다음에는⋯⋯"이라고 말하며 이어지는 짤막한 사건을 이야기한다. 그런 다음 당신은 옆에 있는 사람에게 "그 다음에는⋯⋯" 하고 이야기를 이어간다. 이와 같이 장을 나눌 때 당신은 직감적으로 중요한 사건을 중심으로 나눌 것이다. 이 사건이 유닛을 구성하는 가장 중요한 요소이다.

3. 이 장에서 당신 캐릭터의 목적을 찾아라. 그런 다음 모든 유닛의 목적을 찾아라.

4. 그런 다음에 유닛의 목적들을 더욱 세밀하게 관찰하라. 그 목적들이 성공했는지 실패했는지 혹은 재고되어 새로운 목적으로 바뀌었는지 파악하는 것은 매우 중요하다. 이러한 변화는, 비트의 끝과 그 다음 비트의 시작을 알려준다.

5. 이 비트들이 잘 보이도록 당신의 대본에 확실히 표시해둘 것. 분명한 목적을 선택하라. 이 목적은 정확히 의도된 것이어야 한다.

6. 그 장면에서 각각의 결과들이 진실하게 느껴질 때까지 연습하라. 당신과 상대 배우 사이의 반응에 집중하라.

바로 지금 당신이 원하는 것을 이루기 위해 노력하라

비록 캐릭터가 한 장면에서 많은 것들을 원한다 할지라도(때로는 모순된 것들을 동시에 원하기도 한다) 대개 캐릭터는 하나의 비트에서 하나의 목적을 추구한다. 그 목적이 정당한지, 이루어질 수 있는 것인지 걱정하지 마라. 또한 시간이 흐르면 완전히 정반대로 변하지는 않을지 걱정하지 마라.

지금 이 순간 당신이 원하는 것을 이루기 위해 노력하라. 인간 행동의 대부분은 합리적이지 않다. 캐릭터를 진실하게 표현하겠다는 말은 곧 속기 쉬운 우리의 영혼이 가지고 있는 모든 어리석음 또한 표현한다는 뜻이다. 다음은 스티븐 손드하임(Stephen Sondheim)이 작사·작곡한 〈Follies〉의 가사이다.

"God-why-don't-you-love-me-oh-you-do-I'll-see-you-later"

매우 재치 있는 가사이다. 그런데 당신은 눈치 챘는가? 이 짧은 노래 가사 속에 완전히 모순된 목적을 가진 비트가 적어도 세 개나 존재한다는 것을?

God, why don't you love me?

아니, 당신은 왜 날 사랑하지 않는 거야? (무릎을 꿇고 나를 숭배해!)

Oh, you do!

아, 당신 정말! (잠깐! 멈춰!)

I'll see you later…

당신을 나중에 다시 만나고 싶네요. (나 좀 여기서 구해줘!)

뮤지컬의 난제 가운데 하나는 생각과 목적을 이와 같이(2초 안에 3개의 비트가 있는 것처럼) 간략하게 축소시킬 수도 있고, 시간이 멈춰버린 듯 찰나의 순간을 드넓은 공간으로 확장시킬 수도 있다는 점이다. 비트 안에서 캐릭터의 목적을 이해하는 것이 곧 그 순간을 진실하게 만드는 것이다.

장애물

만일 당신이 무언가를 위해서 투쟁을 한다면 당신에게 필요한 게 있다. 당신이 반대하고 부딪쳐야 하는 대상이다. 드라마는 갈등을 다룬다. 장애물이란 우리가 부딪쳐야 하는 대상을 말한다. 장애물은 갈등을 만든다. 비행기가 좀더 빨리 이륙하기 위해서는 양력이 필요한데, 양력이 생기기 위해서는 맞바람을 맞아야 한다. 마찬가지로 도전적인 장애물은 비트가 진행하는 데 맞바람이 되어준다.

심리적으로 안정된 사람이라면 무대 밖 일상에서 벌어지는 갈등을 평화적으로 해결하려고 노력할 것이다. 그러나 모든 드라마에서 캐릭터는 자신에게 닥친 장애물에 굴복하지 않고 자신의 목적을 추구한다. 장애물은 캐릭터를 더욱 열심히, 영리하게 대처하도록 만들고, 한 번도 생각해본 적이 없던 온갖 전략과 전술을 동원하게 만든다. 목적을 향해 나아가는 힘과 이를 방해하려는 힘이 부딪치면 이 둘 사이에 매우 역동적인 작용/반작용이 발생한다. 또한 이러한 상호작용은 당신과 대립하고 있는 상대 배우는 말할 것도 없고, 관객과 배우 사이에도 강력한 감정 반응을 불러일으킨다.

외부의 장애물과 내면의 장애물

장애물은 외적인 요인(물리적인 장애물, 다른 인물과의 물리적 충돌)과 내적인 요인(감정적인 대립, 심리적 갈등, 양심의 가책, 모순된 욕구)에서 비롯된다.

외부의 장애물은 대개 눈에 잘 띈다. 마리아는 비상계단에, 토니는 거리에서 서로 마주보고 있다. 이들이 떨어져 있는 것은 일종의 은유이다. 그러면서 동시에 매우 실체적이다.

그들은 함께 있지만, 보이는 그대로 적당한 거리가 필요하다. 그들이 같이 있다면 그들에게는 너무 위험한 상황이 벌어질 수 있다. 베르나르도가 그들이 같이 있는 모습을 목격한다면 토니를 죽이려들 것이다. 캐릭터들은 빈번하게 물리적인 외부의 장애물과 마주친다.

내면의 장애물과는 더욱 자주 만나게 된다. 캐릭터는 자주 모순된 것을 원한다는 것을 기억하라. 처음의 목적과는 반대되는 강렬한 욕구들이 매우 자주 일어나게 된다.

체육관에서의 댄스파티가 끝난 후, 토니는 마리아를 찾아 헤매다 그녀의 집 창문 아래에서 그녀를 만난다. 이때 마리아는 토니를 끌어안고 싶다. 하지만 그녀의 주변에 장애물이 존재한다. 그녀의 아버지가 이 사실을 알게 되면 그녀의 비상계단 출입을 금지시킬 것이고, 더욱 심각한 경우 그녀의 오빠가 둘의 만남을 눈치챌 수도 있다. 그녀의 내면에는 또 다른 갈등도 존재한다. 그녀는 순종적인 딸, 착한 여동생 그리고 순결한 가톨릭 여자가 되도록 교육받았다. 미국 남자와의 비밀스런 만남은 이 모든 것에 위배된다. 그녀는 베르나르도를 무서워하고, 그녀의 친구들은 모두 미국 남자들이 여자에게 바라는 것은 오로지 한 가지뿐이라고 믿고 있다. 그러나 그녀는 이제까지 느껴보지 못했던 감정을 느끼고 있고, 강렬하고 신선한 열망에 사로잡혀 있다. 이러한 생각들 모두가 토니를 만나는 순간 그녀의 마음속에 밀려들 것이다. 그리고 그녀는 자신의 욕망과 자신이 처한 현실 가운데서 갈피를 못 잡게 된다.

연습과제 2M

장애물 찾기

대본에서 비트가 3개 이상으로 구성되어 있는 유닛을 골라라. 당신의 목적과 그에 가장 이상적인 결과를 적어라. 그런 다음 각각의 비트마다 다음과 같이 적어라.
"만일 나의 목적이 (   )이라면, 나의 장애물은 (   )일 것이다."
목적 하나에 적어도 외부의 장애물 2개와 내면의 장애물 5개씩 찾아라. 이제 찾아낸 장애물들을 이용하여 이 장면을 연기하라. 어떤 장애물이 당신을 압박하는 데 가장 효과적이었나? 또는 어떤 장애물이 당신을 목적으로부터 가장 멀어지게 만들었나?

구체화시키기

2.6.2

당신 내면의 개인적인 장애물들은 캐릭터를 전혀 다른 방향으로 인도할 것이다. 이것이 바로 연기를 구체화시켜주는 열쇠다. 마음이나 머릿속에 자리하고 있는 것은 반드시 몸으로 표현된다는 것이 인간 행동의 원리이다. 당신이 생각하고 있거나 느끼고 있다면 당신의 몸은 반응할 것이다. 당신의 호흡이 변하고, 어떤 근육은 긴장되거나 느슨해지고, 당신의 자세나 균형이 바뀔 것이다. 그러나 순전히 내면의 생각이나 감정으로만 그렇게 되는 것은 아니다. 배우는 훈련을 통해 자신의 목소리와 신체를 깨우고 민감하게 만들어야 한다. 그래서 어떤 충동이 일어나면 당신의 모든 신체 기능이 자발적으로 동원되어 반응할 수 있도록 준비되어야 한다.

생각이나 감정을 신체로 표현하는 것은 매우 섬세하고 힘든 작업이다. 그러나 공연, 그 중에서도 특히 뮤지컬은 표현이 풍부한 연기가 요구된다. 다양하고 진실하게 캐릭터를 표현하고 싶다면 캐릭터가 직면하고 있는 장애물들을 만들어야 한다.

연습과제 2N

당신의 장애물은 무엇인가?

1. 연습과제 2M에서 썼던 장면의 비트들과 내면/외부의 장애물 목록을 사용하자.
2. 이 장면에서의 상대 배우와 건너편에 마주보고 서라. 그리고 당신이 계획한 대로 결과를 이끌어내려면 상대 배우에게서 무언가를 얻어내야 한다고 상상하자.
3. 당신이 상대 배우에게 다가가지 못하도록 다른 동료들이 물리적인 힘을 사용하여 막아라. 이제 당신은 말 그대로 강력한 장애물에 부딪치게 되었다. 만일 당신이 장애물의 역할을 하고 있다면 상대가 다치지 않도록, 그러나 상대가 격렬하게 싸우도록 만들어라. 이런 방식으로 장면 장면을 몸에 확고히 익혔을 때에야 비로소 대본을 바르게 이해했다고 할 수 있다. 만일 당신이 배우 역할을 한다면 무작정 열심히 하는 것은 좋지 않다. 당신이 할 수 있는 모든 수단을 동원하라. 유혹하고, 부추기고, 협박하고, 을러대고, 희롱하고, 즐겁게 해줘라.
4. 독창적인 장애물을 만들어라. 이러한 방식으로 조각들을 맞춰가라. 목적한 바를 포기하게 만들든지 아니면 교묘하게 속여라. 그리고 이 과정을 즐겨라.

감정이란 (유익한) 장애물이다

연습과제 2N을 실험하면서, 어떻게 감정이 만들어지는지 살펴보자. 당신은 간절히 원하는데 방해를 받아 포기해야 한다면, 혹은 타협해야 하는 상황이라면 당신은 화가 나지 않겠는가? 이와 같은 생각만으로도 당신은 어떠한 감정이 솟구침을 느꼈을 것이다. 만일 그랬다면 훌륭하게 해낸 것이다.

배우는 감정을 일으키기 위해서 스스로에게 어떤 압박감을 주기도 한다. 배역을 연기한다는 것은 감정에 대한 특별한 책임의식이 있어야 가능하다. 〈아가씨와 건달들(Guys and Dolls)〉의 한 장면을 보자. 사라 브라운은 아들레이드와 대화를 나누고 있다. 사라는 매우 마음이 심란한 상태이다. "성경의 말씀 중에 이사야…… 이사야…… (아들레이드 때문에 심란하다.) …… 이사야……" 아들레이드가 대꾸한다. "어떤 늙은이 하나 죽었다고 아무도 그렇게 울지 않아요. 그게 누구든 간에, 당신은 잘못 알고 있어요."

이 말에는 허풍이 전혀 없다. 사라는 대본에서 요구하고 있는 바로 그 감정의 상태에 있어야 한다. 그녀는 심란해야 한다.

경험이 많은 배우라 해도 때로는 이러한 요구가 부담스럽게 느껴질 수 있다. 당신 역시 그 감정에 도달해야 한다는 것을 안다. 하지만 어떻게 해야 하나? 반대로, 우리 모두는 막연한 감정의 분출로 무대 전체를 뒤덮는 배우의 공연을 본 적이 있을 것이다. 이 두 가지 모두 문제이다. 연기를 할 때 느끼는 대부분의 어려운 문제들처럼 이 역시 잘못된 방향으로 문제에 접근하기 때문에 일어난다. 감정을 목적으로 삼기 때문에 일어난 문제이다.

일상에서 우리는 감정 자체를 목적으로 살지 않는다. 어느 누가 감정을 느끼려고 몇 날 며칠을 허비하겠는가. 만일 우리가 연기가 아니라 실제 그 인물로 살기로 했다면 이때도 우리는 뭔가를 느껴야 한다는 편견에 빠지지 않았을 것이다. 생각해 보면 감정은 우리가 원하는 것의 반대편에 위치한다. 감정은 우리를 방해하는 주요 장애물 가운데 하나이다. 사라는 울려고 한 게 아니었다. 그녀는 조금도 그렇게 보일 생각이 없었다. 감정이란 우리가 원하는 것을 쟁취하기 위한 싸움의 부산물이다. 당신과 상대 배역 사이에 존재하는 것이고, 상대방에게 영향을 주는 매우 쓸모 있는 존재이다. 감정이란 당신이 원하는 것과 모순된 욕망과의 충돌에서 빚어진 결과물이다. 간단히 말해서, 만일 우리가 목적과 장애물이라는 기본에 충실하다면 감정은 저절로 일어날 것이다. 이렇게 해서 일어난 감정은 진실할 것이고, 그것이 그 순간에 매우 적절한 감정일 것이다. 더욱이 이러한 감정은 당신을 이끌어 앞으로 나아가게 하고, 당신이 온갖 유용한 방법을 동원하여 싸울 수 있도록 도울 것이다. 만일 당신의 감정이 충분히 끌어올려지지 않았다면 당신의 목적과 그 중요성을 증진시키고, 맞서 싸워야 하는 장애물을 더욱 크게 키워라. 더 큰 감정을 찾으려 하지 말고, 더 큰 욕구와 더 큰 문제를 찾아라. 실제 삶과는 달리 무대 위에서의 커다란 욕망과 크나큰 문제는 배우에게 있어 최고의 친구이다.

만일 당신이 대본에 나와 있는 대로(예를 들어 "나는 눈물을 멈출 수가 없다."와 같이) 명확하게 감정을 표현하겠다고 마음을 먹었다면 일단 그 순간으로부터 한 발자국 물러나라. 그리고 장애물들과의 엄청난 충돌을 이용하여 감정의 최대치까지 가속페달을 밟아라. 매우 빠른 시간 안에 그 지점에 도달하도록 하라.

때로는 캐릭터의 감정이 매우 격해진 상태에서 장면이 시작되거나 혹은 그렇게 격해진 때에 캐릭터가 등장해야 할 경우가 있다. 당신은 무대 바깥에서부터 상상의 작업을 계속하고 있어야 한다. 뮤지컬 〈스프링 어웨이크닝〉에서 모리츠는 악몽과도 같은 환상에서 벗어나기 위해 친구 멜키어에게 도움을 청하려고 그의 집을 방문한다. 모리츠는 성적 욕망과 죄책감 속에서 매우 혼란스럽고 게다가 실제로 육체적으로도 고통스러운 상황이다. 한꺼번에 닥쳐온 이런 복잡한 감정들이 지니는 각각의 목적과 장애물을 되풀이하여 연습하라. 이 장면에서 일어난 감정들을 하나하나 쌓아나가라.

그것이 전부인 양 감정으로만 연기하게 되면 구체적이지도 않고, 제멋대로라고 느껴질 것이다. 그리고 관객이 빠져들기는커녕 멀리 도망쳐버릴 것이다. 감정을 연기하지 마라. 목표를 분명히 하고, 장애물을 극복하라. 그리고 당신의 감정을 드러내라.

밀고 당기기

1. 앞에서와 같은 비트와 목록을 사용한다.

2. 마찬가지로 이 장면의 상대 배우와 연습실 반대편에 마주선다. 상대 배우는 당신의 실제적인 목표이고, 그에게 도달해야 한다. 이 장면에서 당신의 목적을 상대 배우에게 설명하라.

3. 튼튼하고 넓은 벨트를 찾아서 당신의 허리에 느슨하게 착용하라. 당신을 도와줄 2명의 동료를 지목하여 한 명은 앞에 그리고 또 한 명은 뒤에 서게 한다. 그들은 이 장면 또는 노래를 잘 아는 사람이어야 한다. 이 두 사람은 벨트를 잡고 당신을 밀었다가 당겼다가 할 것이다.

4. 이 두 동료는 목표(상대 배우)를 향해서 연습실을 가로지르는 당신의 여정을 방해해야 한다. 앞에 있는 사람은(당신이 생각했던 처음의 목적을 말하면서) 당신을 앞으로 당긴다. 그러나 이 순간 당신은 두려움 혹은 갈등에 빠진다. 이번에는 뒤에 있는 사람이 당신을 잡아당기면 당신은 양심의 가책을 느낀다. 무언가가 당신을 끌어당길 때, 당신의 본능이 반응하는 대로 느끼고 행동하라. 당신이 그토록 간절히 원하던 것이 점점 멀어질 때 당신은 그것의 소중함을 깨닫는다. 그리고 그것을 다시 얻기 위해 싸운다. 이 연습이 레슬링 게임이 되지 않도록 하라. 각각의 모순된 욕망들 모두를 조금씩 충족시켜라. 내면의 갈등은 신경계를 자극시켜 신체로 표현될 것이다. 도와주는 사람들은 감성 훈련이 필요하다. 그리고 매우 창조적인 장애물이 되기 위해서는 배우의 신호를 읽을 줄 알아야 한다. 이 훈련은 매우 힘들다. 그러나 누구도 자제력을 잃어서는 안 된다. 안전하게 연습하라.

전략과 전술

앞서의 연습과제에서 당신이 유념해야 할 점은 장애물 대응 방법을 직감적으로 찾아내야 한다는 사실이다. 만일 상대방이 왼쪽으로 움직였다면 당신은 오른쪽으로 움직여서 대처해야 한다. 상대가 밀었다면 당신은 뒤로 밀리든지, 도망치든지 아니면 날쌔게 피해야 한다. 무엇을 위해 싸우고 있는지(목표) 그리고 무엇을 대상으로 싸우고 있는지(장애물) 정확히 알고 있다면 당신은 자연스럽게 목표를 어떻게 달성할지 그리고 장애물을 어떻게 극복할 것인지 그 방법을 찾게 된다. 전략은 큰 개념이고, 전술은 작은 개념이다. 전략은 큰 계획을 뜻하고, 전술은 지금 일어나고 있는 상황에 따라 공격하고, 속이고, 잽을 날리고, 후퇴했다가 역습하는 그때그때의 대응방법을 뜻한다. 당신의 목적이 저 아가씨가 당신을 좋아하도록 만드는 것이라고 하자. 그렇다면 당신의 전략은 저 아름다운 아가씨와 그녀의 남자 친구 사이를 이간질하여 떼어놓는 것이 될 수 있다. 그에 따른 전술로, 남자 친구 마음속에 그녀에 대한 의심을 품게 만든다든지, 자신에게 어울릴 만큼 좋은 여자가 아니라는 생각을 갖게 만든다든지, 아니면 세상에는 더 아름다운 여자들이 많다고 생각하도록 만드는 방법을 생각할 수 있다. 전략이 더 큰 장면의 목적을 달성하기 위한 계획이라면, 전술은 각 비트의 목적들을 달성하기 위한 방법이다. 전술은 순간순간 벌어지는 갈등의 세부적인 것들을 만들어낸다. 공연의 풍부함과 생생함이 바로 전술을 통해 구현된다.

이제 우리는 지금까지 탐구해왔던 모든 개념들을 작품에 적용해보기로 하겠다. 뮤지컬 〈인어공주(The Little Mermaid)〉에 등장하는 우르술라라는 캐릭터와 그녀가 부르는 노래 'Poor Unfortunate Souls'를 살펴보자.

초목적 : 해저 왕국에서 나를 추방한 트리톤 왕에게 복수하는 것

전략 : 트리톤 왕의 사랑하는 딸 아리엘을 함정에 빠뜨려서 그녀의 영혼을 훔치고, 그럼으로써 불사의 몸을 갖는 것

노래의 목적 : 왕자의 사랑을 얻기 위해 땅 위에서 걸을 수 있는 다리를 3일 동안 아리엘에게 주는 대신 그녀가 목소리를 포기한다는 계약을 맺는 것

전술 : 아리엘을 혼란에 빠뜨리기 위하여 우르술라는 매 순간 전술을 펼친다. 예컨대 아리엘의 신뢰를 얻고, 그녀의 대담함을 약화시키고, 망설임을 없애고, 걸을 수 있다는 기쁨

을 부풀리고, 목소리란 별로 그렇게 중요하지 않다고 여기도록 만드는 것이다.

장애물 : 아리엘이 계약에 동의하기까지 우르술라는 매우 많은 장애물과 부딪치게 된다. 우르술라가 부딪치는 장애물은 우선 아리엘의 내적 갈등이다. 아리엘은 아버지의 명령을 어기는 것이 두렵다. 그리고 이러한 행동이 최선인지 망설이고 있고, 자신이 왕자의 사랑을 얻을 수 있을 만큼 아름다운지도 확신할 수 없다. 게다가 사랑을 고백해야 하는데 목소리를 잃는다는 점도 왠지 내키지 않는다. 그리고 3일 안에 키스를 해야 하는데 왕자가 자신을 좋아할지 두렵고, 3일이란 시간도 너무 짧아서 불안하다. 어쨌든 아리엘은 우르술라의 제안을 거절하고, 금방이라도 돌아가려고 하고, 너무 시끄럽게 떠드는 등 물리적인 장애물들을 계속해서 만들어낸다. 또 다른 외부적인 장애물로 아리엘의 친구들을 꼽을 수 있는데 이들은 두 사람의 대화를 엿들으며 언제든 끼어들어 우르술라의 계획을 망치려고 한다.

결과 : 아리엘이 계약에 동의하고 그녀의 목소리가 마법의 단지 속으로 빨려 들어가자 우르술라는 자신의 목적이 달성됐음을 알게 된다.

모든 극적인 상황은 초목적에서 시작되고, 목적, 전략 그리고 전술의 단계로 이어진다.

연습과제 2P

응용하기

당신이 연습하고 있는 작품 가운데 노래 한 곡을 고른다. 그 노래를 부르는 캐릭터가 되어서, 노래 속에 등장하는 몇몇의 대상을 목표로 앞에서 다루었던 전략과 전술의 개념을 적용해본다.

판단, 발견 그리고 결정

대개 전술은 치밀한 계획보다는 경험이 중요하다. 왜냐하면 전술이란 상대 배우와의 생생한 상호관계와 그 순간에 일어나는 당신의 반응이 매우 중요하기 때문이다. 당신이 전술적으로 반응하고 있다는 말은 곧 당신이 이것을 해야 할지 말아야 할지 끊임없이 재고 따지고 있다는 뜻이다(물론 당신이 뮤지컬에서 흔히 볼 수 있는 앞뒤 분간 못하고, 말귀 못 알아듣는 캐릭터를 연기하는 경우는 제외하자).

매 순간마다 캐릭터들 사이에는 지금 당장의 상황을 판단하고, 지금 바로 무슨 일이 벌어지고 있는지 발견하고, 거기에 적합한 전술을 결정하는 일련의 행위가 일어난다. 이러한 상호작용은 대부분 당신이 상대 배우를 예리하게 관찰하고, 상대방의 말을 주의 깊게 들을 때 일어난다. 그러면 당신은 상대방의 전술과 새로운 정보를 파악하고 대응할 수 있게 된다. 만일 당신의 목적과 상대방의 목적이 대립하고 있는 상황이라면 당신은 상대방이 어떤 전술을 선택할 것인지 예측하고 대비하면서, 허점을 파악하기 위해 상대방의 행동을 면밀히 탐색해야 한다. 당신은 행동하기 전에 무엇을 해야 할지, 무슨 말을 해야 할지 심사숙고할 것이다. 그러나 이런 모든 것들은 당신이 대응하기 바로 직전이 되어서야 가능하다. 왜냐하면 상대방이 행동을 하기 전까지는 상대가 어떤 행동을 취할지 전혀 알 수 없기 때문이다. 이러한 판단과 결정은 기나긴 휴지(休止) 시에 일어나는 것이 아니다. 대부분은 상대 배우가 대사를 읊고 행동을 하는 가운데 혹은 당신이 다음 대사를 말하려고 숨을 들이마시는 순간에 일어난다.

판단, 발견 그리고 결정은 모두 "상대방"과 관련되어 있다. 그렇기 때문에 우리는 상상 속에서 파트너 없이 홀로 연습할 때보다 실제 파트너와 함께 연습할 때 더욱 편안하게 반응할 수 있다. 상대방의 반응이 다시 자극이 되어 당신이 반응하는 것이다. 이러한 순환은 마치 두 명 혹은 네 명이 테니스 경기를 하는 것처럼 연기에 활력과 자극을 불어넣어줄 것이다. 상대 배우가 당신으로부터 벗어나고 싶어 할 만큼 상대 배우에게 완전히 집중하고 반응하라.

창조적인 분위기와 마음가짐

우리는 당신의 연기에 활력을 불어넣기 위하여 상대 배우에게 집중해야 한다고 말했지만, 한편으로는 상대 배우에게만 너무 의지하는 것도 조심해야 한다. 상대 배우와 자유롭게 반응을 주고받는 것도 중요하다. 하지만 이에 못지않게 중요한 게 또 있다. 대본 속 모든 장면마다 어떤 일이 일어났는지, 캐릭터는 무엇을 원하는지를 면밀하게 파악하고 난 다음, 모든 연습과 공연에 임해야 한다는 사실이다. 만약 그렇지 않으면 당신의 연기는 즉흥적인 것이 되어 버린다. 어떤 배우들은, 특히 젊은 배우들의 경우, 사전에 너무 많이 계획하는 것은 인위적인 것이고, 자신의 창의성과 자유롭게 반응하는 재능을 억압한다고 생각한다. 정해진 대로만 움직이면 자신의 경험에 기초한 자연스러움이 사라질까 봐 두려워한다. 그래서 본능적으로 미리 결정을 내리지 않으려 한다.

그 마음은 이해가 되지만, 분명 잘못된 생각이다. 철저한 대본 분석과 명확한 선택을 통하여 완벽하고 자연스러운 연기를 보여준 수천 명의 훌륭한 학생들과 전문 연기자들을 지켜본 우리로서는, 대본 분석 작업이 결코 자연스러움을 막지 않는다는 확신을 갖기에 이르렀다. 대본 분석 작업 때문에 부자연스러워지는 경우는 오로지 대본 분석을 자발적인 연기를 위한 지렛대라고 생각하지 않고, 대본 분석이 연기의 전부라고 여길 때뿐이다. 만일 이 숙제를 통해 기초를 튼실히 다질 수 있다면 당신의 연기는 얼마든지 살아 있게 되고, 그리고 당신은 도약할 수 있는 능력을 갖게 될 것이다.

당신이 선택을 분명히 하지 않을 경우 공연 전체가 모호하거나 재미없고 밋밋해질 위험이 있다. 선택을 끝까지 거부하는 것은 당신이 자신과는 전혀 다른 어떤 캐릭터를 연기할 때, 종종 그 캐릭터가 처한 상황을 수용하지 못하는 결과를 초래할 수도 있다. 이는 아마도 지루한 연기로 이어질 것이다.

목적, 전술 그리고 전략들을 결정하는 것은 음정과 가사 그리고 대사를 외우거나 자신 있을 때까지 안무를 연습하는 것과 다를 바 없다. 어느 연출자가 당신에게 정확하게 노래하는 것을 두려워하라거나, 노래할 때 자연스러움을 없애라고 말하겠는가?

당신이 노래와 안무를 연습할 때 음표와 동작에 얽매이지 않아야 하듯이, 이 또한 마찬가지이다. 당신이 더 이상 자신의 분석을 의식하지 않을 때 당신은 무대 위에서 자유로워질 수 있다. 그렇게 될 때까지 당신은 계속해서 노력하거나 혹은 대본을 무시하거나 둘 중에 하나를 택하게 될 것이다.

배우와 관객 모두가 진정으로 바라는 것은 연습과정에서 축적된 적당하고 분명한 선택들과, 즉흥성이 주는 자유로움의 조화이다. 당신이 무대 위에서 자유로워지려면 안전하고 견고한 지지대가 필요하다. 연습을 하는 목적은 작가, 작곡가 그리고 작사가가 만들어낸 상상의 세계를 탐험해봄으로써 무대 위의 매 순간들을 일깨우는 것이다.

2.9 — 텍스트, 서브텍스트 그리고 내면의 독백

연극에서 텍스트란 대본을 뜻한다. 뮤지컬에서는 당신이 말하고 노래하고 춤추는 것이 모두 텍스트라고 생각하는 게 편할 것이다. 텍스트가 작가, 작사가, 작곡가 그리고 안무가가 당신에게 건네준 재료라고 한다면, 서브텍스트는 당신의 대사, 노래 그리고 행동에서 느껴지고 의미하는 모든 것이다.

몇몇 학자들이 조사한 바에 따르면 우리가 일상에서 주고받는 대화 가운데 7%만이 말과 의미가 일치한다는 통계가 있다. 그렇다면 대화의 93%는 서브텍스트라는 의미일 것이다.

이 때문에 어떤 사람들에게 대본을 읽고 의미를 파악하는 것은 매우 힘들고 지루한 작업이다. 대본은 소설과 다르다. 대본은 삶을 보여줄 수 있는 배우를 필요로 한다. 처음 대본을 읽으면 캐릭터는 불분명하고, 대사 속에 숨어 있는 중요한 의미들은 즉각적으로 파악되지 않는다. 그러나 공연을 보고, 대사를 듣고, 캐릭터들의 행동을 보면 우리는 모든 것을 쉽사리 이해하게 된다.

처음 대본을 받아들고 공연에 이르기까지의 과정은, 텍스트에서 출발하여 서브텍스트에 이르는 여정이라고 할 수 있다. 대본에 주어진 환경을 파악하고, 관계를 확립하고, 목적을 분명히 하고, 다른 캐릭터와 전술적으로 연기하기 시작하면, 당신은 대사와 가사 그리고 행동 속에 숨어 있는 의미들을 발견하게 될 것이다.

또한 당신은 그 캐릭터가 되어 생각하기 시작할 것이다. 그리고 당신의 마음속에서 필름이 돌아가기 시작할 것이다. 바로 이것이 우리 마음속에 있는 또 다른 나와의 끊임없는 대화, 즉 내면의 독백(inner monologue)이다. 이러한 의식의 흐름은 이미지를 만들고, 기억을 더듬고, 환상에 빠지고, 캐릭터를 구체화하고, 캐릭터를 평가하고, 캐릭터를 지배하는 강박관념 같은 이성적이거나 비이성적인, 직선적이거나 비선형적인 우리의 복잡한 심리상태를 구축한다. 내면의 독백은 캐릭터가 하고 있는 바로 그 생각이라고 할 수 있다. 내면의 독백은 캐릭터의 관념이 작용하는 것으로서, 검열되지 않은 금기들과 상상 밖의 온갖 생각들로 가득 찬 영역이다.

캐릭터가 무대 위에서 홀로 노래를 부를 때조차 여전히 내면의 독백은 존재한다. 뮤지컬 〈뉴시즈〉에서 '산타페(Santa Fe)'를 부르는 잭을 보도록 하자. 그는 어느 누구에게도 자신의 감정이 변했다는 것을 보여줄 필요가 없다. 하지만 이럴 때에도 내면의 독백은 계속된다. 왜냐하면 그는 끊임없이 자신이 내뱉은 말을 반성하고 있기 때문이다. 완벽한 안식처에 대한 그의 환상이 그로 하여금 반성을 하게 만들고, 계획을 세우고, 추억을 더듬고, 반응하게 한다. 캐릭터는 혼자 있을 때조차도 자신에게 거짓말을 하고, 과장을 하고, 진실을 회피하기도 하고, 잘못된 선택을 자신에게 강요하거나 자신이 내뱉은 말에 모순된 반응을 보이기도 한다.

당신이 캐릭터의 생각을 알기 위해서 고민할 때 비로소 캐릭터의 연기가 자유롭고 즉흥적이 될 것이며, 당신의 충동이 곧 인물의 충동이라는 믿음을 가질 수 있을 것이다. 하나의 캐릭터를 알아가는 여정은 '무의식을 의식적으로 불러일으키는 과정'에서 다루게 될 것이다.

연습과제 2Q

서브텍스트와 내면의 독백

1. 당신과 함께 작업할 파트너를 한 명 선택하라. 파트너는 당신이 노래를 한 곡 부르는 동안 당신 내면의 소리가 되어줄 것이다. 당신이 노래하는 동안, 파트너

는 그 노래를 부르는 캐릭터의 생각과 감정을 소리 내어 말하라. "당신 내면"의 소리에 어떻게 반응할 것인지 생각하라.

2. 다음 단계는 당신이 이 두 가지 역할을 모두 수행하는 것이다. 이 연습이 진행되는 동안 당신은 무반주로 노래하게 될 것이다. 혹시 조(Key)가 틀리지는 않을까, 리듬이 엉망이 될까 걱정하지 말라. 이 연습의 요점은 그것이 아니다. 중요한 것은 이 노래 속의 생각과 이미지를 노래하는 것이다. 이 내면의 독백을 모두 말하고 난 후 노래를 끝내라. 이미지와 생각에 그 즉시 단순하게 반응하라. 반응을 계획하지 마라. 그리고 다음 생각으로 넘어가라. 이 연습 방법은 캐릭터의 입장에서 진실하게 반응할 수 있게 도와준다. 당신은 노래와 서브텍스트 둘 다에 완전히 집중할 수 있게 될 것이다.

3. 이번에는 반주에 맞춰 노래를 부른다. 당신이 방금 전에 연습한 내면의 독백에 마음을 열어라.

- 3장 -
욕구를 표현하라

이 장을 공부한 후, 여러분은 다음을 할 수 있어야 한다.

- ● 캐릭터의 욕구를 강화함으로써 강렬한 감정을 담아 노래하고 연기할 수 있다.
- ● 음악이 요구하는 감정 상태로 자신을 조절할 수 있다.
- ● 당신의 상상력을 바탕으로 창의적인 표현을 할 수 있다.

 당신이 연기 수업이나 작품 연습 중 지금까지 우리가 다루었던 요소들을 더욱 발전시키고 적용하려고 한다면 당신은 연기교사나 연출자 그리고 동료에게서 피드백을 받을 수 있는 기회를 얻게 된다. 바로 이때 뜻밖의 사태가 벌어지기도 한다. 당신이 "나는 당신을 죽이고 싶다."라는 목적을 잡았다고 하자. 이것은 특별하고, 분명하고, 직접적이다. 아무런 문제도 없다. 당신이 연기를 시작하자 연출자가 이렇게 말한다. "왜 너는 저 사람을 죽이려고 하지 않니?" 당신은 쥐구멍에 숨고 싶어진다. 거의 모든 배우들이 한 번쯤 겪는 일이다. 당신은 목적으로 삼았던 것이 하나도 전달되지 않았다는 사실에 당황하고 만다. 실패를 맛본 것이다.

이 문제를 해결하기 위해서는 별 탈 없이 잘 살아온 일상생활에서의 행동과, 무대 위에서 잘 전달하기 위해 보여주는 행동, 이 둘의 차이점에 주목해야 한다. 당신은 이 둘 사이에 아무런 차이가 없다고 여길지 모른다. 도리어 중요한 것은 진실한 행동이 아닌가 하고 반문할지 모른다. 그러나 당신의 생각이 반드시 옳은 것은 아니다.

사람은 두 살이 지나면서부터 무리 안에서 인정받기 위해서 충동을 자제하고, 머릿속에 떠오른 모든 생각을 말로 내뱉어서는 안 된다는 규칙을 배운다. 물론 동시에 우리는 내 마음을 사로잡는 물건은 즉시 구입하고, 불행하다고 느끼면 발작을 일으키는 등 자기 일에 있어서는 내키는 대로 행동한다. 반면 다른 사람이 어떻게 느낄지 의식하기 시작하면 우리는 가면을 쓰고 그 뒤에 숨는다. 속으로는 "이 얼간아, 머리를 어디서 잘랐기에 그 모양이냐?"라는 생각이 들어도 결코 입 밖에 꺼내지 않는다. 타인의 감정을 상하게 하거나 분노를 일으키는 표정을 짓지 않는다. 사춘기를 거치면서 점차 우리의 행동을 통제하는 사람은, 선생님과 부모에서 동료로 바뀌게 된다. 사회는 점차 복잡해지고 갈수록 알 수 없는 규칙들이 우리를 규제한다. 이런 환경에서는 신중해지는 것이 최선의 방법이다. 그래서 우리는 점점 더 방어적인 사람이 된다. 우리 내면의 독백은 머릿속의 생각과 마찬가지로 소란스럽다. 우리는 마음속의 (소란스러운) 목소리와 우리의 (애매한) 표현이 얼마나 다른지 신경 쓰지 않는다. 그래서 우리의 표현에 문제가 있다는 사실을 아직도 깨닫지 못하고 있다.

이 문제가 대부분의 사람들에게는 상관없을지 몰라도, 배우에게는 아니다. 배우란 영혼을 보여주는 창문이다. 내면의 독백은 우리 삶의 경계와 매우 근접해 있다. 우리의 진실은, 특히 뮤지컬에서, 사전검열이나 억압 없이 표현되어야 한다.

진실을 말하라,
멀리서도 느낄 수 있도록 표현하라

1. 두 사람이 대화를 나누는 장면을 고른다(2분 내외). 장소는 넓은 연습실이나 극장 아니면 운동장 같은 야외여도 괜찮다. 당신은 이 장면을 반복해서 연기하게 될 것이다. 이 장면이 끝나면 곧바로 처음으로 돌아가서 다시 시작하라. 두 사람을 중재해줄 제3의 인물이 필요하다.

2. 연습 장소 한가운데서 시작하라. 오직 당신 파트너하고만 나눌 수 있는 개인적인 진실을 찾아내어 최대한 친밀하게 연기하라. 당신이 하는 말은 파트너에게만 들리도록 적절히 조절하라. 파트너가 귀뿐 아니라 눈으로도 볼 수 있도록 말하라. 당신이 보고 있는 것을 파트너에게도 보여줘라. 파트너의 온 존재를 향해 노래하라. 당신이 느끼는 것을 파트너도 느낄 수 있게 하라. 두 사람이 연결되어야 한다.

3. 이게 끝이 아니다. 두 사람이 연결되어 있다는 것이 느껴지면, 제3의 인물은 (박수소리와 같은) 신호를 준다. 이 신호에 맞춰 두 사람은 큰 걸음으로 두 발자국씩 서로에게서 멀어진다. 파트너의 마음을 어떻게든 움직이겠다는 의지를 갖고 계속 노력하라. 이것은 결코 발성을 위한 연습이 아니다. 상호 연결을 위한 연습이다. 파트너의 마음을 움직여라.

4. 당신이 할 수 있을 때까지 간격을 계속해서 벌려 나가라. 만일 당신이 연기의 진실함을 잃어버렸다면, 다시 두 사람 사이의 유대감을 되찾을 때까지 간격을 조절하라. 그런 다음 간격을 다시 늘려나가라.

5. 간격이 벌어지는 만큼 그 사이의 공간을 채우기 위해 연기의 크기 또한 점점 확장된다. 이렇게 계속 확장시키다가 재빠르게 처음 시작했을 때의 간격으로 좁혀라.

6. 가까운 상태에서 이 장면을 다시 한 번 연기한다. 그러나 연기의 크기는 가장 멀리 떨어져 있었을 때와 동일하게 하라. 당신은 넓은 공간을 채웠을 때만큼의 진실한 감정을 유지할 수 있었는가? 진실성과 연극적인 크기와의 관계에 대해 무엇을 깨달았는가?

이해관계를 구축하라

겉보기에는 사소한 일 같은데 마구 화내는 사람을 본 적이 있을 것이다. 여기 하나의 시나리오가 있다. 한 남자가 옷을 찾으려고 세탁소에 왔다. 점원이 실수한 게 아닌데 마구 욕설을 퍼붓는다. 무슨 일이 있었던 것일까? 다음은 그 남자가 할 수 있는 내면의 독백이다.

오늘 밤 중요한 데이트에 이 옷을 입고 나가야 한다.

만일 내가 이 옷을 입지 않는다면 나는 멋져 보이지 않을 것이다.

만일 내가 멋져 보이지 않는다면 나는 그녀에게 좋은 인상을 심어주지 못할 것이다.

만일 내가 좋은 인상을 심어주지 못한다면 나는 행복해질 수 있는 기회를 날려버릴 것이다.

만일 내가 기회를 날려버린다면 나는 혼자서 외롭게 죽을 것이다.

그렇게 되느니 차라리 지금 당장 죽어버리는 것이 낫다.

그러므로 나에게 저 옷을 주지 않는다면 당신은 지금 바로 여기서 나를 죽이는 것이다.

옷이 없다 = 죽음

당신은 이제 "이 신상품 구두를 사지 못한다면 난 죽어버릴 거야!"라는 말을 이해할 수 있을 것이다. 이것은 사리에 맞지는 않지만 내면의 독백과는 일치한다. 이것은 평범한 상황이 어떻게 극적으로 강렬해지는지를 보여주는 좋은 예이다. 위의 이야기는 결코 옷에 관한 얘기가 아니다. 옷이 의미하고 있는 것에 관한 얘기다. 뮤지컬 〈She Loves Me〉에서 아말리아는 '바닐라 아이스크림'이라는 노래를 부르는데, 그 이유는 그녀가 바닐라 아이스크림을 좋아해서가 아니다. 이 노래는 조지에 대한 사랑을 얘기하고 있다. 그를 생각하면 그녀는 아이스크림이 떠오른다. 그리고 이 장면에서 그녀의 눈에는 그가 아이스크림으로 보인다. 그녀는 황홀해진다. 아이스크림 = 행복한 결말 (그리고 둘은 오래오래 행복하게 살았습니다).

뮤지컬에는 고도의 극적인 장치가 사용된다. 평범한 일상을 다루는 작품일지라도 성공의 순간은 믿기지 않을 정도로 굉장하게 그려지고, 실패는 참담하게 묘사된다. 이러한 성공과 실패는 이를 춤과 노래로 연기해야 하는 당신에게 강력한 자극이 된다. 이렇게 말하고 노래하고 춤추려는 욕구는 캐릭터가 품고 있는 엄청난 감정에서 피어난다. 이러한 감정은 캐릭터의 삶과 죽음 앞에서 더욱 커진다.

음악에 담겨 있는 감정을 느껴라

음악이 주는 충격을 체험해보는 일은 매우 중요하다. 조지를 향한 아말리아의 찬양은 음악적으로 최절정의 순간을 맞이한다. 만약 당신이 이와 같은 음악적인 요구를 충족시키지 못한다면 당신의 감정은 순식간에 사라지고 말 것이다. 뮤지컬이 풍선이라고 가정해보자. 당신은 헬륨가스를 어느 정도 넣어야 적당한지 알 것이다. 너무 많이 넣으면 풍선은 터질 것이고, 너무 조금 넣으면 탄력을 갖지 못할 것이다. 감정을 불어넣는 것도 마찬가지이다. 하지만 감정을 너무 많이 불어넣는다고 그 감정이 거짓이 되는 것은 아니다. 거짓된 감정은 그냥 거짓일 뿐이다.

연 습 과 제 3 B

그렇지 않으면 난 죽어버릴 거야

한 장면에서 하나의 비트를 고르거나 아니면 노래 한 곡에서 한 부분을 고르고 목적을 결정한다. 내가 잃을 수 있는 건 무엇이고(그렇게 되면 나는 죽을 것이다), 내가 얻을 수 있는 건 무엇인지(내가 너무도 갈망하는 것) 생각하라. 마음속으로 이러한 이해관계를 구축하고 다시 이 장면을 연기하라.

창조의 땅 – IF라는 세계의 시민

예술과 창조는 무의식에서 시작된다. 기술은 의식의 산물이다. 연기술은 무의식을 깨우기 위해 의식적인 방법을 사용한다. 배우는 역할을 발전시키기 위해서 유동적으로 그리고 자유롭게 무의식과 의식의 영역을 넘나들어야 한다. 그리고 이러한 과정이 숙달되어 숨 쉬듯 편하게 이루어져야 한다. 왜냐하면 당신의 의식이 작동하고 있을 때에는 직감과 독창성에 대한 믿음을 잃어버리기 쉽기 때문이다.

때로 놀라운 재능을 타고나 일찍 인정받은 배우들 가운데 자신의 연기를 발전시키기 위해 세밀한 기술들을 훈련하는 과정에서 좌절하는 경우가 있다. 그들은 자신의 직관적인 창의성을 잃어버리진 않을까 걱정한다. 그들에게 훈련 과정은 그들이 사랑하는 예술이 갖고 있는 재미와 생명력을 빼앗는 것처럼 느껴질 수 있다.

잠시 시간을 내어 배우로서 가장 행복하고 가장 큰 성취감을 느꼈던 경험이 언제였는지를 떠올려보자. 이 경험은 당신이 매우 어렸을 때, 아마도 본격적으로 연기 훈련을 시작하기 훨씬 전에 일어났을 것이다. 여름방학 연극캠프, 입시를 준비하면서, 또는 고등학교에서 경험했을 수도 있다.

뒤돌아보면, 당신은 이때 매우 창의적이었고, 모두 하나가 되었음을 느꼈으며, 무언가로 충만한 경험을 했었다고 기억할 것이다. 나중에 당신이 전문적인 훈련 과정을 시작한 후, 이러한 환경에 처한 젊은이들을 돌아보면, 그들이 자신의 작품에 열정적으로 매진하고 있지만, 그들이 아직은 미숙하다는 것도 알 수 있다. 그들은 진실한 연기에 대한 이해가 없다. 그들의 선택은 진부하고, 그들의 작품은 깊이가 없고, 뻔하다. 그들은 어색하고 서투르다. 이 말은 어쩌면 당신이 더 나은 배우가 아니었다는 것을 깨닫게 해주는 가슴 아픈 얘기로 들릴 수도 있다. 현재 당신의 기준으로 보면 끔찍한 작품이지만, 그 당시의 당신은 자랑스럽게 여겼을 가능성이 높다.

이것은 특히 당신을 우울하게 만들 수도 있는데, 왜냐하면 그 이후로 당신은 누구의 지적도 받지 않으면서 완전히 몰입했을 때의 기쁨을 지금은 잃어버렸을 수도 있기 때문이다. 무슨 일이 일어난 걸까? 연기 훈련이 당신에게서 기쁨을 찾을 수 있는 능력을 빼앗은 걸까? 아니다(적어도 영원히 그런 것은 아니다). 그러나 훈련을 받는 사람으로서 인내심을 갖고 연기 훈련의 과정이 어떻게 작동하는지 이해하는 것이 중요하다.

가장 창의적인 경험은 우리가 '영역' 안에 있을 때 할 수 있다는 것을 이해하면서 시작하자. 이 영역은 무의식중에 아이디어가 문득 떠오르고, 시간의 흐름은 무의미하며, 당신이 활동하는 중에도 강한 집중 상태가 유지되고, 완전히 몰입해 있으면서도 환희로 가득 찬, 무의식 속에서 무언가가 계속 일어나고 있는 상태를 말한다. 이것은 무의식의 상태에서 일어난다는 것이 특징이다. 외부의 시선 따위는 의식하지 않는다. 우리가 가장 창의적이지 않은 때는 우리가 무언가를 의식하고 있거나 비판적일 때다.

창의성은 종종 무의식적인 과정의 산물인 반면, 기술은 의식적인 노력과 계획적인 연습을 통해 얻어진다. 예술가들은 이러한 상태들 사이를 자유롭게 오갈 수 있어야 한다.

처음 뮤지컬을 공부하기 시작할 때의 우리는 무의식적인 무능 상태에 있다. 이런 무의식의 상태는 긍정적일 수 있다. 기분이 좋고. 우리가 얼마나 무능한지 전혀 알지 못한다. 이 단계에서는 오히려 재미있고 창의적인 경험을 하기도 한다.

무능력의
무의식 상태

우리는 이 무의식의 상태에서 벗어나기 위해 꼼꼼히 계획에 따라 새로운 기술을 습득한다. 그러다 우리는 자신의 수준을 깨닫게 되고 높은 수준의 연기와 비교하게 된다. 이것은 우리가 얼마나 무능했는지를 깨닫는 과정이며, 이제 그것을 극복하기 위해 무언가를 해야 한다는 현실이 당신을 불편하게 만들 것이다. 아무것도 의식하지 않는 가운데 자유롭고 창의적이었던 상태는 사라지고, 연기가 쉽고 재미있었던 느낌도 사라진다. 우리는 '무능력의 의식 상태'가 된다. 이 단계는 창의적이거나 그다지 재미있지도 않을 것이다. 심지어 감정적으로 혼란스러울 것이다.

무능력의   무능력의
무의식 상태   의식 상태

집요하게 연습하고, 반복하고, 공부하고, 그렇게 열심히 훈련하다 보면, 우리는 배우고 있는 기술들과 다양한 기법들을 조금씩 내 것으로 녹여내기 시작한다. 아직은 우리의 모든 집중력을 쏟아 부어야 가능하지만, 우리는 우리의 작업이 더 높은 단계에 접어들었다는 것을 알 수 있다. (비록 그것이 우리가 더 순진했을 때 경험했던 만족스러운 상태까지는 아니더라도 말이다.) 이 단계에 도달하면 포기하고 싶어질 수도 있다. 결과는 더 좋지만, 재미있거나 무턱대고 연기해도 창의적이었던 느낌은 오랫동안 없을 수도 있다. 힘들게 노력하고 있는데도 만족스럽지 못한 당신은 왜 이 일을 하고 있는지 의문을 가질 수 있다. 당신은 자신의 능력을 인식하고 있는 상태에 접어들었다.

무능력의
무의식 상태 ▷ 무능력의
의식 상태 ▷ 능력의
의식 상태 ▷

조금만 더 버텨라. 시간이 걸리겠지만, 기술을 완전히 자신의 것으로 만들면 더 이상 의식적으로 무언가를 하려고 노력하지 않아도 된다. 이제 당신은 무의식의 영역에서 일어나는 창의적인 상태를 다시 발견하게 된다. 이제 당신은 자신의 능력을 의식하지 않는 단계에 접어들었다. 이제 창의성이 샘솟고 모든 것이 흥미로운 세계로 돌아온 것이다. 그리고 이제 당신의 기술은 누구나 신뢰할 수 있는 높은 수준이며, 당신의 연기는 스스로 만족스러울 만큼 더 나아졌다.

무능력의
무의식 상태 ▷ 무능력의
의식 상태 ▷ 능력의
의식 상태 ▷ 능력의
무의식 상태 ▷

이것은 가치 있는 여정이다. 그냥 중간에 포기하지 마라. 사실, 지금까지의 설명은 이 여정을 매우 단순화시킨 것이다. 현실적으로, 각 단계에서 다음 단계로의 이동은 이렇게 질서 정연하지 않다. 우리는 두 걸음 앞으로 갔다가도 세 걸음 후퇴하기도 하고, 그러다 앞으로 점프를 할 때도 있다…… 그리고, 우리가 무언가를 배울 때마다 그것을 활용했을 때의 가능성을 더 깊이 이해할 수 있게 된다. 이 여정에서 우리는 계속 같은 문제를 마주하는 것 같지만 실제로는 점차 높은 수준으로 올라가는 나선형의 계단을 오르는 것이다.

여기에 좋은 소식과 나쁜 소식이 있다. 나쁜 소식은 우리가 항상 무능력의 무의식 상태에 놓여있다고 느끼는 것이고, 좋은 소식은 우리가 항상 나선형으로 더 나아지고 있다는 것이다.

우리는 지금까지 일련의 연기 과정을 단계별로 나누어 윤곽을 잡아보았다. 때로는 그 과정 가운데 하나의 요소가 어떤 배역을 연기하는 데 중요한 실마리가 되기도 한다. 어떤 경우에는 완전히 다른 요소로부터 영감을 얻기도 한다. 그럼에도 불구하고 우리가 목록으로 작성한 이 과정들 가운데 어떤 것도 무시하지 않기를 바란다. 왜냐하면 이 모두가 공연을 진실하고 구체적으로, 그리고 완전하게 만들어주는 기본 요소이기 때문이다. 이 가운데 좋은 것을 취하라.

당신은 마치 IF라는 세계를 방문한 여행자처럼 이 3장을 시작했을 것이다. 그리고 여기에서 살아남으려는 어린애처럼 이 과정을 습득했다는 것도 기억해야 한다. 집으로 돌아온 것을 환영한다. 여기가 바로 당신의 집이다. 우리는 당신이 언제라도 이곳으로 돌아오기를 바란다.

악보와 대본의
분석

- 4장 -

뮤지컬 음악의 분석
잘 듣는 것이
중요하다

훌륭한 뮤지컬 배우는 분석 작업에 기초하여 대본을 완벽하고 주의 깊게 이해하고, 이에 따라 설득력 있고 적합하며 흥미로운 선택을 한다. 여기에서는 음악, 가사 그리고 대본을 탐구하는 방법론과 이를 어떻게 연기에 접목시킬 것인지에 대해 다루게 될 것이다.

뮤지컬과 다른 연극 형식들을 구분 짓는 핵심적인 요소는 바로 노래다. 우리는 연기를 하면서 감정적으로 매우 고양된 순간들을 경험한다. 뮤지컬에서는 바로 그 순간에 노래를 부른다. 베르디의 〈아이다(Aida)〉에서 엘튼 존(Elton John)의 〈아이다(Aida)〉까지 모두 넓은 의미의 뮤지컬로 봤을 때 연극 대본에서 하나라도 빠지면 완전한 대본이 안 되는 것과 같이 뮤지컬에서 각각의 사건들은 노래로 완성된다.

서문

4.1

다양한 장르의 뮤지컬 노래들을 하나의 공통점으로 묶는다면 한 인물의 경험을 증폭시켜 표현한다는 점을 꼽을 수 있다. 우리는 음악과 가사의 조합을 통해서 삶의 단면을 표현한다. 라디오 또는 온라인에서 흘러나오는 대중음악과 달리, 뮤지컬 속의 노래에는 이야기가 있으며, 또 이 노래는 특별한 목적을 가진 캐릭터가 부른다. 뮤지컬 노래들은 작가에 의해 의도된 전후관계나 장소에 대한 필수적인 배경 정보 등을 관객이 알고 있다는 전제하에 만들어진다.

캐릭터가 음악과 함께 노래하고 음악이 흐르는 가운데 말하는 것을 들으면서, 우리는 분위기나 감정의 변화와 같은 캐릭터에 관한 많은 정보를 알게 된다. 이것은 가사나 대본을 통해 알게 된 언어상의 정보는 아니지만 인물에 대한 정보를 제공함으로써 그 인물을 명확하게 보여준다. 다음으로 우리는 뮤지컬의 음악이 주는 정보에 대해 탐구하게 될 것이다.

이 장을 공부한 후, 여러분은 다음을 할 수 있어야 한다.

- 배우의 관점에서 악보를 보고 들을 수 있다.
- 악보에서 연기의 실마리를 찾고 사용할 수 있다.
- 음악의 전통적인 구조를 이해하고, 이를 캐릭터의 여정으로 표현할 수 있다.
- 음악적 단서를 활용하여 캐릭터의 임무, 사회적 지위 그리고 정체성을 표현할 수 있다.

4.1.1 ── ## 듣는 방법을 배워라

우리 대부분은 음악을 즐기기 위해 듣지 비평하기 위해서 듣지는 않는다. 음악은 우리가 의식하지 못하는 공기나 배경처럼 우리에게 영향을 준다. 영화 음악이 좋은 예이다. 이 때문에 우리는 의식적으로 음악에 주의를 기울이는 능력을 발전시킬 필요가 있다. 그래서 관객이 무의식적으로 받아들이는 음악상의 정보가 무엇인지 파악하여 이를 실제로 활용할 수 있어야 한다. 물론 이 정보를 찾기 위해 음악을 연구하는 학자가 되거나 악보를 판독할 필요는 없다. 뮤지컬 노래를 분석하기 위해서 당신에게 가장 필요한 기술은 듣기이다. 음악의 다른 면, 즉 노래의 흐름 속에서 캐릭터가 느끼고 있는 감정이 무엇이며, 그 감정이 어떻게 표현되고 있는지 파악하는 능력은 듣기를 통해 길러진다.

음악은 결코 거짓말하지 않는다

노래의 반주나 배경음악은 언제나 인물의 진실한 감정만을 전달한다는 것이 뮤지컬의 기본 전제이다. 이 전제는 매우 중요하다. 왜냐하면 장면, 대화 또는 노래가 구어체로 쓰인 대본 속에서 인물은 자신의 감정에 대해 거짓말을 하고 있을 수도 있고, 대화 중에 혹은 혼잣말 중에도 어떤 사람에 대한 자신의 진심을 어느 정도 숨길 수도 있기 때문이다. 드라마에서는 흔히 있는 일이다. 뮤지컬이 아닌 연극의 경우에, 우리는 종종 장면 속에 감춰진 진실한 감정을 추측하거나 혹은 숨겨진 의미를 찾아야 한다. 이런 작업은 작품 해석에 있어서 굉장한 유연성을 갖게 해준다. 그러나 뮤지컬의 경우, 우리는 그 장면에서 겉으로 드러난 사건 이면의 숨겨진 진실을 음악을 통해서 듣게 된다. 서브텍스트는 오히려 음악을 통해서 더욱 명백하게 전달되기도 한다. 배우가 말하고 노래하는 동안 음악이 그 이면의 또 다른 무언가를 들려줄 때 관객은 이 두 가지가 동시에 벌어지고 있다는 것을 알아챌 수 있다. 반대로 음악은 새롭거나 색다르거나 혹은 또 다른 다양한 방법을 통해서 인물이 말하고 있는 것에 동조하기도 한다. 한 문장을 똑같이 되풀이한다고 해도 음악은 그 말을 강화시킬 수도, 약화시킬 수도 있다. 또한 그 말이 주는 충격이나 의미를 바꿀 수도 있다. 이번 장을 통해서 당신은 음악이 캐릭터가 겪는 경험을 표현하는 다양한 방법들 가운데 몇 가지 윤곽을 잡게 될 것이다.

음악에 대한 기본 지식

악보는 다음과 같은 요소로 구성되어 있다.

멜로디 : 주선율. 좀 더 구체적으로 설명하면 멜로디란 시간 순서에 따라 음을 높낮이로 배열한 것으로, 우리는 그 위에 가사를 얹어 부르게 된다.

반주 : 당신이 멜로디를 부르는 동안 피아노나 오케스트라가 하는 연주를 말한다.

배경음악(Underscoring) : 뮤지컬에서 대화가 진행되는 동안 연주할 목적으로 작곡되거나 편곡된 음악.

여러 가지 면에서 음악이란 또 다른 언어이다. 그렇기 때문에 음악을 구성하고 있는 다양한 요소들은 몇 세기에 걸쳐 계속 발전해왔고, 이것을 표현하는 전문용어 또한 계속 고안되었다. 아래에 소개한 몇 개의 용어는 당신이 음악코치나 음악감독과 함께 음악에 대해 토론할 경우 꼭 숙지해야 할 기본적인 단어들이다.

템포 : 음악을 연주하거나 노래 부를 때의 빠르기

리듬 : 짧거나 긴 음표들의 배열

조(調, Key) : 한 곡의 노래 안에서 음의 높낮이가 조직적으로 구성된 것, 즉 조성들이 배열되어 있는 것. 으뜸음으로 조를 알 수 있다. 조성은 더 높아지거나 낮아질 수 있고, 노래 한 곡 안에서 다른 조로 완전히 바뀌기도 한다. 이것을 전조라고 부른다.

박자 : 2/4(4분음 2박자, 4분음표가 기본박이고, 한 마디 안에 4분음표가 2개 있다는 기호), 4/4(한 마디 안에 4박자), 혹은 3/4(한 마디 안에 3박자)와 같이 숫자로 이루어진 기호. 악보의 한 마디 안에 몇 번의 진동이 있었는지를 표시한다.

마디 : 2/4(4분음 2박자)에서 위의 숫자 '2'가 뜻하는 진동수가 담겨 있는 음악의 한 단위. 마디는 오선지 위에 수직선을 그려서 구분한다.

이것은 많은 전문용어 가운데 소수에 불과하다. 만일 당신이 뮤지컬 경력을 계속 쌓아간다면 언젠가는 뮤지컬을 위한 몇몇 훈련방법과 더불어 악보를 보고 능숙하게 노래할 수 있도록 돕는 기술 또한 터득하게 될 것이다. 그러나 지금, 우리는 듣는 것부터 시작하려고 한다.

연습과제 4 A

듣기 훈련

듣기 훈련을 하기 위해 두 개의 뮤지컬 곡이 필요하다. 한 곡은 (발라드 같은) 느린 템포로, 다른 곡은 빠른 템포의 노래로 골라라. 둘 중 한 곡은 전통적인 스타일의 작품에서 고르고, 다른 한 곡은 1980년대 이후에 만들어진 작품에서 고른다. 여러분이 마음껏 메모할 수 있게 악보의 복사본을 준비하라. 그리고 당신이 택한 노래들을 아래 요건에 맞추어 녹음하라.

1. 피아노로 반주와 멜로디만 녹음할 것[가사(목소리)는 없어야 한다.].
2. 멜로디와 가사 없이 오로지 피아노로 반주만 녹음할 것.
3. 반주와 가사 없이 오로지 피아노로 멜로디만 녹음할 것. 이때 음의 길이와 템포는 정확히 악보와 일치해야 한다.
4. 마지막으로, 오케스트라가 반주한 녹음 자료를 찾아보라. 목소리가 녹음이 안 된 것이면 더욱 좋다. 하지만 피아노 반주와 별반 다르지 않은 오케스트라 반주라든가 목소리가 녹음된 자료들이 많을 것이다. 음악을 공부하는 학생들을 위해서, 때로는 가라오케 반주용으로 녹음된 노래들이 많다.

노래를 이렇게 다양한 방법으로 듣는 것은 듣기 훈련에 큰 도움이 된다. 왜냐하면 우리가 이번 장에서 다루고자 하는 뮤지컬에 대한 정보는 모두 장면의 배경음악이나 반주 혹은 멜로디 안에 존재하고 있기 때문이다.

연 습 과 제 4 B

편안하게 들어라

여러분이 고른 노래를 본격적으로 분석하기 전에, 우선 앞서 녹음한 노래를 들어라. 어디 조용한 곳을 찾아가서 두 눈을 감고 노래를 들어라. 따라 부르거나 가사나 악보도 보지 마라. 오로지 듣기만 하라. 이 연습과제를 수행하는 동안 당신은 가사와 멜로디를 따로 떼어놓게 될 것이다. 이것은 매우 중요하다. 노래를 듣는 동

127

안 당신은 말(words)이 갖고 있는 영향력으로부터 벗어나기 위해서 꽤 집중해야 한다. 오로지 멜로디 그리고 반주만 들릴 때까지 견뎌라. 노래를 듣고 어떤 느낌을 받았는지 악보에 적어라.

- 각기 다른 방식으로 녹음된 노래를 들었을 때, 앞서 들었던 노래와 무엇이 달랐으며 또 무엇이 새로웠는가?
- 반주만 녹음된 노래를 들었을 때, 멜로디에는 없는 무언가를 느꼈는가?
- 멜로디만 녹음된 노래를 들었을 때, 반주를 들었을 때는 몰랐던 어떤 새로운 것을 느꼈는가?

이제야 비로소 당신은 노래가 가지고 있는 또 다른 모습에 친숙해진 것이다. 당신이 찾아낸 정보들을 보라. 이 정보들은 언젠가 당신이 이 노래를 부르며 연기할 때 엄청난 영향을 끼치게 될 것이다.

4.2.1 작곡가의 기호

대부분의 작곡가는 악보에 매우 특별한 표시를 남긴다. 이것은 템포나 소리의 특성, 그리고 어디에서 변해야 하는지에 관한 것들이다. 당신은 매우 신중해야 한다. 만약 당신이 노래를 색다르게 해석하고 싶다면 실수나 변덕이 아닌, 정당한 이유를 근거로 대야 한다. 다음은 당신이 뮤지컬 악보에서 접하게 될 기보법의 가장 일반적인 용어 목록이다.

아첼레란도(Accelerando) : 점점 빠른 템포로

아다지오(Adagio) : 느리게 움직이는 템포로, 평온하게 휴식을 취하듯이

아다지시모(Adagissimo) : 아주 느리게

아드 리비툼/애드 립(Ad libitum/ad lib) : 자유롭게(빠르기는 연주자에게 맡긴다.)

아페투오소(Affettuoso) : 애정을 담아

아프레탄도(Affrettando) : 급하게, 앞을 헤치고 나아가듯이

아질레(Agile) : 경쾌하게, 민첩하게

아지타토(Agitato) : 격앙되게

알라르간도(Allargando) : 점점 더 넓게, 점점 더 느리게

알레그레토(Allegretto) : 약간 활발하게, 약간 빠르게

알레그로(Allegro) : 생기 있게 그리고 빠르게

안단테(Andante) : 걷는 속도로, 느리게

아파시오나토(Appassionato) : 열정적으로

아 템포(A tempo) : 박자대로(노래의 기본 템포로 돌아가라.)

브릴란테(Brillante) : 번쩍번쩍 화려하게

커먼 타임(Common time) : 4/4 박자로

크레센도(Crescendo) : 점점 크게

컷 타임(Cut time) : 2/2 박자로

다 카포(Da capo) : 마지막 화음에서 끝나지 말고, 노래 시작 부분으로 돌아가라. 때로 "처음

부터 다시 시작"의 의미로도 사용된다.

디미누엔도(Diminuendo) 또는 데크레센도(Decrescendo) : 점점 여리게

돌로로소(Doloroso) : 비통하게

에네르지코(Energico) : 원기왕성하게

에스프레시보(Espressivo) : 표현을 풍부하게

포르테(Forte) : 크게(음량이 더 커질수록 f, ff, fff로 표시한다)

그라치오소(Grazioso) : 우아하게

인 모도 디(In modo di) : ～풍의(예 : Moderato in modo di marcia funebre → 장송행진곡 풍의 모데라토

–역주)

라르고(Largo) : 넓고 매우 느리게

레가토(Legato) : 음과 음 사이에 끊어지는 느낌이 들지 않도록 유연하게

렌토(Lento) : 느리게

메조(Mezzo) : 중간 빠르기로

파를란도(Parlando) : 말하듯이

피아노(Piano) : 여리게(점점 더 약해질수록 p, pp, ppp로 표시한다.)

피우 모소(Piu mosso) : 좀 더 빠르게

포코 아 포코(Poco a poco) : 조금씩, 동시에 약간만

포코 피우 모소(Poco piu mosso) : 조금 더 빠르게

프레스토(Presto) : 아주 빠르게

랄렌탄도(Rallentando) : 느리게

리타르단도(Ritardando) : 점점 느리게

루바토(Rubato) : 감정을 살리기 위해 일시적으로 정확한 박자에 구애받지 말라는 표시

세구에(Segue) : 멈추지 말고 다음 악장이나 다음 노래로 연결하라.

소토 보체(Sotto voce) : 여리게, 소리를 낮추고, 속삭이듯이

스타카토(Staccato) : 짧고 날카롭게 그리고 공격적으로

스톱 타임(Stop time) : 모든 연주를 멈추고 하나의 소리만 또렷하게 연주하라. 대개 한 마디
 에서 첫 번째 박자만 소리 낸다.

타셋(Tacet) : 반주 없이 노래한다.

비바체(Vivace) : 활기차게 그리고 생기 있게

위에 열거한 용어들은 표준 음악 사전에 나와 있는 음악용어 가운데 그나마 쉽게 번역할 수 있는 것들을 모아놓은 것이다. 만약 이 용어가 이해되지 않는다면 음악 사전을 찾아보기 바란다.

4.2.2 ── **감정의 속성**

당신이 노래를 부르면 그 음악은 청중의 감정에 영향을 미친다. 심지어 그 음악을 부르고 있는 당신에게도 영향을 끼친다. 음악이 어떻게 감정을 움직이는지는 참으로 설

명하기 곤란하다. 왜냐하면 이러한 영향은 직관적이고 본능적으로 일어나는 것이지 논리적인 과정을 거치는 게 아니기 때문이다. 그렇다고 우연히 벌어진다는 말은 아니고, 모든 음악 속에는 분명히 감정을 움직이는 근본적인 요소가 있다. 음악이 갖고 있는 바로 이러한 특성이 당신에게는 가장 중요하고 근본적인 것으로 여겨질 것이며 또한 그래서 당신은 매우 섬세하게 음악을 다루어야 한다는 점을 알게 될 것이다. 왜냐하면 음악은, 노래하는 캐릭터의 마음을 표현하기 때문이다. 음악은 캐릭터 내면에서 일어나고 있는 감정을 알 수 있는 척도다. 노래의 느낌이 변했다면 캐릭터의 감정 또한 변한 것이다. 노래의 이러한 특성은 다음과 같은 형용사에서 가장 잘 묘사되고 있다. 환호하는, 즐거운, 사색에 잠긴, 흥분되는, 우울한, 시름에 잠긴, 아찔한 등등. 음악이 주는 감정의 변화는 심지어 한 곡의 노래 안에서도 일어난다. 또한 우리가 이 노래를 처음 접했을 때와 나중에 다시 이 노래를 불렀을 때 180도 다른 감정을 느낄 수도 있다. 음악과 감정의 미묘한 변화에 민감해져라.

연습과제 4C

감정의 형용사

멜로디나 반주를 들으면서, 그것이 당신에게 어떤 감정을 불러일으키는지 형용사로 묘사하고 이를 목록으로 만들어라. 그리고 그 노래의 악보를 가져와서 감정이 느껴졌던 바로 그 소절 옆에 그 형용사를 적어라. 당신이 알고 있는 이 뮤지컬에 대한 정보 때문에 이 노래에 대한 감정이 묻히지 않도록 주의하라. 가사나 드라마의 상황에 속지 마라.

멜로디의 형태

이번에는 멜로디가 한 곡의 노래 안에서 급격히 변하는 이유와 사건에 대해 다루어 보려고 한다. 멜로디는 더 높은 음으로 아니면 더 낮은 음으로 진행한다. 한두 음정 위

4.2.3

나 아래로 짧게 도약할 수도 있고, 다섯에서 여덟 음정을 훌쩍 건너뛰기도 한다. 이와 같은 변화의 폭은 노래하는 배우뿐 아니라 청중에게 어떠한 감정을 느끼게 하고, 또한 그 장면에서 노래하는 인물의 감정이 요동치고 있는지 아니면 차분해지고 있는지 보여줄 수도 있다. 이 멜로디의 연주와 노래를 듣게 되면 당신은 확실히 이 점을 깨달을 수 있다.

당신이 악보를 이해하지 못해도 괜찮다. 마치 심장박동을 시각적으로 보여주는 모니터를 보듯이 악보의 음표들을 보고만 있어도 멜로디가 어떻게 변하는지 알 수 있다. 짧은 마디 안에 음표의 변화가 많은 부분과 음표와 음표 사이의 도약이 큰 부분에 주의하라. 멜로디의 형태는 완만하게 굽이치는 언덕 같을 수도, 뾰쪽한 산봉우리나 벼랑 같을 수도 있다. 이러한 시각적 변화는 캐릭터의 본성을 드러내준다. 멜로디의 형태가 언제 반복되며, 작곡가의 의도에 따라 기존의 멜로디 진행이 언제부터 변화하기 시작하는지 알아차려야 한다. 왜 그런 걸까? 그것이 나에게 어떤 느낌을 주는가? 캐릭터가 느끼고 있는 감정을 어떻게 암시하고 있는가?

연습과제 4D

멜로디의 형태

당신이 선택한 노래의 멜로디를 들으면서 손만 사용하여 멜로디의 진행 형태를 그려라. 이것은 노래를 시각적 이미지로 만드는 데 도움을 줄 것이다.

- 이 그림에는 점점 커지거나 점점 작아지는 멜로디의 변화가 드러나 있는가?
- 당신이 지금 듣고 있는 음악의 그래프가 어떠한 형태를 그리고 있는지 설명하라.
- 노래의 구간과 구간 사이에 변화가 일어나고 있는가?
- 이것은 당신에게 캐릭터의 여정과 감정 상태를 암시해 주고 있는가?
- 반복, 전조 혹은 두 프레이즈(phrase, 악구. 하나의 악상이 완성된 2소절에서 4소절 정도의 음악 단위 – 역주) 사이의 미세한 변화 등이 분명하게 드

러나 있는가?
- 당신이 들은 것을 그대로 옮겨 그린 것이 악보와 얼마나 일치하는지 비교해 보자.

다시 한 번 말하지만 이 연습과제를 수행하는 동안 이 장면이나 노래에 대한 사전 지식에 영향을 받지 말 것. 마치 처음 듣는 것처럼 그 노래에 몰입하라.

템포의 특성과 변화

4.2.4

모든 음악은 템포에 맞추어 노래하거나 연주한다. 또한 템포는 우리에게 캐릭터의 감정에 대한 정보를 주기도 한다. 흥분했거나, 낙담했거나, 신중하거나, 혼란스럽거나 혹은 그 밖의 수많은 감정들은 음악의 빠르기를 통해 즉각적으로 표현된다. 캐릭터의 감정이 변하면 그 캐릭터를 연기하는 배우의 템포도 마찬가지로 변할 것이다. 노래를 부르는 동안 캐릭터의 심정에 매우 큰 변화가 일어나면 템포도 변화한다. 작곡가는 자신이 표시해놓은 다이내믹한 여러 기호들을 통해 이러한 변화들을 예고하고 있다.

연습과제 4 E

템포의 변화

노래를 들으면서 템포의 변화에 주의하라.

1. 작곡가가 어떠한 템포의 변화를 표시해 놓았는지 악보를 살펴볼 것.
2. 템포에 변화가 있거나 아니면 템포가 일정한 부분을 들으면 무슨 생각이 드는가?
3. 노래를 느린 속도로 들었다가 빠르게도 들어보자. 노래에 내포된 감정에 어떠한 변화가 있는가?

리듬의 특성

이번에는 멜로디가 얼마나 빨리 변하는지, 주변 음과 비교했을 때 한 음을 얼마나 오래 지속하는지, 특정한 음높이와 음폿값으로 이루어진 패턴이 얼마나 자주 반복되는지와 관련된 이야기다. 이에 관한 가장 훌륭한 예로 조지 거쉰(George Gershwin)의 '매혹적인 리듬(Fascinatin' Rhythm)'을 들 수 있는데 이 곡에는 리듬의 패턴이 분명하게 드러난다. 이 노래에서 코러스가 손뼉을 치는 부분을 들으면 우리는 거쉰이 만들어 낸 매우 분명한 두 개의 리듬 형태를 알 수 있다. 거쉰은 이 리듬을 계속 반복해서 사용한다. 이 두 개의 전혀 다른 리듬이 어떻게 연결되어 있는지 주의해서 들어라. 이와 같이 하나의 노래 안에 여러 개의 전혀 색다른 리듬이 나타나는 노래는 흔히 볼 수 있다. 다양한 멜로디뿐 아니라 다양한 리듬의 변화도 캐릭터에게 일어나고 있는 감정의 변화(심장박동의 변화, 새로운 전략, 상대방에 대한 반발 등)를 전달할 수 있다. 이러한 모든 것은 왈츠, 폭스 트롯, 행진곡, 차차, 탱고 등 음악의 형식 안에서 일어난다. 이러한 음악 형식들은 모두 리듬이라는 약속에 의해서 작곡된다.

연 습 과 제 4 F

리듬의 형식

전혀 다른 리듬 형태를 가진 곡들을 그룹 내의 개개인에게 할당하라. 이 과제를 위해서 그룹의 구성원들은 녹음된 공연용 음반을 준비해야 한다. 아래의 음악 형식들 가운데 하나를 선택하라.

왈츠(Waltz) : 〈A Little Night Music〉의 곡 전부, 〈펀 홈(Fun Home)〉의 'I'm Changing My Major to Joan'

폭스 트롯(Fox trot) : 〈아가씨와 건달들〉의 'I've Never Been in Love Before'와 'If I Were a Bell'

탱고(Tango) : 〈Damn Yankees〉의 'Whatever Lola Wants'

찰스톤(Charleston) : 〈Thoroughly Modern Millie〉의 'Not for the Life of Me'

랙타임(Ragtime) : 〈Ragtime〉의 'Gettin' Ready Rag'

스윙(Swing) : 〈On the Town〉의 'I Can Cook, Too'

리듬 앤 블루스(Rhythm and blues) : 〈해밀턴〉의 'It's Quiet Uptown'

행진곡(March) : 〈뮤직 맨(The Music Man)〉의 'Seventy-Six Trombones' 〈How To Succeed in Business Without Really Trying〉의 'Grand Old Ivy'

장송곡(Dirge) : 〈오클라호매〉의 'Poor Jud Is Daid'

당신은 이 차이점을 알겠는가?

앞서 이 훈련을 위해서 당신이 선택한 곡들을 놓고 각각의 리듬 형태에 대해서도 조사하라.

음조

4.2.6

노래는 다양한 이유 때문에 다양한 음조(Musical Key)로 불려진다. 만약 당신이 어떤 노래를 최초로 부르는 배우라면 당신은 너무 높거나 너무 낮은 멜로디 때문에 고생할지 모른다. 그래서 점차 당신이 낼 수 있는 음역대에 맞추어 조를 바꾼다. 하지만 이런 이유 말고도 작곡가는 조를 바꾼다. 조는 감정 상태 그리고 분위기를 표현할 수 있다. 예를 들어 장조(major key)의 곡이라면, 마음이 안정되어 있는 상태 혹은 강한 의지를 갖고 있는 상태를 표현할 수 있다. 반대로 단조(miner key)의 곡이라면 긴장이나 슬픔 혹은 마음의 갈등을 표현할 수 있다. 때로는 드라마 또는 음악적으로 최고조에 도달하는 특별한 지점에서 엄청난 흥분과 감동을 만들어 내기 위해 남성 또는 여성 배우의 목소리에 맞춰 조(key)가 정해진다. 음악을 통해 이야기를 전달하는 것이 언제나 우선이지만, 인간의 목소리가 특정한 높이의 음에서 만들어 내는 진동은 그 자체로 강력한 감정적인 효과를 끌어낼 수 있다. 〈위키드(Wicked)〉의 'Defying Gravity'를 들어보면, 음의 위치가 얼마나 강력할 수 있는지를 확인할 수 있다. 이렇듯이 조가 표현하고 있는 이 모든 것을 흡수하여 당신의 것으로 만들어라.

4.2.7 — 전조

가끔 작곡가는 노래 한 곡 안에서 여러 번 조를 바꾸기도 한다. 이런 일들은 대부분 감정 상태의 변화 때문에 일어난다. 대중적인 뮤지컬 스타일의 영향을 받은 팝 음악이나 극음악에서도 흔히 볼 수 있는데, 노래가 끝나기 전까지 몇 번에 걸쳐서 조가 계속 상승하는 것이 그것이다. 이것은 노래하는 배우의 흥분이나 감동 상태를 높여준다. 때로는 이와는 전혀 다른 감정 상태를 표현하기 위해서 밑으로 전조되기도 한다. 어떤 작곡가는 감정의 미묘한 뉘앙스를 표현하기 위해서 조를 미세하게 변화시키기도 한다[예를 들면, 제롬 컨(Jerome Kern)의 'All the Things You Are']. 이러한 전조(Modulations)는 노래를 통해서 과도하거나 미묘한 긴장 혹은 해방감을 만들어내는데 그럼으로써 캐릭터의 다양한 감정을 충분히 담아낸다.

연 습 과 제 4 G

전조

노래의 멜로디와 반주를 들으면서, 전조가 일어나는 부분에 주의를 기울여라. 이러한 변화가 당신에게 어떤 느낌을 갖게 하는가? 전조를 사용하고 있는 다양한 작곡가들을 비교, 연구하기 위해서 당신 자신이나 그룹 구성원들의 레퍼토리를 철저히 조사하라.

4.2.8 — 긴장감과 해방감

하나의 노래를 택하여 반주만 들어보자. 그러면 당신은 긴장감이 고조되는 부분을 발견할 수 있을 것이다. 음악은 무언가를 강하게 압박하는 듯하다가 긴장감을 쏟아내며 스스로를 해소시킨다. 이것은 템포나 음조의 미세한 변화 때문일 수도 있고, 음악의 구조 때문일 수도 있으며 혹은 연속된 전조 때문에 일어난 것일 수도 있다. 혹은 우리가 이 책에서 다루고 있는 뮤지컬의 모든 요소들을 인위적으로 교묘히 조작하기 때문일 수도 있다. 이러한 긴장감과 해방감은 캐릭터의 생각과 감정을 알 수 있는 또 다른 척도이다. 노래의 1절, 2절 부분에서는 긴장감이 증폭되다가 마지막 후렴구의 합창이 시작됨과 동시에 긴장감이 발산, 해방되는 느낌을 흔히 경험해 보았을 것이다. 마지막 후렴구를 연결해주는 브릿지(bridge, 경과부)도 이러한 역할을 수행할 때가 있다. 또한 우리는 반주와 멜로디를 서로 대비시켜놓은 음악을 들었을 때 긴장감과 해방감을 느끼기도 한다. 긴장감은 해방되거나 해결되어야 한다.

음악의 악센트

공연에 등장하는 수많은 노래들을 보면, 캐릭터의 상태를 특별한 음악적 구조로 표현하기 위해서 높고 낮은 음표들을 일렬로 마구 뿌려댄다. 무언가가 부딪치고, 번쩍거리고, 요란하게 떨어지는 순간들은 대부분 활발한 템포의 노래를 통해 표현되지만, 느린 템포의 노래에서도 역시 찾아볼 수 있다. 이러한 악센트는 대부분 소절 사이에 음을 끊고 중지하고 있거나 숨을 쉬는 사이처럼 캐릭터가 노래하지 않을 때 발생한다. 노래 중간의 간주라든가 춤을 추기 위한 음악(이와 같은 부분은 반주만 있고, 노래를 부르지는 않는다)이 이러한 음악적 강조의 범주에 들어갈 것이다. 때로 이러한 악센트는 캐릭터가 어떤 생각에 집중하고 있는 도중에 갑작스러운 변화가 발생했다는 것을 알려준다. 또한 캐릭터의 감정 상태를 드러내는 신체적 행동을 강조할 수도 있다. 당신이 무대 위에서 노래를 부르기 시작하면 이러한 음악의 악센트들이 얼마나 유용한지 알게 될 것이다. 당신이 노래할 때 이렇게 분명한 악센트를 무시하려고 시도해보라. 그러면 그것이 얼마나 중요한지 곧 깨닫게 될 것이다.

악센트를 사용하라

오케스트라가 연주한 반주 녹음을 들으면서, 음악적 악센트가 명확히 사용된 부분을 찾아라. 빠른 템포로 진행되던 음악의 마지막 부분에서 "버튼(button, 음악의 끝부분에 하나의 음이나 간단한 화음으로 명료한 결말을 지을 때 사용하는 기법. 이 책 12장에서 설명하고 있다. – 역주)"이 사용되었을 수도 있다. 바로 이 순간 신체를 이용하여 여러 가지 형태를 만들어보자. 평범한 행동이 아닌 특별한 동작을 하라(비스듬히 앉는다든지, 팔짱을 껴본다든지, 손을 엉덩이 위에 날렵하게 올리고 앉는다든지). 그런 다음 연극적인 움직임과도 같은(두 손을 사용하여 다양한 포즈를 만들고, 하늘 한 귀퉁이를 손으로 움켜잡으려 하고, 두 팔을 양옆으로 힘차게 뻗기도 하는 등의) "춤"을 춘다. 이 음악의 악센트를 이용하려는 당신의 욕구가 본능적으로 적당한 동작과 움직임을 찾아낼 것이다.

4.2.10

음악의 강약

하나의 노래를 부르는 동안 캐릭터는 어떤 감정을 느끼고, 생각하고, 그리고 어떠한 욕구가 일어날 텐데, 그 순간마다 노래의 반주는 변화할 것이다. 우리는 지금까지 이러한 일련의 변화에 대해 이야기했다. 그런데 음악의 강약(Dynamics)으로도 이런 변화를 줄 수 있다. 음악의 강약은 노래가 시끄럽다가 부드러워지거나, 저음에서 고음으로 도약하거나, 소리를 지르다가 속삭인다거나, 빨라졌다가 느려지고, 크레셴도(점점 크게)에서 데크레셴도(점점 여리게)로 바뀌는 것처럼 뚜렷한 차이를 통해 드러난다. 종종 작곡가는 (적당한 소절의 윗부분에 이탈리아어로) 강약 기호를 써놓음으로써 이러한 정보를 전해준다. 이러한 기호는 작곡가의 의도를 이해하고, 정확한 방향을 잡을 수 있는 귀중한 정보가 된다. 게다가 이 노래를 연습하는 과정에서 무엇이 보다 중요한지 아닌지를 스스로 선택하여 자신만의 강약을 만들기도 한다. 우리가 지금까지 설명한 이 모든 방법은 당신에게 매우 유용한 것들이다.

강약에 변화를 줘라

발라드 곡 가운데 강약의 차이를 쉽게 비교할 수 있는 한 프레이즈를 고른다. 지속음이 있는 프레이즈면 아주 좋다. 이 프레이즈는 아래에 제시된 강약을 대조하는 데 사용될 것이다. 하나의 프레이즈 안에 아래와 같은 정반대의 상황을 적용해보자.

- 시끄럽게
- 부드럽지만 또렷하게
- 매끄럽지만 분노에 차서
- 부드럽게, 시작해서 점점 세게
- 점점 여리게

이번에는 하나의 상태에서 다음 상태로 변할 때 전조를 해보자. 그런 다음 다시 원래의 조로 돌아와라. 이제 역순으로 상태를 변화시켜가며 전조를 한다. 다음, 강약의 대비가 성립되는 것끼리 바꾸어 불러보자(시끄러운 것과 부드러운 것, 또렷한 것과 속삭이는 것 등).

음악의 어법

4.2.11

노래의 가사나 오페라의 대본에 쓰이는 말 중에 특별히 어떻게 발음하라고 알려주기 위해서 "시각 사투리(eye dialect)"를 사용하는 것처럼[예를 들어 〈오클라호마!〉의 'Cain't Say No(Can't를 사투리 발음 그대로 Cain't라고 쓰는 것을 시각 사투리라고 함 – 역주)'], 음악도 주어진 상황들을 암시하기 위해서 음악이 갖고 있는 여러 특성들을 사용한다. 지역적인 색채를 암시하거나 언급하기 위해서 그 지역의 음악 스타일을 섞기도 한다. 예를 들면 〈인 더 하이츠(In the Heights)〉에서 우스나비는 라틴의 정취가 확연히 드러나는 라틴계 힙합 음악으로 자신의 세계를 소개하고, 〈브리가둔(Brigadoon)〉에서 찰리와 메그의 노래는 켈트

족 민속음악의 느낌을 살렸다. 작곡가는 관객이 캐릭터에게 주어진 상황과 극 속의 세상을 쉽게 받아들일 수 있도록 이와 같은 음악적 어법을 신중히 선택한다. 당신의 노래에는 어떤 지역, 어떤 나라의 음악적 어법들이 사용되었는가? 이때 주의할 점이 있다. 작곡가가 특정 지역이나 인종의 음악 양식을 의도적으로 비평하기 위해서 모방한 경우나 극적 상황, 캐릭터나 캐릭터 간의 관계를 재밌게 만들기 위해 모방한 경우는 예외라는 사실이다.

4.2.12 ── 음악은 캐릭터의 개성을 드러낸다

위와 같은 방식으로 음악은 국적이나 지역을 드러내기도 하고, 때로는 캐릭터의 개성이나 정보를 은밀하게 드러낼 수도 있다. 〈오클라호마!〉에 나오는 컬리의 노래 'Surrey with the Fringe on Top'과 윌 파커의 노래 'All 'Er Nuthin''을 비교해보자. 음악은 주어진 환경(나이, 직업, 신분, 교육수준 등)이 비슷한 두 남자의 커다란 차이점을 드러낸다. 근본적으로 전혀 다른 두 남자의 개성은 노래의 음악적 기법을 통해서 명확하게 구분되고 있다.

4.2.13 ── 멜로디와 반주의 관계

지금까지 우리는 반주와 멜로디를 각각 따로 떼어놓고 들어왔다. 하지만 반주는 다른 무언가와 함께해야만 한다. 이 경우에는 멜로디, 혹은 노랫말이 붙어있는 선율을 뜻한다. 멜로디와 반주를 녹음한(가사는 없는) 연주를 들으면서 당신이 지금까지 수집한 이 뮤지컬에 대한 모든 정보가 어떻게 멜로디와 연관되는지 보자. 반주 안에서의 긴장과 이완이 멜로디에서도 마찬가지로 표현되고 있는가? 아니면 아무 변화 없이 유행가처럼 진행되고 있는가? 음악의 강약은 멜로디에 어떠한 영향을 끼치는가? 템포의 변화는 멜로디의 흐름에 어떠한 영향을 주고 있는가? 멜로디가 변할 때 반주도 리드미컬하게 변하고 있는가?

대사와 배경음악의 관계

뮤지컬을 공연하게 되면 당신은 노래 중간이나 노래의 앞뒤에 대화체로 진행되면서 배경음악이 깔리는 장면을 연기하게 될 것이다. 배경음악을 들어보면 그 장면의 주요 곡이나 이 뮤지컬의 다른 장면에서 나오는 테마곡의 주선율(melodic themes)을 찾을 수 있다. 이 주선율은 감정 상태와, 말로 표현되는 대화의 연관관계를 알 수 있게 해준다. 원인이 되는 사건이나 관계가 변하면 테마곡의 오케스트라 편곡 또한 바뀔 것이다. 작곡가는, 때론 편곡자도, 대화 장면에 연주되는 음악을 만드는 데 많은 시간을 쏟는다. 만일 당신이 배경음악이 흐르는 장면에 등장하는 배우라면 이 배경음악 속에 숨어 있는 작가와 작곡가의 명확한 의도를 찾아야 한다.

이 모든 뮤지컬에 대한 지식에 부합하면서 진정으로 당신만의 공연을 창조하는 것이 바로 당신의 직업이다. 이러한 점에서 배경음악은 당신의 친구이며, 당신의 서브텍스트를 명확하게 알려준다. 배경음악을 통해 굉장한 자극을 경험하고 깨닫는 과정을 밟으면서 당신의 연기는 독특한 뉘앙스를 띠게 될 것이다.

연습과제 4 J

재결합하라……
그러면 더욱 좋아질 것이다

이제 반주와 멜로디는 잠시 내버려두고 노래 가사에 집중하자. 지금까지 탐구한 음악에 대한 새로운 정보가 당신이 이해하고 있던 노래 가사에 어떤 영향을 주는지 알아보자. 여기서 새로운 정보란 완전히 의외의 사실이 될 수도 있다. 반주를 주의 깊게 들어라. 그리고 당신의 연기에 새로운 정보를 대입하여 노래를 불러라.

비록 우리는 당신이 연기하고 있는 캐릭터의 감정 상태를 나타낼 수 있는 수많은 뮤지컬의 기법에 대해 윤곽만 가지고 있지만 모든 연극적인 노래의 가장 중요한 점은 음악과 가사 사이의 상관관계에 있다. 정서적인 면과 구체적인 정보가 결합하면 훌륭한 작품이 탄생한다.

연극적인 노래의 전통적인 구조

우리는 지금까지 뮤지컬 노래를 들으면서 찾아낼 수 있는 정보에 관해 다루었다. 이제 우리는 좀더 기본적인 구조에 대하여 알아볼 것이다. 개인적으로 공부한 적도 없고, 또 음악 이론 강의를 들어본 적이 없어도 상관없다. 아마도 당신은 대중음악을 구성하고 있는 기본 규칙들에 대해 이미 알고 있을 것이다. 대부분의 작사·작곡가들이 어느 정도 지키고 있는, 오랜 실습을 통해서 의견이 일치된 규칙이 존재한다. 별다른 생각 없이 대중음악을 들을 때조차도 우리는 이러한 전통적인 형식 안에서, 그리고 음악의 구성이 어떻게 변할지 예측하면서 노래를 듣는다. 만약 대중음악의 전통적인 작사·작곡 기법을 따르지 않으면, 우리는 "뭔가 이상하다"고 느낄지도 모른다. 조지 거쉰이나 어빙 벌린(Irving Berlin) 같은 작곡가들은 20세기 초반, 대중음악을 통해서 이러한 규칙들이 옳았음을 증명했다. 비록 형식상 많은 변종이 존재하지만 오늘날까지도 우리는 뮤지컬 작법을 포함한 작사·작곡 기법에서 여전히 이러한 규칙들이 적용됨을 발견한다. 이러한 규칙들 가운데 첫 번째는 하나의 노래는 대개 다음과 같은 파트로 이루어져 있다는 점이다. 전주, 절, 합창부 그리고 후주.

전주 또는 "인트로(intro)"

전주(introduction)는 당신이 노래를 시작하기 바로 직전까지 연주되는 음악을 말한다. 전주는 노래의 분위기를 형성하고, 당신이 불러야 하는 노래의 조와 템포를 알려준다. 전주는 단지 종을 한 번 울리거나 혹은 몇 마디 정도로 짧을 수도 있고, 때로는 분위기가 무르익을 만큼 혹은 대화나 신체적인 움직임이 들어갈 만큼 길 수도 있다. 전주의 길이에 대해서는 정해진 규칙이 없다. 전주는 때로 합창부의 선율을 가져와 사용하기도 한다. 그리고 대개 긴장을 유발하는데, 이러한 긴장은 전주의 다음 부분인 절(verse)이 시작되면서 해소된다. 한 가지 주의해야 할 점은 상업적인 목적으로 판매하기 위해서 전주에 변형을 가한 가수의 노래 버전과 공연용 버전은 다를 수밖에 없다는 것이다. 왜냐하면 뮤지컬 음악은 때로 배경음악이 깔리는 대화 부분처럼 여러 가지 음악적인 조화를 고려하기 때문이다. 하지만 대부분의 음반제작자들은 대중가수의 앨범처럼 만들기 위해 노력한다. 그렇기 때문에 가능하다면 완전한 공연용 악보를 가지고 연습하는 것이 좋다.

절

— 4.3.2

노래의 절(verse)은 가사와 함께 시작되면서 곧 우리를 뮤지컬의 주요 테마 부분으로 인도한다. 우리는 후렴구에서 주요 테마를 듣게 된다. 절과 주요 테마 부분은 음악적으로 차이가 있다. 선율만 놓고 볼 때, 절은 약간 두서가 없을 수도 있고, 뮤지컬적인 요소가 완벽하게 갖추어져 매끄럽게 반복될 수도 있다. 다시 말해서 이 부분이 얼마나 길어야 한다는 규정은 없다. 12마디로 짧게 끝날 수도 있고, 30마디나 40마디까지 이어질 수도 있다. 절은 혼자 독립적으로 존재하는 것이 아니라, 노래의 몸통을 위해서 존재한다. 가사의 측면에서 보자면, 절은 캐릭터가 지닌 문제를 드러내는 역할을 담당한다. 캐릭터의 문제는 후렴구에서 풀린다. 절은 보통 캐릭터가 무언가를 절박하게 원하는, 그런 극적인 순간을 분명하게 드러낸다. 운율과 가사가 잘 만들어진 절은 관객을 후렴구의 문턱까지 인도한다. 그 문이 열리고, 마침내 우리는 후렴구로 들어선다. 또한 절은 후렴구를 기대하게 만든다. 하지만 어떤 작곡가는 절을 완전히 건너뛰어 후렴구부터 시작하기도 하니 주의하라. 특히 요즈음의 뮤지컬에서는 그런 경우가 많다.

절이라는 용어는 그때그때의 맥락에 따라 용도와 의미가 완전히 다르다. 당신에게 2절을 부르라고 말했는데, 당신은 2번째 후렴구를 부를지도 모른다. 누구와 작업을 하든지, 당신이 사용하는 용어를 제대로 정리하고 시작하라.

합창 또는 후렴구

— 4.3.3

후렴구야말로 노래의 중심축이다. 노래의 다른 부분과 비교했을 때 음악적으로나 가사 측면에서 후렴구가 가장 중요하며, 따라서 분명한 구조를 갖고 있다. 우리는 보통 어떤 노래를 다른 이에게 설명할 때 이 후렴을 콧노래로 불러 주곤 한다. 또한 잘 쓰인 곡은 항상 가사의 덕을 많이 보지만 후렴 부분은 가사 없이도 괜찮은 경우가 많다. 후렴구에는 주제가 되는 멜로디가 최소 한 개 이상 사용되는데 보통은 두세 개가 분명한 패턴을 보이며 반복되어 나타난다. 또한 이 멜로디들이 조금씩 변주되거나 전조가 되는 경우도 있다. 하지만 이렇게 약간의 변화가 주어지는 경우에도 각 멜로디별 음의 높낮이 간 관계는 일정하다.

많은 노래들이 절과 코러스가 번갈아 나오는 구조를 따른다. 이때 1절의 가사는 2절에서 다른 가사로 바뀌는 경우가 대부분이지만 후렴구의 노랫말은 바뀔 수도 있고 바뀌지 않을 수도 있다.

4.3.4 ### 플레이오프(Playoff) 또는 후주

이 부분은 우리가 노래를 들을 때 가장 마지막으로 듣게 되는 음악 부분이다. 후렴구가 끝난 후 음이 좀 더 이어질 수도 있고, 노래의 가사 부분이 끝남과 동시에 노래가 끝날 수도 있다. 이 마지막 부분에서는 후렴구에서 사용된 멜로디 중 일부분이 반복되거나 변주되는 경우가 보통이다. 또한 이 부분은 관객이 캐릭터의 경험을 좀더 마음 깊이 느낄 수 있게 해주고, 굳게 다짐하거나 불안해하거나 걱정하거나 마침내 평화로운 기분에 이르도록 인도하는 등 캐릭터의 감정에 공감할 수 있도록 이끈다. 소리 내어 부르지 않더라도, 아직 연기는 끝나지 않았다. 후주(ride-out)의 마지막 음표가 끝나는 그 순간까지 캐릭터의 감정을 유지하라.

연습과제 4 K

구간별 이름 짓기

노래 가사를 복사하여 전주 및 각 절, 후렴구, 후주의 시작과 끝 지점에 연필로 표시해보자. 자신이 부른 노래를 녹음하여 들으면서 표시하는 것이 좋다. 이렇게 해보면 이 각각의 큰 덩어리들이 분명하게 구분되는 것이 느껴질 것이다. 이렇게 표시한 가사 복사본을 나중에 연습할 때 사용해 보자.

후렴구 분석

후렴구는 노래 중 음악적으로 가장 두드러지며, 바로 그렇기 때문에 듣는 이의 감정을 끌어올리는 효과가 가장 크다. 이를 좀 더 자세히 살펴보자.

기존의 뮤지컬 곡에서 후렴구는 대부분 서른두 마디다. 이 서른두 마디는 다시 여덟 마디씩 네 프레이즈로 나뉜다. 이를 알아보기 위하여 어빙 벌린의 작품 〈Annie Get Your Gun〉에 나오는 노래인 'I Got the Sun in the Mornin' and the Moon at Night'을 들어보자.

이 노래의 후렴구["다이아몬드도 진주도 없다네(Got no diamond, got no pearl)"]를 들어보면 첫째, 둘째, 넷째 부분에서 똑같은 멜로디(혹은 거의 같은 멜로디)를 사용하고 있음을 알수 있다. 즉 이 세 부분은 동일한 멜로디에 일정한 리듬을 가지고 있다. 또한 과거에 가져본 적도, 사실 갖고 싶지도 않은 물건들을 나열하는 것도 비슷하다. 하지만 셋째 부분은 주제가 완전히 달라지는 동시에 다른 리듬이 삽입되며, 애니가 자신의 삶에 대하여 말하는 방식도 달라진다(애니는 자신이 갖고 있는, 자신과 어울리는 것들에 대하여 이야기한다). 또한 후렴구 중 유일하게 다른 멜로디가 사용되는 부분이기도 하다. 이 두 멜로디가 사용된 부분을 각각 'A'와 'B'라고 한다면, A 부분은 우리가 첫째, 둘째, 넷째 부분에서 들을 수 있는 음악적 주제를 가리킨다.

하지만 정말 중요한 목적을 수행하는 것은 B 부분이다. 이 부분은 자칫 똑같은 주제가 단조롭게 반복될 수 있는 노래에 음악적 휴식을 제공한다. 실제로 B 부분은 '브릿지(Bridge)'라는 이름으로 불리는데, 왜냐하면 음악적으로 비슷한 후렴구의 앞뒤 부분을 다리처럼 이어주는 기능을 하기 때문이다. 또한 이미 두 번이나 같은 멜로디가 반복된후(이 노래의 경우) 잠깐 쉬어갈 수 있는 시간을 준다는 의미에서 '릴리즈(Release)'라고 불리기도 한다. A 부분만 네 번 흥얼거려 보자. 지루하게 느껴지지 않겠는가?

위에서 대략적으로 그려본 음악적 구조는 대중음악에서 가장 널리 사용되는 형식이며, 최근에도 많이 사용되고 있다. 이러한 구조는 일반적으로 AABA 형식이라고 일컬어진다. 여러분이 좋아하는 노래들이 라디오에서 흘러나올 때 잘 들어보면 이 AABA 형식에 상당히 많은 부분을 의존하고 있음을 알아차릴 수 있을 것이다. 이 형식에 들어맞는 고전적인 곡으로는 'Oh, Lady, Be Good!', 'Almost Like Being in Love'(《브리가 둔》)이나 'I remember'(《Evening Primrose》) 등이 있다. 그 외에도 다른 뮤지컬곡이나 대중가요에서 수많은 예를 찾아볼 수 있는데, 그중 하나가 폴 매카트니(Paul McCartney)의 'Yesterday'이다.

하지만 AABA 외에도 상당히 많은 후렴구 구조가 있다. 그중 가장 많이 사용되는 것 중 하나가 ABAC 형식이다. AB라는 한 쌍에서 B만 C로 바뀌어 반복되는 구조이다. 조지 거쉰의 'Summertime'이나 제롬 컨의 'Look for the Silver Lining', 어빙 벌린의 'Alexander's Ragtime Band' 등이 ABAC 형식을 사용한 유명한 노래들이다.

이보다는 조금 덜 자주 사용되는 형식으로 AAA 형식이 있다. 이 형식을 선택한 작곡가는 멜로디를 눈에 띄게 변주하지 않는다. 또한 이 형식은 동요 'Mary Had a Little Lamb'이나 찬송가 'Amazing Grace'에서 매우 잘 드러난다. 어떤 형식을 사용하건 간에 작곡가는 공연 환경에 가장 잘 어울리는 형식을 선택하려고 노력한다. 특히 이러한 노래 중 가장 잘 알려진 것이 'My Cup Runneth Over(《I do, I do》)'이다. 극적인 순간 느껴지는 천진난만하면서 부드럽고도 가슴 뛰는 설렘이야말로 이 노래에 가장 잘 어울리는 형식이다.

작곡가들이 A나 B 멜로디를 살짝 비트는 방식으로 다른 하나를 만든다는 점은 앞서 언급한 바 있다. 이러한 방식으로 만들어진 멜로디는 보통 A2라고 불리고, A3까지 만들어지기도 한다. 멜로디를 변주할 때에는 보통 반복되는 프레이즈에서 좀더 높거나 낮은 음정으로 바꾸거나, 프레이즈 여덟 마디 중 한 부분의 조를 높이거나 낮추는 방법이 사용된다. 또한 노래의 마지막 A 부분에서 멜로디를 변주하여 캐릭터의 감정을 전달하는 데 있어 가장 강력한 효과를 노리기도 한다.

음악의 구조적 형식을 이해하는 것은 매우 중요하다. 캐릭터가 자신의 목적을 위하여 비트를 나누고, 다양한 전술을 사용하고, 그리고 반주와 가사의 관계를 이해하고 표현할 수 있으려면 주제를 담고 있는 멜로디를 알고 이것이 어떻게 변화하는지 이해해야 하기 때문이다.

ABC를 배워라

AABA, ABAC, AAA 형식을 사용한 노래를 각각 찾아보자. 그리고 나서 A, B, C 멜로디가 사용된 프레이즈, A2나 A3 등 변주가 가미된 부분을 찾아보자.

현대음악의 변화

뮤지컬이 계속해서 변화를 겪으며 발전함에 따라 오늘날의 작곡가들은 전통적인 형식에서 벗어나려고 한다. 새로운 아이디어나 주제와의 조화, 확고한 틀 안에서 편안함을 자아내는 기존 뮤지컬 형식의 파괴가 그 목적이다. 마이클 존 라키우사(Michael John LaChiusa, 〈Hello, Again〉, 〈The Wild Party〉, 〈Giant〉), 아담 궤텔(Adam Guettel, 〈The Light in the Piazza〉, 〈Floyd Collins〉), 앤드류 리파(Andrew Lippa, 〈아담스 패밀리(The Addams Family)〉) 그리고 그밖의 많은 작곡가, 작사가들은 종종 이러한 형식을 거부하거나 때론 이러한 구조적 관습에서 크게 벗어나기도 한다.

반면 당신이 이들의 뮤지컬 곡 전부를 들어보았다면, 적어도 몇몇 곡은 전통적 형식을 취하고 있거나 부분적으로 전통을 따르고 있음을 알 수 있다. 가장 급진적이라고 평가받는 작곡가들도 여전히 몇 가지 모티프(motif, 악곡을 구성하는 가장 작은 단위. 보통 두 마디로 이루어짐. – 역주)를 반복하거나 변주하여 사용한다. 가끔은 A, A2, B, C, C2, A3의 틀을 가진 노래와 마주칠 때도 있을 것이다. 즉 특정한 감정 표현에는 특정한 주 멜로디 및 변주들이 주로 사용된다.

엘튼 존[〈아이다〉, 〈라이온 킹(The Lion King)〉], 제닌 테소리[Jeanine Tessori, 〈펀 홈〉, 〈바이올렛(Violet)〉, 〈Thoroughly Modern Millie〉], 데이비드 야즈벡[David Yazbek, 〈The Band's Visit〉, 〈풀 몬티(The Full Monty)〉, 〈Dirty Rotten Scoundrels〉], 스티븐 플레허티(Stephen Flaherty, 〈Ragtime〉, 〈Once on This Island〉, 〈Little Dancer〉) 등은 여전히 백 년도 넘은 전통적 형식을

고수하지만 멜로디, 악기 편성, 반주 스타일은 그 어떤 대중음악이나 이국의 문화에 뒤지지 않을 만큼 파격적이다.

　지난 사십 년 동안 뮤지컬계에서는 〈지저스 크라이스트 슈퍼스타(Jesus Christ Superstar)〉를 필두로 한 이른바 송스루 뮤지컬(Song-through 또는 through-composed musical, 대사 없이 공연 내내 노래로 채워지는 뮤지컬 – 역주)이 대세였으며 이와 같은 트렌드는 〈레 미제라블(Les Misérables)〉 및 다른 뮤지컬들로 이어졌다. 이는 대사까지도 노래로 표현하는 오페라와 닮아 있다. 일반적으로 현대 뮤지컬은 노래 사이에 대사가 들어가며, 이는 일부 송스루 뮤지컬에도 해당된다. 하지만 대사마저 음악성이 상당히 가미된 경우 노래의 구조를 명확히 알기가 힘들다. 그렇기 때문에 음악적 구성이 뚜렷이 변하고, 새롭고 중요한 극적 순간이 시작되는 찰나를 파악하는 것이 중요하다. 거의 대부분 이런 순간들이 무언가가 새롭게 시작되거나 아니면 여기부터 음악적인 대사 구간은 끝나고 노래가 시작되는 부분이라는 것을 뚜렷하게 알려주는 신호이기 때문이다. 송스루 뮤지컬의 경우 작곡가들은 중요한 스토리라인이나 주요 캐릭터마다 주제곡(모티브(motif) 또는 라이트모티브(leitmotif))을 정해둔다. 이 때문에 각 주제가 시작될 때마다 청중은 스토리에서 어느 부분, 어느 캐릭터에 집중해야 하는지 알 수 있게 된다. 그리고 전통적인 오페라와 마찬가지로, 이러한 주제곡들은 중요한 노래들 사이를 연결해주는 음악적 도구로 종종 사용된다.

연습과제 4 M

노래 구조를 파악하라

1. 앞선 연습과제 4K에서 표시해 둔 가사 복사본에 후렴구를 더 세밀하게 나누어 표시한다. A와 B 역시 표시한다.
2. A와 비교했을 때 B 부분의 가사는 어떻게 다른가? 각 부분별로 음악과 가사 사이에 어떤 관계가 있는가?

3. 여러 노래들을 살펴 그중 절이 가장 긴 곡과 짧은 곡을 찾는다. 전주 및 후주에 대해서도 똑같이 찾아본다.

4. 송스루 뮤지컬[〈레 미제라블〉, 〈미스 사이공(Miss Saigon)〉 등] 중 하나를 골라라. 그리고 노래가 언제 시작되고 언제 끝나는지 듣는다. 배경음악 및 노래 형식의 대사가 어떻게 노래로 이어지는지 파악한다. 노래가 시작되면 그 노래가 전통적 형식(AABA 등)을 채택하고 있는지, 전통과 다른 형식을 사용하는지 들어본다. 해당되는 노래의 A, B, C 및 이것의 변주들을 표시할 수 있는가?

5. 전통적인 작품들에서 A, B, C를 파악하는 데 익숙해졌다면 여러분이 좋아하는 현대 작곡가 중 한 명의 노래를 고른다. 그런 다음 이 노래에서 절 및 후렴구와 A, B, C 그리고 이들의 변주를 파악할 수 있는지 들어본다. 이렇게 함으로써 작곡가가 사용하고 있는 테크닉에 대해 더 잘 이해할 수 있게 될 것이다.

캐릭터와 '발성'

우리가 살면서 만나는 사람들은 모두 다르다. 사투리를 쓰는 사람도 있고, 똑똑하거나 말솜씨가 좋은 사람도 있다. 또는 토박이도 있고, 위트와 유머감각이 넘치는 사람도 있다. 우리가 연기하는 캐릭터도 마찬가지다. 연극에서는 이런 개성이 오직 대화를 통해서만 드러난다. 그러나 뮤지컬에서는 음악 그 자체가 한 인물의 개성을 표현하게 된다.

〈오클라호마!〉의 아도 애니나 〈뮤직 맨〉의 메리언 파루, 〈렌트〉의 미미를 비교해보자. 세 사람 모두 독신 여성이며 이십 대 초반으로 연령대가 비슷하다. 하지만 공통점은 이게 전부다. 물론 여러분은 이들 간의 차이점을 분명히 알기 위하여 각 캐릭터를 세부적으로 분석해도 된다. 하지만 보다 간단한 방법이 있다. 이들의 대표곡을 들어보면 이들이 서로 어떻게 다른지 즉시 깨달을 수 있다. 아도 애니의 'Cain't Say No'라는 노래는 약간의 사투리가 들어가면서 통통 튀고 순진무구한 느낌을 준다. 메리언이 부르는 'My White Knight'는 놀랍도록 풍부한 멜로디로 가득 채워져 있다. 미미는 'Out

Tonight'이라는 노래를 부르는데, 이 노래는 스트립 클럽 댄서에게 꼭 맞는 끈적끈적하고도 신나는 록이다. 이 세 노래는 서로 다른 성격을 가진 세 사람의 특징을 잘 보여준다. 이 세 명의 음악적 특성은 각 캐릭터의 발성에서 드러난다. 이때의 발성이란 주변 인물과는 다른, 예컨대 이 여성들처럼 각기 다르게 노래하는 방식을 일컫는 것이다. 이는 음악 자체만을 가리킨다. 아직 우리는 가사를 살피지 않았다.

때로 캐릭터가 부르는 노래에서 가사보다는 그 노래를 부르는 방식, 즉 그녀의 발성이 더 중요할 때가 있다. 아니라고 생각된다면 잘 모르는 언어로 쓰인 오페라의 몇 소절을 들어보면 금방 알 수 있다. 대사의 내용과 상관없이 음악 자체와 인물의 목소리에 담겨 있는 감정이 마음에 와 닿을 것이다. 오페라의 등장인물들이 무슨 말을 하는지 알아듣지는 못하지만 영향을 받는 것이다. 이해할 수 있는 언어로 가사가 쓰인 노래 역시 음악과 목소리 그 자체로 울림을 줄 수 있다.

작곡가들은 유명한 인물의 목소리나 특정한 발성을 의도적으로 자신의 작품 내에서 사용하기도 한다. 〈Follies〉에서 스티븐 손드하임은 〈지그펠드 폴리스(The Ziegfeld Follies, 20~30년대 브로드웨이 뮤지컬 무대의 최고 제작자로 유명한 플로렌즈 지그펠드의 대표적 작품들을 화려한 올스타 캐스트로 재현한 작품 – 역주)〉의 몇몇 곡을 모방하여 등장인물들이 1920~30년대 과거를 회상하는 데 사용했다. 〈시카고(Chicago)〉의 경우 칸더(John Kander)와 엡(Fred Ebb)은 보드빌(vaudeville) 시절 실제로 유행했던 연기 방식 및 실제 연기자들을 떠올릴 수 있는 작품을 만들고 싶어 했다. 심지어 린-마누엘 미란다는 랩, 힙합, 그리고 R&B 음악과 가수들을 모델로 삼아 〈해밀턴〉의 노래와 캐릭터를 만들었다. 이 노래들이 너무나 친숙한 관객이 이 뮤지컬 공연을 관람했다면 거의 무의식적으로 원곡과 그 노래를 부른 가수를 떠올렸을 것이다. 이런 식으로 특정 대상을 지칭하거나 암시하게 되면 청중과 연기자들이 해당 작품의 음악 및 연기 방식을 이해하기 쉬워진다.

이러한 점들을 염두에 두고 여러분이 연기하는 배역의 발성을 평가해 보라.

발성은 캐릭터의 역할을 드러낸다

음악적 표현 및 스타일의 차이 덕분에 우리는 특정 캐릭터의 본성과 그가 작품 내에서 어떤 역할을 맡고 있는지 쉽게 알아차릴 수 있다. 〈오클라호마!〉에서 윌 파커는 'Kansas City'라는 노래로 가장 잘 정의될 수 있다. 음악적으로 보면 이 노래는 제멋대로 부르는 투스텝(two-step)의 요란한 춤곡으로, 신나는 템포에 관악기와 타악기 소리가 흥겹게 어우러진다. 이 노래는 현악기, 목관악기가 소박하고 서정적이면서도 시적인 분위기를 연출하는 'Oh, What a Beautiful Morning'이라는 컬리의 곡과 완벽한 대조를 이룬다. 세 번째로 중요한 남성 캐릭터인 알리 하킴은 보드빌 스타일의 노래인 'It's a Scandal, It's an outrage'를 부르는데, 이 노래는 일정하게 반복되는 행진곡이면서 거만한 분위기를 풍긴다. 끝으로 쥬드는 힘차고도 음울하게 'Lonely Room'이라는 비극적인 아리아를 노래한다. 이 네 곡은 작품 내에서 서로 다른 역할을 맡고 있는 네 캐릭터의 특성을 잘 보여준다.

컬리는 로맨틱한 사랑을 원하지만 쥬드(드라마틱한 분위기의 노래를 부르는 남성 캐릭터 두 명 중 다른 한 명) 탓에 사랑이 꼬이게 된다. 윌 파커는 또 다른 사랑 이야기를 이끄는 코믹한 캐릭터이다. 알리 하킴 역시 코믹한 역할의 남자 캐릭터로, 윌 파커의 일을 훼방 놓는다. 이 두 개의 이야기는 음악 스타일이 서로 다르다. 따라서 우리는 음악을 들으면 직감적으로 어느 캐릭터들이 등장하는 장면인지 알 수 있다. 여기에서 주목할 점은 각각 다른 이야기에 속해 있는 캐릭터끼리는 함께 노래 부르지 않는다는 것이다. 이것은 발성의 확연한 대비 때문으로, 우리가 작품에 대한 이해를 올바르게 할 수 있도록 도와준다.

음악 스타일은 캐릭터의 상태를 보여준다

어떤 캐릭터의 노래를 들을 때는, 그 캐릭터가 다른 장면에서 부르는 다른 노래와 비교해서 들어야 한다. 그리고 이 노래가, 그 인물이 부르는 다른 노래들과 어떻게 다른지, 무엇이 같은지 검토하라. 〈오클라호마!〉를 한 번 더 예로 들어보자. 로리의 두 노래 'People Will Say We're in Love'와 'Many a New Day'를 살펴보고 부르는 방식을 비교하라. 두 노래 모두에서 로리가 핵심 인물이지만 그녀는 이 노래들을 부를 때 서로 다른 전술을 사용한다. 앞의 곡에서 로리는 컬리에게 장난삼아 추파를 던지면서 그를 유혹하고 있다. 그런 이유로 그녀는 로맨틱하면서도 살짝 엉뚱하게 노래한다. 하지만 로리는 컬리가 다른 여자와 함께 춤추러 갔다는 이야기를 듣고 난 후 퉁명스러우면서도 불만 가득한 목소리로 뒤의 노래를 부른다. 로리가 부르는 이 두 노래 모두 로맨틱한 단어들로 채워져 있다. 그러나 우리는 로리의 노래를 듣자마자 그녀의 마음이 얼마나 달라졌는지 금세 알 수 있다.

4.6.3 ─ 캐릭터의 개성을 나타내는 목소리 유형

우리는 캐릭터가 노래할 때, 목소리의 음역대를 통해서 세세한 정보를 얻을 수 있다. 예를 들면, 리릭 소프라노(lyric soprano, 서정적인 노래를 부르기에 적합한 소프라노 – 역주)는 좀처럼 쇳소리 나는 목소리의 부랑자와는 어울리지 않는다. 보통 서정적인 목소리를 가진 인물들은 로맨틱한 스토리의 주인공이거나 그런 관계에 휘말리는 인물일 경우가 많다. 또한 뮤지컬의 스토리라인을 따져보았을 때 다른 인물들보다 주요 사건에 개입될 가능성이 높다. 부랑자나 난잡한 여자의 역할은 벨트 창법(belt)이 잘 어울린다. 작곡가들은 어떤 목소리가 어떤 캐릭터에 어울린다는 암묵적인 룰에 따른다. 이것은 지금까지도 대부분 적용되는 룰이다.

베이스 : 나이 든 인물이나 악당. 뮤지컬 〈하데스타운〉에서 하데스의 놀라운 음역대를 보라.

바리톤 : 낭만적이고 성숙한 남성 캐릭터

테너 : (전통적 뮤지컬에서) 젊고 코믹한 캐릭터. 현대 뮤지컬에서는 남성 캐릭터의 대다수를 차지하는 목소리, 거의 모든 바리톤 역할을 대체함.

리릭 바리톤(때로 바리–테너라고 불림) : 낭만적인 남성 캐릭터의 목소리로 최근 선호됨. 록 뮤지컬이나 팝페라에서 자주 쓰임.

리릭 소프라노 : 전통적 뮤지컬에서는 낭만적 여성 주인공을 도맡아 함. 하지만 현대 뮤지컬에서는 음색이나 캐릭터 유형을 면밀히 살핀 후 채택되는 경향이 있음.

팝 소프라노 : 현대 뮤지컬에서 낭만적이면서도 순진한 처녀 역할. 가볍고 높지만 힘 있는 목소리로, 소프라노처럼 가녀린 소리와 벨트처럼 힘 있고 큰 소리 모두 낼 수 있어야 함.

벨트 또는 메조소프라노 : 코믹한 캐릭터나 부차적 스토리라인의 인물에 종종 사용. 뮤지컬이 록 음악 및 다른 40여 장르를 흡수해 왔기 때문에 메조소프라노도 다양하고 광범위한 유형의 캐릭터를 소화함. 주로 두 가지로 분류됨.

브로드웨이 벨트 : 이러한 타입의 벨트 창법은 보통 에델 머먼(Ethel Merman), 주디 갈란드(Judy Garland) 등 당대 여배우들에게서 찾아볼 수 있음. 밴드에 비유하자면 금관악기 같은 목소리.

록 벨트 : 여가수의 음역이 소프라노[팔세토(falsetto)] 음역에 한정되었던 전통이 사라지고 1960년대부터 대중음악에서 여가수들이 선보이기 시작한 다채로운 음색들이 모두 포함됨. 1980년대 이후로는 거의 대부분의 뮤지컬에서 대다수를 차지하는 목소리 유형.

고전 코미디 뮤지컬, 오페레타뿐 아니라 최근작 〈A Little Night Music〉, 〈레 미제라블〉 등을 봐도 위의 설명은 거의 들어맞는다. 즉 캐릭터의 유형에 따라 그에 적합한 목소리 유형을 사용하고 있는 것이 보통이다. 〈스팸어랏(Spamalot)〉과 같은 작품에서는 코믹한 효과를 높이기 위해서 이러한 목소리 유형을 다양하게 활용한다.

하지만 현대의 많은 뮤지컬 작곡가들은 특정 음역대와 캐릭터를 밀접하게 연관시켰던 과거의 전통을 엄격하게 따르지 않는다는 점도 주목하자. 이는 주로 남성 테너와 여성 벨트 목소리가 지배하는 현대 음악의 깊은 영향 때문이다.

음악 분석에 대한 결론 4.7

우리가 이번 장에서 지금까지 살펴본 모든 내용은 뮤지컬 음악에 좀 더 주의를 기울이면 쉽게 알 수 있는 것들이다. 즉 뮤지컬 음악에 대한 이해가 깊어질수록 무대에 설 시간 역시 가까워지는 것이다. 음악기초이론을 공부하라. 그리고 음악의 요소들이 자신에게 익숙해질 때까지 음악을 듣고 읽어라. 그렇게 탐구하다 보면 자신이 맡은 배역이 어떤 음악적 구조를 갖고 있는지 본능적으로 깨닫게 되는 순간이 찾아올 것이다. 콘서트를 열 정도로 뛰어난 피아니스트가 될 필요는 없다. 하지만 피아노 레슨을 받고, 합창단에 가입하라. 여기에서 노래에 대한 깨달음을 얻을 수도 있다. 기타를 연습하거나, 도서관에서 독학용 책을 빌려다 보는 것도 좋은 첫걸음이 될 수 있다. 악기를 가지고 작곡하는 것이 적성에 잘 맞는다는 사실을 알게 된다면 그것도 정말 좋은 일이다. 하지만 우선 음악에 대한 기본적인 소양을 쌓는 것이 목표가 되어야 한다.

음악을 자유자재로 다룰 수 있게 되면, 그때 비로소 노랫말을 살펴볼 준비가 된 것이다.

- 5장 -
가사와 대본의
언어 연구

와두!	Wadoo!
짐 밤 보들-우!	Zim bam boddle-oo!
후들 아 다 와아 다!	Hoodle ah da waah da!
스캐티 웨이!	Scatty way!
스캐티 와!	Scatty wah!
예!	Yeah!

– '꼭 그렇다는 법은 없네(It Ain't Necessarily So)', 〈포기와 베스(Porgy and Bess)〉

블레, 블라, 블라, 블라, 달,	Bleh, blah, blah, blah, moon,
블라, 블라, 블라, 그 위;	Blah, blah, blah, above;
블라, 블라, 블라, 블라, 노래,	Blah, blah, blah, blah, croon,
블라, 블라, 블라, 블라 사랑.	Blah, blah, blah, blah, love.

–'블라, 블라, 블라(Blah, Blah, Blah)', 〈Delicious〉

포피츠카, 모미츠카,

Popitschka, Momitschka,

이제 난 웃을 수도 노래할 수도 있츠카.

Now I can laugh and singitschka.

왜냐면 카팅크, 카팅크, 카팅카가 결혼반지를 가졌츠카!

Since Katink, Katink, Katinka has a wedding ringitschka!

– '카팅키츠카(Katinkitska)', 〈Delicious〉

사람들은 사랑노래를 쓰죠, 하지만 날 위한 게 아니에요.

They're writing songs of love, but not for me.

행운의 별이 저 위에 떠 있죠, 하지만 날 위한 게 아니에요.

A lucky star's above, but not for me.

– '하지만 날 위한 게 아니에요(But Not for Me)', 〈Girl Crazy〉

말. 말이다. 위에 소개한 가사는 모두가 아이라 거쉰(Ira Gershwin)이 작사한 것으로, 스캣(가사 대신 뜻이 없는 말로 즉흥적으로 부르는 것 – 역주)부터 패러디, 슬랩스틱, 단순한 감정표현까지 모두 말로 표현되고 있다. 뮤지컬 관객은 그의 작품을 사랑한다. 그의 말은 적재적소에서 솜씨 좋게 관객을 웃겼다가 울리고 또 놀라게 한다.

오페라처럼 가사 전달보다는 아름다운 멜로디가 중요한 무대극이 있다. 하지만 뮤지컬은 말에 많이 의존한다.

뮤지컬에서 사용되는 노래가사의 성격은 매우 다양하다. 일례로 〈오페라의 유령(Phantom of the Opera)〉에 나오는 'Think of Me'와 같은 가곡의 가사들은 아름답지만 알맹이가 없다. 그런가 하면 〈해밀턴〉의 'Cabinet Battle'처럼 권투 경기를 방불케 하는 랩배틀로 분위기를 고조시키는 노래도 있다. 〈No, No, Nanette〉의 'Tea for Two'는 탭댄스용 노래라 의도적으로 단순한 가사가 사용되었다. 〈A Little Night Music〉의 'Soon, Now, Later'처럼 세 명의 배우가 자신들의 마음을 서로 주고받는 내용의 가사도 있다.

아리아에서 성가까지, 캐릭터의 심리 묘사에서 단순한 슬랩스틱까지 모두 가사로 표현한다. 노래 가사는 위트가 넘칠 때도 있고 서정적일 때도 있고 혹은 복잡하기도 하고 단순하기도 하다. 뮤지컬은 음악만큼이나 노래 가사도 중요하다.

이 장을 공부한 후, 여러분은 다음을 할 수 있어야 한다.

- 가사를 시로 볼 수 있다.
- 가사를 캐릭터의 욕망을 표현하기 위한 강화된 언어로 사용할 수 있다.
- 가사의 리듬, 각운과 두운, 협화음을 통해 캐릭터의 말을 감각적으로 표현한다.
- 가사에서 은유와 직유적 표현을 찾고, 그 가사에 담긴 감정을 명료하고 강력하게 전달할 수 있다.
- 가사의 문장을 단순하게 만들어 캐릭터의 말 속에 담긴 의미와 주장을 명확하게 파악한다.
- 캐릭터가 떠올린 주요 이미지들을 일렬로 나열하고, 이 일련의 이미지들을 사다리 오르듯 따라가 결국 그 가사에 담긴 의미를 표현할 수 있다.

말하며 연기하기

카메라는 주로 젊은 배우들이 연기의 진실이라고 믿는, 연기의 '보이는' 모습에 지대한 영향을 끼쳤다. 영화는 보다 내밀하고 사실적인 연기를 요구한다. 또한 영화는 시각적인 매체로, 말하는 것보다는 보이는 것이 더 중요하다. 공연을 관람하는 시간보다 영화나 TV 보는 시간이 훨씬 더 많다는 점을 고려하면, '좋은 연기'에 대한 우리의 기준이 스크린으로부터 더 큰 영향을 받고 있다는 것이 놀랄 일은 아니다. 이런 영향은 무엇보다 '언어'에서 쉽게 발견된다.

우리는 삶의 목표를 추구하는 길에 종종 장애물과 맞닥뜨린다. 이런 우리의 삶을 사실적으로 담아낸 극본에 언어가 없다면 우리는 전달하고자 하는 메시지를 제대로 표현할 수 없다. 말다툼이 끝난 뒤에는 꼭 못다 한 그 말 때문에 후회하기 일쑤인 게 사람의 마음이다. 프랑스어에는 못다 한 말에 대한 아쉬움을 표현하는 단어가 있다. l'esprit d'escalier, 즉 '계단을 내려갈 때의 마음'이라는 단어다. 이 감정은 가장 도움이 안 될 때, 다시 말해 쿵쿵대며 계단을 내려갈 때 꼭 찾아온다. 뒤늦은 깨달음이다.

뮤지컬에 등장하는 캐릭터들은 말 못해서 끙끙 앓는 일이 드물다. 그들은 역경이 닥쳤을 때 말문이 막혀 우물쭈물하지 않는다. 대신 똑 부러지게 자신의 입장을 설명한다. 두운에 각운까지 넣어가며 기교 있게, 하지만 조리 있게 하고 싶은 말을 담아 노래를 부른다. 몇 번이나 주저앉고 싶을 만큼 큰 어려움과 맞닥뜨리지만 뮤지컬 인물들은 꿀 먹은 벙어리가 되는 일이 없다. 그들은 무슨 말을 해야 할지 이미 깨닫고 있다.

이렇게 캐릭터들이 뛰어난 말솜씨를 갖고 있기 때문에, 이를 연기하는 배우 역시 빼어난 기교를 서슴없이 구사할 수 있는 정도가 되어야 한다. 즉 캐릭터를 연기한다는 것은 그들의 '말'을 통해 연기에 진실성을 담아내는 것이다.

우리는 말이란 무엇인지 알기 위해 여러 가지 다양한 방법들을 시도할 것이다. 말이 품고 있는 알맹이가 무엇인지 알려면 그 말을 다양한 각도에서 보아야 한다. 이제 하나하나 단계를 밟기에 앞서 한마디 당부코자 한다. 배우는 등장인물을 자신의 생각대로 '해석'하여 연기하는 예술가이므로, 항상 텍스트를 우선시해야 한다. 때로는 역할을 구축함에 있어 결단을 내려야 할 때도 있다. 하지만 그게 항상 최선은 아니다. 말들을 내 마음대로 하려고 애쓸 것이 아니라, 때로는 해석에 대한 판단을 잠깐 유보하고 말들이 당신을 움직이게 내버려두어야 할 때도 있다.

우리는 스티븐 손드하임이 TV용으로 쓴 뮤지컬 〈Evening Primrose〉에서 노래 하나를 가져와 살펴볼 것이다. 이 노래의 주인공은 6살 때부터 백화점에서 몰래 살아온 엘라이다. 엘라는 사랑하는 연인인 찰스가 자신이 백화점에 산다는 사실을 알게 되었을 때, "날 동정하지 말아요, 내게도 추억이 있으니까요."라고 말하고는 이 곡 'I Remember'를 부른다.

우리는 노래를 배울 때 음과 가사를 함께 배우지, 가사만 보는 경우는 매우 드물다. 음악은 우리의 주의를 끄는 경향이 있다. 그렇기 때문에 음악을 배제하고 가사만 보면 그 안에 어떤 내용이 담겨 있는지 곰곰이 생각하는 데 도움이 된다. 노래를 모른다면 가사부터 읽어 보며 노래에 접근하는 것도 재미있는 경험이 될 것이다. 이는 일반적으로 노래를 배우는 방식이 아닌 것만은 분명하다.

노래의 주선율, 그리고 작사가의 대문자 처리(작사가가 어디서 한 행을 시작해야 하는지 표시하는 데 사용 – 역주)를 보고 연을 나누면 이 노래는 다음과 같이 시와 같은 형태를 띤다.

(1)

I remember sky,	난 하늘을 기억해요,
It was blue as ink.	잉크처럼 푸르렀죠.
Or at least I think	아니 적어도 내 생각엔
I remember sky.	난 하늘을 기억해요.

(2)

I remember snow,	난 눈을 기억해요,
Soft as feathers,	깃털처럼 부드럽고,
Sharp as thumbtacks,	압정처럼 날카롭고,
Coming down like lint,	보푸라기처럼 날아내려요,
And it made you squint	바람이 불 때면
When the wind would blow.	눈을 가늘게 뜨고 바라보죠.

(3)

| And ice, like vinyl, on the streets, | 그리고 얼음은, 마치 비닐처럼 거리에 깔려, |
| Cold as silver, white as sheets. | 은과 같이 차고, 종이처럼 희어요. |

Rain like strings	비는 실처럼 내려
And changing things	세상을 바꿔놓죠.
Like leaves.	잎사귀들도요.

(4)

I remember leaves,	난 잎사귀들을 기억해요,
Green as spearmint,	스피어민트처럼 파랗고
Crisp as paper.	종이처럼 바삭거려요.
I remember trees,	난 나무들도 기억해요,

Bare as coat racks, spread like broken umbrellas.

옷걸이처럼 헐벗은 나무들이 고장 난 우산대처럼 가지를 늘어뜨렸죠.

(5)

And parks and bridges,	공원과 다리,
Ponds and zoos.	연못과 동물원.
Ruddy faces, muddy shoes.	불그레한 얼굴들과 진흙 묻은 신발들.

Light and noise and bees and boys and days.

밝고 떠들썩한, 벌과 소년들이 있던 나날들.

(6)

I remember days,	난 그 날들을 기억해요,
Or at least I try.	아니 적어도 기억하려 노력해요.
But as years go by	하지만 세월이 흐르니
They're a sort of haze.	점점 흐릿해져요.

(7)

And the bluest ink	그리고 아무리 진한 푸른 잉크라도
Isn't really sky,	하늘은 아니죠,
And at times, I think	가끔 나는요,
I would gladly die	단 하루만이라도
For a day	하늘을 볼 수 있다면
Of sky.	기꺼이 죽어도 좋다고 생각해요.

(※ 영어와 우리말의 특성이 서로 다른 까닭에, 이해를 돕기 위해 원문과 번역을 함께 실었다. – 역주)

이 시는 전부 일곱 개의 연으로 이루어졌다. 보통은 한 연이 4행인데 그렇지 않은 연도 있다는 것을 눈치챘는가? 이런 구조는 이 인물의 삶을 어떻게 반영하는가? 각 연마다 엘라가 걸어온 삶의 여정이 어떻게 흘러가는가?

연습과제 5A

시와 놀기

노래를 하나 골라서 이 장의 연습내용들을 적용해 보자. 여러 사람과 함께라면 (꼭 그럴 필요는 없지만) 같은 노래로 연습하는 것도 재미있을 것이다. 또한 모르는 노래로 연습하면 더 재미있을 것이다. 여러 곡의 노래를 연습하고 싶다면 멤버들에게 아무도 모를 것 같지만 노랫말이 아름답다고 생각하는 노래를 하나씩 가져오게 해서 서로 바꾸면 된다.

대문자 처리, 멜로디 구조 등을 가지고 노래 가사를 시처럼 다시 써 보자. 그 다음 큰 소리로 읽는다. 굳이 이해하려고 애쓰지 말고, 시가 당신에게 말을 걸게 하라.

운문과 산문

운문으로 바꾸면 글 자체에서 새로운 것들을 발견할 수 있지만 우리 대부분은 산문 형태에 더 익숙하다. 노래 가사를 산문 형식으로 읽으면서 무엇인가 새롭게 느껴지는 점이 있는지 살펴보자. 즉 노래 가사를 문장으로 쭉 나열해 보자.

(1) 난 잉크처럼 푸르렀던 하늘을 기억한다.

(2) 아니 적어도 난 하늘을 기억한다고 생각한다.

(3) 난 깃털처럼 부드럽고, 압정처럼 날카롭고, 보푸라기처럼 날아내리던, 바람이 불 때면 눈을 가늘게 뜨고 바라보았던 눈을 기억한다.

(4) 그리고 은과 같이 차고, 종이처럼 흰 얼음은 마치 비닐처럼 거리에 깔려 있었다.

(5) 실처럼 내린 비는 세상과 잎사귀들을 바꿔놓았다.

(6) 난 스피어민트처럼 파랗고 종이처럼 바삭거리던 잎사귀들을 기억한다.

(7) 난 옷걸이처럼 헐벗은 나무들과 고장 난 우산대처럼 가지를 늘어뜨린 나무들도 기억한다.

(8) 공원과 다리, 연못과 동물원.

(9) 불그레한 얼굴들과 진흙 묻은 신발들.

(10) 밝고 떠들썩한, 벌과 소년들이 있던 나날들.

(11) 난 그 날들을 기억한다. 아니 적어도 기억하려 노력한다.

(12) 하지만 세월이 흐르니 점점 흐릿해진다.

(13) 아무리 진한 푸른 잉크라도 하늘은 아니고, 가끔 나는, 단 하루만이라도 하늘을 볼 수 있다면 기꺼이 죽어도 좋다고 생각한다.

이제는 총 13개의 문장이 되었다. 이 산문의 흐름은 7개의 연으로 이루어진 시와는 어떻게 다른가? 생각의 흐름이 시와 어떻게 다르게 흘러가는가? 일련의 생각들이 이어지거나 짧은 문장으로 끊어지거나 하는 것에서 무엇을 배울 수 있는가?

산문과 놀기

마침표마다 한 문장으로 끊어가며 노래 가사를 다시 써 보자.

그러고 나서 해석하려 하지 말고 큰 소리로 읽는다. 산문은 가사를 이해하는 데 있어서 시와는 어떤 다른 도움을 주는가? 어떤 선입견도 없이 작사가가 무엇을 말하고 있는지를 들어보자.

가사의 리듬

리듬은 노래가 갖는 가장 두드러지는 특징 중 하나이다. 하지만 리듬에 신경을 쓰다가 노랫말을 발음할 때의 억양에도 정보가 들어 있다는 사실을 잊는 경우가 많다. 이 정보들은 여러 형태를 띤다.

소리의 길이가 말의 느낌을 만든다. '히트(heat)'와 '히드(heed)'라는 단어들을 발음할 때 음절의 길이가 다르다는 것을 알아챘는가? 이 두 단어를 몇 번 발음해 보면 '히드(heed)'가 더 길다는 것을 알게 될 것이다. 위의 가사에서 '스트리츠(streets)', '쉬츠(sheets)'를 '리브즈(leaves)'와 비교해 보라. 혹은 '린트(lint)'와 '스퀸트(squint)'를 '스트링스(strings)'나 '띵스(things)'와 견주어 보라. 시에서 이런 소리의 장단은 패턴을 이루며 하나의 단위처럼 작용한다. 또한 노래 가사에서 떠오르는 이미지나 감정을 더욱 심화시키기도 한다. 노련한 작사가들은 의미를 강조하고 감정적, 감각적인 분위기를 조성하는 데 소리의 장단을 사용한다.

단어의 악센트가 리듬을 만든다. '리멤버(re-mem-ber)'나 '엄브렐라(um-bre-lla)'와 같은 단어의 악센트를 눈여겨보라. 이 문장에서는 2음절 이상인 단어가 고작 두 단어밖에 없기 때문에 어린아이가 말하는 것처럼 들리면서도(바로 그 점이다. 왜냐하면 엘라는 지금 어린 시절을 떠올리고 있기 때문이다) 단순하게 들린다(실은 그렇지 않으며, 의도된 것이다). 이 구절을 '어트로셔스(atrocious, 극악무도한 – 역주)'나 '프리코셔스(precocious, 조숙한, 아이 같지 않은 – 역주)'라는 단어들과 리듬을 맞춘 〈메리 포핀스〉의 신나는 노랫말 '슈퍼칼리프래질리스틱익스피얼리두셔스(Supercalifragilisticexpealidocious)'와 비교해보자. 가사에서는 쓰이는 말이 단순할수록 그 안에 담긴 감정은 복잡해진다.

프레이즈의 길이로 리듬이 만들어진다. 시의 한 행은 특정한 숫자의 음절을 가진다. 시의 한 행을 산문의 한 문장과 비교하며 리듬의 차이를 느껴보자. 이 두 구조는 생각과 감정을 조직하는 방식이 다르다(표 5–1 참고). 하나의 노래 가사를 시나 산문으로 바꿔보면서 각 형식이 주는 느낌을 따라가 보자. 보이는 그대로를 따라가는 것이다.

: 표 5-1

운문	음절 개수	산문	음절 개수
I remember sky,	5	I remember sky, it was blue as ink.	10
It was blue as ink.	5		
Or at least I think	5	Or at least I think I remember sky.	10
I remember sky.	5		
I remember snow,	5	I remember snow, soft as feathers, sharp as thumbtacks, coming down like lint, and it made you squint when the wind would blow.	28
Soft as feathers,	4		
Sharp as thumbtacks,	4		
Coming down like lint,	5		
And it made you squint	5		
When the wind would blow.	5		
And ice, like vinyl, on the streets,	8	And ice, like vinyl, on the streets, cold as silver, white as sheets.	15
Cold as silver, white as sheets.	7		

Rain like strings	3	Rain like strings and changing things like leaves.	9
And changing things	4		
Like leaves.	2		
I remember leaves,	5	I remember leaves, green as spearmint, crisp as paper.	13
Green as spearmint,	4		
Crisp as paper.	4		
I remember trees,	5	I remember trees, bare as coat racks, spread like broken umbrellas.	16
Bare as coat racks, spread like broken umbrellas.	11		
And parks and bridges,	5	And parks and bridges, ponds and zoos.	8
Ponds and zoos.	3		
Ruddy faces, muddy shoes.	7	Ruddy faces, muddy shoes.	7
Light and noise and bees and boys and days.	9	Light and noise and bees and boys and days.	9
I remember days,	5	I remember days, or at least I try.	10
Or at least I try.	5		
But as years go by	5	But as years go by they're sort of haze.	10
They're a sort of haze.	5		
And the bluest ink	5	And the bluest ink isn't really sky, and at times, I think I would gladly die for a day of sky.	15
Isn't really sky,	5		
And at times, I think	5		
I would gladly die	5		
For a day	3		
Of sky.	2		

(※ 영어와 우리말의 구조적 차이는 음절의 구분에서도 잘 드러난다. 영어의 경우 모음의 악센트를 기초로 하여 음절을 나누는 반면, 우리말은 글자 수를 가지고 구분한다. 예를 들어, 영어 streets[striːts]는 한 음절이지만, 우리말로는 '스트리츠'로 발음되어 4음절이다. 우리말 가사에 적용할 경우, 이 점에 유의하여야 한다. − 역주)

운문과 산문의 비교를 통해서 짧은 운문의 느낌과 긴 호흡의 산문이 어떻게 대비되는지 주의 깊게 보자.

음절 개수의 변화는 주목할 만하다. 이 노래를 시의 형태로 바꾸면 보통 한 행에 다섯 음절이 포함되어 있음을 알 수 있다. 그보다 단위의 길이가 긴 산문 형태에서도 한 문장에 5의 배수꼴로 음절이 들어간다. 배우가 "이건 뭘까?" 하고 생각해야 할 부분은 음절의 개수가 4개나 3개, 2개까지 줄어들거나(무엇인가 멈췄거나, 빠진 걸까?) 혹은 음절이 8개, 11개 혹은 9개로 많아지는 곳(한 단위에 담기에는 너무 많아 벅찬가?)이다.

리듬의 작은 변화도 중요하다. 1~10행까지 보면, 단 두 행만이 다섯 음절보다 한 음절 많거나 적다. 6행에는 빠진 음절이 하나 있다. 빠져 있는 첫 번째 박자에 빠르게 숨을 들이쉬면서 이 행들을 발음해 보자. 이렇게 하면 어떤 감정이 전달되는가? 음절이 11개인 행을 5개인 행을 읽을 때의 느낌에 맞춰 읽어보자. 굳이 급하게 읽지 않아도 된다. 감정을 타고 솟구친다는 느낌이면 충분하다. 가사를 소리 내어 읽는 '올바른' 방법을 찾는 것이 아니다. 이 가사가 어떤 감정을 불러일으키는지 보아야 한다.

일정한 패턴에서 벗어난 곳에 캐릭터의 감정을 알 수 있는 실마리가 있다. 작사가가 어떤 패턴을 쌓아올렸는지 일단 파악했다면, 이것이 다시 어떻게 변형되는지 찾아야 한다. 리듬만을 단서로 삼아 엘라가 어느 부분에서 옛 추억을 떠올리기 위해 노력했으며 마침내 그것들에 대한 그리움으로 가득 찼는지 알 수 있겠는가? 그리고 그 감정들이 차차 잦아드는 것도 알 수 있는가?

연습과제 5C

운문의 리듬과 산문의 리듬

선택한 노래 가사의 운문과 산문의 음절수를 비교해 보자.

각각 소리 내어 읽어라. 이때 한 구절을 읽는 속도에 맞추어 그것을 받아 적어 보

자. 어떤 느낌이 들었는가? 운문의 짧은 구절을 읽을 때와 산문의 긴 구절을 읽을 때 각각 느낌이 어떻게 달라지는가? 리듬의 구조에 따라 감정이 어떻게 달라지는 가? 즉 전반적인 읽기의 속도가 감정 상태에 미치는 영향이 어떠한가? 생각에도 변화가 일어나는가?

시의 행들이 일정한 길이를 유지할 때와 길이가 변할 때 캐릭터에게는 어떤 일이 일어나고 있는 것인가? 리듬의 구조에서 캐릭터가 걸어온 삶의 여정에 대해 어떤 단서를 얻을 수 있는가?

각운

5.5

캐릭터들은 의식적으로 각운(rhyme, 운율을 강조하기 위해 운문의 구나 행의 끝에 규칙적으로 같은 운을 배치하는 기법 – 역주)을 넣는다. 하지만 그 이유는 다양하다. 그렇기 때문에 노래에서 각운을 넣은 이유를 찾아내는 것은 뮤지컬 배우의 몫이다. 예를 들어('Tea for Two') "그대여, 이곳은 연인들의 오아시스, 항상 무언가를 뒤쫓는 피곤한 삶과는 달라요(Darling, this place is a lover's oasis, where life's weary chase is unknown.)."를 보자. 이 가사는 영리하고도 설득력 있는 프러포즈다. 각운이 겹겹이 쌓아올려진 노래를 마치 캔디가 잔뜩 담긴 상자처럼 자신의 연인에게 바치는 것이다. 'I Remember'에서는 엘라가 어린 시절 받았던 인상들을 떠올리고 그 이미지들이 점차 뚜렷해짐에 따라 각운이 생긴다. 이 두 노래에서 각운은 캐릭터가 어떤 효과를 노리거나 이미지를 다시 떠올림에 따라 생성된다.

각운은 뚜렷하게 드러날 때도 있지만 알아채기 어려울 때도 있다. 각운이 눈에 두드러지긴 하지만 단순히 한 행의 끝 단어만을 주의 깊게 본다고 각운이 발견되는 것은 아니다. 가사에서 특정 소리가 반복되는지, 그 반복이 다른 소리의 반복과 어떤 관련이 있는지 찬찬히 살펴야 한다. 이를 위해 각운을 이루는 단어에 알파벳을 붙여 차례로 늘어놓는 방법이 주로 쓰인다. 다음의 표를 보면 가장 중요한 각운이 표시되어 있고, 각 각운에 어떤 단어들이 쓰였는지 모아두었으며, 각운에는 밑줄을 그어 알아보기 쉽게 했다. 영어의 스펠링은 발음 나는 대로 써진 것이 아니라는 점을 염두에 두어야 한다. 각운은 소리를 맞추는 것이지 글자를 맞추는 것이 아니다.

I remember <u>sky</u>,	A, A
It was <u>blue</u> as <u>ink</u>.	B, C
Or at <u>least</u> I <u>think</u>	D, C
I remember <u>sky</u>.	A, A
I remember <u>snow</u>,	A, E
Soft as feathers,	
Sharp as thumb<u>tacks</u>,	F
Coming down <u>like</u> <u>lint</u>,	A, G
And it <u>made</u> you <u>squint</u>	H, G
When the <u>wind</u> would <u>blow</u>.	G, E
And <u>ice</u>, <u>like</u> <u>vinyl</u>, on the <u>streets</u>,	A, A, A, D
<u>Cold</u> as silver, <u>white</u> as <u>sheets</u>.	E, A, D
Rain like <u>strings</u>	H, A, I
And <u>changing</u> <u>things</u>	H, I
Like <u>leaves</u>.	D
I remember <u>leaves</u>,	A, D
<u>Green</u> as spear<u>mint</u>.	D, G
Crisp as <u>paper</u>.	H
I remember <u>trees</u>,	A, D
Bare as <u>coat</u> <u>racks</u>, spread <u>like</u> <u>broken</u> umbrellas.	E, F, A, E
And parks and bridges,	
Ponds and <u>zoos</u>.	B
<u>Ruddy</u> <u>faces</u>, <u>muddy</u> <u>shoes</u>.	J, H, J, B
<u>Light</u> and <u>noise</u> and <u>bees</u> and <u>boys</u> and <u>days</u>.	A, K, D, K, H

I remember <u>days</u>,	A, H
Or at <u>least</u> I <u>try</u>.	D, A, A
But as years <u>go</u> <u>by</u>	E, A
They're a sort of <u>haze</u>.	H, H
And the <u>bluest</u> <u>ink</u>	B, C
Isn't <u>really</u> <u>sky</u>,	D, A
And at <u>times</u>, I <u>think</u>	A, A, C
I would gladly <u>die</u>	A, A
For a <u>day</u>	H
Of <u>sky</u>.	A

각운을 구성하는 단어들

(가사 전체에서 각운에 사용된 모든 단어들. 각 행의 끝에 위치한 각운에는 밑줄)

A I, <u>sky</u>, I, <u>sky</u>, I, like, ice, like, vinyl, white, like, I, I, like, light, I, I, <u>try</u>, <u>by</u>, <u>sky</u>, times, I,

I, <u>die</u>, <u>sky</u>

B blue, <u>zoos</u>, <u>shoes</u>, bluest

C <u>ink</u>, <u>think</u>, <u>ink</u>, <u>think</u>

D least, <u>streets</u>, <u>sheets</u>, leaves, leaves, green, trees, bees, least, really

E <u>snow</u>, <u>blow</u>, cold, coat, broken, go

F thumbtacks, coat racks

G <u>lint</u>, squint, wind, <u>spearmint</u>

H made, rain, changing, paper, faces, <u>days</u>, <u>days</u>, they're, <u>haze</u>, day

I <u>strings</u>, changing, <u>things</u>

J ruddy, muddy

K noise, boys

이 단어들을 큰 소리로 읽어보자. 그 다음 전체 가사를 다시 읽어본다. 각운의 패턴을 알고 난 뒤 새롭게 얻은 정보는 무엇인가? 각운은 어떤 감정을 불러일으키는가? 또는 어떤 이미지가 떠오르는가? 한 행의 제일 마지막 단어가 각운을 구성하지 않는 경우(feathers, umbrellas, bridges)는 무엇을 의미하는가? 각운을 이루지 않는 단어 중 하나, 즉 umbrella가 엘라의 이름을 포함하고 있다는 사실을 알아챘는가? 각운이 여러 개 연달아 나올 때(ice—like—vinyl—streets와 cold—white—sheets, 그리고 ruddy—faces—muddy—shoes—light—noise—bees—boys—days)는 어떤 느낌인가? 이 각운들은 곡 전반에 걸쳐 엘라가 걸어온 삶의 여정을 어떻게 반영하고 있는가?

(※ 한시나 영시의 경우, 각운은 운율을 형성하는 대표적인 장치이다. 그러나 우리 시의 운율체계는 음절수를 바탕으로 형성된다. 이 점에 유의하자. – 역주)

연습과제 5D

각운의 구조

각 각운마다 알파벳을 붙여 각운의 패턴을 분석해 보자. 노래 후반부에 앞에서 나왔던 각운이 다시 나타나는 경우 동일한 알파벳을 사용하여 표시하면서 각운 및 그 외의 패턴을 파악하는 것이 좋다.

각운만 나열해 보자. 그 다음 보다 복잡하고 내면적인 각운들을 살펴보자. 앞쪽 각운에 쓰인 모음이 뒤쪽 각운에서 어떤 식으로 사용되는지 주의 깊게 보자. 이 과정을 거치기 전에는 가사 내에 각운이 얼마나 많은지 알아차리지 못했을 것이다.

각운을 이루는 단어들만 소리 내어 읽어보자. 그리고 난 뒤 전체 가사를 읽어보자. 그리고 곡 전체에서 드러나는 인물의 삶에 각운이 어떤 식으로 기여하고 있는지 서로 의견을 나눠 보자.

모음에는 캐릭터의 음색과 감정의 특징이 담겨 있다. 거울을 보면서 각 모음을 발음해 보면 얼굴 표정이 달라지는 것을 알 수 있다. 얼굴이 'street', 'day', 'sky'라고 말할 때와 'home', 'law', 'do'라고 말할 때 어떻게 달라지는지 살펴보자. 엘라가 사용하는 각운은 대부분 밝은 느낌을 주는 모음으로 이루어져 있다. 숨이 긴 '오(oh)' 음은 'Bring Him Home'(《레 미제라블》)에서 애절한 숭배심을 전달하지만 엘라의 노래는 이와는 또 다른 분위기를 주는 모음들이 주로 사용되었다. 엘라가 사용하는 각운은 그녀의 감정 상태를 보여준다. 엘라는 '외로운 방(Lonely Room)'(《오클라호마!》)이 아닌 '하늘을 올려다볼 수 있는 날(day of sky)'이 오길 꿈꾼다. 엘라는 긍정적이다. 추억들이 퇴색되어 가지만 그녀는 자신을 가여워하지 않는다. 가사를 볼 때는, 소리 내어 읽으며 가사가 주는 느낌을 잘 포착해야 한다. 글쓴이가 특정 소리를 사용하는 이유는 의도가 있기 때문이다. 어떤 모음들이 쓰였는지 잘 살펴보면 작사가가 무엇을 상상하며 이 가사를 썼는지, 이 캐릭터의 세상은 어떤 모습인지 알게 된다.

두운과 협화음

● **두운**(Alliteration)이란 단어 첫머리에 특정 자음의 소리가 반복되는 것을 말한다. 초성 자음의 반복은 각운의 사용만큼이나 두드러지는 효과를 낸다.

● **협화음**(consonance)이란 단어 내에서 자음이 반복되는 것을 말한다. 하나의 행 안에서 쓰인 각운처럼 협화음 역시 복잡하면서도 큰 정서적 효과를 갖지만 쉽게 눈에 띄지 않을 수도 있다.

모음으로 각운을 만드는 것과 마찬가지로 캐릭터들은 자음을 언제 반복해야 할지도 잘 알고 있다. 배우는 특정 소리의 반복을 찾아서 캐릭터가 이 소리를 교묘하게 어떤 식으로 사용하고 있는지 이해해야 한다.

자음은 우리의 감각을 깨운다. p-t-k는 날카롭게 울리는 타악기 소리 같고, b-d-g는 강하면서도 둔중한 소리가 난다. 날벌레처럼 윙윙 떠는 v-zh-z 소리에 비해 f-sh-s는 쉭쉭거리며 공기가 빠져나가는 소리가 난다. 이런 소리들은 말하는 이와 듣는 이 모두의 감각을 자극하는 효과가 있다. 두운을 어떻게 사용해야 하는지에 대해 정해진 규칙은 존재하지 않는다. 공식은 없다. 다만 두운은 우리가 어떻게 활용해야 할지 궁리해야 하는 강력한 도구이다. 예를 들어 'Bewitched, Bothered and Bewildered'(⟨Pal Joey⟩)에서 사용되고 있는 b-w-ch-t/b-th-d/b-w-l-d-d의 두운은 에로틱한 감각을 일깨우는 반면, 재즈곡 "Bing! Bang! Boom!"['Snuff that Girl', ⟨유린타운(Urinetown)⟩]에서의 b-ng/b-ng/b-m 조합은 마치 권총으로 내려치는 것과 같은 강렬한 느낌을 준다. 두 사례 모두 b로 시작하지만, 그 느낌은 완전히 다르다.

단어들은 이지적일 수도 있지만 감각적이기도 하다. 하나의 단어가 발음되는 소리는 그 단어의 의미뿐 아니라 본질적인 느낌이나 개념까지 전달한다. 여럿이 함께 다음 실험을 해 보자. 사람들에게 나의 왼쪽 주머니에는 '돌(rock)'이, 오른쪽 주머니에도 '돌(stone)'이 들어 있다고 말한 뒤 두 단어를 들었을 때 무슨 이미지가 떠올랐는지 물어본다. Rock과 stone은 동의어지만 '의미'만 같을 뿐, 귀로 전달되는 느낌은 다르다.

위의 설명은 모든 단어에 적용된다. 즉 모든 단어는 사전적 정의를 뛰어넘는 감각 정보를 갖고 있다. 이 사실을 의식하기 시작하면 단어를 훨씬 요령 있게 가지고 놀 수 있게 된다.

연습과제 5 E

자음/모음 찾아내어 발음하기

1. 그룹일 경우 사람들에게 'I Remember'이나 원하는 곡의 가사를 한 줄씩 배당한다. 가사 전체가 모두에게 분배될 수 있게 하라.
2. 각자 자신이 맡은 부분에 어떤 소리들이 쓰이고 있는지 찾을 수 있도록 시간을 준다. 발음기호에 대한 지식이 있는 경우 노랫말에 발음기호를 표시하여 디테일한 부분까지 살핀다.
3. 자기 파트가 되면 처음부터 끝까지 모음만 차례대로 발음해본다.
4. 다시 처음부터 시작하되 이번에는 A그룹의 각운들(I, sky, I, sky, I, like, ice, like, vinyl……)을 소리 내어 읽은 후 B그룹(blue, zoos, shoes, bluest)으로 넘어간다. 이렇게 그룹별로 읽되 하나의 모음도 빠뜨리지 않도록 주의한다.
5. 다시 처음으로 돌아가서 이번에는 자음을 살핀다. 자신이 맡은 노랫말의 앞뒤를 이루는 노랫말을 살피면서 자음이 어떤 패턴을 이루고 있는지 본다. 두운(like-lint, when-wind-would)과 그 외의 자음 반복('remember'에서 M이 이루는 패턴, 'sky-ink-think'에서 끝소리 K 등)의 차이에 주의한다.
6. 다시 돌아가 노랫말을 소리 내어 읽되, 자음의 소리를 의식하면서 힘주어 읽는다.
7. 마지막으로 한 번 더, 어떤 소리에도 힘을 주지 않은 상태로 편안히 읽는다. 감정, 아이디어, 단어들이 흘러가는 대로 놓아둔다.
8. 느낀 점을 함께 토론한다.

날카롭고 분명한 소리를 내는 자음들을 따라가는 것은 재잘거리는 듯 빠른 노래나 속사포처럼 이어지는 대화의 맥을 잡는 데 가장 기본적인 방법이다. 이런 종류의 자음을 발음하려면 자음에 통달해야 한다. 다음 노래 'Witch's Rap'을 빠르게 세 번 소리 내어 말해보자.

"He was robbing me, / Raping me, / Rooting through my rutabaga, / Raiding my arugula and / Ripping up my rampion······

그는 내 물건을 빼앗고, / 날 범하고, / 내 루타바가(순무의 일종)밭을 헤집고, / 아루굴라(지중해산 일년초)를 뽑고 / 램피온(초롱꽃속의 식물)을 찢어발겼지"('Prologue', ⟨Into the Woods⟩).

만일 당신이 오페라 ⟨펜잔스의 해적들(The Pirates of Penzance)⟩의 'The Major General's Song'(음이 점점 고조되면서 빨라지는 노래이다.)을 멋지게 불러 앙코르를 듣고 싶다면 노래가사를 잘게 나눠서 몇 번이고 연습하는 수밖에 없다. 마치 피아니스트가 손가락 운동을 하듯이 꾸준히 해야 한다. 정교하고도 또렷한 언어적 표현의 아름다움은, 고된 땀방울의 결과인 현란한 탭댄스처럼 관객에게 감동을 선사한다.

5.7 — 수사법

수사법(Rhetoric)은 한 인물이 자신의 주장을 펴고, 그 주장을 견고하게 만드는 가장 좋은 방법이다.

지금까지는 리듬, 운문과 산문의 구조, 자음과 모음의 소리 단위를 살펴보았다. 이런 요소들을 의식하며 가사를 보는 이유는 단어들이 주는 감각적인 경험에 초점을 맞추기 위해서였다. 노랫말을 이루는 수많은 구성요소들과 만나면서 어쩌면 놓칠 수도 있었던 가사의 깊이와 그 안에 숨겨진 뜻을 발견하게 된다.

다음으로 우리는 단어에 담긴 의미를 드러내는 방법들을 살펴보고자 한다. 이 말은, 가사에 담긴 내용이 원래 불분명하니까 그 의미를 애써 밝혀야 한다는 뜻이 아니다.

대부분의 뮤지컬 대본은 이해하기 쉽다. 그렇기 때문에 여기에서 '의미'란, 내용을 이해하고 못하고의 문제가 아니다. 그보다는 어떤 노랫말이 무슨 말을 하려고 하는지에 귀를 기울임으로써 그 결과 어떤 감정이 내 마음에 피어나는지 살피는 것을 뜻한다.

모든 가사에는 이유가 있다. 한 인물이 완전히 이성을 잃고 혼란에 빠져 무대를 돌아다닌다 하더라도, 그녀가 하는 말에는 여전히 논리가 살아 있다. 그녀가 하는 말을 최대한 단순하게 만들어 보면 이해가 더 쉽다. 무슨 말인가 하면 모든 문장에는 주어가 있고, 서술어(동사)가 있고 때로는 목적어(주어의 행동을 받는 대상)가 있는 경우도 있다.

이번에는 문장의 기본 요소를 통해 가사를 살펴보기 위해서 우리는 원래 가사의 문장을 (글쓴이가 사용한 구두점들을 이용하여) 단순하게 만들 것이다. 가사들은 캐릭터의 생각을 표현하고 있기 때문에 문법적으로 어긋나는 경우도 종종 있다. 그렇기 때문에 노랫말 문장이 정확히 어떤 구조를 갖고 있는지 알기 위해 임의적 판단이 필요한 경우도 생긴다. 그렇지만 항상 그렇듯이 정확해야 한다는 강박관념에 사로잡힐 필요는 없다. 방법은 여러 가지가 있다. 정답을 찾는 것보다 질문을 던지는 것이 더 중요하다. 아래의 표 5-2는 가사에서 단순한 문장구조를 도출하기 위한 방법 중 하나이다(괄호 안의 단어는 문맥상 유추할 수는 있으나 원래의 노랫말에는 없는 단어이다).

: 표 5-2

노래가사	단순 문장			
	접속사	주어	목적어	서술어
난 하늘을 기억해요, 잉크처럼 푸르렀죠.		나는	하늘을	기억한다
아니 적어도 내 생각엔 난 하늘을 기억해요.	(또는)	나는	(내가) 기억한다고	생각한다
난 눈을 기억해요, 깃털처럼 부드럽고, 압정처럼 날카롭고, 보푸라기처럼 날아내려요, 바람이 불 때면 눈을 가늘게 뜨고 바라보죠.		나는 (나는)	눈을 바람이 불 때면 눈을 가늘게 뜬 걸	기억한다 (기억한다)
그리고 얼음은, 마치 비닐처럼 거리에 깔려, 은과 같이 차고, 종이처럼 희어요.	그리고	(나는)	얼음을	(기억한다)

비는 실처럼 내려 세상을 바꿔놓죠, 잎사귀들도요.	(그리고)	(나는) (나는)	비를 비가 세상을 바꾸는 것을	(기억한다) (기억한다)
난 잎사귀들을 기억해요, 스피어민트처럼 파랗고 종이처럼 바삭거려요.		나는	잎사귀들을	기억한다
난 나무들도 기억해요, 옷걸이처럼 헐벗은 나무들이 고장 난 우산대처럼 가지를 늘어뜨렸죠.		나는	나무들을	기억한다
공원과 다리, 연못과 동물원.	(그리고) 그리고 (그리고) 그리고	(나는) (나는) (나는) (나는)	공원을 다리를 연못을 동물원을	(기억한다) (기억한다) (기억한다) (기억한다)
불그레한 얼굴들과 진흙 묻은 신발들.	(그리고) 그리고	(나는) (나는)	얼굴들을 신발들을	(기억한다) (기억한다)
밝고 떠들썩한, 벌과 소년들이 있던 나날들.	그리고 (그리고) 그리고 그리고	(나는) (나는) (나는) (나는) (나는)	밝은 (빛을) 떠들썩함을 벌을 소년들을 나날들을	(기억한다) (기억한다) (기억한다) (기억한다) (기억한다)
난 그 날들을 기억해요, 아니 적어도 기억하려 노력해요.	(또는)	나는 (나는)	그 날들을 기억하려고	기억한다 노력한다
하지만 세월이 흐르니 점점 흐릿해져요.	하지만	(그 기억들은)		흐릿하다
그리고 아무리 진한 푸른 잉크라도 하늘은 아니죠, 가끔 나는요, 단 하루만이라도 하늘을 볼 수 있다면 기꺼이 죽어도 좋다고 생각해요.	그리고	잉크는 나는	하늘이 하루만이라도 하늘을 볼 수 있다면 기꺼이 죽어도 좋다고	아니다 생각한다

(※ 원문을 우리말로 옮기는 과정에서 문맥에 맞추어 수정을 가했음을 밝힌다. ― 역주)

이렇게 도출된 단순한 문장들을 괄호 안에 들어간 단어들까지 포함하여 쉬지 않고 처음부터 끝까지 세 번 연달아 읽어보자.

나는 하늘을 기억한다. 또는 나는 내가 기억한다고 생각한다. 나는 눈을 기억한다. 나는 바람이 불 때면 눈을 가늘게 뜬 걸 기억한다. 그리고 나는 얼음을 기억한다. 나는 비를 기억한다. 그리고 나는 비가 세상을 바꾸는 것을 기억한다. 나는 잎사귀들을 기억한다. 나는 나무들을 기억한다. 그리고 나는 공원을 기억한다. 그리고 나는 다리를 기억한다. 그리고 나는 연못을 기억한다. 그리고 나는 동물원을 기억한다. 그리고 나는 얼굴들을 기억한다. 그리고 나는 신발들을 기억한다. 나는 밝은 빛을 기억한다. 그리고 나는 떠들썩함을 기억한다. 그리고 나는 벌을 기억한다. 그리고 나는 소년들을 기억한다. 그리고 나는 나날들을 기억한다. 나는 그 날들을 기억한다. 또는 나는 기억하려고 노력한다. 하지만 그 기억들은 흐릿하다. 그리고 잉크는 하늘이 아니다. 나는 하루만이라도 하늘을 볼 수 있다면 기꺼이 죽어도 좋다고 생각한다.

전부 읽은 후에는 괄호 안의 단어들을 제외하고 다시 세 번 읽어보자.

나는 하늘을 기억한다. 나는 기억한다고 생각한다. 나는 눈을 기억한다. 바람이 불 때면 눈을 가늘게 뜬 걸 기억한다. 그리고 얼음을, 비를, 비가 세상을 바꾸는 것을. 나는 잎사귀들을 기억한다. 나는 나무들을 기억한다. 공원을 그리고 다리를, 연못을 그리고 동물원을, 얼굴들을 그리고 신발들을, 밝은 빛을, 떠들썩함을, 벌을 그리고 소년들을 그리고 나날들을 나는 그 날들을 기억한다. 기억하려고 노력한다. 하지만 흐릿하다. 그리고 잉크는 하늘이 아니다. 나는 하루만이라도 하늘을 볼 수 있다면 기꺼이 죽어도 좋다고 생각한다.

단순하게 바뀐 가사는 어떤 느낌을 주는가? 이렇게 다양한 방식으로 노래가사를 분석하는 것은 단어들을 소리 내어 읽으며 이 노랫말이 저절로 우리의 마음을 움직이게 하기 위한 것임을 염두에 두어야 한다. 노랫말에 마음이 움직였다면 캐릭터의 마음을 이해하는 것이 더 쉬울 것이다. 또한 애써 감정을 지어내거나 행간을 메우기 위해 노력할 필요가 없어진다. 감정은 노랫말 그 자체에서 온다.

대부분의 가사에는 눈에 띄거나 숨겨진 반복이 다양하게 사용되어 있다. 이런 식의 반복을 소리 내어 읽는 것 자체로도 감정이 일어나며, 이 캐릭터가 무슨 생각을 하고 있는지 보다 잘 이해할 수 있게 된다. 특정한 문장이나 구를 조금씩 바꿔가며 반복하는 것을 '점층적인 대구법(climactic parallelism)'이라고 한다. 이는 듣는 사람의 감정을 불러일으키는 강력한 수사법이다. 마틴 루터 킹의 유명한 연설 '나는 꿈이 있습니다(I Have a Dream)'가 점층적인 대구법을 효과적으로 사용한 좋은 예이다. 특히 작사가들은 점층적인 대구법을 종종 사용하기 때문에 뮤지컬 노래에서 자주 들을 수 있다.

연습과제 5 F

단순한 문장

각 문장의 주어, 서술어, 목적어를 찾고 접속어(그리고, 또는, 하지만)가 있는지 살펴본다. 다음으로는 이들 문장성분을 조합하여 문장을 만들자. 생략된 문장성분이 있는 경우 괄호 안에 넣어 표시하자. 작사가가 사용한 구두점을 활용하자.

캐릭터가 처한 상황에 자신을 대입하며 위에서 만든 문장들을 읽어보자. 그리고 그 순간만은 억지로 감정을 쥐어짜려고 하지 말고, 지금까지처럼 단어들이 저절로 흘러가게 두자. 한 번 끝까지 읽은 뒤, 쉬지 말고 다시 처음으로 돌아가 되풀이해서 세 번 읽는다.

이 단순한 문장들에서 무엇을 깨달았는가? 이 문장들을 읽으며 어떤 감정이 들었는가?

가사는 모두 다른 방식으로 쓰였기 때문에 위의 방법이 아닌 다른 방법으로도 가사에 담긴 진짜 메시지를 찾을 수 있다. 각 방법들이 모든 가사에 들어맞는 것이 아니므로 해당 가사에 가장 적합해 보이는 방법을 찾아 적용하는 게 좋다.

한 문장에는 주된 생각과 보조적인 생각들이 있다. 산문으로 바꾼 가사를 보면 각 문장마다 주된 생각 및 그 생각에 대한 설명이나 그에 곁들어진 생각들이 있다는 것을 알 수 있다. 보조적인 내용에 괄호(( ))를 쳐 보자. 괄호 안에 다시 괄호가 들어가야 할 것 같이 생각되는 경우 대괄호([ ])를 사용한다.

난 하늘을 기억한다. (잉크처럼 푸르렀다.)

아니 (적어도) 내 생각엔 난 하늘을 기억한다.

난 눈을 기억한다. (깃털처럼 부드럽고), (압정처럼 날카롭고), (보푸라기처럼 날아내렸다) ([바람이 불 때면] 눈을 가늘게 뜨고 바라보았다.)

그리고 얼음은, (마치 비닐처럼) 거리에 깔려 있었다. (은과 같이 차고), (종이처럼 희었다.)

비는 (실처럼 내려) 세상을 바꿔놓았다. 잎사귀들도.

난 잎사귀들을 기억한다. (스피어민트처럼 파랗고) (종이처럼 바삭거렸다.)

난 나무들도 기억한다. (옷걸이처럼 헐벗은 나무들이) (고장 난 우산대처럼 가지를 늘어뜨렸다.)

공원과 다리, 연못과 동물원.

불그레한 얼굴들과 진흙 묻은 신발들.

밝고 떠들썩한, 벌과 소년들이 있던 나날들.

난 그 날들을 기억한다. 아니 (적어도) 기억하려 노력한다.

하지만 (세월이 흐르니) (점점) 흐릿해진다.

그리고 아무리 진한 푸른 잉크라도 하늘은 아니다.

(가끔) (나는), 단 하루만이라도 하늘을 볼 수 있다면 (기꺼이) 죽어도 좋다(고 생각한다.)

그런 다음 괄호 안에 들어간 내용들을 없애 보자.

난 하늘을 기억한다.

아니 내 생각엔 난 하늘을 기억한다.

난 눈을 기억한다.

그리고 얼음은 거리에 깔려 있었다.

비가 세상을 바꿔놓았다, 잎사귀들도.

난 잎사귀들을 기억한다.

난 나무들도 기억한다.

공원과 다리, 연못과 동물원.

불그레한 얼굴들과 진흙 묻은 신발들.

밝고 떠들썩한, 벌과 소년들이 있던 나날들.

난 그 날들을 기억한다. 아니 기억하려 노력한다.

하지만 흐릿해진다.

그리고 아무리 진한 푸른 잉크라도 하늘은 아니다.

단 하루만이라도 하늘을 볼 수 있다면 죽어도 좋다.

　주된 생각과 보조적인 생각을 분명히, 자연스럽게 구분할 수 있다고 느껴질 때까지 각각의 버전을 번갈아 가며 읽어 보자.

연습과제 5G

단순한 문장과 복잡한 문장

1. 산문으로 바꾼 가사를 사용한다. (본래의 가사는 쓰지 않는다.)
2. 괄호에 넣을 만한 내용이거나, 문장에 있어 주된 내용이 아닌 부분을 찾는다. 보조적인 내용에 덧붙은 내용이 있다면 대괄호를 사용하여 표시한다.
3. 보조적인 내용들을 삭제한 후 그 가사로 연기해 본다. 이 단순한 가사가 원래 가사인 것처럼 느껴질 때까지 쉬지 않고 세 번 반복하여 불러본다.
4. 삭제했던 부분들을 다시 괄호 안에 담긴 상태로 돌려놓는다.
5. 그러고 나서 소리 내어 읽으며 주된 생각과 괄호 안에 담긴 생각들을 구분해 본다.
6. 이 과정을 동료 두 명(A, B)과 함께한다. 그 두 명을 앞에 세운 뒤 한 인물의 두 버전이라고 상상한다. 그 중 A는 가사에 담긴 주된 생각에 관심이 있고 B는 더 상세한 설명을 원한다. 주된 생각이 담긴 부분을 읽을 때는 A와, 보조적인 내용을 읽을 때는 B와 시선을 맞춘다.

모든 가사에는 캐릭터의 생각이 담겨 있다. 모든 캐릭터가 각자의 목표를 추구한다는 사실을 떠올리면 쉽게 알 수 있는 말이다. 수사법은 글쓴이나 말하는 이가 자신의 주장에 설득력을 더하기 위해 사용하는 수단이다. 각 캐릭터들이 자신의 목표를 달성하기 위해 단어를 배치하는 구체적 방식이 수사법이다. 캐릭터들이 무엇을 말하고 있는지, 그들의 논리가 무엇인지 알고 싶다면 문장구조를 보는 것도 한 방법일 수 있다. 수사법은 논리적이라고 생각하기 쉽지만, 사실 대부분의 주장은 감정과 이성 사이의 줄다리기인 경우가 많다. 수사법은 특히나 감정에 호소할 때 가장 큰 설득력을 가진다 (그래서 정치판의 논쟁 중에 합리적인 것이 드문 것이다. 이성에 호소하는 주장은 사람들을 움직이지 못한다).

한 인물이 자신을 합리화하는 것을 자세히 살펴보면 많은 점을 알 수 있다. 한 인물이 어떤 점을 주되게 생각하는지, 보조적으로 생각하는지 보면 그의 성격을 알 수 있다. 엘라는 말을 하다가도 줄곧 자신의 말을 합리화하고 수정한다. 다시 말해서 엘라가 쓰는 표현들, 즉 "적어도 내 생각에는", "점점", "적어도 그렇게 하려 노력해요", "가끔", "내 생각에는"을 보면 그녀가 자기 자신에 대해 확신이 없고 자존감이 낮은 것을 확인할 수 있다.

〈마이 페어 레이디(My Fair Lady)〉에서 헨리 히긴스 교수가 부르는 노래에 이를 적용해 보자. 그는 어떻게 하면 자신의 주장을 설득력 있게 펼칠 수 있는지 잘 알고 있는 합리적인 사람이다. 하지만 그는 '나는 그녀의 얼굴에 익숙해졌네(I've Grown Accustomed to Her Face)'라는 노래를 부르면서 감정의 동요를 느낀다. 이 노래에서 그는 감정과 이성 사이에서 자신을 찾기 위해 분투한다. 히긴스 교수는 이성적인 자신, 그런 그를 무너뜨린 일라이자에 대한 앙심, 그녀에 대한 그리움 사이에서 자신의 감정을 다스리려고 노력하지만 번번이 실패한다. 그리고 이런 그의 갈등은 노랫말에서 아름답게 표현되어 있다.

아마도 이 가사에서 부가적인 부분을 의식적으로 잘라내지 않았다면 히긴스 교수의 갈등을 제대로 느끼지 못했을 수도 있다.

이 장에는 무모할 수도 있는 연습들이 포함되어 있지만, 언제나 감정이 제일 중요하다는 점을 잊어서는 안 된다. 문장의 구조는 우리의 생각과 감정을 위한 뼈대이다.

5.8 — 직유와 은유 – 감정을 표현하는 방식

자기 자신의 감정을 정확히 이해하는 것은 사실 쉽지 않다. 자기 스스로도 무엇을 느끼는지 혼란스럽고 조리 있게 설명하지 못하는 경우가 대부분이다. 당연히 내 기분에 딱 들어맞는 단어를 찾는 것도 쉽지 않다. 그런 경우에 우리는 종종 직유나 은유를 사용한다.

- **직유**란 비교할 수 있는 대상을 찾는 것이다. 'I Remember'에는 직유가 가득하다. '처럼'이나 '같이'와 같은 단어들을 보면 직유가 사용되었다는 점을 쉽게 알 수 있다. "잉크처럼 푸르렀죠."

- **은유**란 하나의 비유이다. 하지만 '무엇은 무엇 같다' 같은 직접적인 비교가 아니다. "사랑하는 그대, 당신은 사랑 그 자체에요, 그 어떤 은유로도, 어떤 은유로도 설명할 수 없죠(Love, you are love, better far than any metaphor could ever, ever be)."['Metaphor', 〈판타스틱스(The Fantasticks)〉]. "그대는 봄날에 받는 키스와도 같아요(You are the promised kiss of Springtime……)."('All the Things You Are', 〈Very Warm for May〉). "당신은 □에요", "사랑은 □에요" 같은 구절에서 '이다(be)' 동사가 주로 사용되는 것을 눈여겨보자. 은유는 작사가들에게 매우 중요한 도구이므로 위에서 언급된 노래들 외에도 널리 사용된다. 특히 "A Woman Is a Sometime Thing."(〈포기와 베스〉)나 "I'm a Brass Band."(〈Sweet Charity〉)와 같이 노래 제목에 직접 사용될 때도 있다.

어떤 인물이 자신의 추상적인 감정을 구체적인 말로 설명하는 모습을 보면 그 인물에 대해 많은 것을 알 수 있다. 은유와 직유는 그 인물이 무엇을 이해하고 있는지, 어떤 면은 받아들이고 어떤 것은 거부하는지 잘 보여준다.

엘라가 자신의 추억을 묘사하는 데 있어 사용한 직유들을 살펴보자.

하늘—잉크처럼 푸르름

눈—깃털처럼 부드럽고, 압정처럼 날카롭고, 보푸라기처럼 날아내림

얼음—비닐 같고, 은과 같이 차고, 종이처럼 휨

비—실처럼 내림

잎사귀들—스피어민트처럼 파랗고 종이처럼 바삭거림

나무—옷걸이처럼 헐벗었고 고장 난 우산대처럼 가지를 늘어뜨림

엘라가 자연에 대해 묘사할 때 비교 대상으로 드는 것들은 자신이 백화점에서 자라면서 본 인공적인 사물들뿐이다. 우리는 엘라가 바깥세상에 대해서 기억하려고 애쓸 뿐 아니라 이를 이해하기 위해서 안간힘을 쓰고 있다는 것을 알 수 있다. 이 노래에서 가장 주목할 만한 순간은 엘라가 "세상을 바꿔놓죠 / 잎사귀들(같은 것)도요"라고 노래하는 순간이다. 여기에 사용된 것은 직유가 아니다. 엘라는 변화하는 것들에 대해서 문득 떠올렸고, 잎사귀들은 그 예이다. [그렇기 때문에 '같은(like)'이 쓰였다고 해서 항상 비교인 것은 아니다. 특히 요즘 같은 시대에 말이다.] 이 기억을 떠올린 것을 계기로 다른 기억들이 꼬리에 꼬리를 물고 떠오르다가 마침내 '그 날들'에서 정점을 찍는다. 이 '그 날들'에 대한 기억이야말로 엘라의 추억 중 가장 강력하고도 달콤 씁쓸한 기억이다. 노래의 마지막 부분에서 자신이 그동안 무엇을 잊고 있었는지 이해하게 된 엘라는 자신이 든 직유를 부정한다. "아무리 진한 푸른 잉크라도 하늘은 아니죠." 이 순간 그녀는 지난 13년간 자신의 삶에서 빠져 있던 것이 무엇인지 이해한다.

이렇게 가사에 쓰인 수사법을 따라가면 엘라의 슬프고도 안타까운 소망이 담긴 이 노래를 보다 능동적이고 활발하게, 그리고 목적 지향적인 방식으로 이해할 수 있는 단서들을 발견할 수 있다.

나는 은유다(혹은 직유다)

가사에 들어 있는 모든 비교와 은유를 찾아보자.

이 수사법들이 캐릭터를 어떻게 드러내는지 생각해 보자.

마치 이 은유들이 보이고, 들리고, 맛보고, 만져지는 듯 느껴질 때까지 각각의 은유를 소리 내어 읽어본다. 그런 다음 동료에게 내가 느꼈던 여러 가지 감정들이 전달될 수 있도록 이 가사를 들려준다.

5.9

사다리를 오르듯 이미지를 나열하라

그동안 억눌러 왔던 기억들이 떠오르자 수많은 이미지들이 엘라의 머릿속을 가득 채운다. 그녀는 하늘, 눈, 얼음, 비, 잎사귀들, 나무들, 공원들, 다리들, 연못들, 동물원들, 얼굴들, 신발들, 빛, 떠들썩함, 벌, 소년들 그리고 그 날들을 기억해 내었다. 가사에는 이런 식의 나열이 자주 사용된다. 뮤지컬 노래에 가장 흔하게 사용되는 방식이 목록을 나열하는 것으로, 콜 포터(Cole Porter), 노엘 카워드(Noël Coward), W.S. 길버트(W.S. Gilbert), 스티븐 손드하임 및 많은 작사가들이 이런 나열식 노래에 특히 뛰어났다.

그러나 나열은 밋밋하고 일차원적이라는 단점이 있다. 일렬로 나열된 이미지들은 인물이 자신의 목표를 추구하는 데 있어서 아무런 추진력도 불어넣지 못한다.

가사에 나오는 이미지들을 나열해보자. 그리고 가장 마지막 이미지에 주목해야 한다. 글쓴이는 의도적으로 이 이미지를 마지막에 배치했는데, 다른 모든 이미지들에 의해 이끌려 나온 가장 중요한 이미지이기 때문이다. 인물의 갈망이 점차 고조되는 과정의 가장 마지막, 혹은 속속들이 드러나는 진실들 그 끝에 오는 것이 바로 이 이미지이다. 이렇게 노래가사에서 이미지들을 발견하다 보면 점차 감정이 고양되고, 마주보고 있는 동료의 화를 돋울 수도 있게 된다. (또는 살살 약을 올려서, 짜증이 난 동료가 이층 침대로 올라가 버리게 할 수도 있다.) 엘라의 경우, 그녀는 추억을 하나하나 되살린 끝에 자신이 반드시 기억해야 하는 중요한 것이 하나 있다는 사실에 눈을 뜬다. 하늘을 올려다 볼 수 있는 하루. 마치 사다리를 한 칸 두 칸 올라가 안개에서 벗어나듯, 엘라는 점차 뚜렷하게 그 사실을 깨닫는다.

랜트송(rant song, 뮤지컬에서 사용되는 노래 중 큰 소리로 고함치듯 부르는 노래들을 가리킴. ─역주)에는 그 나름의 감정 고양 방식이 있다. 랜트송을 부르는 캐릭터는 사다리의 끝에 다다랐을 때 "그래, 이게 바로 이 주제의 종착역이지."라고 선언한다. 목적지에 이르렀다는 만족감은 이 캐릭터로 하여금 전체 과정을 한 번 더, 혹은 몇 번이고 더 반복하고 싶게 만든다. 그러면서 다음 노래에서 오를 더 높은 사다리를 위해 자신을 북돋우는 것이다. 보통 이런 과정이 시리즈처럼 이어진다. 'A Hymn to Him'(〈마이 페어 레이디〉)과 'Guv'ment'(〈Big River〉)는 고전적인 랜트송이다. 배우가 적극적으로 노래에 담긴 감정을 끌어올리지 않으면, 비슷한 내용이 반복되는 노래는 밋밋하고 지루할 뿐이다.

만약─그러면, 이것─혹은─저것, 맞아─하지만, 이것 말고─저것 — 5.10

단어들은 우리가 논리의 균형을 맞추는 데 있어 주춧돌이 된다. 이 항목의 제목에 사용된 단어들은 매우 흔하게 쓰이며 그 뜻과 쓰임새도 당연히 모두가 잘 알고 있다. 하지만 캐릭터가 자신의 주장을 펴는 데 있어서 이 단어들이 노랫말에서 어떻게 쓰이며 어떤 도움을 주는지 의식적으로 살필 필요가 있다.

만약─그러면. 이는 전제─결론 구조이다. '만약'은 어떤 상황을 가정하는 것이며 '그러면'은 그런 상황에서 어떤 일이 벌어질지 단정 짓는 것이다. 〈Big River〉에서 허클베리 핀(Huck Finn)은 "만약 글을 읽는 법을 배우지 않으면 성경을 읽을 수 없을 거야. /

그러면 어떻게 가는지 모를 테니 천국에도 못 갈 거야."라는 말을 듣는다. 때론 이 두 단어 중 한 단어('만약')만 쓰이고 다른 한 단어('그러면')는 듣는 사람이 채워 넣어야 하는 흥미로운 경우도 일어난다. 뮤지컬 〈마틸다(matilda)〉에서 미스 트런치불은 이렇게 말한다. "만약 네가 성공이 뭔지 알려주고 싶어? [그러면] 동정이나 상냥함 따위는 필요 없어." 가사에서 '만약'이 나온다면, 혹시 빠져 있다 하더라도 '그러면'을 리듬에 실을 수 있는 방법은 없을지 생각해 보자.

이것-혹은-저것. 이는 미래에 벌어질 상황을 딱 두 가지로 한정짓는 것이다. 보통 어떤 캐릭터가 다른 캐릭터에게 좋거나 나쁜 두 가지의 상황 중 하나를 고르라고 윽박지르는 경우가 많다. 이는 상대방에게 선전포고를 할 때 매우 강력한 도구가 된다.

맞아-하지만. 다음의 두 문장을 소리 내어 읽고 어떤 느낌이 드는지 살펴보자. "난 널 사랑해, 하지만 넌 날 미치게 만들어." "난 널 사랑해, 그리고 넌 날 미치게 만들어." '하지만'은 이전 문장의 일부에 대한 부정적인 태도를 표현하는 기능을 한다. "난 너를 사랑해, 하지만……"이라고 말하는 것은 "나는 너를 그렇게 사랑하지는 않아. 요즘 너의 어떤 부분이 신경 쓰여."라고 말하는 것과 같다. 즉 방금 말한 내용에 예외를 둠으로써 그 말의 진정성을 스스로 깎아 내리는 것이다. 따라서 어떤 이가 "맞아, 하지만"이라고 말하면, 별 것 아니게 보이는 이 단어들은 사실 이 다음에 중요한 말이 온다는 것을 의미한다. 엘라가 "하지만 세월이 흐르니 / 점점 흐릿해져요"라고 말할 때 듣는 사람은 그녀가 이전까지 나열한 추억들이 빛바래고 있음을 알 수 있다. 방금 그녀가 느낀 만큼 그 추억들은 더 이상 뚜렷하게 떠오르지 않는다.

이것 말고-저것. 이 구조는 대조를 통해 주장을 펼 때 사용된다. '이것 말고 저것'이라는 표현은 단어들 그 자체로는 실제로 잘 쓰이지 않는다. 하지만 이 단어들은 '명제-반명제' 구조가 갖는 힘을 갖고 있다. 인물들이 어떤 행동의 결과를 가늠해보거나 자신의 행동을 합리화하고자 할 때 이 구조를 사용한다. 'Good 'n' Evil'[〈지킬 박사와 하이드(Jekyll and Hyde〉)]을 보자. 제목처럼 루시는 서로 정반대되는 두 인격들 가운데 하나를 선택해야 한다. 이처럼 자기 행동을 합리화하는 장면을 연습할 때는 스스로 두 방향 모두에 대하여 생각해 보면서 나라면 어떤 선택을 내릴 것인지 숙고해 보도록 한다.

수사법에서는 별 것 아닌 듯한 단어들이야말로 주장을 펴는 데 있어 구심점 역할을 한다. 배우는 이런 단어들을 찾아내어 이들이 어떻게 사용되는지 살펴야 한다. 그래야만 인물의 주장을 강하고 분명하게 펼 수 있기 때문이다. 이런 단어들은 힘을 주어 말할 필요는 없다. (또한 종종 문장에서 생략되어 있다.) 이는 지렛대를 쓰는 것과 비슷하다. 사람들은 그 아래 지렛목이 있다는 것을 모른다. 관심의 대상이 되는 것은 기다란 지렛대지만, 지렛대만으로 지레가 작동하는 것은 아니다.

구두점

— 5.11

표기법에 있어서 매우 세밀한 구석까지 의도적으로 신경을 쓴 가사들이 있다. 이런 가사들을 잘 보면 운문의 구조와 구두점을 예술적으로 활용한 경우를 발견할 수 있다. 'I Remember'의 가사에는 캐릭터의 생각의 흐름에 대한 중요한 단서들이 가득하다. 손드하임이 쓴 가사는, 노래를 듣고 나서 대강 이럴 거라고 생각하는 것과 그 내용이 전혀 다르다. 문장 구조 역시 다르다.

글쓴이가 심어 놓은 중요한 단서를 찾아내는 방법으로, 구두점이나 대문자 처리, 행 구분 등을 전부 무시하고 가사를 일렬로 늘어놓는 방법이 있다. 친구에게 한 단어씩 읽어달라고 하면 악보 위의 가사를 읽음으로써 받게 되는 영향을 없앨 수 있다.

난 하늘을 기억해요 잉크처럼 푸르렀죠 아니 적어도 내 생각엔 난 하늘을 기억해요 난 눈을 기억해요 깃털처럼 부드럽고 압정처럼 날카롭고 보푸라기처럼 날아내려요 바람이 불 때면 눈을 가늘게 뜨고 바라보죠 그리고 얼음은 마치 비닐처럼 거리에 깔려 은과 같이 차고 종이처럼 희어요 비는 실처럼 내려 세상을 바꿔놓죠 잎사귀들도요 난 잎사귀들을 기억해요 스피어민트처럼 파랗고 종이처럼 바삭거려요 난 나무들도 기억해요 옷걸이처럼 헐벗은 나무들이 고장 난 우산대처럼 가지를 늘어뜨렸죠 공원과 다리 연못과 동물원 불그레한 얼굴들과 진흙 묻은 신발들 밝고 떠들썩한 벌과 소년들이 있던 나날들 난 그 날들을 기억해요 아니 적어도 기억하려 노력해요 하지만 세월이 흐르니 점점 흐릿해져요 그리고 아무리 진한 푸른 잉크라도 하늘은 아니죠 가끔 나는요 단 하루만이라도 하늘을 볼 수 있다면 기꺼이 죽어도 좋다고 생각해요

그런 후 자신의 느낌에 따라 구두점을 찍고, 문장을 나눠본다. 다 끝나면 옆으로 밀어둔 뒤 노래를 듣고 들은 대로 다시 한 번 방금 전의 과정을 반복한다. 그리고 나서 두 버전을 원래의 원고(이 장의 처음에 나오는 가사)와 나란히 두고 비교해 본다.

작사가가 쓴 가사를 잣대로 삼는다. 원래 가사의 표기법과 자신이 한 것이 다르다면, 작사가는 내가 미처 알아차리지 못했거나 제대로 이해하지 못한 점을 말하고자 한 것이다. 이 과정을 통해 노래를 이해하는 데 중요한 단서들을 발견할 수 있다.

다음으로 구두점 표기를 살리는 데 집중하며 원래의 가사를 소리 내어 읽는다. 가사의 내용을 이해하려고 하기보다 문장을 소리 내어 읽는 데 초점을 맞춘다. 쉼표가 나오면 이야기가 공기 중에 머문다는 느낌으로 목소리를 살짝 들어 올린다. 마침표가 나오면 문장에 담긴 생각이 분명히 끝날 수 있게, 목소리가 새지 않도록 단단히 잡는다. 질문이 오면, 정말 궁금해 하며 읽어야 한다. 구두점이 찍히지 않은 문장의 끝을 읽을 때는 주의해야 한다. 이런 경우 마침표를 찍듯이 분명하게 끝을 내선 안 된다. 대신 자연스럽게 다음 행으로 연결하면서 읽도록 한다. 시를 낭송하는 사람들은 이를 엥장브망(enjambment, 뜻이나 구문이 다음 행으로 이어짐. – 역주)이라고 부른다.

조금만 연습하면 글쓴이가 사용한 표기들을 소리에 반영할 수 있게 된다. 이를 제대로 하는지 시험해 볼 수 있는 방법이 있다. 몇 번 노래를 연습하고 나서 친구에게 구두점이 없는 가사를 주고, 내가 발음하는 것을 듣고 구두점을 찍어보라고 한다. 구두점에 더해, 행 구분에는 '/'을 사용한다. 만약 친구가 구두점을 모두 올바르게 표시했다면 여러분은 글쓴이가 의도한 표기에 숙달한 것이다. 노래가사에서 생각의 흐름과 속도

에 대해 무엇을 새로이 발견했는가? 어떤 느낌이 드는가?

맷음말 — 5.12

지금까지 우리는 다양한 방식으로 노래가사를 살펴보았다. 하나의 방법을 시도할 때마다 새로운 시작으로 노래를 바라보게 되었을 것이다. 어쩌면 여러분이 아는 노래들마다 적용하기에 접근방식이 너무 많다고 느낄지 모른다. 일일이 다 적용해볼 필요는 없다. 새로운 노래를 배울 때나 혹은 너무 잘 알아서 더 연구하지 않아도 된다고 생각한 노래의 또 다른 측면을 발견하고 싶을 때 하나나 두 개 정도의 접근방식을 시도해보자. 여러 방식 중 자주 활용하는 것은 일부에 국한되겠지만, 상관 없다. 마음 가는 대로 해도 좋다.

하지만 언제나 엄격해지도록 하자. 직관적으로 터득할 수 있는 기술들은 계속 갈고 닦는 동시에 새롭거나 어려운 기술들을 익히는 데 온 힘을 기울여야 한다. 우리가 지금까지 노래가사를 여러 각도에서 보면서 깨달은 점들을 몸으로 익히되 그에 얽매이거나 사로잡히면 안 된다. 이런 연습들은 숙제이기도 하지만 유용한 놀이기도 하다. 무의식중에라도 이 연습들을 하고 있을 정도가 된다면 분명 그 결과가 연기에서 드러날 것이다. 하지만 연기가, 그동안 연습한 내용을 보여주는 정도에 그쳐서도 안 된다.

- 6장 -
스토리텔링의
구성요소

대부분의 연극과 마찬가지로 뮤지컬의 기본은 스토리텔링[storytelling. '이야기하다.' 이야기(story)와 말하다(telling)의 합성어로 상대방에게 알리고자 하는 바를 재미있고 생생한 이야기로 설득력 있게 전달하는 행위를 뜻한다. ─ 역주]이다. 즉 고전과 현대 드라마의 기본 요소들이 뮤지컬에도 포함되어 있다. 각각의 캐릭터들은 극중 대사를 통해 다양한 갈등과 주제를 행동으로 드러내어 우리의 흥미를 자아낸다. 이것은 아리스토파네스(Aristophanes)에서 라뷰트(La Bute)와 벌린으로, 그리고 미란다(Miranda)에게로 이어져 온 것이다.

이 장을 공부한 후, 여러분은 다음을 할 수 있어야 한다.

- 작품의 줄거리를 개연성 있게 요약해서 말할 수 있다.
- 플롯, 캐릭터 간의 갈등 그리고 극적 기능 등을 여러분이 연기하는 캐릭터와 연관 지어 분석할 수 있다.
- 대사, 노래, 그리고 춤을 통해 이야기를 전달할 수 있다.

● 여러분이 연기할 역할을 구체화하기 위해 텍스트 분석 방법론을 체계적으로 적용할 수 있다.

6.1 — 작품 분석

당신은 작가가 만들어낸 캐릭터가 대본으로부터 걸어 나와서 말을 하는 것처럼 주어진 배역을 연기해야 한다. 당신은 연기를 통해 뮤지컬의 스토리를 구체적으로 전달하게 된다. 더욱 효과적으로 이야기를 전달하고 싶다면 당신이 무엇을 말하고자 하는지 분명히 알아야 한다. 이제부터 뮤지컬의 주제, 각 장면의 구조, 캐릭터 간의 상호작용 등에 대해 알아보고 분석할 것이다. 또한 작품 속에서 당신의 배역을 연기하는 데 유용한 단서를 어떻게 찾아내는지 알아볼 것이다.

배우는 자신의 합리적인 판단으로 신중하게 캐릭터의 성격을 선택할 수 있다. 그러나 배우가 전체 이야기와 캐릭터 간의 관계를 제대로 파악하지 못하면 그 선택은 잘못된 길로 빠질 수 있다. 따라서 대본과 악보는 작품의 줄거리에 입각하여 분석해야 한다. 현명한 배우라면 분석을 통해 강렬하고 영리하게 자신만의 연기를 구축할 수 있을 것이다.

작품과, 캐릭터가 작품 속에서 차지하는 위치에 관한 정보를 파악할 수 있는 질문지를 만들어 볼 것이다. 이 질문지는 6장 끝부분에 나와 있다. 이 질문지는 하나의 장면이나 대본과 악보 전체를 분석할 때도 폭넓게 사용할 수 있다. 극에 따라 특정 질문에 관심이 갈 수도 있다. 하지만 어떤 질문이 유용하게 쓰일지 알 수 없으므로 모든 질문에 답을 작성하도록 하자.

이제 과거 뮤지컬 황금기(Golden Age, 제2차 세계대전 이후부터 50~60년대까지의 시기 – 역주)의 대표작들을 예로 들어 더욱 자세히 알아보자.

텍스트 분석

이 과정을 시작하면서 대본 전체를 읽고 음악을 처음부터 끝까지 들어도 좋다. 이를 통해 줄거리와 캐릭터에 대한 전체적인 감각을 얻을 수 있다. 그리고 당신의 눈앞에 공연이 펼쳐진다고 상상하면서 관객이 될 수도 있다. 처음 대본을 읽고 음악을 들었을 때 받았던 느낌은 직관적인 반응으로 이후 뮤지컬 분석 작업의 기초 정보가 될 것이다. 하지만 텍스트를 면밀히 분석하려면, 텍스트를 잘게 나눈 뒤 살펴봐야 한다. 텍스트가 아무리 복잡한 구성으로 이루어졌다고 해도, 전체를 구성하는 구체적인 요소 하나하나를 자세히 살펴보면 뮤지컬의 주제가 선명히 드러날 것이다.

어떤 연극은 한 장소에서 연이어 진행되기도 하지만, 대부분의 뮤지컬은 구조적으로 뚜렷이 구분되어 있다. 뮤지컬이든 연극이든 이야기 전체를 세분화시켜서 작은 단위로 구분하는 것은 줄거리를 정확히 이해하는 데 도움이 된다.

주요 사건이 시작하는 지점과 끝나는 지점을 명확히 파악하기 위해서는 장면을 나누는 것이 최선의 방법이다. 두 번째로 대본을 읽고 음악을 들을 때에는 연필을 준비하자. 그리고 사건이 벌어질 것 같은 느낌을 받을 때마다 간단한 표시를 해보자. 그러면 대본을 다시 검토할 때 사건의 명확한 구분이 가능할 것이다.

주요 사건

표 6-1에는 로저스(Richard Rodgers)와 해머스타인(Oscar Hammerstein II)의 〈오클라호마!〉 도입 부분에 펼쳐지는 주요 사건이 정리되어 있다.

〈오클라호마!〉의 1막 1장에는 대략 10개의 주요 사건들이 진행된다. 이제 어디에서 장면을 구분할지 대본을 살펴보자. 해머스타인이 장면과 장면 사이에 전환 장면을 사용했음을 알아차릴 수 있을 것이다. 이것은 장면의 전환을 알리기 위한 역할을 하거나 단순히 장면 전후에 붙여지는 부수적인 역할을 한다. 이제 다음 표를 보고 각 장면이 어떻게 마무리되는지 확인해보자.

: 표 6-1

1막 1장 로리의 농장 앞

등장인물	주요 사건의 시작	주요 사건의 끝
엘러 이모, 컬리, 로리	엘러 이모가 문 앞에서 버터를 젓고 있다.	컬리: 휴! 그 여자가 나를 더 좋아했더라면, 개한테 날 물어버리라고 했겠군.
엘러 이모, 컬리, 쥬드, 로리	컬리: 난 너를 따라가겠어.	컬리: (퇴장하면서 노래를 부른다) 꼭대기에 띠를 두른 빛나는 작은 마차가 있네.
엘러 이모, 컬리, 아이크, 프레드, 슬림, 윌 파커, 카우보이들	아이크: 마차에 태워줄까?	아이크: 이리 와, 컬리.
엘러 이모, 로리, 아도 애니	엘러 이모: 이봐, 컬리, 부시헤드에 있는 모든 소녀들에게 말해.	로리: 수다쟁이는 안돼! 하지 마!
엘러 이모, 로리, 아도 애니, 패들러	패들러: 좋아!	패들러: 난 아무 말도 하지 않았어!

6.2.2

프렌치 씬

주요 사건을 찾는 가장 쉬운 방법 중 하나가 '프렌치 씬(French scenes)'을 찾는 것이다. 이 용어는 프랑스 신고전주의 시대(1700년대 중반)의 연극에서 유래했다. 당시 연극은 같은 장소에서 연이어 극이 진행되는 형식이었다. '프렌치 씬'이란 인물이 등장하거나 퇴장하는 장면을 뜻한다. 대본에서 프렌치 씬을 구분해보면 다음과 같은 현상을 알 수 있다. 어떤 인물이 등장하면서 무대에 새로운 긴장감을 불러일으키며 상황의 변화를 촉구한다. 또한 인물이 퇴장하면서 사건이 해결되거나 혹은 해결되지 않은 경우, 상황을 미궁 속으로 몰고 가기도 한다. 이처럼 무대 위에서 인물의 등장과 퇴장은 장면의 전개에 중요한 역할을 한다. 물론 주요 인물의 등장과 퇴장만이 장면을 전환시키는 것은 아니다. 하지만 등·퇴장이 장면을 구분하는 표시인지 잘 지켜볼 필요가 있다.

러너(Alan Jay Lerner)와 뢰베(Frederick Loewe)의 〈브리가둔〉에서, 우유를 짜는 메그 브로키는 늘 자신의 짝을 찾아 헤맨다. 그러던 중 마을에 등장한 냉소적인 뉴요커 제프 더글라스를 만나게 된다. 메그는 제프가 자신의 천생연분이라고 생각하여 뮤지컬이 끝날 때까지 그를 쫓아다닌다. 이제 관객은 메그가 무대에 등장할 때마다 제프에게 잠자리를 요구할 것을 알 수 있다. 다시 말해 그녀의 등장은 제프를 향한 일편단심과 그로 인해 고조되는 긴장의 흐름을 알리는 프렌치 씬의 신호이다. 그리고 그녀가 무대에서 퇴장하면 그 상황은 일단락되면서 무대에는 또 다른 긴장감이 돌게 될 것이다.

음악 구간

뮤지컬 장면을 구분하는 방법이 또 있다. 바로 음악이 흐르는 장면들(춤도 포함된다.)을 관찰하는 것이다. 캐릭터의 등장과 퇴장이 주요 사건의 신호가 되는 것처럼 이러한 음악 구간도 마찬가지이다. 뮤지컬의 특징은 바로 캐릭터의 삶에서 가장 중요한 순간에 노래를 부른다는 점이다. 바로 이러한 순간이 노래와 춤으로 완벽하게 표현된다. 관객은 노래가 시작되는 순간 중요한 사건이 벌어지리라고 예감하게 된다.

〈브리가둔〉의 주요 장면을 살펴보자. 그리고 그 주요 장면을 '프렌치 씬'과 '음악 구간'으로 나누어 구조를 확인해 보자. 제프와 토미, 두 사냥꾼의 현재 시점의 서막이 끝나면, 장면은 고대 스코틀랜드 마을 브리가둔의 광장으로 전환된다. 이같이 아주 긴 장면은 그보다 짧은 여러 장면들로 이루어져 있다('브리가둔'은 스코틀랜드에 있다고 여겨지는 신비한 마을의 이름으로 백 년에 한 번씩 나타나며 단 하루가 지나면 사라진다. 바로 그 하루 동안에 일어난 행복하고도 슬픈 이야기를 담고 있다. – 역주).

세부 장면들은 다음과 같다.

1. '맥코나치 광장(McConachy Square)' – 관객에게 주요 캐릭터들과 평범한 마을의 모습을 소개해주는, 일종의 비네트(Vignette, 특정한 사람, 상황 등을 분명히 보여주는 짤막한 글이나 행동 – 역주)에 해당하는 뮤지컬 곡

2. 맥라렌 씨와 그의 딸들, 피오나, 그리고 곧 결혼할 진의 등장

3. 진을 사랑하는 해리 비톤은 우정을 제안한 그녀를 거부한다.

4. 피오나는 'Waitin' for My Dearie'라는 곡으로 자신이 어떤 사랑을 꿈꾸는지 보여준다.

5. 마을 사람들은 마을에 나타난 토미와 제프를 보고 놀란다.

6. 메그 브로키는 제프에게 반해 끊임없이 구애하지만 그는 그녀의 관심을 거부한다.

7. 'I'll Go Home with Bonnie Jean' – 찰리 달림플이 결혼을 앞둔 진을 축하하기 위해 등장한다.

8. 토미와 피오나는 'Heather on the Hill'이라는 곡으로 서로에게 끌리는 마음을 확인한다.

9. 토미와 피오나가 헤더(heather, 낮은 산이나 황야 지대에 나는 야생화 – 역주)를 모으기 위해 떠났을 때, 폭풍이 몰아치고 장면은 끝이 난다.

이 하나의 장면은 최소 9개의 세부 장면들로 구성되어 있다. 이렇게 한 장면의 구조를 구체적으로 구분해보면 사건의 전개가 보인다. 전개 순서를 보면 주요사건이 무엇인지 그 뒤의 사건들은 어떻게 진행될지 예측할 수 있다.

연습과제 6 A

구분하고 분석하라

뮤지컬 한 편을 선택해보자. 완전한 악기 구성으로 연주한 음악과 노래 녹음본, 그리고 대본(당신이 연주자라면 악보도)이 필요하다. 구분할 장면을 선택하고 다음 질문에 답해보자.

1. 작가는 장면을 나누기 위해 어떤 설정을 했는가? (연기, 장면, 기타 등등)
2. 주요 캐릭터들은 언제 등장하거나 퇴장하는가? (프렌치 씬)
3. 사건의 큰 변화를 불러일으키는 노래 그리고/또는 춤이 있었는가? (음악 구간)
4. 중요한 사건이 완료되었나? 아니면 의도적으로 뒤로 미루었나?

6.3 플롯

작품 속의 캐릭터를 구축하는 데 있어 가장 올바른 출발점은 관객에게 들려줄 이야기와 그 이야기를 이끌어가는 캐릭터의 행동을 파악하는 것이다.

플롯은 간단하게 말해서 이야기다. 일련의 사건들을 순서대로 나열한 것이다. 플롯이란 지금 일어난 사건을 말한다. 사건의 배경이 되는 사건이나, 후에 일어날 사건을 가리키는 게 아니다. 뮤지컬 분석을 위해 관찰하고 있는 사건들을 중심으로 대본의 전체적인 플롯을 간단히 써보자. 〈오클라호마!〉의 첫 장면은 공연 시간이 약 40분 정도로 꽤 긴 편이고 세부적인 장면들로 구성되어 있다. 일단 전체 줄거리보다는 첫 장면의 줄거리에 초점을 맞추도록 하자.

첫 번째 장면의 플롯은 다음과 같다.

- 컬리가 로리의 농장에 온다.
- 컬리가 로리에게 자선 파티에 함께 가자고 제안한다.
- 컬리는 그녀를 태울 멋진 마차가 있다고 거짓말을 한다.
- 로리는 컬리가 거짓말을 했다는 것을 알게 된다.
- 로리는 쥬드가 함께 춤을 추러 가자는 제안에 응한다.

위 개요에서 주관적인 해석은 거의 찾아볼 수 없다. 게다가 서술이나 설명, 부차적 줄거리도 거의 없다. 장면에 대한 지극히 사실적인 부분과 전체 이야기의 뼈대만을 보여준다. 줄거리를 파악할 때, 캐릭터에 대해 주관적인 판단을 내리거나 그들의 태도에 대해 논리적인 근거를 따지면 안 된다. 행동과 목적 그리고 장애물들이 당신의 분석에 어떤 영향을 미치는지 차차 알아보도록 하자. 우선 기본적인 주요 사건들을 목록으로 만들어보자.

플롯의 윤곽 그리기

1. 만일 혼자 작품을 분석하고 있다면 먼저 그 뮤지컬의 첫 번째 장면에서 플롯의 윤곽을 잡아보자. 첫 번째 사건에서 시작하여 "그리고 무슨 일이 일어났지?"라고 자신에게 질문을 던져보자. 초안을 끝냈다면 처음부터 다시 살펴보면서 불필요한 내용을 제거하자. 얼마나 꼼꼼히 했는지 면밀히 확인하자.

2. 여럿이 함께 분석을 하는 경우 다른 사람들의 관점을 공유하면 서로 더 많은 것을 얻을 수 있다. 특히 연출자와 함께하면 뮤지컬의 세세한 부분까지 놓치지 않을 수 있다. 사람들이 모두 모였다면 둥글게 앉아보자. 그리고 10분 정도 시간을 주고 뮤지컬의 줄거리를 각자 써보도록 한다.

3. 한 명이 첫 번째 사건을 말한 후, '그리고⋯⋯'라는 말과 함께 다음 사람에게 이야기를 넘긴다. 만약 필수적인 부분을 건너뛰었다고 생각하는 사람이 있다면 주저하지 말고 자신의 의견을 사람들과 나누어라. 그 과정에서 다양한 의견을 공유할 수 있을 것이다. 플롯을 정리할 때는 '누가' 그리고 '무엇'에 초점을 맞춰라. 당신을 비롯하여 지금 둥글게 앉아 있는 사람들은 줄거리를 간략하게 정리할 수 있어야 한다. 중요한 부분을 놓치고 있지는 않은지, 불필요한 부분에 대해 말하지는 않는지 주의 깊게 살펴라.

4. 연출자의 도움을 받는다면 중심이 되는 사건뿐 아니라 부차적인 사건도 함께 분석할 수 있을 것이다. 중요하지 않은 사건이라면 과감히 삭제하라. 필요할 때 다시 사용할 수 있으니 말이다. 〈오클라호마!〉의 경우 '아도 애니/윌 파커/알리 하킴'의 이야기가 부차적 줄거리에 속한다.

5. 장면이 전환되는 부분을 기록한다. 이 작업은 무대감독이 하는 게 좋다. 화이트보드나 화면이 큰 태블릿을 사용하여 사람들과 공유하는 것도 좋은 방법이다.

6. 전체 내용 분석이 마무리되었다면 지금까지 정리한 플롯을 다시 한 번 읽어라. 그리고 처음 각자가 세운 플롯과, 그룹 간 토론과 공유를 거쳐 다듬어진 지금의 플롯을 비교해보자. 차이가 있다면 그 부분이 당신과 당신의 배역에 어떤 영향을 끼치는지 생각해보자.

지금까지 당신이 해온 작업은 "무슨 일이 일어났지?"라는 질문의 결과물이라고 할 수 있다. 정말 꼼꼼히 엄격하게 뮤지컬을 분석했다면 2시간 분량의 작품은 몇 개의 문장으로 축약될 것이다. 하지만 당신은 이에 만족하지 못할 수도 있다. 그렇다면 동화 속 마법을 부리듯 플롯을 조금 늘려보자. 하지만 전체 줄거리를 벗어나면 안 된다.

연습과제 6 C

동화로 만들어보기

가장 간단한 이야기 방식이 바로 동화이다. 동화는 최소한의 대화와 사건만을 가지고 이야기를 이끌어간다. 필수적인 요소들만 포함하고 있다는 뜻이다.

1. 뮤지컬의 전체 줄거리를 동화처럼 말해보자. 어린아이에게 이야기를 들려준다고 생각하면 된다. 이 과정을 반복하면, 당신은 이야기를 더욱 세분화시킬 수 있다. 예를 들어, 이렇게 말해 보자. "옛날 옛날에, 컬리라는 카우보이가 있었단다. 컬리는 농장에서 살고 있는 로리라는 이름의 고아 소녀를 사랑하고 있었지. 어느 날 파티가 열렸어. 컬리는 로리의 농장에 와서 그녀에게 함께 파티에 가자고 제안했단다. 컬리는 훌륭한 마차가 있다고 거짓말을 했고, 로리는 컬리의 제안을 받아들였어. 그런데 컬리의 거짓말이 들통 나고 말았단다. 결국 로리는 컬리 대신 위험한 농장 일꾼 쥬드와 파티에 가기로 결심하지." 이러한 방법으로 이야기를 한 편의 동화처럼 이어갈 수 있다.
2. 아이에게 이야기를 들려줄 때 어떤 내용을 새로 덧붙였는지 기억하라. 덧붙인 내용이 얼마나 중요한 내용인지, 왜 중요한지 생각해봐야 한다.

위 연습에서처럼 이야기를 설정하고 드러나지 않은 세부적인 사항들을 묘사하는 과정을 통해 단순한 플롯을 풍성하게 꾸밀 수 있다.

드러난 (그리고 감춰진) 사건

작가가 보여주는 사건과 그 사건의 배열은 뮤지컬의 관점을 드러낸다. 드라마는 캐릭터의 삶에서 일어난 모든 사건을 보여주지 않는다. 특정 사건 몇 개를 선택하여 관객을 그 사건 속으로 끌어들인다. 예를 들어 〈오클라호마!〉에서 해머스타인은 자선 파티 전날까지 어떤 일이 있었는지 말해주지 않는다. 우리는 컬리와 로리가 'People Will Say We're in Love'를 노래할 때 그들의 과거를 추측할 수 있다. 하지만 추측에 그칠 뿐, 뚜렷한 사건으로 무대에 등장하지 않는다. 캐릭터들의 삶에서 자선 파티가 특별한 의미를 가지는 이유는, 이 날 로리와 컬리가 서로를 받아들이고 결혼을 결심하기 때문이다. 우리는 이 캐릭터들과 새벽으로 설정된 시간에 만나게 된다. 그들과 많은 시간을 보내고, 마침내 땅거미가 질 무렵 자선 파티에 가야 할 때가 된다. 잠시 후, 스윙 리듬으로 가득한 파티에서 캐릭터들이 다시 무대에 나타난다. 파티에는 이미 대부분의 사람들이 도착해 있다(로리와 쥬드는 아직 도착하지 않았다). 2막은 로리와 컬리의 약혼 발표와 쥬드의 복수와 협박이 대부분의 내용을 차지한다. 해머스타인은 로리와 컬리의 결혼 생활을 무대 위에 등장시키지 않는다. 막 결혼한 부부가 사람들에게 선물을 받는 20분과, 쥬드의 죽음, 그리고 죽음에서 가까스로 벗어난 컬리가 새로운 삶을 시작한다는 것, 이것이 무대에서 펼쳐지는 이야기의 전부이다.

우리는 캐릭터의 생애 전체를 통틀어 단지 이틀만을 볼 뿐이다. 그리고 그 이틀이라는 시간도 모두 무대에 등장하는 것이 아니라, 선택된 시간 속의 사건만이 무대에 오른다. 작가는 자신이 정말 중요하다고 생각하는 사건만을 선택하여 무대에 올리는 것이다.

캐릭터의 사건

전체 이야기의 윤곽을 파악하는 것은 어렵지 않겠지만, 당신이 연기해야 할 부분을 파악하기는 쉽지 않을 수도 있다. 이번에는 당신이 등장하는 모든 장면을 목록으로 만들 것이다. 목록이 완성되면 당신이 등장하지 않는 장면을 포함해 모든 장면의 전환점도 파악해야 한다. 당신은 당신이 등장하는 장면뿐 아니라 이야기 전체를 이해하고 있어야 한다.

표 6-2는 〈오클라호마!〉에서 쥬드 프라이가 등장하는 장면의 사건 목록이다.

: 표 6-2

쥬드와 함께 등장하는 캐릭터	쥬드의 사건	플롯
1막 1장, 여름 아침, 로리의 농장		
컬리, 엘러 이모	쥬드가 장작을 가지고 등장하고, 집 안으로 퇴장한다.	컬리와 쥬드가 만나다.
컬리, 엘러 이모, 로리	쥬드와 로리가 집에서 나오며 등장한다. 쥬드는 로리를 자선 파티에 데리고 갈 것이라고 말하고 퇴장한다.	컬리는 로리와 함께 파티에 갈 기회를 잃는다.
1막 2장, 같은 날 아침 이후, 로리의 농장 훈연실		
컬리	컬리가 쥬드를 만나기 위해 쥬드의 방으로 간다. 노래 'Poor Jud Is Daid' 컬리는 자살하려는 쥬드를 설득하기 위해 노력한다. 쥬드는 어두운 과거에 사로잡히고 격렬한 충동에 휩싸인다. 그들은 논쟁한다. 둘 다 총을 발사한다. 그러나 서로를 향하지는 않는다.	컬리와 쥬드가 대면한다.
컬리, 엘러 이모, 패들러	엘러 이모와 패들러는 총소리를 듣고 등장한다. 엘러 이모는 퇴장한다. 컬리도 퇴장한다. 쥬드는 막 나가려는 컬리에게 로리가 파티에 함께 가야 한다고 협박한다. 패들러는 장사를 위해 남는다.	쥬드가 컬리를 협박한다.
패들러	패들러는 물건을 팔려고 하지만 실패한다. 쥬드는 긴 칼이나 더 좋은 것을 원한다. 바로 'Little Wonder'이다. 패들러는 퇴장한다.	쥬드는 무기를 사려고 한다.
(쥬드 혼자 등장)	쥬드는 개인적인 한탄을 노래한다: 'Lonely Room' 그는 고민을 그만두고, 원하는 것을 하겠다고 결심한다.	쥬드는 행동을 취하기로 결심한다.
1막 3장, 같은 날 아침 이후, 로리의 농장 과수원		
로리, 아도 애니, 부시헤드 출신의 소녀들	로리의 꿈에서 쥬드에 대한 깊은 두려움이 드러난다. 그녀는 파티에 함께 가자고 자신을 데리러 온 진짜 쥬드에 의해 꿈에서 깨어난다.	쥬드는 로리를 깨우고 함께 파티에 간다.

2막 1장, 그 날 늦은 오후, 스키드모어(Skidmore) 목장		
윌, 패들러	쥬드는 로리를 찾으면서 등장한다. "Little Wonder"를 산다. 자선 파티에 가기 위해 떠난다.	쥬드는 컬리를 죽이려고 무기를 얻는다.
등장인물 전체	쥬드와 컬리는 경매에서 로리의 바구니를 두고 경쟁한다. 컬리는 승리하고 쥬드는 진다.	컬리는 경매에서 승리한다. 쥬드는 진다.
컬리, 패들러, 엘러 이모, 스키드모어	쥬드는 컬리와 악수하라는 강요를 받는다. 마음이 상한 쥬드는 "Little Wonder"를 컬리에게 꺼내 보이려고 한다. 패들러에게 얘기를 전해 들은 엘러 이모는 그들을 방해한다. 댄스 파티가 시작된다. 쥬드는 춤추는 패들러와 로리를 방해하고 그녀를 무대 밖으로 데리고 간다.	쥬드는 컬리를 죽이려 하지만 방해를 받고, 로리와 단둘이 있기 위해 로리를 데리고 간다.
2장 2막, 바로 직후, 스키드모어 목장의 주방 현관		
로리	쥬드는 로리와 춤을 추다가 멈추고는 그녀를 안으려고 하지만 그녀가 거부한다. 그는 그녀에게 구애하지만 그녀는 거부한다. 그녀는 그를 해고한다. 그는 그녀를 협박하면서 퇴장한다.	쥬드는 그녀의 환심을 얻기 위해 그녀와 단둘이 있으려 한다. 그의 시도가 실패하자 협박한다.
2장 3막, 3주 후, 컬리와 로리의 결혼 후 저녁, 로리의 집 뒤쪽		
등장인물 전체	쥬드는 결혼피로연을 방해한다. 컬리와 마주친다. 그들은 싸운다. 쥬드는 칼을 사용하지만 결투 도중 칼을 놓치고 치명적인 상처를 입는다.	쥬드는 복수하기 위해 돌아오고 컬리와의 싸움에서 죽는다.

연습과제 6 D

나의 이야기

뮤지컬에서 한 캐릭터를 선택하고 그가 무대에 등장하는 때를 파악하라. 그리고 쥬드의 경우처럼 표를 만들어 보자.

1. 당신과 소통하는 캐릭터들의 목록을 만든다.
2. 각 장면의 주요 사건을 설명해보자.
3. 플롯을 요약해보자.

캐릭터의 배경

6.3.3

캐릭터와 그가 하는 행동 사이에는 납득할 만한 이유가 있어야 한다. 그러나 작가는 자질구레한 설명까지 대본에 담지 않는다. 이런 이유로 배우는 캐릭터의 배경이 되는 이야기를 만들어야 한다. 그 배경을 잘 구성할 수 있다면 캐릭터를 이해하고, 캐릭터 간의 상호작용과 그들이 그렇게 행동할 수밖에 없는 이유를 알게 된다. 그러나 주의할 것은 배경을 만들 때, 그 이야기는 반드시 작가의 의도와 일치해야 한다는 점이다. 인물의 배경이 전체 플롯을 뒷받침할 수 있어야 한다는 뜻이다.

〈오클라호마!〉에서 로리 윌리엄스의 부모님은 등장하지 않는다. 엘러 멀피 이모는 그녀와 함께 살고 있는 유일한 어른이고, 배경이 되는 장소는 '로리의 농장'이다. 이러한 상황에 대해 의문이 생기지 않는가? 로리와 엘러 이모의 돈독한 관계가 형성된 배경을 여배우가 직접 상상해본다면 연기하는 데 도움이 될 것이다. 단순하되 사실적으로 배경을 만들어보라. 아마도 로리의 부모는 그녀가 14살이었을 때 콜레라로 죽었을 것이다. 그리고 로리의 외로운 노처녀 이모는 그녀와 함께 살면서 농장을 운영하게 되었다. 그들은 가족과 친구가 가장 필요로 할 때 서로를 찾아냈다. 이런 사연들이 그들을 끈끈한 정으로 묶어준다. 하지만 다음과 같은 배경은 어떤가? 아기인 로리를 예뻐하던 어느 잘생긴 카우보이 청년이 있었다. 그런데 로리의 부모님이 그가 몰던 마차에 치어 사망했다. 성인이 된 로리는 이 사건 이후 잘생긴 한 남자에게 매력과 공포감을 동시에 느끼게 되어 갈등에 빠지는데……! 뮤지컬 얘기는 어디로 갔는가? 프로이트의 심리학을 읊조릴 때가 아니다.

연습과제 6 E

캐릭터의 배경

당신이 선택한 캐릭터가 처음 나오는 장면의 배경 이야기를 만들어보자. 우선, 그 캐릭터의 인간관계와 삶의 환경을 정확하게 인식해야 한다. 다음, 작가의 의도와 일치하는지 확인하면서, 캐릭터의 과거를 추측해보자.

6.3.4

무슨 일이 일어나는가?

우리는 플롯을 작은 주요 사건들로 구분해 보았다. "주요 사건에서 무슨 일이 일어나는가?" 그리고 "캐릭터들은 그 사건의 시작과 끝에서 무엇을 하는가?"라는 질문을 해보자.

예를 들어, 〈회전목마〉에서 '빌리, 직장에서 짤리다'라는 사건을 보자. "무슨 일이 일어나는가?"라고 질문하면 당신은 이렇게 대답할 것이다. 멀린스 부인은 빌리에게 자신을 사랑할 것을 강요한다. 빌리는 그녀도, 직장도 거부한다. 그녀는 빌리를 해고한다. 이것이 일어난 일이다.

연습과제 6 F

누가 누구에게 무엇을?

'연습과제 6B 플롯의 윤곽 그리기'에서 하나의 사건을 선택해보자. 그리고 그 사건에 제목을 붙여보자. 이제 누가 누구에게 무엇을 했는지 그 내용을 목록으로 만들어보자. 표 6-3은 〈오클라호마!〉에서 첫 번째로 일어난 사건을 예로 든 것이다.

주요 사건 : 로리가 쥬드를 선택하다		
누가	**누구에게**	**무엇을 하는가**
컬리가	로리의 농장에	온다
컬리가	자선 파티에 함께 가자고 로리에게	요청한다
컬리가	그녀를 마차에 태울 것이라는 이야기로 로리에게	구애한다
컬리가	로리에게 마차가 거짓이라는 것을	인정한다
로리가	쥬드로부터 자선 파티에 함께 가자는	초대를 받아들인다

이 분석 방법이 캐릭터의 역할에 대한 당신의 인식에 어떠한 변화를 주었는가?

나에게…… 무슨 일이 일어나는가?

숨기지 말자. 당신에 관한 모든 것을 드러내자. 지금까지는 당신에게 자신을 들여다보지 말라고 권유했다. 하지만 뮤지컬 이야기 속에서 당신이 차지하는 역할을 확인할 때다. 당신이 컬리를 연기하고 있다고 상상해보자. 〈오클라호마!〉에 등장하는 컬리는 미혼의 카우보이에서 결혼한 농부로 변하게 된다. 이런 컬리 개인의 삶이 극의 전체적인 사건에 반영된다. 그는 독립적인 사람이지만 아내에게 의지하기도 한다. 또한 자신이 살고 있는 땅과 함께 살아가는 사람들에게 강한 애착심을 갖는다. 컬리가 나오는 장면을 정리한 표 6-4를 통해 그의 여정을 살펴보도록 하자.

: 표 6-4

미혼의 카우보이에서 결혼한 농부로의 여정

1막 2장	나는 로리에게 구애한다. 로리는 나를 거부하고 쥬드를 선택한다.
1막 2장	나는 쥬드와 대면한다. 승자도 패자도 없이 끝이 난다.
2막 1장	나는 자선 파티 경매에서 로리의 바구니를 두고 쥬드와 경쟁한다. 내가 이기지만 쥬드는 나의 안장, 말 그리고 총을 희생하라고 강요한다. 그 과정에서 나는 카우보이로서의 삶을 포기한다.

2막 2장	쥬드가 로리를 협박한 후에 나는 로리를 발견한다. 우리는 키스한다. 나는 그녀에게 프러포즈를 한다. 나는 농부로서 남편으로서 그리고 아버지로서 살기로 마음먹는다.
2막 3장	나는 나의 결혼식 밤을 즐긴다. 나는 쥬드와 싸우게 되고 싸움에서 쥬드에게 치명적인 상처를 입힌다. 나는 쥬드를 살리기 위해 그를 데리고 간다. 나는 돌아와 자수를 한다. 그리고 무죄 판결이 난다. 나는 마차를 타고 신혼여행을 떠날 준비를 한다.

연습과제 6 G

나의 이야기 2

1. 미혼의 카우보이에서 결혼한 농부가 되는 컬리의 여정처럼 당신의 여정에도 제목을 붙여보자.
2. 당신의 여정이 뮤지컬 전체를 반영하는지 그것과 정반대인지 질문해보자. 하지만 비중이 작은 몇몇의 캐릭터들은 완전한 여정을 짤 수 없다.
3. 당신의 여정을 장면별로 나눠보자.
4. 각각의 장면에서 당신이 무엇을 하고 있는지 설명해보자.

이제 당신은 각 장면과 주요 사건, 즉 전체 이야기에서 당신이 무엇을 하는지 알게 되었다. 그리고 지금까지 정리한 자료들을 토대로 더 좋은 연기를 펼칠 수 있다는 것도 알게 되었다. 끝으로 대부분의 사건은 중심인물과 그 반대편에 있는 어떤 것 사이의 '갈등'에서 비롯된다는 것도 기억하자.

6.4

갈등

친구, 가족, 연인과의 일상적인 관계에서 사람들은 되도록 갈등을 피한다. 그러나 뮤지컬에서는 다르다. 갈등은 좋은 것이다. 캐릭터 간의 갈등, 생각이나 철학적인 시각 차에서 벌어지는 갈등, 인간이 경험할 수 있는 엄청난 힘든 상황에서의 갈등은 동시다발적으로 발생할 수 있다.

주제와 관련된 갈등

주제와 관련된 갈등은 이야기 속에서 중요한 생각을 드러내는 역할을 한다. 〈지붕 위의 바이올린(Fiddler on the roof)〉을 보면, 변화에 저항하여 전통을 지키려는 노력이 고난을 초래한다. 비록 이 이야기에는 크고 작은 다툼이 벌어지지만 가장 중요한 갈등은 주제와 관련되어 있다. 이 뮤지컬에서는 주인공이 자신의 전통을 지키기 위해 싸우는 데서 갈등이 발생한다.

주제와 관련된 갈등은 이야기 전체와 연관되어 있다. 그래서 우리는 캐릭터 간의 관계 안에서 갈등이 어떻게 작용하는지 볼 수 있다. 〈지붕 위의 바이올린〉의 주인공 테비에에게도 개인적인 소망과 이를 이루기 위한 몸부림이 있는데 이는 모두 뮤지컬 전체를 망라하고 있는 주제와 밀접하게 연관되어 있다. 예컨대 전통적인 가치관 속에서 살아가는 테비에와 진보적인 딸 사이의 갈등, 독재적인 테비에와 불복종적인 아내 사이의 갈등, 또는 신에 대한 테비에의 투쟁(테비에와 신과의 관계는 지극히 개인적이다.) 등이다. 배우는 이 갈등을 이해해야 한다. 당신이 테비에를 연기한다면 전통적인 모습을 강조해야 할 것이다. 딸이라면 진보적인 모습으로 보여야 한다.

모든 뮤지컬에는 주제와 관련된 갈등이 존재한다. 우리는 갈등의 범주를 목록으로 만들어 보았다. 이 갈등이 모든 갈등을 포함하는 것은 아니지만, 당신의 생각을 확장하는 데 도움이 될 것이다.

신앙 vs. 이성	논리 vs. 감정	혼돈 vs. 질서
진정한 사랑 vs. 의무	독립 vs. 소유물	법 vs. 도덕
두려움 vs. 용기	순수 vs. 부패	활력 vs. 억압
꿈 vs. 현실	자유 vs. 통제	통합 vs. 정체성

부족하긴 하지만 위에 제시된 목록을 보면 당신의 공연에 어떤 주요 갈등이 있는지 파악할 수 있을 것이다. 이제 대본을 읽으면서 가장 중요하다고 생각하는 부분을 선택

하고, 그 부분과 갈등을 일으키는 것이 무엇인지, 어떻게 갈등이 일어나는지 살펴보자.

만약 혼자서 분석 작업을 하고 있다면 모든 결정은 당신의 몫이다. 그리고 모든 갈등을 당신 스스로 선택할 수 있다. 그러나 연출자와 함께 대본을 분석하고 있다면 대본에서 중요한 부분은 이미 결정되어 있을 것이다. 한두 차례 연습을 했는데도 여전히 주제와 관련된 갈등이 명확히 잡히지 않는다면 반드시 연출자에게 묻도록 한다. 비유를 하자면, 당신은 연출자의 마차에 묶여있는 말의 고삐를 잘 잡고 있어야 한다. 물론 당신은 작품에 대해 더 좋은 해석을 내릴 수도 있다. 그러나 싫든 좋든 당신은 동료와 한 배를 타고 있다는 사실을 잊지 말아야 한다.

연습과제 6 H

주제와 관련된 갈등 찾기

1. 당신이 생각할 수 있는 뮤지컬의 모든 주제를 한 단어 혹은 짧은 문장으로 표현해보자. 그것을 목록으로 정리하라.
2. 서로 갈등 관계인 것으로 보이는 주제 사이에 줄을 이어보자. 아래 리스트는 〈오클라호마〉에서 떠올릴 수 있는 주제들이다.

외고집	상호의존	공동체	개성
야생	독립	순응	성적 취향
사랑	가족	헌신	울타리
자유로운 방랑	문명	개척지	영역

각 단어 옆에 반의어(문장도 가능)를 써보자. 이제 두 단어 사이에 '대(vs.)'라고 써 넣어보자. 당신이 선택한 뮤지컬의 갈등을 표현하기 위해 반의어를 바꿔보자. 아니면 당신의 해석에 따라 다른 생각들을 자유롭게 재배열해도 좋다.

〈오클라호마〉에서 가능한 조합

영역 vs. 오클라호마 주(州)	자유로운 방랑 vs. 울타리

성적 취향 vs. 사랑	독립 vs. 상호의존
자부심 vs. 헌신	외고집 vs. 헌신
농부 vs. 농장주	개척지 vs. 문명

개인적인 갈등

때로 개인적인 갈등은 우리가 방금 논의했던 주제와 관련된 갈등 때문에 일어난다. 주인공들은 주제와 관련된 여러 갈등을 구체적으로 표현한다. 이는 〈해밀턴〉에서 잘 드러나고 있다. 이 뮤지컬에는 개인적 자아(ego)와 대중적 선(good)의 대립이라는 주제가 중심인물인 알렉산더 해밀턴과 에런 버의 갈등을 통해 구체적으로 표현된다. 이 두 사람은 작품 속에서 명백하게 서로 대립한다. 해밀턴은 자신이 이룩한 업적을 사람들이 알아주길 바라지만, 버는 그가 자신의 밑에서 신흥 독립국가의 대의를 위해 충실한 심부름꾼이 되라고 충고한다. 나중에 그들의 갈등은 버가 해밀턴의 불륜을 폭로하려 하면서 만천하에 드러나게 된다. 결국, 이 캐릭터들 사이의 악감정은 폭력적으로 변하여 치명적인 결투로 끝난다. 이와 같은 갈등의 전개는 캐릭터 간의 관계가 변하는 것을 보여준다. 당신은 갈등을, 단순히 목적이 변화하고 발전되는 과정에서 일어난 충돌이라는 개인적인 수준으로 볼 수도 있다. 그러나 주요 캐릭터들의 갈등은 무대가 막을 내리기 전까지 결코 끝나지 않는다. 그들의 갈등은 공연이 끝날 때가 되어서야 해결된다.

모든 캐릭터는 다른 캐릭터와 몇 가지 개인적인 갈등을 가지고 있다. 심지어 그 캐릭터들이 친구 사이일지라도 말이다. 예를 들어, 두 명의 캐릭터는 어떤 하나의 문제에 겉으로는 동의했을지도 모른다. 그러나 그 후에 서로 자신의 주장이 옳다며 말싸움을 벌일지도 모른다. 〈아가씨와 건달들〉의 주제곡에서 나이슬리 존슨과 베니 사우스스트릿은 남자들이 사랑에 빠지면 어떻게 되는지를 노래한다. 그들은 자신에게 유리한 방향으로 노래를 이끌어간다. 베니와 나이슬리는 마음이 잘 맞는 단짝 친구이다. 그러나 그들은 자신을 멋지게 포장할 수 있는 말을 찾고 강조하기 위해 노력한다. 친근한 경쟁이지만, 승리하기 위해 노력하고 있다는 뜻이다. 즉 두 인물은 갈등 구조 속에 있다.

아마 갈등 가운데에서 가장 개인적인 수준의 갈등은 '내적 갈등(internal conflict)'일 것이다. 우리가 이미 다루었던 목적과 장애물에서 언급했듯이, 장애물이 항상 외부의 캐릭터에게서 비롯되는 것은 아니다. 어떤 경우에는 장애물이 자신의 마음에 존재한다. 자신의 내면에는 대립하고 있는 감정이나 욕구가 있다. 〈스프링 어웨이크닝〉의 'Don't Do Sadness'를 보자. 내성적이면서 욕구불만으로 고통스러워하는 십대 소년 모리츠는 자신의 어린 시절 친구 일세에게 마음에도 없는 말을 해버리고, 자신의 무능함에 스스로를 벌주고 있다. 모리츠는 혼자라는 느낌에 굴복하지 않겠다고 격렬하게 선언하면서도, 동시에 모든 사람에게 버림받았으며 완전히 실패했다고 느끼는 자신과 싸운다. 결국, 그는 희망을 잃고 이 노래를 부른 후 바로 자살한다.

뮤지컬 코미디에서의 갈등

현대의 드라마틱한 뮤지컬에는 마치 손에 꼭 쥘 듯이 명확한 갈등이 자주 등장한다. 〈레 미제라블〉, 〈American Idiot〉, 〈펀 홈〉 등은 모두 뚜렷한 갈등을 갖고 있다. 초기 뮤지컬 코미디(〈Anything Goes〉, 〈Lady, Be Good!〉, 〈Pal Joey〉 등)의 텍스트에서도, 그리고 심지어 최근의 뮤지컬 코미디[〈프로듀서스(The Producers)〉, 〈Something Rotten!〉, 〈유린타운〉]에서도 이러한 갈등들이 여전히 존재하며, 연기에 활기를 불어넣는다. 드라마적 요소가 살아 있는 작품과 희극적 요소가 살아 있는 작품의 차이는 캐릭터가 갈등을 얼마나 진지하게 받아들이느냐에 달린 것이 아니라 캐릭터가 관객에게 갈등을 어떻게 전달하는가에 달려 있다.

〈Anything Goes〉에서 빌리 크로커가 사랑하는 여자에게 결혼 승낙을 받는 것은 〈스프링 어웨이크닝〉에서 벤들라가 멜키어에 대한 자신의 감정을 이해하려고 애쓰는 것 못지않게 중요하며 개인적인 갈등이 충만하다. 이 둘의 차이점은 어느 작품이 더 드라마틱한 톤을 가지고 있느냐, 그리고 극작가가 얼마나 진지하게 갈등을 구축했느냐 하는 점이다. 빌리의 구애는 사람을 혼동하는 바보같은 상황과 재치 있는 노래로 강조된다. 그리고 그를 둘러싸고 있는 코믹한 캐릭터들로 인해 강조된다. 하지만 캐릭터의 목표를 향한 노력은 그의 관점에서 보자면 죽느냐 사느냐의 문제이다. 그리고 그가 직면한 갈등은 드라마의 색채가 짙은 작품에 등장하는 캐릭터의 갈등과 마찬가지로 절실하다.

자세히 보라. 그러면 당신은 〈School of Rock〉과 〈프로듀서스〉가 개인과 사회의 대립을 상징하는 작품임을 알게 될 것이다. 당신은 거쉰의 〈Lady, Be Good!〉에서 로맨틱한 사랑과 가족에 대한 강한 책임감 사이의 갈등을 찾아볼 수 있을 것이다. 작품의 색깔과 대본 그리고 악보에 담긴 경쾌한 선율은 당신이 이러한 중대한 갈등들을 어떻게 표현하는가에 영향을 미칠 것이다. 그럼에도 불구하고 캐릭터에게 갈등은 매우 절박한 현실이다.

캐릭터는 전달자이다

극작의 모든 부분은 작가가 원하는 방향으로 그의 생각을 표현한다. 이 생각은 인간의 삶에 대한 질문만큼이나 심오할 수 있고 또는 즐거움에 대한 긍정이나 인생의 어리석음만큼이나 단순할 수도 있다. 뮤지컬은 우리 삶을 다양한 관점에서 바라본다. 이러한 관점들은 관객들로 하여금 작가의 눈으로 공연을 보도록 요구한다. 뮤지컬 배우로서 우리의 임무 가운데 하나는 창작자들이 무엇을 말하려고 하는지, 즉 관객들에게 어떤 생각, 어떤 느낌을 전달하고 싶어 하는지 정확히 인지하는 것이다. 배우는 이러한 생각과 주제의 주요 전달자이기 때문에, 우리는 우리가 무엇에 대해 노래 부르고 춤을 추는지 알아야 한다. 당신이 중심 사건의 의미를 잘못 파악한다면 당신의 연기는 잘 돼도 평범하거나, 최악의 경우에는 작품 속에서 나만 엉뚱한 연기를 하게 될 수도 있다.

작곡가, 작사가, 그리고 작가는 캐릭터 개개인을 통해 이야기한다. 캐릭터는 상반된 논쟁거리를 유쾌하고 편안하게 전달하는 기능을 담당한다. 어떤 주장을 반대하거나 하나의 주장을 대변하고 상징함으로써, 또는 미사여구를 동원하여 주요 주제를 뒷받침하는 식으로 말이다. 따라서 캐릭터들 사이에 생기는 개인적인 갈등들은 공연의 중심 주제와 깊은 관련이 있다는 점을 명심해야 한다.

캐릭터는 가치관을 표현한다

중심 캐릭터들은 주제와 연관된 여러 가지 주장들을 자신의 신체를 통해 표현한다. 주요 캐릭터들이 각각 어떤 주장을 대변하는지, 그리고 당신의 배역이 주요 캐릭터들과 어떠한 관계가 있는지 확인하라. 때로 뮤지컬의 중심 캐릭터들은 강한 믿음, 편견 또는 그러한 태도를 드러낸다. 〈회전목마〉에서 빌리 비그로우는 주변 사람들이 자신을 배신할 것이라고 생각한다. 그래서 자신에게 다가오는 사람들과 사회에 배타적인 태도를 보인다. 그의 세계관에 비춰보면, 사람들은 모두 자기를 이용하려고만 든다. 그의 아내 줄리 조던은 그를 절대적으로 사랑한다. 그녀의 세계관에 비춰보면, 모든 사람들은 사랑할 가치가 있는 존재이다. 이 두 캐릭터는 사랑하는 것과 사랑을 받아들이는 것에 대해 서로 다른 가치관을 지니고 있다. 그들의 세계관 사이에는 갈등이 존재할 수밖에 없다. 이 갈등은 빌리가 줄리의 사랑을 받아들여야만 해결될 수 있다. 그리고 마침내는 천국에 갈 수 있는 것이다. '사랑의 구원'과 '치유의 힘'이라는 주제는 뮤지컬 〈회전목마〉에서 뚜렷하게 드러난다. 특히 그 주제는 중심 캐릭터들의 가치관이 충돌할 때 나타난다.

아메리칸 드림과 시민권 박탈도 갈등의 요인이다. 빌리와 줄리는 아메리칸 드림을 꿈꾸고 있었지만, 고용주에게 해고당한 그날 밤 꿈은 깨진다. 그러나 줄리의 친구 캐리 피퍼리지는 사장에게 순종하고, 이녹 스노우라는 이름의 야심찬 젊은 어부와 약혼을 한다. 빌리와 줄리는 경제적인 어려움에 처했지만 캐리와 이녹의 삶은 점점 나아진다. 가진 자와 가지지 못한 자 사이의 대립이 이 두 커플을 통해 생생하게 드러난다. 캐리와 이녹의 삶이, 줄리와 빌리의 삶과 극명하게 대비된다. 두 커플의 대조적인 삶은 배우가 반드시 짚고 넘어가야 할 부분이다. 신체 행동, 음색, 캐릭터와의 관계, 가치관에 따른 신체적 태도 등 창조적인 수단을 사용하면 이 두 커플의 대조적인 삶을 표현하는 데 큰 도움이 될 것이다.

캐릭터는 자신이 믿는 것을 표현한다 6.5.2

뮤지컬에서는 캐릭터가 자신의 철학을 노래로 표현하는 일이 일상다반사다. 〈마이 페어 레이디〉에서 헨리 히긴스는 'Why Can't the English?', 'I'm an Ordinary Man', 'A Hymn to Him' 등의 곡에서 자신의 철학을 드러낸다. 이 곡들에는 인물의 됨됨이가 잘 반영되어 있다. 그리고 대본과 악보에서 중심이 되는 이념도 강하게 드러난다. 히긴스는 대인관계에 있어서 차가우리만큼 합리적인데, 그의 태도는 노래에도 잘 나타난다. 일라이자 두리틀은 더 단순하고, 더 달콤한 멜로디로 자신의 가치관을 표현한다. 그녀는 편안하고 부드러운 사랑에 대한 환상을 'Wouldn't It Be Loverly'에서 노래한다. 그녀는 히긴스에게서는 찾아볼 수 없는 감정, 정서 그리고 직감을 가지고 있다. 그리고 이는 노래를 통해 관객에게 전달된다. 완고하고 도덕 관념이 없는 일라이자의 아버지, 알프레드 두리틀은 책임감 없이 사회의 모든 이익을 독차지할 수 있을 것이라는 자신의 희망을 'With a Little Bit of Luck'에서 표현한다. 각각의 캐릭터는 자신의 가치관을 노래로 표현한다.

우리가 드라마 구조의 다양한 면들을 계속 살펴보면서, 주제와 가치관이 그 모든 것과 서로 연결되어 있다는 사실을 깨달았을 것이다. 훌륭한 공연을 만들기 위해서는 이러한 것들이 충돌하지 않고, 서로 도움이 되어야 한다. 주제와 가치관을 파악하라.

극적 기능 6.6

뮤지컬에 쓰이는 모든 장면과 음악 구간은 모두 의도를 가지고 쓰인다. 때로는 이야기 전개의 설득력을 높이기 위해서 쓰이고, 때로는 흥미를 유발하거나 즐거움을 주기 위해서 쓰인다. 혹은 이야기 구조를 탄탄하게 만들기 위해서 쓰일 때도 있으며, 이밖에도 많은 이유 때문에 뮤지컬에 쓰이는 것이다. 대본을 쓰는 작가, 곡을 만드는 작곡가 그리고 가사를 짓는 작사가는, 하나의 뮤지컬을 축조하기 위해 해결해야 할 다양한 문제들을 안고 있다. 이런 이유로, 캐릭터든 상황이든 갈등이든 그 어떤 이유로 선택된 것이든, 음악 구간은 뮤지컬 내에서 여러 기능을 하도록 만들어진다. 예를 들어 노래는 설명이 필요할 때 나오기도 하는데, 'Ring of Keys'(〈펀 홈〉)에서 어린 앨리슨은 자신이 사내아이의 정체성을 가지고 있다는 사실을 깨닫는다. 때로는 캐릭터의 본성이 드러나거나 심경의 변화가 있을 때에 노래가 등장하는데, 중년의 앨리슨이 자신의 성 정체성을 직면하고 이를 축하는 노래 'Changing My Major'(〈펀 홈〉)에 잘 드러나 있다. 아니면 배우가 옷을 갈아입거나 무대를 정리하는 시간을 벌기 위해 쓰이기도 한다. 음악만 그런 게 아니다. 뮤지컬을 이루는 모든 요소는 모두 극을 위해서 쓰이는 것이다. 모든 순간은 극적 기능을 담당하고 있다. 이에 대해서는 다른 장에서 다루기로 하자.

6.6.1 — 그것은 왜 거기에 있을까?

모든 곡은 없어서는 안 되는 필수불가결한 것이다. 〈지붕 위의 바이올린〉의 1막 후반부를 보면 'The Dream'이라는 곡이 나온다. 이 곡에서 테비에는 아내 골데에게 만일 당신이 딸 자이틀과 정육점 주인 라자르 울프의 결혼을 허락하게 되면 끔찍한 비극이 닥쳐올 것이라고 말한다. 테비에가 (그가 상상 속에서 만들어낸) 꿈에 대해서 설명할 때 무대는 활기를 띤다. 이 음악 구간은 중요한 역할을 한다. 첫째로, 테비에는 중매로 결혼을 시키려는 아내에게 그 생각을 포기하라고 말한다. 둘째로, 골데가 얼마나 미신을 믿고 있으며 죽은 친척의 영혼을 얼마나 숭배하고 있는지 잘 보여준다. 또한 이전 장면과는 달리 모든 장치를 총동원하여 스펙타클한 장면을 관객에게 제공하고 있다. 이 작품의 연출자이자 안무가인 제롬 로빈스(Jerome Robbins)는 이 장면에 마르크 샤갈(Marc Chagall)의 시각적인 세계를 반영했다. 이 공연의 어떤 장면도 이 정도의 판타지와 유머를 담고 있지 않다. 연출자의 명확한 의도 아래 이 노래는 아름답고 로맨틱한 분위기에서 시끌벅적한 분위기로 그리고 비극적인 결혼 장면으로 진행된다. 그래서 이 곡은 공연 전체를 통틀어 매우 중요한 극적 기능을 담당한다고 우리는 말할 수 있다.

6.6.2 — '반복'의 극적 기능

뮤지컬 음악은 관객이 한 번쯤 들어본 것 같은 친숙함이 굉장히 중요하다. 그래서 창작자들은 '반복'을 사용하는데, 앞에서 언급했듯이 친숙한 음악에 대한 감정의 연속성을 이용하려는 의도로 사용하거나 생각의 변화를 암시하기 위해서 사용하기도 한다.
여기 한 캐릭터가 있다. 그는 과거의 즐거웠던 순간을 떠올리며 처음 그 노래를 불렀
던 그 순간의 느낌에 푹 빠져 있다. 그는 자기 자신에게, 혹은 과거에 그 노래를 들려주
었던 그녀에게 말을 걸고 있다. 뮤지컬에서 반복이 왜 중요한지 알겠는가? 반복은 의
도적인 선택이다. 그리고 반복은, 관객에게 친숙한 느낌을 준다.

   우리는 계속해서 〈지붕 위의 바이올린〉에 등장하는 노래 몇 곡을 살펴볼 것이다. 그
리고 그 노래의 극적인 기능을 살펴볼 것이다. 그 곡에는 어떤 목적이 숨어 있는지 그
리고 얼마나 효과적으로 그 목적을 달성했는지 살펴보자.

: 표 6-5

음악 구간	등장인물	극적 기능	사건
'Tradition' (활기차고 빠른, 유대인 고유 음계의 Freygish-scaled 곡)	테비에와 모든 유대인 마을 사람들, 순경과 성직자	● 아나테브카에 있는 유대인 마을의 인물들이 소개된다. 그들은 유대인 사회에서 각자 역할을 담당하고 있다는 것이 설명된다. 그들이 바라는 것, 그들의 관계 그리고 서로 한 가족처럼 지내는 모습이 보여진다. ● 마을 사람들이 경쾌하고 유머러스하게 등장한다. ● 주인공 테비에가 관객에게 각인된다. ● 테비에는 유대인의 전통에 대해 관객에게 직접 설명한다.	역할은 강화되고 믿음은 확고하다. 아무것도 변하지 않는다. 이것이 바로 요점이다!
'Matchmaker' (중간 빠르기의 왈츠)	자이틀, 하바, 호델	● 로맨틱한 프러포즈를 꿈꾸는 어린 소녀들의 동경이 드러난다. 그리고 만일 그들이 중매를 받아들이지 않는다면 일어날 일에 대한 두려움이 드러난다. ● 다음 장면에서 중매쟁이인 옌테가 등장하면서 그들의 삶에서 그녀가 얼마나 중요하고 강력한 영향력을 갖고 있는지가 드러난다. ● 자신의 미래는 자신이 책임지고, 자신의 짝도 자신이 선택할 것이라는 결심이 이때부터 싹트기 시작한다. ● 변화가 시작되기 전에 자신들의 세계관을 확고히 한다.	자이틀은 옌테가 남자 보는 눈이 없다는 사실을 자신의 경우를 통해 호델과 하바에게 일깨워준다. 소녀들은 남편에 대한 환상을 품고 있는 사춘기 소녀에서 원치 않는 결혼을 두려워하는 어린 아낙네로 변한다.

'If I were a Rich Man' (중간 빠르기의 유대 민요 느낌)	테비에	● 테비에의 우선순위와 그의 철학이 드러난다. 이 노래는 주인공의 등장곡이다. 그는 우리의 주인공으로, 이야기가 진행되는 동안 우리는 테비에를 따를 것이기 때문이다. 이러한 관점에서 우리는 정말로 그를 만날 필요가 있다. ● 그는 신에게 허물없이 말을 거는 드라마틱한 방법을 개발한다.	테비에는 부자가 되는 상상을 한다.
'Sabbath Prayer' (신실한 유대인의 기도로, 메아리 같은 울림의 성가)	테비에, 그의 가족, 모틀, 페르치크, 아나테브카의 나머지 유대인들	● 아나테브카에 사는 유대인들의 세계에서 신앙의 중요성에 대해 설명한다. ● 작품의 배경 설명이 완료된다. 지금까지 우리는 많은 시간 동안 작품의 세계에 대해 배우고 캐릭터들에게 주어진 상황에 대해 들었다. ● 현재의 상황을 드러내는 마지막 요소이자 주어진 상황 가운데 가장 중요한 요소로 이 마을의 근간은 신에 대한 믿음이라는 것, 그리고 이는 테비에의 삶과도 밀접한 관련이 있다는 것이 제시된다. ● 신앙, 가족 그리고 공동체라는 기본적인 가치에 대해 확신하고 있다. 이 노래의 모든 요소는 작품이 진행되면서 시험대에 오른다.	신실한 유대인의 세계 안에서 살아가는 테비에의 가족, 그의 손님들, 그리고 마을 사람들은 전통적인 안식일 촛불을 통해 자신들의 신앙을 확인한다.

음악의 극적 기능과 사건을 살피다 보면 당신이 처음에 갖고 있던 관점이 달라질 수도 있다.

연습과제 61

음악 구간

당신이 선택한 뮤지컬을 〈지붕 위의 바이올린〉의 분석 방법에 따라 살펴보자. 음악 구간, 캐릭터 그리고 극적 기능과 일어난 사건을 목록으로 만들어보자. 각 장면을 하나도 빠뜨리지 않고 목록으로 만들면서, 우리가 앞서 언급했던 질문을 던져보자. 동료들과 함께하고 있다면, 서로의 분석을 비교해보자.

테비에 역을 맡았다고 가정해보자. 그러면 당신이 부르는 노래는 중요한 설명을 포함하고 있다는 사실을 알고 있을 것이다. 그러면 자연스레 그 설명을 표현하기 위해 연기하고 노래할 것이다. 추가적으로, 그 곡이 테비에의 철학을 드러내고 있음을 알게 된다면, 다른 장면에서는 드러나지 않는 테비에만의 성격을 더 강조할 수도 있을 것이다. 또는 아직 벌어지지 않은 사건이나 행동 등을 암시하여 극의 긴장감을 고조시킬 수도 있다. 테비에라는 인물에게는 종교가 매우 중요하다. 때문에 당신은 그의 신앙심에 대해 특별히 관심을 가져야 할 것이다. 극적 기능을 이해하는 능력이 커질수록 배우로서도 더욱 인정받게 될 것이다.

텍스트의 종류

캐릭터가 **무엇을** 말하고 있는지 그리고 **어떻게** 말하고 있는지 파악하는 것이야말로 캐릭터를 이해하는 가장 명확한 방법이다. 연극에서 '텍스트'는 대사를 의미한다. 그러나 뮤지컬에서 '텍스트'는 대사뿐 아니라 가사, 음악, 배경음악 그리고 안무까지도 포함한다.

보통 뮤지컬에서 가장 중요한 부분은 노래나 춤을 통해 표현된다. 〈스프링 어웨이크닝〉에서, 멜키어에게 'All That's Known', 'The Bitch of Living', 'Mirror Blue Night', 그리고 'Those You've Known'과 같은 노래가 없다면 인물의 성격이 애매해질 것이다. 대본에 나오는 책을 들고 등장하는 장면도 분명 중요하지만 이야기의 많은 부분에서 멜키어의 내면이 발전하고, 멜키어의 위대한 여정이 펼쳐지는 것은 이러한 노래들을 통해서다.

여러 텍스트를 통해 캐릭터에 대한 정보를 더 구체화시킬수록, 관객은 그 캐릭터를 더 쉽게 파악할 수 있다. 말투, 사투리, 목소리, 행동, 안무 그리고 음악 스타일 등 모든 요소가 캐릭터를 정의하는 데 도움이 된다.

6.7.1 ── 대사와 노래

사투리, 어휘(또는 용어), 문법 그리고 어법은 지역, 교육, 지성, 사회적 계층, 믿음과 세계관을 반영한다. 그리고 목소리만 들어도 캐릭터의 주어진 환경을 알 수 있다.

〈인 더 하이츠〉는 라틴계 대학생인 니나의 이야기다. 니나는 영어와 스페인어 모두 유창하며, 그녀와 대화하는 상대방, 그녀의 목적, 그리고 그녀와의 친밀도에 따라 그때그때 두 언어를 자유롭게 사용한다. 그녀가 가진 언어에 대한 특별한 능력은 그녀가 다양한 문화를 탐구하고 이해할 수 있다는 것을 우리에게 알려준다. 이는 이야기의 전개와 캐릭터의 변화에 매우 중요한 요소가 된다. 반대로, 니나의 남자친구 베니는 영어만을 사용한다. 그는 라틴계가 아니며, 그와 매우 중요한 관계에 놓여있는 인물인 그의 상사(그리고 니나의 아버지) 케빈은 그를 외부인으로 여기고 있다. 이 두 중심 캐릭터가 사용하는 언어의 대조를 통해 그들 사이의 차이, 그리고 내적 및 외적인 갈등을 표현하고 있다. 이를 연기하는 배우들은 이 차이점을 인식할 필요가 있다.

6.7.2 ── 음악적 사투리

뮤지컬에 등장하는 인물들은 서로 다른 목소리를 낸다. 교향악 작곡가 차이코프스키(Tchaikovsky)는 〈피터와 늑대(Peter and the Wolf)〉에 등장하는 각각의 인물들에게 서로 다른 주선율과 악기를 할당했다. 뮤지컬 작곡가들 역시 각각의 캐릭터들에게 개성 넘치는 '음악적 사투리'를 부여한다. 음악 스타일과 음악의 색채를 살펴보면 캐릭터의 내면에 어떤 일이 일어나는지 알 수 있다. 〈왕과 나〉에서, 우리는 주요 캐릭터들의 음악적 사투리가 어떻게 다른지 알 수 있다. 왕은 영어로 노래하지만 아시아인들이 말하는 것 같다. 그가 부르는 노래의 리듬은 그가 말하는 방식을 그대로 옮겨온 것으로, 거의 독선적으로 말하는 것 같은 패터송(patter songs, 희가극 등에서 단조로운 가사와 리듬으로 구성되어 있으며 빠르게 부르는 익살스런 노래를 말한다. – 역주)으로 구성되어 있다. 반면, 안나는 아주 우아한 방법으로 노래한다. 그녀가 부르는 노래는 대부분 발라드이고, 때론 온화하고 밝은 템포로 노래한다. 그녀의 정확한 발음은 음악 안에서 강화된다. 캐릭터가 노래할 때의 '발성'은 그들이 말하는 대사와 완벽히 일치해야 한다. 이러한 두 캐릭터는 명백히 다른 방법으로 세상을 바라본다. 표현하는 방식 또한 완전히 다르다. 그리고 리처드 로저스에 의해 제공되는 음악적 정보는 이 차이를 도드라지게 만든다. 감각적인 배우라면 이 두 캐릭터 간의 음악적, 언어적 차이점을 포착할 수 있을 것이다. 이 차이는 왕의 오만과 권력, 그리고 안나의 침착함과 품위 사이의 대조를 표현하고 있다.

신체의 텍스트 6.7.3

춤은 뮤지컬에서 강력하고 구체적인 텍스트 가운데 하나이다. 〈브리가둔〉을 보면, 두 명의 캐릭터가 춤을 추는 장면에서 서로 다른 개성을 드러낸다는 점을 알 수 있다. 바로 해리 비튼(노래는 없고 대사만 몇 줄 있다.)과 완전히 말이 없는 매기 앤더슨이다. 이 장면은 대화를 통해 진행되는 것이 아니라 신체적인 특별한 표현 방법을 통해 진행된다. 비단 이 경우뿐 아니다. 우리는 캐릭터의 몸 동작을 통해 그 캐릭터의 성격을 파악할 수 있다. 이야기에 등장하는 모든 사람들이 똑같이 말하고 똑같이 노래하지 않는 것처럼, 동작 역시 똑같을 필요가 없다. 헨리 히긴스, 일라이자 두리틀 그리고 피커링 대령이 〈마이 페어 레이디〉의 'The Rain in Spain'에서 모두 완벽하게, 특색 없이 똑같이 춤을 추면 식상하지 않겠는가. 이 장면에서 노래와 춤의 요점은 일라이자가 그들의 노력으로 영어를 능숙히 구사하게 된 것을 축하하는 것이다. 식상함을 피하려면 각자의 차이점을 부각시켜야 한다. 만일 똑같이 하겠다면 차라리 노래를 빼는 게 낫다. 반면 당신이 앙상블 배역이라면, 안무가는 앙상블을 연기하는 모든 사람들에게 똑같이 춤을 추라고 요구할 것이다. 앙상블의 한 일원으로서 당신은 단체 캐릭터, 코러스의 한 부분이 되는 것이다. 그래서 당신은 공통의 신체적인 정체성을 공유한다. 〈프로듀서스〉에서 블룸이 상상하는 장면에 등장하는 작은 할머니들, 그리고 획일적인 나치 독일의 아리안 족 돌격대원을 비교해 보아라. 각 그룹은 명백히 다른 캐릭터들로 구성되면서도 같은 신체적인 정체성을 공유한다.

극중 장소

〈오클라호마!〉의 첫 번째 장면은 로리의 농장이다. 엘러 이모는 현관에 있다. 그녀는 이 농장의 실세이자 이 농장을 방문하는 사람들의 감시자이다. 배경이 농장이라는 점과 컬리가 카우보이라는 점도 상당히 의미가 있다. 컬리는 농장에 소속되어 있지 않다. 그는 농장 일과는 사회적으로 그리고 실질적으로 완전히 안 어울리는 캐릭터다. 이는 그가 이곳에 있을 권리와, 로리와 데이트할 수 있는 권리를 약화시킨다. 컬리는 로리에게 파티에 함께 가자고 제안하기 위해 이곳에 온 것이다. 이곳 농장은 컬리가 쉽게 다닐 수 있을 만큼 가까운 곳이 아니다. 그는 이른 새벽 목초지와 농장을 가로질러 이곳까지 왔을 것이다. 이곳은 로리의 영역이다. 이곳에서는 로리가 우위에 있는 셈이다. 그럼에도 엘러 이모는 컬리에게 이곳에서의 권리를 얼마간 줄 정도로 충분히 컬리에게 호감이 있다.

우리는 곧 이 이야기가 사실은 로리가 중심이 되는 장면임을 깨닫게 되기 때문에 그녀의 영역인 이 장소는 우리에게 중요하다. 작가는 다른 장소를 선택했을 수도 있다. 그러나 다른 장소(마을 안의 상점 같은)를 선택했다면, 이야기는 약화되었을 것이다. 이 장소는 대부분의 캐릭터들의 중요한 만남이 이루어지는 곳이기도 하다. 자선 파티가 열리는 스키드무어 목장과의 거리도 장점으로 작용한다. 그래서 다른 사람들도 여기에 모인다. 그러나 로리는 이곳이 자신의 집이기 때문에 항상 다른 사람들에게 고자세를 유지한다.

후에, 우리가 쥬드의 훈제실에 갔을 때, 우리는 새로운 장소를 만나게 된다. 이는 쥬드의 사적인 영역이다. 또한 뮤지컬 전체에 있어서 유일한 내부 공간이기도 하다. 이곳은 완전히 동떨어진 공간이다. 어둠, 그을린 벽, 외설적인 엽서 그리고 폐쇄공포적인 기질은 쥬드의 내면을 은유적으로 표현한다. 이는 사방이 탁 트여 있고 자연스럽게 펼쳐져 있는 외부 공간과 대조된다. 이 장면이 공연 전체에서 그가 장악하는 유일한 장면이라는 것은 중요하다. 반면에, 쥬드는 거의 그룹에 속하지 못하는 이방인이다. 쥬드가 공간을 지배하고 있다는 점은 컬리가 자신의 목적을 이루는 데 중요한 장애물로 작용한다. 은밀하게 감추어진 그 장소는 컬리에게는 불리한 곳이다. 쥬드의 솔로곡 'Lonely Room'에서, 그는 이 장소를 매우 자세하게 묘사한다. 그래서 그의 영역은 명백하게 그와 극작가에게 중요하다. 이 장면의 마지막에, 컬리는 그를 공격한다. 쥬드가 혼자라는 생활환경을 무기로 삼아서 말이다.

극중 시간

하루라는 시간, 계절 그리고 시대적 배경은 주어진 상황과 대립되는 관계에 있을 때 중요한 역할을 한다. 〈오클라호마!〉의 경우, 극은 파티가 열리는 날의 아침에 시작한다. 그때를 시작으로 삼았기 때문에 저마다의 소망을 위해 더더욱 노력하게 된다. 그리고 결정을 빨리(때로는 무모하게) 내리게끔 만든다. 만일 로리가 쥬드와 파티에 갈지 말지 결정하기 위해서 여러 날 생각할 여유가 있었다면 그녀는 마음을 바꾸었을지도 모른다. 쥬드는 실망하여 마음을 접었을지 모르고, 컬리는 파티가 시작하기 전에 그녀에게 프러포즈를 할 수 있는 시간을 벌었을지도 모른다. 시간적 압박은 캐릭터들이 뭔가를 해보려 하는 것을 더욱 어렵게 만든다. 그리고 관객들은 더욱 흥미로워진다.

시간에는 해와 계절도 포함되는데 이것들은 캐릭터에게 미묘하지만 강한 영향을 끼친다. 컬리는 우리에게 말한다. "옥수수가 코끼리만큼 자랐어." 옥수수는 수확 전에 가장 높이 자라는데 이 말은 이 시점이 완연한 여름이라는 것을 알려준다. 또한 목초지에는 '갈색 낙인이 찍히지 않은 작은 송아지'가 있다. 그래서 송아지들은 여전히 어리고 기운차다. 1년 중에서 이렇게 비옥한 시간은 젊은이들에게는 로맨스를 만드는 데 중요한 시기이다. 농장에 사는 사람들에게 있어서, 이때는 1년 중 가장 중요한 때이다.

역사적인 시간도 있다. 작가는, 오클라호마가 하나의 주로 미연방에 통합되기 직전을 시대적 배경으로 정했다. 첫 장면은 많은 관객에게 추억을 불러일으켰을 것이다. 이 작품은 미래에 대한 큰 희망과 낙관주의로 가득했던 시기를 배경으로 꾸며졌다. 초연 당시 관객 대부분은 무대를 보면서 1930년대 모래바람이 불던 초원지대와 그것이 오클라호마를 황폐하게 만들었다는 사실을 생생하게 떠올렸다. 그래서 이 작품과 마지막 곡은 나라에 대한, 그리고 오클라호마 주에 대한 희망을 드러낸다.

어쩌면 메리디스 윌슨(Meredith Wilson)의 〈뮤직 맨〉과 같은 작품은 당신에게 시간이란 요소가 주는 커다란 효과에 대해 명확한 단서들을 제공하고 있다. 이 작품은 1907년 이후 그리고 제1차 세계대전 직전의 어느 해의 여름을 배경으로 하고 있다. 역사적인 시간은 무대에서 매우 중요한 상황이다. 관객은 이 시기를 전쟁이라는 공포가 현실로 다가오기 전, 그리고 미국이 평안했던 마지막 날들이라고 생각하기 때문이다. 1957년 윌슨의 무대를 본 관객들은 어린 시절을 떠올릴 것이다. 그래서 역사적 배경이 무대에서 중요한 부분을 차지하는 것이다. 물론 지금은 무대 장식이 많이 달라지기도 했지만 말이다. 〈그리스(Grease)〉도 초연되었을 당시 비슷한 향수를 담고 있었다. 〈Rock of Ages〉도 마찬가지다. 흥미롭게도 이 모든 작품들은 과거를 이상적으로 묘사한다. 당시의 어떤 복잡한 정치 상황, 혼란스런 사회상 또는 어떠한 어두운 측면을 반영하지 않고 말이다. 한 시대를 선택하여 작품을 제작할 때에는 신중해야 한다.

뮤지컬에서 사건과 사건 사이의 기간 또한 중요한 역할을 한다. 〈Waitress〉는 작은 마을의 식당에서 일하는 웨이트리스인 제나의 이야기를 들려준다. 제나는 남편과의 결혼 생활에 심각한 불행을 겪었는데도 불구하고 임신한 것을 알게 된다. 이 뮤지컬은 그녀의 임신에서 시작해서 아이의 출산으로 끝나는 이야기다. 그 임신 기간 동안 제나는 자신을 돌봐주는 남자와 사랑에 빠지면서 자신도 진실한 사랑을 할 수 있다는 것을 깨닫는다. 빵 굽는 일에 대한 열정과 재능을 인정받고 (그리고 이를 받아들이면서) 마침내 자신의 삶을 되찾게 된다. 이 9개월간의 여정을 그린 이 뮤지컬은 캐릭터의 완전한 변화를 보여주고 있다.

시간은 그 자체로 캐릭터에게 압력을 행사하기도 한다. 〈브리가둔〉에서, 따돌림을 당한 해리 비튼은 그가 사랑하는 소녀 진의 결혼을 방해한다. 브리가둔을 떠나라고 협박하면서 말이다. 그리고 마을에 일어난 기적은 100년이라는 시간 가운데 단 하루뿐이다. 만일 마을 사람들이 일몰 전에 그를 막지 못한다면, 그들은 안개로 사라지고, 다시는 돌아오지 못한다. 시간의 압박은 이 뮤지컬에서 중요한 기능을 한다.

어떤 무대 예술가들에 있어서 마지막 고민거리는 자신의 공연이 오늘날과 어떻게 연관이 되는가 하는 점이다. 주제와 사건들이 당신의 삶과 연관이 있는가? 당신이 연기하는 역할, 갈등 그리고 메시지에서 개인적인 연관성을 찾을 수 있는가? 만약 내 이야기라고 느낀다면 그 작품이 얼마나 재미있겠는가? 전문 배우에게 이러한 작업은 매우 중요한 의미를 갖는다. 어떠한 공연예술가에게 있어 가장 소중한 경험은 우리가 느끼는 것, 우리가 말하고자 하는 것을 캐릭터를 통해 같은 인생항로를 걷는 사회구성원들에게 표현하는 것이다.

시각적 요소 – 디자인은 공연에 어떤 영향을 미치는가

— 6.10

공연을 위해 시각적으로 아름다운 무대장치를 만들어내는 목적을 뛰어넘어서, 디자인은 캐릭터 구축에 도움이 되는 정보를 제공하기도 한다. 공연 연습 과정에서 디자이너들이 말하는 것을 잘 새겨들어라. 만약 당신 혼자서 연습하고 있다면 과거의 공연을 떠올려 무대 디자인을 연구해보자.

뮤지컬에서는 때때로 특정한 무대장치를 필요로 할 때가 있다. 예를 들어 〈웨스트 사이드 스토리〉에서, 토니와 마리아가 〈로미오와 줄리엣〉의 발코니 씬과 유사한 장면을 연출하기 위해서는 비상계단이 있어야 한다. 〈Big River〉에서 허클베리 핀과 짐은 공연의 1/3에 해당하는 시간을 뗏목에서 보낸다. 연기하는 공간의 디자인과 구조는 당신에게 기회가 될 수도 있고 장애물이 될 수도 있다. 소품 역시 같은 효과를 낼 수 있다. 〈지붕 위의 바이올린〉에서 테비에는 공연 내내 우유 수레를 끌고 다닌다. 〈Seussical〉의 호튼을 연기해보라. 공연시간의 절반을 굴러다니는 나무 위에 앉아 있어야 한다. 이처럼 무대장치는 당신의 공연에 중대한 영향을 끼치므로 창의적인 장면을 만들려면 무대장치와 잘 맞물리는 연기를 해야 한다.

디자인의 요소들은 이야기를 재미있게 만들거나 즐길 수 있도록 도와줄 뿐 아니라 우리가 캐릭터의 세계와 그들의 감정에 대해 잘 알 수 있게 도움을 준다. 우리는 〈브리가

둔〉을 통해 시간적 압박에 대해 이야기를 나누었다. 그들의 마지막 날을 효과적으로 표현하기 위해서 필요한 시각적 요소가 있다. 바로 안개이다. 토미가 브리가둔에 머물 것인지 아니면 현대로 돌아갈 것인지 고민할 때, 그는 낮게 깔리기 시작하는 안개를 보며 시간이 임박했음을 알게 된다. 그래서 그는 바로 결정을 내려야만 한다. 배우는 안개가 자신을 재촉한다는 사실을 알고 있어야 하며, 또한 이에 반응해야 한다는 것도 알고 있어야 한다. 한편 이 작품에서 안개는 추격 장면에 등장하는 배우들에게 실제 위험 요소가 되기도 한다. 무대장치 주변을 뛰고, 바위 위에서 뛰어 내리고, 무대 여기 저기에서 서로가 싸우는 안무는 축축한 안개가 깔린 무대를 더 복잡하게 만든다.

당신이 지방의 극단에서 제작하는 〈오클라호마!〉에서 컬리를 맡았다고 가정해보자. 당신은 오리지널 공연의 컬리가 어떻게 움직였는지, 어떻게 노래했는지 그리고 연기 는 어떻게 했는지 파악하고 그 무대를 완벽하게 조사해야 한다. 연습 첫날, 당신은 디 자인 프레젠테이션을 보게 되는데, 이때 당신은 로리가 신발도 없이 작업복을 입고 있 다는 사실을 발견할 것이다. 소품 담당자는 당신에게 어떻게 담배를 다루는지 알려줄 것이고, 로리의 농장 세트에는 녹슬고 오래된 거대한 탈곡기가 자리를 잡고 있을 것이 다. 이는 당신이 상상한 것과는 근본적으로 다른 시각적 세계이다. 공연은 이 세계 안 에서 이루어진다. 당신은 이 작품에 맞게 자신의 해석을 수정할 필요가 있다.

디자이너와 연출가는 대본을 해석한 뒤 이를 시각적으로 표현한다. 그러한 시각적 단서들은 당신에게 이 공연의 관점을 알려준다.

뮤지컬을 위한 디자인은 종종 청중에게 다른 어떤 장르보다 더 강력하게 무대 위에 펼쳐진 세계를 잘 보여준다. 따라서 이렇게 마련된 디자인의 요소들을 주의 깊게 살펴 야 한다. 그런 뒤 자신에게 유리하도록 그것들을 사용하라.

6.11 —— **복습**

이번 장에서 언급한 내용들이 아래 질문지에 모두 포함되어 있다. 작성해보자.

텍스트 분석

1. 어떤 세부 장면들을 찾아내었는가?

    a. 주요 캐릭터들의 등장 혹은 퇴장은 있었는가?

    b. 이야기와 행동의 변화를 일으키는 노래 그리고/또는 춤이 있는가?

    c. 중요한 사건이 완료되거나 또는 의도적으로 뒤로 미루어졌나?

2. 이 세부 장면은 프렌치 씬(무대 위 사람들의 수적 변화)으로 나뉘었는가?

3. 세부 장면들은 음악 구간으로 구분되어 있는가?

플롯

4. 이번 장면/유닛의 플롯은 무엇인가?

5. 작가는 어떤 사건들을 선택하였는가(또는 배제시켰는가)?

6. 대본과 악보 전체에서 나와 관련 있는 사건들은 무엇인가?

7. 내 캐릭터의 배경은 무엇인가?

무슨 일이 일어났는가?

8. 대본과 악보 전체에서 일어나는 행동은 무엇인가?

9. 공연의 전 과정에 걸쳐 내 캐릭터의 여정은 무엇인가? 이것은 작품 전체의 여정과

    맞아떨어지는가?

10. 각각의 주요 사건에서 내 캐릭터에게 어떤 일이 벌어지는가?

11. 이야기가 점차 진행되는 가운데 각각의 사건에서 내 캐릭터는 무엇을 하는가?

갈등

12. 갈등을 통해서 이 뮤지컬은 어떤 주제를 이야기하고 있는가?

13. 내 캐릭터의 개인적인 갈등은 무엇인가?

14. 이러한 갈등은 이야기가 진행되면서 어떻게 변화되는가?

15. 개인적인 갈등은 어떻게 극적인 행동으로 표출되는가?

16. 음악은 갈등을 어떻게 표현하고 있는가?

주제

17. 중심 캐릭터들이 표현하는 가치관은 무엇인가?

18. 작가의 요지는 무엇인가? 그 가운데 내가 전달해야 하는 부분은 무엇인가?

19. 중심 캐릭터들은 강한 자의식 또는 철학을 노래나 대사로 표현하고 있는가?

20. 캐릭터가 확신하고 있는 믿음은 이 뮤지컬의 주제와 밀접하게 연관되어 있는가?

극적 기능

21. 그 노래 또는 음악 구간은 왜 있는가?

22. 이 공연에서 이 노래의 역할은 무엇인가?

23. 그것이 구체적으로 캐릭터를 위해 무엇을 하는가?

24. 노래, 장면 또는 음악 구간은 공연을 위해 어떤 중요한 기능을 담당하는가? 만일 그렇다면, 어떻게 나는 그것을 캐릭터에 적용할 것인가?

반복

25. 처음 들었던 것과 비교했을 때 반복된 노래는 어떠한 기능을 하는가?

26. 처음 들었던 것과 비교했을 때 반복된 노래는 캐릭터에 대해 무엇을 말하는가?

27. 만일 동일한 캐릭터가 반복되는 노래를 부르지 않는다고 하면, 왜 작가는 그 노래를 다른 캐릭터에게 부르도록 했을까?

28. 이때 가사는 어떤 차이가 있는가? 만일 차이가 있다면, 캐릭터의 변화에 대해 어떻게 설명하고 있는가? 만일 차이가 없다면, 왜 그 캐릭터는 같은 가사를 반복하고 있는가?

29. 노래가 처음 불렸을 때와 반복되어 불렸을 때 어떤 음악적 차이가 있었는가? (조의 변화, 템포, 멜로디의 변화, 감정의 속성)

30. 반복된 버전은 어떤 아이러니가 있는가?

텍스트의 종류

대사와 노래

31. 내 캐릭터는 다음 요소들을 어떻게 반영하여 말하고 있나? 교육, 지성, 가치관, 종교, 계층, 그리고 시대.

32. 나와 캐릭터는 말하는 방법이 어떻게 다른가? 그리고 무대 위의 다른 캐릭터들과는 어떻게 다른가?

음악적 사투리

33. 내 캐릭터는 문화 혹은 개인적 기질 같은 주어진 상황을 반영하여 노래하는가?

신체의 텍스트

34. 나의 행동 그리고 안무는 주어진 상황, 문화, 기질 그리고 드라마틱한 순간을 어떻게 반영하고 있는가?

35. 나는 독립적인 캐릭터로서 움직이는가, 아니면 단체 캐릭터의 구성원으로서 움직이는가?

36. 어떻게 나는 안무에 캐릭터의 개성을 일치시키는가?

극중 장소

37. 장면/유닛은 어디에서 발생하는가?

38. 장면은 다른 장소 어디에서든지 일어날 수 있는가?

39. 왜 작가는 여기를 선택했을까?

40. 그 장소는 캐릭터에 대해 무엇을 말해주는가?

41. 그 장소는 누구의 '영역'인가?

극중 시간

42. 극은 언제 일어나는가?

43. 텍스트에서 시간은 중요한 역할을 담당하고 있는가?

44. 행동하기까지 걸린 시간은 얼마나 되는가?

45. 각 장면 사이에는 어느 정도의 시간 간격이 있는가? (그리고 내 등장 사이의 간격은?)

46. 시대적 배경은 얼마나 중요한가?

47. 이 뮤지컬은 언제 만들어졌는가, 그리고 당시의 문화적인 인식과 가치관 그리고 이 공연에 대한 관점은 어떠한가?

48. 이 공연은 내가 살고 있는 이 시대와 어떤 관련이 있는가?

시각적 요소

49. 대본이 요구하는 디자인의 요소로는 어떤 것이 있는가?

50. 이러한 요소들은 이야기에 어떻게 결부되는가?

51. 이 공연의 디자인은 배우로서의 나의 작업에 어떠한 정보를 주는가?

52. 디자인은 사실적인가 아니면 양식적인가? 그리고 그것은 나의 연기 스타일에 어떤 영향을 주는가?

53. 디자인이 나에게 주는 부수적인 영향은 무엇인가? (낭만적인, 산만한, 비극적인, 만화적인 등등)

54. 의상과 소품은 개성, 움직임, 사회적 지위, 자부심 등과 관련된 정보를 나에게 주고 있는가?

55. 나의 의상은 다른 캐릭터의 의상과 조화를 이루는가? 무대에서 다른 캐릭터와 비슷한가, 아니면 완전히 다른가?

6.12 — **활용 방법**

연기를 잘하기 위해서는 텍스트를 이해해야 한다. 지금까지 뮤지컬의 대본과 악보를 분석하는 방법을 제시하고 뮤지컬에 대한 시야를 넓혀보았다. 그러나 이 정보를 어떻게 활용할 것인지는 오로지 당신에게 달려 있다. 탐정이 된 것처럼 정보의 모든 근원을 샅샅이 찾아내자. 그리고 그 모든 정보 조각들을 한데 모아보자. 캐릭터를 연기하는 데 도움이 될 수 있는 정보를 가능한 한 많이 확보한 다음 꼼꼼히 시간을 들여 자기 것으로 만들어라. 너무 빨리 판단하려고 서두르면 잘못된 방향으로 빠질 수도 있다. 또한 조사와 분석을 끝내기 전에 정말로 캐릭터를 이해하기 위해 모든 방법을 써 봤는지 확인하라. 직감을 따르는 것이 정확할 수도 있다. 하지만 때로는 새로운 정보가 당신을 생각지도 못한 방향으로 이끌 수도 있다.

- 7장 -
캐릭터 분석

많은 배우들에게 있어, 캐릭터를 창조해가는 과정은 굉장한 즐거움이다. 재능 있는 작가가 창조한 상상의 신발을 신고, 어떤 걸음을 걸을까 결정하는 일은 배우에게 이성적으로나 정서적으로 매우 흥미롭고, 매혹적인 도전이다. 대본과 악보를 상세히 살피는 것은, 캐릭터를 파악하기 위한 하나의 기초 공사다. 기초 공사가 튼튼하면 더욱 완성도 높은 공연을 선보일 수 있을 것이다.

이 장을 공부한 후, 여러분은 다음을 할 수 있어야 한다.

- 캐릭터를 구체화하기 위한 전 과정을 면밀하게 적용할 수 있다.
- 캐릭터에 대한 설명, 주어진 상황, 행동에 대한 묘사 등 대본 속의 여러 요소를 토대로 당신의 캐릭터를 분석할 수 있다.
- 캐릭터의 근원적인 세계관, 태도 및 목적을 명확하게 인식할 수 있다.
- 캐릭터의 유형과 전형성에 대한 이해, 그리고 캐릭터의 원형에 대한 역사적 정보 등을 바탕으로 당신의 캐릭터를 구체화하고 발전시킬 수 있다.

캐릭터를 적절하게 표현하고 전달하기 위해서는 많은 생각을 해야 한다. 이때 캐릭터를 '그것'이 아닌 '누구'로 생각하는 것이 중요하다. 캐릭터는 작가가 만들어낸 존재로 캐릭터는 곧 작가 자신이라고 해도 틀린 말이 아니다. 캐릭터와 배우의 관계도 마찬가지다. 캐릭터는 무대 위에서 그들을 연기하고 있는 배우와 별개의 존재가 아니다. 작가의 의도와 관점에 의해 캐릭터가 창조되었기 때문에 캐릭터의 행동에는 제약이 따른다. 캐릭터와 실제 인간 사이에는 다음과 같은 근본적인 차이가 있다.

1. 캐릭터는 독립적으로 행동할 수 없다. 그러나 인간은 자유 의지를 가지고 자체적으로 행동할 수 있다.

2. 캐릭터는 예측 가능하고 일관성 있는 모습으로 행동한다. 그러나 인간의 행동은 예측할 수 없으며, 예상할 수 없는 방향으로 진행한다.

3. 캐릭터는 작가가 공들여 만든 대사로 말한다. 때문에 굉장히 논리적이고 조리 있게 말할 수 있다. 그러나 인간은 더듬거리기도 하고 말문이 막히기도 한다. 그리고 생각이나 감정을 표현할 때 과장하거나 두서없이 말하기도 한다.

4. 캐릭터는 대사뿐 아니라 노래와 춤을 통해서 자신을 표현한다. 그러나 인간은 대부분 대화나 체계적이지 않은 행동으로 자신을 표현한다.

작가는 배우에게 대본을 통해 정보를 전달한다. 그리고 배우는 정보를 습득하여 자신의 것으로 만들어야 한다. 배우의 역할은 관객이 캐릭터를 생생하게 경험할 수 있도록 기회를 제공하는 것이다. 배우는 작가가 제공한 정보를 확장시킬 수 있는 능력을 가지고 있어야 한다. 배우는 관객이 무대 위의 캐릭터가 정직하게, 자발적으로 행동한다고 믿게끔 만들어야 한다. 다시 한 번 말하지만, 대본 분석은 매우 중요한 작업이다. 그러나 그 어떤 대본도 사소하면서도 중요한 모든 종류의 질문에 정답을 제시하지는 못한다. 불완전하다는 말이다. 때문에 배우는 문장을 완성시키기 위해 빈칸을 채운다는 마음으로 캐릭터를 완성시켜야 한다. 다음의 순서에 따라 캐릭터를 분석해보자.

1. 작가는 대본을 통해 정보를 전달한다. 너무 당연한 말이지만 잊으면 안 되는 부분이다. 대본을 분석하는 일은 모든 작업의 기초가 된다. 작가가 캐릭터의 고향이 프랑스 시골 마을이라고 정보를 제공하면, 배우는 이 사실을 받아들여야 한다. 제공받은 정보를 무시하면 절대 안 된다.

2. 배우는 작가가 제공한 정보를 바탕으로 캐릭터를 추측하고 확장시킬 수 있어야 한다. 작가가 무대의 배경을 프랑스 혁명 당시 파리의 어느 가난한 마을이라고 정했다고 가정해보자. 그러면 당신은 이 기초 정보를 벗어나지 않는 선에서 어느 정도의 추론을 할 수 있다. 즉 당시의 생활환경이나 위생 시설, 위생 상태, 패션, 영양 상태, 그리고 정치 상황 등을 추측할 수 있다는 말이다. 작가가 이 모든 상세한 정보를 대본에 담지 않았을지도 모른다. 그러나 당신은 드러난 하나의 사실을 통해 여러 가지 정보를 얻을 수 있다.

3. 당신이 얻은 정보에 기초하여, 이번에는 상상의 나래를 펼쳐보자. 배우에게 상상력은 최고의 친구다. 무대 밖에서 일어난 사건이나 그 원인에 대해서 배우는 상상력을 발휘해야 한다. 작가는 종종 캐릭터의 과거에 대해서 언급하지 않는다. 그래서 상상력이 필요하다. 그러나 잊지 말아야 할 것이 있다. 반드시 작가가 제공하고, 당신이 추론한 정보에 기초하고 있어야 한다.

위 내용은 우선순위에 따라 정리한 것이다. 1번이 완전히 마무리되면 2번을 시행하고, 2번이 완전히 마무리되면 3번을 시행해야 한다. 작가의 고유 권한을 무시하고 당신이 펼친 상상의 나래를 우선순위에 둔다면 캐릭터는 엉뚱한 방향으로 여정을 떠나게 될 것이다.

제시

작가가 창조한 세계와 캐릭터에 대한 해답을 얻기 위해서는 캐릭터의 삶과 캐릭터의 세계를 완벽히 이해해야 한다. 완벽한 이해는 사실상 불가능하다. 그래서 차선책이 필요하다. 우리는 아래의 4가지 방법을 제시한다. 이 방법으로 당신만의 질문지를 만들고 답을 해보자.

자신에 대한 언급

많은 뮤지컬의 캐릭터들은 자신에 대해서 떠들고 노래한다. 때로는 노래로 자신을 소개하기도 한다. 〈오클라호마!〉의 'I Cain't Say No', 〈The Light in the Piazza〉의 'Dividing Day', 그리고 〈시스터 액트(Sister Act)〉의 'The Life I Never Led'가 캐릭터를 설명하고 있는 대표적인 곡이다. 이러한 노래를 들으면 우리는 그 캐릭터가 자신과 주변 사람들을 어떻게 생각하고 있는지, 그리고 캐릭터가 바라는 것이 무엇인지 알게 된다. 하지만 캐릭터가 자기 자신에 대해서 하는 말이 진실인지는 따져봐야 한다. 때로는 과장이거나 자기 비하일 수도 있기 때문이다. 캐릭터가 누군가에게 좋은 인상을 주고 싶다면, 아마도 말을 골라가며 할 것이다. 아니면 다른 목적으로 거짓말이나 과장을 하는지도 모른다. 예를 들어, 〈디어 에반 핸슨〉의 'For Forever'에서 에반은 자살한 동급생과 자신이 친구 사이였다고 거짓말을 한다. 그리고 그 거짓말 때문에 모든 일들이 시작된다.

다른 캐릭터에 대한 언급

뮤지컬과 연극에 등장하는 캐릭터들은 서로에 대해 말하고 노래한다. 〈회전목마〉에서 'You're a Queer One, Julie Jordan'은 줄리의 가장 친한 친구가 부르는 곡이다. 그런데 내용은 줄리에 대한 내용이다. 다른 캐릭터의 성격이나 가치관에 대해 이야기하는 노래를 들을 때는 반드시 그 노래의 동기를 잊지 말아야 한다. 한 예가 〈뮤직 맨〉의 'Pick-a-little'이라는 곡이다. 이 곡에 등장하는 아가씨들은 마을에서 도서관 사서로 일하는 메리언 파루에 대해 노래한다. 아주 빈정거리면서 말이다. 때문에 해롤드 힐 교수는 이 노래로 그녀에 대해 편견을 갖는다. 그녀에 대한 오해는 이미 마을 사람들에게 공공연한 사실처럼 여겨졌기 때문에 노래는 오해를 가중시킨다. 무대가 막바지에 이를 즈음, 힐은 메리언에 대한 오해를 풀게 된다.

작가의 설명

7.1.3

작가는 때때로 대본에 추가적인 해설이나 지문 등을 덧붙인다. 〈회전목마〉의 작가 오스카 해머스타인 2세는 줄리 조던을 그녀의 친구 캐리 피퍼리지보다 '더 복잡한, 더 조용한, 더 깊은'이라고 설명한다. 신뢰가 가는 캐릭터들의 대사들이 이 내용을 뒷받침한다.

캐릭터의 행동

7.1.4

캐릭터는 중요한 대목에서 조금은 과장되게 행동한다. 행동은 말하기의 또 다른 방법이다. 행동을 보고 캐릭터를 파악하는 것은 조금은 까다로울 수 있다. 배우와 연출자는 연습 과정을 통해서 캐릭터의 행동 대부분을 결정한다. 작가가 직접 대본에 캐릭터의 행동을 미리 결정해 주기도 한다. 〈회전목마〉에서 줄리는 처음으로 회전목마를 탄다. 빌리는 회전목마를 타고 있는 줄리에게 손을 흔든다. 순간 그녀는 회전목마에서 떨어질 뻔한다. 해머스타인은 이 장면이 줄리에게 큰 의미가 있다고 강조한다. 이런 예는 〈지붕 위의 바이올린〉에서도 발견할 수 있다. 테비에는 자신의 딸 하바를 피한다. 기독교도와 결혼하기로 결심했기 때문이다. 그러나 그의 분노도 시간이 지나면서 점차 누그러진다. 그의 가족이 마을을 영원히 떠나려고 채비를 하고 있다. 테비에는 아내와 하바의 언니를 시켜 하바에게 자신의 마음을 전한다. 그리고 이 장면은 테비에가 딸의 결정을 받아들였음을 보여준다.

다음 3개의 절에서는 캐릭터의 진실, 가치관, 목표에 대해 다룰 것이다. 여기에도 우리가 지금까지 논의한 4가지 방법을 사용하자. 당신이 원하는 답을 모두 찾지 못할 수도 있다. 아니, 찾지 못할 것이다. 그러나 당신은 캐릭터에 대한 자료를 만들 수는 있다. 설령 대본에서 찾지 못하더라도, 당신이 발견한 정보들에 기초하여 나머지는 추측해낼 수 있다.

캐릭터의 진실

관찰력 있는 탐정이 되어 캐릭터와 관련된 정보를 모두 모아보자.

이름(가능하다면 풀네임) : 캐릭터에게는 종종 별명, 친근하게 부르는 이름, 공식적인 이름 등 다양한 이름이 있다. 〈아가씨와 건달들〉에서, 사라 브라운은 스카이 매스터슨을 오바댜라고 부른다. 오바댜는 구약성서에 나오는 인물로 그녀만 그를 오바댜로 부른다. 다른 친구들은 모두 그를 스카이라고 부른다. 그리고 브래니건은 그를 매스터슨이라고 부른다.

나이 : 가능한 한 구체적으로 나타내자. '20대'라고 하기보다는 '22살'이라고 말이다. 이는 역사적 시점이나 캐릭터의 성숙함과 관련이 있다. 〈스프링 어웨이크닝〉에 등장하는 주요 캐릭터들은 고등학생이어야 말이 된다. 캐릭터를 구체화하는데 있어 상세한 정보는 매우 중요하다.

신장 : 당신이 맡은 캐릭터가 당신보다 키가 큰가, 작은가? 아니면 같은가? 그리고 작가는 키를 중요하게 생각하는가? 키가 캐릭터를 이해하는 데 꼭 필요한가?

몸무게 : 몸무게도 키와 비슷하게 생각하면 된다. 몸무게는 당신의 행동이나 입는 옷에 영향을 끼칠 것이다. 그리고 사람들과의 관계, 자기 인식 등과도 연관이 있다. 〈헤어스프레이(Hairspray)〉의 트레이시 턴블라드를 떠올려보자. 그녀의 몸무게는 이야기 전개에 있어 매우 중요한 요인 중 하나다. 그렇다고 당신이 캐릭터의 몸무게에 꼭 맞출 필요는 없다. 어느 정도 비슷하게 만드는 것은 좋은 방법이지만, 건강을 해치는 방식으로 살을 찌우거나 빼서는 안 된다.

자세/크기 : 캐릭터는 자신의 신체를 어떻게 사용하는가? 쉽게 말해서, 서 있을 때 자세가 어떠한지 살피는 것이다. 똑바로 서 있는지, 구부정하게 서 있는지, 짝다리를 짚고 서 있는지, 가슴을 내밀고 서 있는지, 사람을 똑바로 쳐다보지 못하고 고개를 숙이고 있는지 살펴보자. 자세를 살피는 것은 성격을 파악하는 데 중요한 열쇠가 될 것이다. 여기에 덧붙여서 캐릭터의 자세와 신체의 크기가 인물의 자아상에 어떤 영향을 미치는지도 생각해보자.

일반적이고 구체적인 건강 사항 : 캐릭터가 어떤 질병이나 장애를 가지고 있는가? 혹은 병에 걸리기 쉬운 체질인가? 건강에 부정적인 영향을 끼칠 수 있는 생활습관이 있는가? 〈렌트〉에 등장하는 엔젤은 약물 남용, 술, 에이즈 그리고 AZT(당시 에이즈의 유일한 치료제)의 사용으로 인한 결과를 신체를 통해 보여준다. 당신은 그 영향을 조사하고 정리해야 한다. 이는 캐릭터를 분석하기 위해서는 간과될 수 없는 중요한 측면이기 때문이다. 이 요소들은 대본에도 나타나 있고, 많은 관객들도 그 영향을 잘 알고 있다.

태어난 장소 : 〈인 더 하이츠〉에서 우나비는 자신이 푸에르토리코에서 태어났다고 말한다. 이 정보를 간과하면 안 된다. 캐릭터가 태어난 장소는 악센트, 행동, 문화적 특수성에 막대한 영향을 끼치기 때문이다.

거주 지역 : 캐릭터는 현재 거주하고 있는 곳에서 얼마나 오래 살았는가? 〈남태평양〉에서 넬리 포부쉬는 단기체류자이다. 그녀는 해군 간호사로 남태평양에 체류하고 있다. 그러나 드베퀴는 크고 성공적인 농장을 구축했을 만큼, 그리고 죽은 폴리네시아인 여성 사이에서 아이를 낳았을 만큼, 그리고 이 섬에 사는 농장주 사이에서 꽤 영향력 있는 인물이 되었을 만큼 충분히 오래 섬에서 살았다. 이는 그와 섬마을 사람들과의 관계를 파악하는 데 중요한 근거가 된다.

왜 여기에 살고 있는가? 이 역시 캐릭터를 파악하는 데 도움이 된다. 드베퀴는 의심할 여지없이 이 섬에서 이방인이지만, 넬리는 이 섬을 사랑하기 때문에 섬에서 살고 있다. 같은 곳에 거주하고 있지만 그들이 섬에 사는 마음가짐은 전혀 다르다(사실, 드베퀴가 점차 섬을 사랑하게 되는 과정은 뮤지컬에서 중요한 하나의 여정이다).

직업 : 그 캐릭터는 생계를 위해서 매일매일 무엇을 하는가? 얼마나 오래 그 일을 했는가? 프라이스 장로와 커닝햄 장로는 몰몬교의 선교사들이다. 그들의 직업은 이야기의 전개에 있어 매우 중요한 요인 중 하나다.

수입 : 추측해야 할 부분이다. 캐릭터의 경제적 위치는 어느 정도 예측하기 쉽다. 우리는 이를 바탕으로 캐릭터의 재정적 부분까지 함께 예측할 수 있다. 〈마이 페어 레이디〉에서 일라이자는 꽃을 팔아 모아놓은 동전을 발음 레슨을 받기 위해 히긴스에게 건넨다. 히긴스는 동전을 받아 세어보고, 이 몇 푼 안되는 동전이 일라이자에게는 엄청난 금액이라는 것을 알고 레슨을 해주기로 결심한다. 히긴스가 동전을 세는 행동은 일라이자 역할을 하는 당신에게 매우 유용하다. 당신은 일라이자의 수입과 경제적인 위치를 거의 정확하게 추측할 수 있다.

집단 정체성 : 캐릭터가 자신을 민족이나 인종, 문화 또는 국가의 한 일원으로 인식하는 것을 말한다. 당신과 캐릭터의 집단 정체성은 어떤 차이가 있는가? 다른 캐릭터들은 당신이 맡은 캐릭터의 집단 정체성을 중요하게 생각하는가? 〈멤피스(Memphis)〉는 인종차별에 관한 이야기다. 인종으로 나뉜 도시와 문화에 대한 명확한 이해가 없다면, 이 내용 또한 이해할 수 없다. 당신은 역할을 수행하기 위해 자신의 모습을 바꿔야 할 텐데, 이때 집단 정체성이 중요한 요소로 작용할 것이다. 때때로 민족과 인종적 차이가 배우를 캐스팅하는 데 장애가 되기도 한다. 그러나 또 어떤 경우에는 전혀 문제가 되지 않는다. 이는 당신이 작품에 접근하는 데 도움이 될 수 있다. 주변 캐릭터들의 감정에 주의를 기울여라. 당신이 속한 공동체의 규범을 파악하라. 그 규범에 따라 연극적 표현기법도 변한다.

사투리/말투/악센트 : 대본에 캐릭터의 말하는 습관이나 패턴이 드러나 있는가? 많은 작가들은 시각 사투리를 사용하여 배우에게 사투리나 악센트를 쓰도록 요구한다. 〈오클라호마!〉에서 해머스타인은 대본에 can't의 철자를 cain't로, forget의 철자는

fergit으로 썼다. 배우의 지역 언어를 파악하는 데 도움을 주기 위해서이다. 작사가 퀴아라 알레그리아 후데스는 〈인 더 하이츠〉에서 스페인어와 영어에 능통한 우스나비 역할의 노래 가사에 두 가지 언어를 혼용해서 썼는데, 이는 뉴욕시의 워싱턴 하이츠 지역 출신인 그의 정체성을 명확하게 보여주는 중요한 요소다. 모든 작가가 시각 사투리를 사용하는 것은 아니지만 말은 지역, 교육, 사회적 계층 그리고 때때로 토착어를 반영하기 때문에 성격 묘사에 필수적인 요소다. 목소리의 높낮이나 웅얼거림 또는 과도하게 정확하게 말하려는 말투는 캐릭터의 세계에 들어갈 수 있는 입구가 될 수 있다. 작가가 목소리의 특징을 설명하면, 배우는 귀를 기울여야 한다. 〈싱잉 인 더 레인 (Singin' in the Rain)〉에서 끔찍한 목소리를 가진 무성 영화 배우로 등장하는 리나 레이먼트처럼 말이다. 〈뮤직 맨〉에서 윈스럽은 배역에 맞춰 혀 짧은 소리를 내야 한다.

사회적 계층과 지위 : 귀족/소작농, 낮은 계층의 꽃 파는 처녀/상위 계층의 교수. 모든 캐릭터는 어떤 구체적인 사회적 계층에 포함된다. 이는 당신과 다른 사람의 관계에도 영향을 미친다. 같은 계층이든 아니든 말이다. 〈Once on This Island〉에서 티문은 섬의 원주민으로 피부가 어둡고, 낮은 사회 계층에 속한다. 반면, 그녀의 사랑인 다니엘의 피부는 하얗고, 프랑스 상류층 출신이다. 이러한 인종적 정체성은 그들 사이에 놓인 큰 장애물이다. 〈인 더 하이츠〉에서 니나와 그녀의 부모는 사회-경제적 계층 사다리를 올라가기 위해 고군분투했다. 그녀가 받는 대학 교육은 이 신분 상승에 있어 매우 중요한 요소다. 많은 드라마에서 사회적 계층과 위치는 주요 소재가 될 수 있다. 그리고 신분 상승을 위한 캐릭터의 노력과 그 동기를 드러내는 데 도움이 된다.

사회적 그룹 : 캐릭터가 속한 그룹은 일련의 규칙, 기준 또는 가치를 포함한다. 사회적 그룹은 캐릭터를 정의하는 데 도움이 된다. 카우보이, 미혼남, 유부녀, 학생, 가족, 연인 관계, 폭력 조직, 신자, 동호회 그리고 파벌 등은 모두 명백한 사회적 그룹이다. 대부분의 뮤지컬에서 각각의 캐릭터는 하나 이상의 사회적 그룹에 포함되어 있다. 〈오클라호마!〉의 첫 장면에서 컬리는 연인 관계가 되는 것을 굉장히 중요하게 생각한다.

그러나 2막이 시작할 때 진행되는 'The Farmer and the Cowman'에서는 새롭고 승리 감에 넘치는 유부남의 모습을 보여준다. 캐릭터는 늘 똑같은 사회적 그룹에 속해 있지 않다. 캐릭터의 사회적 그룹이 어떻게 변하는지 살펴보자. 이는 캐릭터를 정의하는 데 도움이 될 것이다.

교육(공식적 또는 비공식적인 교육 수준, 전문화된 훈련) : 캐릭터의 말투나 행동은 교육 수 준을 반영하기도 한다. 공식적인 교육에 대해 어느 정도의 가치를 두느냐는 문화나 사 회마다 다르다. 교육이 곧 지성을 증명하는 것은 아니다. 〈남태평양〉에서 드베퀴는 공 식적인 교육을 받은 적이 없다고 고백한다. 그러나 배움에 대한 열망으로 위대한 작가 들의 작품을 모아둔 도서관을 갖게 된다. 그리고 2개, 아니 그 이상의 언어를 구사할 수 있다. 왕성한 호기심으로 세상을 탐험하는 그는 못 배운 한을 풀기라도 하듯이 더 많은 일을 하려고 노력한다.

지성 : 복잡한 생각을 할 수 있는 능력, 여러 다양한 기술에 대한 명확한 소질, 그리 고 직관력과 예민함은 교육 수준과 또 다르다. 교육이 이러한 요소들을 보증하는 것은 아니기 때문이다. 캐릭터의 IQ는 얼마인지, 어떤 종류의 지성을 가지고 있는지 알아보 자. 예를 들어, 〈스프링 어웨이크닝〉의 멜키어는 고등학생에 불과하지만, 매우 복잡하 고도 성숙한 주제에 대한 호기심, 이해력, 그리고 이를 설명하는 능력은 그를 그의 동 급생들 사이에서 리더로 만들고, 그 또래의 소녀들에게는 매우 매력적으로 보인다. 대 조적으로, 〈The Light in the Piazza〉의 클라라는 지적 능력이 9살 정도로 장애를 가지 고 있다. 그러나 그녀는 매우 직관적이며, 주변 사람들의 행동을 매우 잘 읽는다. 비록 그것이 무엇을 의미하는지 이해는 못하지만 말이다. 대부분의 캐릭터들은 이렇게 한 쪽으로 치우친 지능을 가지고 있다. 즉 한 가지 종류의 지적 능력이 있으면 종종 다른 능력은 부족하다. 히긴스는 똑똑하고 예리하지만 감정에 대해서는 장님과 다름없는 것처럼 말이다.

신체적 특징(특출한 능력, 장애) : 어떤 캐릭터들은 조금은 다른 신체적 특징을 가지고 있다. 〈Once upon a Mattress〉의 킹 셉티무스는 공연이 끝날 때까지 말이 없다. 그래서 그는 대개 침묵과 무언의 대화로 자신의 감정을 표현한다. 작가가 캐릭터의 신체적 특징을 구체적으로 정할 때, 이는 극에서 중심적인 역할을 하게 된다. 〈On the Town〉에서 루시는 무대에 등장하는 내내 재채기를 하고 코를 훌쩍거린다. 뮤지컬 〈마틸다〉에서 미스 트런치불은 올림픽 투포환 선수였던 만큼 엄청나게 강해야 한다. 만일 당신의 역할이 근시에 난청에, 다리를 절고, 끊임없이 정신을 잃거나 걷잡을 수 없이 속이 부글거려 힘들어 하는 역할이라면, 당신은 이 모든 요소를 반드시 다 표현해야 할 것이다.

연습과제 7A

캐릭터를 잡아라 – 파트 1

이 연습을 위해 노래를 하나 선택하되 조건이 있다. 당신이 골라야 하는 노래는 캐릭터의 특징이 두드러져서는 안 되며 주어진 상황에 대해서 중립적이며 유동적인 태도를 지니고 있는 것이 좋다.

작은 종이에 신체적 특징을 뚜렷이 나타낼 수 있는 단어들을 적어보자. 그리고 이 목록에서 하나를 선택하여 자신에게 적용해보자.

안면 경련	걷잡을 수 없는 부글거림	기면증
사시	참을 수 없는 재채기	자신감 상실
딸꾹질	끔찍한 충혈	예기치 못한 근육 경련

종이를 모자 속에 넣고 섞은 다음 각자 한 장씩 고른다. 그리고 그 신체적 특징을 당신이 갖고 있다고 생각하면서 노래를 부를 때, 어떤 일이 일어나는지 보자.

가치관

캐릭터의 신념과 세상에 대한 가치관은 인물의 행동이나 태도에 큰 영향을 끼친다.

믿음 : 종교, 영성, 더 큰 힘에 대한 믿음(하나님 또는 신). 〈회전목마〉에서 빌리는 'The Highest Judge of All'에서 죽은 후에 만나게 될 신의 응징이 두려워지자 믿음을 드러낸다. 그는 이전에 결코 신에 대한 믿음을 드러낸 적이 없었다.

정치 : 어떤 특정한 정당 또는 정부 조직에 대한 지지. 정치에 대한 믿음이나 불신은 뮤지컬에서 언제나 중요한 요소다. 직접적으로 언급되지 않는다고 해도 말이다. 대부분의 뮤지컬에서는 정치적 배경이 민주주의지만, 항상 그런 것은 아니다. 〈레 미제라블〉에서는 공연을 구성하는 필수적인 부분으로서 민주주의를 위한 투쟁이 그려진다. 〈Of Thee I Sing〉에서, 대통령 선거는 줄거리 전개상 매우 중요한 부분을 차지한다. 그러나 정치는 뮤지컬과 연극에서 원인만 제공하는 것이 아니다. 텍스트 그 자체에 내재하는 믿음을 표현하기도 한다. 캐릭터가 특정한 종류의 사회적 단체를 선호하는 것은 그들이 생각하는 완벽한 세계를 반영하는 것이다. '-주의, -정치(-cracy)'로 끝나는 단어들에서, 당신의 캐릭터가 바라는 것은 무엇인가? 히긴스는 실력주의(meritocracy), 그리고 〈해밀턴〉의 등장인물 대다수와 〈레 미제라블〉의 절반의 등장인물(자베르는 왕정을 따른다)은 민주주의(democracy)를 추구한다. 조지 3세의 귀족정치(〈해밀턴〉), 신(shinn) 시장(〈The Music Man〉)의 관료주의(bureaucracy), 클로드웰(〈유린타운(Urinetown)〉)의 도둑정치(kleptocracy)도 있다. 그 밖에도 신정정치(theocracy), 귀족정치(aristocracy), 극악정치(kakistocracy) 등이 있다. 마음에 드는 것을 골라보자. 의식적으로 이러한 사상을 기억하라. 어떤 작품은 대본이 내포하고 있는 정치적 사상을 무대 위에서 얼마나 잘 반영했느냐에 따라 좋은 작품, 나쁜 작품으로 평가되기도 한다. 비록 뮤지컬 초기 작품에서는 이러한 사상이 반영된 사례를 찾기 힘들지만 말이다.

문화적 태도 : 문화적 태도는 캐릭터가 벌이는 투쟁의 중심이 될 수 있다. 이는 〈남태

평양〉의 'You've Got To Be Taught'에 잘 드러나 있다. 이 곡은 케이블 중위가 부르는 노래로, 그는 자신이 유색인종에 대한 편견의 희생자라는 것을 깨닫는다. 비록 그는 폴리네시아 여성과 사랑에 빠져 있지만 말이다. 문화적 태도는 〈Anything goes〉에서 잘 나타난다. 르노 스위니는 주제곡에서 그녀가 사는 시대의 사회적 가치에 대해 열거한다. 그녀는 문화, 성적 취향, 고상하고 저급한 문화 등에 대한 자신의 태도를 보여준다. 이 곡은 그녀와 이 뮤지컬의 배경이 되는 시대에 대해 당신이 원하는 거의 모든 것을 말하고 있다.

때때로 캐릭터는 자신이 중요하다고 여기던 것과는 전혀 다른 사회적 가치관을 드러내기도 한다. 〈뮤직 맨〉의 'Trouble'이라는 곡에서 해롤드 힐은 한탕하기 위해 들어간 아이오와(Iowa) 주의 소도시 사람들이 느끼고 있는 두려움과 가치관을 간파하게 된다. 우리는 마을 청소년들을 타락시키는 온상으로 지목된 당구장에 맞서 마을 사람들이 행동해야 한다고 부추기는 모습을 통해 이 마을 사람들의 가치관을 완벽히 이해하고 있음을 알 수 있다.

어떤 캐릭터에게는 서로 다른 가치관 사이에서 하나를 선택하는 것이 가장 힘든 싸움일 수 있다. 예를 들어, 〈Thoroughly Modern Millie〉의 'Gimme, Gimme'에서 밀리는 사랑에 대한 열망과 부유한 남자와 결혼하려는 야망 사이에서 갈등한다. 결국 그녀는 사랑을 선택한다(게다가 그 남자는 부자다).

성적 취향(성적인 성향, 남성/여성의 역할에 대한 기대, 이성에 대한 태도) : 뮤지컬에서는 자주 로맨틱한 이야기가 펼쳐진다. 그래서 캐릭터의 성적 정체성, 성적인 태도와 갈망은 이해되고 정의되어야 한다. 설령 캐릭터가 섹스에 관심이 없어 보이더라도 말이다. 또는 만일 당신이 출연하기로 결정한 작품이 구식이어서 섹스 씬을 찾아볼 수 없더라도 말이다. 어떤 캐릭터들은 다른 사람에 대한 성적인 갈망을 과도하게 표현하지 않는다. 그럼에도 로맨틱한 관계는 거의 항상 성적인 매력이라는 강력한 요소를 포함하고 있다. 당신이 원하는 것을 결정하라. 또한 당신의 캐릭터가 이성 또는 잠재적인 섹스 파트너에게 기대하는 것이 무엇인지 생각해 보아라. 스카이는 여성들이 자신에게 항상 똑같은 방법으로 다가온다고 생각한다. 그래서 그도 늘 같은 방법으로 이성을 만난다. 그러나 사랑에 빠지자 그는 태도를 바꾸고 그녀와 결혼하려 한다. 〈스프링 어웨이크닝〉에서 벤들라는 청소년의 성행위에 대해 어른들이 갖고 있는 숨 막힐 듯한 공포 때문에 실제로 죽게 된다. 〈펀 홈〉에서 앨리슨과 그녀의 아버지 브루스는 모두 자신의 성정체성을 받아들이기 위해 고군분투한다. 그리고 〈킹키 부츠〉의 롤라는 자신이 큰 대가를 치르게 될 것을 알면서도 자신의 성정체성을 대담하게 받아들였다.

사회적 관습과 규칙 : 모든 캐릭터는 특별히 말하지 않아도(명확하게 제시되는 경우도 물론 있다.) 어떠한 행동 규칙을 따른다. 사회적 관습은 캐릭터에게 금기사항을 정해준다. 마크 트웨인(Mark twain)의 소설을 뮤지컬로 만든 〈빅 리버〉의 허클베리 핀을 예로 들 수 있겠다. 허클베리는 행동하기 전에 늘 이모에게 묻는다. 이모는 그에게 노예에 대한 사회적인 법칙과 성경에 기초한 행동을 들려준다. 허클베리는 점차 의문을 품게 되고, 노예제도에 대한 규칙과 법칙을 거부한다. 당신의 캐릭터가 어떤 사회적 관습의 영향 아래 놓여 있는지 알아보고, 캐릭터가 그 관습들을 받아들이는지 혹은 거부하는지 살펴야 한다. 개인적인 경험이 관습의 수용 또는 거부를 결정하게 되는데, 허클베리의 경우도 마찬가지다. 허클베리는 짐과 함께 미시시피 강을 따라 긴 여행을 떠나는데 이 경험으로 인종차별을 반대하게 된다. 반면, 뮤지컬 〈퍼레이드(Parade)〉에서 프랭키 앱스는 어린 시절의 연인 마리 패긴을 잃은 가슴 아픈 경험 때문에 유색인종을 미워하게 된다. 개인적인 경험은 관습을 받아들이거나 거부하는 요인이 될 수 있다.

기질 : 당신의 캐릭터는 일반적인 성향을 가지고 있는가? 〈The Most Happy Fella〉에서 헤르만은 'I Like Everybody'를 노래한다. 〈오클라호마!〉에 등장하는 쥬드와는 정반대의 성향이다. 쥬드는 자신이 만나는 모든 사람들을 불신한다. 기질은 색안경을 쓰는 것과 같다. 외로운 사람은 모든 사람들이 이별이라는 그림자 아래에 있다고 생각할 것이다. 사람을 잘 믿는 사람은 모든 사람들이 정직하다고 생각할 것이다.

두려움, 공포증, 망상 : 캐릭터가 정신병적인 증상을 가지고 있다면, 이는 캐릭터의 행동과 선택에 영향을 끼칠 것이다. 〈아가씨와 건달들〉에서 아들레이드는 네이슨과 14년째 약혼'만' 한 상태다. 네이슨은 그녀와 결혼하려 하지 않는다. 모든 캐릭터는 뭔가 두려워하는 대상이 있다. 혼자 늙는 것에 대한 두려움(〈110 in the Shade〉의 리지)이나 속지 않을까 하는 두려움(〈프로듀서스〉의 비알리스톡) 등을 예로 들 수 있다. 그들은 모두 뭔가를 두려워한다. 많은 캐릭터들은 망상으로 정의되기도 한다. 모리스는 섹스에 사로잡혀 있고(〈스프링 어웨이크닝〉), 자베르는 정의에 사로잡혀 있다(〈레 미제라블〉). 그리고 스위니 토드는 복수로 시간을 허비한다(〈스위니 토드(Sweeney Todd)〉).

캐릭터의 삶에 나타나는 재난 또는 중요한 사건 : 당신은 캐릭터가 지닌 삶에 대한 태도를 살펴봐야 한다. 이때, 작가가 이를 정의할 수 있는 중요한 사건을 제시하는지 알아보자. 그리고 중요하고 주목할 만한 사건이 언제 발생하는지도 함께 알아보자. 스위니 토드는 가족과 떨어져 호주의 죄수 유형지로 보내진다. 이는 스위니에게 중요한 하나의 사건이다. 이 사건은 스위니의 모든 행동과 모든 측면에 영향을 미친다. 〈디어 에반 핸슨〉에서 코너의 자살은 이야기가 촉발되는 사건이며, 많은 등장인물은 그 영향 아래에 있다.

연습과제 7B

캐릭터를 잡아라 – 파트 2

앞서(연습과제 7A) 사용한 중립적인 노래를 사용하여 동료와 함께 연기를 해보는데, 이에 앞서 다음 목록을 종이에 적어보자(여러분이 좀 더 추가해도 좋다). 다 적었다면 모자 속에 넣어 섞은 후 각자 하나씩 고른다.

당신 내면의 가치관	당신의 동료에 대한 가치관
주변 사람들을 향한 두려움	자신의 피부색에 대한 자의식

주변 사람들을 향한 불신	주변 사람들 모두의 연인
세상에 대한 열등감	주변 사람들 모두의 친구

동료와 함께 당신의 행동을 지배하는 태도가 무엇인지 알아보고 이를 노래해 보자. 단, 진실한 마음을 가져야 한다. 캐릭터가 그렇게 행동하는 이유를 파악해야 한다. 목소리에 어떤 영향을 끼치는가? 신체적 반응에는? 사람들과의 관계에는?

목표

캐릭터들은 긍정적인 결과를 추구한다. 이번에는 우리가 고군분투하여 쟁취하려고 하는 것이 무엇인지 알아보자.

초목적 : 당신의 캐릭터가 가장 원하는 것이 무엇인지 간략히 말해 보자. 간단하지만 구체적이어야 한다. 이 개념을 확실히 이해하지 못한다면, 1부(2.4.2)에서 다루는 초목적을 한 번 더 살펴보자.

이상적 결과 : 작품 초반에 스위니가 생각하는 이상적인 결과는 그를 기다리고 있는 아내와 딸을 찾는 것이리라. 그리고 자신을 감옥으로 보낸 부패한 터핀 판사를 찾는 것이다. 광기에 빠진 그는 모든 사람들을 죽여서 인류에게 벌을 내리는 것이 소망이다. 결국 그가 생각하는 이상적인 결과는 모든 인간이 죽는 것이다. 반대로 '히틀러의 봄날(Springtime for Hitler)'의 안무자이며 연출자인 로저 데브리스(〈프로듀서스〉)는 남성 코러스로 가득 찬 세상을 꿈꾼다(그는 게이다. – 역주). 캐릭터들이 원하는 결과를 달성하든 못하든 상관없다. 이는 캐릭터의 행동을 이끄는 동기가 된다. 만일 내가 원하는 것을 얻었다면, 그것은 정확히 어떤 모습일까?

가장 큰 두려움 : 캐릭터는 이상적인 결과를 향해 달리지만 두려움과는 마주치지 않기 위해 도망간다. 캐릭터의 이러한 태도는 이상적인 결과가 어떤 모습인지 암시한다. 〈오클라호마!〉에서 로리의 비전은 'Laurey Makes Up Her Mind'에서 명확하게 드러난다. 그녀는 쥬드와 그의 욕망으로부터 벗어나기를 원한다. 사실, 그녀는 자신의 진정한 사랑인 컬리를 잃을까 봐 두렵다. 이러한 두려움은 안무를 통해 드러난다. 최악의 경우는 무엇일까?

이상적 자아상 : 우리 모두는 사람들이 어떻게 바라봐 주기를 원하는 구체적인 상이 있다. 어떤 캐릭터들은 힘세고, 남자답고, 정서적인 영향을 받지 않는 강인한 모습으로 보이길 원한다(〈회전목마〉의 빌리 비그로우). 또 어떤 캐릭터는 완벽한 엄마로 보이기를 원한다(〈The Light in the Piazza〉의 마거릿 존슨). 이러한 이상적 자아상은 당신의 언행과 옷차림, 태도를 결정하는 데 도움이 된다. 만일 당신이 친절한 사람이길 원한다면, 당신은 호감을 주는 범위 안에서 행동해야 한다. 만일 당신이 힘으로 남을 제압하기를 원하는 사람이라면, 당신의 행동 전략은 더욱 공격적일 것이다. 같은 방식을 그룹에도 적용해보자. 당신 주변의 사람들을 의식하라. 권위적인 사람들은 그들의 힘을 강화시키는 방향으로 행동을 하고 있는가? 혁명가들은 기존의 규칙을 거부하는 것을 드러내기 위해 어떻게 옷을 입고 어떻게 행동하는가? 당신의 캐릭터는 어느 그룹에 포함되어 있는가? 이 그룹은 어떻게 자신들의 이상적 자아상을 구현하는가?

목표가 있는 관계 : 모든 캐릭터는 구체적인 목표 없이 다른 인물을 만나지 않는다. 빌리의 첫 번째 목표는 줄리가 자신에게 아양을 떨게 만드는 것이다. 그리고 그녀와 잠을 자는 것이다. 아니면 적어도 맥주를 마시거나 춤을 추러 가는 것이 될 수도 있다. 그리고 그의 사장, 멀린스 부인에 대해서는 자신이 여러 여자를 만나는 것에 대해 화를 내지 않고 용인해 주기를 바란다. 그는 각각의 캐릭터를 서로 다른 목표를 갖고 만난다. 신중하게 목표를 선택하고 구체적으로 표현하는 것은 캐릭터를 확립하는 데 도움이 된다. 어떤 사람의 목표는 '나는 당신이 로맨틱하게 프러포즈해주길 원해.'이고,

또 어떤 사람은 '나는 지금 당장 여기 버스 정류장 뒤에서 당신의 옷을 찢어 버리고 싶어.'이다. 둘 다 결혼식 첫날밤이 목표이다. 하지만 두 캐릭터는 극과 극이다. 당신의 캐릭터가 원하는 것을 표현할 때는 구체적이고 상세해야 한다.

목적 체계 : 당신의 캐릭터는 아마 많은 것을 원할 것이다. 공연을 위해서는 많은 것을 결정하고 선택해야 하는데, 이는 모두 당신에게 달려 있다. 만일 빌리가 (a) 줄리를 유혹하길 원한다면, (b) 자신의 사장을 궁지에 몰아넣고 싶다면, (c) 경찰에 대항하여 자신을 변호하고 싶다면, (d) 줄리의 사장을 바보로 만들고 싶다면, 그리고 (e) 줄리에 대한 생각이 왜 이렇게 다른 것인지 알고 싶다면, 당신은 장면 전체에서 어떤 것을 우위에 둘지 결정해야 할 것이다. 우선순위를 정해야 한다는 것이다. 캐릭터에게 우선순위는 장면마다 바뀔 수 있다는 것도 잊지 말자.

연습과제 7 C

캐릭터를 잡아라 – 파트 3

앞에서 선택한 노래를 한 번 더 사용하자. 이제 캐릭터가 품고 있는 목표를 종이에 적는다. 그리고 그룹의 배우들은 각자 하나씩 골라 노래에 적용해보자. 아래 목록에 좀 더 첨가하는 것도 좋다.

나는 사랑받고 싶다	나는 세상을 통치하고 싶다
나는 당신의 구세주가 되고 싶다	나는 상대방이 나를 배신할까 두렵다
나는 발각되는 것이 두렵다	나는 스타를 꿈꾸고 있다
나는 상대방을 기쁘게 해 주고 싶다	나는 세상을 아름답게 만들고 싶다

이러한 목표가 당신의 행동을 완전히 지배하도록 만들어야 한다. 이성적으로 행동할까 봐 미리 걱정할 필요는 없다. 이성적인 행동으로부터 멀어지기 위해서는 그저 달리기만 하면 된다. 당신이 목표를 생각하면 할수록, 당신은 캐릭터의 다른 특성을 쉽게 발견하게 될 것이다. 두 번 정도 반복한 후에 다음 질문을 던져보자.

"만일 내가 원하는 것을 얻지 못했을 때는 무슨 일이 일어날까?" 이 질문은 목표가 절실해지고, 그 목표를 달성하기 위해 고군분투하도록 도움을 줄 것이다.

연 습 과 제 7 D

캐릭터를 잡아라 – 파트 4

각각의 배우에게 한 가지 신체적 특징(연습과제 7A)을 선택하고, 그리고 가치관(연습과제 7B)과 목표(연습과제 7C) 둘 중에 또 하나를 선택하도록 하자. 당신이 그 둘을 모두 연기에 적용하려 할 때, 어떤 일이 일어나는지 살펴보자. 하나 또는 두 개의 특징만으로 캐릭터가 뚜렷하게 정의될 수 있다는 사실은 커다란 교훈이 된다. 당신의 일은 역할의 중심(초목적)을 확립하는 것이다. 그리고 이를 뒷받침해 줄 수 있는 신체적 그리고 행동적 특징을 찾는 것이다.

연 습 과 제 7 E

자 기 소 개

친구 또는 동료의 도움을 받아 당신의 인터뷰를 비디오로 촬영해보자. 인터뷰의 목적은 데이트할 상대를 구하는 것이다. 당신은 당신의 삶(캐릭터로서)의 요소들, 남성/여성에 대한 당신의 태도, 과거의 관계, 배경에 대해서 말해야 할 것이다. 캐릭터처럼 옷을 입고, 말을 하고, 행동해야 한다. 그리고 가능하다면 촬영한 비디오를 다시 보는 것도 좋은 방법이다.

연설

대본이 다 끝난 후에 무슨 일이 일어날지 상상해보자. 캐릭터의 삶에 있어서 주요한 성취는 무엇인지 결정해보자. 그리고 두 개의 연설문을 써보자. 첫 번째는 캐릭터가 사람들에게 듣고 싶은 내용을 쓰는 것이다. "초라했던 잭 켈리는 가장 영향력 있고 부유한 사람들 중 한 명이 되었습니다. 아름다운 아내가 있으며, 그는 언론 산업을 재편했습니다……" 두 번째 연설문은 사람들이 그에 대해서 품평하는 내용이다. "잭 켈리는 교육도 제대로 받지 못하고 평생을 돈을 긁어모으는데 바친 남자였습니다. 그리고 그는 항상 뉴욕을 떠나 뉴멕시코에서 사는 것 꿈꿨습니다."

7.5 전형적인 캐릭터

작가는 종종 인식하기 쉬운 유형의 인물을 모델로 특별한 캐릭터를 창조한다. 이때 모델이 되는 캐릭터를 전형적인 인물(archetypes)이라고 부른다. 전형적인 인물들은 공통된 무의식(collective unconscious)에서 만들어진다. 그들은 신체와 목소리의 다양한 유형을 보여주는데, 이는 심리적인 그리고 정서적인 기질과 큰 관련이 있다. 예를 들어, 잘 알려져 있어서 쉽게 정의할 수 있는 전형적인 인물이 '사기꾼(The Trickster)'이다. 사기꾼의 목표는 힘 있는 사람들을 바보로 만드는 것이다. 그래서 그들을 대중 앞에서 웃음거리로 만든다. 우리는 이 전형을 매우 쉽게 만날 수 있다. 거의 모든 뮤지컬 속에 등장하기 때문이다. 코메디아 델라르테(Commedia dell'arte)에서 그는 알레키노(Arlecchino)로 등장한다. 왕정복구시대의 드라마(Restoration drama)에서 예를 찾아보자면, 〈The Country Wife〉에서 잭 호너를 들 수 있다. 영화에서는 벅스 바니, 최근의 텔레비전에서는 바트 심슨을 예로 들 수 있을 것이다. 그리고 뮤지컬에서는 〈네모바지 스폰지밥〉의 스폰지밥, 〈뮤직 맨〉의 해롤드 힐, 그리고 〈Dirty Rotten Scoundrels〉의 프레디가 있다. 각각의 캐릭터들은 물론 다른 특징들을 가지고 있지만, 모두 하나의 전형에 뿌리를 두고 있다.

작가는 전형을 사용한다. 캐릭터의 성격을 빠르게 알 수 있고 광범위한 설명을 생략할 수 있기 때문이다. 전형에 기초하고 있는 캐릭터들은 이해하기도 쉽고, 새로운 상황에서도 관객에게 친숙하게 다가간다.

전형에 토대를 둔 캐릭터를 보면서 행동을 예측하는 것은 큰 즐거움이 될 수 있다. 그러나 너무 상투적이거나 정형화된 모습이 되지 않도록 조심해야 한다.

전형(archetype)과 정형(stereotype) 사이에는 연관성도 있지만 차이점도 있다. 정형은 명확하게 정의할 수 있는 캐릭터로 대부분 명백한 행동상의 특징을 가지고 있으며 표면적으로 연기를 한다. 종종 이중적인 대사를 미묘함이나 뉘앙스 없이 연기한다. **이런 평면적인 특징만을 연기하는 것**은 좋은 연기라고 할 수 없다. 캐릭터에게 인간성을 부여하지 않은 채 연기하는 것은 캐릭터를 두 번 죽이는 일이다. 정형화된 연기는 다른 배우의 연기를 반복하거나 또는 모방하는 것일 뿐이다.

어떤 선생님들은 이를 '표면적 연기' 또는 '캐릭터의 외적인 연기'라고 부른다. 뮤지컬은 전형을 자주 사용하는데, 그래서 상투적이거나 정형화된 연기의 유혹에 빠지기 쉽다. 배우라는 직업은 자신의 진실성을 가지고 캐릭터의 심리적인 그리고 정서적인 삶을 사는 것이다. 이 점을 기억하면서, 널리 알려진 전형적 캐릭터에 대해 알아보자. 그리고 그것을 어떻게 유용하게 사용할 수 있을지 이야기해 보자.

전형적인 캐릭터의 뿌리

— 7.5.1

소설이나 드라마에 등장하는 어떤 캐릭터의 전형을 찾는 것은 쉬운 일이다. 각각의 전형이 보여주는 행동과 그 이유를 이해하는 것이 당신의 목표이기 때문에, 전형이 무엇인지 확인하는 것은 캐릭터 분석에서 중요한 단계이다. 이제 우리는 캐릭터의 뿌리를 찾기 위해 다양한 극 형태에 시선을 돌려보려 한다.

고대 그리스 시대의 드라마

— 7.5.2

캐릭터의 전형을 엿볼 수 있는 것이 바로 고대 그리스의 드라마이다. 아리스토텔레스의 초기 제자였던 테오프라스토스(Theophrastus)는 그가 살던 시대의 드라마에서 나타나는 전형들을 기록해 놓았다. 우리는 운이 좋게도 그 기록을 보고 캐릭터의 분석에 참고할 수 있게 되었다. 기록된 전형들 중에서 얼마나 많은 전형들이 지금도 드라마 안에 존재하는지 살펴보자. '남성'으로 기록되어 있지만 '여성'에게도 적용할 수 있다.

진실하지 않은 남성	공격적인 남성	하찮은 포부를 가진 남성
아첨꾼	거들먹거리는 남성	으스대는 사람
천박한 사람	구두쇠	혐오스러운 남성
말이 많은 남성	오만한 남성	중상하는 사람
이야기를 지어내는 사람	상대의 결점을 찾는 남성	나쁜 친구의 연인
뻔뻔할 정도로 탐욕스런 남성	건망증이 심한 남성	미신을 믿는 남성

위의 캐릭터 유형은 신체적인 행동이나 목소리의 색깔로 정의한 것이 아니라, 성격적인 특징이나 초목적을 기준으로 정의한 것이다. 행동에 이러한 특징이나 강박적인 목표를 적용하는 것이 바로 당신이 할 일이다. 예를 들어, '아첨꾼'은 남의 비위를 맞추고, 아첨을 하기 위해 자신의 주변 사람들에게 다가간다. 그가 버팔로 출신의 노동자일 수도 있고, 르네상스 시대의 영국인일 수도 있다. 중요한 것은 그가 자신의 목적을 달성하기 위해 은밀하면서도 너무나 친절한 목소리와 행동을 취할 것이라는 점이다.

7.5.3 — 코메디아 델라르테의 캐릭터들

뮤지컬에서 여전히 자주 등장하는 전형적인 캐릭터는 이탈리아 르네상스 시대의 '코메디아 델라르테'에서도 찾아볼 수 있다. 코메디아 델라르테의 뿌리는 플라우투스(Plautus)의 고대 로마 희극에 있다. 이러한 드라마 형식에서 대부분의 배우들은 얼굴의 절반을 덮는 마스크를 쓰고, 시나리오나 이야기를 간단하게 요약한 글에 입각해서 즉흥 연기를 펼쳤다. 각각의 배우들이 연기했던 캐릭터 유형은 '마스크'라고 불렸고, 그 유형의 속성은 매우 구체적이며 널리 알려져 있었다. 코메디아 델라르테의 표준 '마스크'는 다음과 같다.

알레키노[Arlecchino 또는 할레퀸(Harlequin)]. 코믹한 하인으로, 주인공이다. 대개 판탈로네를 위해 일한다. 그는 문맹이지만 편지를 받으면 그 편지를 읽는 척한다. 이것이 웃음을 유발한다. 그는 곡예사 그리고 광대이다. 그리고 막대기를 들고 다녀서 다른 인물과 부딪칠 때마다 딱, 딱 막대기 부딪치는 소리가 나도록 하여 희극적 요소를 강조하였다. 이것이 슬랩스틱(slapstick)이란 용어의 어원이다.

브리겔라(Brighella). 뚱뚱하고 느린 얼간이로 항상 배가 고픈 익살스런 광대이다.

콜롬비나(Columbina). 영리한 하녀이며, 호기심이 많다. 알레키노의 연인이자 중매쟁이이며 수다쟁이다. 전형적으로 짓궂은 하녀이다.

카피타노[Il Capitano(허풍쟁이 군인)]. 종종 다른 나라에서 온 그는 겉으로는 뻐기며 다니지만, 내면에는 겁쟁이가 산다.

도토레[Il Dottore(박사)]. 모든 주제에 통달한 학자이다(사실 그는 모르는 것도 많다). 판탈로네와 친구 사이다.

이나모라타[Inamorata(젊은 여자 연인)]. 사랑스럽게 바라보고, 아름다운 옷을 입으며, 시와 음악에 유창하다. 그리고 늘 침착한 모습이다.

이나모라토[Inamorato(젊은 남자 연인)]. 잘생겼으며, 옷을 잘 입고, 시와 음악에 유창하다. 그리고 늘 침착하며 매력적인 모습이다.

판탈로네(Pantalone). 늙고 부유한 구두쇠 상인으로 주로 어린 여성과 부적절하게 결혼을 하려고 한다. 그는 알레키노의 주인으로, 매우 매정하게 그를 대한다. 조롱의 대상이 되곤 한다.

프리마돈나(Prima Donna). 권력과 부를 겸비한 중년의 미망인으로, 판탈로네 혹은 도토레가 따라다니며 괴롭힌다.

페드로리노(Pedrolino). 온화한 하인. 그는 착해 빠져서 다른 캐릭터들은 그가 하지도 않은 일까지도 그의 탓으로 돌린다. 그래도 페드로리노는 그 비난을 받아들인다.

라루피아나[La Ruffiana(늙은 여성)]. 대개 엄마나 수다스러운 마을 아주머니로 다른 연인들의 삶에 간섭하는 것을 좋아한다.

이런 캐릭터 유형들이 현대의 무대와 텔레비전에 어떻게 나타나는지 찾아보라. 스티븐 손드하임의 〈A Little Night Music〉과 〈포럼으로 가는 길에 일어난 재미난 일〉은 실제로 위의 캐릭터 유형을 모두 사용한다.

7.5.4　19~20세기 초기 희극, 멜로드라마, 민스트럴

19세기와 20세기의 희극, 멜로드라마 그리고 민스트럴(minstrelsy, 여러 의미 가운데 19세기 미국에서 유행한 뮤지컬 형식의 가벼운 쇼를 뜻한다. – 역주)은 또 다른 전형을 만들어 냈다. 그 전형들 중 일부는 우리가 초기 형태에서 볼 수 있었던 캐릭터의 변형이라고 할 수 있다. (주의 : 이 전형 중 일부는 편견에 싸여 있거나 상투적일 수 있다. 그럼에도 그 모든 부분을 다 포함하여 소개한다. 새로운 작품이든 오래된 작품의 새 버전이든 간에 여전히 존재하고 나타나기 때문이다.)

여성의 전형

앤지뉴(Ingénue). 사랑스럽고 순진한 처녀로, 힘 있고 착한 남자의 보호를 받으면서 순진무구하게 세상을 살아가거나 또는 힘 있지만 악랄한 남자에게 이용당하면서 세상을 살아간다. 코메디아 델라르테의 인물, 이나모라타의 현대적 버전이다.

수브레트(Soubrette). 젊은 여성으로 매력적이지만, 앤지뉴의 순수함과는 반대로 섹시한 면이 있는 여성이다. 수브레트는 보통 남성 쥬브나일과 어울린다. 콜롬비나의 현대적 버전이라고 할 수 있다.

신데렐라(Cinderella). 처음에는 가난하고 별 매력이 없어 보이지만, 아름답게 변모하면서 이상적인 남자와 로맨틱하게 만난다.

플래퍼(Flapper). 좋은 가정교육을 받은 활기찬 젊은 여성으로, 사회적 통념을 깨고 쾌락을 추구하는 여성이다. 물론 도를 넘지는 않고 늘 자신이 속한 사회로 돌아온다.

순수한 마음을 가진 창녀. 고귀한 사람이지만 운이 나빠 죄의 길로 들어선 소녀이다. 그녀는 다른 사람들을 위해 스스로를 희생한다.

골드 디거(Gold Digger). 젊은 여성으로 나이 많고 부유한 남자에게 성적으로 아첨하면서 사회적 신분을 상승시키는 것이 목적이다.

레드 핫 마마(Red-hot mama). 세상에 정통한 여성으로 보통 섹스와 죄의 즐거움에 대해 노래한다.

사나운 아내(또는 사나운 여자). 성질이 더러운 중년 여성으로 주로 남편의 즐거운 여가 시간을 빼앗으려 한다. 로마의 코미디와 코메디아 델라르테에서 전해 내려왔다.

팜므파탈(Femme fatale). 위험하고 치명적인 여성으로 남자 주인공을 유혹한다. 그러나 그녀는 절대 그의 곁에 머물지 않는다.

말괄량이. 이방인 취급을 받는 여성으로 주인공과 동렬의 위치에 있다. 성적 매력은 없으나 다른 남자의 짝사랑 상대가 될 수 있다.

백치 미인. 화려한 미인으로 한 명 이상의 남성이 그녀에게 구애한다. 그녀는 대개 생각만큼 활발하지는 않다. 그리고 자주 대화의 요점을 놓치고는 한다. 자신의 성적 매력이 남성에게 어떤 영향을 미치는지 의식하지 못한다.

남성의 전형

젊은 연인. 앤지뉴에게는 드라마틱한 파트너가 된다. 그는 희망적으로 자신의 미래를 바라본다. 코메디아 델라르테의 이나모라토에서 뿌리를 찾을 수 있다.

쥬브나일(Juvenile). 에너지 넘치는 젊은 남성이다. 수브레트와 함께 등장하며, 그들은 때로 로맨틱한 관계에 놓인다. 알레키노에서 뿌리를 찾을 수 있으며, 뮤지컬에서 종종 노래를 부르고 춤을 추는 남성으로 등장한다.

로맨틱한 영웅. 이 남성의 사랑과 야망은 이뤄지지 않거나 이룰 수가 없다. 환경 때문이다. 때때로 비극적 영웅으로도 알려져 있는데, 꿈을 이루는 과정에서 치명적인 결과를 맞이하기 때문이다.

고귀한 영웅. 순종적인 남성으로, 어리고 순결한 여성과 종종 사랑에 빠진다.

반(反) 영웅. 나쁜 남자로 매력적이다. 문제를 해결하는 방식이 비관습적이기 때문이다. 때로 곤경을 모면하고 관습적인 세계로 돌아온다.

반항적인 영웅. 주류를 대담하게 거부하는 남성이다. 반항적인 모습으로 사회의 변화를 모색한다. 그는 주인공을 협박하거나 또는 지지하는 행동을 취한다.

외로운 영웅. 사회 주변을 맴돌며 살고 있는 이방인이지만, 사회 속에 살고 있는 사람들을 돕는다. 비록 특이한 방법을 사용하지만 말이다.

행복한 노예. 그는 주인을 섬기는 것에 만족한다. 노예의 몸으로 더 단순한 삶을 기대한다.

거만한 노예. 그는 사회의 주류가 되어 자신의 신분을 상승시키려 한다. 그래서 그는 종종 과장되게 옷을 입고 무의식적으로 언어를 잘못 구사하기도 한다. 후에 사회 주류 계층의 문화를 접하면서 이 캐릭터는 변형된다. 그러다가 결국에는 그 문화를 뛰어넘는다.

어리석은/무지한 노예. 그로테스크한 소수민족의 유형으로 우둔하게 말하고 행동한다. 그리고 심지어 아주 간단한 문제조차도 해결하지 못한다. 코메디아 델라르테에서 브리겔라가 변형된 모습이다.

공처가. 중년의 남성 캐릭터로 지배적인 아내에게 억압당하는 남편이다.

이민족 출신의 코미디언. 어리석은 캐릭터로 미국 주류 사회의 방향을 읽을 줄 모른다. 보통 독일 또는 유대인 사기꾼이다.

고결한 야만인. 금욕적인 이방인(대부분 주인공과는 다른 인종이다)으로 삶에 대해 심오하게 생각한다. 교육 수준이나 사회성은 부족하지만 말이다.

얼간이. 사회의 주류에 속하지 못한다. 종종 하나 또는 그 이상의 신체적 결함(나쁜 시력, 축농증, 알레르기 등)을 가지고 있으며 사회적 위상이 높지 않다.

자신감 없는 사람. 투덜대고 능력이 부족한 남성으로 세상에 뭔가 강한 인상을 심어주려 노력한다. 그러나 아무런 소용이 없다. 종종 여성을 굉장히 밝히는 모습으로 등장하며 뛰어난 지적 능력이 부여될 때도 있다. 낮은 계급의 뉴요커 또는 동유럽 이주민으로 등장한다.

운동을 많이 하는 사람. 운동 신경이 뛰어난 남성으로 많은 신체적 훈련을 받는다. 보통 이상적인 신체의 표본이지만 지적인 능력이나 감수성은 완전히 떨어진다. 신체적으로 결함이 있는 사람들을 괴롭힌다. 카피타노에서 그 뿌리를 찾을 수 있다.

외모에 관심이 많은 남자. 스타일에 굉장히 신경을 쓰지만 과도한 모습 때문에 종종 실패한다. 이 인물은 보통 말이 많은 사람으로 등장하며, 언어를 제대로 구사하지 못하는 모습을 보이기도 한다.

촌뜨기. 시골에서 올라와서 도시 사람들에게 잘 속아 넘어가는 사람이다. 그의 눈은 늘 놀라움으로 가득 차 있다. 시골뜨기로 불리기도 한다.

전형적인 도시인. 도시에 사는 사람으로 시골에 온 사람이다. 그래서 농촌 생활이 불편하다. 뜨내기의 모습을 보여준다.

멜로드라마 악역. 악의적인 캐릭터로 약하거나 무기력한 캐릭터들(보통 앤지뷰)에게 이득을 취한다. 그는 그녀에게 결혼을 강요하기 위해 재정적 또는 다른 온갖 방법을 동원하여 압력을 행사한다.

악마. 수수께끼 같은 때로는 섹시한 모습의 남성으로 남녀 주인공의 여정에 영향을 끼치는 존재이다. 궁극적으로 실패하지만, 이 인물은 가장 흥미로운 이야기와 노래를 제공한다.

여왕. 이색적인 남자 동성애자의 모습으로 그려진다. 종종 과장된 여성성과 '소녀 같은' 행동을 보여준다.

남녀 공통의 전형

상식이 있고 잘생긴 젊은이. 중간계급의 인물로 주인공에게 매력적이고 로맨틱한 파트너이다. 로맨틱하지 않은 주인공의 삶에 개입한다.

조수(남성 또는 여성). 친한 친구 또는 동료로 영웅의 사랑이나 일을 도와주는 역할을 한다. 그/그녀는 종종 영웅의 애정 상대가 되기도 한다.

사기꾼. 사기꾼의 목표는 권위를 가진 사람들을 바보로 만드는 것이다. 그리고 그들을 대중 앞에서 어리석어 보이게 만든다.

고상한 척하는 사람. 주인공이 열등하다고 생각하는 엘리트. 종종 미국 북동부 또는 영국 출신이다.

현명한 어머니/아버지/멘토. 지긋한 나이의 이 캐릭터는 자신보다 젊은 캐릭터들에게 사랑과 삶에 대해 조언을 해주는 역할이다. 진짜 부모가 아닌 경우도 있다.

이 목록이 완전한 것은 아니다. 다른 전형을 찾게 된다면 여기에 추가해도 좋다.

목록을 보면 전형적인 인물들이, 현대적인 모습으로 변형되거나 혼합되었지만 여전히 등장하는 것을 확인할 수 있었을 것이다. 사실 이런 인물들을 설명하는 법칙은 없다. 그러나 이러한 전통과 외형은 일반적인 행동과 신체적인 특징에 영향을 준다. 너무 명확하게 영향을 끼치기 때문에 우리는 본능적으로 그 인물을 이해할 수 있다. 다음은 최근에 이러한 전형이 적용된 예로, 재치 있고 영리하게 재해석된 캐릭터 유형도 찾아볼 수 있다.

잭(뉴시즈) : 반항적인/로맨틱한 영웅

미미(렌트) : 순수한 마음을 가진 창녀

장발장(레 미제라블) : 외로운 영웅/반항적인/젊은 영웅

프랭크 주니어(Catch Me If You Can) : 장난꾸러기/로맨틱한 영웅

에포닌(레 미제라블) : 말괄량이/수브레트

맥스 비알리스톡(프로듀서스) : 자신감 없는 사람/이민족 출신의 코미디언

레오폴드 블룸(프로듀서스) : 얼간이/조수

로저 데브리스(프로듀서스) : 여왕

엘르 우즈(Legally Blonde) : 백치 미인/앤지뉴

유진(그리스) : 얼간이

롤라(킹키 부츠) : 순수한 마음을 가진 창녀

샌디(그리스) : 앤지뉴

대니(그리스) : 반항적인/젊은 로맨틱한 남성

7.5.5 **전형을 이용하여 캐릭터를 창조하라**

먼저 이러한 유형의 인물들을 연기할 때 너무 상투적으로 연기하지 말 것을 강조하고 싶다. 다음의 충고를 반드시 기억하라. 배우들은 종종 어떤 상투적인 모습 안에 갇히는 것에 대한 두려움이 있다. 그래서 전형에 대해 배우는 것이 중요하다. 만일 당신이 "내 캐릭터는 순수한 마음을 가진 창녀야. 그러나 나는 너무 난잡하고 싸구려 같은 모습으로 연기하고 싶진 않아."라고 생각하거나 "그는 작은 동물들을 학대해. 하지만

나는 나의 캐릭터를 악마처럼 보여주고 싶진 않아."라고 생각한다면, 당신은 캐릭터에 대해 진실을 말하지 않는 것이다. 부정적인 용어로 캐릭터를 정의하지 말아라. 캐릭터가 '어떠어떠하지 않다'보다는 '어떠어떠하다'라고 말하는 것이 더 낫다. 3차원의 캐릭터는 간단하기보다는 오히려 굉장히 풍부하고 정교한 전형적인 인물을 완벽하게 담고 있다. 때문에 연습과정을 통해 또 다른 3차원의 캐릭터를 발견해야 한다.

이러한 전형 모두는 강력하고 구체적인 초목적과 관계의 목표 또는 장애물을 통해 드러난다. 캐릭터는 초목적을 이루기 위해 노력하고 장애물에 저항한다. 얼간이는 똑똑하지만 매우 많은 신체적 또는 정서적 장애를 가지고 있는 인물이다. 이 장애를 잊어버리고 이 인물이 자신의 장애에 잘 적응한 천재라고 생각하자. 리더라고 생각해도 좋다. 그러나 이 인물의 장애를 이용하면 우리는 훌륭한 캐릭터를 얻을 수 있다. 이제 전형에 대해 몇 가지 유용한 질문을 던져보자.

전형에 대한 질문지

1. 내 캐릭터의 전형은 무엇인가?

2. 그 전형의 초목적은 무엇인가?

3. 내 캐릭터의 초목적은 전형의 초목적과 잘 맞는가? (만일 그렇지 않다면 당신은 전형을 잘못 판단한 것이다.)

4. 전형의 신체적인 행동 또는 말하는 습관이 내 캐릭터와 어떤 연관이 있는가?

5. 그런 행동이 나오게 되는 신체적, 정서적 또는 심리적 근원은 구체적으로 무엇인가?

6. 전형이 (그리고 내 캐릭터가) 극복해야 하는 정서적 또는 신체적인 장애물이 있는가?

7. 나는 어떻게 그 전형을 이 뮤지컬의 세계에 적용할 것인가? (스타일, 시대, 민족 등)

전형 찾기

다음의 공연을 찾아서 그 안에 들어 있는 전형을 살펴보자. 캐스팅 리스트를 이용하여 체크리스트를 만들어라.

펜잔스의 해적들
애니씽 고즈(Anything Goes)
오클라호마!
뮤직 맨
헬로, 돌리!
피핀
리틀 나이트 뮤직(A Little Night Music)
스위니 토드

미녀와 야수(Beauty and the Beast)
유린타운
위키드
마틸다(Matilda the Musical)
헤어스프레이
퀸카로 살아남는 법(Mean Girls)
Bright Star
애비뉴 Q(Avenue Q)
시스터 액트

어울리는 전형 찾기

우리가 앞에서 제공한 전형들의 목록에서 캐릭터의 이름을 하나씩, 한 장의 쪽지에 적는다. 그리고 그 쪽지를 모자 속에 넣는다. 그룹을 둘로 나눠라. 각 그룹은 모자에서 쪽지를 한 장 꺼낸다. 그리고 뽑은 전형과 어울리는 캐릭터의 예를 가능한 한 많이 찾아낸다. 뮤지컬, 연극, 영화, 소설 그리고 텔레비전 쇼, 어느 것이든 좋다. 또 다른 게임을 해보자. 이번엔 거꾸로 수많은 캐릭터의 예들을 하나씩 쪽지에 적고 이 캐릭터의 전형을 맞춰보자.

전형 맞추기

그룹의 모든 사람이 노래를 한 곡씩 고른다. 이때 노래는 모두 알고 있는 곡으로 하자. 이제 전형들이 적힌 쪽지를 모자 속에서 뽑는다. 당신이 뽑은 전형적인 캐릭터로 행동하면서 노래를 불러보자. 당신은 캐릭터를 명확하게 표현할 수 있었는가? 그룹의 다른 사람들에게 당신이 표현한 전형이 누구였는지 물어봐라. 만약 다른 사람들이 이름을 대지 못한다면, 전형의 이름을 밝힌다. 그리고 그 전형의 말투, 신체적 습관을 명확하게 표현할 수 있도록 도움을 청해라.

뮤지컬의 세계

7.6

뮤지컬의 세계에 들어가기 위해서는 배경에 대한 조사가 필요하다. 여기에 도움이 될 만한 질문을 제시해 보았다.

역사적 배경 : 무대의 시대적 배경은 언제이며, 그 역사적 배경이 캐릭터의 행동과 관계 그리고 기대 등에 미치는 영향은 어떠한가? 예를 들어 〈렌트〉는 1980년대 후반이라는 구체적인 시점을 배경으로 하고 있다. 당시 뉴욕은 노숙자, 주택 고급화 그리고 에이즈 치료 등이 정치적 이슈였다. 이는 뮤지컬의 중요한 자료가 된다. 우리가 이 책에서 언급한 뮤지컬들은 대부분 역사적 배경이 구체적이기 때문에 캐릭터를 이해하는 데 도움이 될 수 있을 것이다. 에이즈 위기에 적절히 대처하지 못한 당시의 정치적 상황을 이해하는 것은 당신이 〈렌트〉라는 뮤지컬을 연기하면서 적절한 분노를 표출하는 데 도움이 될 것이다. 그러나 이러한 배경은 〈No, No, Nanette〉에서는 어울리지 않을 것이다. 이 뮤지컬은 실제로 아무도 모르는 젊은이의 반항에 대해 이야기하고 있기 때문이다. 역사적 배경이 당신의 무대와 당신의 역할에 어떤 영향을 미치는가?

지리적/지역적 배경 : 〈The Light in the Piazza〉는 이탈리아의 피렌체라는 매우 구체적이고 유명한 장소에서 일어난다. 이 작품의 많은 장면에서 배경이 되는 특별한 건축 양식과 예술 작품들은 배우들의 작업을 위한 훌륭한 자료들이다.

사회적 배경 : 모든 뮤지컬은 일련의 사회적 약속을 받아들인다. 우리 모두는 기록이 되어 있든, 그렇지 않든 우리 사회 구성원들의 편견이나 두려움에 기초한 행동 규칙을 알고 있다. 〈퍼레이드〉에서, 조지아에 살고 있는 레오 프랭크는 성공한 사업가다. 그러나 사람들은 그를 조금은 다르게 대한다. 프랭크는 뉴욕 출신의 유대인이었기 때문이다. 당시 이 사실은 소외를 의미했다. 이와 같이 사회적 규칙들은 종종 캐릭터에게 압력으로 작용할 수 있다.

유행 : 주어진 시대와 지역마다 사회, 경제의 유행 코드가 있다. 유행은 우리가 다른 사람들로부터 어떤 사회적 계층으로 인식되고 싶은 소망을 표현하는 하나의 방법이다. 〈아가씨와 건달들〉에서 스카이는 도박꾼으로 보인다. 그가 입는 양복, 넥타이, 커프스 단추나 신발 모두는 그의 주변 사람들에게 스카이의 이미지를 전달해준다. 이는 확실히 〈남태평양〉의 드베퀴와는 다르다. 두 뮤지컬의 배경이 되는 시점은 비슷하지만 각 배우가 착용하는 의상은 현저히 다르다. 그 두 명의 남성이 원하는 스스로의 이미지가 다르기 때문이다.

원작 : 대부분의 뮤지컬은 다른 매체나 장르의 원작을 기반으로 한다. 연극과 소설은 뮤지컬의 주요 원천이었지만, 오늘날에는 영화나 심지어 텔레비전 쇼까지도 인기 있는 뮤지컬로 만들어지고 있다. 이러한 모든 경우에서 원작은 당신에게 캐릭터에 대한 상세한 자료를 제공해줄 것이다. 공연이 고의적으로 이야기를 조금씩 다른 방향으로 이끌어 가려고 할지라도 말이다. 〈레 미제라블〉, 〈퀸카로 살아남는 법〉, 〈마이 페어 레이디〉, 〈헤어스프레이〉, 〈시스터 액트〉, 〈해밀턴〉 등의 뮤지컬을 보러 가는 관객들은 이 뮤지컬의 원작에 친숙하기 때문에 캐릭터에 대해 이미 훤히 알고 있다. 원작은

배우가 선택할 수 있는 선택권을 제한할 수도 있지만, 훌륭하게 공연을 시작할 수 있게 도와주는 요소가 되기도 한다.

캐릭터에 대해 조사한 내용을 모두 모아라

당신이 우리가 제안한 방식을 사용하여 모든 분석과 조사를 끝냈다면, 아마 캐릭터 분석에 사용할 수 있는 정보가 넘쳐날 것이다. 이중에서 당신이 찾는 것은 하나 또는 두 개의 중요한 상황 또는 특징인데, 이는 당신의 캐릭터를 분석하는 데 중요한 역할을 할 것이다. 일단 이 요소들을 발견하면, 당신은 이제 연기를 할 수 있게 된다.

어떤 역할은 정보가 거의 없을 수도 있다. 그러면 당신은 스스로 그 배역을 정의해야 할 것이다. 만일 당신이 〈Thoroughly Modern Millie〉에서 밀리를 연기해야 한다면, 그녀가 전형적인 플래퍼라는 사실을 알아야 한다. 거기에서부터 시작하여 관계, 신체나 목소리 유형, 태도, 그리고 그녀의 야망 등으로 영역을 넓힐 수 있다. 하나의 전형을 정확히 잡으면 그 캐릭터 전체를 완벽히 구축할 수 있다.

연습과제 7J

비슷하거나 다르거나

정보를 모두 모았으면 이제 정확하게 파악하고 인식할 수 있어야 한다. 이를 위해 다음 질문에 답해보자.

1. 나는 이 캐릭터와 얼마나 비슷한가? 당신과 캐릭터가 가진 비슷한 점을 목록으로 만들어보자. 7.2부터 7.4에 있는 다양한 내용을 참고하자. 그리고 우선순위를 적어보자.
2. 나는 이 캐릭터와 얼마나 다른가? 당신과 캐릭터가 가진 차이점을 목록으로 만들어보자. 여기에는 신체적인 행동이나 태도, 생활습관 등이 포함된다.

이제 가장 중요한 차이점이 무엇인지 결정해보자.

당신 자신과 캐릭터를 비교하다 보면, 당신은 본능적으로 여기에 토대를 두고 진행을 해야 한다는 사실을 알 것이다. 당신이 가장 다르다고 생각한 요소를 정리하다 보면, 당신은 어느 부분에 집중해야 할지 알게 될 것이다.

연습과제 7 K

자료집을 만들어라

많은 배우들은 시각적인 이미지의 도움을 받는다. 자료집을 만들어라. 사진, 신문이나 잡지 스크랩 등으로 채워 넣어라. 이 자료들은 당신에게 캐릭터의 세계를 보여줄 것이다. 정보를 좀 더 구체화하기 위해 이미지와 관련된 글을 참조할 수도 있을 것이다.

연습과제 7 L

캐릭터 그려보기

그림에 소질이 없더라도 간단한 스케치 정도는 해보자. 그러면 강조하고 싶은 부분이 눈에 더 잘 보일 것이다. 인물의 특징을 잘 살려 그림으로 나타내는 캐리커처럼 말이다. 이는 당신이 캐릭터를 이해하는 데 필요한 필수적 통찰력을 키워줄 것이다.

뮤지컬 속의 세계는 선택되어졌다

조사는 필요한 부분이다. 그러나 이는 당신을 혼란스럽게 할 수도 있다. 뮤지컬은 현실의 모습을 선별하여 무대에 올린다. 예를 들어, 1595년경 엘리자베스 시대의 런던은 일상적인 사실에는 공중위생, 질병, 극심한 빈곤, 봉건적인 폭정, 여성에 대한 억압 등이 일상이었다. 그러나 이러한 것들 가운데 많은 부분은 〈Something Rotten!〉과 같은 뮤지컬의 세계와는 무관하다(혹은 희극적인 장치로서만 사용된다). 작곡가 캐리 커크패트릭(Karey Kirkpatrick)과 작사가 웨인 커크패트릭(Wayne Kirkpatrick), 그리고 극작가 존 오패럴(John O'Farrell)이 만든 이 뮤지컬은 르네상스 시대 영국의 연극 무대를 윌리엄 셰익스피어가 완전히 장악하고 있다는 상상을 배경으로 하고 있다. 터무니없이 코믹한 이 작품에서 윌리엄 셰익스피어의 막강한 지배력에 대한 농담은 너무 많은 잘못된 정보들을 담고 있기 때문에, 당신은 자칫 이 뮤지컬의 스타일과 근본적으로 어긋나는 선택을 할 수도 있다.

모든 예술가는 자신이 속한 세계의 단면을 드러내려 한다. 그렇기 때문에 당신이 모으려는 정보가 무엇인지 파악하고, 그 정보들이 당신의 캐릭터를 발전시키는 데 얼마나 유용할지 판단하는 것은 매우 중요하다. 전문가들은 현실에서 특정한 부분을 선택, 과장하여 무대에 올린다. 그래서 같은 사물을 보더라도 전혀 다른 관점을 제시할 수 있는 것이다. 누구의 관점이 더 타당하다, 덜 타당하다 말할 수 없다.

배우는 다른 예술가들과 공동으로 작업하여 결실을 맺는다. 때문에 배우는 독립적으로 자유로운 선택을 할 수가 없다. 배우는 작가와 감독, 디자이너가 선별한 세상을 현실화시켜 무대에서 보여주는 일을 한다. 세상의 빛을 무대에서 표현할 때는, 우리는 그 빛을 더 밝게 빛나게 표현해야 한다. 반대로 세상의 그림자를 무대에서 표현하고 싶다면, 우리는 어둠을 강조할 수 있어야 한다. 배우가 하는 일은 목수가 하는 일과 비슷하다. 고객은 이렇게 말할 수도 있다. "부엌에 놓을 캐비닛을 만들어 주세요. 프랑스 프로방스 스타일로요." 그렇다면 목수는 프랑스 프로방스 스타일이 뭔지, 즉 고객이 원하는 스타일이 무엇인지 알아야 한다. 고객이 꿈꾸고 원하는 캐비닛을 만들어야 한다. 내가 원하는 캐비닛을 만드는 것이 아니다.

이 개념을 설명하기 위해 재즈 시대의 두 작품을 살피려 한다. 스콧 피츠제럴드의 〈위대한 개츠비(The Great Gatsby)〉와 유맨스(Youmans), 하바크(Harbach) 그리고 시저(Caesar)의 〈No, No, Nanette〉는 둘 다 뉴욕 사회를 배경으로 한다. 그러나 당시의 사회를 바라보는 관점이 근본적으로 다르다. 〈No, No, Nanette〉는 재미와 까불거리는 모습을 강조하는 희극적인 요소가 가미된 뮤지컬이다. 당시의 사회를 의도적으로 좁은 시야로 바라보고 있고, 사회의 관습과 가치를 비판하지 않는다. 반면 〈위대한 개츠비〉는 같은 사회를 바라보고 있지만 더 어둡고 진지한 관점으로 사회를 바라본다. 부패, 삶과 죽음, 사회적 신분을 상승시키려는 낮은 계층의 사람들의 투쟁, 그리고 무관심과 따분한 삶의 이야기가 대부분이다. 그래서 같은 시대에 나온 작품이라도 세상을 보는 관점에 따라 충분히 다르게 표현될 수 있는 것이다.

뮤지컬을 제대로 공부하기 위해서는 이 두 개의 작품을 분석해볼 필요가 있다. 당신의 관점으로 바라본다면 또 새로운 뮤지컬이 탄생할 수도 있다. 〈No, No, Nanette〉에 등장하는 지미 삼촌의 관점을 〈위대한 개츠비〉에 적용하는 것도 좋은 방법이다. 즉 당신의 감각을 충분히 사용해보라.

뮤지컬의 캐릭터를 분석하기 위해서는 다양한 정보를 모아야 한다. 그리고 필요한 정보를 어떤 방법으로 선택할 것인지 결정해야 한다. 이 과정에서 당신의 감각은 중요한 열쇠가 될 수 있다.

맺음말

캐릭터는 일련의 과정을 거치며 발전한다. 캐릭터에 대해 조사하고 탐구하며, 상상하고 꿈꾼 것을 관객에게 보여주는 것이 바로 당신이 할 일이다. 연습 과정을 통해 당신의 생각을 적용하고 연출자와 동료들 앞에서 보여주어라. 캐릭터를 분석하는 과정은 예측할 수 없는 여정과도 같다. 열린 마음으로 다가가면 놀라운 것을 발견할 수 있을 것이다.

3부

노래의 여정

- 8장 -
여정의 시작

뮤지컬에서 노래는 정지된 스냅사진보다는 역동적으로 움직이는 영상에 가깝다. 노래를 정적이고 단조로운 2차원 스냅사진으로 이해하게 되면 캐릭터가 3~4분간 보여주는 다양한 감정의 변화를 놓치게 된다. 캐릭터가 노래를 부르는 동안 그의 마음은 잠시도 쉬지 않고 변화하며 관객 역시 그 변화를 따라 함께 움직인다. 우리는 이 변화의 과정을 '노래의 여정'이라 부른다.

이 장을 공부하고 나면 다음을 할 수 있어야 한다.

- 노래의 과정에서 캐릭터가 어떠한 형태의 여정을 겪는지 파악할 수 있다.
- 노래 속에서 캐릭터의 목적을 파악할 수 있다.
- 노래의 여정을 작은 단위로 나누고, 각각의 명확한 목적을 찾아내고, 매 순간을 발견하고, 전술적인 행동을 할 수 있다.

여정의 4가지 유형

캐릭터에게 노래란 하나의 여정이다. 여정에는 시작 중간 끝이 있다. 여정의 길을 걷다 보면 뜻밖의 전개와 변화들을 겪게 된다. 이 가운데 어떤 것은 캐릭터가 예견할 수도 있지만, 어떤 것은 낯선 경험이 되기도 한다. 이렇게 예측 불가능한 경우라도 음악과 가사에서 단서를 찾고, 거기에 당신의 직관을 더하면 노래의 여정은 명확해질 수 있다. 대부분 모든 연극적인 노래 안에는 보물지도가 숨겨져 있어서 이를 발견하고 따라가야 한다. 어떤 경우에는 노래의 여정이 눈에 훤히 보이지만, 어떤 경우에는 안개가 깔린 듯 한 치 앞을 내다보기 힘들 때도 있다. 그러나 눈과 귀를 잘 훈련한다면, 당신 앞에 놓인 플롯과 단서들을 해독할 수 있을 것이다.

모든 여정이 원하는 종착지에 도달하는 것은 아니다. 당신이 온 힘을 다해 끌고 가려고 애써도, 때로는 길을 잃고 헤매거나, 빙 돌아가기도 한다. 노래들은 대체로 다음 4가지 여정 가운데 하나의 유형에 속한다.

1. 승리의 여정 | 한 캐릭터가 목표를 이루기 위해 행동하고 성공한다. 그래서 결국 원하는 곳에 도달하고 승리한다. 〈금발이 너무해(Legally Blonde)〉의 'What You Want'에서 엘은 하버드 대학교 입학이라는 목표를 이룬다. 〈아가씨와 건달들〉의 'I'll Know'에서 스카이는 사라와의 관계를 주도하고 그는 승리한다. 〈시스터 액트〉의 'The Life I Never Led'에서는 심지어 수녀인 메리 로버트마저도 합창단이라는 새로운 삶에 전념하며 개인적인 행복을 맛본다.

2. 실패의 여정 | 캐릭터가 목적을 이루려고 노력하지만 성공하지 못한 경우이다. 목적을 달성하려고 애썼던 순간은 잊히고, 무관심해진다. 'I'll Know'에서 스카이가 이기면 사라는 지게 된다. 〈스프링 어웨이크닝〉의 'Don't Do Sadness'에서 모리츠 슈티펠은 절망감에서 벗어나기 위해 싸우지만, 패배하는 것으로 노래가 끝난다. 〈퀸카로 살아남는 법〉의 'Stupid with Love'에서 케이디는 자신의 이상형에게 강렬한 인상을 심어주기 위해 노력한다(그리고 비참하게 실패한다).

3. 뜻밖의 발견 | 무언가 의지를 갖고 시작했지만 뜻하지 않은 어딘가에 도달한 경우를 말

한다. 실패했거나 잘못되었다는 뜻이 아니다. 'I'm Not Afraid of Anything'(《Songs for a New World》)을 부르는 인물은 삶에서 만난 모든 이들을 비난한다. 결국 그녀는 자신이 진정으로 사랑받을 수도, 사랑할 수도 없는 사람임을 깨닫는다. 그녀가 부르는 노래의 시작 부분에서는 이러한 깨달음에 도달하리라는 어떤 암시도 찾을 수 없다. 〈회전목마〉의 'Soliloquy'에서 빌리는 예기치 않은 삶의 변화 속으로 여정을 떠난다.

4. 나선형의 여정 | 캐릭터가 하나의 문제를 발견하고, 이를 해결하기 위해 긴 여정을 떠난다. 그리고 결국 자신이 아직 문제를 해결할 수 없음을 깨닫는다. 시작한 곳으로 돌아와 끝나는 여정은 캐릭터가 발전했다는 점에서 분명 의미가 있다. 캐릭터는 깊은 자각과 중요한 통찰력을 얻었다. 이 여정은 아마도 나선형(소용돌이)처럼 보일 것이다. 삼차원으로 보면, 그녀는 같은 장소로 돌아왔지만 한 층 높이 올라갔다. 〈Once On This Island〉의 'Waiting For Life', 〈마이 페어 레이디〉의 'Why Can't the English', 〈Little Women〉의 'Astonishing', 〈오클라호마!〉의 'I Cain't Say No'

4개의 여정을 통해 캐릭터들은 목적을 이루려고 노력하고, 배우는 공연을 통해 흥미로운 영역을 탐험한다.

연습과제 8 A

여행 지도를 만들어라

다음의 5가지 행동 관련 질문에 답해보자.

- 처음 캐릭터가 처한 상황은 무엇인가? 캐릭터는 자신이 어디로 간다고 생각하는가? 캐릭터는 무엇을 원하나? 캐릭터는 무엇을 발견하길 기대하는가? 이 여정에서 캐릭터는 어떤 충동에 휩싸여 있는가?
- 이 여정에서 캐릭터는 어떤 중요한 경험을 하는가? 캐릭터는 무엇을 발견하는가? 어떤 장애물이 나타나는가?

● 캐릭터가 여정을 끝내는 곳은 어디인가? 여기가 캐릭터가 가고자 한 곳인가? 캐릭터가 노래를 통해서 떠난 여정은 어떤 것인지 생각해보자. (승리, 실패, 뜻밖의 발견, 나선형)

1. 여러 가지 뮤지컬 공연 영상물을 보자. 영상물에 나온 배우의 연기에 대해 당신은 어떻게 생각하는가? 동료들과 생각을 나누어라. 공연에 관한 당신의 견해를 말하라.

2. 당신이 모르는 뮤지컬을 고르되 초연 공연의 배우들이 어떻게 노래했는지 찾아서 들어보자. 각각의 노래들은 어떤 종류의 여정을 떠나는지 적어보자. 이번에는 생각의 폭을 넓혀서 이 노래가 어떤 흐름 안에 놓여 있을 것 같은지 추측해보자. 그런 다음 실제 극에서 무슨 일이 일어났는지 당신의 생각과 비교해가며 대본을 읽어라.

3. 학급이나 그룹의 구성원이 모두 같은 노래를 듣고 대본을 읽는다. 각자 생각하기에 이 노래는 어떤 여정인 것 같은지 적어라. 아마도 의견이 엇갈린다는 사실을 알게 될 것이다. 그 이유를 찾아보자.

4. 앞에서 설명한 각각의 여정에 적합한 노래를 4곡 찾아보자. 하나 이상의 여정이 들어 있다고 생각되는 노래가 있는가?

5. 이것을 당신의 작업에 적용시켜보자. 당신의 레퍼토리에서 노래를 한 곡 고른다. 그리고 어떤 여정의 요소들이 있는지 분석하라. 다른 여정들도 적용해보자.

8.2 ── **여정의 목적은 무엇인가**

당신은 앞의 연습과제를 수행하는 동안 문제점을 발견했을 것이다. 여정이 성공했는지 실패했는지 알기 위해서는 무엇보다 캐릭터가 품은 목적이 무엇인지 찾아야 한다. 만일 캐릭터 스스로도 자신이 무엇을 원하는지 모른다면 당신도 알 수 없는 게 당연하다.

캐릭터의 초목적은 뮤지컬 전체를 통해서 그 캐릭터를 이끄는 힘이 된다. 초목적을 향해 나아가는 전체 여정을 떠올리되 좀더 작은 단계별 목적이 무엇인지 찾아라. 캐릭터가 앞을 향해 큰 걸음을 내딛는 결정적인 순간에 노래가 흘러나온다. 당연히 그들을 이끄는 목적이 있기 마련이다.

노래의 목적이 무엇인지 애매한 경우도 있다. 〈레 미제라블〉에서 자베르 경감이 부르는 'Stars'를 보자. 자베르 경감은 단순히 밤하늘의 별에 대해 노래하고 있는 것이 아니다. 이 노래의 목적은 생각만큼 명확하지 않다. 단지 우리는 그가 어떤 목적을 달성하기 위해 노래하고 있다는 사실만 알고 있을 뿐이다. 어쩌면 자베르는 장발장을 찾아내어 감옥에 보내는 것이 정의를 바로 세우는 일임을 확인하고 싶은 것인지 모른다. (목적 : 자신이 옳음을 증명하는 것) 혹은 자베르는 단지 장발장을 잡으려는 이유가 무엇인지 밝히기 위해 노래를 하는 것인지도 모른다. (목적 : 내 행동들의 이유를 찾는 것) 또는 자베르는 장발장을 쫓는 것이 정말 정당한 일인지 스스로에게 질문을 던지는 것인지도 모른다. (목적 : 나의 행동을 정당화시키는 것) 우리는 이처럼 다양한 목적을 생각할 수 있다. 그러나 한 가지 뚜렷한 사실은, 자베르가 그 다음에 있을 명확한 결과를 기대한다는 것이다.

어떻게 자신의 목표가 달성되었는지 알게 될까? 우리는 모든 목적에 대해 어떠한 결과를 기대하게 된다. 그 결과를 통해 우리는 목적 달성에 성공했는지 실패했는지 알게 된다. 당신의 친구 재스민이 미니 이모를 만나기 위해 스몰빌로 차를 몰고 간다고 해보자. 그녀는 미니 이모가 문을 열고 나와 자신을 꼭 안아주고, 이어서 이모가 정성스럽게 만든 사과 파이를 먹고 나서야 자신이 이모 집에 도착했다는 사실을 실감하게 될 것이다. 따라서 그녀는 여행을 통해 스몰빌에 가는 이유가 미니 이모의 포옹과 파이 때문이라고 당신에게 말할지도 모른다. 그녀가 주유소에서 기름을 넣는 이유 역시 이모의 포옹과 파이 때문이다. '포옹과 파이'가 그녀를 올바른 길로 인도하는 것이다. 다시 말해, 배우는 이와 같은 단순명료한 결과를 지표 삼아 캐릭터의 목적을 유지할 수 있다. 목적은 추상화처럼 모호할 수 있지만 결과는 구상화처럼 매우 이해하기 쉽다.

포옹과 파이가 미니 이모로부터 온다는 사실이 중요하다. 마찬가지로 목적 달성 여부, 즉 결과는 상대 인물의 어떤 행동으로 알 수 있다. 우리는 이모의 행동을 통해 우리가 원하던 것이 무엇인지 알게 된다. 그렇다면 자베르가 기대하던 결과는 무엇인가?

그의 노래 가사에는 신, 하나님, 별들이 등장한다. 별은 신으로 의인화되어 있다. 별은 그가 말을 건네고 있는 대상이 된다. 예컨대 그는 별을 바라보며 기도를 하고 (주여 그를 찾게 하소서……) 혹은 별을 바라보며 맹세를 한다. (별들 앞에 맹세합니다.) 만약 그의 목적이 자신을 증명하는 것이라면 그가 믿는 정의에 대한 정당함을 그의 파트너인 별들에게서 확인받아야 한다. 그는 정당함을 확인받았다는 사실을 알기 위해 어떠한 신호를 찾을 것이다. 아마도 별똥별이 밤하늘을 가로지르며 반짝이는 모습을 찾고 있을지도 모른다. 그때 그는 신이 그의 생각을 지지하고 있다고 가슴 깊이 확신하게 될 것이다. 만약 당신이 이러한 여정을 선택했다면, 당신이 간절히 보기를 소망하는 것은 신이 별똥별을 내리는 것이다. 이것이 바로 당신의 명확한 목적이 될 것이다.

노래의 목적을 이해하고 싶다면 다음 순서대로 하나씩 물어보자.

1. 캐릭터는 무엇을 하는가? (사건의 줄거리)

2. 그는 누구를 위해 일하는가? (관계)

3. 그가 원하는 것은 무엇인가? (목적)

4. 캐릭터가 원하는 것을 가졌다면 그는 어떻게 할까? (이상적인 결과)

5. 그러므로 캐릭터는 (……)을 하기 위해 이 노래의 여정을 떠난다. (당신의 이상적 결과가 무엇이든 간에 당신은 목적의 달성을 진심으로 원해야 한다.)

재스민이 포옹과 파이를 위해 여정을 떠나듯이, 자베르 또한 별똥별을 위해 여정을 떠난다. 바라던 결과가 비합리적이어도 상관없다. 관객이 당신의 이상적인 결과를 두 눈으로 확인하든 말든 상관없다. 강하고, 간단하고, 확실한 목적들이 공연을 이끌어가는 힘이 된다.

8.3 — **목적을 추구하라 — 분위기나 상태를 연기하지 마라**

배우들이 노래를 부를 때 저지르는 치명적인 실수 가운데 하나가 바로 노래의 목적을 잊고 기교에 치우치는 것이다. 이런 배우들은 공통적으로 아름다움을 전달하는 데 치중하고, 근사한 발성으로 멜로디를 타며 뚜렷한 두운으로 강조점을 찍는 경향이 있다. 그러나 불행히도 이런 것들이 공연을 지루하게 만든다.

"아멜리에는 흥분했다." "아멜리에는 행복하다." 이러한 문구는 분위기나 상태(states of being)를 드러낸다. 그런데 분위기나 상태 자체는 정적이고 피동적이어서 배우에게 쓸모가 없다. 슬프다는 것은 느낌이지 행동이 아니다. 슬픈 건 그냥 슬픈 거다. 이 상태에서는 어떤 여정도 필요 없다. 분위기나 상태는 인물을 움직이도록 만들지 못한다. 다른 배우와 어울리도록 만들지도 못하고 혹은 대립이나 갈등이 드러나도록 만들지도 못하고 혹은 자신을 표현하지도 못하고 단지 외롭고, 고립되었다는 느낌을 주는 연기를 하도록 만든다. 만일 재스민을 연기하는 배우가 이런 감정 상태에 놓여 있다면, 그녀는 아마도 자기 자신을 불쌍히 여기며 차 안에 버림받은 사람처럼 앉아서 시동도 걸지 못할 것이다.

대개 분위기나 상태를 드러내는 데 쓰이는 동사는 "−이다(to be)"이다. 당신이 '나는 −이다.' '그녀/그는 −이다.'라고 말할 때, 이는 거의 항상 피동적인 결과를 보여줄 뿐 당신에게 어떤 능동적인 행동 지침을 주지 못한다. 이를 해결하는 좋은 방법은 당신의 인물로 하여금 목적을 추구하도록 만드는 것이다.

연 습 과 제 8 B

목적 속의 감정

1. 아래에 분위기나 상태를 나타내는 문구가 있다. 아래에 제시된 노래의 목적을 찾아 문구를 바꾸어라.

'Breathe'(《인 더 하이츠》)에서 니나는 불안하다.
'Defying Gravity'[《위키드(Wicked)》]에서 엘파바는 단호하다.
'My New Philosophy'(《찰리 브라운》)에서 샐리는 화가 난다.

'This Is The Moment'(《지킬 박사와 하이드》)에서 지킬 박사는 흥분하고 있다.
'Not a Day Goes By'(《Merrily We Roll Along》)에서 메리는 슬프다.

2. 이번에는 당신이 연습하고 있는 노래로 돌아가서 분위기를 묘사하고 있는 문구 가운데 당신의 마음을 움직이는 문구를 골라보자. 그 문구를 노래의 목적에 맞게 바꾸어라.

비트 분석

재스민이 만일 이모와 포옹을 하고 파이를 먹고 싶다면, 그녀는 목적 달성을 위해 여행을 떠나야 한다. 여행에는 여러 단계가 있을 수 있다. 그리고 각각의 단계마다 목적이 있을 것이다. 예컨대 재스민은 고속도로를 바꿔 달릴 것이다. (목적 : 토피카를 거쳐, 칼라마주로 가기 위해) 아마도 우회도로 때문에 고생할 수도 있고 (목적 : 길을 찾기 위해) 주유소에 들려야 할 때도 있고 (목적 : 기름을 넣기 위해) 길도 물어봐야 하고 (목적 : 방향을 확인하기 위해) 커피도 마시고 (목적 : 졸음을 깨기 위해), 그리고 커피를 마실 때마다 차를 세워야 하리라. 재스민은 길을 제대로 가기 위해 계획을 세우고 때로는 길을 찾아 헤매는 등 길 때문에 놀라운 일을 경험하기도 하고 문제를 극복해야 할 때도 만나게 된다. 대부분의 노래가 재스민의 자동차 여행과 비슷한 과정을 거친다. 우리는 여행의 무대를 차근차근 수놓고 있는 보다 작은 단위의 목적을 찾아야 한다. 이것이 비트이다.

캐릭터가 뭔가 바꾸고 싶어 할 때가 있다. 예컨대 목적을 달성했거나 혹은 목적을 포기했거나 혹은 목적이 바뀌는 경우가 있을 것이다. 이런 목적 변화가 포함된 장면에서, 이 장면을 보다 작은 단위로 나눠주는 것들이 있는데 이게 비트이다. 연극 대본에서도 우리는 장면이 급격히 변하는 대목을 찾을 수 있다. 그러나 뮤지컬에서는 연극 대본과 비교하여 비트의 변화가 보다 뚜렷이 드러난다. 모호하지 않도록 만들었다고 표현하는 것이 더 맞는 표현일 것이다. 달리 말해 비트는 작곡가와 작사가에 의해 의도된 것이다. 모호하다고 느껴졌다면 이는 노래를 잘못 이해하고 있다는 뜻이다. 하나의 노래에는 3~4개의 비트가 있을 수도 있고 10개 이상의 많은 비트가 담겨 있을 때도 있다.

노래나 혹은 장면에서 비트를 구분할 수 있는 공식이나 정해진 기준 따위는 없다. 다만 읽고 들으면서 어디서 나눌 것인지 단서를 찾아야 한다. 음악적으로 변하는 부분에서 스스로에게 물어라. "내가 원하던 것을 가졌나?" 만일 목적이 달성되었다면 이렇게 물어라. "새롭게 내가 원하는 것은 무엇인가?"

단서 1. 반복되는 절

노래가 절의 끝에서 후렴구로 넘어가거나 또는 절이 반복될 때를 주목하라. 캐릭터의 목적이 바뀌기 쉬운 순간이다. 캐릭터는 이 지점에서 새로운 목적을 갖게 되는 경우가 많다. 이 지점에서 보통 새로운 비트가 시작된다.

단서 2. 음악 구간의 끝부분

노래가 하나의 주선율에서 뚜렷하게 다른 주선율로 넘어갈 때, 캐릭터는 종종 새로운 비트를 시작한다.

단서 3. 전조

노래의 조가 바뀔 때 흔히 새로운 연기 비트가 시작된다. 조가 바뀌는 것은 감정이 변하고 있다는 것을 암시한다. 목적은 같지만 마음이 더욱 급박해졌다는 뜻이다.

단서 4. 템포의 변화

음악의 전조와 마찬가지로 노래의 템포 변화에서도 캐릭터의 감정 변화를 예상할 수 있다.

단서 5. 반주의 변화

멜로디가 똑같더라도 반주가 달라지면 우리는 캐릭터의 내면에 어떤 변화가 일어났다는 사실을 알아차리게 된다. 반주가 빨라지거나 박자가 조밀하게 나누어지거나 혹은 다른 주선율이 끼어들거나 아니면, 대위법(각각 독립하여 진행하는 여러 선율을 하나로 결합시켜 조화된 곡을 이루는 기법 – 역주)이 사용되는 경우가 이에 해당된다.

이제 우리는 '3장 노래의 구조'와, 위에서 논의한 가사와 음악의 단서를 바탕으로 비트를 어떻게 찾을 것인지 살펴볼 것이다. 샘플은 〈아멜리에(Amélie)〉의 'Times Are Hard for Dreamers'이다.

: **표 8-1** 'Times Are Hard for Dreamers' –가사와 음악의 단서들로 구분한 비트

비트별 가사	가사 속의 단서	음악의 단서
그들은 말해 꿈꾸는 사람들에게는 힘든 시기라고. 하지만 나는 힘들지 않을 거야. 나는 내가 아는 모든 것을 모아 왔어. 잔디밭 너머로 발걸음을 내딛기 위해 역이 보일 때까지 계속 걸어. 그리고 출발하는 거야.	아멜리에는 현재 자신이 처한 상황을 설명하고, 독립을 위한 계획을 세우며, 자신이 상상만 하던 것에 변화가 일어났음을 알린다.	간결하지만 안정된 리듬 반주가 멜로디 A 파트를 받쳐준다. 악기들이 하나씩 천천히 추가된다.
기차 안에서, 유리창을 따라 내 손가락이 가리킨다. 빠르게 지나가는 내가 들어본 적 없는 이 도시들 전부를.	아멜리에는 독립적인 삶을 위해 파리로 가는 여정을 상상한다.	새로운 멜로디 B 파트로 넘어간다.
파리에 도착해 기차에서 내리니, 반 마일 떨어진 곳에 샤크레쾨르 성당이 나를 위해 도시가 깨어나고 있어! 아파트의 2층이 비어 있다는 표지가 있어! 그리고 갑자기 내 손에 열쇠가 있네.	아멜리에의 판타지는 첫 아파트를 찾는 상상을 하면서 더욱 구체화 된다.	A 파트의 안정적인 리듬으로 돌아가는데, 이번에는 모든 악기가 더욱 완벽한 조화를 이룬다.
자물쇠를 돌리니 방이 나타나고 단 한 걸음만 더 내딛으면 돼	아멜리에는 혼자 살아가는 경험이 본격적으로 시작될 것을 기대하고 있다.	리듬이 느려지고 (차분해지고) B 파트로 돌아간다.

그리고 이제 나는 여기에 있어! 문 뒤에 나만 남았어! 내가 무엇을 가졌냐가 중요한 게 아니라 내가 무엇을 가질 것이냐가 중요 해. 지금 중요한 것은 이거야, 과거는 사라질 수밖에 없어! 그리고 내가 필요한 모든 것이 여 기에 있어.	아멜리에는 자기 집 현관에 서서 과거 시골 생활과의 이별을 만끽 한다.	음이 고조되면서 더 긴박한 분위 기로 바뀐다.
이게 나만의 세상을 만들어가는 방식이야.	아멜리에는 독립을 위한 자신의 계 획을 확정한다.	하모니의 긴장이 해소되고, 목소 리의 긴박함도 줄어든다.
그들은 말해 꿈꾸는 사람들에게 는 힘든 시기라고. 누가 알겠어, 어쩌면 그럴 수도 있 겠지. 사람들은 갇혀 있거나, 바다에서 길을 잃은 것처럼 보여! 그리고 나는 꿈꾸는 사람일 수도 있어. 하지만 그것이 나를 여기까지 오 게 했어. 그리고 그것으로 나에게 충분해	아멜리에는 자신의 내면에 집중하 면서 자신을 되돌아본다.	처음의 A 파트로 돌아간다(그녀 가 처음으로 자신의 내면을 들여 다보았던 그때로).
창문 밖을 보면 다른 창들이 보여 요. 내가 감상하는 그림들로 가득한 나만의 미술관 같아!	아멜리에는 새로운 관점으로 세 상을 바라보는데, 이때는 좀 더 외 부 세계에 초점을 맞춘 표현 방식 을 사용하고 있다.	B 파트로 돌아온다. – 반주의 리 듬이 약간 느슨해지고, 서스펜디 드 오픈 코드(suspended open chords)를 좀 더 사용한다.
모든 것이 분명한 곳은 어디일까! 내가 어디 있느냐가 중요한 것이 아니라 내가 여기서부터 어디로 갈지가 중요해. 지금 중요한 것은 이거야. 그리고 나는 두렵지 않아! 내가 필요한 모든 것은 결국 나타 날 테니까.	아멜리에는 자신의 선택을 확정 하고, 이것을 자신의 새로운 현실 로 받아들인다.	멜로디가 상승하면서 긴박감이 높아진다. 이 노래 전체에서 가장 반주가 풍성한 구간이다.
이게 나만의 세상을 만들어가는 방식이야.	'현실'이라는 단어를 통해 현재 시 점으로 돌아옴.	이 노래에서 가장 긴 지속음이 나 오면서 마지막 화성이 마무리된다.

음악의 변화와 가사의 변화는 거의 항상 일치하고 있다는 점에 주목하자. 아멜리에
가 이 노래에서 사용하는 언어, 생각, 비유적인 묘사는 멜로디의 변화와 반주의 구조
에 의해 강화된다. 그 결과 배우와 관객 모두 아멜리에의 심정을 그대로 느끼게 된다.

비트 나누기

가장 좋은 방법은, 그룹 전체가 같은 노래를 택하여 연습하는 것이다. 그 다음에 자신의 레퍼토리 가운데 한 곡을 골라 이 연습과제를 적용한다. 들어본 적은 있지만 아직까지 연기해 본 적이 없는 노래가 가장 좋다.

1. 앞으로도 필요하므로 악보의 복사본을 여러 장 준비하라. 마음껏 메모할 수 있도록 말이다. 이때 가사만 적혀 있는 복사본과, 가사 없는 악보를 따로 준비한다.

2. 이제 1부와 위에서 설명한 단서들을 이용하여 노래 가사들을 비트로 나누어 본다. 노래를 독백이라고 여기고 가사에서 제공하는 정보만 살핀다. 어느 지점에서 비트를 나눌 수 있는가? 즉 목적의 변화, 새로운 사실의 발견, 생각의 완결, 새로운 생각의 시작 등 변화가 일어나는 지점은 어디인가?

3. 이번에는 음악이다. 음악에서 비트를 나눌 수 있는 단서들을 찾아라. 주선율, 조, 템포, 반주 그리고 절, 후렴구, 브릿지의 구조적인 변화를 조사하라.

4. 가사와 음악의 정보를 통합하라. 페이지마다 선을 그어 비트를 명확히 분리시켜라. 각각의 비트 옆에 이렇게 구분한 이유를 음악과 가사 두 가지 측면으로 나누어 적어라.

8.5 비트의 목적

비트가 바뀌면 목적도 달라진다. 따라서 배우는 새로운 목적을 찾아야 한다. 그래야만 배우는 흥미로운 행동의 연속들로 장면의 변화를 이끌어갈 수 있다. 비트별 목적 찾기는 배우에게 당연한 숙제이다. 당신이 장면 안에 포함된 모든 목적을 찾아내면 당신은 이번 여정의 모든 행선지를 머릿속으로 명확히 그릴 수 있게 된다. 이 지도는 당신에게 어디로 가야 하는지 각 단계마다 방향을 알려주고 언제 도착하게 될지, 도착한 뒤에 당신이 어떻게 달라져 있을지 알려준다.

아멜리에의 'Times Are Hard for Dreamers'를 다시 보자. 그녀는 더 이상 부모님의 과잉보호 아래에서 살 수 없는 단계에 이르렀다. 자신의 가치관과 꿈을 이루기 위해서, 자신이 놓인 현실에 대한 두려움을 극복하기 위해서는 안전한 울타리에서 벗어나야 하고, 그녀는 용기를 내서 발걸음을 내딛어야만 한다. 이 노래의 시작에서 그녀는 경계에 서 있다. 그녀는 이 경계선을 넘어야 한다. 그녀가 부모님의 집에 계속 머문다면 그럴 수 없다. 우리는 목적을 찾아야 한다. 아멜리에는 자신의 꿈을 이루기 위해 싸운다. 그녀를 도울 수 있는 사람은 그녀 자신뿐이다. 당신은 관객에게 자신의 속마음을 털어놓거나, 신에게 이야기를 건넬 수도 있다. 무엇이든 가능하다. 그녀는 파리에서 자신만의 안전한 장소를 확보하면 목적을 달성했음을 알게 될 것이다. 이것은 승리의 여정이다. 왜냐하면 자신의 목적을 달성하고, 자신의 꿈이 옳다는 확신을 가지면서 노래가 끝나기 때문이다(표 8-2).

각각의 목적을 정하는 일부터 이 목적을 어떻게 테스트할지 결정하는 일에는 객관적인 기준이 따로 있는 것이 아니다. 그 내용을 채우는 일에서 중요한 것은 배우 개개인이 쌓아온 예술적 경험이다. 비트로 나누어진 부분을 어떻게 연기해야 하는지는 배우 개개인에게 달린 일이라는 말이다. 그러므로 이 작업은 어떠해야 한다고 똑 부러지게 설명할 수는 없다. 그러나 우리는 뮤지컬을 공부하고 연습하는 많은 사람들을 위해 이렇게 정리할 수 있다. 비트를 나누었다면 비트가 나뉜 이유를 연기를 통해서 증명해야 한다. 나누기만 하고 표현되지 못하면 의미가 없다. 비트를 통해 발견한 캐릭터의 목적이 당신을 움직이도록 하라. 그녀가 자신의 선택에 따른 불안과 의심 때문에 얼마나 많이 번복하고 고민하는지 주목하라. 그녀는 두려움의 세계에서 자신을 믿지 못하는 사람으로 자랐으며, 자신의 선택에 대해 끊임없이 의심하고 확인해야 한다. 바로 그것이다. (아멜리에를 연기하는) 당신이 힘들어할수록 관객은 깊게 몰입한다.

: 표 8-2

비트별 가사	상황	목적/발견	이상적인 결과
그들은 말해 꿈꾸는 사람들에게는 힘든 시기라고. 하지만 나는 힘들지 않을 거야. 나는 내가 아는 모든 것을 모아 왔어. 잔디밭 너머로 발걸음을 내딛기 위해 역이 보일 때까지 계속 걸어. 그리고 출발하는 거야.	아멜리에는 자신을 과잉보호하는 가족, 그리고 두려움으로 가득한 세계관에서 '벗어나기 위해' 스스로를 준비시키고 있다.	아멜리에는 용기를 내서 이곳을 벗어나기 위해 마음의 준비를 한다.	아멜리에가 앞으로 나아갈 힘을 발견한다.
기차 안에서, 유리창을 따라 내 손가락이 가리킨다. 빠르게 지나가는 내가 들어본 적 없는 이 도시들 전부를.	아멜리에는 자신에게 익숙한 세상에서 벗어나는 과정을 상상한다.	아멜리에는 흥분과 불안을 가라앉히려고 노력한다.	아멜리에가 침착하게 자신의 계획을 실행한다.
파리에 도착해 기차에서 내리니, 반 마일 떨어진 곳에 샤크레쾨르 성당이 나를 위해 도시가 깨어나고 있어! 아파트의 2층이 비어 있다는 표지가 있어! 그리고 갑자기 내 손에 열쇠가 있네.	아멜리에가 항상 꿈꿔왔던 세상에 도착해서 자신만의 공간을 찾는다.	아멜리에는 이 낯설고 새로운 세상에서 자신만의 공간을 찾기 위해 노력한다.	아멜리에가 파리에서 자신만의 '둥지'를 찾았다는 것을 알게 된다.
자물쇠를 돌리니 방이 나타나고 단 한 걸음만 더 내딛으면 돼.	아멜리에는 그녀의 판타지 세계-그녀의 아파트-로 들어가려 한다.	아멜리에는 평생의 꿈을 이루기 위해 정신을 차리려고 노력한다.	아멜리에가 용기를 내어 한 걸음을 내딛는다.
그리고 이제 나는 여기에 있어! 문 뒤에 나만 남았어! 내가 무엇을 가졌냐가 중요한 게 아니라 내가 무엇을 가질 것이냐가 중요해. 지금 중요한 것은 이거야, 과거는 사라질 수밖에 없어! 그리고 내가 필요한 모든 것이 여기에 있어.	아멜리에는 자신의 꿈의 첫 단계를 이룬 것을 축하한다. 그리고 앞으로 펼쳐질 모든 것을 기대한다.	아멜리에는 자신이 이뤄낸 것의 의미를 생각하고, 미래에 대한 자신의 철학을 확고히 하려고 노력한다.	그녀는 자신의 결정이 옳았음을 느낀다.

이게 나만의 세상을 만들어가는 방식이야.	아멜리에는 자신의 선택을 확정한다.	아멜리에는 자신이 내린 이 결정에 대해 만족하려고 노력한다.	아멜리에는 내면의 혼란에서 벗어났다는 느낌을 받는다.
그들은 말해. 꿈꾸는 사람들에게는 힘든 시기라고. 누가 알겠어, 어쩌면 그럴 수도 있겠지. 사람들은 갇혀 있거나, 바다에서 길을 잃은 것처럼 보여! 그리고 나는 꿈꾸는 사람일 수도 있어. 하지만 그것이 나를 여기까지 오게 했어. 그리고 그것으로 나에게 충분해.	아멜리에가 주변의 다른 사람들(예를 들어, 그녀의 부모님 같은)과 자신을 비교한다. 그리고 자신의 선택이 옳았다고 확신한다.	아멜리에는 자신의 선택(파리에서 새로운 삶을 시작하는 것)이 옳았는지 스스로에게 묻는다.	아멜리에는 자신이 올바른 선택을 했다는 것을 확신한다. 그녀는 알 것이다!
창문 밖을 보면 다른 창들이 보여요. 내가 감상하는 그림들로 가득한 나만의 미술관 같아!	아멜리에는 자신이 이제 막 속한 세상을 주의 깊게 바라본다.	아멜리에는 파리에서의 새로운 삶이 주는 아름다움을 느끼고 모두 받아들이려고 노력한다.	아멜리에는 자신이 이 세상의 일부라고 느낀다.
모든 것이 분명한 곳은 어디일까! 내가 어디 있느냐가 중요한 것이 아니라 내가 여기서부터 어디로 갈지가 중요해. 지금 중요한 것은 이거야. 그리고 나는 두렵지 않아! 내가 필요한 모든 것은 결국 나타날 테니까.	아멜리에는 자신의 선택을 확정하고 파리라는 흥미로운 세계에서 자신만의 공간을 결정한다.	아멜리에는 자신의 가치관을 명료하게 파악하고, 확신을 갖기 위해 노력한다.	아멜리에는 자신이 여기에 속해 있다는 것을 깨닫는다.
이게 나만의 세상을 만들어가는 방식이야.	아멜리에는 자신이 있어야 하는 곳이 여기라는 것을 마침내 깨닫는다.	아멜리에는 자신의 선택한 삶에 대한 의심이 남지 않도록 노력한다.	아멜리에는 평화를 찾는다.

비트에 담긴 목적들을 탐색할 때는 지금 생각한 것 외에도 또 무엇이 가능한지 두루 궁리하는 과정을 즐겨라. 새 차를 보러 갈 때 딜러에게 모델명, 색깔 따위의 정보를 지나치게 구체적으로 제공하면 딜러는 당신에게 한두 종의 차밖에 보여주지 않는다. 다양한 선택의 기회를 놓치지 마라. 우리는 차를 살 때 시험운전을 해본다. 내가 차를 사

는 목적에 이 차가 잘 맞는지 확인한다. 차를 사는 과정과 비트의 목적을 탐색하는 과정은 매우 닮았다. 아마도 당신에게 가장 알맞은 목적을 찾아내는 최선의 방법은 연습을 통해 테스트를 해보는 것이다. 우리는 차를 사기 전 전시장에 들러 팸플릿을 들여다보고, 주위를 돌면서 차체를 살펴보거나 타이어를 발로 차보기도 한다. 우리는 차를 타고 시내, 고속도로 그리고 비포장도로를 달린다. 이는 당신이 고려하고 있는 목적들을 시험해 보는 절차이다. 마찬가지로 연습 과정 중에 모든 가능성을 시도해야만 가장 좋은 결과를 낳을 수 있다.

이런 이유로, 목적이란 하나의 노래를 통해서 우리를 여정으로 이끄는 운반수단이라고 할 수 있다. 노래의 목적은 언제나 신중히 선택되어야 한다. 그리고 이러한 선택은 노래의 상황에 적합해야 하고, 음악이나 가사에서 얻은 정보와 일치해야 한다. 그럴 때 비로소 목적은, 감정을 불러일으켜 공연에 몰입할 수 있도록 도와주는 자극제가 될 것이다.

연습과제 8D

목적을 선택하라

1. 노래 전체의 목적을 선택하라.
2. 당신 캐릭터가 누구에게 말을 걸고 있는지 주목하라. 관계를 명확히 만들어라.
3. 앞선 연습과제에서 다룬 비트 분석을 이용하여 비트의 목적을 더하고 각 목적에 무엇이 가장 이상적인 결과인지 적어라.
4. 각 목적들을 이루기 위해 어떤 선택을 해야 할지, 여러 가지 선택지를 만들어라. 각기 다른 종이에 각기 다른 여정을 적어라. 그래야 이전 생각에 영향을 받지 않을 것이다. 각각의 생각들이 얼마나 달라지고 혹은 얼마나 비슷해질 수 있는지 놀라게 될 것이다.
5. 다시 한 번 강조한다. 하나의 시퀀스(sequence. 하나의 이야기가 시작되고 끝나는 독립적인 구성단위. 극의 장소, 행동, 시간의 연속성을 가진 몇 개의 장면이 모여서 이루어진다. —

역주) 안에 존재하는 각각의 목적들을 상세히 기술하라. 이 장면을 처음으로 분석하는 것이라면 대충 읽어서는 안 된다. 또한 결과를 예측하고 바로 마지막 비트로 건너뛰어서도 안 된다. 당신 혼자 힘으로 여정을 발견하라. 다 하고 나면 당신이 처음 예상했던 것과 완전히 다른 여정을 찾게 될 수도 있다.

6. 어떤가? 당신이 보기에 여러 유형(승리, 실패, 뜻밖의 발견, 나선형)의 여정 가운데 어떤 길이 당신의 노래에 가장 잘 어울리는가?

7. 이제 당신이 선택한 노래에 두 개의 여정을 추가하라. 다른 접근법으로 아래의 탐험을 시도하라.

- 첫째, 당신이 방금 사용한 여정과 전혀 다른 여정을 선택하여 시작하라.

- 둘째, 그런 뒤 노래에 걸맞은 적절한 목적을 선택한다. 다음, 캐릭터가 이 목적과는 완전히 동떨어진 곳에서 여정을 시작할 수 있도록 하라. 당신은 이 먼 길을 떠나야 한다. 분명 길고 복잡한 여정이 될 것이다. 짧고 단순한 여정에서는 놀라움이나 위험, 새로운 발견 따위가 들어가기 힘들고 그래서 흥미가 반감될 수 있다는 점을 기억하라.

- 이 노래에 가장 적합하다고 생각하는 모든 분석들을 옆에 적어라. 서로 다른 두 개의 여정에서 이끌어낸 목적들을 섞으면 당신이 진짜 좋아하는 어떤 것을 만들 수 있겠다는 생각이 들지 않는가?

연습과제 8 E

목적을 가지고 연습하라

수업이나 연습에 임할 때 비트를 분석하고 그 비트의 분명한 목적을 가지고 연기하라.

1. 노래를 독백처럼 말하라. 노래를 하지 마라.

2. 각 비트의 목적을 한 장의 종이에 적어라. 그러면 하나의 곡에 여러 장의 큐 카드(cue card)가 만들어질 것이다. 각자 큐 카드를 완성하여 선생님과 모여 앉는다.

3. 새로운 비트를 시작하기 전에, 선생님에게 그 비트의 큐 카드를 주어라. 큐 카드에 적힌 목적을 연기하여 당신이 이 노래에서 무엇을 발견했는지 보여 주어라. 당신이 선택한 게 당신 마음에 들었는가? 이보다 더 적절한 것은 없는가?

4. 약하다고 생각되는 목적은 폐기하고 새로운 것으로 교체하거나 혹은 다시 탐색한다.

당신이 노래를 비트로 나누어 여정을 찾을 때는, 당신이 노래하고 있는 비트의 목적만 생각하라. 새로운 비트로 넘어갈 때 앞선 비트의 목적에 발목이 잡혀서는 안 된다. 그리고 다음 비트의 목적 또한 닥치기도 전에 미리 예상하지 마라. 완전한 몰입이 필요하다. 각 비트의 목적과 행동에 완전히 몰입한다면, 당신 노래의 여정이 무엇인지 발견하게 될 것이다.

8.6 — 여정은 한 걸음씩 나아간다

공연에 몰입하게 만드는 열쇠는 작은 순간들의 진실함이다. 이번에 살펴볼 주제는 앞선 내용의 연속으로, 우리는 캐릭터가 마주하는 보다 작고 세밀한 순간들을 파악할 것이다. 공연을 책에 비유하자면 이 주제는 문장들, 단락들, 단어들, 구두점들, 그리고 행간까지 모든 것을 전체적으로 매끄럽게 연결시키기 위해서 필요한 그 무엇에 관한 것이다.

내부 압박과 외부 압박

노래의 여정을, 놀이공원에서 범퍼카를 타는 일이라고 상상해 보자. 일부러 혹은 피치 못하게 이리 저리 부딪치는 상황을 떠올려라. 누군가 당신 차를 들이받으면 당신 차는 또 어딘가로 방향을 바꾸다가 제3자의 차를 박게 된다. 충돌은 연쇄적으로 발생한다. 노래를 통한 삶의 경험도 이와 같다. 우리는 어떤 일에 닥치면 그에 대한 어떤 욕망 혹은 어떤 압박을 받게 된다. 한마디로 압박은 반응을 낳고 반응은 다시 새로운 압박이 되어 새로운 반응을 낳는다.

압박은 우리의 내부에서 올 수 있고(내부 압박), 다른 캐릭터의 행동에서 올 수 있다(외부 압박). 〈아멜리에〉에서 아멜리에가 부모님의 불안과 편집증에서 벗어나 독립적인 삶을 살고자 하는 열망은 내부의 압박이다. 그녀는 자유를 갈망한다. 이 내부의 압박은 그녀가 계획을 짜고, 결국 꿈을 실현하기 위해 집을 떠나 파리에서 자신만의 공간을 찾도록 행동하게 만든다. 이것은 초목적의 연장선 위에 있다. 그녀의 초목적은 기쁨을 찾고 이를 퍼뜨리는 것이다. 이는 그녀가 주변 사람들을 돕고, 문제를 해결하고, 선의를 베푸는 일종의 요정이 되도록 이끈다. 그녀의 초목적은 그녀가 파리의 익숙한 공간 밖의 세계에 적극적으로 참여하고, 그녀의 계획과 꿈을 방해하는 강력한 외부의 압박과 맞서 싸우게 한다. 그리고 로맨틱한 사랑을 이루기 위해 그녀가 행동하게 만든다. 사람의 정체를 오인하고, 시간에 쫓기고, 아슬아슬하게 어긋나는 만남 등 이 모든 것들이 그녀의 계획을 복잡하게 만들고 좌절시킨다.

만일 당신이 비트/목적으로 분석한 아멜리에의 노래 'Times are Hard for Dreamers'를 다시 살펴보면 그녀가 받고 있는 압박이 무엇인지 발견할 수 있을 것이다. 두 개의 압박은 그녀에게 목적 달성을 추구하도록 만들어 앞으로 나아가게 할 수도 있고, 반대로 이 압박은 그녀가 원하는 것으로부터 멀어지도록 만드는 장애물이 될 수도 있다. 압박은 그녀를 움직이는 동력이다.

압박을 느껴라

1. 2개의 리스트를 만들어라 : 내부 압박과 외부 압박
2. 각 리스트에 두 범주를 만들어라 : 목적과 장애물

내부 압박		외부 압박	
목적	장애물	목적	장애물

- 당신의 캐릭터가 이야기의 진행 과정에서 어떤 중요한 선택을 하는지 찾아라. 중요한 선택의 순간, 어떤 압박이 캐릭터를 행동하게 했는지 생각해 보라. 그것은 내부 압박인가, 아니면 외부 압박인가.
- 캐릭터가 내부나 외부의 압박에 반응하는 걸 알았다면, 이번에는 그 압박이 캐릭터를 목적지로 가도록 만드는지 아니면 가지 못하도록 가로막는지 생각해 보라. 예를 들어, 캐릭터가 대통령이 되고 싶다는 내부 압박을 갖고 있다고 해보자. 이때의 압박은 그를 목적지로 이끈다. 만약 캐릭터가 부자가 되고 싶은데 죄책감을 갖는다면 그 죄책감이 그의 행동을 방해하는 내부 압박이 된다. 모든 압박은 돕거나 방해하거나 둘 중 하나다.

뮤지컬의 캐릭터들은 하나같이 목적을 좇는 외곬수이기 때문에 자신을 돕는 압박이 아닌 어떤 장애물과 마주치면 그는 즉시 이 방해물을 어떻게 할 것인지 전술적인 해법을 찾을 것이다.

8.6.2 전술적인 행동들

전술은 행동을 통해 드러난다. 목적의 뒤에는 늘 행동들이 따라다닌다. 당신의 캐릭

터가 목적을 위해 싸우는 것을 권투에 비유하면, 잽을 날리다/가드를 올리다/주먹으로 치다/속이는 동작을 취하다/몸으로 밀치다 등의 행위를 통해 목적을 달성하려고 한다는 사실을 알 수 있다. 마찬가지로 당신이 원하는 것은 어루만지다/안다/달래다/진정시키다/간지럽히다 등의 행위를 통해 알 수 있다. 당신은 어떤 구체적인 결과를 향하여 전술적이고 세부적인 행동 지침을 세운다.

많은 캐릭터들이 전술적 행동 안에서 습관적으로 한 가지를 취하는 경향이 있다. 뮤지컬 〈마틸다〉의 미스 트런치불처럼 '밀치다/쑤시다/협박하다/밀고 때린다' 같은 방법을 택하는 경우도 있고, 〈How To Succeed in Business Without Really Trying〉의 핀치와 같이 '아첨하다/유혹하다/숭배하다/달래다' 같은 행동을 취하는 경우도 있다.

전술은 두 가지 폭넓은 범주, 즉 채찍이나 당근 가운데 하나이기 쉽다. 그러나 이러한 범주는 너무 넓어 인물 파악에 별 도움이 안 된다. 이보다는 캐릭터가 어떻게 목표를 추구하는지 그 구체적인 행동을 살펴봄으로써 캐릭터에 대한 정보를 알게 된다. 왜냐하면 캐릭터가 보여주는 행동이나 말에는 그 캐릭터의 관점이 반영되어 있기 때문이다. 예컨대 타협을 필요로 하는 문제나 수습해야 하는 문제에 직면하면 당신은 전술적으로 어떤 반응을 보이게 되는데 이때 반응은 당신이 가진 세계관을 벗어날 수 없다. 따라서 당신의 캐릭터를 위한 행동 전술을 짤 때는 해당 캐릭터의 세계관에 위배되어서는 안 된다.

비트 나누기를 시작으로, 전술적인 행동을 노래에 적용시켜라. 숨을 들이마실 때마다 새로운 생각을 한다는 점을 명심하고 각 노래의 비트마다 숨 쉬는 부분을 잘 표시해두어라. 이제 비트를 문장으로 표현하자.

각 문장에는 그에 따른 동사가 필요하다. 이 동사는 단순히 말이 아니라 살아 있는 행동이다. 상대방과의 연기를 위해 동사를 선택하라. 이 문장을 완성시켜라. "나는 당신을 [—]한다. (I [—] you.)" 목적을 적으라는 게 아니다. 방법이 담겨야 한다. 당신이 생각하는 이상적인 결과를 낳을 수 있는 그런 방법 말이다. 예컨대 당신을 유혹한다/당신을 웃기다/당신을 철썩 때린다/당신을 놀린다/당신을 혼낸다……

목적을 달성하기 위한 전술적인 행동은 직접적인 형태를 띠거나 혹은 눈앞의 장애물을 피해 게걸음으로 지나가는 것일 수도 있다. 혹은 목표 달성이 잘 이루어지지 않을 때 당신은 접근 방식을 유지하면서 정도를 벗어나지 않는 범위에서 점점 강도를 높일 수 있는 방법을 생각할 수도 있다. 예컨대 잔소리하다/협박하다/괴롭히다/목을 조르다…… 또는 접근법을 바꿀 수도 있다. 즉 당신을 거부하다/당신에게 구걸하다/당신을 비웃다……

이 기본적인 문장(나는 당신을 [—]한다)을 복잡하게 만들지 마라. 문장이 복잡해지면 당신의 전술적인 행동이 애매해질 수 있다. 나는 당신과 함께 [—]한다(I [—] with you), 또는 당신에게 [—]한다(I [—] to you), 또는 나는 당신의 [—]을 [—]한다(I [—] your [—]). 이런 구조는 단순 명쾌함과 직접성을 사라지게 만든다는 것을 알아라. 이 지침을 어기지 않도록 하자. 물론 이 기본 문장을 채우려면 더 많이 생각하고 또한 유의어사전과 친숙해질 필요가 있지만, 당신의 연기를 보다 뚜렷하게 만들어줄 것이다.

때로는 무대에서 당신 혼자 노래를 부를 때가 있을 것이다. 이 경우 당신은 상대방 혹은 자기 자신을 가상의 대상으로 놓고 노래 부른다. 가상의 상대라고 하지만 실제 기능은 진짜와 같다. 〈그레이트 코멧(Natasha, Pierre and the Great Comet)〉의 'No One Else'에서 나타샤는 이곳에 없는 안드레이와 이야기를 나눈다. 만일 당신이 당신 자신에게 얘기하는 것이라도 당신에게는 여전히 목표와 전술적 행동이 필요하다. 단지 이런 경우에는 당신이 원하는 이상적인 결과는 당신에게 달려 있고, 따라서 위의 기본 문장은 '나는 당신을 [—]한다'가 아니라 '나는 나를 [—]한다'로 바꾸어야 한다. 즉 나는 나를 꾸짖는다/나는 나를 회유한다/나는 나를 비난한다/나는 나를 위로한다/나는 나를 벌한다 등등. 〈지킬 박사와 하이드〉에서 지킬 박사가 'This is the Moment'에서 자기 자신과 나누는 대화를 살펴보기 바란다.

아래의 간단한 본보기를 참고하라.

1. 텍스트를 비트로 나누어라.

2. 각 비트에서 당신의 목적을 알아내라.

3. 각 목적의 이상적인 결과를 찾아라.

4. 상대방의 관점에서 결과를 적어라.

5. 비트들을 숨 쉬는 단위나 프레이즈로 나누어라.

6. 비트 안에서 숨으로 나눈 프레이즈에 전술적인 행동(동사)을 적용하고, 전술적인 행동이 일어나도록 하라.

: 표 8-3 'Times Are Hard for Dreamers'의 첫 비트를 전술적인 행동의 프레이즈로 나눈 사례

숨으로 나눈 프레이즈	비트의 목적/판단/발견	전술
그들은 말해 꿈꾸는 사람들에게는 힘든 시기라고 하지만 나는 힘들지 않을 거야	목적 : 아멜리에는 더 이상 자신을 의심하지 않기 위해 마음의 무장을 한다.	나에게 집중한다.
나는 내가 아는 모든 것을 모아왔어	판단 : 아멜리에가 계획의 다음 단계로 확실하게 넘어가게 되면, 그때에서야 그녀는 자신의 목적이 달성되었음을 알게 된다.	나의 기운을 끌어올린다.
잔디밭 너머로 발걸음을 내딛기 위해 역이 보일 때까지 계속 걸어	그녀는 목적을 달성한다.	나를 몰아댄다.
그리고 출발하는 거야	발견 : 아멜리에는 자신을 보호하던 집을 벗어나 더 큰 도시, 파리로 모험을 떠날 수 있다.	나를 인정한다.

연습 과정을 통해 당신이 떠올릴 수 있는 다양한 전술적인 행동들을 시도하는 게 좋다. 이 과정에서 당신은 캐릭터가 간직한 진실한 내면의 모습을 표현하는 방법과, 상대방을 강력하게 자극하는 방법, 나아가 최고의 순간을 위해 어떻게 행동해야 하는지까지 배우게 될 것이다.

행동은 느낌(feeling)이 아니라 동사(verb)다 — 8.6.3

'나는 당신을 사랑합니다.' 아마도 당신은 이 문장을 구체적으로 드러낼 수 있는 방법을 찾을 것이다. 이 문장은 행동이 아니라 느낌과 분위기에 가깝다는 것을 인식하면,

당신의 행동 찾기가 시작된다. 여기 사랑의 전술적인 행동들이 있다.

받아들이다	칭찬하다	숭배하다	아첨하다
편들다	기쁘게 하다	마음을 빼앗다	돌보다
부추기다	달래다	쫓아다니다	간직하다
현혹시키다	신격화하다	즐겁게 하다	욕정을 느끼다
기운을 복돋다	흥분시키다	포옹하다	반하게 하다
찬성하다	축하하다	알랑거리다	귀여워하다
기뻐하다	아름답게 꾸미다	만족시키다	몸을 더듬다
숨겨주다	격려하다	도와주다	껴안다
불을 붙이다	감화시키다	감동시키다	설득하다
치켜세우다	활기가 넘치다	감정이 타오르다	키스하다
핥다	명랑해지다	안심시키다	꾀어내다
유혹하다	결혼하다	안마를 하다	최면을 걸다
관심을 보이다	꼬집다	기르다	감정을 품다
순종하다	손에 넣다	임명하다	소유하다
내버려둔다	부모 역할을 하다	가볍게 두드리다	어루만지다
황홀하게 하다	인정하다	즐기다	로맨틱하게 말한다
기미를 보이다	속이다	보호하다	주문을 걸다
달라붙는다	애타게 하다	전율을 느끼게 하다	흥을 돋우다
옷을 벗다	협력하다	고양시키다	재촉하다
존중하다	받들어 모시다	흔들다	생기를 주다
따뜻하게 하다	환영하다	조르다	감싸다

이 목록은 당신이 생각지 못한 전술적인 행동을 당신에게 알려준다. 이 동사들은 '나는 당신의 꿈을 꾼다/나는 당신을 위해 노래 부른다/나는 당신에게 무엇을 말하다' 같은 말들보다 더욱 행동에 가깝다.

한편 상처를 주는 행동들도 있다. '나는 당신에게 화났다'라는 문장을 구체적으로 표현할 수 있는 전술적인 행동을 찾는다고 상상해보자.

학대하다	따돌리다	짜증나게 만들다	침해하다
몹시 괴롭히다	헐뜯다	하찮게 만들다	패다
크게 책망하다	질식시키다	포위하다	싸우다
피해를 입히다	천벌을 내리다	품성을 떨어뜨리다	패배시키다
말살하다	쫓아내다	제거하다	노예로 만들다
채찍질하다	때려눕히다	호되게 매질하다	위협하여 쫓아내다
괴롭히다	(눈을) 후벼내다	엄하게 심문하다	빼앗다
주먹으로 때리다	열변을 토하다	귀찮게 굴다	(마음을) 괴롭히다
말뚝으로 찌르다	습격하다	비난하다	못살게 굴다
잽을 먹이다	조롱하다	위험에 빠뜨리다	세게 치다
걷어차다	납치하다	살해하다	찔러죽이다
(얼굴을) 베다	창으로 찌르다	비방하다	린치로 죽이다
중상을 입히다	짓이기다	할퀴다	위협하다
바가지 긁다	혐오감을 느끼다	부정하다	화나게 하다
제거하다	성나게 하다	대항하다	박해하다
욕하다	교란시키다	고통을 주다	약탈하다
유린하다	거절하다	불합격시키다	부인하다
고의로 파괴하다	맹렬하게 공격하다	매질하다	강탈하다
조롱하다	겁나게 하다	고문하다	폭군같이 굴다
(권위를) 약화시키다	미치게 만들다	흐트러뜨리다	속상하게 만들다
정복하다	부당하게 괴롭히다	성폭행하다	해치다
호되게 때리다	약하게 만들다	후려치다	상처를 입히다

이제 당신은 아마도 '나는 당신을 [—]한다'라는 문장 구조가 지닌 신기한 힘을 알았으리라. 상대 배우와 당신을 직접 연결시키거나 혹은 특정 행동을 하도록 만드는 위와 같은 동사들은 당신에게 영감을 줄 것이다.

간혹 배우들 중에는 만일 모든 게 이와 같이 일일이 정해져 있다면 상대 배우와 호흡을 맞출 때 어떻게 자발적으로 반응할 수 있을지 모르겠다며 이 구체적인 행동 지침에 의구심을 드러내는 경우도 있을 것이다. 잘못된 생각이다. 모든 것은 완벽히 계획될 수 없다. 만일 모든 게 계획되었다면, 그리고 당신이 계획의 일부가 되어 행동하는 데 아무 문제가 없다면 당신은 상대방의 반응과 선택에 거부감을 갖게 될 것이다. 어쨌든 그렇게 의심만 하지 말고, 한번 이 방법을 써보자. 우선 이 훈련 방법은, 상대 배역과 호흡을 맞추는 디테일한 연습에서 배우로 하여금 빠른 시간 안에 보다 많은 그리고 보다 구체적인 전술적 행동을 찾을 수 있도록 도와준다. 이처럼 찾는 것이 먼저다. 다음, 긴장을 풀고, 전술적인 행동을 선택하는 것에 익숙해지면 상대 배우에게서 받은 정보를 바탕으로 그 전술적 행동들을 연기할 수 있다. 그러면 머지않아 당신은 전술적 행동을 선택하는 일과 즉흥 연기 모두를 편안히 수행하게 될 것이다.

연습과제 8G

채찍과 당근

1. 노래의 첫 번째 비트부터 시작하자. 당신 노래의 목적과 비트의 목적이 무엇인지 파악하라. 그런 뒤 두 목적의 이상적인 결과가 무엇인지 찾아라.
2. 비트를, 숨 쉬는 곳을 기준으로 여러 프레이즈로 나눠라.
3. 각 프레이즈에 '나는 당신을 때린다'와 '나는 당신을 유혹한다'와 같이 하나는 상대를 겁주고 하나는 상대를 유혹하는 두 개의 평범한 행동을 찾아서 적어라.
4. 사전을 활용하여, 3번 행동의 목록 옆에 보다 구체적인 행동들의 목록을 찾아서 적어라. 이때 타동사들을 찾는 게 좋다. 타동사는 목적어를 필요로 하므로 '나는 당신을 [—]한다'라는 문장에 적합하다. 가능한 한 많이 찾아라.
5. 표로 정리하라. (표 8-4)

: 표 8-4

숨으로 나눈 프레이즈	채찍		당근	
	평범한 행동	보다 구체적인 행동	평범한 행동	보다 구체적인 행동

프레이즈 1	나는 당신을 괴롭힌다	습격하다	나는 당신을 유혹한다	마음을 사로잡다
(여기에 당신의 텍스트를 넣어라)		폭행하다		끌어당기다
		구타하다		현혹시키다
		몰아세우다		매수하다
		멍들게 하다		구혼하다
		결투를 신청하다		매우 기쁘게 하다
		비난하다		함정에 빠뜨리다
		논쟁하다		부추기다
		손해를 입히다		속여서 빠져들게 하다
		타락시키다		설득하다
		다투다		꾀어내다
		상처를 입히다		구애하다
		약탈하다		시험하다

6. 각 프레이즈마다 단 하나의 명확한 전술을 선택하라. 이 리스트를 손에 가지고 있어라.

7. 파트너와 함께 노래의 첫 번째 비트를 연기해보자. 이 비트 내에서 호흡으로 나눈 프레이즈가 바뀔 때마다 전술을 바꾸어라. 캐릭터의 의도가 명확히 드러나도록 하라.

8. 채찍과 당근을 번갈아가며 적용해보자. 전술에 변화를 주어라.

9. 이어지는 비트에서도 이 과정을 되풀이하라.

당신은 전술에 대해서 무엇을 배웠는가? 당신은 보다 큰 차원의 전술을 배우고 있음을 알고 있는가? 구체적인 상황에 처한 캐릭터를 위해 당신은 지금까지 전술적 행동들을 선택해왔는데 이 과정에서 당신은 무엇을 깨달았는가?

발견

　지금까지 우리는 보다 작은 단위로 나누어 노래의 여정을 검토하고 연기해보았다. 이때 했던 수많은 선택들은 당신이 무대에서 어떻게 연기해야 할지 힌트를 줄 것이다. 그 선택들, 즉 당신 스스로 세웠던 계획들은 당신이 공연을 하는 데 크나큰 밑거름이 될 것이다.

　그러나 계획만으로는 안 되는 게 있다. 거기에는 즉흥성이 결여되어 있을 수 있다. 그래서 "지나치게 완벽한 준비는 공연을 단조롭고 지루하게 만들지 않을까?" 또는 극단적으로 "나는 어디로 튈지 모르는 나의 본능에 충실하여 즉흥적으로 연기를 했어야 하지 않을까?" 하는 의문을 갖게 한다. 그러나 아무 준비도 없이 비행기를 이륙시키는 것도 답이 아니요, 완벽하게 준비하여 진행하는 것도 답이 아니다. 정답은 '발견'이라는 단어에 있다.

　당신은 무대 위에서나 혹은 무대 밖에서 매 순간 '발견'을 경험한다. 편지를 부치기 위해 밖을 나서는 상황을 떠올려보자. 문을 열자 햇빛이 쏟아진다(햇빛의 발견). 당신은 선글라스를 쓸 것이다. 길가에는 아이들의 장난감이 널려 있어 밟지 않도록 조심스럽게 걷는다(장난감의 발견). 인도 끝에는 뛰어넘어야 할 웅덩이가 있고, 횡단보도에서는 자동차가 지나가길 기다리고, 가죽 끈에 묶인 개가 킁킁 대며 다가올 때는 길 한쪽으로 바짝 붙어서 걷기도 한다. 우리의 일상에는 크고 작은 변화가 있으며 우리는 그 변화를 '발견'하고 거기에 적응하며 살아간다.

　배우에게도 발견은 매우 중요하다. 배우들은 무대 위에서 캐릭터의 삶을 살아가야 하는데 그 삶 속의 정보, 경험, 감정 그리고 욕망 등은 모두 처음 겪는 일처럼 보여야 한다. 그래서 발견이 중요하다. 무대 위에서 겪는 모든 일이 매 순간 처음인 듯이 연기하는 것이 배우가 하는 일이다. 비록 대사나 노래, 그리고 안무가 오랜 훈련을 통해 탄생한 결과물이라는 것을 당신의 이성은 알고 있다 하더라도 당신은 마치 처음인 듯 연기해야 한다.

　무대 위에서 우리는 신물이 날 정도로 매번 똑같은 자극에 반응을 해야 한다. 함께 연기하는 배우들에게서 늘 똑같은 자극들이 오는데, 설령 공연 연습 과정에서나 공연 때 잘 되었더라도, 혹은 오랫동안 호흡을 맞춰 왔다고 할지라도 당신의 반응은 어제와 달라야 한다. '공연은 매번 똑같지만 되풀이되는 공연은 없다 — 신이여, 감사합니다!' 비록 같은 말을 하고, 같은 음색으로 노래하고, 같은 스텝으로 춤을 춰도 오늘의 당신은 어제의 당신이 아니다. 당신이 상대방을 보는 방법, 그녀가 당신에게 대답하는 방법, 그녀의 머리의 기울기, 그녀가 하는 말의 의도나 억양, 그녀의 압박은 어제의 되풀이가 아니다. 그런 마음이 뮤지컬을 살아 있는 무엇으로 만든다. 이런 자세가 당신을 흥미로운 발견의 세계로 인도해준다.

나는 장기 공연 중인 〈브리가둔〉의 한 앙상블 배우를 안다. 이 뮤지컬의 2막에서 흥겨운 결혼 축하연이 벌어지는데 마을의 재단사 아치가 그의 아들 해리의 시체를 데리고 나타나자 파티 분위기는 엉망이 된다. 해리는 과거에 영원히 갇혀 있는 이 마을의 저주를 풀기 위해서 이 마을에서 탈출을 시도하다가 숲속의 바위에 떨어져서 죽었는데, 마을 사람들은 그의 죽음을 전혀 모르고 있었다. 공연 초기의 일이다. 아버지 역할을 하는 배우가 아들 역할의 배우를 운반하여 무대 위로 들어오기 시작하면 무대 뒤에서 백파이프가 연주되었는데, 그동안 무대 위의 배우들은 소란스럽게 춤을 췄다. 그런데 앞서 언급했던 이 배우는 이 연주 소리가 그들의 등장을 알리는 것인지 인지하지 못한 채 파티에 몰입했다. 그는 말 그대로 자신의 시야에 그들이 들어온 순간 아치가 해리를 운반하여 이곳에 들어온 것을 '발견'했다. 그 순간, 그는 처음인 듯 전율을 느꼈다. 이 소름 돋는 경험을 기점으로 그 이후의 공연에서 그는 완전히 바뀌었다. 이 배우는 매 공연마다 스스로 집중하기로 결심했다. 파티에 완전히 몰입함에 따라, 그는 그의 죽은 친구가 도착하는 모습을 매일 밤 처음 발견하고 큰 슬픔에 빠지고 또 그를 죽음에 이르게 했다는 부끄러움을 느꼈다. 처음인 듯이 말이다.

당신의 캐릭터가 여정을 떠나는 동안 당신이 이러한 발견들을 연기할 수 있다면 그 공연은 당신과 관객들에게 늘 새로운 느낌으로 다가갈 것이다.

뮤지컬의 모든 이중창에서는 두 캐릭터 사이의 '발견'이 나온다. 〈렌트〉의 'Take me or Leave me', 〈아담스 패밀리〉의 'Crazier Than You', 〈회전목마〉의 'If I Loved You'를 포함하여 잘 만들어진 모든 이중창을 보라. 뮤지컬의 대화들은 모두 하나같이 한 명의 캐릭터로부터 시작되어 새로운 상황으로 넘어가는 것을 볼 수 있는데, 왜냐하면 한 캐릭터가 다른 캐릭터에게서 새로운 정보를 발견하고 그에 반응했기 때문이다. 상황은 역동적으로 바뀐다. A가 보여주는 행동과 태도는 B의 행동과 태도를 변화시킨다. 모든 장면은 캐릭터들이 서로에게서 새로운 것을 발견하는 과정이라고 할 수 있다.

연습과제 8H

감춰라 그리고 발견하라

전술적인 분석으로 돌아가자.

1. 이번 시간은, 각각의 전술적인 행동과, 이 행동에 자극을 준 발견이 정확히 무엇인지 결정하는 시간이다.

2. 1번의 발견을 위해서 생각이나 이미지, 직관을 명료하게 작동시켜라. 그렇게 하면 당신은 다음 단계로 넘어갈 수 있다. 예를 들어, 〈She Loves Me〉에서 조지는 자신이 아말리아를 좋아하지 않았다는 사실을 여느 기억 떠올리듯 평범하게 회상해서는 안 된다. 그는 구체적인 기억을 떠올려야 한다. 그는 그녀의 향수 냄새를 지겨워하고, 그녀가 잰 걸음으로 빨리 걷는 것을 싫어하고, 그녀가 머리를 항상 늘어뜨리고 다니는 것을 새삼 알게 되고, 이런 기억들을 떠올리면서 신경질을 느낀다. 또렷한 기억, 구체적인 이미지 또는 감각의 경험(냄새 맡다, 만지다, 맛보다 등등)이 가능할 때 여기에 무엇인가 실마리를 잡을 수 있을 것이다. 후에, 그는 아까 떠올린 것들(그녀의 훌륭한 향기, 섬세한 발, 아름다운 머릿결)에서 성적인 자극을 느끼는 반전이 일어난다.

3. 각각의 뚜렷한 감각적 발견을 리스트로 만들고 이를 명확히 떠올리기 위해, 나아가 자기 것으로 소화하기 위해 시간을 가져본다. 당신이 파트너와 함께 준비하고 있다면 그들에게 얻은 발견들을 명확히 알려주어라. 당신의 모든 준비 과정은 이 관계 안에서 이루어져야 한다.

4. 하나의 이미지를 명확히 발견하는 데서 시작하여 다음으로 넘어가되, 장면이 명확해질 때까지 연습하라.

5. 비트에서 일어난 발견에 집중하여 노래를 불러보자. 다음 순간에 무엇이 일
   어날지 몰랐을 때 그리고 그것을 당신이나 상대방이 발견할 때 무슨 일이
   일어나는지 잘 관찰하라.

이런 연습 과정을 통해서 얻는 이득이라면 바로 상대 배우에게 집중하는 것이 얼마
나 중요한지를 깨달을 수 있다는 점이다. 집중은 연기의 가장 근본적인 요소다. 만일
당신이 무대 위에 있는 상대 배우에게 집중하고 있다면 자신의 목소리가 어떤지, 표정
은 괜찮은지 신경 쓸 필요가 없다. 당신의 연기 파트너가 당신의 집중을 도울 수 있다.

연습과제 81

바로 지금 무슨 일이 일어났는가?

1. 두 명이 등장하는 뮤지컬 장면을 찾는다. 당신이 다른 사람에게 뭔가를 하는 그
   장소가 어디인지 확인하라. 이 장면을 다음과 같이 해보자. 모든 행동을 멈추고
   (음악 없이) 대사와 가사를 말하고, 당신이 왜 그런 행동을 선택했는지 그 이유
   를 크게 말하라. (예 : 당신이 내게 맞서기 때문에 협박했다. 당신이 잘 받아주
   기 때문에 접근했다. 당신이 날 겁주었기 때문에 제안을 거절했다.) 이 방법에
   서는 당신이 캐릭터 안으로 들어갔다가 나오는 것이 중요하다.
2. 같은 연습을 다른 방식으로 진행한다. 이번에는 내가 택한 행동이 왜 어떻게 해
   서 나오게 되었는지 말해주는 '또 다른 나'가 필요하다. '또 다른 나'가 되어 무
   대 위의 배우를 대신해서 말한다. 당신이 배우의 의도를 정확히 잘 설명했든 그
   렇지 못했든 그건 중요한 게 아니다. 일단 충분히 시도해 본 뒤에 배우들과 이
   장면에 대해서 토론하라.

판단과 조정

당신의 공연이 박진감을 갖기 위해서는 당신이 진행하는 모든 과정, 즉 문제를 발견하고, 해결 방안을 짜내고, 성공하거나 실패하고, 이해하지 못하고, 마음에 상처입고, 엉뚱한 해법을 찾아헤매고, 실제 삶의 행복하고 불행한 사건들과 끊임없이 부딪히는 모습을 옆에서 지켜봐줄 관객이 필요하다. 눈에 띄지 않을 만큼 작은 단위의 장면도 좋거나 나쁘기 때문에 일어난다. 당신의 캐릭터는 이 사건의 의미를 이해하고 대처할 필요가 있다. 따라서 당신은 상황이 어떻게 바뀌었는지 판단하고 바뀐 상황에 맞춰 행동 방식에도 변화를 주어야만 한다. 만약 당신이 역동적으로 바뀌는 장면을 그대로 지나치거나 매우 작은 단위의 장면에서 일어나는 변화를 무시한다면 관객들은 당신 연기에서 더 이상 진실함을 느끼지 못하게 된다.

믿음을 주는 연기를 보여줘야 한다는 책임감 때문에 위축될 필요는 없다. 공연은 절대적인 어떤 것을 연기하는 무대가 아니라 상대와 경쟁을 펼치는 하나의 스포츠 경기라고 생각하는 편이 낫다. 당신이 설령 최고의 운동선수를 꿈꾸어서 매일 던지고 받는 등 엄청난 훈련을 소화한다고 하더라도 더 이상 손 댈 수 없을 만큼 완벽한 상태에서 경기에 출전하는 게 아니다. 경기는 상대적인 것이다. 경기를 한다는 말의 의미는 골을 넣겠다는 의지를 굳건히 가지고 상대방의 움직임을 읽으며 전술적으로 접근한다는 뜻이다. 믿음을 주는 연기도 이와 같다. 이것이 actor를 player라고 부르는 이유이다. 우리 일은 스포츠에 임하는 어른들의 투지 넘치는 열정과, 아이들의 천진난만한 놀이가 결합된 것이다.

우리는 이러한 경쟁 속에서 '아니오'라고 말해서는 안 된다. 어떤 상황이 오든지 행동해야 한다. 진실감이 넘치는 장면을 만들 때도 마찬가지다. 당신이 어떤 피드백을 받든 간에 늘 '예'라고 말하라. 당신 주변의 모든 상황을 판단할 줄 알아야 하고, 그 상황 변화에 따라 조정할 줄 알아야 하며, 그리고 늘 목적을 위해 최선을 다해야 한다.

반응하고 응답하라

처음에는 당신이 잘 아는 노래를 사용하되, 당신이 노래하는 그 캐릭터의 관계를 이해하기 위해 분석해 본 적이 있는 노래를 사용하는 게 좋다. 파트너도 필요하다. 파트너가 있으면 누군가에게 이 연습 장면을 봐 달라고 부탁하기 편할 것이다. 당신의 파트너에게 노래와 장면의 배경을 설명하라. 세부적인 내용까지 일일이 알려 줄 필요는 없다. 다만 파트너는 순간순간 어떤 일이 일어나는지 알기 위해 충분히 노래를 이해하고 있어야 한다. 파트너에게 임시로 목적을 부여한다. 예컨대 당신과 함께 있고 싶다거나 당신에게 키스하고 싶어 한다는 것처럼 상대가 쉽게 할 수 있는 것을 목적으로 삼도록 한다. 당신은 우리가 이미 했던 기본적인 숙제를 상기할 필요가 있다. 당신의 목적과, 상대와의 특정한 관계를 파악하는 것이 이 연습에서 가장 중요하다.

1. 파트너와 함께 노래를 시작하라. 당신이 노래할 때, 파트너는 자신이 이해하고 있는 관계나 자신이 가진 목적, 노래의 맥락에 토대를 두고 신체적으로 반응을 보일 것이다. 그는 어쩌면 당신을 떠나려고 할지 모른다. 그러면 이번에는 당신이 그에게 반응을 보여야 한다. 다시 파트너가 리액션을 할 것이고 당신은 이에 응답해야 한다. 당신이 파트너의 신체적 반응에 맞춰 노래를 한 후, 파트너 그리고 관찰자와 함께 무슨 일이 일어났는지, 어떤 순간이 노래의 가사와 연기를 잘 살렸는지 토론하라. 다시 노래를 시작하고, 파트너에게 전과 동일한 것을 요구하고 당신은 좀 전과 다른 새로운 반응들을 실험한다. 각 노래를 파트너와 함께 연기해 본 후 판단과 조정의 과정을 거치되 이 과정을 체계적으로 만든다. 세 번 정도 되풀이하면 당신은 아마도 어떻게 해야 하는지 감을 잡을 것이다.

2. 같은 연습을 다시 하라. 그러나 이번에는 당신의 파트너에게 짧은 즉흥 대사를 요구하라. 예컨대 그는 아마 '뭐라고?' '못 믿겠어.' '제발!' '정말?'이라고 말할 것이다. 다만 이 대사는 노래의 전후관계에 위배되어서는 안 된다. 이 대사는 당신의 독백을 대화로 만들어줄 것이다. 이 즉흥 대사들이 그 뒤에

이어지는 각각의 새로운 프레이즈들과 노래의 비트를 어떻게 몰고 가서 즉흥 대사에 잘 어울리는 반응을 만드는지 살펴보라. 관찰자와 함께 발견하고 선택한 동작과 말들을 가지고 보다 강력하고 논리적인 대화를 구성할 때까지 이 과정을 여러 차례 되풀이한다.

3. 이 두 연습을 마친 뒤에, 파트너를 쉬게 한다. 이번에는 파트너 없이 혼자 연습하는데 그의 반응을 잘 기억해서 한다. 파트너 없이도 이 경험을 잘 재현할 수 있는가? 얼마간의 연습이 필요하겠지만 이 과정은 당신에게 혼자서도 생기 있는 연기를 할 수 있도록 도와준다.

4. 다른 노래를 처음부터 파트너 없이 시도해보라. 이번에는 노래를 하면서 상대방의 반응을 상상하라. (신체와 대사의 반응 모두) 어떻게 이처럼 상대의 반응을 상상하는 것만으로도 당신은 계속 자극을 받으며 노래를 할 수 있는 것일까?

5. 같은 노래를 다시 불러본다. 그러나 이번에는 가사를 자세히 살펴보며 상상의 파트너가 어떤 반응을 할 것인지 명확히 결정해 두어라. 이 대사들을 실제로 가사가 적힌 종이 위에 적고 노래하는 데 적용해 보라. 둘 사이의 대화에서 알아낸 것이 있으면 가사가 적힌 종이에 적어라. 노래란 반응을 주고받으며 연기하는 것이다.

- 9장 -
관계를
만들어라

'관계'는 불륜을 다룬 가십성 기사나 연인, 부부, 가족 문제 등을 다룰 때 종종 등장하는 단어다. 뮤지컬에서 쓰는 '관계'의 의미는 이와 다르다. '그들이 당신에게 얼마나 중요한 사람인가?' 이런 관점에서 '관계'라는 표현을 쓴다. 달리 말해 '그나 그녀가 당신의 목적 달성을 돕고 있는지 혹은 목적을 대신 달성해 줄 수 있는지'와 같은 목적 중심적 관점에서 정의되는 단어가 바로 '관계'다. 뮤지컬의 캐릭터들은 자기중심적으로 상대를 바라본다. 그가 나의 목적을 이루는 데 도움이 되는가? 어쩌면 너무 이기적으로 보일지 모른다. 그러나 이것이 보다 인간적인 모습이다.

당신이 노래를 부를 때, 당신은 늘 중요한 관계 맥락 안에 놓여 있을 것이다. 뮤지컬에서는 중요하지 않은 관계에 시간을 허비하지 않는다. 이제부터 우리는, 관계를 아는게 왜 뮤지컬 연기에 도움이 되는지, 그리고 내 연기에 도움이 되는 방법에는 무엇이 있는지 알아볼 것이다.

이 장을 학습한 후, 다음을 할 수 있어야 한다.

- 당신은 극중 자신의 캐릭터와 연관되어 있는 모든 캐릭터 사이의 관계를 특별하게 설정할 수 있다.
- 당신은 캐릭터의 목적을 이루기 위해 상대방과의 관계를 명확하게 발전시킬 수 있다.
- 당신은 지금 무대 위에 존재하지 않는 상대방과 구체적인 관계를 구축함으로써 혼자 노래를 부르며 연기할 때의 어려움을 해결할 수 있다.

9.1 — 명확한 관계

모든 캐릭터는 그가 만나고 대화하는 여러 캐릭터들과 구체적인 관계를 맺고 있다. 코러스들조차 서로 관계를 맺고 있으며 나아가 코러스와 주요 캐릭터들 사이에서도 관계는 발견된다. 관계는 두 사람 사이의 연합 같은 것이다. 둘 사이의 관계가 얼마나 중요한지는 그들이 주고받는 가치에 따라 달라진다.

로저스와 해머스타인의 〈오클라호마!〉 시작 부분에 여러 가지 관계들의 단서가 나온다. 만약 당신이 로리 역을 맡았다면 컬리가 카우보이이고 당신의 농장을 배회한다는 사실을 알고 있어야 한다. 이 사실은 다음과 같은 이유로 당신에게 매우 중요하다.

- 그는 매력적이고 호감어린 사람이다.
- 그는 잘생겼다.
- 컬리와 나는 요 몇 달 전부터 연애 비슷한 감정을 느끼며 서로에게 접근해 왔다.
- 그는 내가 쥬드를 두려워한다는 사실을 알고 나를 지켜주고 싶다고 말했다.
- 마음 같아서는 그와 결혼해서 평생 함께 살고 싶다. 그러나 농장을 생각한다면 나에게는 농부가 될 남편이 필요하다. 그런데 그는 카우보이다.

이 항목들을 읽어가다 보면 우리는 컬리가 왜 로리에게 중요한 사람인지를 명확하게 알게 된다. 이 항목들은 그녀와 컬리의 관계를 밝혀준다. 컬리는 로리에게 중요한 사람이다. 왜냐하면 컬리는 로리가 원하는 것을 채워 줄 수 있기 때문이다. 그녀는 컬리에게서 남성적 매력을 느낀다. 그녀 역시 매력적이고 예쁘게 보이고 싶어 한다. 또한 그와 가까이 지내는 게 즐겁고 이는 컬리 또한 마찬가지다(늘 그런 건 아니지만). 그는 그녀가 위험에 빠지거나 도와 달라고 요청할 때 그녀를 보호할 능력이 있다. 결국 그는 그녀의 구혼을 받게 되고, 로리가 무엇보다 중시하는 농장주로서의 삶을 같이하게 된다. 이와 같은 둘 사이의 명확한 관계는, 그가 그녀에게 얼마나 중요한 사람이고, 그가 그녀를 위해 무엇을 할 수 있는지에 의해 만들어진다.

반면 당신이 컬리 역을 맡았다면, 위의 관계와는 다른 방식으로 로리와 관계를 맺게 된다. 컬리가 로리를 중요한 사람으로 여기는 이유는 다음과 같다.

- 그녀는 매력적이다.

- 그녀와 함께 있으면 마음이 차분해지고 편안해진다.

- 나는 톡톡 쏘는 그녀가 좋다. 그녀는 내 매력에 쉽게 넘어오지 않아 애간장을 태운다.

- 그녀와 결혼하고 싶다. 그러나 그녀는 내가 정착하길 바랄 것이다.

몇 가지 이유는 로리와 같다. 그러나 다른 점도 있다. 이 차이 때문에 컬리가 생각하는 로리와의 사이에는 개성적인 관계가 형성된다. 한편 로리는 컬리가 자신을 어떻게 생각하는지 모르고 게다가 서로 그런 대화도 나누지 않는다. 컬리의 리스트를 보면서 로리는 어떻게 그의 목표와 인생의 목적을 도울 수 있는지 생각해 보자. 이 모든 이유들이 관계를 정의하는 데, 또한 관계를 중요한 것으로 만드는 데 도움이 된다.

이 두 명의 주인공은 각각, 로리의 농장에 살며 그녀를 자선 파티에 데리고 가려는 쥬드와 특정한 관계를 맺게 되는데 이 관계가 이 뮤지컬의 중요한 축을 이룬다. 쥬드에게 로리는 다음과 같은 이유로 중요한 사람이 된다.

- 그녀는 매력적이다.

- 그녀는 내가 아플 때 돌봐주었다. 그녀는 다른 사람과 달리 나를 불쌍히 여겨주었다.

- 그녀는 어리고 경험이 부족하다. 나는 그런 모습이 좋다.

- 그녀는 내가 마을에 적응하도록 도와주었고, 덕분에 나는 마을에 정착할 수 있었다.
- 그녀는 나의 이상형이자 내가 결혼하고픈 사람이다.

이 이유들이 로리에 대한 쥬드의 관계를 명확히 만든다. 한편 로리에게 쥬드 역시 다음과 같은 이유로 중요한 사람이다.

- 그는 힘이 세고 강하다. 그가 지닌 거친 면이 매력적으로 보일 때가 있다.
- 컬리가 쥬드 때문에 질투하는 모습은 나를 즐겁게 한다.
- 그 사람 말을 거부하면 내게 해를 끼칠 것 같아서 무섭다.
- 그는 우리 농장을 잘 꾸려주는 사람이다.

쥬드가 생각하는 것과는 전혀 다른 관계다. 그리고 이 관계는 뮤지컬이 진행되는 동안 지속적으로 변화한다. 한편 컬리 입장에서 쥬드는 다음과 같은 이유로 중요한 인물이다.

- 쥬드 때문에 나는 로리와 결혼을 못할지도 모른다.
- 쥬드는 엘러 이모의 신임을 받고 있다. 나로서는 로리가 더 적극적으로 나의 구혼을 받아주기를 바란다.
- 그는 위험한 사람이다. 그는 위협적인 인물이다. 그는 나를 두려움에 떨게 한다.

이와 같이 몇 개의 문장을 통해 우리는 세 명의 캐릭터 사이에 완전히 다른 의미의 관계가 있음을 알 수 있다. 그들은 모두 관계망 안에 얽혀 있지만 1대 1 관계에서는 서로 특별한 의미로 맺어져 있다. 각각의 캐릭터는 서로에 대해 관심을 가져야 할 강력한 이유가 있다. 이 세 사람 사이에 관심 부족이나 무관심 따위는 존재할 수 없다.
몇 가지 기본적인 질문을 통해 우리는 캐릭터 사이의 관계를 명확히 파악할 수 있다.

- 저 사람은 나에게 어떤 사람인가? 그들은 나의 [——]이다. 이 문장은, 우리 개개인이 각자의 세계에서는 중심이며 다른 사람들은 나의 주위를 도는 위성과 같은 존재임을 알려준다. 그들은 나의 세계에서 자신에게 부여된 역할과 기능을 엄격히 수행하는 부수적인 존재이다. 자, 이제 자유롭게 빈 칸을 채워보자. 비유를 써도 좋다. 예컨대 '컬리는 나(로리)의 [구세주/말 탄 기사/동료/근사한 이상형]이다.'라고 할 수 있다.

- 왜 나는 그들을 걱정하는가? 왜 그들이 당신에게 중요한지 가장 중요한 이유를 리스트에 적어라.

- 그들은 나를 돕기 위해 무엇을 할 수 있는가? 또는 그들은 나의 목표 달성을 방해하는가? 나는 그 사람에게서 [——]이 필요하다. 당신 자신을 위해 필요한 것이 무엇인가, 그걸 적으라는 말이다. '나에게' 또는 '나를 위해' 같은 문구를 활용하여 답을 해보자. '당신이 날 사랑해 주기를 원해.' '나를 위해 그곳에 가줘.' '나를 위해 쥬드 좀 말려줘.'

- 그들은 나에게 얼마나 중요한가? 내가 그를 잃는다면 난 [——]할 것이다. 그가 사라지기 전까지는 그가 얼마나 중요한 사람인지 알기 어렵다. 그러므로 잃게 되는 것이 무엇인지 스스로에게 물어보아라.

연습과제 9 A

관계를 구체적으로 만들어보자

다음에 이어질 연습을 위해서, 전에 한 번도 연기한 적이 없는 캐릭터를 정한 뒤, 그 캐릭터에 감정이입을 하라. 기왕이면 관심을 두고 있는 역할이 적당하다. 이를 위해 대본과 악보 그리고 음악 전체(아니면 최소한 몇 곡이라도)를 챙겨야 한다. 선택한 캐릭터가 당신에게 적합한 음역대인지 확인하라.

1. 당신 캐릭터와 중요한 관계로 맺어진 두 캐릭터를 찾아라.
2. 바로 앞에서 썼던 4단계 질문 목록을 사용하여 당신과 두 캐릭터 사이의 관계를 구체적으로 만들어보라.

3. 당신 캐릭터에게 그들이 왜 중요한지 그 이유를 최소한 5개 열거하라. (뮤지컬 대본에 없는 내용을 억지로 찾지는 말아라. 엘러 이모는 컬리에게 그의 돌아가신 할머니를 떠올리게 할 수도 있다. 그러나 이런 상상력은 혼란만 줄 수 있다. 대신 엘러 이모를 돌아가신 할머니로 비유하는 것은 괜찮다.)
4. 3번에서 열거한 이유들에 우선순위를 매겨보자. 그 이유들이 어떻게 당신 자신만의 특수한 관계를 만드는지 살펴보라.

당신이 각각의 캐릭터로부터 원하는 게 무엇이고 왜 그들이 당신에게 정말로 중요한지 이해하는 데 이 목록이 도움이 되었는가?

연 습 과 제 9 B

상대 입장에서 바라보자

1. 9A 연습과제에서 다룬 관계를 다른 관점에서 살펴보자. 즉 이번에는 상대 캐릭터 중 한 명의 입장에 서서 당신이 그에게 왜 중요한지 물어보라.
2. 상대 캐릭터의 입장에서 당신이 맡았던 캐릭터에게 4가지 질문을 던지고 답하라.
3. 다시 당신 캐릭터로 돌아가자. 이제 당신은 상대 캐릭터가 당신에서 무엇을 원하는지, 당신은 그를 위해서 무엇을 할 수 있는지 결정할 수 있다. 그렇다면 당신의 캐릭터는, 상대가 당신에게 바라는 게 무엇인지 알고 있는가?
4. 상대 캐릭터가 당신에게 바라는 것이, 당신과 그 외의 인물들을 화합하게 하는가, 아니면 갈등을 일으키는가?
5. 당신은 그가 원하는 대로 할 것인가, 아니면 저항할 것인가?

관계도 변한다

로리의 관계 목록(쥬드가 왜 로리에게 중요한지)을 읽다 보면 당신은 아마도 모순을 발견하게 될 것이다. 어떻게 그녀는 쥬드를 매력적이라고 생각하는 동시에 위험한 사람이라고 느낄 수 있까? 당신이 모순을 느끼는 이유는 두 개의 마음이 '동시에' 나타났다고 가정했기 때문이다. 그러나 시간을 두고 변한 것이라면? 그렇다, 관계는 마치 롤러코스터처럼 시시각각 변한다. 그리고 그 변화에 따라 중요한 극적 사건들이 펼쳐진다. 감정이란 것은 비이성적이어서 모순되는 감정이 동시에 일어날 수 있다. 쥬드에 대한 로리의 마음이 지금 어떤지 묻는다면, 예컨대 호감을 느끼는지 미운지 혐오감을 느끼는지 묻는다면 그녀는 어느 하나를 선택하기를 거부하고 다만 '그런 것 같기도 하고……'라며 애매하게 답할 것이다.

쥬드에 대한 그녀의 관계를 은유적으로 표현해보자. 쥬드는 악몽 속에 나오는 정체 불명의 귀신처럼 어둠 속에서 그녀를 쫓는 자일 수도 있고, 동시에 다른 행성에서 온 비밀스러운 연인일 수도 있다. 절대로 어설픈 합리성에 스스로를 가두지 마라.

쥬드는 로리를 위하여 컬리에게 복수할 수 있는 좋은 방법을 제안한다. 컬리는 자신이 멋진 마차를 가지고 있다고 거짓말을 했다가 로리에게 들통이 났고, 그래서 로리는 매우 화가 나 있다. 쥬드는 열심히 그녀를 돕는다. 이것이 그들 관계의 시작이다. 그러나 시간이 지남에 따라 그녀는 자선 파티에 함께 가자는 쥬드의 데이트 신청을 받아들인 것 때문에 자신이 궁지에 몰리게 되었음을 깨닫게 된다. 그래서 그녀는 쥬드의 심사를 뒤틀리게 하지 않으면서 데이트를 거절할 수 있는 방법을 찾는다. 둘의 관계는 새로운 국면으로 접어든다. 나중에 쥬드가 자선파티에서 그녀를 위협하는 대목에 이르러서는 둘 사이의 관계는 보다 강력하게 발전한다. 끝내 쥬드는 로리의 결혼 축하연에 찾아와 칼을 휘두르면서 이제 막 결혼한 두 사람의 목숨을 위협하는데 이 장면에서 쥬드와 로리의 관계는 최고조에 이른다(좋은 의미에서가 아니라). 이 순간, 쥬드와 로리의 관계는 이전까지의 관계와 전혀 다른 양상을 띤다. 이게 전부가 아니다. 상황이 바뀌고, 사건 전개가 달라지고, 쥬드가 취하던 행동 방식이 변하면서 이들을 둘러싼 사람들 사이의 관계도 변하는데 이는 쥬드와 로리의 관계가 구체적인 양상을 띠도록 돕는다.

나는 변화한다

1. 9A 연습과제 때 썼던 대본을 펼쳐라. 당신이 맡은 캐릭터가 나오는 모든 장면과, 이 장면에 함께 등장하는 모든 캐릭터들을 나열해보자. 당신이 다른 캐릭터들과 만나는 장면을 시각화하기 위해 각 장면마다 장면 리스트를 만들되 제일 위에 장면 제목과 노래 제목을 적고 표 안에 캐릭터의 이름을 써 넣는다.

2. 당신과 연관이 있는 2개의 주요 관계(여유가 있다면 비중이 적은 다른 관계들까지)가 대본과 악보의 어느 지점에서 변하는지 확인하라.

3. 9A와 9B 연습과제 때 만들었던 4가지 관계의 질문들을 이용하여, 관계가 바뀌는 대목마다 답변을 하라. 아마도 거의 모든 장면에서 관계가 바뀔 것이다.

4. 각각의 주요 관계에 대해, 은유적인 표현을 써서 관계를 나타내되 세로로 길게 나열하여 적는다. 제일 위에 첫 장면을 적고 제일 아래에 마지막 만남이 오도록 한다.

5. 장면이 바뀌는 원인도 적어라. 무엇을 발견했는가? 또는 무엇이 변화를 일으켰는가?

6. 당신 캐릭터의 관계가 어떻게 흘러가는지 그 흐름에 주목하라. 이런 관계의 변화는 캐릭터의 여정을 이해하는 데 어떤 도움을 주는가?

장애가 되는 관계

장애물은 당신에게 싸울 수 있는 강력한 동기를 준다. 그래서 종종 관계를 형성하는 하나의 형식이 된다. 로리와 컬리의 관계를 장애물이라는 관점에서 보면, 그들은 서로에게 장애물로 작용한다. 로리는 컬리에게 다음과 같은 이유로 자신의 목적을 방해하는 하나의 장애물이 된다.

● 그녀는 내게 마음이 있는 것 같은데 다가가면 한 걸음 물러난다.

- 나는 톡톡 쏘는 그녀가 좋다. 그러나 그게 나를 미치게 한다. 그녀는 순종적이지 않다.
- 그녀는 내가 가정적인 사람이 되기를 원한다. 하지만 나는 자유롭고 싶다.

한편 컬리 역시 로리에게 다음과 같은 이유로 장애물이다.

- 그는 좋은 남편이 될 수 있다. 하지만 농부가 아닌 게 문제다.
- 그를 보면 마음이 약해지지만 반면 그에게 끌려다니고 싶지 않다.
- 그는 내 감정을 가지고 논다.

당신의 캐릭터가 주변 사람들과 어떤 관계를 형성하고 있는지 살펴보면, 당신은 주위 사람들이 당신의 목적을 어떻게 방해하는지, 반대로 당신이 그들의 행복에 어떤 장애물이 되는지 이해할 수 있을 것이다. 맞서 싸우는 상대가 힘이 약하다면 싸움은 시시하게 전개될 것이다. 어떤 관객이 돈까지 내면서 그런 시시한 싸움을 보고 싶어 하겠는가? 관객들은 가시밭길을 헤쳐 나가는 모습에 열광한다.

몇몇 배우들은 '그렇다면 우리는 미치광이 같은 모습으로 연기를 해야 하는 게 아닐까?' 하고 걱정한다. 그럴 필요 없다. 매 순간 격정을 토해내지 않아도 당신에게 무엇이 중요한지 충분히 알릴 수 있다. 우회적인 전략이 가장 효과적인 경우도 있다.

연습과제 9D

당신은 내 안에 있다
(그리고 나는 당신 안에 있다)

이번 연습에서는 앞의 연습에서 만든 관계 그래프의 변화를 자세히 들여다 볼 것이다.

1. 당신에게 중요한 관계들을 보면서, 어떻게 그 캐릭터들이 당신에게 점점 큰 장애물이 되고 있는지 살펴보자. 다음 문장이 좋은 방법이 될 수 있다.
   "나는 [──]이 필요하다. 그러나 당신은 [──]한다."
2. 당신의 캐릭터가 어떻게 다른 캐릭터들의 목표를 방해하고 있는지 살펴보자. 당신이 타인의 목표를 방해하고 있는 그 순간의 행동을 구체적인 사건들을 찾아라. 마찬가지로 다음 문장이 좋은 방법이 될 수 있다.
   "당신은 [──]이 필요하다. 그러나 난 [──]한다."

일상에서는 이러한 종류의 행동방식(자기 문제를 남 탓으로 돌리거나 남을 훼방 놓기 위해 고심하는 것)이 별로 좋은 모습은 아니다. 하지만 무대에서는 다르다. 드라마틱한 갈등을 만들기 위해서는 이런 행동이 필수 요소가 된다.

이 연습과정은 2장에서 다루었던 '은유적인 관계'에 대해 다시 토론할 수 있는 좋은 기회가 될 것이다. 어머니와의 관계를 "나의 부모님"이라는 말 대신 "나의 교도관", "나의 간호사", "나의 은행원", "나의 옹호자"와 같이 표현하면 둘 사이의 관계가 보다 명확해진다. 2장에서 다루었던 '은유적인 관계'가 다시 떠오르는가?

다른 사람의 특징을 포착하도록 늘 노력하라. 또한 자신의 특징을 파악하기 위해서도 노력하라. 만일 어머니가 교도관이라고 한다면 당신은 죄수가 될 것이다. 그녀가 간호사라면 당신은 환자다. 당신과 다른 인물 사이의 특징을 포착하기 위해 애쓰다 보면 당신은 자연스럽게 관계를 염두에 두며 행동하게 된다. 만약 당신이 로리 역을 맡았다면 당신에게 컬리는 백마 탄 왕자님이 될 수도 있다. 그렇다면 당신은 위험에 빠진 공주가 될 것이다. 이런 경우 당신은 어떤 행동을 하게 될 것 같은가?

9.4 ── **관계의 목표 – 나의 소망은 끝이 없다**

우리의 일상을 들여다보면 알 수 있듯이 한결 같은 관계, 변치 않는 관계는 매우 드물다. 우리는 주위 사람들을 특정한 캐릭터로 상정하고 그들과 은유적인 관계를 맺으며 살아간다. 그리고 내가 생각하는 그 모습대로 상대가 행동해주기를 요구한다. 상대가 자기 역할을 완전히 받아들일 때까지 우리의 행동은 끝나지 않는다. 설령 상대가 우리를 만족시켰다고 해도 이걸로 끝이 아니다. 상대가 우리의 기대치를 달성하자마자 우리는 새로운 것을 요구한다. 우리는 자신에게 유리한 방향으로 관계를 재정립하려고 한다.

당신은 전학생이다. 아는 사람이 없다. 주변의 학생들 모두가 당신에게는 이방인처럼 느껴질 것이다. 우리의 목적에 맞게, 주변 학생들을 '나의 이방인'이라고 부르자. 그러나 며칠 다니다 보면 친구로 삼고 싶은 사람이 생긴다. 당신은 '나의 이방인'이라는 관계를 버리고 새로운 관계, 즉 '나의 친구'라는 관계를 수립하기 위하여 선생님이 내준 숙제가 뭔지 대화도 나누고, 자동판매기를 이용하라고 동전을 바꿔주거나 아니면 최근 유행하고 있는 가수의 앨범에 대해서 대화를 나누게 된다. 나아가 같이 숙제를 하거나 노트를 빌려준 답례로 '나의 친구'에게 피자를 사주며 더욱 가까워지려고 노력한다면 지금 당신은 '나의 친구'를 '나의 절친' 또는 '나의 동맹'으로 만들려고 애쓰는 것이다. 그 사이 시간이 흘러 1년이 지날 무렵 '나의 절친'이 당신에게 기숙사를 함께 쓰자고 제안하고 당신이 수락한다면 '나의 절친'은 나와 모든 시간을 함께 보내는 '나의 유일한 친구'나 '나의 자매'가 될 것이다. 좋은 관계는 이런 식으로 발전되고 재정립된다. 반면 나쁜 관계도 똑같이 발전한다.

당신은 '나의 유일한 친구'와 가장 은밀한 비밀까지 공유하고 있다. 그런데 당신이 비밀을 누설하다 걸렸다. 그녀는 단단히 화가 나 있다. 그녀는 당신을 '나의 배신자'로 재정립한다. 당신은 시간을 돌이키고 싶어 한다. 그래서 당신은 '나의 배신자'에서 '나의 참회자'가 되려고 노력할 것이다. 만약 당신 친구가 사과를 받아주면, 아마도 둘의 관계는 좋은 관계로 다시 바뀔 수도 있을 것이다. 이처럼 관계는 끊임없이 변한다.

뮤지컬에서도 마찬가지다. 극이 진행됨에 따라 관계 역시 자연스럽게 변한다. 〈금발이 너무해〉에서 엘은 처음에 워너를 '나의 기도에 대한 응답'으로 본다. 그가 (청혼이 아니라) 그녀를 버린다는 것을 알게 되자, 그녀는 그 관계를 '나의 사형 집행인'으로 재정의하고, 그를 되찾기 위해 자신의 삶을 송두리째 바꾼다. 그러나 그녀가 자신의 자주성을 발견하자, 워너는 '나의 성가신 사람'이 된다.

이처럼 중요한 관계들이 끊임없이 재정립되는 과정은 그 관계에 놓여 있는 사람들을 연결하는 유용한 끈이 된다. 이 관계의 변화 때문에 상대방과 서로 역동적으로 반응할 수 있는 것이다.

연 습 과 제 9 E

관계들을 발전시켜라

1. 연습과제 9C로 돌아가라. 9C에서 우리는 캐릭터의 관계가 어떻게 바뀌는지 그 흐름을 살펴보았다.
2. 은유적인 관계 목록을 나열한 다음에, 당신의 캐릭터와 상대 캐릭터 간의 관계를 발전시키고 다음 문장을 채워라.
"그는 나의 [——]이다. 나는 그의 [——]이다."

9.5 관계의 목표 – 내가 사랑받고 싶어 하는 방식대로 나를 사랑해줘

앞서 초목적에 대해 이야기했을 때 어쩌면 당신은 모든 캐릭터들이 행복이라는 공통의 목적을 지니고 있다는 사실이 이상하게 들렸을지 모른다. 그렇다면 캐릭터가 모두 같은 목적을 추구한다는 말인가? 나아가 캐릭터는 근본적으로 똑같다는 뜻인가? 그러나 행복에 대한 생각이 저마다 다르기 때문에 캐릭터도 다 달라진다. 장발장에게 행복이란 자베르 경감에게 쫓기지 않고 자유롭게 살아가는 것이다. 반면 자베르에게 행복이란 안전한 사회를 지키기 위해 모든 범죄자를 영원히 감옥에 가두는 것이다. 에포닌에게는 마리우스와 함께 사는 것이 행복이고, 판틴에게는 그녀의 딸 코제트가 무사히 크는 것이 행복이다. 이처럼 당신이 맡은 캐릭터가 어떤 초목적을 갖고 있는지 확인하기 위해서는 다음 질문에 답을 해야 한다. "나의 캐릭터에게 최고의 행복이란?"

마찬가지로 모든 캐릭터들의 행복이 구체적으로 드러나야 한다. 캐릭터들에게는 사랑을 받는다고 느끼는 제각의 방식이 있다. 이 방식들이 관계를 만들어가는 가장 중요한 동력이 된다. 캐릭터들은 애매한 방식으로 사랑받기를 원치 않는다. 그들은 특정한 인물에게서 딱 정해져 있는 그 방법으로 완벽한 사랑을 받기를 바란다. 〈110 in the Shade〉에는 텍사스의 작은 도시에서 온 미혼여성 리지가 등장한다. 그녀는 여러 명의 남자와 중요한 관계를 맺고 있다. 그녀는 이 남자들로부터 명확한 종류의 사랑을 받고 싶어 한다. 아버지 팝으로부터는 아버지다운 사랑을 필요로 한다. 오빠인 노아에게서 자식으로서의 사랑, 버팀목, 신뢰를 요구한다. 사기꾼인 스타벅은 그녀에게 헌신적인 사랑을 주어야 한다.

물론 리지가 받기 원하는 사랑은 이렇게 일반적인 의미의 사랑이 아니라 보다 구체적인 형태를 띠고 있다. 캐릭터들은 저마다의 개성어린 욕망들이 가득 채워지길 바란다. 캐릭터들은 그들이 찾는 사랑이 무엇이고 어떻게 보이는지 자주 분명하게 표현한다. 리지는 'Simple Little Things'에서 자신이 원하는 사랑을 아주 구체적으로 보여준다. 그녀는 "리지, 내 청색 정장 다렸어? 리지, 등 좀 긁어줘. 리지, 애들은 자?"라고 묻는 듬직하고 성실한 남자와의 관계를 이야기한다. 그리고 그녀는 망설임 없이 그를 '나의 남편'이라고 부른다. 리지가 꿈꾸는 사랑은 바로 이런 것이다. "내가 원하는 방식대로 나를 사랑해줘." 모든 사랑이 리지가 꿈꾸는 사랑과 같지는 않다. 이 사랑은 그녀가 꿈에 그리던 구체적인 형태를 띠고 있어야 한다. 결국 이 같은 사랑을 찾는 것이 그녀의 초목적이다. 보안관 파일이 사귀자고 했을 때 그녀는 받아들인다. 리지가 꾸는 행복의 꿈은 〈Once on This Island〉의 티문이나 〈시카고〉의 록시 하트가 생각할 수 있는 것이 아니다. 호프 발렌타인이나 록시 하트가 바라는 사랑은 이와 다르다. 당신을 앞으로 전진하게 만드는 구체적인 꿈의 모습을 찾아야 한다. 만일 찾게 된다면 당신의 캐릭터는 대본 속의 인물에서 살아 숨 쉬는 인간이 될 것이다.

'내가 원하는 방식대로 사랑을 받고 싶다'는 말의 의미는 상대방이 생각하는 완벽한 사랑하고는 다르다는 뜻이다. 〈The Wild Party〉에서 버즈는 퀴니를 모든 정열적인 방법을 동원하여 사랑하지만, 그의 사랑은 격렬하고 숨 막혀서 그녀가 다른 사람을 찾아 떠나게 만든다. 버즈는 자신의 사랑 때문에 끝내 살인을 시도하기에 이른다. 왜냐하면 그는 만족할 수 없었기 때문이다. 사랑받길 바라는 그의 몸부림은 뮤지컬을 이끌어가는 커다란 원동력이 된다. 만약 그가, 퀴니가 꿈꾸는 사랑이 무엇인지 알고 있었다면 2막은 존재하지 않았을 것이다.

캐릭터는 종종 그들이 바라는 사랑을 얻기 위해 자신의 모든 것을 바친다. 이런 상황들은 극의 종반에 자주 등장하는데 리지처럼 캐릭터가 원하는 종류의 사랑을 찾는 것이 전체 이야기의 핵심이기 때문이다. 그러나 어떤 뮤지컬에서는 목표 달성에 근접하거나 오직 그 순간만을 성취하고 난 후 떠나거나 잃어버리는 경우도 있다. 〈아가씨와 건달들〉에서 사라와 스카이는 어울리지 않는 커플이다. 그는 바람둥이 노름꾼이고 그녀는 전도사다. 그러나 그들은 쿠바의 아바나로 여행을 떠나고, 아름다운 밤을 보낸다. 늦은 밤, 그들은 사라가 전도하던 거리에 서서, 그들이 사랑받기 원했던 대로 서로 그렇게 사랑하는 순간을 맞이한다. 그때 그들은 'I've Never Been In Love Before'를 부른다. 도박꾼들이 도박하러 우르르 몰려나왔을 때, 그 완벽한 순간은 깨지고 사라는 스카이가 오직 도박장을 찾기 위해 여행을 한 것이라고 믿게 된다. 두 캐릭터는 이후 사랑과 싸움을 되풀이한다. 그러나 그들은 여전히 자신이 원하는 방식대로 사랑받고 싶어 한다.

연습과제 9 F

어떻게 사랑받고 싶은가?

1. 당신이 연구하고 있는 배역을 보자. 그 캐릭터는 어떤 사랑을 원하는가? 그 캐릭터가 어떻게 사랑받고 싶어 하는지 결정하라. 작품의 스토리의 어느 순간에 사랑받기 위해서 노력하는지, 거부당하지는 않는지 확인하라.
2. 어떻게 사랑받길 원하는지, 캐릭터가 직접 말하는 부분이 있다. 그 지점에

주목하라. 말하는 내용을 그대로 인용하여 적어라. 나에게 꽃다발을 던지지 마라, 내 아이들의 비위를 맞추지 마라, 내 농담에 웃지 마라 등등 빙 둘러서 말하거나 정반대로 말하는 것에 속지 말 것. '우리는 사랑하고 있다'고 말할 땐 자신만이 생각하는 사랑이라는 것을 잊지 마라.

3. 당신의 캐릭터가 어떻게 사랑받고 싶어 하는지, 말이 아닌 행동으로 표현하고 있는 장면을 찾아라. 모든 사람들은 그들이 기대하는 대로 행동한다는 사실을 기억하라. 만약 어떤 사람이 당신에게 사랑이 담긴 편지나 카드를 보냈다면 그 사람은 자신도 이 방법으로 사랑을 받고 싶은 것이다. 그에게는 이것이 최고의 사랑이다.

4. 당신의 캐릭터가 원하던 사랑을 받는 장면들, 그 순간들을 찾아라. 무슨 일이 일어났는가? 혹시 그런 순간이 없는가? 만약 그렇다면 무슨 일이 일어나는가?

힘, 주도권, 그리고 신분

모든 관계는 힘, 주도권 그리고 사회적 신분에 따라 색깔을 달리한다.

'주도권'이란 관계를 이끌어가는 사람에게 주어지는 것이다. 관계 속에서 벌어지는 모든 사건은 한두 명의 사람들에 의해 결정된다. 예컨대 왕은 왕국에서 벌어지는 모든 사건의 향방을 결정하는 절대 권력의 소유자이다. 그는 결정권자이므로 절대적인 주도권을 갖고 있다고 말할 수 있다.

'힘'이란 주도권을 유지하는 캐릭터의 다양한 능력을 뜻한다. 신화 속의 이야기를 보면, 왕의 하인이 힘을 얻게 되는 과정이 나온다. 처음, 하인의 목숨은 왕의 말 한마디에 달려 있다. 달리 말해, 힘이 없으므로 주도권이 없다. 그런데 그가 왕의 딸을 유혹하여 칼자루를 쥐게 되자 왕이 가지고 있던 힘이 하인에게로 넘어간다. 왕은 공주라는 약점 때문에 더 이상 어떤 일도 결정하지 못하게 되고 하인이 시키는 대로 따르는 약자가 된다.

'신분'은 타인과의 관계에서 상대를 제어할 수 있는 수준을 의미한다. 캐릭터의 힘과 주도권은 시간이 흘러감에 따라 변한다. 어제까지 힘이 세어 신분이 높았던 사람이 오늘은 권력이 약화되어 신분이 떨어질 수도 있다. 대부분의 캐릭터들은 신분을 높이거나 유지하기 위해 심혈을 기울인다. 일반적으로, 당신이 높은 신분을 얻기 위해 애를 쓰면 이는 결과적으로 타인의 신분을 낮추는 것이므로 둘 사이에 충돌이 발생한다. 왕국에서는, 왕이 백성들을 참수시키거나 감옥에 가두는 것으로 그의 신분을 과시한다. 그러나 왕의 하인이 공주를 납치하면, 왕의 신분은 추락하고 왕은 그의 하인과 협상하면서 제발 공주를 살려달라고 빌어야 한다. 하인이 왕에게서 힘, 주도권 그리고 신분을 빼앗게 된다.

모든 이야기에서 우리는 힘, 주도권 그리고 신분을 두고 끊임없이 싸우는 모습을 찾아볼 수 있다. 〈웨스트 사이드 스토리〉는 가장 좋은 예이다. 이야기가 시작되면 제트파가 등장하여 구역을 관리하는 모습이 나온다. 제트파는 강하다. 왜냐하면 동네 사람들이 그들의 말을 거역하지 못하기 때문이다. 제롬 로빈스의 안무로 '프롤로그(Prologue)'가 시작될 때, 푸에르토리코 갱 샤크파가 제트파의 지위에 도전하여 성공에 이른다. 샤크파는 제트파 못지않은 힘과 주도권을 잡게 되고 반면 제트파는 주도권과 힘을 잃는다. 물론 아직까지는 제트파의 신분이 좀 더 높다. 왜냐하면 그들은 경찰과 긴밀한 관계를 유지하고 있기 때문이다. 그렇기 때문에 샤크파는 제트파를 위협할 수 있을 만큼의 신분 상승을 이룬 것이라고 할 수 있다. 샤크파는 자신들이 지닌 힘이 아직은 부족하다고 보고 더욱 힘을 가지려고 하고 이는 제트파에게 위협이 된다. 〈웨스트 사이드 스토리〉의 이후 진행 과정은 이 두 폭력배들이 힘과 주도권을 놓고 싸우는 것에 영향을 받는다.

높은 신분을 꿈꾸고 힘과 주도권을 잡는 것, 그것이 관계의 목표이다. 상대에게 그들의 분수를 알게 하려면 당신은 행동해야 한다. 주도권을 두고 벌어지는 싸움은 폭력배들 사이에서만 발견되는 것이 아니다. 회의실에서도(〈How To Succeed⋯⋯〉), 신화 속의 지하세계에서도(〈하데스타운〉), 그리고 대부분의 남자와 여자 사이에서도(〈Hello, Again〉) 발견된다. 물론 이들 사이에서 벌어지는 주도권 싸움에는 동네 폭력배와 다른 규칙이 적용된다. 그러나 중요한 것은, 캐릭터 사이에는 주도권을 놓고 싸움이 벌어진다는 사실이다.

'신분'의 독특한 속성을 보다 잘 이해하려면 부모가 마당에서 놀고 있는 아이들에게 밥 먹으라고 외치는 장면을 살펴보면 된다. 당신 눈에는 누구의 신분이 더 높아 보이는가? 아마 부모라고 답할 것이다. 그런데 왜 아이들은 들은 척 만 척 계속 놀기만 할까? 부모들이 "밥 먹어라." 하고 명령을 내린다. 아이가 노는 데 정신이 팔려서 대답이 없다면 "어서 와서 밥 먹어라. 안 그러면 오늘 저녁에 인터넷 못하게 한다."고 협박한다. 그래도 시큰둥 대답이 없으면 "지금 당장 안 튀어오면 다음 주 놀이동산 안 간다." 하며 목소리를 높인다. 그래도 아이들이 밥 먹을 생각을 하지 않으면 엄마는 밖으로 뛰쳐나가 아이의 팔을 붙잡을 것이다. 엄마의 신분은 사라지고 대신 힘으로 제압하려 든다. 이웃 사람들이 보는 앞에서 아이가 몸부림치고 발을 구르고 꽥꽥 소리 지르고 바닥을 떼굴떼굴 구른다. 아이는 제어 불능이다. 결국 아이는 엄마 뜻대로 집안으로 기어들어가겠지만 결과는 어떤가? 엄마는 싸움에서 이겼지만 품위는 바닥에 떨어졌다. 자, 이 관계에서 누가 진정 힘과 주도권을 가졌는가? 주도권을 강제로 잡으려고 할 때 부모는 신분을 잃는다.

연습과제 9G

이기기 위해 싸워라

이 연습을 위해서는 두 명의 캐릭터가 등장하는 뮤지컬 장면이 필요하다.

1. 상대방에게서 무엇을 원하는지 결정하라(당신의 목적). 이제, 연기를 펼치되 한 걸음 뗄 때마다 당신의 목적에 다가가거나 멀어지게 만드는 힘 겨루기를 벌인다. 당신은 게임을 주도하고 있고, 이기기 위해 싸운다. 동료나 선생님에게 코치 역할을 부탁하여 경쟁에서 득점을 매겨라. 자신이 이기면 점수를 얻고, 상대방이 이기면 점수를 잃는다. 코치가 스포츠 경기처럼 점수를 얻을

때마다 호루라기를 분다. 게임에 이기려고 노력할 때 둘 사이에 이해관계가 발생하는지 관찰하라.

2. 2개의 의자를 마주보게 하고 같은 연기를 하라. 당신이 힘을 얻거나 잃을 때, 서거나 앉는다. 당신이 높은 신분일 때는 상대방을 의자에 앉게 강요할 수 있고, 상대방이 주도권을 잡고 당신을 앉게 만들 수도 있다.

3. 의자게임을 하되 이번에는 당신 스스로 신분이 바뀌는 것을 느낄 때 서거나 앉아라.

3번까지 마친 뒤 각 캐릭터들이 이기기 위해 사용했던 전술에 대해서 토론하라. 당신의 전술은 말과 심리적인 것으로 제한하라.

무대에서 홀로

파트너 없이 부르는 노래도 많다. 그때 캐릭터는 무대 위에 홀로 서게 된다. 다음은, 무대에서 홀로 부르는 노래의 대표적인 4가지 유형이다.

- 자신을 향한 노래
- 옆에 없는 대상을 향한 노래
- 신과의 대화
- 관객을 향한 노래

자신을 향한 노래

자신을 향한 노래에서는, 캐릭터가 마음속으로 계획한 목적을 전달하려고 노력한다. 이런 종류의 노래에서, 우리는 사실상 또 다른 "나"를 우리 앞에 세워둔다. 이 또 다른 '나'가 내가 바꾸고 싶은 '나'이다. 당신이 파트너에게 그러듯이, 당신 자신에게도 똑같이 목적을 부여한다. 낯선 상황이 아니다. 사람은 종종 혼잣말을 한다. 샤워하거나 운전을 하거나 운동을 하면서 당신은 늘 자기 자신과 얘기한다. 물론 무대에서는 양상이 달라진다. 캐릭터는 자신의 행동을 스스로 자랑스럽게 여기거나, 혹은 자신에게 벌을 주기도 하고, 혹은 찬반양론의 득실을 따져보거나, 문제를 해결하는 대목에서 큰 소리로 노래하거나 대화하는 것을 자연스럽게 받아들인다.

그런데 주의할 점이 있다. 어떤 캐릭터는 자신을 전혀 감추지 않고 찬반양론, 자기비판, 승리의 기쁨을 망설임 없이 함께 나눈다. 그러나 어떤 캐릭터는 자신의 근거 없는 이야기를 숨기고 마음을 짓누르는 아픔을 외면하고, 관객은 물론 스스로에게까지 거짓말을 한다. 당신의 캐릭터가 스스로에게 얼마나 정직한 인물인지 결정하라.

자신을 향한 노래에는 다음과 같은 것들이 있다.

〈회전목마〉의 'Soliloquy'

〈Dog Fight〉의 'Isn't It Funny'

〈레 미제라블〉의 'Stars'(신에게 하는 노래로 볼 수도 있다.)

〈애비뉴 Q〉의 'There's a Fine, Fine Line'

가상의 상대를 향한 노래

9.7.2

두 번째는 가상의 것에 대해 혼잣말을 하거나 혹은 옆에 없는 상대에게 부르는 노래이다. 이런 노래의 특징은 나에게 일어나길 바라는, 그런데 용기가 없거나 기회가 없는 경우에 쓰이는 대화라는 것이다. 좋아하는 사람이 있는데 말하기 쑥스러울 때가 있다. 또는 사장에게 화풀이를 하고 싶을 때가 있다. 그럴 때 당신은 가상의 상대를 원한다. 당신은 그들이 눈앞에 있다는 듯이 행동한다. 물론 캐릭터들은 위대한 승리만을 이야기하고 싶어 하지만 항상 아름다운 판타지만 있는 것은 아니다. 얼마든지 나쁜 결과도 떠올릴 수 있다. 자신이 원하는 결과가 무엇인지 가상의 상대와 대화를 나눠봐야지만 반대의 결과도 상상할 수 있다는 말이다.

가상의 상대를 향한 노래들의 예다.

〈마이 페어 레이디〉의 'Just You Wait'

〈해밀턴〉의 'Burn'

〈그레이트 코멧〉의 'No One Else'

〈어쌔신(Assassins)〉의 'Unworthy of Your Love'

9.7.3 ### 신과의 대화

대화의 상대가 신이나 혹은 신적인 존재 또는 캐릭터가 믿는 초자연적인 힘인 경우이다. 설령 캐릭터의 종교가 당신의 신앙과 다르더라도 당신은 캐릭터의 신앙을 연기할 수 있어야 한다. 만약 당신이 독실한 불교 신자를 연기한다면 캐릭터로 사는 동안은 현실로 받아들여야 한다. 불교 신자로 개종할 필요는 없다. 종교가 없는 사람이 성직자를 연기할 수도 있고 기독교 신자가 유대교 신자를 연기할 수도 있다. 감정이입과 상상력이 필요하다.

어떤 부분이 신에게 하는 노래이고, 어떤 부분이 자신에게 노래하는 부분인지 확실히 구분하라. 신에게 원하는 게 무엇이고, 만약 원하는 걸 얻었다면 그 사실을 어떻게 알 수 있을지 결정하라. 〈지저스 크라이스트 슈퍼스타〉의 'Gethsemane'에서 예수가 하나님과 얘기하는 대목은, 〈지붕 위의 바이올린〉의 'If I were a Rich Man'에서 테비에가 나누는 대화와 매우 다르다. 중요한 이슈는 얼마나 긴급한 사안인가, 그리고 캐릭터가 신과 어떤 관계를 맺고 있는가이다.

신과의 대화의 예다.

〈미스 사이공〉의 'Why, God, Why?'

〈Once on This Island〉의 'Waiting for Life'

〈레 미제라블〉의 'Stars'

〈Songs for a New World〉의 'Christmas Lullaby'

마지막으로 당신이 무대에서 혼자 노래를 부르는 경우는, 숨김없이 상대와 대화하듯 관객을 대상으로 노래하는 것이다. 이 경우, 캐릭터가 관객에게 "어떻게 생각해?" 하고 물으면 무대는 관객석까지 확대되고 관객은 무대 위의 캐릭터로 바뀐다. 관객은 비밀을 나눌 수 있는 믿을 만한 친구가 될 것이고, 당신을 지지하는 팬클럽이 될 것이며, 당신에게 관용을 베푸는 판사나 배심원, 혹은 이와 비슷한 어떤 사람이 된다. 우리는 관객에게 문제 해결을 도와달라고 요청하거나 중대한 고민거리에 조언을 부탁하거나 우리 의견을 지지해달라고 호소할 수 있다. 당연히 당신은 열렬한 환대를 받겠지만 그러나 이것이 목적은 아니다. 당신의 목적은 관객이 당신을 위해 반드시 해야 하는 어떤 것을 하게 만드는 것이다.

이는, 보드빌이나 레뷰(revue) 그리고 초기 뮤지컬 코미디에서 배우가 무대를 넘어 관객에게 다가가서 노래를 부르던 오랜 전통의 연속선상에 있는 것이다. 우리는 여전히 이 같은 노래들을 〈프로듀서스〉, 〈해밀턴〉, 〈Something Rotten!〉 그리고 〈풀 몬티〉에서 만날 수 있다. 관객에게 직접 노래를 전달하거나 혹은 노래가 오락성이 강하더라도 자신이 맡은 캐릭터에서 벗어나는 행동을 해서는 안 된다. 무대 위에 있는 동안 당신은 캐릭터로서 관객에게 말하는 것이다. 당신은 아마도 유명한 배우가 역할 밖으로 나오는 공연들 그리고 무대 위에서 유명인의 입장에서 관객과 만나는 배우들을 알고 있을지 모른다. 멋져 보이는가? 그러나 기억하라. 관객의 마음에 혼란을 주어 그들이 이야기 밖으로 튕겨나가도록 해서는 안 된다.

관객을 향한 노래의 예다.

〈Seussical〉의 'How Lucky You Are'

〈Come from Away〉의 'Welcome to the Rock'

〈해밀턴〉의 'Alexander Hamilton'

〈Anything Goes〉에서 'Anything Goes'

〈피핀〉의 'Magic To Do'

당신, 나 그리고 신

이번 연습에서는 당신이 잘 아는 노래를 불러도 좋다. 다만 노래가 원래 가지고 있는 상황들을 없애는 것이 중요하다. 이제 새로운 관계를 만들 것이고, 각각의 목적들을 이 노래에 적용하여 각 상황을 탐험하도록 도울 것이다.

1. 다음과 같이 대상을 바꿔 가며 당신이 선택한 노래를 4번 불러라.
   - 자신을 향한
   - 옆에 없는 상대를 향해 상상의 대화를 (전 남자/여자 친구, 상사, 선생님, 부모님 등등)
   - 신 또는 초자연적인 힘 (그들의 도움을 구하는 장면을 상상할 수 있다.)
   - 관객을 향한 (동료들, 선생님 등등)

2. 대상을 바꿔서 4번을 부를 때는 각각의 목적이 명확해야 한다. 그 사람이 당신에게 무엇을 해 주기를 바라는가? 당신이 원하는 것을 달성했는지 어떻게 알 수 있는가? (당신 남자 친구가 결혼하자고 청혼하는 것, 신이 빛나는 번개로 원수를 물리치는 것, 관객이 무대를 가득 채워 당신을 어깨에 올리는 것 등등)

3. 연습을 마쳤다면 다음 질문에 대해 생각해 보자.
   - 4가지 방법 가운데 유독 잘 어울리는 경우가 있었는가? 왜 그런지 토론하자. 집중의 대상, 신체의 움직임 그리고 목소리를 어떻게 선택하고 조절했는가?
   - 어떤 경우에 가장 편했나? 반대로 가장 불편했을 때는?

4. 당신이 자주 부르는 노래들은 4가지 경우 가운데 어디에 속할 것 같은지 생각해 보자.

- 10장 -

강화

상당수의 배우는 자신이 겪었던 개인적 경험에서 힌트를 얻어 연기를 한다. 이 방법은 상상력을 자극하여 스스로 주어진 상황에 몰입할 수 있도록 만들어준다. 우리는 작가가 창조한 가상의 공간 속에 우리 개개인의 이야기를 가미하여 뮤지컬을 더욱 살아 있도록 만든다. 이제부터 다룰 기술들을 '강화(intensifiers)'라고 부르는데, 이는 캐릭터의 성격을 묘사하거나 구체적인 모습을 잡는 데 도움을 줄 것이다. 이것은 상상 속의 상황들과 캐릭터의 관계에 더욱 집중할 수 있도록 도와주는 배우들의 도구다. 만약 우리가 상황을 심각하게 걱정하면 그때의 마음이 연기에 배어들어 관객도 우리를 걱정할 것이다.

이 장을 학습한 후, 다음을 할 수 있어야 한다.

- 당신은 캐릭터의 목표를 강화함으로써 공연을 더 열정적이고 흥미롭게 만들 수 있다.
- 당신은 캐릭터의 과거와 강렬했던 기억을 설득력 있게 꾸며내고, 꿈꿔왔던 미래를 현실적인 계획으로 탈바꿈시켜 캐릭터를 위한 역사를 상세하게 창조할 수 있다.

- 목적 달성에 대한 열망과 실패에 따른 대가, 이 둘을 사용하여 캐릭터를 조정하고 행동하게 만들 수 있다.

10.1 ── 지금 이 순간

유대인은 유월절(Passover)이 되면 "오늘 밤은 다른 밤과 어떻게 다른가?" 하고 질문을 던진다. 당신이 노래하는 순간에 어떤 마음을 가져야 하는지 알려주는 훌륭한 질문이다. 캐릭터에게 지금 이 순간은 다른 순간들과 비교하여 어떻게 다른가? 우리의 개인적 삶은 평범하고 재미없는 순간들로 채워진다. 우리는 차에 기름을 넣는다든가 신호를 기다리거나 심부름을 다니고 끼니를 때우는 데 시간을 소비한다. 이것이 현실이다. 그러나 뮤지컬에는 평범한 순간을 뛰어넘는, 절정에 다다른 캐릭터의 삶이 있다. 배우는 이런 순간을 만들어내야 한다.

〈회전목마〉를 보자. 우리는 줄리와 빌리의 삶에서, 심지어 그가 죽은 후에도 결정적인 순간들과 나날들을 경험한다. "벤치 장면"이라 불리는 첫 장면의 대화를 보면 이 장면 혹은 이 순간은 그들의 일상적인 삶의 모습과는 다른 순간이다. 왜냐하면 그 장면은 줄리와 빌리가 수줍게 사랑에 빠지는 순간이기 때문이다. 이 순간 이후로 이들은 비극적이고 고통스러운 길로 접어들게 되지만, 이때의 기억만은 영원히 아름답게 남는다. 그들은 그날을 기점으로 인생이 달라지고 있음을 알아차린다. 이는 매우 의미심장한 말이다. 인생이 바뀌는 장면, 노래 또는 개인적 순간을 정확히 인지하고 있어야 비로소 당신은 연기를 위해 얼마나 흥분할지, 얼마나 다급할지 정할 수 있을 것이다. 작가는 이런 것을 일일이 설명해 주지 않는다. 우리는 줄리가 출근하고 아침을 차리고 시내전차를 잡거나 공장에서 그녀의 보스와 일하는 모습을 절대 볼 수 없다. 이런 모습은 그녀의 삶에 필수적인 또는 중요한 얘기들이 아니다. 오직 빌리와의 만남이나 친구와 속마음을 나누는 대목, 직업을 잃고, 새로운 사랑을 시작하는 장면만이 무대 위에서 그려진다.

몇 개월 후 장면을 보자. 그날, 줄리는 남편 빌리에게 임신했다고 말한다. 같은 날 빌리는 가족을 위해 돈을 훔치다가 경찰에게 붙잡히고, 자살을 시도한다. 이 사건은 그들의 삶에서 매우 중요한 순간이다. 사랑을 고백하던 순간을 비롯하여 임신했다고 밝히던 순간들은 캐릭터에게 굉장히 중요하다. 코러스들에게조차 중요한 사건이다. 그들에게는 이 사건이 뜨거운 여름날의 축제, 혹은 사랑이나 자유와도 같은 것이다.

그러나 여기서 다시, 이 사건들은 길고 긴 그들의 삶에서 조심스럽고 신중히 선택된 순간들임을 잊어서는 안 된다. 우리는 줄리가 아침 일찍 일어나서 옷을 주섬주섬 걸쳐 입는 모습이나 남편을 위해 부엌에서 점심 만드는 모습은 볼 수 없다(식사를 차려주는 모습은 볼 수 있었지만 말이다). 또는 해안선을 가로질러 피크닉 섬으로 배를 몰고 가거나 빌리가 그의 공범자와 함께 강도짓을 저지르고 섬으로 달아나는 모습조차 볼 수 없다. 이런 장면들은 우리가 무대에서 본 장면보다 상대적으로 위기감이 떨어지는 순간이다.

결국 로저스와 해머스타인은 줄리와 빌리의 인생에서 하루를 더 보여준다. 그들의 다 자란 딸 루이스가 고등학교 졸업을 앞둔 16년 후의 어느 날이다. 루이스는 숙녀가 다 되었다. 이 날은 빌리의 영혼이 지상에 내려와 그의 아내와 딸을 보고 와도 좋다고 허락받은 날이기도 하다. 이 날은 그의 삶에서 가장 중요한 사람들과 보내는 마지막 날이기도 하다. 이 날 그는 마지막으로 줄리에게 사랑한다고, 늘 사랑해왔다고 고백한다. 후회와 불신으로 점철되었던 줄리의 인생은 그의 말을 듣고 비로소 자유로워진다. 이런 모든 이유로 16년 뒤에 주어진 이 또 다른 하루는 이 캐릭터들에게 매우 중요한 순간이 된다.

이 훌륭한 뮤지컬에서, 로저스와 해머스타인은 두 사람의 인생 가운데 오직 3일이라는 극히 제한된 순간들을 무대 위에 올렸다. 나아가 그들은 72시간 중에서 신중히 선택한 2시간 반을 우리에게 보여주었다. 이 72시간 역시 근 16년이란 세월 안에서 선별된 것이다. 이와 같이 우리에게 주어진 선택된 순간들을 볼 때, 모든 뮤지컬은 캐릭터의 삶을 바꾼 가장 중요한 사건들을 이용하여 만들어진다는 사실을 알 수 있다.

이전이 아니라 바로 지금

이번 연습은 평소 잘 아는 작품의 노래와 대본이 필요하다.

1. 이야기 가운데 노래가 시작되는 순간을 찾아서 이 순간에 벌어진 사건을 잘 살펴보자.

2. 다음과 같이 사건에 의미를 부여하라. "이런 적은 …… 처음이다." "……한 것은 삶을 통틀어 유일했다." 또는 "전에는 한 번도 ……한 적이 없었다." "뜻하지 않게도 갑자기 ……하다니" 왜 그 순간이 이 뮤지컬에 등장해야 한다고 생각하는가? 이런 상황이 일어나지 않았다면 이야기와 캐릭터는 어떻게 될 것인가?

3. 가끔 캐릭터는 이것이 중대한 사건임을 알아차리지 못한다(그렇지만 당신과 관객은 분명히 알고 있다). 흔히 이런 사건들(캐릭터가 당시에 그 의미를 깨닫지 못한 사건)은 회상 장면에서 중요하게 다루어진다. 옛 사건을 회상하는 그 순간은 당신이 노래를 하기 전에 나오는가, 아니면 노래하는 중에 나오는가, 아니면 노래를 마친 뒤에 나오는가? 당신의 캐릭터는 언제, 어떻게 옛 사건의 의미를 이해하는가?

4. 작가가 이야기에 넣지 않은 주변 사건 세 가지를 캐릭터의 삶에서 찾아보라.

5. 캐릭터의 삶에서 마지막 중요한 사건은 무엇인지 대본 속에서 찾아보자. 그리고 고민하라. 작가가 대본에 묘사하지 않은 사건들, 시간들은 무슨 이유 때문에 누락시킨 것일까?

10.2 ── 왜 나는 지금 이 순간 노래해야 하는가?

당신이 받아들여야 하는 가장 기본적인 전제 중의 하나는, 뮤지컬에서는 모든 중요한 경험들을 노래로 표현한다는 것이다. 그렇기 때문에 우리는 노래를 부르기 전에, 그 순간이 왜 일어나는지 언제 벌어지는지 스스로에게 질문해야 한다. "왜 지금 노래를 불러야 하는가?" "그 무엇이 이 노래를 절실하게 만드는가?" 8장에서 다루었던 '내부 압박과 외부 압박'에서 우리는 어떤 사건, 생각, 감정, 욕망이 캐릭터로 하여금 행동을 하도록 만든다고 말했다. 그렇다면 노래란 이에 앞선 어떤 것, 즉 노래를 부를 수밖에 없도록 만드는 어떤 사건이나 압박에 의해서 등장하는 것이리라.

노래는 여정이라는 은유를 떠올려보자. 지도를 따라가다 보면 우리는 목적지가 어디인지 중간중간 체크하기 마련이다. 현재 위치에서 목적지까지 이르는 길을 확인해야 하기 때문이다. 대본과 악보를 조사하는 것도 마찬가지다. 노래가 특별한 순간에 나온다는 사실을 알았다면 노래가 그 순간에 등장해야 하는 어떤 이유가 있다는 사실도 알게 되었을 것이다. 이제 그 이유가 뭔지 알 수 있다면 노래가 전체 여정에서 어떤 위치를 차지하는지 알 수 있다. 아무 이유도 찾지 못한 채 노래를 시작하는 것만큼 나쁜 경우는 없다.

〈위키드〉에서 엘파바는 그녀의 영웅이었던 마법사의 정체를 깨닫고 그와 맞서게 되고, 이런 그녀를 친구인지 아닌지 헷갈리는 갈린다가 만류하는 상황에서 엘파바는 'Defying Gravity'를 부른다. 그녀가 느끼는 배신감은 어디에서 온 것일까? 그녀, 갈린다, 마법사 사이에서 일어난 무언가가, 그리고 아마도 내적으로는 자신을 옥죄고 있는 현실, 그로 인한 감정들이 그녀를 시험에 들게 만든다. 지금 궁지에 몰린 상황에서 그녀는 더 이상 운명의 선택을 피할 수 없으며, 강력하고도 어려운 운명을 선택하게 된다. 엘파바는 자신이 이젠 돌아갈 곳이 없으며, 지금 결정해야 한다는 것을 알고 있다.

연습과제 10B

노래할 수밖에 없는
분명한 이유를 찾아라

당신이 불러야 하는 노래를 위해 아래의 질문에 답하라.

1. 무엇이 지금 나로 하여금 노래하도록 만드는가?
2. 압박이 내부에서 오는가, 외부에서 오는가? 아니면 양쪽 모두인가? 이 압박은 어떤 것인가? 서로 상충하는가?
3. 왜 나는 이 노래를 앞선 장면에서 부르지 않았나?
4. 왜 이 노래를 나중에 부르면 안 되나?
5. 더 기다릴 시간은 없다. 지금 당장 내가 이루어야 하는 것은 무엇인가?
6. 굳이 노래를 하지 않아도 되는가? 만일 노래하지 않으면 무엇을 잃게 되는가?

10.3 전사와 대비

배우라면 무대에 등장하기 전에 반드시 자신의 캐릭터에 몰입하여 이 장면 직전에 캐릭터가 어떤 일을 겪었는지 실감 나게 상상할 수 있어야 한다. 베테랑 배우들은 모두 그렇게 해야 한다고 믿고 있다. 뮤지컬 대본에서는 이런 설명이 매우 부족한 게 사실이다. 연극에서는 여러 페이지에 걸친 설명과 대화를 통해 캐릭터 사이의 관계와 각 캐릭터의 세밀한 특성을 찾을 수 있다. 그러나 뮤지컬 대본은 보통 연극 대본보다 간결하고 짧다. 뮤지컬에서는 장면들이 대개 짧고, 또한 음악과 가사를 통해 극을 이끌어간다. 그래서 배우는, 우리가 전사(Backstory)라고 부르는, 캐릭터가 등장하기 전에 벌어진 상황과 그들이 지금까지 살아온 인생을 스스로 만들지 않으면 안 된다. 작가가 구축해 놓은 이야기 구조 안에서 당신은 상상력을 마음껏 발휘하여 과거 사건들을 떠올리거나 구체화시킬 수 있다.

모리 예스턴(Maury Yeston)과 아서 코핏(Arthur Kopit)의 〈나인(Nine)〉에서 좋은 예를 찾을 수 있다. 페데리코 펠리니(Federico Fellini)의 영화 〈8½〉을 기초로 한 이 뮤지컬은 세계적인 감독이자 유명 작가, 인기 배우인 귀도 콘티니의 명성이 바닥으로 추락하는 내용을 담고 있다. 그는 방향을 잃고 헤매고 있는 프로젝트를 정상 궤도에 올리기 위해 그의 영화에서 오랫동안 주연배우를 맡았던 클라우디아 나르디에게 연기를 부탁한다.

둘은 많은 영화에 함께 출연하여 성공을 거두었고, 그리고 서로 사랑했지만 귀도 콘티니에게는 아내가 있다. 이 뮤지컬의 1막에서, 우리는 귀도와 그의 아내 그리고 그가 아직 시나리오를 마치지도 않았는데 촬영을 시작하라고 압박을 가하는 여러 인물들을 만나게 된다. 하지만 우리는 2막이 시작할 때까지도 클라우디아를 볼 수가 없다. 여기에 주목할 점이 있다. 그녀의 이름은 사람들 입에 오르내리지만 그녀의 모습은 보이지 않는다는 점이다. 귀도와 클라우디아가 함께 나오는 장면과 노래는 이 공연의 나머지 장면과는 전혀 다르다. 귀도와 클라우디아의 장면에서 이 둘의 대화는 점점 확장되어 'Unusual Way'라는 노래로 정점을 찍는다. 이 노래는 클라우디아 내면의 독백이다. 귀도는 그녀가 무슨 생각을/노래를 하는지 전혀 듣지 못한다. 이 노래는 귀도를 향한 클라우디아의 사랑 고백이다. 그러나 그녀는 귀도가 절대로 아내를 버리지 않을 것이란 사실을 알고 그를 떠난다. 1막에서 우리는 다른 캐릭터들의 짧막한 대화를 통해서 듣는 것 외에 클라우디아에 대한 정보는 거의 주어지지 않는다.

두 캐릭터의 과거는 무대 위에 드러나지 않는다. 그러나 이 캐릭터를 연기해야 하는 배우들은 깊고도 복잡한, 그리고 오랜 기간 쌓아온 관계를 상상으로 창조해야 한다. 이 말은 마음대로 상상하라는 뜻이 아니라 자기 연기를 위하여 대본에는 빠져 있는 과거를 만들어야 한다는 뜻이다. 연출자가 이 과정을 유도할 수도 있다. 그러나 보통은 배우 자신의 몫이다. 클라우디아를 연기하는 배우는 귀도와의 첫 번째 만남이나 그들의 첫 촬영 장면, 그리고 귀도가 자신을 섬세하게 이해하던 순간, 그들의 첫 로맨틱한 데이트, 첫 번째 키스 등등을 상상할 수 있다. 무엇 때문에 더 이상 그와 함께 일하지 못하게 되었는지도 상상력을 필요로 한다. 귀도의 아내를 질투해서인가? 그와 만나는 게 지루해져서 그랬나? 그의 행동이 철부지 같아서 그랬나? 아니면 다른 무엇 때문인가? 배경을 창조하는 과정을 통해서, 무대 위 두 캐릭터의 모습을 매우 강화시킬 수 있다. 그를 처음 알게 된 그때 그와 함께 갔던 해변을 혼자서 다시 찾아가 서 있는 순간을 상상해 보면 현재 그녀의 행동을 이해할 수 있을 것이다. 대부분의 경우, 관객들은 작가와 배우의 상상을 보편적인 사실로 받아들이게 된다.

캐릭터의 과거의 삶을 창조하는 일뿐 아니라 캐릭터의 미래에 일어날 수 있는 중요한 일들에 대비하는 것도 필요하다. 이 말이 무슨 뜻인가 하면, 당신은 갈등이 예상되는 캐릭터와 무대 위에서 만나게 되면 등장하기 전에 모종의 준비를 한다. 그리고 이 둘 사이의 관계가 주는 엄청나게 중요한 사실과 감정을 자기 자신에게 계속 상기시킨다. 이것을 '대비'라고 한다. 당신은 등장하기 전에 대비를 함으로써 긴장감을 최고조로 끌어올릴 수 있다. 좋은 결말을 상상할 수도, 실패를 예견할 수도 있다.

젊은 남자가 예전 여자 친구를 만나러 가는 장면을 상상해보자. 이 역할을 하는 남자 배우는 자신의 캐릭터가 무슨 일이 일어나길 기대하고 있는지 결정해야 한다. 이 경우 예전 여자 친구를 만나러 무대 위에 오르기 전, 그는 다시 사귀는 것을 기대하며 이에 대비할 수 있다. 그는 그녀가 '예전처럼 우리 다시 만나요.' 하는 말을 할지도 모른다고 가정하면서 다음 순간을 준비할 수도 있다. 이제 얼마나 즐거운 만남이 될지 상상해보라. 들뜬 마음으로 그녀와 만났는데 그녀가 자신을 고소했고, 그래서 집과 차, 은행 계좌를 빼앗아 떠나려고 한다는 사실을 알았다면 어떻겠는가? 실제로 일어날 일과 대조되는 상황을 등장 직전 기대함으로써 배우는 캐릭터의 즐거운 상상이 산산조각 나도록 만든 것이다. 오해하면 안 된다. 예전 여자 친구와의 즐거운 기대와 분쟁 둘 다를 예상할 수 있는데 어떤 것을 선택하느냐의 문제가 아니다. 이렇게 생각해 보는 것도 좋은 흐름을 만들 수 있을 것이다.

외도하는 영화감독 귀도가 아내 루이자에게 이혼당하는 〈나인〉의 마지막 장면의 노래 'Be on Your Own'에서 자기 암시의 좋은 예를 볼 수 있다. 루이자를 연기하는 배우는 그녀를 속인 남편과 대면하려고 등장하는데 이때 아무 대화 없이 바로 노래를 시작해야 한다. 이건 아무런 준비 없이 완전히 정면으로 승부하는 것이다. 그래서 이 역할의 배우는 무대에 오르기 전에 마음의 준비를 해야 한다.

다음과 같은 질문이 도움이 될 것이다. 첫째, 등장 직전에 무슨 일이 있었는지? 'Be on Your Own'의 경우 루이자를 연기하는 배우는 홀로 커피를 마시고, 그녀의 운명에 탄식하고, 슬프고 화나고 또는 이런 주제로 친구와 얘기를 나누었을지도 모른다고 상상할 수 있다. 그렇게 나쁘진 않은 상상이다. 그러나 이는 개성이 부족하여 여배우에게 자극을 주지 못한다. 루이자의 노래를 더욱 강화시키려면 방금 전 루이자가 변호사를 방문하여 이혼서류를 작성하고 왔다고 설정하는 게 좋을 수도 있다. 20년의 결혼 생활에서 처음으로 결혼반지를 빼려는 찰나이다. 자기 암시의 설득력을 높이려면 당신은 대본의 주어진 상황을 떠올리고 그 위에 당신의 상상력과 공상을 더해야 한다.

두 번째로 당신을 위해 중요한 조언은 당신과 당신이 만나는 사람 사이의 관계를 분명히 확립해야 한다는 점이다. 루이자의 경우, 그녀가 만나는 사람은 단순히 남편이 아니라 오랫동안 자신을 저버린 남편이다. 그의 남편은 그녀보다도 영화감독으로서의 경력을 중요하게 여겼다. 그녀는 그 때문에 배우로서의 미래를 포기하고 아이를 갖는 것 역시 포기해야만 했다. 그런 맥락에서 귀도는 그녀에게 아기이자 배신자, 모욕적인 사람, 영원히 철들지 않는 피터 팬이 된다. 이렇게 관계의 전사를 구체적으로 설정하고 나면 루이자를 연기하는 배우는 귀도에 대한 여러 가지 심리적 무기를 갖게 된다.

마지막으로 그녀가 남편을 만날 때 캐릭터로서 무슨 일이 일어나길 기대하는지 스스로에게 물어라. 남편의 배신행위에 대해, 그에게 최후의 통첩을 할 계획인가? 그녀는 혹시 남편이 잘못을 인정하거나 또는 부정할지 모른다고 예상하고 있는가? 아니면 그녀는 오랫동안 그가 얼마나 그녀를 아프게 했는지 조목조목 밝힐 것인가? 캐릭터로서 어떤 선택들이 가장 강력하고 어려운지 쉽게 드러난다. 설령 모든 상황들이 이 장면에서 해결되지 않더라도, 이와 같은 자기 암시는 장면 전체에 있어 풍부한 감정의 에너지 지원이 되며, 단조로움을 피하도록 도와준다.

이상은 당신이 준비하고 사용하는 데 도움이 되는 여러 상황들이다. 그러나 한 번에 하나씩 연습해야 한다. 어떤 배경이나 자기 암시가 당신의 감정을 잘 자극하는지 확인하라. 당신의 환상, 상상, 그리고 경험들을 확립한 후에 실전에 적용해야 노래 속으로 깊숙이 몰입하는 데 도움이 될 것이다.

연습과제 10C

배경과 자기 암시를 연습해보자

당신이 연습했던 장면과 노래를 활용한다. 장면의 시작 또는 당신이 등장하는 장면을 보자.

1. 배경을 구체화하라. 당신은 어디서 왔는가? 당신이 등장하는 순간의 상황과 당신의 과거는 어떤 관계가 있는가? 장면이 시작하기 전 당신에게(캐릭터로서) 어떤 일이 일어났는가?

2. 자기 암시를 해보자. 장면이 시작되기 직전에 무엇을 예상하는가? 누가 거기 있고, 그들은 당신에게 어떤 태도를 보일 것이라고 생각하는가? 어떤 목적을 달성하기 위해 이 장면에 등장하는가? 어떤 사건 때문에 당신이 여기에 등장한다고 생각하는가? 당신의 캐릭터는 무엇을 알고 있으며, 사건이 앞으로 어떻게 전개될 것이라고 상상하는가? '그는 "——"라고 말할 것이다. 그리고 나는 "——"라고 말할 것이다.'와 같은 대화를 상상하라. 등장하기 전 이 대화를 혼잣말로 해보라. (이것이 친숙하게 느껴지는가? 사람들은 실제 삶에서 늘 이렇게 한다는 사실을 명심하라.)

당신이 기대했던 것과 실제 공연에서 벌어지는 일은 매우 다를 수 있다는 사실을 기억하라. 주어진 상황을 부정하지 말고, 당신의 캐릭터는 미래에 벌어질 일들을 모르고 있다는 사실을 인지하라.

연습과제 10D

문으로 들어와라

앞선 연습에서 사용했던 장면과 노래를 다시 사용하라. 문을 열고 들어오면서 장면을 시작한다. (공연 때는 문이 없을 수도 있다. 그러나 이 연습에서는 문을 활용하도록 한다.) 교실 문이나 무대 소품으로 제작된 문을 이용하라.

1. 극의 주어진 상황을 부정하지 않은 상태에서 배경과 자기 암시를 연습해 볼 것이다. 배경이 되는 이야기를 다른 버전으로 세 가지 만들어보자. 그리고 그에 따른 목적과 예상치를 바탕으로 자기 암시를 하라.

2. 세 가지 서로 다른 상태에서 문을 열고 대화나 노래를 하며 등장하라. 설령 시간이 남아돌더라도 노래를 전부 다 부를 필요는 없다. 노래는 앞부분만 사용할 것이다.

3. 배경과 자기 암시에 대해서 주위 사람들과 논의하지 마라. 다만 당신의 연기에서 무엇을 관찰했고 이해했는지 적게 하라. 이 장면에 함께 등장하는 다른 배우들에게 물어볼 수도 있다. "당신이 [——]했을 때, 나는 당신이 [——]라고 행동하는 것처럼 혹은 말하는 것처럼 느꼈다."와 같은 문장 형태가 좋은 의견이 될 것이다. 이와 같은 의견은, 당신의 연기를 지켜본 주위 사람들이 당신의 연기를 어떻게 받아들였는지 또한 당신이 무대에서 다른 배우에게 어떻게 영향을 미치는지 알려준다. 당신이 왜 그렇게 행동했는지 설명하거나 옹호하려는 마음을 억눌러라. 당신이 할 일은 피드백을 통해 자신의 연기를 바로잡는 것임을 잊지 말라.

기억을 꾸며내라

10.4

〈스칼렛 핌퍼넬(The Scarlet Pimpernel)〉에서 마그리트는 사랑했던 남자와의 관계를 'When I Look at You'라는 노래에서 드러낸다. 그러나 그의 마음은 식었고, 지금 그녀는 슬픈 사랑의 기억에서 벗어나려고 한다. 배우는 이러한 배경에 대해 알고 있어야만 추억에 젖을 수 있다. 하지만 모든 정보가 주어지는 것은 아니다. 당신은 그 불완전한 정보를 완성해야 한다.

배우에게는 대본의 빈 부분을 채울 수 있는 창의적인 상상력이 필요하다. 대본은 대개 함축적이다. 나아가 아무리 자세하게 적혀 있더라도 캐릭터의 과거를 구성하는 데는 정보가 너무 부족하다. 그래서 배우는 자기 손에 쥐어진 한두 가지 정보를 토대로 구체적으로 상상하는 방법을 배워야 한다.

'When I Look at You'의 경우, 그녀는 특별한 기억들을 노래한다. 이 역할을 연기하는 여배우는 사랑했던 남자와의 관계를 파악해야 하고, 그런 다음 노래에서 드러난 사실에 근거하여 기억들을 구체적으로 상상해야 한다. 예컨대 그녀는 다음의 질문을 스스로에게 던지면서 답을 찾아갈 수 있다.

- 내가 얘기하는/노래하는 남자를 언제 만났나?
- 그를 사랑한다는 것을 언제 알았나?
- 우리는 어디에 있었나?
- 그날은 어떠했나? 그날 날씨는 어땠나? 햇빛은? 그날의 시간은?
- 그는 무슨 옷을 입었나?
- 그가 뭐라고 했나?
- 그의 향기는 어떠했나?
- 언제 첫 키스를 했나?
- 그의 입술에서 어떤 맛이 났는가?
- 어떻게 그 사건이 일어났는가, 생생하게 기억나는가?
- 누가 먼저 마음이 끌렸나?
- 그의 반응은 어떠했나? 나는 어땠나?
- 우린 계속 키스를 했었나?
- 그러고 나서는 무엇을 했나?

이와 같은 질문을 계속 던져라. 당신의 목표는 내 손과 눈과 귀와 코와 입이 기억하는 3차원적 기억을 만드는 것이다.

기억들을 더욱 구체적으로 상상할수록 당신은 더 큰 영향을 받게 될 것이다. 구체적인 형태를 띠는 것이 중요하다. 평범한 상상은 하지 마라.

상상으로 기억을 창조하라

1. 당신이 선택한 노래의 가사를 보라. 노래에서 다루고 있는 관계를 하나 선택하라.

2. 극이 시작하기 전에 있었던, 이 관계에서 중요한 순간을 하나 선택하라.

3. (눈을 감고, 이후의 질문들을 녹음하여 들어보자. 이는 당신을 과거의 순간으로 안내해 줄 것이다.)

4. 그 일이 있었던 방을 상상하고 주변을 둘러보자. (창틀, 침대기둥, 수놓은 커튼을 보자.)

5. 냄새를 맡자. (그가 면도 후에 발랐던 로션, 혹은 그녀의 향수, 쿠키 굽는 냄새, 꽃병에 꽂힌 꽃들의 향기)

6. 소리를 듣자. (새가 지저귀는 소리, 시곗바늘 소리, 하수구 물 내려가는 소리)

7. 당신의 과거가 담긴 방이다. 의미와 역사를 부여해 보라. (할머니가 남기신 옛날 시계, 그가 준 목걸이 사진, 벽난로 위에 걸려 있는 사진)

8. 방이 당신에게 어떤 말을 걸고 있는지 들어보라. 마음으로 느껴보라. 온몸으로 느껴보라.

9. 중요한 순간이 남았다. 이제 다중적인 감각들을 동원하여 창조해 낸 3차원의 공간을 마치 영화 속 한 장면처럼 떠올려보자. 시간을 충분히 갖고 당신이 상상한 관계와 과거의 기억 속으로 푹 빠져들어라. 이 과정이 당신으로 하여금 무대 위에서 자신도 모르게 반응할 수 있도록 도와줄 것이다.

만약 당신이 시간이 있을 때 미리 생생한 기억들을 창조해 두고 그 기억에 푹 빠져본다면 노래를 부를 때 한결 도움이 될 것이다. 억지로 애쓸 필요는 없다. 당신이 숙제를 잘 해두었다면 기억들은 언제든지 당신을 위해 작동할 것이다.

이런 것이 중요하다. 기억을 만들 때는 볼에 하는 따위의 가벼운 키스가 되어서는 안 된다. 죽어도 잊지 못할 만큼 격정적인 키스를 나누어 온몸에 전율을 느끼도록 하라. 기억을 뼛속 깊이 각인시키는 게 중요하다. 그래야 당신의 연기가 달라진다. 그가 당신에게 헤어지자고 했던 충격적인 순간을 떠올려라. 그의 입에서 쏟아져 나온 차갑고 가슴 아팠던 말들이 귓가에 쟁쟁한가? 그 순간들이 당신을 아프게 했던 만큼 당신은 그 기억들 때문에 불타올라야 한다. 평범한 거절이 아닌 구체적인 말과 행동들을 떠올려라. (난 결코 당신을 사랑하지 않았어!) 그의 눈빛에 담긴 혐오감과 증오감을 느껴라. 그가 나를 차가운 눈초리로 바라보고 있는 동안 당신은 울지 않겠다고 다짐하며 이를 악물게 된다. 그때 얼굴이 붉게 달아오르는 그 느낌을 찾아라. 그가 차에 타고 있는 다른 여자(당신의 제일 친한 친구) 때문에 당신을 떠나면서 문을 쾅 닫는 장면을 떠올려라. 차가 떠나는 소리가 들리면 당신은 침대에 몸을 던져 참았던 눈물을 쏟게 된다. 이런 것이 명확히 창조된 기억들이다.

배우는 습관적으로 기억을 창조해야 한다. 일상적 삶에 토대를 두되 생생한 세계를 만드는 일에, 이렇게 만든 세계에 익숙해지도록 노력해야 한다. 이 과정을 즐겨야 한다. 당신은 어쩌면 이것은 심리적인 속임수라고 생각할지도 모른다. 그렇다! 그것이 연기다. 당신이 실제로 겪었던 소중하고 신성한 기억보다 더 안전하고 명확한 방법으로 감정에 접근하는 것이 연기다. 이 창조된 기억들은 배우로서의 당신을 돕기 위해 존재한다. 만약 당신이 기억 속에서 구체적인 관계를 만들어내지 못한다면 매회 공연을 한다는 것은 어려울 것이다.

기억해야 할 중요한 지침이 있다.

1. 이 기억들은 창조되었다. 기억들은 실제 당신의 삶에서 온 것이 아니고 또한 와서도 안 된다. 생산적인 방법으로 특별한 상상을 만들 수 있다는 신념을 가져라. 당신은 할 수 있다.

2. 사건을 이루는 세부적인 것까지 명확히 떠올릴 수 있도록 시간을 두고 몰입해야 한다. 이 경험을 즐겨라. 수차례에 걸쳐 기억을 확대하고 재현하는 동안 오늘의 캐릭터를 만든 과거의 기억을 온전히 갖게 될 것이다.

3. 다른 사람들과 이 기억들을 공유하지 마라. 이건 당신의 상상이고 당신 것이다. 당신은 기억을 만드는 이 과정을 간단히 할 수 있어야 한다. 어떠한 기억을 만들든지 그것은 당

신을 위한 것이어야 한다.

4. 이 과제의 힘을 믿어라. 당신이 기억들을 완전히 창조했다면, 기억들은 당신 안에 존재할 것이다. 기억들을 일부러 떠올리려고 애쓸 필요가 없다.

연습과제 10F

창조적인 상상

1. 당신이 선택한 노래의 가사를 보자. 어떤 정보를 추적하여 과거를 구성해야 하는지 찾아라. (당신이 고아라면 당신은 이를 받아들여야 한다.) 그래서 노래 안에 주어진 상황들을 목록으로 만들어라.
2. 노래에서 언급하고 있는 과거의 경험이나 기억들을 찾아라.
3. 노래 속에서 캐릭터와 중요한 관계를 맺고 있는 대상을 구체적으로 확인하라.
4. 이제 중요한 기억과 사건이 어떤 인물, 즉 중요한 관계와 연결되어 있다고 생각하고 살펴보자.
5. 위의 2번 문항에서 중요하게 언급되고 있는 것을 선별하여 그 사건들을 구체적으로 상상해 보자. 당신이 캐릭터로서 효과적으로 상상할 수 있게 앞에 주어진 질문 목록들의 도움을 받아라.
6. 기억을 세밀한 단계까지 구성해 본 후 다시 노래로 돌아가서 이 기억들이 공연에 어떤 효과가 있는지 살펴보자.

실패의 대가 – 무엇을 잃게 되는가?

노래를 통해서 당신이 목적을 이루지 못하면 어떤 일이 벌어질까? 달리 말해 갈등을 피하기 위해 노래를 부르지 않는다면 당신은 어떤 대가를 치르게 될까? 〈웨스트 사이드 스토리〉의 'I Have a Love/A boy Like That'의 예를 다시 보자. 이 장면은 아니타가 자신의 오빠를 죽인 살인범(토니)을 사랑하는 마리아를 비난하는 대목으로, 복잡한 이해관계의 여정이 시작된다. 이 장면의 끝에서 마리아와 아니타는 서로 위로하게 된다.

이 열정적인 여정은 서로를 납득시켜야 하는, 그렇지 않으면 서로에게 너무 큰 대가를 치러야 하는 두 여인의 관계에 의해 이끌어지고 있다.

장면이 시작되면, 마리아는 아니타에게 슬픔을 터뜨린다. 그렇지 않으면 그 슬픔에 의해서 파괴되었을 것이다. 그리고 아니타는 토니에 대한 마리아의 환상을 깨트려야 한다. 그렇지 않으면 자신의 애인이 허망하게 죽었다는 사실을 인정해야 하기 때문이다. 반면 마리아는 아니타를 자기편으로 만들어야 한다. 그렇지 않으면 자신은 단짝 친구를 잃는다. 결국 마리아는 그녀가 토니를 사랑하는 정당성을 찾는 것에 성공하고 아니타의 지원도 얻는다.

각 문장에서 반복되는 단어 "그렇지 않으면"에 주목하라. 그녀는 이것을 해야만 한다. 그렇지 않으면 대단히 중요한 것을 잃게 될 것이다. 그녀가 원하는 것의 가치는 대단하다. 그래서 그녀는 미친 듯이 움직여 목적을 성취한다. 잃는 것이 있기에 이 여자들은 열심히 그녀들의 목적을 이루고 싸움에서 이기려 한다. 그들이 원하는 것을 얻지 못하면, 원하지 않는 상황에 직면하게 된다. 예컨대 눈물 속에서 살아야 하고, 가까운 사람도 잃게 되고, 무의미한 죽음이라고 받아들여야 한다. 비극적인 대가를 치러야 한다. 하지만 두 캐릭터가 편안하면, 장면은 평탄하게 흘러갈 것이다. 우리가 보고 싶은 연기는 검투사가 위험을 감수하고 경기장에 뛰어들어 승리하거나 혹은 죽음에 이르는 것이다. 실패의 대가는 당신이 원하는 것을 어떻게든 달성하도록 만든다.

연습과제 10G

난 무엇을 잃게 되는가?

1. 당신이 선택한 노래의 가사를 보고 당신이 생각해낸 목적들의 리스트를 검토해보자.
2. 당신이 그 목적을 이루지 못하면 어떤 것을 잃게 되는가? "나는 [——]을 해야 한다. 그렇지 않으면 [———]할 것이다." 이 표현을 활용하라.

당신이 노래에 몰입할 수 있도록 당신이 치러야 할 더 큰 대가를 만들어보라. 조금만 연습해 보아도, 대개 잠재적인 실패의 가능성만으로도 파괴적인 결과를 상상할 수 있다는 것을 알게 될 것이다. (두 살 된 아기가 사탕을 못 가졌을 때 세상이 끝난 것처럼 우는 것을 보라. 어른도 다르지 않다. 단지 어른들은 원하는 게 복잡하고 눈물 말고도 표현할 수단이 많을 뿐이다.) "난 [――]을 해야 한다. 그렇지 않으면 난 죽을 것이다."와 같은 문장을 읽으면 당신은 심각한 위험에 처했다는 것을 깨닫게 될 것이다.

여정의 끝

야구의 월드시리즈에서도 치고 잡고 던지는 것이 기본이듯이, 뮤지컬의 연기에서도 기본은 아래와 같다.

- 노래를 하나의 여정으로 봐라.
- 어디로 가는지, 누구와 가는지 알아야 한다.
- 여정을 중요하게 만들어라.

다음 4부에서 우리는 배우가 무대 위에서 어떻게 작업을 하는지, 무대라는 공간에 적합한 연기란 어떤 것인지를 살펴볼 것이다.

4부

무대화하기

- 11장 -
당신만의
표현기법을 찾아라

무대에서 연기를 하려면 우리는 다음 두 가지에 관심을 기울여야 한다. 하나는 스타니슬랍스키가 말한 캐릭터의 관점이다. 한마디로 캐릭터로서 행동하고 반응하는 것이다. 우리가 다른 사람이 된 것으로 가정하고 그 인물의 입장에서 반응할 때 우리는 캐릭터의 관점에서 행동한 것이다. 그러나 한편으로 무대에는 또 하나의 관점, 즉 배우의 관점이 존재한다. 이 관점은 우리가 가사나 무대, 연출기법 그리고 안무, 멜로디를 의식하는 것과 관련이 있다. 또한 우리가 조명 안에 잘 서 있는지, 다른 배우들이 무엇을 하는지 의식하는 것도 마찬가지다. 이 두 관점은 모든 공연에서 균형 있게 양립해야 한다. 만일 캐릭터의 내적 삶에 너무 치중하면 관객에게 어떻게 전달되는지 가늠하지 못할 수도 있다. 반면 지나치게 무대를 의식하면 우리는 캐릭터를 진실성 없는 거짓된 인물로 만들어버릴 수도 있다.

우리는 1, 3부에서 캐릭터의 관점에서 감각들을 발전시키는 방법을 살펴보았다. 4부에서는 어떻게 관객에게 전달할 것인지에 초점을 맞추고 공부하겠다.

공연에서 관객은 두 가지 루트, 즉 말과 행동을 통해서 우리의 감정을 이해한다. 이 둘만이 배우가 무대 위에서 컨트롤할 수 있는 전부이다. 반주는 오케스트라의 몫이다.

무대장치, 의상, 조명 역시 담당 인력이 따로 있다. 당신이 얼마나 대본을 잘 분석하고 감정을 탐구했는지 상관없다. 만일 신체와 목소리를 통해 준비해온 것을 잘 표현하지 못한다면, 그건 단지 이론적인 실습에 불과하다. 우리는 지금껏 장시간 동안 노래 부르기와 해석에 관해 이야기했다. 그리고 당신은 이미 노래와 춤 연습에 많은 시간을 보냈을 것이다. 이제 당신이 공연에서 목소리와 신체를 어떻게 사용해야 하는지에 대해 살펴볼 것이다.

이 장을 학습한 후, 다음을 할 수 있어야 한다.

- 섬세한 음악적 표현기법을 연기에 적용할 수 있다.
- 노래를 내 이야기처럼 표현할 수 있다.
- 대화를 나눌 때와 같은 진실성을 가지고 가사를 표현할 수 있다.

노래를 정말 잘 부른다는 말은 곧 그 배우가 노래를 통해 표현하는 기술이 탁월하다는 뜻이다. 이런 배우들은 오래된 노래를 불러도 우리는 새롭다고 느끼고, 처음 듣는 노래도 가사와 음악이 아름답게 상호 작용하면서 우리를 도취시킨다. 그런데 노래를 통해 표현하는 기술, 즉 표현기법이란 무엇을 말하는 걸까? '표현기법이란 이런 것이다' 하고 정해진 건 없다. 많은 사람들은 표현기법을, 악보에 기록된 음표와 실제로 당신이 부르는 노래 사이의 관계라고 이해한다. 예컨대 어떤 배우는 악보에 기록된 대로 정확한 음을 내려고 하고 정해진 곳에서 쉬고, 적혀 있는 가사대로 노래한다. 반면 어떤 배우는 같은 노래를 부르는데 박자, 타이밍, 그리고 발음에 변화를 준다. 왈츠를 보사노바로 바꾸거나 혁명의 노래를 자장가로 바꾸기도 한다. 바꾸는 정도는 상관없다. 노래를 표현하는 방법은 가수마다 다르다는 사실이 중요하다.

가사는 대화다

 뮤지컬에서의 표현기법은 대화하듯이 가사를 표현하는 게 가장 중요하다. 뮤지컬에서 노래는 캐릭터의 가장 중요한 생각이나 감정, 욕망을 음악적으로 표현한 것이다. 어느 공연에나 대화는 있기 마련이고, 대화 가운데서도 가장 중요한 부분이 노래가 된다. 그런데 배우가 가사의 의미와 감정 표현에 집중하면 할수록, 배우는 원래 악보와 조금씩 다르게 노래를 부르게 될 것이다. 많은 작곡가가 음악적 표현에 있어서 악보대로 노래하는 데는 한계가 있다는 사실을 인정하고 있고, 실제로 이는 현대 뮤지컬의 추세이기도 하다. 그래서 어떤 작곡가는, 스스로 음악을 해석하는 배우를 칭찬하고 이런 배우를 찾는다. 하지만 모든 작곡가가 다 그렇지는 않고 아직도 많은 작곡가와 연출자, 배우들은 악보 그대로 노래하려는 경향이 강하다. 정리하자면 당신은 지금 참여하고 있는 제작팀에서 결정한 기준을 따르면 된다. 달리 말해 두 가지를 모두 할 수 있는 배우가 되면 좋다.

 표현기법을 알아갈수록 당신은 노래 전체의 구조에 기반을 둔 표현기법과, 표현력에 치중한 표현기법이 있다는 사실을 깨닫게 될 것이다.

- 음악은 일관되게 흐르는 동시에 변화가 수반된다. 음악은 대단히 구조적이고, 그래서 공연을 발전시키는 과정에서 모호해질 수 있는 말과 의미들, 즉 예술적 주제들이 길을 잃지 않도록 통합하는 역할을 한다.

- 가사는 마치 시처럼 압축되고 강화된 표현들이다. 가사는 난해할 수도 있고, 직접적으로 표현하지 않을 수도 있다. 가사들은 시처럼 운문으로 쓰여 있기 때문에 대화 같이 느껴지지 않을 수도 있다.

- 노래는 사람들의 주목을 끌어야 하기 때문에 매우 특별한 기술이 필요하다. 이런 기술에는 다음과 같은 게 포함된다. 의식적으로 호흡 조절하기, 모음 발음 조절하기, 음색이나 강약 조절하기 그리고 음악적 스타일을 살리는 장식음 내기 등. 이 기술들은 당신의 에너지나 집중력과는 관계가 없는데, 그렇기 때문에 더욱 놀라운 것이다. 그런 맥락에서, 공연에서 노래의 기술은 의사소통과 관련이 없다.

● 배우는 노래를 부를 때의 감정과 소리에 도취될 수 있다. 그래서 배우는 무대 위의 다른 배우와의 관계나 캐릭터로서 해야 하는 행동과 무관하게 자기 마음대로 하고 싶다는 유혹에 빠지기 쉽다.

더 좋은 음악을 만들고 싶다, 노래를 더 잘 부르고 싶다, 그리고 가사를 더 아름답게 살리고 싶다는 생각과 행동들이 배우를 이런 함정에 빠뜨릴 수 있다는 것은 기이한 아이러니다. 이런 문제들은 방해가 될 수 있으므로 잠시 동안 옆으로 치워두자. 그리고 반주 없이 연습을 해보자. 시를 대화로 그리고 노래를 연설로 바꾸자. 그런 뒤에 우리의 생각들을, 시 그리고 음악과 다시 합칠 것이다. 그렇게 할 때 비로소 문자 그대로 뮤지컬처럼 노래하게 될 것이다.

먼저 중요한 단어들을 살핀 후 문장이나 연설에서 핵심적인 생각이 무엇인지 결정할 것이다. 우리는 상대를 설득하기 위해 언어를 사용한다. 우리는 우리가 말하려는 바를 상대가 '볼 수 있도록' 그들의 귀가 아닌 눈에 말할 것이다. 우리는 그들이 느낄 수 있도록 그들의 가슴에 말할 것이다. 우리는 그들의 행동을 이끌어내기 위해 그들의 몸에 말할 것이다.

연습과제 11A

강세(emphasis)를 귀 기울여 들어라

이 연습을 위해서 1930년대 중반에서 1960년대 중반 사이에 유행하던 보통 빠르기의 노래를 찾아라. 이 시기의 노래들은 표현기법을 이해하는 데 도움이 될 것이다. 너무 빨리 연주되어 극도의 흥분 상태를 만드는 노래를 피하고, 너무 느려서 단어와 생각들이 더디게 진행되는 발라드도 피하라.

1. 가사 없이 멜로디와 반주가 함께 연주되는 음악만 들어라. 당신은 음악 선생

님이나 보컬 코치, 그리고 이 노래를 연주해줄 반주자나 아니면 녹음된 음악이 필요하다. 들으면서, 무슨 이유로든 강세가 느껴지는 부분은 모두 악보에 표시하라. 음악 기법 따위는 잊어라. 강조되는 순간만 잘 들어라. 동그라미든 무엇이든 어느 부분에서 강조가 되었다고 느꼈는지 악보에 표시만 하면 된다.

2. 이제 강세가 표시된 부분들의 가사가 무엇인지 살펴보자. 표시가 된 부분의 단어나 표시와 매우 가까이에 있는 단어들이 중요한 단어라는 사실을 발견했는가? 만약 첫 번째 시도에서 잘 찾아지지 않는다면 어떻게 할 것인지 숙고해보라.

3. 서로 다른 세 시대의 노래들을 살펴보자. [오페레타, 뮤지컬 코미디, 황금기의 뮤지컬, 콘셉트 뮤지컬(Concept Musical, 전형적인 플롯을 따르지 않고 주제나 문제의식을 중심으로 극을 이끌어가는 형식의 뮤지컬. 〈캣츠(Cats)〉가 대표적인 예이다. – 역주), 록 뮤지컬 등] 대문자 사용과 구두점이 악보에 어떻게 표시되어 있는지 주의 깊게 살펴보자. 당신이 납득할 수 있을 만한 지점에 노래 가사의 구두점이 찍혀 있는지, 그리고 임의적으로 혹은 각운을 살리기 위해 구두점을 찍은 곳은 어디인지 잘 살펴보라.

이제 우리는 가사를 평범한 위치에서 끌어올려, 음악이 에워싸고 있는 중심부로 가져올 것이다. 이 과정은 '말하듯이 노래하라'는 개념을 이해하는 데 많은 도움을 줄 것이다.

가사를 독백처럼 말하라

11.2

다음 가사는 〈Waitress〉에 나오는 'She Used to Be Mine'이다. 각운을 강조한 뮤지컬의 대화법이 잘 드러난 가사로 사라 바렐리스(Sara Barielles)가 작사, 작곡하였다.

말로 설명하는 게 간단치 않네요 | It's not simple to say

대부분의 날들 나는 날 몰랐어요	That most days I don't recognize me
이 신발 그리고 이 앞치마	That these shoes and this apron
이 장소와 손님들	That place and its patrons
내가 그들에게 준 것보다 더 많은 걸 가져갔네요	Have taken more than I gave them
알기가 쉽지 않아요	It's not easy to know
나는 예전의 나와 전혀 달라요	I'm not anything like I used to be
사실을 말하자면	Although it's true
난 결코 주목받는 사람은 아니었지만	I was never attention's sweet center
난 아직 그 소녀를 기억해요	I still remember that girl
그녀는 완벽하진 않지만 노력해요	She's imperfect but she tries
그녀는 착하지만 거짓말도 하죠	She is good but he lies
그녀는 자신에게 엄격해요	She is hard on herself
그녀는 망가졌지만 도와달라고 하지 않아요	She is broken and won't ask for help
그녀는 엉망진창이지만 친절해요	She is messy but she's kind
그녀는 대부분의 시간을 외롭게 지내요	She is lonely most of the time
그녀는 이 모든 게 섞여 있어요	She is all of this mixed up
그리고 아름다운 파이로 구워졌어요	And baked in a beautiful pie
그녀는 갔지만 그녀는 예전의 나였어요	She is gone but she used to be mine

연습과제 11B

위의 가사 읽기

위의 가사를 크게 읽자. 얼마나 이상하고 비논리적으로 들리는지 주의하며 읽는다.

가사를 쓰인 대로 읽으면, 생각과 문장들은 부자연스러운 말의 조각이 될 것이다. 생각이나 감정의 표현이 아니라 그저 무의미한 단어의 나열로 느껴질지 모른다. 이것은 우리가 진실로 느끼고 말하고자 하는 것과 거리가 멀다.

이제 여기 논리적 대화에 어울리게 구두점을 찍은 가사를 보여주겠다(세미콜론과 콜론은 우리말에서는 쓰이지 않는 구두점이다. 영어 가사의 구두점을 기준으로 삼아, 우리말에 어울리게 수정하였다. - 역주). 당신은 아마 약간 다르게 구두점을 찍을지 모른다. 그러나 가사의 본래 의미는 다음 단락에서 상세히 설명하였다.

말로 설명하는 게 간단치 않아요. 대부분의 날들 나는 날 몰랐어요. 이 신발 그리고 이 앞치마, 이 장소와 손님들, 내가 그들에게 준 것보다 더 많은 걸 가져갔네요. 알기가 쉽지 않아요. 나는 예전의 나와 전혀 달라요. 사실을 말하자면, 난 결코 주목받는 사람은 아니었지만, 난 아직 그 소녀를 기억해요. 그녀는 완벽하진 않지만 노력해요. 그녀는 착하지만 거짓말도 하죠. 그녀는 자신에게 엄격해요. 그녀는 망가졌지만, 도와달라고 하지 않아요. 그녀는 엉망진창이지만, 친절해요. 그녀는 대부분의 시간을 외롭게 지내요. 그녀는 이 모든 게 섞여 있어요. 그리고 아름다운 파이로 구워졌어요. 그녀는 갔지만, 그녀는 예전의 나였어요.

It's not simple to say that most days I don't recognize me; that these shoes and these apron, that place and its patrons have taken more than I gave them. It's not easy to know I'm not anything like I used to be. Although, it's true I was never attention's sweet center, I still remember that girl. She's imperfect, but she tries. She is good, but she lies. She is hard on herself. She is broken and won't ask for help. She is messy, but she's kind. She is lonely most of the time. She is all of this mixed up and baked in a beautiful pie. She is gone, but she used to be mine.

가사의 의미

위에 제시된 노래 가사를 크게 읽어보자. 노래의 리듬에서 벗어나서 문장처럼 말할 수 있을 때까지 반복해서 읽어라. 자꾸만 음악의 리듬에 빠지는가? 귀에 익은 음악의 리듬에 사로잡히지 않고 말할 수 있을 때까지 여러 차례 되풀이해서 읽어라.

다음은 이 과정에 도움이 되는 힌트들이다.

- 마침표, 느낌표 또는 물음표는 생각이 완전히 끝나는 부분이다. 종결짓는 것처럼 들리도록 읽어라. "그녀는 이 모든 게 섞여 있어요. 그리고 아름다운 파이로 구워졌어요."

- 세미콜론(;)은 마침표와 같다. 그러나 마침표처럼 완전히 끝나는 느낌이 아니다. 물론 하나의 문장처럼 자체로 완성되어 있다. (주어, 동사로 이루어짐. 목적어를 포함할 수도 있음.) 그러나 이어지는 부분과 서로 의존하는 관계, 연결되는 관계에 놓여 있다. 연결되어 들리도록 읽어라. "말로 설명하는 게 간단치 않네요. 대부분의 날들 나는 날 몰랐어요. 이 신발 그리고 이 앞치마, 이 장소와 손님들, 내가 그들에게 준 것보다 더 많은 걸 가져갔네요."

- 콜론(:)은 다음에 이어지는 구절에서 세부적인 설명을 곁들이거나 또는 이전의 생각을 보충하는 단어들 예컨대 "이와 같이" "그래서" "그러므로" "왜냐하면"이 감춰져 있다는 것을 암시한다. 자, 열 번째 문장 사이에 감춰진 단어들을 찾아보자. 당신은 "그래서"와 같은 단어를 넣어서 연습할 수 있다. 물론 그 후에는 단어를 뺀다. 그러나 그때의 느낌은 계속 유지한다.

- 쉼표(,)는 '구절'의 경계를 명확히 한다. 구절은 문장의 일부분이다. 전체 문장과 구절의 관계를 보자. "사실을 말하자면 난 결코 주목받는 사람은 아니었지만, 난 아직 그 소녀를 기억해요. (Although, it's true I was never attention's sweet center, I still remember that girl.)" 구절은 문장에서 언제라도 떼어낼 수 있다. 만일 구절을 떼어놓아야 한다고 생각한다면 그 전에 구

구두점을 찍었다면 마침표를 이용해 문장들을 완전히 구분할 수 있게 된다. 연결되는 의미를 잘 생각하여 나누어 보자.

말로 설명하는 게 간단치 않아요.

대부분의 날들 나는 날 몰랐어요.

이 신발 그리고 이 앞치마, 이 장소와 손님들,

내가 그들에게 준 것보다 더 많은 걸 가져갔네요.

알기가 쉽지 않아요.

나는 예전의 나와 전혀 달라요.

사실을 말하자면, 난 결코 주목받는 사람은 아니었지만, 난 아직 그 소녀를 기억해요.

그녀는 완벽하진 않지만 노력해요.

그녀는 착하지만 거짓말도 하죠.

그녀는 자신에게 엄격해요.

그녀는 망가졌지만, 도와달라고 하지 않아요.

그녀는 엉망진창이지만, 친절해요.

그녀는 대부분의 시간을 외롭게 지내요.

그녀는 이 모든 게 섞여 있어요. 그리고 아름다운 파이로 구워졌어요.

그녀는 갔지만, 그녀는 예전의 나였어요.

It's not simple to say that most days I don't recognize me; that these shoes and these apron, that place and its patrons have taken more than I gave them.

It's not easy to know I'm not anything like I used to be.

Although, it's true I was never attention's sweet center, I still remember that girl.

She's imperfect, but she tries.

She is good, but she lies.

She is hard on herself.

She is broken and won't ask for help.

She is messy, but she's kind.

She is lonely most of the time.

She is all of this mixed up and baked in a beautiful pie.

She is gone, but she used to be mine.

가사의 의미가 다르게 다가오는가?

몇 번 시도하다 보면, 당신은 가사에 대한 감각을 깨울 수 있을 것이다. 이는 문장을 이루는 단어들을 단순히 읽어내려 가는 것과는 완전히 다르다. 이것이 노래를 잘 이해하기 위한 첫 번째 단계이고, 노래의 어느 지점을 강조하고 싶은지 이해하기 위한 과정이다. 이 과정의 결과물들은 표현기법에 직접적으로 영향을 미친다.

당신이 지금 한 이 연습을 '독백하기(monologuing)'라고 부르고, 음악 없이 가사만으로 표현하는 것을 의미한다. 당신이 구두점과 대문자를 고려하면서 가사를 말할 수 있게 되면 이제 당신은 그동안 쌓아온 모든 기술들을 적용할 수 있게 될 것이다. 그리고 가사 안의 중요한 생각이나 욕망, 감정들을 찾아낼 수 있을 것이다. 당신이 어떤 노래를 떠올리면 리듬부터 생각날 것이다. 하지만 이제 당신은 노래의 리듬 없이도 가사를 편하게 말할 수 있어야 한다. 조금만 연습하면 가능하다. 음악의 구조에서 잠시 동안 가사를 따로 떼어내어 연습해보자. 대화를 하듯이 편안하게 말할 수 있을 것이다.

독백으로서의 가사

당신이 가사를 편안하게 말할 수 있게 되었다면 이제 극중 장면에서 던졌던 질문을 마찬가지로 해보자.

- 나는 누구한테 말하는가?
- 그들이 왜 나에게 중요한가?
- 그들에게서 무엇을 원하는가?
- 그걸 얻기 위해 나는 무엇을 하는가?
- 원하는 것을 얻기 위해 나는 무엇을 견뎌야 하는가?
- 그들은 시시각각 어떻게 반응하는가? 그리고 그런 반응들은 나에게 어떤 영향을 미치는가?

가사를 독백처럼 다뤄라. 대개의 가사가 본디 시적인 특성을 지니고 있거나 각운을 갖고 있기 때문에 아마도 당신에게는 고상한 말이나 운문으로 이루어진 연극처럼 느껴질지 모른다. 각운을 감추지 마라. 캐릭터들은 각운을 맞추는 것을 좋아하고 또한 강조를 위해 각운을 사용한다는 사실을 알고 있다. 각운을 살리면서 연기하라. 이용하라.

이 기술은 노래를 연습할 때뿐 아니라, 때론 실제 공연에서도 유용하게 사용된다. 정확히만 쓰인다면 얼마든지 훌륭한 효과를 거둘 수 있다. 〈마이 페어 레이디〉의 영화 버전에서 렉스 해리슨(Rex Harrison)은 헨리 히긴스라는 인물을 말하듯 노래하는 방법으로 훌륭히 소화했다. 그는 반주와 함께 리듬을 타며 노래를 말로 표현했다. 아주 가끔 노래를 섞어 부르면서 말이다. 또 다른 예가 있다. 〈해밀턴〉의 많은 장면에서 배우들은 말하듯이 랩을 한다. 대개의 경우 노래란 음정을 맞춰 부르는 것을 의미한다. 그러나 당신은 중요한 단어나 구절을 강조하기 위해서 멜로디에서 벗어나 리듬을 타면서 말할 수도 있다.

말하는 듯이 노래하는 방식은 순수한 음악 형식에서보다는 뮤지컬에서 주로 쓰인다. 예를 들어 헨델의 '메시아(Messiah)' 같은 오라토리오에서는 가사의 전달보다 아름다운 소리가 더 중시된다. 목소리는 악기가 되며, 반복되는 사이클 안에 놓인 단어들은 비록 의미를 갖고 있지만 드라마 대본보다는 음악적 파노라마에 가깝다. 반면 대부분의 뮤지컬은 텍스트에 의지하고, 목소리는 악기로서의 기능을 뛰어넘으며, 노래는 말에 더 가깝게 불린다. 드라마 대본처럼 단어와 의미들이 중요하다.

또한 뮤지컬 관객 역시 캐릭터를 가수로 여기지 않는다. 그들에게 캐릭터란 가슴 가득 차오르는 감정을 노래로 표현하고 일상의 움직임을 춤으로 표현하는 사람들이다. 우리가 하려는 말은 관객 입장에서 당신이 어떻게 보일지 주의하라는 말이 아니라 감정의 흐름에 따라 매끄럽게 전달하는 사람이 되어야 한다는 말이다.

고전주의 시대에는 말하듯이 노래하는 특징을 지닌 음악을 레치타티보(recitative)라고 불렸다. 레치타티보는 말하는 것에 매우 가까운 노래로, 종종 긴 구절로 이루어져 있고 한 가지 음이 계속 진행되며 자유롭게 억양을 살려서 불려졌다(〈지저스 크라이스트 슈퍼스타〉의 '가야바', 〈회전목마〉에 나오는 빌리 비그로우의 'Soliloquy'가 좋은 예이다.). 또한 레치타티보와 더불어 '낭송(Sprechstimme)'이라는 게 있는데 이 역시 음의 높낮이를 통해 말하듯이 노래하는 것에 가깝다(렉스 해리슨이 'My Fair Lady'에서 썼던 방법이다). 이는 〈에비타(Evita)〉 같은 연가곡 스타일의 작품에서 많이 사용하는 방법이다.

가능한 한 목소리의 변화 없이, 말하는 방식과 노래하는 방식 사이를 오고가는 것이 뮤지컬 배우에게 관건이다. 보통의 경우 말하는 소리와 노래하는 소리는 다를 수밖에 없다. 그러나 뮤지컬에서는 너무 두드러지게 차이가 나면 안 된다. 이를 위해 노래는 말하듯이 부르고, 말은 노래를 하듯이 한다는 생각을 갖고 있어야 한다.

말과 노래를 자유롭게 넘나들어라

지속음에 가사가 붙어 있는 노래를 고른다. 반주를 곁들여서 연습한다.

1. 숨을 들이쉰 다음, 적어도 두세 개의 음절 이상의 가사를 말로 표현해 보고 그 다음에 노래와 연결시키는 연습을 해보자.
2. 이 방식에 익숙해지면 첫 번째 몇 음만 노래로 부르고 나머지 부분은 말로 한다.
3. 노래와 말이 자연스럽게 연결될 때까지 연습한다. 음정의 흐름이 흐릿해지는 부분을 찾아서 말에서 노래로 조심스럽게 이동해 보자.

강조된 단어들

'독백하기'로 가사를 여러 차례 연습한 후 종이 위에 적힌 가사를 보는 시간을 갖자. 그리고 어떤 단어가 당신에게 가장 중요하게 되었는지, 또 강조할 수 있는 가장 좋은 방법은 무엇인지 생각해 보라. 그 단어들과 구절에 동그라미를 치자.

1. 노래를 부르되, 당신이 동그라미를 친 구절이나 단어들이 나올 때는 말로 전환하라. 이 방법을 시도하면서 당신은 무엇을 발견했는가? 단어와 구절이 더 중요하게 느껴지는가, 아니면 덜 중요하게 변했는가? 이 연습이 도움이 되었다고 느끼는 특정한 구절이 있는가?
2. 이번에는 반대로 해보자. 먼저 말을 하다가 강조된 단어나 구절이 나오면 노래하라. 무엇을 느꼈는가?

음악으로 돌아가기

가사와 음악은 함께 있을 때 의미가 있다. 지금까지 당신이 발견한 모든 것을 잃어버리지 않기 위해서는 다시 둘을 조심스럽게 통합시켜야 한다.

연 습 과 제 1 1 G

음악으로 돌아가기

다음의 연습을 위해 반주만 녹음한다. 멜로디와 목소리는 빼자. 당신이 노래를 부를 때 들리는 그 소리만 녹음되어야 한다. 녹음된 반주를 플레이하라. 전주가 끝나고 멜로디가 시작되는 부분에서 가사를 말해보자. 이때 말하는 속도와 음높이는 대충 노래에 맞추되, 가사의 논리성이나 감성적인 느낌은 유지되도록 한다. 여러 번 연습해야 익숙해질 것이다. '독백하기'를 하면서 발견했던 것들을 잃지 않도록 조심하라. 음악의 형태를 깨지 않으면서 단어들의 의미를 잘 유지할 수 있는가? 당신은 노래하듯 말할 수 있게 되었는가? 당신이 말할 때의 느낌을 놓치지 않으면서, 나아가 캐릭터가 목적을 달성하기 위해 싸우는 모습을 잃지 않으면서 가사와 음악을 잘 합칠 수 있었는가? 앞서 발견했던 의미나 새로 발견한 강조해야 할 단어들이 묻히지는 않았는가?

가사의 느낌을 살리는 데 어려움을 느낀다면 음악 없이 독백으로 가사를 말하는 연습을 한 뒤 다시 이 연습으로 돌아오라. 조급할 필요는 없다. 편안하게 할 수 있을 때까지 충분히 시간을 갖자.

음과 단어가 아닌 생각을 노래하라

이제 반주를 들으면서 가사를 말하는 데 익숙해졌다면 다시 노래를 부를 준비가 된 것이다. 이번 연습은 아름다운 소리를 내는 법을 익히는 게 아니라 가사를 말처럼 노래하는 방법을 강화시키는 것이 목적이다. 특히 가사에서 발견한 드라마틱한 사건을, 음악과 다시 통합하는 것이 이번 연습의 구체적인 목표다. 당신은 어쩌면 아직 이 노래의 음정에 익숙지 않고, 여기 저기 실수도 저지를 수 있다. 아직 노래를 완전히 소화하지 못한 것이다. 하지만 상관없다. 지금 우리의 관심사는 그런 게 아니다. 잠시 동안 노래를 좀 쉬자. 그러면 틀림없이 잠시 후의 연습 때 집중이 잘될 것이다.

연습과제 11H

목적을 가지고 노래하자

노래를 시작하기에 앞서, 이 노래의 대상(가급적 실제 무대 위의 상대방)과 목적을 확인하자. 그런 다음 '생각'을 노래하자. 그렇다. 음정이나 가사의 발음에 신경을 쓰면서 노래하는 게 아니라 생각(ideas)을 노래하는 것이다. 한 번 노래를 부르고 난 뒤, 음악과 가사가 어떻게 연결되어 있는지 시간을 가지고 알아보자. 가사를 이해했는가? 그리고 다른 캐릭터에게서 당신이 바라던 것을 얻었는가? 생각을 표현하는 데 있어서 음악은 당신에게 도움이 되었는가, 아니면 방해가 되었는가? 당신을 곤란에 빠뜨린 부분이 어디인지 확인하라. 다시 돌아가서 왜 이상하게 느꼈는지 알아보자.

숨으로 표현하기

11.5

이것은 숨을 들이마시는 특별한 기술에 관한 것이 아니다. 그런 기술을 발전시키려면 당신은 일대일로 지도를 받을 필요가 있다. 우리가 여기에서 말하려는 것은 숨 쉬기에도 의미가 숨어 있다는 흥미로운 사실이다. 공연에서 호흡은 중요하게 다뤄진다.

당신은 대사를 말하거나 노래를 부를 때 중간에 숨이 차본 적이 있을 것이다. 잠시 우리의 일상으로 돌아와서 사람들이 나누는 일상적인 대화를 의식적으로 들어보라. 당신의 친구는 말하는 도중 숨이 차는 경우가 없을 것이다. 주의 깊게 관찰해 보면 그들은 자신이 표현하려는 생각의 단위 사이에서 숨을 쉬고 있음을 발견하게 될 것이다. 생각의 단위와 숨 쉬는 단위가 같다는 것은 우연이 아니다.

만약 말하는 사람과 듣는 사람이 친밀한 사이라면 말하는 사람은 듣는 이가 눈에 띄게 숨을 들이마실 때 자연스럽게 말하기를 멈추고 상대가 말하기를 기다릴 것이다. 우리는 상대가 우리의 메시지를 어떻게 받아들였는지 알고 싶어 하기 때문에 우리는 상대의 입에서 내뱉어질 촌철살인의 한마디를 위한 영감의 순간에 주목하게 된다. 상대가 숨을 들이쉬는 것은 말하고 싶다는 신호가 되며, 그래서 우리는 말을 멈추고 귀를 기울이게 된다. 우리는 또한 숨을 들이쉬는 모습이나 소리 등을 통해 숨을 마시는 속도나 깊이, 기도의 열려 있는 정도 등을 알아차리게 되는데 이는 상대가 하는 말이 급한 건지 여유가 있는 건지, 하려는 말의 양이 얼마나 되는지, 현재 감정 상태가 어떤지 등의 정보를 알려준다. 상대가 숨 쉬기를 통해 어떤 정보를 보내온 결과로, 우리는 상대가 어떤 식으로 말할지 대충 감을 잡게 된다. 이와 같이 일상의 대화에서 우리가 숨 쉬기의 의미를 포착하듯이, 관객 역시 캐릭터가 언제 어떻게 숨을 쉬는지 살펴봄으로써 지금 무대 위에서 벌어지는 일과 캐릭터 사이에 벌어지는 일들에 대한 기본적인 정보를 얻게 된다. 만약 당신이 어디에서 숨을 쉬는지 신경 쓰지 않는다면 대본과 정반대로 연기할 수 있고, 그러면 관객을 헷갈리게 만들 수도 있다.

11.5.1 ── 숨으로 생각을 표현하라

생각은 크기도 하고 작기도 하다. 또한 단순하면서 짧을 수도 있지만 단순하면서도 가슴을 부풀게 하는 감정으로 가득 차 있기도 하다. 생각은 복잡할 때도 있고, 긴급히 알려야 할 때고 있고, 또는 두서없이 펼쳐지거나 잘 가다가 중간에 툭 끊어질 때도 있다. 생각의 형태란 거의 무한정이다. 그러나 모든 생각은 숨을 쉬면서 표현된다는 한 가지 공통점을 갖고 있다.

자신의 목소리를 과시하는 경향이 있는 몇몇 배우들은 생각의 단위보다는 음악적 이유로 숨 쉬는 곳을 정하기도 한다. 다음 문장은 〈회전목마〉의 'If I Loved You'에서 발췌한 것이다.

내가 당신을 사랑했다면, 몇 번이고 나는 모든 걸 말하고 싶었을 거예요. 당신이 알았으면 싶은 그 모든 것을.

If I loved you, time and again I would try to say all I'd want you to know.

평범한 대사처럼 말해보자. 어디에서 쉬는 게 자연스러운가? 어디에서 본능적으로 숨이 쉬어지는지 여러 차례 반복해서 읽으면서 찾아보자. 여러 가지 답이 있을 수 있다. 많은 사람들이 "내가 당신을 사랑했다면 (호흡) 몇 번이고 나는 모든 걸……."을 선택할 것 같다. 왜냐하면 가사에 "그러면(then)"이 빠져 있기 때문이다. "내가 당신을 사랑했다면, 그러면 몇 번이고 나는 모든 걸……." 그 지점에서 숨을 쉬게 되면 '만약—그러면(If-then)'의 순간, 생각이 다음으로 넘어간다는 것을 알아차리게 된다. 그러나 가끔 노래에 푹 빠진 배우들은 "당신을 사랑했다면"과 "몇 번이고" 사이에서 숨을 쉬지 않고 연결해서 부르는 경향이 있다. 음악적으로는 더 좋게 들릴지 모르지만 의미를 표현하는 데는 부적격이다. 이렇게 되면 원치 않게 다음 구절을 둘로 나누게 된다. 노래를 부르다 보면 어디에서든 숨을 쉬어야 하지 않겠는가. 예컨대 "내가 당신을 사랑했다면 몇 번이고 (호흡) 나는 모든 걸 말하고 싶었을 거예요."와 같이 이상한 곳에서 숨을 쉬면 내용을 이해하기가 어렵게 된다. 심지어 이 문장의 의미를 '내가 당신을 몇 번이고 사랑했다'는 식으로 오해하도록 만든다.

가끔 당신은 생각의 중간에 숨을 쉰다. 한 프레이즈가 한 호흡으로 부르기에 너무 길 수도 있고, 하나의 프레이즈가 끝날 무렵 어떤 생각이 떠올라 다음 프레이즈로 넘어갈 때 숨을 쉴 수 있다. 후자의 예로는 〈알라딘〉의 'Proud of Your Boy'가 있다. 다음의 가사를 보면서 노래해보자.

그래, 난 내 나이에 비해 어리다고 할게. 늦게 피는 꽃. 좋아, 동의해, 난 정말 못된 아이였는 걸. 대단한 아들이었지! 참 자랑스럽고 기뻐!

이 가사에 있는 구두점대로 말해도 말은 된다. 하지만 프레이즈를 고려하면서 보도록 하자.

그래, 난 내 나이에 비해 어리다고 할게. 늦게 피는 꽃. 좋아, 동의해 (앞 프레이즈가 끝나고)

… 난 정말 못된 아이였는걸. 대단한 아들이었지! 참 자랑스럽고 기뻐!

이 경우, 프레이즈 중간에 숨을 쉴 필요가 있다. 이때는 이 프레이즈를 끝마칠 수 있을 만큼만 짧게 숨을 마시고, 다음 프레이즈를 시작할 때 충분히 들이마셔라. 긴 프레이즈 안에서 짧게 숨을 쉴 수 있는 적당한 위치를 찾아라. 살짝 숨을 쉴 때 마음속으로 연결선을 그어 생각이 이어지도록 하자. 숨을 잡고 노래하는 연습을 할 때는, 심지어 숨을 쉬지 않는 동안에도, 생각과 욕망이 지속될 수 있도록 해야 한다. 이것은 이 프레이즈에 필요한 공기의 양뿐만 아니라 가사와 음악에 대한 논리적인 분석이 동반되어야 한다. 당신은 많은 시행착오를 겪게 될 것이고, '안무'를 연습할 때에도 마찬가지로 적용할 수 있다.

이제 노래와 연기 사이에서 춤을 추듯 놀아보자.

11.6 당겨서 노래하기, 늦춰서 노래하기

우리는 가사를 음악보다 우선시할 수 없고 반대도 마찬가지다. 가사는 뜻을 전달하고 음악은 감정을 전달하기 때문에 이 둘은 떨어져 있을 때보다 함께 있을 때 더 큰 효과를 내게 된다. 11장을 시작하면서 우리는 작곡된 그대로 노래를 부르는 배우들에 대해서 잠시 언급했다. 그리고 이보다 자유롭게 노래 부르는 배우들에 대해서도 언급했다. 후자의 배우에게 필요한 기술이 당겨서 노래하기(Front phrasing)와 늦춰서 노래하기(Back phrasing)이다. 이 기술은 배우가 음악의 리듬을 살짝 바꾸어 가사를 악보보다 약간 빨리 부르거나 약간 늦춰서 부르는 방법이다. 대체로 늦춰서 부르는 방법이 많이 쓰인다. 이는 배우가 약간 늦게 시작하는 것처럼 보이지만 끝부분에 가서 따라잡거나 반주에 맞춰 제 리듬으로 돌아오는 것처럼 보일 것이다. 단어를 다음 박자나 다음 마디까지 길게 늘이는 방법으로 멜로디를 더욱 신축적으로 부르는 경우도 있다.

이 기법은 1950년 이후의 뮤지컬 음악에서 자주 쓰였는데 아마도 길버트(William

Schwenck Gilbert)와 설리번(Arthur Sullivan)의 노래들과는 어울리지 않을 것이다(만일 당신이 전통적인 접근방식을 따른다면 말이다). 그러나 〈렌트〉, 〈킹키 부츠〉 또는 〈매디슨 카운티의 다리(The Bridges of Madison County)〉와 같은 뮤지컬들은 대부분 해석을 자유롭게 한다. 왜냐하면 이 뮤지컬들은 재즈, 팝 그리고 록 음악 스타일에 많은 영향을 받았기 때문이다. 1950년대 그리고 1960년대의 작곡가 싸이 콜맨(Cy Coleman), 줄 스타인(Jule Styne), 존 칸더(John Kander)를 포함한 몇몇 작곡가들은 연기자들이 이 기술을 적용하리라는 것을 예상하고 음악을 작곡했다. 현대의 많은 작곡가들은 이러한 자유로운 해석을 허용하고 있다.

연습과제 11ㅣ

늦춰서 노래하기

당신이 연습하고 있는 노래를 계속 사용하자. 우리는 당겨서 노래하기와 늦춰서 노래하기에 관해서 탐험할 것이다.

1. 각 프레이즈의 첫 번째 음을 가능한 한 오래 끌어서 음악의 시작을 늦춘 뒤, 다시 음악을 따라 잡아라. 프레이즈의 끝에 늦게 도착해서는 안 된다.
2. 합창부 가운데 중요한 프레이즈를 사용하자. 같은 프레이즈를 4번 연습하되 매번 늦춰서 부르기의 정도를 달리한다. 첫 번째는 쓰인 대로 정확히 불러라. 두 번째는 약간 늦춰서 불러라. 세 번째는 더 늦춰서 불러라. 네 번째는 가사의 목적과 음악적인 느낌이 유지되는 한계 안에서 최대한 늦춰서 노래해보자.

연습과제 11J

당겨서 노래하기

같은 연습이지만, 이번에는 당겨서 노래하기를 해보자. 당신은 아마도 늦춰서 노래하기보다 훨씬 어렵다는 것을 알게 될 것이다. 대부분의 배우들은 이것의 어려움을 알고 있다.

한 가지 좋은 방법이 있다. 프레이즈를 반복하는 것이다. 'She Used to Be Mine'의 가사를 예로 들어보자. 가사가 시작하기 전 마디의 세 번째 또는 네 번째 박자에 노래를 시작해보자. 예를 들어 당신이 '이 신발 그리고 이 앞치마' 부분을 부른다고 하자. 정해진 박자보다 앞선 마디의 셋 또는 네 번째 박자에 '이'를 소리 내고, 정확한 박자에 '이 신발……'을 부르는 것이다. 그러면 당신은 '이 – 이 신발 그리고 이 앞치마……'라고 부르게 될 것이다. 이 반복 연습은 노래의 흐름을 놓치지 않고 당겨서 노래하기를 배울 수 있는 걸음마 단계이다. 당신이 '이 신발과……'를 공격적으로 앞당겨 부르기로 했다면, 그 앞의 '몰랐어요'에 해당하는 음은 짧게 내야 한다.

만일 재즈에 대해서 전혀 모른다면 이 연습을 많이 해보는 게 도움이 될 것이다. 분명 의미 있는 시간이 될 것이다. 또 한 가지 좋은 방법은, 당신을 이끌어줄 친구와 함께하는 것이다. 다운비트(downbeat, 센박)를 유지하다가 업비트(upbeat, 여린박)를 타야 할 때가 오면 친구는 그 직전에 신호를 주도록 한다.

연습과제 11K

표현기법의
다채로운 스타일을 조사하라

1. 조사를 위해서, 엘라 피츠제럴드(Ella Fitzgerald), 빌리 홀리데이(Billie Holiday), 사라 본(Sarah Vaughn), 주디 갈란드, 프랭크 시나트라(Frank Sinatra), '냇 킹 콜

(Nat 'King' Cole)' 그리고 빙 크로스비(Bing Crosby)와 같은 20세기 중반의 유명한 보컬들의 노래를 들어보자. 이 가수들이 노래에 어떤 변화를 주어 불렀는지 좋은 예를 찾아라. 당겨서 노래하기, 늦춰서 노래하기의 예를 찾아라. 이 가수들은 힘들이지 않고도 쉽게 노래를 자기 스타일대로 부르는 것처럼 보인다. 그들이 사용하는 당겨서 노래하기/늦춰서 노래하기는 우리가 의식하지 못하는 사이에 자연스럽게 노래 속에 녹아 있다. 손으로 박자를 맞추며 노래를 들어보라. 이렇게 듣다 보면 당신이 어떤 표현기법을 선택할지 조금 더 명확히 알게 될 것이다. 그들만의 개성어린 표현기법을 빌려서 노래를 불렀을 때 가사의 의미가 강화되었는지 혹은 약화되었는지 이야기를 나눠보자. 주의 깊게 들어보며 멜로디의 진행이나 표현기법 상의 어떤 눈에 띄는 변화가 있는지 찾아보자. 왜 그 가수는 그렇게 불렀을까?

2. 하나의 노래를 서로 다른 시대에 활동한 세 명의 유명 가수가 녹음한 세 가지 버전을 찾아라. 이 노래에 쓰인 표현기법과 멜로디의 진행이 어떻게 다른지 비교하자. 이 연습을 위해서 악보를 3장 복사할 필요가 있다. 〈Anything Goes〉의 'I Get a Kick out of You' 같은 노래나, 해럴드 알렌(Harold Arlen), 조지 거쉰, 제롬 컨(Jerome Kern)이 작곡한 노래들 가운데에서 우리 목적에 적합한 곡을 찾아보자.

연습과제 11L

다른 사람의 표현기법을 흉내 내자

당신이 연습하고 있는 노래도 좋고, 혹은 들어본 적이 있는 누군가의 노래여도 좋다. 그 가수의 음악적 표현기법을 흉내 내보자. 그들의 음색이나 개성을 따라 하라는 게 아니다. 가벼운 마음으로 표현기법을 모방해보자. 가수의 성별을 가리지 말고 여러 가수의 기법을 따라 해본다. 이 밖의 다양한 표현기법은 5부에서 공부할 것이다.

뮤지컬은 '뮤직(music)' 컬이다!

당신이 부르는 노래는 사실상 우리 가슴에 소리로 울려 퍼진다. 당신의 목소리는 악기다. 연주하라.

당신이 노래를 음악의 관점에서 살필 수 있도록 몇 가지 유용한 연습을 제공한다.

연습과제 11M

모음으로 노래하기

1. 당신의 노래를 "아", "우", "오" 같은 열린 모음으로 노래하라. 하나의 열린 모음을 택해 노래 전체를 부르는데, 이때 당신이 만들어내는 음색에 집중하라. 당신은 이 노래의 음악적 형태에 대해서 어떤 점을 발견했는가? 다른 모음으로도 불러보자.

2. 이번에는 노래 가사의 자음을 모두 없애고 모음만을 발음하면서 노래해보자.

연습과제 11N

난 악기다

1. 실제 단어가 아닌 당신이 좋아하는 자음이나 모음을 이용하여 노래를 불러보자. 노래할 때 아래의 악기들을 흉내 내보자.

트럼펫	바이올린
베이스	전자 기타
색소폰	트롬본

2. 다른 악기도 좋다. 리스트에 없는 악기도 좋다. 시도해보자. 당신이 속해 있는

그룹 전체를 오케스트라로 만들자. 각각 악기들을 선택하여 소리를 흉내 내보자. 즉흥 재즈 연주회를 열자. 피아니스트가 있다면 합류시키자. 몸을 타악기로 사용하자.

스캣으로 부르기

1. "바 닷 두 다" "조 베 조 바 조 웨이" 같이 당신의 노래를 재즈의 스캣(scat, 무의미한 음절로 가사를 대신하는 노래 – 역주)으로 부르자. 아무도 안 듣는다고 생각하고 노래하자. 이 연습은 혼자서 하는 게 편하다. 이 스타일의 대가들인 엘라 피츠제럴드, 사라 본, 멜 토메(Mel Torme) 그리고 루이 암스트롱(Louis Armstrong)처럼 불러라. 힌트가 필요하다면 그들의 노래를 들어라.

2. 네 그룹으로 나눠서(혹은 두세 그룹) 당신들이 아는 노래를 스캣으로 불러보자. 한 사람이 4~8소절을 부른 뒤 다음 사람에게 넘긴다.

3. 같은 연습을 하되 서로 가볍게 주고받을 수 있는 공이나 모자, 스카프를 준비한다. 한 사람이 스캣으로 노래를 시작하되 공(모자, 스카프)을 그룹에 있는 아무에게나 넘기면 받은 사람은 즉각 노래를 이어받는다. 악기 소리를 가지고도 이 게임을 해보자.

노래를 개선시켜라

전혀 다른 음악 스타일, 전혀 다른 박자와 템포를 노래 한 곡에 섞어 보자. 이 노래를 4/4박자에서 3/4박자로 바꿔라. 또는 폭스 트롯에서 보사노바로 바꿔라. 아래 음악의 특색들을 탐구하자.

왈츠	행진곡	스윙	발라드
탱고	찰스턴	팝	힙합

얼마나 많은 변화들을 생각할 수 있는가?

이 연습을 할 때, 당신은 아마도 밴드의 일원이 되어 가사 따위는 잊고 있다는 사실을 발견하게 될 것이다. 하지만 이 연습은 당신이 공연의 흐름 안에서 자유롭게 노래를 할 수 있도록 도와줄 것이다. 노래 부르는 배우의 역할은 음악과 가사를 동시에 실행하는 것이다.

- 12장 -
노래를
무대화하기

모든 탐구와 분석, 그리고 자기성찰을 마쳤으니 이제 노래에 생명력을 불어넣을 차례다. 지금부터 좋은 연기의 핵심이 되는 제스처와 신체적 표현 문제를 다루겠다. 이번 장에서는 배우가 노래를 무대화하는 방법과, 연출가 또는 안무가와 호흡을 맞출 수 있는 방법을 탐구해 보자.

공연이나 오디션장에서 배우는 자유롭게 혹은 즉흥적으로 노래와 캐릭터를 표현해낼 것을 요구받기도 한다. 그러므로 배우는 자기 노래를 즉시 무대화할 수 있는 기술을 익혀야 한다. 그리고 안무가와 연출자의 지시를 빠르게 파악하고 표현할 수 있어야한다. 진정한 뮤지컬 배우가 되고 싶다면 혼자서도 안무를 구상하고 추상적인 연출자의 요구를 구체적인 행동으로 표현해낼 수 있어야 한다.

이 장을 학습한 후, 다음을 할 수 있어야 한다.

- 당신은 캐릭터의 세계에 대한 상세한 지도를 만들고, 그 세계를 믿으며 살아갈 수 있다.
- 무대 위에서의 연출 기법을 이해하고, 이를 캐릭터의 구체적인 행동으로 표현할 수 있다.

- 당신은 캐릭터의 내면의 여정을 무대에 최적화된 신체 행동으로 구현할 수 있다.

- 자그마한 신체적 충동을 강력한 연극적 제스처와 행동으로 확장하여 표현할 수 있다.

- 안무 동작을 캐릭터의 진실된 행동으로 받아들이고 이를 표현할 수 있다.

12.1 **무대에서 사용되는 공통의 언어**

배우와 연출가가 공통으로 사용하는 무대 용어와 우리는 무대 위에서 어떻게 움직여야 하는지 함께 알아보자. 그러면 당신은 그 용어들을 어떻게 구분하고 사용할지 알게 될 것이다.

대부분의 무대 위치와 움직임의 방향은 관객의 입장에서가 아니라 배우의 관점에서 지칭하게 된다. 따라서 배우가 관객을 마주볼 때의 오른쪽을 '무대 오른쪽(stage right)'이라고 하고, 배우의 왼쪽을 '무대 왼쪽(stage left)'이라고 한다. 20세기 이전에는 무대 바닥이 객석을 향해 약간 밑으로 기울어져 있기 때문에 무대 앞쪽을 다운스테이지(downstage), 무대 뒤쪽을 업스테이지(upstage)라고 불렀다. 오늘날에는 더 이상 무대 바닥에 경사가 없으나 용어만큼은 여전히 쓰이고 있다. 아래의 그림은 표준적인 프로시니엄(proscenium) 무대의 여러 구역을 보여준다. 관객들은 영화관에서처럼 커튼이 열린 틈으로 무대를 볼 수 있는 직사각형 공간 앞에 앉아 있다.

무대 뒷벽 (업스테이지 Upstage)		
무대 뒤 오른쪽 Upstage right	무대 뒤 가운데 Upstage center	무대 뒤 왼쪽 Upstage left
무대 중앙 오른쪽 Center stage right	무대 중앙 가운데 Center center	무대 중앙 왼쪽 Center stage left
무대 앞 오른쪽 Downstage right	무대 앞 가운데 Downstage center	무대 앞 왼쪽 Downstage left
객석 또는 오케스트라 피트 (다운스테이지 Downstage)		

무대 위 게임

1. 앞의 표를 여러 장 복사하여 각 위치별로 오려낸다. 오려낸 조각을 전부 모자에 넣는다. 넓은 공간을, 가능하면 진짜 무대 공간을 사용한다. 한 사람을 골라 연출자 역할을 시킨다. 다른 참가자는 모두 무대로 보낸다. 연출자는 모자에서 종이를 꺼내 무작위로 각 참가자에게 무대 위 어느 위치로 가라고 지시한다.

2. 연출자는 경쟁을 붙이기 위해 머뭇거리거나 잘못된 방향으로 가는 사람을 탈락시킬 수 있다.

3. 난이도를 한 단계 더 높여서 연출자가 종이 두 장을 꺼내 배우에게 한 장소를 지나 다른 장소로 가라고 지시하게 한다. 예를 들면 "사라, 무대 앞 왼쪽을 통해서 무대 앞 오른쪽으로 가세요." 하는 식이다.

4. 배우들을 서로 엇갈리게 한다. 이 단계에서는 한 배우가 목표 위치에 도달해 멈추기 전에 그 목표 위치를 먼저 차지하고 있던 다른 배우가 자리를 떠야 한다. 배우들은 자기 위치를 조금씩 조정해서 다른 배우들에게 잘 보이도록, 방해받지 않도록 해야 한다. 또한 배우들이 한 줄로 늘어서 있어도 안 된다.

5. 연출자의 수를 늘려 진행 속도를 더 빠르게 한다(어수선해질 수 있으므로 누가 틀렸는지 확인할 사람을 지정하는 것도 좋은 방법이다).

신체의 방향

12.2

배우에게는 무대 위의 어디에 서 있어야 하는지 외에도 어떻게 서 있어야 하는지에 대하여 통용되는 그들만의 언어가 있다. 그래서 배우와 연출자는 무대 위에서 해당 용어만으로도 충분히 논의할 수 있다. 무대 위치를 검토할 때는 당신이 커다란 시계 중앙에 서 있다고 생각하라. 관객을 마주본 상태에서 무대 뒤쪽을 12시 방향, 무대 앞쪽을 6시 방향이라고 생각하라.

정면(Full front) : 배우는 관객이 자신의 두 눈을 다 볼 수 있도록 무대 앞쪽을 똑바로 마주보고 선다. 무대 어느 한쪽으로도 치우치지 않고 얼굴을 6시 방향으로 향하게 한다.

후면(Full back) : 배우는 관객이 자신의 얼굴을 전혀 보지 못하도록 무대 뒤쪽을 똑바로 마주보고 선다. 얼굴은 12시 방향을 향한다.

측면(Profile) : 배우가 한쪽 눈만 보이도록 옆으로 선다. 측면 오른쪽이란 무대 오른쪽을 마주하고 서서 얼굴 왼쪽만을 보인다는 말이다. 측면 왼쪽이란 무대 왼쪽을 마주보고 서서 얼굴 오른쪽만을 보인다는 말이다. 따라서 배우는 3시 방향(측면 왼쪽) 또는 9시 방향(측면 오른쪽)을 마주보게 된다.

4분의 1 측면(Quarter profile) : 배우는 무대 위에서 무대 앞 한쪽 구석을 바라보고 서서 관객이 배우의 얼굴 한쪽 면 전부와 반대쪽 일부(전체는 아니다)를 볼 수 있도록 한다. 4분의 1 측면 오른쪽은 배우가 자신이 연기하는 공간 오른쪽의 무대 앞쪽, 즉 8시 방향을 본다는 뜻이다. 4분의 1 측면 왼쪽은 무대 앞 왼쪽, 즉 4시 방향을 본다는 뜻이다.

4분의 3 측면(Three quarter profile) : 배우가 무대 뒤 오른쪽(10시 방향) 또는 무대 뒤 왼쪽(2시 방향)을 마주보고 무대 위에 서서, 관객이 객석에서 배우의 얼굴 아주 일부분만 보게 한다.

12.3 — 무대 위치와 시각적 효과

배우의 무대 위치가 변하면 그에 따라 시각적 효과도 달라질 수 있다. 연출자와 안무가는 무대 위의 그림을 만들기 위해 배우와 장면의 여러 요소들을 도구로 삼아 작업한다. 배우 자신이 무대에서 어떻게 움직여야 하는지 그리고 어느 부분을 집중적으로 담당하는지를 파악하고 있으면 이 작업에 도움이 된다. 여기서 '강함' 또는 '힘' 그리고 '약함'이라는 말은 무대화 작업에서 시각적 효과를 나타내는 용어이다.

중앙 가운데 : 무대에서 가장 균형 잡힌 위치다. 안정성을 암시한다.

무대 앞 가운데 : 무대 위에서 가장 강한 위치다.

무대 앞 왼쪽 및 오른쪽 : 무대 위에서 두 번째로 강한 위치지만, 불안정한 위치다. 이 두 위치는 캐릭터가 더 힘 있고, 더 확실한 장소로 이동할 수 있음을 시사한다.

무대 뒤 왼쪽 및 오른쪽 : 무대 위에서 가장 약한 위치다.

연습과제 12B

생생한 작품 재현

1. 당신이 그룹의 일원이라면, 연습실이나 무대로 쓸 만한 공간을 확보하라. 그룹 구성원 중 한 사람을 무대 위의 여러 위치에 다양한 각도로 서게 한다. 어떤 자세를 잡았을 때 또는 어떤 위치에 섰을 때 효과가 가장 큰지, 가장 미미한지 판단한다. 이 작업을 처음에는 두 사람과 함께, 다음에는 세 사람과 함께 해 보고, 물리적인 위치 관계가 무대 위에서 어떤 효과를 주는지 알아본다.
2. 고전시대 거장의 그림을 활용한다. 거장의 화보집에서 여러 사람의 모습이 담긴 그림을 찾아낸다. 화폭을 무대라고 생각하고, 화폭이라는 무대 위의 위치와 각도에 이름을 붙여 본다. 같은 수업을 듣는 동료들과 협동하여 유명한 그림을 재현한다.

무대 용어

배우들은, 무대 위 한 곳에서 다른 곳으로 이동하는 방식에 관해 아래의 전문 용어를 사용한다.

동선(Blocking) : 무대 위에서의 움직임과 비즈니스(일상의 사건과 행동을 연기하는 것을 의미함. – 역주)를 도식화한 것. 연습을 통해 계속 발전시켜 나간다.

등장 : 연기 공간으로 걸어오기(또는 다른 수단을 이용하여 들어오는 것)

퇴장 : 연기 공간에서 떠나기

가로지르기 : 무대 위 한 곳에서 다른 곳으로 걸어가기

교차하기 : 당신을 지나가는 다른 배우의 반대 방향으로 움직이기. 그러니까 다른 배우가 자신의 왼쪽으로 움직인다면, 당신은 무대 오른쪽으로 몇 발자국 가로질러서 다른 배우와 엇갈린다. 교차하기는 무대 그림을 균형 잡힌 상태로 유지하고, 모든 연기가 한쪽으로 몰려 진행되지 않도록 하는 방법이다.

무대 안 : 연기 공간의 중심을 향하여

무대 밖 : 연기 공간의 중심에서 떨어져서

깊다/얕다 : 배우가 무대 앞 선에서 얼마나 멀리 떨어져 있는가를 말한다. '깊다(deep)'는 표현은 무대 뒷벽에 가장 가까운 상태, '얕다(shallow)'는 표현은 무대 앞에서 관객에게 가장 가까운 위치를 말한다.

수평면(Plane) : 만일 오른쪽에서 왼쪽으로 프로시니엄 무대의 양 기둥을 잇는 선과 평행한 선을 여럿 그린다면, 무대 위에 여러 개의 면이 보일 것이다. 이와 같은 수평면들은 무대의 깊이를 표시한다.

프로시니엄 라인 : 프로시니엄 무대의 양 기둥을 잇는 가공의 선(관객이 무대 연기를 들여다보는, 제4의 벽이 있다고 상상하는 지점)

기준점 또는 초점 : 당신이 노래나 대사를 하는 동안 바라보는 곳. 연기를 명확하게 하기 위해 하나 이상의 초점이 필요할 수도 있다. 물론 그 지점만 줄곧 바라보지는 않는다. 그러나 그런 지점을 정해 두고, 누가 그 지점에 있다고 상상해야 한다. 이 지점에는 당신의 파트너(파트너가 있을 경우)도 포함될 수 있다. 그러나 대개 이야기를 전달하기 위해 자기 앞, 관객 너머, 자기 눈높이의 조금 위나 아래를 바라보는 경우가 많다.

12.5 ── 무대에 선다는 것

노래를 무대화하는 방식은 사람마다 제각각이다. 어떤 사람은 아예 무대화를 하지 말라고 한다. 이러한 사고방식을 가진 사람들은 연기만으로도 충분히 유기적인 동작을 만들어낼 수 있으며 그 밖의 모든 것은 거짓처럼 또는 인위적으로 느껴진다고 주장한다. 그와 정반대의 의견을 가진 사람들은 모든 동작과 몸짓을 계획하여 노래를 통해 배우의 생각을 철저하게 표현해야 한다고 주장한다. 중요한 것은 전자의 경우든 후자의 경우든 그 선택은 자기 스스로 내려야 하며 노래와 극의 양식, 무대 환경과도 잘 어울려야 한다는 점이다. 그리고 노래의 극적 현실이 아무리 과장되어 있더라도, 작품의 맥락을 감안했을 때 그것이 해당 캐릭터에게는 자연스러운 경험인 듯 보여야 한다. 수년간 경험을 쌓은 전문배우는 공연을 하면서 스스로 무대화 기술을 익히고, 언제 움직이고 언제 멈출지 본능적으로 깨닫는다. 또한 자신의 목소리와 노래에 힘을 실어 감동을 선사할 줄 안다. 그러나 이와 같은 본능은 오랜 시간에 걸쳐 연구와 실험을 거듭해야 얻을 수 있다. 그리고 이들은 자신이 존경하는 연기자의 공연을 관찰하면서 계속 발전시켜 나간다. 만약 아직 이 단계에 도달하지 못했다면 지금부터 당신의 본능을 일깨워 보자.

내면의 상태를 외부로 표현하라

완벽하게 준비된 배우들이 공연하는 모습을 보면, 거의 모든 음악적 순간이 어떤 식으로든 무대화되어 있다는 사실을 알 수 있다. '무대화'란 배우가 노래를 부르면서 사용하는 움직임, 신체 동작 그리고 제스처 등을 설명하는 용어이다. 무대화는 한 곳에서 다른 곳으로 걸어가거나, 앉거나, 서 있거나, 기대거나, 무릎을 꿇는 등의 실제적인 행동을 무대에 맞게 구성했다는 의미이다. 그러나 한편으로는 노래를 부르는 동안 안무된 춤 동작처럼 양식화된, 의도된 동작을 한다는 의미일 수도 있다. 사실주의적이든 양식적이든 간에, 어떤 노래를 무대화한다는 것은 노래를 부르는 캐릭터의 내면상태가 신체적으로 표현되어야 한다는 말이다. 우리는 극적 행동을 구체적으로 표현해야 한다. 이러한 신체적 표현을 창조해 내는 일이 바로 배우의 임무다. 다음에서는 이와 같은 내면의 상태를 표현하기 위해 자주 사용하는 수단과 테크닉에 대해 다룰 것이다.

충동이 행동을 만든다

사람의 생각이나 감정은 어떤 식으로든 사람의 몸에 반영된다. 숨을 쉬거나 몸을 구부리거나 눈을 깜빡이거나 고함을 지르거나 하는 이런 행동들은 어떤 충동에서 비롯되며, 이렇게 자연스럽게 발생하는 행동들은 스쳐 지나가는 감정이나 문득 떠오르는 생각의 결과이다.

이는 삶의 자연스러운 일부이며, 사람은 저변에 깔린 맥락과 의미를 알려줄 단서를 찾기 위해 다른 사람의 행동을 읽는 데 능숙하다. 어린 아기가 낯선 사람을 만나면 가장 처음 하는 일 가운데 하나가 바로 상대방의 표정, 어조, 기타 미세한 행동 변화를 분석하는 일이다. 나이가 들수록 관찰력과 분석력은 노련해진다. 관객 역시 마찬가지다. 그들은 배우의 행동에 각별히 주의를 기울인다. 관객은 캐릭터들과 그들의 관계, 이야기를 이해하는 데 도움이 되는 단서를 자기도 모르는 사이에 찾으려고 애를 쓴다.

실생활에서와는 달리 연극적 순간들은, 연습을 하고 미리 계획하며 가끔은 안무까지 곁들여진다는 특성 때문에 배우에게는 도전이 된다. 뮤지컬에서는 노래 중간에 음악이 고조되는 부분이 있는데, 이때 배우가 몸을 쓰는 방식은 일상생활의 평범한 동작을 뛰어넘어 보다 호소력 짙으면서 감정적이고 구체적인 방식으로 확장된다. 앞에서도 말했지만, 관객은 오로지 배우의 목소리와 신체적 행동을 통해서만 배우의 감정을 인식한다. 뮤지컬 배우에게 신체적 행동이란 제스처와 신체 동작을 뜻한다. 신체적 행동은 배우가 가진 도구 중 배우의 내적 삶을 관객과 공유할 수 있는 가장 강력한 도구가 된다.

뮤지컬 배우에게 가장 흔한 고민거리는 어떤 제스처가 어울리는지, 어떤 제스처를 선택할지 말지 결정하는 일이다. 앞서 노래의 무대화에 대해 언급할 때, 어떤 배우들(그리고 작품들)은 무대화를 위한 의식적 선택을 아예 하지 않고, 사실주의에 입각한 과정을 선호하며, 오로지 인물의 내적인 삶을 탐구한 결과와 이를 반영한 연기만으로 어떤 신체적 표현을 만드는 일이 배우에게 허락된 유일한 것으로 여긴다고 이야기했다. 이는 대부분의 경우 이상적인 선택이다. 그런데 이런 식으로 만든 공연을 매일 본다면, 아마도 당신은 배우들이 어제 했던 동일한 신체적 행동을 오늘도 되풀이한다는 사실을 깨닫게 될 것이다. 배우들이 매일 저녁 즉흥적으로 동작을 만들어 내는 것이라면, 이런 일이 어떻게 가능할까? 행동이 똑같이 재현되는 이유는 아이러니하게도 제스처와 동작을 선택했기 때문이다. 일련의 심리적 행동을 반복하는 과정에서 배우들은 캐릭터의 내적 삶을 가장 잘 표현하며 그에 어울리는 여러 신체적 행동에 도달하게된다. 아무리 사실주의적인 연극에서도 이와 같은 일은 생기게 마련이다. 우리의 내적삶과 신체적 삶은 완벽하게 서로 연결되어 있기 때문이다.

근래에 제스처를 가장 과감하고 다채롭게 사용한 사례는 브로드웨이와 웨스트 엔드, 그리고 전 세계에서 공연된 〈오페라의 유령〉의 '팬텀' 역을 들 수 있다. 이 작품을 관람한 사람이라면 누구라도 팬텀 역할을 하는 배우가 제스처 연기의 대가여야 한다는 사실을 확실히 알 것이다. 팬텀은 크리스틴에게 최면을 걸고 유혹하고 애무하고 마음대로 조종하는 데 손을 사용한다. 제스처 하나하나가 그 순간 연기의 심리를 구체적으로 표현한다. 이렇게 제스처를 사용해야 하는 역할은 많으며, 보다 자연주의적인 양식에서 이와 같은 것들이 자주 요구된다.

제스처 살리기

젊은 배우들은 음악을 표현할 때 신체 동작을 강조하면 인위적이라는 느낌을 받는 경우가 많다. 배우가 노래를 할 때 조, 볼륨, 음색 등을 바꾸는 것은 아주 자연스럽게 한다. 그런데 똑같은 일을 신체적으로 할 때는 이상한 느낌을 받는다. 뮤지컬에서는 신체적, 발성적 '리얼리티'를 극의 양식이나 강도와 반드시 어우러지게 해야 한다는 것이 연기의 제1원칙이다. 배우는 이 원칙에 익숙해져야 한다. 이 개념을 기억하면 도드라진 제스처와 극단적 무대 위치의 사용을 받아들이기가 아주 쉬워진다.

배우는 극의 양식이나 강도를 표현할 뿐 아니라, 제스처도 제대로 살려야 한다. 이 말은 곧 신체적 행동을 통해 심리적 행동을 표현한다는 의미이다. 따라서 배우가 자비를 호소하는 가운데 무릎을 꿇고 두 손을 머리 위로 뻗는 신체적인 행동을 선택했다면, 감정적 에너지 또한 모두 그 호소에 완전히 쏟아 부어야만 한다. 이 경우에 음악도 제스처를 살리기 위해 강렬하게 표현된다. 강렬하거나 화려한 음악이라면 동작도 그에 어울려야 한다. 보다 부드럽고 시적인 음악이 흐르면 좀 더 유려하고 섬세한 동작이 필요하다.

12.9

설명적인 동작과 제스처의 차이

지금이 제스처와 설명적인 동작의 중대한 차이점을 짚어 보기에 적당한 시점이다. 우리는 모두 한 번쯤 아마추어 배우가 대사를 하는 동안 동작을 곁들이는 모습을 보면서 비웃은 경험이 있을 것이다. 예를 들면 "봐, 저 위 나무에 아름다운 새가 있어."라는 대사를 "봐(위를 가리키며), 저 위(오른손으로 아주 높은 곳을 가리키며) 나무에(양손으로 나뭇가지를 표현하며) 아름다운(양손을 꼭 잡고 가슴에 포개며) 새가 있어(양손으로 날갯짓을 하며)."라고 표현하는 식이다. 이 예는 설명적인 동작의 위험성을 보여준다. 설명적인 동작이란 동작이 인물에게서 자연스럽게 흘러나오지 않고, 캐릭터가 이야기하는 내용을 설명하거나 행동으로 보여주는 동작을 뜻한다. 19세기 중반에 프랑수아 델사르트(François Delsarte)라는 연기 지도자는 특정한 감정을 관객에게 표현하려는 목적으로 일련의 제스처 체계를 만들어 냈다. 이론상으로 관객은 배우가 특정한 자세를 취하면 그 자세가 곧 슬픔이나 깊은 사랑을 의미함을 알아야 한다. 이 이론은 지금도 〈백조〉나 〈호두까기 인형〉 같은 발레 작품에 남아 있다. 그러나 작품이 극단적으로 양식화되었거나, 혹은 아주 고풍스럽고 멜로드라마적인 연극을 시도하는 경우를 제외한다면, 뮤지컬과 연극 무대에서 이렇게 미리 정해진 제스처를 보고 특정 감정을 연상하는 경우는 드물다. 배우가 캐릭터로서 어떤 삶을 살아 나가는 것과, 이미지를 하나하나 관객에게 설명하면서 보여주는 것 사이에는 엄청난 차이가 있다. 앞서 예시한 동작들도 적절한 맥락에서 좋은 배우가 완전히 몰입해서 한다면 모두 이유 있는 몸짓이 될 수 있겠지만, 설명적인 동작은 현대의 연기와는 그다지 관련이 없다.

기준점 잡기

사물의 기준점 잡기 – 외부 세계의 3D 지도

이 책에서는 지금까지 설명이 필요한 경우가 아니고서는 연습과제에 새로운 개념을 도입하지 않았다. 그러나 이번에는 연습과제를 수행하되 주의를 기울이며 새로운 개념을 관찰하자. 설명은 그 후에 하겠다.

연습과제 12C

길 안내하기

참가자 중에서 어느 정도 멀리 떨어진 곳에 살면서 정기적으로 차를 운전해서 오는 지원자(1번) 한 사람을 뽑는다. 이동경로는 잘 알려져 있고 일상적으로 이용되는 길이어야 하며, 또 조금 복잡하면 더 좋다. 두 번째 지원자(2번)를 뽑는다. 그리고 첫 번째 지원자(1번)에게 1번의 집에서 파티가 열릴 예정이며, 2번에게 지금 있는 장소에서 거기까지 운전하여 갈 수 있도록 길 안내를 해주라고 말을 한다. 이제 1번이 다음 지시 사항을 듣지 못하도록 방 밖으로 내보낸다.

스포일러 주의! 1번은 이 연습과제의 뒷부분을 미리 읽어서도 안 된다. 그렇게 되면 앞으로 일어날 사건을 의식한 나머지 마음이 자연스럽게 흘러나오지 못할 수 있다. 그룹에 사람이 많다면, 1번과 함께 두어 명을 더 방 밖으로 내보내 1번을 감시하고 있어도 재미있겠다.

그룹과 정면으로 마주보도록 의자 두 개를 나란히 배치한다. 이게 자동차 앞좌석이다. 잘 보이는 쪽에 2번을 앉힌다. 그룹을 넷으로 나눈다. 각 소그룹은 1번의 전체적인 행동도 관찰할 책임이 있지만, 주로 한 가지 주요 부분에 초점을 맞추어 관찰한다.

그룹 1 — 눈 동작. 1번이 위의 신호등, 옆쪽 정지 표지판, 실제 교차로 표지판, 집의 정확한 위치 등을 어떻게 보는지 지켜본다. 회전을 하거나 차선을 바꿀 때 차량들이 다가오는 모습을 어떤 식으로 확인하는지도 주의 깊게 본다. 1번은 길을 "눈으로 보아야" 하고, 가는 길에 있는 대표 건물들을 기억하고 찾아내야 한다. 이로 인해 1번이 2번과 대화하면서 눈을 맞추는 방식이 어떻게 달라지는지도 주의 깊게 본다.

그룹 2 — 무게 중심. 운전자가 회전을 할 때 어떻게 몸을 기울이는지, 커브의 각도에 따라 또는 경사로를 올라갈 때 몸을 기울이는지, 정지를 할 때 앞으로 몸을 숙이는지, 앞으로 나갈 때 몸을 뒤로 젖히는지 지켜본다.

그룹 3 — 발. 운전자가 정지할 때 오른발로 브레이크를 부드럽게 누르는지, 출발할 때 가속페달을 밟는 발의 강도와 움직임의 변화, 회전을 할 때마다 양발에 모두 힘을 주고 있는지 지켜본다.

그룹 4 — 손. 가끔씩 운전대를 꽉 잡거나, 회전을 설명할 때 운전대에 손바닥을 올려두고 한 팔을 휘젓거나, 손으로 방향을 가리키거나, 표지판과 대표 건물들을 가리키는 등의 제스처를 지켜본다.

관찰자들은 1번이 명확하게 말로 표현하지 않더라도 어떤 인상을 받을 수 있다. 그러니 주의를 기울여서 관찰해야 한다. 예를 들어, 어떤 관찰자는 집이 2층인 것 같다거나, 1번이 수동 변속기가 달린 차를 운전하는 것 같다는 인상을 받을 수도 있다. 이러한 인상은 나중에 중요한 단서가 될 것이다.

1부. 1번을 다시 방으로 데려 온다. 2번은 이 지역에 처음 온 사람 역할을 하면서 파티 장소로 가는 구체적이고 명확한 길 안내를 부탁한다. 중간에 말을 끊고 세부 사항을 더 물어보거나 좀 더 확실하게 말해달라고 부탁해도 괜찮지만, 그래도 간단하게 해야 한다. 여기서는 2번이 중심이 되어서는 안 된다.
관찰자들은 1번이 길 안내를 어떻게 구현하는지 잘 지켜보아야 한다. 이 작업은 아주 미묘한 상황이 종종 발생하므로 주의해서 지켜본다. 관찰한 내용은 메모한다. (1번이 길을 안내할 때 실수할 수도 있지만, 이런 실수는 다음 2부에서 나타날 수 있는 오류와는 다르다는 사실에 유념한다.)

아직 토론은 하지 않는다.

2부. 이제 1번에게 내용을 꾸며내서 길 안내를 하라고 한다. 예를 들면 마을 외곽에 광장이 있다고 하자. 1번은 2번에게 그 광장으로 운전해서 가는 길을 안내해야 한다. 1번은 모든 길 안내를 실제 거리, 고속도로, 대표 건물 등을 사용하지 않고도 믿을 만하게 꾸며내야 한다. 앞서와 마찬가지로 2번은 중간에 말을 끊고 더 명확하게 설명해달라고 부탁하거나 세부 사항을 요청할 수 있다. 결정적으로 1번은 기존의 거리와 건물의 이름을 단순히 바꿔서는 안 된다. 이건 옛날 지도에서 지명을 찾는 작업이 아니다. 완전히 새로운 이름을 만들어 내야 한다.

관찰자들은 기억에 의한 길 안내와 꾸며낸 길 안내 사이의 차이점에 유념하면서 앞서와 마찬가지로 이 장면을 지켜본다. 특히 어떤 오류나 부조화가 있는지 주시한다. 1번이 "왼쪽"이라고 말하면서 몸짓으로 오른쪽을 가리키지 않는지, 길 안내 내용을 바꾸지는 않는지 주의해서 본다. 또 어떤 말을 만들어 낼 때 관찰 대상의 눈은 무엇을 말하고 있는지, 몸은 얼마나 진심으로 따라주는지, 또는 호흡을 멈추거나 몸이 경직됨으로써 불안함을 나타내지는 않는지 등을 주의해서 본다.

그리고 토론한다.

이제 내용을 설명하겠다. 사람이 어떤 경험을 하면, 경험을 할 당시의 신체적 반응이나 행동들이 사람 몸 안에 기준점으로 자리를 잡는다. 경험 당시의 느낌이 몸속에 살아 있으며, 따라서 행동에 반영된다는 말이다. 우리가 대화를 할 때, 상대방은 여러 가지 미세한 행동의 변화를 보이는데 이는 어떤 기억들이 떠오르고 있다는 뜻이다. 그 기억들이 기억에 상응하는 행동을 유발하는 것이다. 실생활에서 이러한 행동들(미세한 눈의 움직임, 체중을 옮길 때의 미묘한 변화, 머리 동작이나 손짓을 통한 사소한 방향 표시 등)은 실제 경험의 산물이며 따라서 잘 어우러진다. 보는 사람도 이 모두가 잘 조화된다고 느낀다.

사람은 누가 거짓말을 하는지 어떻게 알까? 위 연습과제에서 이미 파악했겠지만, 우리는 본능적으로 항상, 심지어 말을 만들어 낼 때조차도 어떤 모습으로든 기준점을 잡으려 한다. 그렇게 해야 꾸며낸 사실들을 체계적으로 우기는 데 도움이 되기 때문이다. 즉흥적으로 만든 소재나 외우고 있는 소재나 모두 해당되는 얘기다. 길 안내를 꾸며내는 사람조차도 거리낌 없이 손으로 길을 가리키는 등 신체 행동을 한다. 그러나 설명하는 사람이 실제로는 그 상황에 놓여 있지 않기 때문에, 설명에는 진짜 경험에서 나오는 조화로움이 없을 것이다. 관객은 어떤 이유에서인지 그 설명이 말이 안 되고 일관성이 부족하다는 점을 알아차린다. (대개 관객은 이 느낌을 정확하게 집어내지는 못하며, 어쩌면 이해하지 못하는 것이 자기 탓이라고 여길지도 모른다. 말하는 사람이 권위 있는 인물인 상황에서는 특히나 그렇다.)

즉흥적으로 무언가를 표현하는 사람과 배우(그리고 거짓말쟁이)는 자신이 만들어낸 세상이 실제 경험과 얽혀 있을 때 가장 큰 성공을 거둔다. 따라서 위 연습과제에서 꾸며낸 길 안내를 실제 거리, 기존의 대표적인 건물에 토대를 두고 했더라면(메인 스트리트라는 이름을 메이플 스트리트로 바꾸고, 원래 길모퉁이에 있는 교회를 학교로 대체하는 등), 관객에게 그 설명은 훨씬 믿을 만했으리라. 어떻게 되는지 결과를 보기 위해 이런 방식으로 다시 한 번 시도해 봐도 좋다. 이는 연기의 기본적인 전제이며, 또한 다수의 연기 방법론에서 진정성 있는 관계를 만들어내기 위해 감각의 기억과 개인화(personalization)에 의존하는 이유이기도 하다. 거짓말은 그 내용 중 99퍼센트가 진실인 경우 사실보다 더 믿을 만하다.

간혹 연출자는 배우들에게 무대 밖에서 벌어지거나 또는 극이 시작하기 직전에 일어난 사건을, 예컨대 파티 같은 장면을 즉흥적으로 만들어 보라고 요구한다. 이러한 즉흥 연기를 펼칠 때는 캐릭터나 관계 등이 어설프거나 모호해서는 안 된다. 이러한 즉흥 연기에서 얻을 수 있는 것은, 바로 출연진 모두가 실제 경험을 공유하면서 모두의 연기에 미묘하게 동일한 기준점이 생긴다는 사실이다. 파티에서 나눈 얘기까지 똑같이 재현할 필요는 없다. 그렇게 하지 않더라도 실제 경험에서 우러나오는 진실성은 잘 드러낼 것이다. 물론 연출자가 대본에 언급된 모든 사건에 대해 즉흥 연기를 이용하는 것은 실용적이지 못하다. 그러나 10장 '기억을 꾸며내라'에서 그랬듯, 배우가 상상력을 발휘하여 이와 같은 사건들을 가능한 한 풍성하고 세밀하게 창조해 내고, 이 세계에 대한 감각을 유지하며 그 안에서 살아 보는 일은 필수다.

배우들이 공연이라는 세계의 지도에 대해 합의를 보지 않았다면, 이 공연은 부지불식간에 부조화를 드러낼지도 모른다. 예를 들어 〈뉴시즈〉에서 한 사람이 델런시 형제를 언급하면서 왼쪽 뒤를 흘끗 보는데 다른 사람이 똑같은 방향을 바라보면서 보호소의 소년들을 찾는다거나, 누군가 퓰리처의 신문을 언급하며 무심코 오른쪽 앞으로 가리켰는데 퓰리처의 사무실이 실린 이동 무대가 왼쪽 앞에서 나온다면 관객은 무의식적으로 혼란을 느낀다. 현명한 연출자는 무대 리허설 때 이런 점을 점검하고, 똑똑한 배우는 말하지 않아도 이런 정보를 찾아보는 법이다. 여기서 중요한 원칙은, 관객들은 전달되는 내용을 이해하기 위해 무의식적으로 기준점 또는 대상을 찾는다는 것이다. 만일 기준점이 없거나 불완전하거나 모순적이라면, 관객은 극에 몰입하는 대신 당황해서 이야기의 흐름을 정리하는 데 시간을 허비하게 된다.

관객이 공연의 의미를 이해하고 진정성을 받아들이려면, 배우는 디테일하면서도 내면화된 기준점을 만들어야 한다. 구체적인 사실과 추상적인 생각, 모두의 기준점을 잡을 필요가 있다.

구체적인 사람과 장소에 대한 기준을 잡아야 하는 상황은 크게 두 가지 유형으로 나뉜다. 바로 캐릭터가 '기억하는' 사실과 '상상하는' 사실이다.

1. 기억에 입각한 기준점 — 이 기준점은 무대 밖 세계를 무대 안으로 가져오거나, 과거를 현재로 끌어오거나, 다가올 문제를 경고하거나, 캐릭터의 선택을 정당화하면서 듣는 사람들이 그 선택을 인정하게 만드는 역할을 한다. 〈오클라호마〉 속 '캔자스시티(Kansas City)'나 린 마누엘 미란다의 'Yorktown'(〈해밀턴〉)을 생각해 보라. 대개 "그 일은 이렇게 일어났지."라는 메시지가 전달된다.

2. 상상에 입각한 기준점 — 캐릭터가 대부분 "이런 식으로 상상해 봐."라고 말한다. 〈지붕 위의 바이올린〉의 'If I Were a Rich Man', 〈마이 페어 레이디〉의 'Just You Wait', 〈Heathers, The Musical〉의 'Seventeen', 〈포럼으로 가는 길에 일어난 재미난 일〉의 'Pretty Little Picture' 같은 노래를 생각해 보라.

이렇게 그림을 그려 보자

1. 'Pretty Little Picture'을 예로 들어보자. 우선 모든 절과 합창 부분에서 명사를 전부 나열한다.

    절 : 티베르 강, 배, 활, 그림, 소년, 가장자리(side), 난간, 신부, 침대, 해, 바다, 밀물, 배, 침대, 소년, 신부(bride)

    합창 : 그림, 그림, 그림, 나, 슈돌–리들–루스, 당신

    절 : 파도, 돛, 노예, 그림, 그것, 걱정, 시야, 마음, 부표, 만(bay), 바다, 물보라, 밤(night), 달, 팔(arms), 아래, 뒤, 낮, 둥(소리), 종, 부표, 만, 소년, 신부, 배

    합창 : 그림, 배, 바다, 여행, 공기, 자유, 나

    브릿지 : 걱정, 근심, 선장, 아버지

    절 : 대양, 섬, 레몬, 견과, 대추, 그림, 오두막, 나무, 조개껍질, 문, 소년, 신부, 인생, 아무것, 무엇, 밤, 별, 아무것, 해안, 연인, 모래, 바다, 별, 하늘, 소리, 한숨

    합창 : 문제, 축복, 가족, 그림, 걸작, 그림

2. 각 명사에 관한 구체적인 장소를 고른다. 그리고 눈으로 본다. 모든 감각을 동원하라. 거기에 색채와 냄새, 소리, 그리고 촉각적 느낌까지 부여한다.

3. 명사가 변하면(어떤 방식으로 움직이거나 행동하면) 그 변화를 파악하고 변화가 일어나는 모습을 본다. 위의 노래에서 연인들은 배에 올라 아래쪽 침상으로 간다. 배는 항해를 떠나고, 연인들은 열대 섬에 도착한 뒤 배에서 내려 가정을 이룬다. 노래에 필요한 구체적인 진행 사항을 잘 파악하라. 반복되는 명사에는 주의를 기울인다. 눈에 보이는 이미지가 매번 반복될 때마다 강렬해지거나, 명확해지거나, 진화하는가?

4. 노래의 목적 중 하나는 당신이 노래하는 내용을 무대 위 다른 사람들이 눈으로 볼 수 있게 만들고, 아주 강렬한 묘사로 사람들을 설득하여 행동하게 만드는 일임을 기억하라. 듣는 사람을 당신이 보는 이미지 속으로 들어오게 하는 데 필요한 일이라면 무엇이든 하라.

5. 관찰자들에게 이해가 된 부분, 그리고 모호하거나 모순되어 보이는 부분에 관해 피드백을 달라고 한다. 수정을 가한다.

배우는 기준점 잡기를 연습할 때에는 시각적으로 설명하는 큰 제스처를 창피해하면 안 된다. 공연의 양식에 따라서 아주 큰 신체적 표현이 적당할 수도 있다. 좀더 내면화된 연기 양식의 경우에는 크고 구체적인 제스처로 시작해서, 나중에 제스처를 완화시켜 다시 내적인 위치로 되돌린다. 이미 앞에서 보았다시피, 실제 대화에서 사람들은 미세한 근육의 움직임부터 아주 크고 요란한 몸짓에 이르기까지 모든 요소를 가지고 기준점을 잡는다.

생각의 기준점 잡기 – 내면 세계의 3D 지도

— 12.10.2

우리는 사람이나 장소와 같은 구체적인 사물에 대해서만 기준점을 두지 않는다. 생각과 개념에 대해서도 기준점을 둔다. 그럴 경우 일반적으로 취하는 두 가지 형태가 바로 '사다리' 그리고 '대비' 또는 '대조'이다.

사다리 형태는 한 생각 위에 다른 생각을 쌓아 올리는 것이다. 〈헤어스프레이〉의 'I Know Where I've Been'을 생각해 보자. 여기에 나오는 이미지들을 순서대로 보자. 빛, 울음소리, 길, 꿈…… 이것은 자유와 평등을 쟁취하기 위한 일련의 여정이다. 이와 같은 추상적인 생각들은 모터마우스 메이벨의 마음속에 명확하게 살아 있어야 한다. 그런데 이 생각들은 그녀에게는 추상적이지 않다. 그녀는 각각을 보고 그것을 향해 노력하는 것이 무슨 의미인지 정확하게 알며, 위로 올라가는 이 사다리에서 한 계단 오르면 다음 계단도 용기 있게 도전할 수 있게 된다. 사다리는 명제—결론, 즉 "이렇게 하면—저렇게 된다."라는 형태를 취할 수도 있다.

어떤 캐릭터가 선택의 문제로 고심하거나 내적 갈등을 겪으면서 노래를 통해 문제를 해결해 가는 경우, 캐릭터가 하는 생각은 서로 대비되어 나타난다(대조). 일반적으로는 하나의 전제와 정반대되는 전제가 있다. "이것 대(對) 저것" 아니면 "이것이 아니라 저것" 같은 형태를 취한다. 〈지킬 박사와 하이드〉의 'Good and Evil'을 생각해 보라. 루시는 빛에서 어둠으로 가는 자신의 여정을 정당화하면서 이 두 가지 문제를 놓고 씨름한다. 그런데 루시는 이런 추상적인 개념들을 추상적으로 생각하지 않는다. 자기 마음속에는 구체적인 예가 있기 때문이다. 이와 같은 생각은 루시의 신체적 행동 속에도 기준점으로 작용한다. 배우가 추상적인 생각을 신체적인 현실로 만드는 과정을 전반적으로 검토해 보자.

생각이 사다리 형태로 제시되든 대조 형태로 제시되든, 배우는 캐릭터와 관객이 이 생각을 실제처럼 느끼게 만들어야 한다. 배우는 실체 없는 영역에서 어떤 생각을 꺼내 3차원의 현실로 만드는 방법 중 하나로 그 생각을 특정한 장소에 연결시킨다. 우선 생각을 파악하는 데서 시작한다.

사람이나 사물보다 주로 생각에 대한 노래를 골라 보자. 〈Avenue Q〉의 'There's a Fine, Fine Line'이 좋은 예다. 노래에 나오는 모든 명사를 목록으로 만들고, 연인과 친구, 진실과 거짓, 사랑과 시간 낭비, 동화와 거짓말, "당신은 멋져"와 "잘 가" 등 대비되는 명사를 각별히 주의해서 보라.

"나는 시간이 없어. (그런데) 당신은 모르는 것 같아. (그러니) 나는 문을 닫아야 해."라는 노래의 브릿지 부분이 사다리 형태라는 점에 유의하라. 그러다 가사는 함께와 따로, 원하던 것과 실제로 얻은 것, 사랑과 시간 낭비 등 다시 대조 형태로 돌아간다.

사실주의적인 접근법은 신경 쓰지 말자. 배우는 생각 하나하나를 무대나 스튜디오의 한 지점에 고정시키고, 그 지점 반대편에 대조되는 생각을 둔다. 브릿지의 경우에는 무대 앞쪽으로 내려가는 계단에 각각의 생각을 둔다. 배우는 이제 노래를 부르면서(또는 원한다면 대사로 읊조리면서) 각 구역으로 과감하게 가로질러가며 연습을 한다. 이 작업이 조화롭고 정리된 느낌이 들 때까지 두어 번 반복한다. 일단 크게 가로질러 걷는 데 익숙해지면 이 행동은 그만둔다. 한 곳에 가만히 서서 가로지를 때의 내적 충동을 가만히 느껴 보라. 자신의 몸이 모든 생각의 질서와 명료함을 어떻게 계속 유지하고 표현하는지 유념해서 보라.

사다리와 대조는 함께 쓰이는 경우가 많다. 어떤 인물의 논법이나 주장은 대개 여러 가지 생각을 대조해보고 그 생각들을 쌓아 올려 확립된다. 이러한 주장을 명확하고 강력하게 만들기 위해서는 그 주장이 배우의 몸 안에 살아 있어야 한다.

연습과제 12E

논쟁을 찾아내고 기준점을 잡아라

1. 우선 캐릭터가 제기하는 논쟁을 파악하고 시작한다. 지금 제기된 논쟁의 본질이 무엇인가? 또는 동기가 무엇인가?
2. 파악한 주장을 단순화시키고 다른 말로 바꾸어 본다.
3. 대비되는 또는 대조적인 생각을 찾는다(이것이 아니라 저것).
4. 반복되고 강도가 높아지는 생각을 찾는다(사다리, 또는 이것 더하기 저것).
5. 대조적인 생각들을 고정시킬 장소, 사다리를 쌓아 올릴 장소들을 찾는다.
6. 배우는 연기할 캐릭터가 생각 하나하나에 대해 어떻게 느낄지 판단한다. 어떤 경우에는 캐릭터가 정반대인 두 가지를 원해서 그 사이에서 갈등을 겪을지도 모른다. 또 어떤 경우에는 한 생각에 혐오감을 느끼고 다른 한 생각에는 끌릴 수 있다. 각각의 생각에 대해 신체적으로 크게 몰입하여 모든 생각에 잠재하는, 행동하고자 하는 신체적 충동의 강도를 높인다. 극단에 이를 때까지 한다.
7. 다른 사람의 피드백을 구해 작품에 큰 신체적 행동을 넣어야 할지, 아니면 큰 신체적 충동을 떼어낸 뒤 좀 더 자연주의적인 표현으로 할지 판단한다. 일반적으로 노래 부분은 대사 부분보다 훨씬 과장되어 있기 때문에 더 큰 신체적 몰입이 필요할 것이다.

우리는 종종 스스로에게 이야기를 한다. 말하자면 실제의 자신 앞에 또 다른 "자신"을 끄집어 낸다. 이 다른 자아는 내가 이해하려고 노력하고, 조언을 구하며, 납득시키려고 하는 자아다. 배우는 솔로 곡을 부르는 동안 그런 자아를 자기 앞에 세우게 된다. 강조를 하거나, 설명을 요구하거나, 정당성을 확인해달라고 간청하거나, 벌하거나, 또는 어떤 다른 형태로든 중요한 행동을 할 때, 눈 앞의 그 자아를 바라보라. 이 기준점은 배우가 자기 목적을 추구하면서도 되돌아보아야 하는 시각적 표식이다. 그렇다고 해서 '오로지' 눈 앞의 자아만 바라볼 의무나 필요는 없다. 살면서 흔히 그렇듯, 다른 곳에서 생각을 찾을 수도 있고, 거북하면 접촉을 피할 수도 있고, 혹은 다른 일(완전히 다른 곳에 기준점을 둘 만한 일)로 마음이 산란해질 수도 있다.

사실 대부분의 경우 배우가 기준점을 뚫어져라 쳐다보면 이상해 보인다. 무슨 신기한 것이라도 본 것처럼 도저히 시선을 돌릴 수 없거나, 아니면 최면에 걸린 듯 보이기 때문이다. 관객은 당신이 보는 것을 그대로 보고 싶어 하며, 당신의 행동이나 말보다는 거기에 집중하고 싶어 한다. 그러므로 기준점과는 편안하게 접촉하는 편이 좋다.

기준점을 잡기 위한 지침

1. 상상력을 발휘하여 실제로 당신이 그곳에 있는 듯이 사건을 만들어 내라.

2. 어떤 사람이나 사물에 대해 이야기할 때는 항상 그 대상을 보고, 느끼고, 냄새 맡고, 모든 사물과 사람이 정확히 어디 있는지 구체적인 선택을 하라. 해당 사람들 또는 사물들을 실제로 가리키며 가사를 말로 읊는 것이 이 작업에 도움이 된다.

3. 생각 또는 실체가 없는 것을 대상으로도 같은 일을 반복한다. 대조, 사다리, 그 밖에 유사한 장치를 실제 물리적인 공간에 놓는다.

4. 어느 정도까지 신체 표현을 증폭시킬지는 공연의 양식에 따라 정한다. 먼저 큰 제스처를 취하면서 그 제스처를 확실히 내 것으로 만들라. 그런 뒤에야 비로소 편안하게, 실제로 가리키는 동작을 하지 않고(원하지 않는다면 말이다) 섬세한 동작과 목소리에서도 이러한 생각 또는 사물에 대한 명확한 경험을 살려낼 수 있다. 그러나 큰 제스처를 익히지도 않고 시작부터 섬세하게 해서는 안 된다.

5. 이러한 지침들은 당신의 감정과 연결되어 있어야 한다. 당신이 잡은 기준점은 모두 감정과 관계가 있으며, 당신은 그것을 설명할 수 있어야 한다. 모든 것을 내 이야기로 만들어라.

마지막으로 배우는 자기 선택에 대해 비판적인 자세를 취해야 한다. 스스로 택한 것이 이치에 맞는지 확인하라. 그리고 이런 모든 과정을 귀 기울여 듣고 이해하고 지켜보며 당신의 선택에 대해 심사숙고할 수 있는 사람을 곁에 둔다. 배우 자신이 무심코 오류를 범해 비논리적인 장소에 기준점을 두기 쉽기 때문이다.

한 노래 속 여러 역할

— 12.11

가끔은 하나의 노래 안에서 여러 가지 역할을 연기해야 할 때가 있다. 뮤지컬에서는 코믹한 순간에 그럴 경우가 더 많은데, 이는 캐릭터 구축 측면에서 당신의 장점을 뽐낼 수 있는 기회이기도 하다. 이 작업에 효과적인 기법은 명확한 신체적 리얼리티, 그리고 다시 한 번 기준점의 문제와 연결된다.

〈She Loves Me〉 중 'A Trip to the Library'라는 노래가 완벽한 예다. 이 노래에서 순진한 일로나 리터는 자기가 일하는 향수 가게의 친한 친구들 앞에서 전날 밤 벌어진 사건들을 이야기한다. 노래가 진행되면서 리터는 세 사람의 역할, 즉 (1) 사건의 화자인 리터(현재), (2) 이야기 속 순진한 일로나(전날 밤), (3) 도서관 첫 방문에서 만난 시력 측정사 폴(역시 전날 밤)을 연기한다. 이 즐거운 노래를 하는 배우는 자신이 세 역할 중 누구를 연기하고 있는지 관객이 알아차리게 해야 한다.

이런 노래를 할 때 맨 처음 할 일은, 각기 다른 색 형광펜으로 각 인물의 대사에 줄을 쳐서라도 역할별로 언제 연기가 달라지는지 파악하는 일이다.

리터가 이 세 역할 중 언제 어느 역할을 하는지 관객이 눈치채도록 하기 위해서는, 리터의 변화가 구체적인 방식으로 드러나야 한다. 하나의 역할마다 특정한 자세(이야기가 전개되면서 변할 수 있는)와 기준점(대개 변하지 않을)이 있을 것이다. 화자는 지금 리터의 친구들에게 직접 이야기하는 역할이다. 전날 밤의 그녀는 지금 이 순간의 그녀와 확실히 달라야 한다. 그러므로 당신은 이 여자가 어제의 자신(무지하고, 얄팍하고, 속기 쉽고, 무식한)을 어떻게 보고 있는지 스스로 질문을 던져서 답을 찾아야 한다. 이런 방식으로 과거의 내 모습을 신체적으로 만들어갈 수 있기 때문이다. 세 번째 역할인 폴의 경우, 당신은 관객으로 하여금 폴이 여자에게 이야기하고 있다는 것을 알아차릴 수 있도록, 명확하게 대비되는 기준점을 찾아야 한다. 그러면 배우는 세 역할 사이를 오갈 수 있다. 배우는 폴에 대해, 순진했던 어제의 나에 대해, 그리고 화자의 초점에 대해 서로 다른 장소에 기준점을 둔다. 도서관에 대해서도 매우 구체적인 공간이 필요하겠다.

화자(현재의 일로나)는 이야기가 행복한 결말을 맺는다는 사실을 알고 있으므로, 정신 없이 이어지는 사건들을 설명하는 동안에도 마음가짐은 편안하다. 그러나 순진한 일로나 역할을 할 때는 도서관에 발을 들여놓는 순간 식은땀이 나고 마음은 불안하고, 낯선 남자가 접근하여 자신을 두렵게 만들고, 따분한 책벌레와 차 한 잔을 해야 하고, 그리고 그 책벌레가 점차 백마 탄 왕자님으로 변신하는 과정 등을 구체적으로 표현해야 한다. 마찬가지로 폴을 연기할 때는 도서관을 헤매는 늑대에서 악의 없는 괴짜로, 그리고 마지막에는 백마 탄 왕자로 변신하는 모습을 구현해야 한다.

이러한 노래를 연기할 때 중요한 국면은 배우가 한 역할에서 다음 역할로 이행하는 부분에서 나타난다. 배우는 연기할 여러 역할의 신체적 특징을 각각 만들어야 한다. 자세(뻣뻣하게 곧추 서 있거나, 구부정하거나, 도발적인 자세를 취하거나 등등), 음성적 습관(사투리, 음색, 비음 등) 등을 통해 관객은 배우가 한 인물에서 다음 인물로 변모했음을 알아차린다. 이러한 신체적, 음성적 조절은 기준점의 변화와 함께 한 순간에 일어나야 한다.

이와 같은 노래는 그 역할을 연기하는 배우가 엄청난 정확성을 지녀야만 모두에게 즐거움을 줄 수 있다.

12.12 ## 자연스러운 움직임

당신은 아마도 오디션이나 수업 중에 연기를 하다가 언제 어떻게 움직여야 할지 흐름을 놓쳐 장승처럼 멍하니 서 있던 경험이 있을 것이다. 잘못된 움직임을 하는 대신, 차라리 도로 한복판의 겁먹은 짐승처럼 뻣뻣하게 선 채 두 눈을 질끈 감은 것이다. 이런 경험은 물론 당신이 무대 위에서 이야기를 전개하거나 편안한 마음가짐을 갖는 데 전혀 도움이 되지 않는다.

간단히 말하면 이 문제에 대한 답은, 당신은 노래가 진행되는 동안 새로운 단계를 경험할 때마다 움직여야 하고, 자기 몸 또는 행동에서 어떤 종류든 신체적 변화를 일으켜야 한다는 것이다. 당신이 새로운 생각을 할 때마다, 새로운 발견을 할 때마다, 새로운 목적을 추구할 때마다, 새로운 장애물에 맞닥뜨릴 때마다 이를 표현할 어떤 신체적 동작이나 반응이 있다. 당신이 이 책 앞부분에서 다룬 방법들을 활용한다면 대부분은 호소력 있고 의미 있는 제스처를 선택하게 될 것이다. 자기 이야기를 전달하기 위해 당신은 여러 개의 유기적인 제스처를 만들어, 그것을 강조할 수도 있고, 그 중에서 의식적으로 한 가지를 선택해야 할지도 모른다. 관객에게는 자연스럽게 흘러나오는 듯 보이는 제스처도 사실은 배우가 선택하고 연습한 것이다.

관객은 역동적이거나 깊은 감동을 주는 연기를 볼 때면 이게 공연이라는 것을 거의 의식하지 못한다. 안무 장면이 아주 많거나 연기자가 방해가 되지 않는 한 말이다. 안무에 대해서는 나중에 다시 언급하도록 하고, 지금은 우선 적절하고 명료한 공연을 만드는 방법에 집중하자.

앞서 동선이란 무대 위의 움직임과 비즈니스를 연습을 통해 정형화시킨 것이라고 정의했다. 많은 연출가들은 동선이란 무대에서 배우들이 움직이는 것이라고 정의한다. 연출자가 유기적인 동작에 초점을 맞추든 아니면 훌륭한 무대그림을 짜는 일에만 관심을 기울이든, 배우라면 동선을, 장애물과 깨달음, 실패와 성공에 상응하면서 전술을 통해 캐릭터의 목적 추구를 신체적으로 표현하는 일이라고 정의해야 한다. 예를 들어 배우는 누군가에게 무엇을 바라면 그것을 얻기 위해 그 사람 쪽으로 간다. 내부적 또는 외부적 장애물에 맞닥뜨리면 멈추거나 돌아간다. 무언가를 두려워하거나 그로 인해 방해를 받으면 자리를 피하게 된다. 연기란 사실 원래 이렇게 단순하다. 물론 이와 관련된 뉘앙스나 미묘한 부분도 아주 많다. 같은 이야기를 더 재미있게 하는 방법도, 더 재미없게 하는 방법도 있다. 그러나 본질적으로 좋은 연기는 당신 내면의 논리적인 여정을 따른다.

8장에서 음악이나 가사 상의 다양한 실마리에 따라 노래를 여러 단위로 나누었던 기억이 있을 것이다. 이들 단위는 노래를 연기하는 데 기본적인 틀을 제공한다.

〈에덴의 아이들(Children of Eden)〉 중 '황야에서 길을 잃고(Lost in the Wilderness)'를 다음

과 같이 비트로 구분했다. 카인이 아벨에게 노래를 한다. 동생을 내 편으로 만들어 부모를 떠나게 만드는 것이 노래의 목적이다.

　다음 표는 비트별로 노래를 구분하여 각각의 비트에서 무슨 일이 일어나는지 알려준다. 각각의 프레이즈는 하나의 연기 비트를 나타낸다. 당신(카인으로서)이 각 비트마다 하고 있는 일들을 신체적으로 표현해보자. 이 노래를 보면, 총 여덟 개의 비트로 이루어져 있는데 구체적인 동작의 변화, 신체의 상태로 나누면 아홉 개의 비트가 되겠다.

: 표 12-1

비트	가사	무슨 일이 일어나는가?
1	(전주)	동생을 내 편으로 만들 방법을 궁리한다
2	I never made this world, 내가 이 세상을 만들지는 않았지 I didn't even lose it 그렇다고 잃어버리지도 않았어 And I know no one said it was fair 누구도 세상이 공평하다고 말하지 않았다는 건 알지만 But they had a garden once 우리 부모님은 한때 정원을 가졌잖아 They had the chance to choose it 그분들은 그걸 선택할 기회가 있었어 They gave it away including my share 그런데 놓치고 말았지 내 몫까지도	부모님의 결점과 실수를 비난한다
3	And now we're lost in the wilderness 지금 우리는 황야에서 길을 잃었어 Lost, crying in the wilderness 황야에서 길을 잃고 울고 있지 And if anyone's watching 누가 지켜보고 있다 해도 It seems they couldn't care less 관심도 없는 것 같아 We're lost in the wilderness 우리는 황야에서 길을 잃었어	나는 하나님이 우리에게 벌어지는 일에 대해 신경도 쓰지 않는다며 비난한다

4	(간주)	동생의 마음이 바뀌었는지 살펴보고, 아직 그러지 못했다는 사실을 깨닫는다
5	You follow all the rules 너는 모든 규칙을 따르고 You swallow all the stories 모든 이야기를 그대로 받아들이고 And every night you wish on a star 매일 밤 별을 보고 소원을 빌지 Dreaming your day will come, trusting in allegories 너의 날이 오기를 꿈꾸며, 우화를 믿으며 And every morning boy look where you are 하지만 매일 아침 네가 어디 있는지 보라고	동생의 근거 없는 신앙에 대해 조롱한다
6	Lost in the wilderness 황야에서 길을 잃었어 Lost, lonely, dying in the wilderness 황야에서 길을 잃고 외로이 죽어가고 있지 With no chance of living boy, until you confess 네가 고백하기 전까지는 이봐 너는 살아갈 희망이 없어 You're lost in the wilderness 넌 황야에서 헤매고 있을 거야	우리 상황이 절망적이라는 사실을 밝힌다
7	Did you ever watch the eagle fly to the sun 독수리가 태양을 향해 날아가는 것을 보면서 And wonder how he got to feel so free 어떻게 그렇게 자유로울 수 있었는지 궁금한 적 있었나 If you ever have you know your journey's begun 한 번이라도 그랬다면 네 여행은 이미 시작되었다는 걸 알 거야 Hey what've we got to lose boy, when already we are 이봐 우리는 이미 이런 상황인데 잃을 게 뭐가 있겠어 Lost in the wilderness 황야에서 길을 잃었어	동생에게 스스로의 신앙에 대해 의문을 품으라고 촉구한다
8	And where we are headed, boy, I couldn't even guess, but 우리가 어디로 가고 있는지, 난 짐작도 할 수 없었어, 하지만 Off we go without a warning 우리 떠나는 거야 경고도 없이 Running as we hit the ground 땅을 박차고 뛰어 Where our future lies aborning 우리 미래가 태어나고 있는 곳으로 Where our hearts are outward bound 우리 마음이 바깥세상을 향하는 곳으로	동생에게 나와 함께하자고 호소한다

401

| | Till one bright and distant morning
어느 먼 훗날 밝은 아침

We may stop and look around
우리는 멈춰 서서 둘러볼 거야

And there in the wilderness
그리고 그곳 황야에서

Finally we'll be found!
우리는 마침내 찾게 될 거야! | |
| 9 | (후주) | 동생이 나와 함께할지 기다려
본다 |

연습과제 12F

조각상이 되라

배우 아홉 명을 활용한다. 이들은 모두 카인으로 일종의 조각상이 되어야 한다. 배우 한 사람 한 사람을 각 비트에서 일어나는 일을 구체적으로 표현하는 조각상으로 만든다. 모든 높이, 형상, 위치가 가능하다는 사실을 기억하라. 이런 장난감을 가지고 노는 아이라면 누구라도 이 조각상을 보고 어떤 일이 벌어지는지 즉시 알게 만들어야 한다. 이 조각상들을 잊지 말 것. 나중에 다시 가지고 놀 것이다.

12.13 ── **행동과 기준점의 연결**

이 노래가 비록 동생'에게' 하는 것이지만, 카인은 동생에 '대해서'만 이야기하지는 않는다. 카인은 동생은 물론이고 부모, 하나님, 독수리, 주위를 둘러싼 황무지에 대해 언급한다. 그는 이 모두와 관계를 맺고 있다. 배우는 이 노래를 연기하기 전에 우선 언급된 인물, 장소 또는 사물 하나하나에 대해 기준점을 잡아야 한다.

'황야에서 길을 잃고'의 연기를 위해 다음과 같이 기준점을 잡아 보았다. 기준점은 모두 논리적으로, 관객이 연기자를 본다는 것을 염두에 두고 잡아야 한다.

- 노래하는 배우 주위는 온통 황야다.

- 이 노래에서 상대역 아벨은 상상 속에 존재하며(아벨은 이 장면엔 등장하지 않는다.), 카인(당신)의 앞, 중앙에서 조금 왼쪽에 있다.

- 하나님은 관객 위쪽 45도 각도, 무대 앞 오른쪽에 위치한다.

- 독수리는 당신이 서 있는 수평면의 무대 왼쪽에서 하늘을 가로질러 동생 위를 지나 관객 위쪽으로, 무대 앞 중앙을 향해 날아가다가 멀리 사라진다.

- 부모의 집은 무대 밖 오른쪽이다. (충분히 멀리 떨어져 있어서 카인은 부모가 자기 말을 들을까 두려워하지 않아도 된다.)

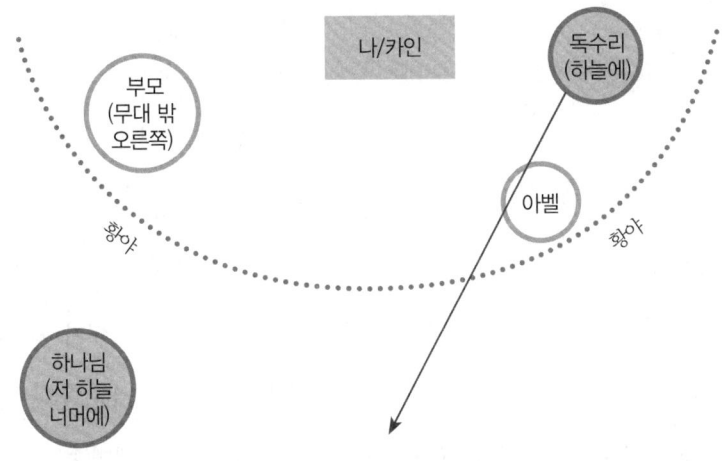

일단 기준점을 정하면 당신은 이들 장소, 사물, 사람과의 명확한 관계를 통해 자신의 목적을 연기할 수 있고, 이들에게 영향을 받을 수도 있다.

당신은 부모를 비난할 때 무대 밖 오른쪽을 손이나 제스처로 가리키는 일이 자연스러워진다. 상공에서 독수리를 자동적으로 발견하고 그것이 당신을 지나(오케스트라 피트 바로 위를 넘어서) 날아가는 모습을 지켜보게 된다. 하나님을 비난하면서 그를 쳐다보고, 한편으로는 그의 심판을 받는다. 그리고 객석에 있는 우리는 이 모두가 선택된 것이라는 사실을 알아차리지 못한다. 우리는 그저 당신이 아는 것만 알 뿐이다. 당신은 마음속에 세트를 만들고 그 안에 사람을 채워 넣는다. 관객은 각자의 상상력을 동원하여 당신을 따라갈 것이다.

연습과제 12G

조각상이 되라 – 속편

1. 앞에서 당신은 상상의 세계를 만들었다. 이제 아홉 개의 조각상을 상상의 세계로 데리고 와 각자 어울리는 자리에 놓는다. 뒤로 물러서서 전체 여정을 본다.
2. 각 조각상 뒤에 차례로 선다. 그들의 형상을 따라 한다.
3. 다른 배우들은 들여보내고, 당신 혼자 순서대로 아홉 개 조각상 전부가 되어 본다.

12.14

무대화를 기록하라

당신에게는 이제 자신만의 세계가 생겼으니 그 안으로 이동할 준비가 되었다. 이 말은 곧 당신 내면으로의 여정을 표현하기 위해 동선을 발전시키겠다는 뜻이다. 이 과정을 무대화 기록이라 부른다. 글자 그대로 모든 동작, 제스처, 단계별 변화, 정지 순간 등을 기록하게 된다.

이러한 작업이 지나치게 형식적이고, 구식이고, 융통성 없다고 단정 짓기 전에, 이 무대화 기법은 배우의 총체적 기술 모음 가운데 하나로써 탐구해야 한다는 사실을 기억하라. 여기에서 지금 하는 작업은 연출가나 안무가가 하는 무대화 작업에 비해 크게 형식적이거나 인위적이지 않다. 그리고 당신도 아마 연출가나 안무가의 무대화 지시는 잠자코 받아들였을 것이다. 누군가는 신체적인 행동을 결정해야 한다. 이 경우 그 누군가는 배우 자신이다.

앞서 기준점을 연구하면서 사용했던 노래 '황야에서 길을 잃고'를 다시 활용해 다음과 같은 기록을 만들었다.

우선 나(카인)는 출발점을 무대 중앙 가운데의 조금 오른쪽으로 정했다. 나는 동생 아벨 쪽으로 비스듬하게(4분의 1 측면 정도로) 서 있으며, 아벨은 무대 앞 중앙 왼쪽 가장자리에 서 있다고 상상한다.

표 12-2는 캐릭터의 심리적, 극적 행동을 표현하기 위한 신체적 행동들을 담은 세부 계획이다. 이 정도는 너무 세부적이고 구체적이라는 생각이 들 수도 있다(아직 한 번도 해보지 않았다면 말이다). 일단 한번 해 보면, 두 형제 사이의 직접적이고 열정적인 만남을 표현하는 제스처와 무대 동작들을 파악하게 될 것이다. 당신 내면의 삶이 무대화를 뒷받침하면서 또한 그에 의해 강화되리라는 사실이 중요하다.

: 표 12-2

단위	가사	전술적 행동	무슨 일이 일어나는가?	신체적 행동
1	(전주)	카인에 대해 깊이 생각한다 카인을 연구한다 카인을 상세히 분석한다	동생을 내 편으로 변화시킬 방법을 궁리한다	동생을 향해 4분의 1 각도로 서서, 무대 앞 바닥에 주저앉으며 동생을 믿을 수 없다는 듯 천천히 머리를 흔든다.
2	내가 이 세상을 만들지는 않았지,	카인에게 동의한다	부모님의 결점과 실수를 비난한다	특정한 제스처 없이 동생에게 직접 말하기 시작한다. 부모님 이야기를 할 때 부모님 방향(무대 밖)으로 중앙을 지나 무대 오른쪽으로 간다. 오른손으로 부모님을 향해 날카로운 제스처를 취하고, 그 뒤 손을 급격히 아래로 던지듯 내려 무자비하게 부모를 버린다. 내 초점은 동생과 무대 밖 부모 사이를 오간다.
	그렇다고 잃어버리지도 않았어	내 부모를 비난한다		
	누구도 세상이 공평하다고 말하지 않았다는 건 알지만	카인과 친구가 된다		
	우리 부모님은 한때 정원을 가졌잖아	내 부모를 경멸한다		
	그분들은 그걸 선택할 기회가 있었어	내 부모를 조롱한다		
	그런데 놓치고 말았지 내 몫까지도	내 부모를 책망한다		
3	지금 우리는 황야에서 길을 잃었어	나를 동정한다	나는 하나님이 우리에게 벌어지는 일에 대해	양팔을 넓게 벌려 내 주위를 둘러싼 광활한 황야를 가리킨다.
	황야에서 길을 잃고, 울고 있지	동생을 포함시킨다		

	누가 지켜보고 있다 해도, 관심도 없는 것 같아	하나님의 죄를 묻는다	신경도 쓰지 않는 다며 비난한다	초점은 처음에는 오른쪽, 그 뒤 왼쪽으로 서서히 돌린다. 초점을 내가 정한 "하나님의 자리"로 옮긴다. 이때 오른팔로 하나님을 가리키고, 감정이 최고로 격해지면 주먹을 불끈 쥐고, 그러면서도 필요하다면 동생을 바라보며 내 생각을 주장한다.
	우리는 황야에서 길을 잃었어	하나님을 비난한다		
4	(간주)	카인을 평가한다 자신의 기운을 북돋는다	동생의 마음이 바뀌었는지 살펴보고 아직 그러지 못했다는 사실을 깨닫는다	동생을 살피면서 중앙을 향해 무대 앞쪽으로 건너간다. 아직 효과가 없다는 사실을 깨달으면 중앙을 가로질러 무대 뒤 왼쪽으로 건너가, 다음 행동을 개시할 준비가 될 때까지 동생에게 등을 돌린 채 있다.
5	너는 모든 규칙을 따르고	카인을 모욕한다	동생의 근거 없는 신앙에 대해 조롱한다	이제 동생 쪽으로 돌아서고, 쪼그려 앉아 동생에게 좀 더 인간적으로, 부드럽게 말한다.
	모든 이야기를 그대로 받아들이고	카인을 놀린다		
	매일 밤 별을 보고 소원을 빌지	카인을 조롱한다		
	너의 날이 오기를 꿈꾸며	카인을 비웃는다		
	우화를 믿으며	카인에게 비아냥거린다		
	하지만 매일 아침 네가 어디 있는지 보라고	카인을 자극한다		
6	황야에서 길을 잃었어	나를 좌절시킨다	우리 상황이 절망적이라는 사실을 밝힌다	이 노래의 제목이기도 한 가사를 다시 부르면서 일어난다. 양팔을 내뻗어 우리가 있는 황야를 가리킨다.
	황야에서 길을 잃고 외로이 죽어가고 있지	나를 포기한다		
	네가 고백하기 전까지는 이 봐 너는 살아갈 희망이 없어	카인에게 도전한다		
	넌 황야에서 헤매고 있을 거야	카인에게 맞선다		
7	독수리가 태양을 향해 날아가는 것을 보면서	카인에게 영감을 준다	동생에게 스스로의 신앙에 대해 의문을 품으라고 강요한다	제스처는 거의 사용하지 않고 무대 앞쪽 중앙으로 건너간다.
	어떻게 그렇게 자유로울 수 있었는지 궁금한 적 있었나	카인을 놀라게 한다		
	한 번이라도 그랬다면 네 여행은 이미 시작되었다는 걸 알거야	카인을 기분 좋게 만든다		

	이봐 우리는 이미 이런 상황 인데 잃을 게 뭐가 있겠어	카인을 자극한다	동생에게 스스로의 신앙에 대해 의문을 품으라고 강요한다	제스처는 거의 사용하지 않고 무대 앞쪽 중앙으로 건너간다.
	황야에서 길을 잃었어	카인을 몰아댄다		
8	우리가 어디로 가고 있는지, 난 짐작도 할 수 없었어 하지만	카인을 흥분시킨다	동생에게 나와 함께하자고 호소한다	동생을 향해 팔을 뻗는 제스처를 취하면서 무대 앞쪽 중앙으로 천천히 건너간다(매 소절의 첫 박자에 맞춰 발을 내딛으며). 최종 지점에 도착하면 내 양팔을 활짝 펼친다. 내 오른쪽으로 천천히 한 번 돌고, 약간 위쪽을 본 뒤 마지막으로 동생을 바라본다.
	우리 떠나는 거야 경고도 없이	카인의 용기를 고무시킨다		
	땅을 박차고 뛰어	카인을 자극한다		
	우리 미래가 태어나고 있는 곳으로	카인에게 동기를 부여한다		
	우리 마음이 바깥세상을 향하는 곳으로	카인을 격려한다		
	어느 먼 훗날 밝은 아침,	카인의 기분을 밝게 한다		
	우리는 멈춰 서서 둘러볼 거야	카인을 흥분시킨다		
	그리고 그곳 황야에서	카인에게 영감을 준다		
	우리는 마침내 찾게 될 거야!	카인에게 약속한다		
9	(후주)	카인을 기다린다	동생이 나와 함께할지 기다려 본다	양팔을 떨어뜨리고, 한 발을 다른 발 조금 앞에 둔 채 동생을 바라보며 동생의 대답을 기다리고 서 있다.

춤 동작

뮤지컬 노래 중 상당수는 박자가 아주 명확하고 힘차서 노래를 부르면서 춤을 추게 끔 되어 있다. 또 어떤 노래에는 가사가 없는 음악 프레이즈가 있는데, 그런 부분에서는 다들 캐릭터가 분명히 춤을 추겠거니 하고 기대하게 된다. 가사, 대화 또는 무대 지문에서 캐릭터가 반드시 춤을 추어야 한다고 알려주는 경우도 있다. 이는 곧 당신이 역할을 연기할 때에는 기회도, 요구 조건도 똑같이 많다는 사실을 시사한다. 대개의 경우 당신에게는 안무가가 있겠지만 항상 그런 건 아니다. 가끔은 스스로 동작을 만들어야 할 때도 있고, 혹은 운 좋게도 안무가로 참여 요청을 받을 때도 있다. 자, 이제 뮤지컬에서 춤이 어떻게 기능하는가에 대해 생각해 보자.

공연에서 춤은 그 자체가 하나의 대화다. 춤은 눈요깃거리에 불과한 경우도 있지만, 대개는 그 이상이다. 춤은 음악과 가사, 캐릭터의 확장이다. 이와 같은 작업이 어떻게 이루어지는지 보여주는 가장 좋은 예가 바로 〈싱잉 인 더 레인〉(영화와 뮤지컬 모두)에서 돈 락우드가 캐시 셀든에 대한 사랑을 깨닫고 기뻐하는 타이틀곡이다. 락우드는 "밖에는 비가 오지만 나는 살아 있는 남자 중에 가장 행복한 사람이야."라는 요지의 이야기를 한다. 그의 목적은 세상을 자기가 그런 것만큼 행복하게 만드는 데 있다. 그리고 이 크나큰 기쁨을 자축하기 위해 쏟아지는 폭우 속으로 나아간다. 이 장면은 유쾌하다. 재미있다. 무대 위로 비가 쏟아져 내리는 모습은 장관이다. 그러나 무엇보다 중요한 점은, 바로 이 순간 캐릭터의 감정과 욕구가 장면을 온전히 이끌어 나간다는 사실이다. 이는 무대에서 노래할 때 춤이 무엇을 할 수 있는지 보여주는 가장 좋은 예이다. 춤은 캐릭터가 할 수 있는 최고의 표현이다. 노래가 대화를 뛰어넘는 과장된 표현 단계임을 인정한다면, 춤은 노래조차 뛰어넘는 확장이라 볼 수 있다.

그러나 여기서는 안무하는 방법을 가르치려는 것이 아니다. 대신 뮤지컬에서는 춤조차도 캐릭터의 여정이라는 점을 상기시키고자 한다. 따라서 안무의 모든 순간은 당신이 하는 이야기가 된다. 춤의 스텝에는 매 순간 목적과 전술적 선택, 장애물 등이 있다. 〈싱잉 인 더 레인〉으로 다시 돌아가 보면, 안무가 진 켈리(Gene Kelly)와 스탠리 도넌(Stanley Donen)이 락우드의 커져가는 환희를 반영하기 위해 춤을 강화해 나갔음을 알 수 있다. 락우드는 처음에는 우산을 쓰고 시작하지만, 곧 자기 즐거움을 표현하는 데 우산이 방해가 된다고 생각한다. 뒤이어 주변 사물을 가지고 놀기 시작한다. 낙숫물 홈통, 철제 울타리, 그리고 가로등은 차례차례 기쁨이라는 테마에 대해 즉흥 연기를 할 기회를 준다. 락우드는 여러 스타일의 춤을 장난스럽게 선보이다가[소프트 탭댄스(탭 슈즈가 아닌 신발을 신고 추는 탭댄스 – 역주), 우스꽝스러운 춤] 마침내 벅차오르는 가슴을 주체하지 못하고 보도를 벗어나 차도라는 미지의 풍경 속으로 뛰어든다. 전통적 사회의 규칙을 더 이상 지키지 못하는(지키지 않으려는) 어린아이처럼, 그는 차도 한가운데 있는 물웅덩이에서 기뻐하며 물을 튀기다가 지나가던 경찰의 눈에 띈다. 자기 모습이 어떻게 보일지 갑자기 깨달은 락우드는 그런 행동에 대해 변명하기 시작하지만 곧 신경 쓰지 않기로 하고, 비에 흠뻑 젖은 한 행인에게 한참 전부터 무의미해진 우산을 건네주고는 쏟아지는 비를 맞으며 쾌활하게 집으로 걸어간다. 이것이 바로 확실하게 구분된 비트, 전술적인 프레이즈, 그리고 좋은 배우라면 가지고 놀 수 있는 그 밖의 모든 텍스트로 완성된 이야기다. 이는 캐릭터가 주도하는 이야기이며, 노래와 춤은 함께 하나의 통합된 여정을 만들어 낸다.

배우가 안무를 정확하게, 높은 수준의 기술로 해내는 일은 필수다. 그러나 배우가 동작을 '어떻게' 하는지, '왜' 하는지 그리고 '무엇을 위해서' 하는지 알고 있는 것 또한 중요하다. 안무를 받으면 그 안무에 동기가 부여되기를 마냥 기다리지 말고, "여자를 놀린다", "남자에게 도전한다", "여자를 유혹한다", "남자를 거부한다" 같은 전술적인 선택을 하라. 이와 같은 선택에 있어서 음악이나 특징적인 동작도 힌트가 될 수 있을 것이다. 스텝을 배우는 동안 다른 사람들과 토의할 수도 있다. 어떤 이야기인지 이해가 안 된다면 안무가와 상의하라. 당신은 자기 이야기에서 노래만큼이나 춤을 없어서는 안 될 부분으로 만들어야 한다.

대부분의 경우 춤은 노래에 담긴 생각을 강화하는 역할을 한다. 만약 당신이 누군가에게 추파를 던지다가 어렵사리 같이 춤을 추게 되었다면 아마도 당신은 춤을 추는 동안 더욱 몸을 사용해서 시시덕거리기 시작할 것이다. 당신은 사랑과 승리의 기쁨 혹은 황홀한 생각에 빠져 이 순간을 맘껏 즐길 것이다. 춤은 이 모든 생각을 확장시킨다. 모든 종류의 텍스트를 사용하여 이야기를 하라.

관객과의 교감

12.16

배우라면 누구나 개인적인 경험을 공공의 장소에서 어떻게 공유해야 하는지 고심에 빠지게 된다. 그래서 여기에 고려해볼 만한 지침 몇 가지를 설명하고자 한다.

눈을 보여라. 당신의 눈이 보이지 않으면 관객은 당신의 감정과 단절된다. 이 말은 배우가 관객을 직접 보아야 한다는 뜻이 아니다. 관객이 당신의 감정에 다가갈 수 있어야 한다. 배우가 노래를 하는 동안 눈을 감는 행동은 이기적이다. 연기란 본질적으로 공유되는 공적인 사건이다. 그 감정이 매우 사적일지라도, 그것을 무대에 올린다는 것은 대중이 접근하도록 허락한다는 의미다. 노래 한 곡을 부르는 동안 반복적으로, 혹은 오랜 시간 눈을 감는 행위는 관객이 안을 들여다볼 수 있는 창문을 닫아버리는 것과 같다.

얼굴을 보여라. 관객이 배우의 얼굴을 보지 못하면, 배우의 감정을 공유할 수 없다. 노래를 할 때 배우가 고개를 깊이 숙일 수 있는 경우는 거의 없다. 프레이즈와 프레이즈 사이라면 간혹 이런 행동이 가능할 것이다. 그리고 보다 현대적인 양식에서 이런 행동을 요구할 수도 있다. 그렇다 하더라도 당신은 이런 행동에 너무 의존하지 않도록 조심해야 한다. 숨지 마라.

자신을 보여라. 배우가 중요한 순간에 무대 뒤쪽을 바라보는 행위는 관객이 당신의 연기에 접근하지 못하게 거부하는 행위나 마찬가지다. 캐릭터의 삶에서 중요한 순간을 공유하라. 배우가 자신의 나약함을 숨기려고 무대 뒤쪽을 바라보고 선다면, 관객으로서는 좋은 볼거리를 놓치는 셈이다. 다른 캐릭터의 눈에 띄지 않는 곳으로 숨거나 자신을 보호해야 할 경우 관객으로부터 자신을 숨기지 말고, 상대 캐릭터가 접근하지 못하게 막아라. 관객에게 당신을 보여라.

이러한 아이디어들은 노래와 뮤지컬의 스타일, 공연장의 크기(방송이나 영화도 마찬가지다), 관객석과의 거리, 그리고 공연 제작과 관련해서 당신과 합의된 규칙과 부합되어야 한다. 그게 아니라면 이러한 지침들은 얼마든지 수정될 수 있다. 그러나 대부분의 경우 이 지침들을 적용할 수 있을 것이다.

12.17 — 공간의 크기

이제 크기에 대한 언급을 하기 적절한 때가 되었다. 당신은 모든 행위를 공간의 크기와 모양에 맞춰야 한다. 1500석 규모 극장에서 오케스트라와 함께하는 공연은 반주자와 캐스팅 감독만을 대상으로 작은 방에서 하는 오디션과는 다르다. 배우가 자기 행위의 크기를 공간에 맞춰 조정하지 못하면, 아주 적은 관객을 너무 놀라게 하거나 아주 큰 무대에서 눈에 띄지 않을 수도 있다. 같은 노래라도 상황에 따라 같은 연기자가 다양한 방식으로 연기할 수 있다. 그러나 제스처의 크기, 노래의 볼륨, 동선의 길이 등이 변한다고 해도, 캐릭터의 진실성은 변함이 없어야 한다.

연습과제 12H

공간에 적응하라

1. 무대 위나 방의 한쪽 끝에 선다. 나와 반대쪽 벽 사이에 일정한 간격으로 다른 배우 네 명을 세운다. 이 배우들이 내 "행동반경"의 맨 가장자리라고 생각하라.
2. 이제까지 연습한 모든 무대화 기술, 기준점 잡기, 초점 등을 사용하여 노래를 부르기 시작한다.
3. 처음에는 첫 번째 배우에게만 들리게 노래한다. 그 볼륨이 적절하다고 생각하면 배우가 손을 들 것이다. 이는 다음 배우에게로 소리를 확장하라는 신호가 되며, 이렇게 공간을 넓혀 나가라. 공간의 크기에 적절하게 자신의 연기를 조절하라.

"버튼"이란?

……이번 장을 끝맺기에 가장 적당한 내용이다……

극장용 노래, 특히 1980년대 이전의 노래나 그 시대풍의 음악을 사용한 노래의 경우, 노래가 끝날 때 하나의 음이나 간단한 화음으로 이루어진 명료한 결말을 들을 수 있다. 이러한 강한 음악적인 악센트는 반주자가 건반을 쾅 내리치는 느낌일 수도 있고, 건반을 따라 내려가는 긴 활주법일 수도 있으며, 아니면 그저 베이스 한 음을 살짝

치는 것일 수도 있다. 이 명확한 음악적 정보는 노래와 극적인 여정이 이제 최종적인 결말에 도달했음을 말해준다. 이제 끝이다!

노래를 끝내는 강한 음악적인 악센트가 있다는 것은 대개 캐릭터가 무엇에 대한 확실한 결정을 내렸거나 본인의 감정을 강하게 확신한다는 이야기를 우리에게 들려주려는 것이다. 음악이 우리에게 "진심이라니까!"라고 말하는 것이다. 따라서 당신도 그 순간 그 음악에 맞춰 이런 의지를 담은 동작을 (마치 스냅 사진 찍듯이) 취하고 싶은 욕구가 일어날 것이다. 이때 당신이 만들어낸 신체 동작을 버튼(Button)이라 부른다. 버튼은 관객에게 노래가 끝났다고, 캐릭터가 바라던 곳에 도달했다고, 이제 박수를 칠 때라고 이야기해준다. 이런 진부한 방식을 사용하는 일이 인위적으로 느껴진다면, 같은 노래를 버튼 없이 한 번 불러 보고 그 다음에는 확실한 신체적 버튼을 넣어 다시 불러 보라. 결말이 얼마나 더 확실해지는지, 또 관객이 얼마나 더 쉽사리 반응하는지 유의해서 본다.

음악의 마지막에 나오는 악센트는 모든 노래에서 가장 고조되는 순간에 속하므로, 당신은 강조된 신체적 형태를 선택함으로써 조화를 이루어야 한다. 그렇다고 모든 버튼이 트럼펫이나 큰 심벌 소리로 신호를 보내지는 않는다. 정반대로 피아노 건반을 한 번 살짝 치거나 오케스트라 중 조용한 악기로 꾸밈음을 내는 경우도 많다. 배우는 음악적 강조의 정도에 따라 그 순간에 취할 제스처나 동작의 크기를 정한다. 음악적 버튼이 부드러우면 좀 더 섬세한 동작으로 맞춰 주어야 한다. 제이슨 로버트 브라운(Jason Robert Brown)의 〈매디슨 카운티의 다리〉 중 'Wondering'의 마지막 부분을 들어보라. 이 노래의 마지막에는 조용하고 단순한 음악적 버튼이 있는데, 이 음악적 버튼이 발생하는 순간 배우는 단지 머리를 낮추는 정도의 행동만으로도 조화를 이룰 수 있다. 아니면 의자에 등을 기대거나 신사처럼 손을 주머니에 살짝 넣을 수도 있다. 반면 〈뮤직맨〉 중 'Trouble'의 끝에서는 마을이 곤란에 처했다는 해롤드 힐 교수의 주장에, 마을 사람들이 열렬히 동조하며 전체 합창을 한다. 이 노래의 버튼은 모든 뮤지컬 가운데서도 매우 두드러진 편이다. 초연 공연에서 보면 음악적 버튼의 순간에 힐 교수는 동상 단 위로 올라가고, 모든 마을 사람들은 교수를 가리키며 역동적인 광경을 만들어내는

데, 그동안 교수는 내내 동상과 똑같은 자세를 취하고 있다. 이 곡에는 이 정도로 강렬한 버튼이 어울린다.

버튼은 노래를 끝맺을 뿐 아니라, 캐릭터가 그 순간 어떤 기분인지 스냅 사진처럼 관객에게 손쉽게 보여준다. 노래를 비트로 세분해서 보면 당신은 노래의 바로 그 지점에서 자신이 무엇을 원하는지, 어떤 기분인지 알 수 있다. 가령 목적을 달성해서 자축하고 싶다, 그럴 경우에는 기쁨, 승리 또는 긍정을 나타내는 동작이 좋을 것이다. 배우가 "해냈어!"라고 말하듯 두 주먹을 불끈 쥔 채 두 팔을 허공으로 뻗으면 이런 이야기가 전달된다. 상상 속 농구공을 슬램덩크로 집어넣거나 마지막 박자에 맞춰 주먹을 허공에 휘두르는 것도 괜찮을 것이다. 가능성은 무한하지만, 그래도 배우는 그 순간 캐릭터의 감정은 물론 주어진 환경도 고려해야 한다. 해롤드 힐이 (1912년경의 아이오와에서) 슬램덩크를 한다면 시대적으로 얼마나 이상하겠는가. 힐이 취해야 할 자세는 작품과 그 시대, 작품의 특정한 환경과 당신이 생각하는 그때 그 캐릭터의 감정에 어울려야 한다.

서로 다른 노래와 배경마다 다른 종류의 버튼이 필요하다. 마지막 순간이 "무엇을 해야 할지 모르겠어."라고 말하는 듯하다면, 버튼은 이 말을 반영해야 한다. 마지막 순간에 "어쩔 줄 모르겠고 두려워."라는 제목을 붙여야겠다는 생각이 들면, 버튼도 그렇게 보여야 한다.

……자, 이제 할 말은 다했다!

……이것이 이 주제에 관한 마지막 말이다!

- 13장 -
공연을 위한
연습

이 책의 모든 연습과제는 일련의 연습 과정을 통해 역할을 발전시키고 연기에 도움을 줄 목적으로 만들었다. 이것은 몇 번 혼자서 해볼 수도 있고, 몇 주에 걸친 연습이 될 수도 있다. 아니면 이 양극단 사이의 어느 것이 될 수도 있다. 어떤 경우든, 배우는 공연에 도달하는 '과정'을 거치게 된다. 이 과정 자체는 또 하나의 여정이며, 여기서 배우는 예술적 승리와 개인적 실패를 경험하고 자신의 모든 기술적 요소를 통합하게 된다.

매번 같은 연습은 없다. 서로 다른 두 배우가 공연 개막일까지 똑같은 연습 과정을 겪는 경우가 없는 것과 마찬가지다. 배우의 연습 과정은 연출가, 음악 감독, 안무가, 그리고 가장 중요하게는 자신의 직감이 이끌어 준다. 성공적인 연습 과정으로 가는 신비한 연금술은 배우마다 다르다. 그래도 이 과정을 보다 쉽게 만들어주는 몇 가지 방법을 소개한다.

이 장을 학습한 후, 다음을 할 수 있어야 한다.

● 공연을 위한 단계별 과정에 신중하게 참여할 수 있다.

- 인물을 구축하기 위한 각각의 단계들을 하나하나 밟아나갈 수 있다.

- 연습실에서 무대로 문제없이 적응할 수 있다.

- 뮤지컬 공연을 만드는 기간 동안 당신의 역할을 점진적으로 발전시켜 나갈 수 있다.

13.1 시작점

대개 연습 과정에서는 모든 일을 동시에 하고 싶은 유혹이 크다. 배우가 처음부터 잘하고, 역할을 완성하여 연습에 임하고 싶다는 압박감을 느끼는 것은 흔한 일이다. 그러나 〈Beautiful : The Carole King Musical〉의 캐롤 킹 역할을 한다고 상상해 보라. 이 역할을 성공적으로 연기하려면 배우는 유명한 팝스타의 다채로운 음악 스타일을 완전히 습득해야 한다. 그녀는 독특한 브루클린 억양을 배워야 하고, 이 공연이 진행되는 동안 20년 가까이 나이를 먹는 캐릭터이니만큼 나이 대에 어울리는 신체적 특징과 행동을 익혀야 한다. 게다가 연기 문제도 해결해야 한다! 이런 요구조건들이 있는데, 대체 어떤 배우가 연습 첫날부터 모든 것을 완벽히 해내겠는가? 배우가 아무리 부지런해서 미리 악보를 외우고, 팝 음악 코치와 사투리 전문가에게 훈련을 받고, 연기 비트와 관계의 변화 그리고 그 밖의 모든 준비 사항을 파악하기 위해 대본을 분석했다 해도, 나머지 출연진이나 주요 제작진과 할 일은 아직도 산더미처럼 쌓여 있다.

모든 과정에는 시작점이 있으며, 그 시작점이 어디가 될지는 배우 자신에게 달렸다. 어떤 배우에게 시작점이란 단순히 역할의 음악적 요소 숙달하기, 즉 노래 정확하게 외우기다. 또 어떤 배우에게 시작점은 가능하면 다양한 노래 해석 들어보기, 즉 다른 공연 관람하기다. 또 다른 배우는 대본에 꼼꼼하게 주석을 달아 인물의 여정을 명료하게 표현하자고 생각할지 모른다. 모두 매우 다르지만 동시에 타당한 시작점이 된다. 결국에는 배우가 이 모든 작업을 겪고 나서야 모든 일이 끝난다. 그러나 전부 동시에 하려고 들면 배우는 틀림없이 혼란과 좌절을 겪게 될 것이다.

하나씩 쌓아 올려라

위에서 설명한 모든 요소에 대해 배우가 할 수 있는 일은 아주 많다. 거기에는 이 책에서 간략하게 설명하고 있는 연습이나 기법을 적용하는 것도 포함된다. 다음으로 무슨 일을 해야 할지는 당신과 당신이 신뢰하는 사람들이 함께 결정하면 된다. 일단 일련의 도전을 이뤄내고 나면 그때 쌓인 지식은 당신에게 계속 남아 있다는 사실만 기억해 두자. 예를 들어 배우가 어떤 춤의 안무를 외우고 완전히 익숙해지고 나면, 캐릭터의 신체적 특징이나 같이 춤추는 사람들과의 관계에 따른 자세를 동작에 부여하는 다음 단계로 넘어갈 수 있다. 그 다음으로는 캐릭터의 음성적 측면도 통합하기 시작한다. 마지막 단계에 오면 배우는 이제 노래와 춤을 연기하는 자신의 기쁨을 관객과 공유하기만 하면 된다고 느낄 것이다. 물론 단계가 많기는 하다. 그러나 이 단계들을 하나하나 쌓아 올려야만 자신감 있고 응집된 공연을 할 수 있는 가능성이 커진다.

목표 설정

어떤 과제든 배우가 도전을 할 때는 끝에 도달할 수 없을지도 모른다고 생각할 수도 있다. 바라보기만 해도 질리게 만드는 산이 있는 법이다. 그러나 일단 여정을 짧은 구간별로 나누고, 그 각각의 여정에 따라 배우가 스스로에게 합리적인 목표를 부여하면 정상 도달 가능성은 훨씬 높아진다. 그러므로 매번 연습 때마다 배우 자신을 위한 몇 가지 명확한 목표만을 세우자. 어느 날은 대사와 음악을 그냥 즉흥적으로 하기로 한다. 다음 날은 이제까지 한 사투리 훈련을 정식으로 적용해본다. 그 다음에는 주요 상대배우와의 관계에 집중하거나, 자신의 목적을 명확하게 하고 강화한다. 물론 배우 개인의 목표는 전체 연습 계획에 맞춰 조정해야 한다. 이와 같은 목표를 연출자, 상대 배우와 논의하면 연습은 모두에게 순조롭게 돌아간다. 그렇지 않고 배우는 이런 목표를, 연출자는 저런 목표를 세우고 있다면 결국에는 둘 다 좌절감만 느끼게 된다. 달성 가능한 목표를 세우는 일이야말로 연습 과정을 차곡차곡 쌓아올려 단계적으로 자신의 연기를 확립해 가는 방법이다.

탐구와 실험

연습을 하는 가장 큰 이유 중 하나는 가능성의 발견 때문이다. 배우는 맨 처음 떠오른 한 가지 생각을 그냥 고정시켜 서서히 자연스러움을 고갈시키려고 연습을 하지는 않는다. 오히려 연습은 가능성 탐구, 정해진 영역 안에서의 실험, 광범위한 가능성 가운데 최선의 요소 선택을 혼합한 활동일 것이다. 배우에게 이러한 시나리오는 아주 이상적으로, 아니면 두렵게까지 느껴질지 모른다. 사실 배우는 연습장 어느 구석으로 가서 뭔가를 하고, 대사나 노래를 어떻게 하라는 연출자의 지시를 그대로 할 수 있을 때까지 맹연습을 하는 게 편할지도 모른다. 하지만 비웃음이나 실수에 대해 두려워하지 말고 새로운 것을 시도하는 습관을 들여라. 연출자에게는 자신이 몇몇 선택과 가능성을 알아보기 위해 여러 가지로 잠시 탐구하는 중이라고, 선택을 해가면서 점차 일관된 연기의 틀이 잡힐 것이라고 설명해야 할지도 모른다. 이 실험의 최종 기한은 언제일지, 언제 연출자에게 보여줄지 의논하라. 허용 범위가 생각보다 훨씬 넓다는 사실을 깨닫게 될 것이다.

실패의 여지

어떤 연습 과정이든지 배우에게는 완전히 실패했다는 기분이 드는 날이 온다. 연기도, 노래도, 춤도, 함께하는 출연진 누구와 소통하는 일도, 공연에 집중하는 일조차도 불가능해 보인다. 그러나 이런 날은 지나가며, 역할의 생명력도 일에 대한 확신과 열정도 결국 되찾게 될 것이다. 또 다른 연습과정에서는 당신과 다른 출연진들 사이에서 멋진 무언가가 막 일어났다고 깨닫는 엄청난 통찰의 순간도 올 것이다. 그러나 이렇게 고무된 상태를 항상 유지할 수 있다는 기대는 비현실적이기도 하고, 배우에게 지나친 부담도 된다. 배우가 캐릭터를 구축하는 일이 영화를 찍는 일과 비슷하다는 사실을 받아들이면 훨씬 행복해진다. 스크린에 비치는 한 장면을 위해 영화배우와 감독은 수십, 수백 번 카메라를 돌렸을지 모른다. 공연은 배우가 매일 밤마다 무대 위에서 "최고의 장면"을 만들어내기 위해 노력해야 한다는 점이 힘들다. 그렇게 하려면 하룻밤이 아니라 일련의 예행연습 과정을 통해 쌓아 올린 많은 기술이 있어야 한다. 배우가 어떤 순간 뒤에 어떤 순간이 어떻게 오는지를 기억하고 내부적인 논리와 감정적 사고의 흐름을 찾으려면 시간과 실험이 필요하다. 처음부터 혹은 매번 제대로 하지 못했다고 배우가 스스로를 못살게 굴면 대부분은 역효과가 나타날 뿐이다.

장소의 변화

— 13.6

어떤 공연이든 가장 취약한 순간은 바로 연습장에서 무대 위로 이동할 때다. 배우는 갑자기 다른 음향, 더 멀어진 관객석, 다른 높이감과 공간감 그리고 그 외에도 익숙하지 않은 많은 변수를 지닌 훨씬 큰 공간에 들어선다. 그래서 대개 무대 리허설 첫날은 배우가 새로운 공간에 익숙해지고, 연습해 온 공연의 감각을 되찾는 데 목적을 둔다. 이는 배우가 동료 배우, 그리고 자신이 하고 있는 작품의 본질과 다시 소통하면서 동시에 모든 새로운 (궁극적으로 도움이 될) 물리적 차이에 관한 인식까지 자신의 환경에 포함시킨다는 뜻이기도 하다. 모든 것이 다르게 느껴진다고 해서 겁에 질려 당황하지는 마라. 조금 시간을 들여서 어떤 점이 다른지, 어떻게 자신을 거기에 맞춰 조절할지 해결책을 찾아라.

기술적인 요소에 적응하라

— 13.7

의상, 가발, 오케스트라, 조명, 이동식 무대 장치, 확성 장치, 빠른 전환 그리고 배우 주변의 모든 일을 완벽하게 해내는 여러 스태프의 존재 등 여러 요소가 더해지기 시작하면, 배우가 좌절할 일도 엄청나게 많아진다. 울면서 무너지기 전에 이 새로운 요소 하나하나는 전체 공연에 통합되어야 한다는 사실을 우선 기억하라. 이런 요소들을 받아들이는 것은 처음부터 완벽하게 되지 않는다. 다음 문장을 따라 해보자. '이런 요소들을 받아들이는 것은 처음부터 완벽하게 되지 않는다!' 무대 리허설 중에는 이런 일이 자주 발생하며, 당신과 주변 사람들이 힘을 모아 문제를 해결해야 한다는 것을 숙지하고 있어라(사람들은 실제로 늘 해결책을 찾는다). 소포클레스도 분명 디오니소스 극장에서 〈오이디푸스 왕〉의 테크니컬 리허설 첫날에는 두 손에 머리를 파묻고 절대로 안 된다고 확신하며 앉아 있었으리라. 거의 모든 무대 리허설 과정은 세 걸음 앞서서 계획되고, 적어도 한 걸음 뒤에서 따라가게 되어 있다. 기술적인 요소의 맹공격이 거듭 반복될 때마다 회복 시간은 상대적으로 짧아진다. 이러한 요소들과 더불어 작업하고 가능하면 합리적으로 빠른 시간 안에 연기로 되돌아가는 법을 배워라. 배우 자신에게 영향을 주는 문제에만 집중하고, 노력해서 해결책을 찾아내고, 불필요한 마음의 혼란을 무시할 수 있다면 무대 리허설 과정에서 성공할 가능성은 더욱 커진다.

13.8 — ## 시사회와 개막일

모든 작품의 최종 첨가물은 관객이다. 관객들이 웅성거리는 소리가 들리기 시작하면 모두의 흥분 지수가 치솟는다. 사람마다 다들 다르게 반응한다. 어떤 사람은 지나치게 과장해서 연기하고, 또 어떤 사람은 남의 시선을 의식하다가 전부 잊어버리고 만다. 모두 신경과민 때문이다. 관객이 좋아해 주기를 바라는 열망과, 그러지 않으리라는 두려움에서 비롯된 신경과민. 조심하지 않으면 그러한 열망은 두 달간의 연습을 무위로 돌릴 수 있다. 남들이 좋아해 주기를 바라고, 또 잘하고 싶은 마음이 자신에게 있다는 사실을 받아들여라. 그러면서도 지금까지의 모든 연습은 성공으로 가는 최선의 길이었다고 믿어라. 배우가 자기 계획을 고수하고, 동료 배우들과 자신의 목적에 집중하고, 연습한 대로 해내면 나머지는 저절로 따라 온다.

13.9 — ## 조언

첫 공연이 끝나면 그때마다 곧바로 부모, 친구, 애인, 선생님, 비평가들이 우르르 몰려와 조언을 들려줄 것이다. 배우가 아무리 싫다고 해도 이런 일은 피하거나 무시할 수가 없다. 조언의 의도는 대개 좋다(그렇지 않은 경우도 간혹 있지만). 그러나 이들 조언은 작품의 목표에 관해, 기나긴 과정을 통해 배우가 발전시킨 해석에 관해 배우와 같은 수준의 의식을 갖추지 못했다. 그러므로 조언을 들을 때, 배우는 그들에게 웃음이나 기립 박수를 얻어내겠다고 다짐하며 들였던 지금까지의 노력을 전부 무위로 돌리려는 충동에 맞서야 한다. 대신에 친구들이 하는 말을 심사숙고하고, 그 관점에 장점이 있는지 판단을 내려야 한다. 그 뒤에 이 문제에 대처하여 행동을 취할지 말지 결정을 내리면 된다.

외부 조언을 수용하려면 반드시 연출자, 안무가, 음악 감독, 그밖에 무대와 관련된 모든 사람과 상의하라. 배우가 상의 없이 자기 연기를 그냥 바꾸는 일은 프로답지도 못하고 용납도 되지 않는다. 작품은 그저 관객과 익숙해지는 데 시간이 좀 필요할 뿐인데, 배우가 그렇게 바꾸려다가는 작품 전체에 혼란을 가져올 수도 있기 때문이다.

성공작과 실패작

어떤 쇼가 성공하면 그 작품이 왜 그렇게 잘되었는지, 다들 왜 그렇게 운이 좋았는지 이해할 길은 거의 없다. 그저 마치 자연의 섭리라도 되는 듯, 모든 일이 함께 술술 풀리는 듯 보인다. 그러나 무슨 이유에서든 쇼가 잘못되면, 모두들 서로 책임을 묻기 시작하고 실패에 대해 저마다의 이유, 변명, 비난거리를 찾는다. 이러한 복잡한 상황에서 배우는 연기자의 일원으로서 오로지 자기가 맡은 부분에 대해 책임을 질 수 있을 뿐이다. 자기 일을 최대한 잘하고, 매일 연습실에 나와 긍정적인 에너지와 호의를 보이고, 건설적으로 자신에게 영향을 미치는 문제의 해결책을 찾아라. 그 이상은 할 수 없다. 배우는 극을 다시 쓸 수도, 연출을 다시 할 수도, 디자인을 다시 할 수도, 다른 사람 대신 연기를 할 수도, 하나의 공연을 이루는 복잡한 퍼즐의 일부를 바꿀 수도 없다. 성공이 계속되는 한 겸손하게 성공을 즐기고, 실패는 우아하게 참아내라. 공연은 언제든 또 있다.

당신의 테크닉을 발전시켜라

하나의 작업을 경험할 때마다, 배우는 프로그램과 기억 외에도 훨씬 귀중한 것을 가져간다. 공연을 위한 과정 중에 어떤 부분이 잘되었고 어떤 점을 보완할지에 대한 깨달음 말이다. 모든 배우의 테크닉은 사실 과거에 효과적으로 작용한 습관들이 모인 것이다. 모든 작업 경험은 배우가 새로운 습관을 더하고 과거의 습관을 평가하여 이와 같은 습관의 집합체를 다듬을 기회를 준다.

연습과제 13A

연습 일지

다음 작업을 할 때는 캐스팅되는 즉시 연습 일지를 쓰기 시작하라. 첫 장은 오디션 준비, 소재 선택, 오디션에서 한 나의 행동 등 오디션에서 역할을 따내기 위해 했던 작업에 대한 분석으로 시작한다. 다음으로는 역할 준비 전략을 세우기 시작한다. 하고 싶은 준비 작업은 모두 목록으로 만들어 논리정연하게 정리하고, 한 번에 하나씩 해나간다(층층이 쌓기). 진전 상황, 맞닥뜨린 장애물, 성취감에 대해 기록한다. 연습 첫날부터 일정이 시작되기 전에 오늘 연습의 목표를 요약한다. 그리고 하루가 끝나면 그 목표가 어떻게 되었는지를, 그밖에 기억하거나 알아두어야 한다고 생각하는 모든 일을 기록한다. 쓰고 싶은 것은 무엇이든 써도 좋다. 어떤 배우는 연출자와 기타 주요 제작진의 기록에서 그날의 기록을 따온다. 또 어떤 배우는 좌절감을 표출하거나 돌파구를 찾은 기쁨을 표현하는 데 일지를 사용한다. 연습 과정이 끝날 때쯤이면 일지를 들춰보면서 과정 중의 부침을 놀라우리만치 명료하게 기억해낼 수 있을 것이다. 그리하여 당신이 다음에 어떤 역할에 캐스팅이 된다면 이 일지를 꺼내 보면서 각각의 연습 과정에서 최고의 습관들은 받아들이고 좋지 못한 습관들은 피하면서 성공을 도모할 수 있다.

뮤지컬의 스타일

- 14장 -
스타일이란?

동시대에 통용되는 연기 스타일과 다르게 연기한다는 것은, 완전히 다른 차원의 공연 세계로 입문하는 것을 의미한다. 우리는 5부에서 독자들이 스타일의 세계를 명료하게 이해하고 자신 있게 입문할 수 있도록 도우려고 한다. 이번 과제는 외국의 문화를 연구하는 인류학자의 일과 비슷하다. 물론 우리는 정해진 공식이나 비법을 제시하려고 하는 것이 아니다. 다만 다양한 스타일에 대해 알아보고 이와 관련된 다양한 규칙들을 탐구하려고 한다.

이 장을 학습한 후, 다음을 할 수 있어야 한다.

- 뮤지컬의 다양한 스타일이 어떠한 기능을 하는지 찾아내서 확인하고, 분석할 수 있다.
- 스타일이 반영하고 있는 사회적 이상과 가치관을 식별할 수 있다.
- 스타일에 대해 객관적이고 인류학적인 관점으로 접근할 수 있다.

훌륭한 연기는 말 그대로 좋은 연기를 말한다. 모두 이 말에 동의할 것이다. 그러나

〈The Merry Widow〉에서의 좋은 연기는, 다른 뮤지컬인 〈Anything Goes〉나 〈웨스트 사이드 스토리〉, 〈드림걸즈(Dreamgirls)〉, 〈렌트〉 또는 〈시스터 액트〉에서의 좋은 연기와 확연히 다르다는 점에도 동의할 것이다. 이 차이점에 주목하자. 캐릭터와 관련된 몇몇 세부적인 사항들은 예외로 하고, 이러한 차이를 스타일이라고 부른다. 특정 장르 및 시대 또는 유형과 밀접하게 연관된 공연 관행에 맞게 연기할 때, 이를 스타일이라고 정의할 수 있다. 여기서 '스타일'이라는 용어의 의미는 '연기'의 의미와 비슷하다. 하지만 그렇다고 해서 '스타일'이 '연기'를 대신할 수는 없다. 스타일은 연기하는 방식을 의미하기 때문이다. 배우는 목적을 추구하고 캐릭터를 구체화하며 관계를 만들어낸다. 그러나 배우는 스타일을 통해 뮤지컬 속의 캐릭터가 실제로 존재하는 인물인 것처럼 만들 수 있으며, 동시에 관객이 이를 확인하고 이해할 수 있게 한다.

14.1 — 스타일에 대한 개념은 진화한다

스타일은 고착화된 생각을 말하는 것이 아니다. 역사의 어떤 순간에 만들어진 일련의 규칙도 아니다. 그리고 특정한 장르를 연기할 때마다 마치 원리원칙처럼 매번 언급해야 하는 용어도 아니다. 스타일은 공연의 전통적인 관습이 발전한 것이라고 말할 수도 있지만 동시에 현대의 연기와도 어우러질 수 있다. 이런 이유로 스타일은 현재와 과거를 아우르는 선택적 상호작용이라고 할 수 있다. 어느 한 세대가 자신들만의 기준으로 어떤 특정한 스타일을 만들어내면, 다음 세대는 그 스타일을 자신들만의 다른 시각으로 바라보게 된다. 만약 어떤 작품이 초연되었던 당시의 스타일에 대해 생생하게 기억하고 있다면(또는 영상을 본다면), 우리는 그 스타일의 원래 모습과 아주 유사하게 연기할 수 있다. 그러나 세대가 바뀌면서 기억은 희미해진다. 오직 예전의 스타일을 물려받아 이해하고 해석했던 다음 세대의 기억에 의지할 수밖에 없게 되는데 그 결과, 당시의 스타일의 진위여부에 대한 인식은 자연스럽게 변하기 마련이다. 스타일에 대한 새로운 해석과 새로운 배우, 그리고 새로운 연기 스타일과 새로운 기술, 새로운 극작기법은 스타일의 변화에 큰 영향을 끼치는 요소들이다. 사실, 어떤 특정 스타일로 연기한 공연 원작의 자료 영상을 보게 되면, 그 공연에 대해 잘 알고 있다고 자부하던 관객도 충격을 받고 놀라워한다. 그들이 접한 원작은 아마 낯설고, 부자연스러우며 잔뜩 부풀려진 것으로 느껴질 것이고, 심지어는 가짜가 아닌가 하는 의심이 들지도 모른다. 이 때문에 그 작품이 역사적으로는 당연히 원작임에도 불구하고, 현대의 관객에게는 아무런 영향도 끼치지 못한다.

점진적으로 변화하는 스타일은 또한 공연의 전통적인 관습을 원래의 모습과 다르게 변화시킨다. 이는 우리의 감각이 그리고 우리의 가치관이 사회의 변화와 함께 달라지기 때문이다. 현대 사회는 우리의 증조할머니, 증조할아버지가 살던 1932년과는 판이하다. 사회적 관습과 행동 양식이 그만큼 변했다. 그래서 우리는 과거의 어떤 방식은 받아들이지만 또 어떤 방식은 받아들이지 못한다. 우리는 수십 년 전과는 다르게 처신하고, 유행이 변한 옷을 입으며, 신조어를 사용하고, 부모님 세대와는 다른 새로운 시각으로 스스로를 바라본다. 이러한 변화는 스타일의 선택에도 지대한 영향을 끼친다. 초기 양식을 고수하든, 아니면 현대의 행동 양식을 접목시키든 그 선택에 따라 우리가 작업하는 공연 스타일에는 본질적인 변화가 일어날 수밖에 없다. 사람들의 행동, 관계 형태, 그리고 캐릭터를 표현하는 방식은 지난 180년 동안 급격하게 변했다. 따라서 과거 세대의 공연이나 캐릭터를 오늘날의 공연에서는 어떻게 할 것인지 해결책이 필요하다.

새로운 기술도 오래된 스타일의 공연을 새롭게 표현하는 방식에 영향을 끼친다. 목소리의 음역대와 오케스트라 사운드의 증대, 새롭고 색다른 악기들, 원작보다 더 작은 규모의 오케스트라에 맞춘 편곡, 온라인을 통해 원작 또는 다양한 공연에 접근할 수 있는 환경, 그리고 그 밖의 많은 복잡미묘한 기술적 요인들이 오래된 뮤지컬에 새롭게 색을 입히고 형태를 만든다. 그리고 이러한 모든 변화는 관객들이 이 오래된 스타일을 이해하고 받아들이는 데 매우 큰 영향을 미친다. 이는 원작 스타일을 고수하든, 재해석을 하든지 간에 스타일을 표현하는 방식에 근본적인 영향을 미칠 것이다.

영화배우 휴 잭맨(Hugh Jackman)이 주연을 맡으며 2003년 재공연된 〈오클라호마!〉를 살펴보자. 재탄생된 컬리와 원작의 컬리가 색다르게 다가올 것이다. 원작의 컬리는 알

프레드 드레이크(Alfred Drake)가 연기했는데, 휴 잭맨은 원작의 컬리를 그대로 재현했다고 보기는 힘들다. 오히려 〈레 미제라블〉의 마이클 볼(Michael Ball)이나 〈웨스트 사이드 스토리〉의 레리 커트(Larry Kert)와 더 비슷해 보인다. 이는 〈오클라호마!〉가 처음 발표된 이후로 70여년 동안 전통이 변화해왔으며, 공연 관습도 자연스럽게 바뀌어왔다는 사실을 보여주는 하나의 단초다. 2019년에 재공연된 또 다른 〈오클라호마!〉는 21세기의 오클라호마를 반영하여 의상과 연기, 그리고 노래와 오케스트라의 음악 스타일을 현대화하는 엄청난 변화를 줬다. 이러한 급진적인 재해석이 원작과 비교하며 허용될 수 있다, 아니다 비판을 불러일으킬 수 있지만, 뮤지컬의 본성은 현재의 관객을 만족시키기 위해 진화하는 것이다. 우리에게는 좀더 최근의 재공연이 더 자연스럽게 다가올 수 있다. 그러나 공연 관습과 스타일이 어떻게 변했는지 확인할 겸, 원작과 재공연된 작품을 비교할 것을 권한다.

새로운 공연 관습에는 다양한 요소들이 반영된다. 컬리의 경우도 마찬가지다. 이전보다 이성에게 환심을 사는 방식이 더욱 자연스러워졌고, 성적 매력이나 여성의 권위, 독립에 대해 더욱 관대해졌으며, 행동 양식은 더욱 현대적으로 탈바꿈되었다(1943년의 공연보다 격식을 덜 차린다!). 더불어 새로운 공연에서는 무대에서 노래를 부르는 방식도 바뀌었고, 안 쓰던 전자장치를 사용하기도 하며, 서부개척 시기의 카우보이와 여성들의 옷 입는 방식도 변모했다. 그리고 그 지역의 사투리도 과거보다는 지금 사용하는 사투리에 좀더 가깝게 구사하기 위해 많은 주의를 기울였다. 이러한 변화들은 새로운 공연 스타일을 만드는데 적절한 도움을 주었다.

하지만 뮤지컬의 기원부터 변함없이 이어져 내려온 전통적인 요소들도 많다. 낭만주의 시대 오페레타의 영향을 보면, 이 형태에 따른 연기 관습을 지키려는 노력 덕분에 낙관주의와 즐거움, 순수한 로맨스, 경쾌함 그리고 허풍과 열망 등이 오래도록 유지될 수 있었다. 오늘날에는 현대적인 감성에 맞춰 다른 방식으로 표현되기도 하지만 말이다.

어떤 배우가 현대적 관습과 전통적 관습을 성공적으로 통합하여 연기하면, 그 전통은 수정된다. 배우는 배역을 나름의 방법으로 해석하여 연기하는데, 이 연기가 성공적일 경우 이 공연을 본 사람은 당연히 영향을 받게 된다. 그리고 심지어는 그 배우의 연기가 바로 '올바른 연기'라고 결론짓기도 한다. 어떤 사람들은 안타까워하겠지만, 사실, 이러한 변화는 피할 수 없는 부분이다. 동시에 수십 년 전의 공연들이 계속해서 관객을 끌기 위해 필요한 변화이기도 하다. 아울러 대본과 악보에 대한 해석이 완전히 뒤바뀔 수도 있다.

스타일에 대한 관객의 인식

따로 지식을 쌓은 적이 없는 사람들조차 무의식중에 음악과 미술, 그리고 공연의 원형(prototype)의 스타일을 인식할 수 있다. 옛날 버라이어티 쇼의 재방송이나 젊은 예술가가 오래된 전통 공연을 재현하는 모습을 담은 만화, 영화, 뮤직비디오 그리고 엘리베이터나 사무실에서 흘러나오는 라디오 방송 등 다양한 매체를 끊임없이 마주하면서 알게 모르게 원작의 스타일을 전달받았기 때문이다. 그 결과, 일부러 그러려고 한 것도 아닌데 뇌리에 심어진 스타일을 기준으로 지금 눈앞에 펼쳐지는 공연의 정확성과 진위 여부를 따지게 된다. 알 졸슨, 에델 머먼(Ethel Merman) 그리고 빙 크로스비 같은 특별한 가수 겸 배우들을 예로 들어보자. 비록 우리와 동시대 사람들은 아니지만 그들을 모방하고 언급한 정도를 생각한다면, 그들은 오늘날까지 실제로 존재한다고 해도 과언이 아니다. 그들에 대한 기억을 구체적으로 그리고 다분히 의도적으로 불러일으키는 것이 곧 우리의 역할이기도 하다. 우리는 이러한 의도를 관객들이 공연을 통해 있는 그대로 받아들이길 바란다.

현대 뮤지컬의 연기 스타일

〈원스〉, 〈The Band's Visit〉, 〈The Light in the Piazza〉와 같이 비교적 최근 공연된 뮤지컬들의 연기를 보면, 간단하게 말하자면 '자연스럽다'라고 할 수 있다. 하지만 그러한 연기도 그만의 스타일이 있고, 특정한 관습과 공연 전통의 틀 안에서 연기하는 것이다. 우리는 이러한 연기 스타일을 현대 뮤지컬 연기(Contemporary musical acting)라고 부른다. 많은 부분에서 이러한 연기가 우리의 일상 행동과 거의 똑같아 보이기 때문에, 우리는 이 연기를 독특한 스타일이라고 인식하지 못한다. 하지만 아래의 연기 관습에 관한 목록을 보자.

- 집중력 있는 신체 상태
- 친근한 연기
- '마이크를 활용하는' 가창법
- 절제된 신체 행동과 목소리를 통한 감정 표현
- 그리고, 강렬한 시선을 동반한 대면(face-to-face) 연기

당신은 현대 뮤지컬 연기의 특징이 무엇인지 이제 인식하기 시작했기 때문에, 아마도 더 많은 예시를 떠올릴 수 있을 것이다.

당신이 아무리 열렬한 공연 마니아여서 공연 시즌에 일주일에 한 번 내지 두 번 공연을 본다고 하더라도, 텔레비전이나 스트리밍을 통해 연기를 더 자주 접할 것이다. 편리한 접근성, 쉽고 저렴한 가용성, 높은 품질, 그리고 그 풍부한 다양성은 우리가 스크린 연기에 길들여지게 만든다. 이런 이유로 스크린 연기에서 요구되는 규칙이 무대 연기에서도 진실성(truthfulness)에 대한 기준이 되었다. 이러한 현상은 자연스러운 일이다. 특히 영화 원작을 각색한 공연이나 현재를 배경으로 하는 작품, 또는 영화적 미학을 추구하는 작품이라면 더욱 그렇다. 그러나 이 섬세한 연기 기법이 반드시 더 진실한 것은 아니다. 이것은 단지 '사실적임(reality)'을 표현하는 한 가지 스타일일 뿐이다.

배우들은 현대적인 스타일과 진실을 혼동하지 않도록 주의해야 한다. 모든 시대와 장소에는 그 시대와 장소에 맞는 개념이 있다. 나를 어떻게 표현해야 하고, 어떻게 해야 나의 행동이 진실하게 보이는지에 대한 개념도 시대와 장소에 따라 다르다. 우리 현대 사회는 친근함과 편안함을 높게 평가한다. 이러한 점은 우리의 사회적 행동에 투영된다. 그러나 친근하고 편안한 연기가 진실된 연기는 아니다. 제멋대로 돌아다니고,

과장되게 행동하고, 이상한 억양을 구사하는 캐릭터는 진실되지 않다고 생각하는 것은 실수일 수 있다. 진실은 진실이고, 스타일은 스타일이다. 진실되게 연기한다는 것은 우리 인간의 공통된 속성을 가지고 연기한다는 의미이다. 이 중요한 진실은 스타일이라는 렌즈를 통해 표현된다.

스크린 연기 스타일과 인간의 진실을 혼동하는 것 외에도, 우리는 또 다른 오류에 빠지기 쉽다. 우리는 우리 자신의 스타일을 볼 수 없다. 왜냐하면 우리는 그 안에서 살고 있기 때문이다. 우리는 생각하는 것만큼 일상생활에서 그렇게 편안하거나 친밀감을 느끼지 않는다. 모두 열광적인 환희의 순간과 병적일 정도로 흥분된 축제의 순간, 심지어 분노로 가득한 순간들을 경험했을 것이다. 각각의 순간은 극단적인 신체 행동과 소리들로 가득 차 있다. 물론 그럼에도 불구하고, 우리는 여전히 현대인이고, 21세기에 살고 있다. 내가 처한 상황과 내 주변의 친구 그룹이 누구냐에 따라, 성별이나 인종에 대한 정체성을 시대에 맞게 대담하게 표현할 수 있다. 이것은 자연스러운 스크린 연기의 규칙과는 어울리지 않는 방식일 수 있지만, 이러한 극단적인 순간들도 삶과 '진실성(reality)'의 일부분이다.

그래서 진실을 표현하는 방식은 무궁무진하다고 말하고 싶다. 그리고 작품이 현대적이라는 생각만으로 연기의 크기와 전술적 행동의 선택 범위에 제한을 두지 마라. 모든 연극이나 뮤지컬을 연기함에 있어서 현대적 사실주의의 미니멀한 양식을 따르는 것은 스스로를 제약하고 자멸하는 것일 수 있다. 우리가 연기를 선택하기 위해서는 스타일, 극적인 순간, 그리고 음악과 대본이 우리에게 불러일으키는 격렬한 감정을 모두 고려해야 한다.

스타일의 진실성

그 당시에 맞는 스타일로 연기하지 않으면 관객이 어색하게 받아들일 수 있다. 캐릭터의 배경이 되는 세계가 관객의 세계와 일치하지 않는다고 해서, 그 캐릭터가 허구의 세계에 사는 것은 아니다. 이성에게 구애하려고 무릎을 꿇는 행동은, 상대에게 몸을 기대거나 귀에 대고 속삭이는 행동과 같은 맥락이라고 할 수 있다. 이러한 맥락을 이해하면, 장르나 다른 요소에 구애받지 않고 공연을 있는 그대로 받아들일 수 있다. 진실성이 없다면, 캐릭터와 동화되려는 관객의 기본적 갈망을 충족시키지 못한다. 그러면 우리의 스타일 연구는 모두 쓰레기통에 처넣어야 할 것이다. 스타일은 인간의 가면을 쓰고 있어야 한다.

14.4 — 스타일에 대한 기본적인 가설

스타일을 본격적으로 살피기에 앞서, 기본적인 몇 가지 가설을 다루어보고자 한다. 우리에게 이는 향후 모든 작업의 기초가 될 것이다.

공연의 스타일을 관객이 인지할 수 있어야 한다. 관객은 어떤 스타일의 특징을 세세하게 구분하여 말하지는 못해도 그 양식화된 작품의 특징을 감지하고, 이를 범주화(categorize)할 수 있다. 예를 들어보자. 우리의 뇌는 링, 공중그네, 광대, 체조, 또는 톱밥 등의 요소를 감지하게 되면, 이 요소들이 서커스를 의미한다는 것을 금방 알아챌 수 있다. 뮤지컬 코미디를 보자. 뮤지컬 코미디에는 코믹한 상황을 이끄는 캐릭터와 로맨스를 이끄는 캐릭터들이 한데 어우러져 있다. 코믹한 캐릭터는 우회적인 방법으로 관객에게 웃음을 주고 또한 그들의 노래는 쉽게 흥얼댈 수 있도록 단순하게 작곡된다. 그리고 때론 만화 같은 장면이 연출된다. 이러한 여러 요소들을 통합하여 우리는 어떤 공연이 뮤지컬 코미디인지 정의할 수 있게 된다. 반면 록 뮤지컬은 의도적으로 사실적인 연기 기법을 차용하고, 무대에 등장하는 가수는 1960년대에서 90년대까지의 대중 가수를 흉내 낸다는 점을 특징으로 한다. 유머는 찾아보기 힘들며, 목소리와 악기 연주가 묵직하게 강조된다는 점도 또한 록 뮤지컬의 특징이다. 이러한 스타일의 특징을 바탕으로 우리는 재빠르게 작품을 분류하게 된다. 그런 다음 우리의 기대치를 스타일에 맞게 조정하고, 그 기대치에 부응하는가에 따라 작품의 성공 여부를 예상한다.

극의 스타일은 공연 제작의 모든 부문, 그리고 전 과정에 걸쳐서 적용되어야 한다. 전혀 다른 스타일들에 접근할 때 고려해야 하는 요소들을 제시하고자 한다. 그러나 각각의 요소들이 생각처럼 반드시 절대적인 것은 아니다. 〈The Drowsy Chaperone〉은 수차례 제작되면서 조금씩 변화를 주었지만, 그래도 몇 가지 중심이 되는 축은 계속 유지되었다. 작품에 대한 개념은 고정되어 있는 것이지만, 극을 구현하는 예술가들은 각기 다른 스타일을 추구하기 때문이다. 극의 스타일은 어떤 공연이든 연기나 연출은 말할 것도 없고, 디자인이나 음악, 안무 등의 모든 요소에 영향을 끼치기 마련이다.

연출자는 따로 시간을 할애하여 제작진 전체와 제작 의도를 공유하고, 스타일의 표현 기법을 관계자들에게 설명하기도 한다. 하지만 대부분의 경우 이러한 가이드라인은 명확하지 않고, 성공한 경우에도 제작진들은 작업을 진행하면서 일어나는 상호작용을 통해 그 가이드라인을 이해하곤 한다. 그러나 불행히도 대다수의 공연은 준비과정에서 스타일의 의도에 대해 토론하거나 공유하려 들지 않는다. 그 결과, 공연은 뒤죽박죽 엉망이 되고, 관객들은 불쌍하게도 공연을 제대로 받아들이지 못하는 일이 벌어진다. 현대의 사실적인 스타일과 과거의 스타일이 충돌하게 되면, 일종의 정신분열증과도 같은 난잡한 작품이 만들어질 수도 있다. 작품의 기본적인 스타일을 결정하기에 앞서 많이 공부하고 그것을 공유한다면, 이러한 혼돈은 피할 수 있을 것이다.

스타일은 특정 뮤지컬 장르와 관련이 있지만, 반드시 그 시대를 반영하는 것은 아니다. 여기에서 장르란 음악의 한 범주로서 오페레타, 뮤지컬 코미디 그리고 록 오페라 등을 말한다. 각각의 뮤지컬 장르들은 서로 다른 시대에 탄생했지만, 각 장르는 지난 시대의 장르를 적극적으로 활용했다. 그래서 1920년대에 절정을 이루었던 뮤지컬 코미디가 그 이후에도 장르의 규칙을 계속 이어올 수 있었던 것이다. 예를 들어 〈No, No, Nanette〉(1924), 〈아가씨와 건달들〉(1950), 〈프로듀서스〉(2001), 그리고 〈Bullets over Broadway〉(2014)와 같은 작품은 제작된 시기는 다르지만 모두 같은 장르의 공연이다. 때문에 관객은 각 작품의 연기와 작곡, 연주, 심지어는 디자인까지도 전부 비슷하다는 것을 알아챌 수 있다. 다시 말해, 장르란 작품이 만들어진 그 당시의 스타일이 아니라 향후에 만들어질 작품의 스타일을 결정하는 것이다.

공연의 관습들

뮤지컬의 연기와 대본은 의식적인 행동들로 가득 차 있는데, 이 행동들은 매우 인위적인 것이다. 그렇기 때문에 관객은 작품을 쉽게 이해할 수 있다. 이러한 행동들을 우리는 '관습'이라 부른다. 관습이란 어떤 특정한 스타일의 양식이나 방법 또는 전통을 뜻한다. 이러한 관습은 우리에게 기준이 된다. 다음은 뮤지컬에 적용할 수 있는 관습의 예이다.

- 캐릭터는 자신의 감정을 표현하기 위해 노래한다.
- 배우는 때로 노래의 유형에 따라 관객을 직접 마주하고 노래할 수 있다.
- 배우는 노래를 부르면서, 춤으로 자연스럽게 넘어간다.
- 하나의 노래 안에서 여러 그룹의 사람들이 갑작스럽게 튀어나와도 그들의 말, 음악 그리고 움직임은 모두 계획된 것이다.
- 어떤 캐릭터 유형은 특정 유형의 노래만 부르고, 다른 캐릭터는 다른 유형의 노래만 부른다.
- 노래 한 곡이나 하나의 장면이 끝날 때, 관객은 간헐적으로 무대를 향해 박수를 보내기도 한다. 이를 관객의 관습이라고 할 수 있다. 관객은 어두운 방에 조용히 앉아 있는 사람이라고 할 수 있는데, 그들은 무대 위의 배우를 그 사람으로서가 아니라 완전히 다른 사람으로 여기며 관찰한다.

공연에 익숙하지 않은 인류학자는 이러한 관습들을 합리적이라고 여기지 않는다. 하지만 우리는 뮤지컬을 보면서 이 관습들을 당연하게 받아들인다.

작품의 스타일에 따라 공연의 관습도 달라진다. 뮤지컬 드라마와 록 뮤지컬의 관습을 비교한 표를 참고하라(표 14-1).

공연의 관습에 대한 예시는 광범위하며, 관습적 행동에 대한 설명은 여기서 끝나지 않는다.

황금기 뮤지컬	록 뮤지컬
연주자들은 마치 존재하지 않는 것처럼 오케스트라 피트 안에서 연주한다.	때로 연주자들은 무대 위에 노출된다. 그리고 의도적으로 장면에 편입된다.
공연이 약 1시간쯤 지나면 인터미션(intermission)이라고 부르는 휴식 시간이 주어지는데, 이 시간에 관객은 화장실을 가거나 다리를 뻗거나 혹은 음료수를 마실 수 있다.	많은 록 뮤지컬에는 인터미션이 없다.
공연이 시작될 때 음악 메들리가 연주되고, 인터미션 후 또 한 번 연주된다.	록 뮤지컬에는 정형화된 서곡이나 막간곡이 거의 없다.
무대 배경은 매우 잘 구성되어 있고 그림처럼 아름다울 것이며, 관객은 액자틀 형태의 구멍을 통해 무대를 보게 될 것이다. 이것은 관객이 보는 무대가 바로 우리가 살고 있는 세상이라고 믿게 만들어줄 것이다.	록 뮤지컬은 만화처럼 회화화되거나 비현실적으로 보이는 무대 배경은 되도록 피한다. 무대 배경은 종종 공장 같은 느낌을 주기도 하며, 극장의 기계 장치(조명기, 전선, 구조물 등)를 노출시키기도 한다.

관습적 행동

— 14.6

일정한 공식이 있는 것은 아니지만, 유사한 장르에 등장하는 유사한 유형의 캐릭터들은 서로 비슷하게 행동한다. 예를 들어, 황금기 뮤지컬에서 앤지뉴 유형에 속하는 캐릭터는 이러한 유사성이 특히 두드러진다. 〈오클라호마!〉에서의 로리, 〈브리가둔〉의 피오나, 〈회전목마〉의 줄리, 〈Anything Goes〉의 호프, 〈She Loves Me〉의 아말리아, 〈뮤직 맨〉의 메리언 그리고 범위를 넓혀서 〈카멜롯(Camelot)〉의 기네비어까지 서로 어느 정도 비슷한 면이 있다. 그러면 각 캐릭터가 얼마나 비슷한지 살펴보자. 먼저 캐릭터들의 노래를 보면, 소리의 영역대가 일치한다. 그들은 강한 희망과 결단력을 보여주며, 모두 로맨스를 이끈다. 지적인 모습(교육 수준과 상관없이)과 미혼이라는 점, 그리고 연령층(대략 20~30세)도 비슷하다. 사랑스러운 면이 있지만, 정서적으로 복잡하다는 점도 비슷한 점들 중 하나이다. 위엄 있는 행동 역시 극 중 다른 캐릭터들과 구별되는 그들만의 모습이다.

뮤지컬 장르와 상관없이, 우리는 캐릭터 사이에서 유사성을 발견할 수 있다. 그렇다고 비슷한 캐릭터는 다 똑같이 연기하라는 말이 아니다. 연기에는 공식이 없기 때문이다. 캐릭터에 접근하는 방법도 따로 정해져 있는 것이 아니다. 그러나 관습적인 행동을 이해하면, 관객의 기대에 그만큼 더 부응할 수 있게 된다. 동시에 그 캐릭터의 관습적인 행동에서 벗어나는 데 도움을 줄 수도 있다. 작품 스타일의 관습을 거부한 캐릭터는 자신이 몸담고 있는 뮤지컬의 세계와 모순된다. 그러면 배우는 관객에게 그 모순을 설명할 수 있는 일종의 다른 신호를 주어야 한다. 관습적 행동으로 연기해야 한다는 법은 없다. 그러나 관습적 행동을 연기하면 배우는 공연을 통제할 수 있는 능력을 갖게 된다.

세계관에 따른 스타일 분석

특정 스타일과 연관된 연기의 관습들은 세상을 보는 방법을 확장시킨다. 각 스타일은 저마다의 독특한 세계관이 있다. 이번에 우리는 세계관이란 무엇인지 명확히 이해할 수 있도록 여러 관점에서 설명하고, 여러분이 마주칠 가능성이 높은 스타일들의 세계관을 제시할 것이다.

가치관

모든 뮤지컬에는 가치관이 은연중에 내재되어 있다. 자신이 속해 있는 세계의 사람들과 소통하는 방식이나 그 세계의 사회적 구조 등을 예로 들 수 있다. 모든 스타일은 가치관에 따라 굉장히 달라지는데, 스타일이란 가치관의 표현 방식이기 때문이다. 가치관은 예를 들어, 신에 대한 믿음이나 남녀 관계, 아름다움과 패션에 대한 관점, 권위와 가족, 그리고 공동체에 대한 정의 등을 들 수 있다. 캐릭터와의 관계에 대해 다루었던 7장에서 우리는 이미 가치관에 대해 언급하였다. 그래서 이번 장에서 우리는 캐릭터 각자의 가치관을 언급하기보다는 뮤지컬 관객의 요구에 따라 발전해온 가치관을 언급하려 한다. 모든 뮤지컬에는 가치관이 함축되어 있다. 이것은 자신이 속한 사회를 전혀 다른 관점에서 보게 해주는 세계관, 그 이상도 이하도 아니다. 때문에 어느 가치관이 더 낫고 더 못한지 우위를 정할 수는 없다. 각 스타일에 내재되어 있는 가치관을 이해하고 맥락에 맞게 받아들이면, 배역이 속해 있는 세계에 대해 정확히 알게 될 것이고, 그 세계관과 일치하는 선택을 할 수 있을 것이다. 당신이 그 세계관에 반기를 들거나 수정하기로 결정하더라도, 이러한 관점 안에서 고려해야 한다.

로맨스와 섹스

〈The Merry Widow〉(1905)부터 〈프롬(The Prom)〉(2019)까지 대부분의 뮤지컬 속 캐릭터들은 로맨스를 추구한다. 이야기는, 이미 시작된 로맨스나 아직 시작하지 않은 로맨스에서 출발하며, 로맨스에 닥치는 위기를 해결하면 공연은 결말로 치닫게 된다. 심지어 다른 사건이 이야기의 중심이 될 때도, 로맨스의 주역들은 그 사건의 구실거리가 된다.

로맨틱한 사랑은 뮤지컬에서 중심이 되는 요소이다. 그래서 작품 속의 사건들과 다양하게 얽혀 있다. 여러 뮤지컬 장르에서 남자와 여자는 서로를 어떻게 다루어야 하는지 저마다의 방법을 보여준다. 그러나 어떤 뮤지컬이든 존중, 격식, 육체적 접촉, 구애, 그리고 섹스 등의 요소가 캐릭터 행동의 근간이 된다. 〈브리가둔〉과 〈렌트〉는 정반대의 로맨스와 섹스에 대한 가치 기준을 보여준다. 그 작품만의 세계관을 제시하는 것이다. 〈브리가둔〉에서 토미와 피오나는 'Almost Like Being in Love'를 부르며 서로에게 사랑을 표현한다. 그들은 주변의 자연과 세상에서 느껴지는 감동, 특별하고 강력한 에너지, 그리고 그들이 함께 있을 때 세상이 변화한다는 것이 느껴지는지에 대해 이야기한다. 하지만 그들은 결코 공개적으로 서로를 사랑한다고 말하지 않는다. "거의 사랑에 빠진 것 같아"라고 말하는 것과 "사랑해"라고 말하는 것은 다르다. 그리고 이 작품에서는 섹스는 잊는 것이 좋다. 손을 잡는 것이 여기서는 육체적 사랑의 최고 표현이니 말이다. 이들의 관계는 섹스를 넘어서 결혼을 향한 되돌릴 수 없는 길 위에서 가속 페달을 밟고 있다. 이 작품의 가치관은 다른 종류의 관계를 허용하지 않는다. 물론 두 사람 사이에 육체적 끌림과 깊은 욕망이 없다고 말할 수 없다. 하지만 실제로 그들의 결혼을 가로막는 장애물은 삶의 의미와 믿음이다. 가장 큰 장애물이 내면에 있다는 사실에 주목하라.

이제 이 장면을 〈렌트〉의 로저와 미미가 부르는 'Light My Candle'과 비교해보자. 로저와 미미는 〈브리가둔〉에 등장하는 연인과 마찬가지로 로맨스를 이끄는 캐릭터다. 그러나 사랑과 성적 매력을 표현하는 방식은 완전히 다르다. 얌전한 스코틀랜드 아가씨와는 거리가 먼 미미는 S&M 클럽에서 일하는 스트리퍼다. 그녀는 로저에게 적극적으로 구애하고, 그의 관심을 끌기 위해 계속 초의 불을 끈다. 그리고 공공연하게 추파를 던지고 그를 유혹한다. 이는 'Light My Candle'에서도 여실히 드러나는데, 이 곡은 그를 잠자리로 유도하기 위한 일종의 초대이다. 그녀는 "14번가 최고의 창녀", "타고난 악한"이라고 말한다. 〈브리가둔〉에서는 사랑이 완곡하게 표현된다. 반면에 〈렌트〉에서는 사랑이 노골적인 성적 표현과 여성의 적극적인 유혹으로 표현된다. 〈렌트〉에서 로맨스의 목표는 결혼이 아니라 빠르고 위험한 정사다. 미미와 로저의 사랑을 방해하는 요소는 삶의 의미와 믿음이 아니라 로저의 두려움이다. 그는 미미에게 행여나 에이즈를 감염시킬지도 모른다는 생각과 동시에 자신이 마음의 상처를 받을까 봐 두려워한다.

각 뮤지컬은 줄기를 이루는 로맨스를 노래의 가사로 소개한다. 두 곡은 장르도 다르고, 남녀가 서로를 대하는 방법에 대한 가치관도 완전히 다르다.

14.7.3 — 권력과의 관계

권력을 바라보는 관점을 비교하는 것은 스타일을 구별하는 방법 중 하나다. 여기서 권력이란 왕족이나 정치 관료, 또는 정부 인사를 말하기도 하지만, 어떤 기업의 책임자나 선생님, 또는 권력을 가진 자라면 누구든 지칭할 수 있다. 어떤 문화 또는 사회에서 이들은 큰 존경을 받고, 사람들은 이 권력에 복종한다. 길버트와 설리번의 〈펜잔스의 해적들〉에 등장하는 여왕에 대한 절대적 숭배처럼 말이다. 그러나 같은 사회에서도 어떤 부류의 사람들은 권위적 인물에 의심을 품기도 한다. 이는 〈American Idiot〉에서도 확인할 수 있는데, 정부와 권력 기관을 매우 경멸하고 있다. 공연은 각 작품 속 세상이 보여주는 권력에 대한 태도를 관객에게 전달한다.

뮤지컬은 때로 주류 사회(mainstream society)의 가치관을 반영한다. 때문에 관객이 보길 바라는(혹은 바랐던) 사회의 단면을 캐릭터를 통해 반영하곤 한다. 이를 사회적 이상(Social ideal)의 긍정적 셀프 이미지(positive self-image)라 부른다. 용어에서도 알 수 있듯이, 긍정적 셀프 이미지는 이상적인 완벽한 남녀가 보고, 입고, 행동하는 양식을 뜻한다. 이미지는 여기서 국한되지 않고, 종속문화에서 또 다른 종속문화(연령대, 사회적 집단, 인종 집단)로 다양화되며, 시간이 흐르면서 사회적 압력으로 사회가 변하듯 함께 진화한다. 실제로는 존재할 수 없는 이 이미지는 우리가 열망하는 이미지이며, 광고나 대중문화, 대중예술에 그대로 반영된다. 앞서 언급한 가치관에도 사회적 이상이 깊게 담겨 있다. 각 사회는 그만의 사회적 이상을 갖는다.

대부분의 뮤지컬 주인공은 규범적인 캐릭터로, 주류 사회의 이상을 대표한다. 스타일이 다른 6개의 뮤지컬 속 남자 주인공을 살펴보자.

〈펜잔스의 해적들〉(1879)의 프레데릭 – 성실하고, 헌신적이며, 책임감이 강하고, 매력적이며, 순진한 인물로 이는 모두 빅토리아 시대의 미덕이 반영된 것이다. 뮤지컬 자체가 품위 있으며, 풍성하고 클래식한 선율 그리고 교양과 위트를 확인할 수 있다. 프레데릭이라는 캐릭터는 그 시대의 사회적 이상이 코믹하게 과장되어 반영된 캐릭터이며, 가히 완벽한 인물이라고 할 수 있다.

〈Lady, Be Good!〉(1924)의 딕 트레버 – 재치 있게 말을 잘 하고, 탭댄스를 즐기는 젊은이다. 모든 것이 무사태평한 세상에서, 딕은 있을 법하지 않은 우스꽝스런 불운을 여러 번 겪은 후 사랑하는 소녀와 함께하게 된다. 걱정 없던 1920년대 미국에서 이 익살스런 음악과 이야기는 매우 인기를 끌었다.

〈오클라호마!〉(1943)의 컬리 – 다정하고, 활동적이며, 변함없고, 낙관적이고, 진보적인 그는 독립적인 캐릭터로 가족과 공동체에 대한 책임감도 갖고 있다. 노래는 허식 없이 자연스러운 시적 표현으로 이루어져 있으며, 음악은 단순하고 직접적이다. 이는 20세기 중반 미국의 가치를 정확히 반영한다.

〈A Little Night Music〉(1973)의 프레데릭 – 그는 위트 있고, 신랄하기도 하고, 약간은 자기 기만적이며, 상처받기 쉬운 마음을 감추기 위해 냉소적인 모습을 보인다. 음악은 감상적이지는 않지만 정서적으로 깊이 있고 정교하고도 복잡하다. 이는 1970년대 초반 전 세계의 관객이 뮤지컬에서 보길 원했던 방식이기도 하다.

〈렌트〉(1996)의 로저 – 주류 사회의 아웃사이더를 자처하는 캐릭터다. 그에게 있어 최고의 가치는 예술적 진실성이고, 그가 겪은 비극에도 불구하고 사랑을 절실히 원한다. 젊은이들은 정부가 에이즈로 병든 이 사회를 제대로 치료하지 못한다고 생각했고, 이러한 사회적 배경을 반영한 〈렌트〉는 록 음악과 완벽하게 들어맞았다. 그리고 로저 역시 완벽한 히어로였다.

〈뉴시즈〉(2012)의 잭 켈리 – 미국에서 가장 낮은 계층 출신의 혈기 왕성한 고아인 잭은 자신의 일터에서 착취당하는 신문 배달 소년들의 리더로 반항적인 캐릭터다. 그가 부르는 영감을 일으키는 성가와 고음의 팝/록발라드는 그를 괴롭히는 어두운 비밀과 자유로운 삶에 대한 동경을 드러낸다. 이는 1950년대의 반영웅(anti-heroes)이나 약 200년 전의 비장한 영웅들을 연상시킨다. 결국 켈리는 그의 동료들을 악덕 산업자본가들과의 싸움에서 승리로 이끌고, 끝에서는 소녀를 얻게 된다.

뮤지컬 배우는 이러한 뮤지컬의 스타일에 자신의 신체, 소리를 일치시켜야 한다. 이것은 당신의 몫이다. 말하고, 노래하고, 반응하면서 일어서고, 앉고, 움직이는 방법을 고민하고 공부해야 한다. 가치관과 사회적 이상을 당신의 신체로 표현해내야 한다.

사회의 각 구성원들은 일반적으로 사회적 이상을 공유한다. 그러나 모든 캐릭터가 이러한 이상을 긍정적으로 표현하는 것은 아니다. 어떤 캐릭터는 주류에서 벗어나 살아가고, 그 가치관의 일부만을 수용한다. 때론 그 가치관과는 전혀 반대되는 신념을 갖기도 한다. 그래서 그들은 이 사회의 주류에서 소외될 수도 있다. 이렇게 전혀 다른 관점들은 스타일로 반영된다. 스타일은 가치관에 대한 반영이고 표현이라 말할 수 있다. 때문에 한 작품의 모든 캐릭터를 똑같이 만들 필요도 없고, 같은 방식으로 문화를 표현할 필요도 전혀 없는 것이다.

사회적 이상 파악하기

어떤 캐릭터가 반영하는 사회적 이상을 파악하게 되면 동시에 유용한 정보를 얻을 수 있다. 오로지 스타일에 대한 막연한 느낌이나 캐릭터의 유형에만 의지할 수는 없기 때문에 시간을 내서 리서치 자료로 포트폴리오를 만들고 정보를 모으길 바란다. 처음부터 구체적으로 조사해야 한다. 다행히도 스트리밍을 통해 영화를 쉽게 접할 수 있는 시대에 살고 있기에 시각적 이미지를 도서관이나 인터넷을 통해 빠른 시간 내에 조사할 수 있을 것이다. 음악도 마찬가지다. 원하는 특정 기간의 대중 잡지와 책, 광고(굉장히 유용한 자료다), 소설, 라디오 그리고 텔레비전을 활용하면 더 광범위한 정보를 쉽게 얻을 수 있다.

7장에서 다루었던 캐릭터 유형에 대한 논의는 이번 장에서도 매우 중요하다. 어떤 스타일의 캐릭터인지 그에 맞는 적당한 모델을 조사하고 확인해서 캐릭터 유형을 결정해야 하기 때문이다. 당신이 조사한 내용을 바탕으로 캐릭터를 구축하는 과정은 궁극적으로 당신이 어떻게 서 있고, 말하고, 움직이고, 노래할지 결정하는 데 영향을 끼친다. 캐릭터의 유형과 스타일을 이해하면 캐릭터의 행동 전략을 이해할 수 있다. '당신은 무엇을 원하는가?'에 대한 답은 당신이 연기하는 캐릭터의 목적을 조사하면 명확해질 것이다. 그러나 '어떤 방법으로 목적을 달성하는가?'는 사회적 규범의 영향을 받는다. 암펠드는 에거만과의 섹스를 꿈꾼다(〈A Little Night Music〉). 미미가 로저와의 섹스를 꿈꿨던 것처럼 말이다(〈렌트〉). 두 캐릭터의 잠재적 욕구는 똑같지만 이 두 캐릭터가 원하는 것을 어떻게 얻을 것인가 하는 문제는 각 캐릭터가 속한 사회 공동체의 규칙에 따라 규정된다.

아름다움과 패션

어떤 스타일이 최초로 형성된 시대와 그 당시의 남자와 여자가 추구하던 아름다움에 대한 이미지를 분석하고, 그 이미지의 가치를 추정해야 한다. 당신의 배역이 속한 세계의 문화를 이해한다면, 그 문화를 행동으로 표현할 수 있다.

우리가 각기 다른 스타일의 공연을 구분하는 가장 확실하고도 효과적인 방법 가운데 하나가 바로 의상과 의복을 통해 확인하는 것이다. 의상의 스타일은 그 의상을 입은 배우의 몸매나 실루엣을 창조해내는데, 때로는 이러한 신체적인 아름다움이 작품의 세계를 명확하게 보여준다. 예를 들어, 오늘날의 미인이란 대략 15세에서 30세 사이의 늘씬하면서 어느 정도 근육이 있는 여성을 말한다. 1970년대 중반 이후부터 저칼로리의 건강식과 건강한 신체가 사회적 지위를 나타내기 시작했는데, 오늘날의 아름다움에 대한 기준은 이때부터 자리 잡은 것으로 보인다. 1800년대 후반으로 가보자. 아름다운 여성이 오늘날보다 훨씬 더 통통한 여성을 의미하고 있음을 깨닫게 될 것이다. 당시 마르고 근육이 있는 모습은 곧 노동 계습 신분을 보여주는 하나의 상징이었다. 공장이나 농장에서 고된 노동을 하고, 살집을 유지할 만큼의 음식을 살 여력이 없다는 것을 의미했기 때문이다. 그래서 몸이 통통하고 근육이 적다는 것은 곧 높은 지위를 상징했다. 당연히 그 모습이 아름다움의 기준이 되었다.

몸매 이야기는 접어두고라도, 사회적 가치를 표현함에 있어서 패션의 영향력은 매우 크다. 패션은 독립성, 나약함, 능력과 무능력, 전통적인 성(性)에 대한 순응 또는 반항 등의 가치를 모두 반영할 수 있다.

의상의 유행은 우리에게 그 당시의 아름다움의 기준이 무엇이었는지 그리고 어떻게 변화하였는지를 보여준다. 그리고 아름다움이란 캐릭터에게는 하나의 도구이다. 왜냐하면 사랑하는 사람이든 콘테스트에서의 우승이든 권력이든 간에 당신이 원하는 것을 얻도록 해주기 때문이다.

연기 관습과 스타일

시간이 흐르면서 뮤지컬 배우가 연기하고 노래하고 춤추는 방식이 크게 바뀌었다.

어떤 연기 관습에 대해 정확히 알고 있다면, 자신만의 연기 스타일을 여는 중요한 열쇠를 발견하는 데 도움이 될 것이다.

연기 관습이란 뮤지컬 배우가 상대 배우 그리고 관객과 관계를 맺는 방식을 뜻한다. 음악 스타일과 무대기술, 연기 규칙이 변화를 거듭하면서 연기 관습 역시 끊임없이 재정립되어 왔다. 지금 매우 연극적이라고 느껴지는 스타일도, 과거의 관객들은 사실적으로 받아들였다. 하지만 그 어떤 관습도 뮤지컬 공연에서 완전히 사라질 수는 없다. 연기 관습이란 전승되는 과정 속에 계속 존재하기 때문이다.

스타일의 세계에 입문하면 우리는 그 스타일이 속해 있는 연기 관습 가운데 적어도 몇 가지 요소를 선택하게 된다. 이것은 그 뮤지컬 속의 어떤 캐릭터나 노래가 될 수도 있고 때로는 전혀 다른 공연 요소가 될 수도 있다. 〈지저스 크라이스트 슈퍼스타〉의 'Herod's Song'과 〈가스펠(Godspell)〉의 'All For The Best', 〈피핀〉의 'Glory'를 보자. 모두 록 뮤지컬이지만 이 노래들은 보드빌(vaudeville)의 연기 관습을 떠올리게 한다. 그래서 노래하고 춤추는 배우들은 관객들이 보드빌을 떠올릴 수 있는 연기 스타일을 선택한다. 이와 같이 배우는 연기 관습에 통달해야 하는 것이다. 이렇게 배우가 의식적으로 전통적인 연기 스타일을 공연에 이용하면 관객의 반응을 효과적으로 이끌어낼 수 있다. 작가와 배우는 여러 가지 스타일들과 연결되어 있는 연기 관습에 매우 민감해져야 한다.

아래의 대중적이고 전통적인 음악 양식에서 우리는 뮤지컬에 영향을 끼친 친숙한 여러 스타일과 연기 관습들을 찾아볼 수 있다.

- 오페라(Opera)

- 보드빌(Vaudeville)

- 오페레타(Operetta)

- 랙타임/19세기 말, 20세기 초의 재즈(Ragtime/early Jazz)

- 포크송(Folk Songs)

- 빅 밴드(Big Band)
- 마이크를 사용한 초창기의 노래[가수: 프랭크 시나트라, 엘라 피츠제럴드, 빙 크로스비, 알 졸슨]
- 초기 로큰롤(Rock and Roll)[엘비스 프레슬리(Elvis Presley), 척 베리(Chuck Berry)]
- 융성기의 로큰롤[비틀즈(The Beatles), U2, 섹스 피스톨즈(The Sex Pistols)], 그린 데이 (Green Day)
- 1980년대 '헤어 메탈(hair metal)' 코퍼레이트 록(corporate rock)[스틱스(Styx), 저니 (Journey)]
- 팝 뮤직/탑 40[캐롤 킹(Carole King), 엘튼 존, 빌리 조엘(Billy Joel), 칼리 사이먼(Carly Simon)]
- 리듬 앤 블루스(Rhythm and Blues)
- 가스펠(Gospel)
- 컨트리 웨스턴(Country Western)
- 모타운(Motown)/소울(Soul)
- 디스코(disco)
- 힙합(hip-hop) 그리고 랩(rap)

드라마틱하고 코믹한 연기 스타일은 뮤지컬의 또 다른 모습이다. 다음의 연기 스타일이 여기에 해당된다.

- 셰익스피어 풍의 연기(20세기 초부터 현재까지)
- 근대[입센(Ibsen), 체홉(Chekhov), 쇼(Shaw)]
- 보드빌 그리고 벌레스크 코미디
- 스크루볼 코미디(Screwball comedy)
- 소극(Farce, 笑劇)
- 20세기 중반의 ("키친 싱크 드라마(kitchen-sink)") 리얼리즘

- 라디오 드라마

- 영화와 텔레비전[소프 오페라(Soap Opera)와 시추에이션 코미디(Situation Comedies) 포함]

공연의 양식과 연기 관습을 적절히 뒤섞는 것은 뮤지컬의 전형적인 방법으로, 역할과 어울리는 스타일을 선택할 때 매우 유용하다. 과거의 공연 스타일을 연기에 적용하면 관객에게 특별한 느낌을 줄 수 있다.

많은 비평가들이 최초의 현대 뮤지컬이라 부르는 〈쇼보트(Show Boat)〉의 예를 들 수 있겠다. 에드나 페버(Edna Ferber)의 동명소설은 그 줄거리가 광범위하고 다양한 캐릭터가 등장한다. 이 소설을 뮤지컬로 각색하면서 이런 줄거리와 캐릭터를 표현하기 위해서는 다양한 장르의 음악이 필요했다. 컨과 해머스타인은 캐릭터와 줄거리를 여러 양식과 연결 지었는데, 이는 관객이 캐릭터를 정확하게 구별할 수 있게 하기 위한 것이었다. 연인인 매그놀리아와 게이로드는 유럽풍의 오페레타 스타일을, 함께 노래하고 춤추는 한 쌍인 프랭크와 엘리 메이는 보드빌의 노래와 춤 스타일을 취했다. 비극의 여주인공 줄리 라베르네는 카바레나 살롱에 어울리는 감상적인 사랑 타령, 즉 토치 송(torch song)을 부른다. 예전에 노예였던 조와 퀴니는 흑인 영가 스타일과 미국 남북전쟁 시대의 남부 민요 스타일로 노래한다. 마지막으로, 매그놀리아의 부모인 헉스 부부는 보드빌 코미디와는 전혀 어울리지 않는데, 남편은 공처가고 아내는 심술궂다. 이러한 기법은 〈쇼보트〉 초연 이후 뮤지컬의 기준이 되었다.

연기 관습의 의도적 사용

14.7.8

작가는 때로 어떠한 관습과 연관된 특별한 기억이나 그와 관련된 이미지를 이용한다. 그리고 그것을 풍자하여 관객의 집중을 유도한다. 〈폴리스〉, 〈시카고〉, 〈42번가(Forty-Second Street)〉, 〈Hello, Again〉, 〈A Gentlemen's Guide to Love and Murder〉에는 스티븐 손드하임이 "패스티시 송(pastiche song)"이라 불렀던 노래가 포함되어 있다. 패스티시 송이란 의도적으로 다른 시대의 관습이나 특정 작곡가 또는 배우를 모방한 노래를 말한다. 인용구나 언급하고 있는 내용을 자세히 살펴보면, 현재의 공연을 감상하면서 동시에 과거 공연을 떠올리는 경험을 할 수 있을 것이다. 〈피핀〉에서 주인공이 무대 가장자리에서 한쪽 무릎을 꿇고 "You ain't seen nothin' yet!"이라고 말하는 장면을 보면, 알 졸슨의 그 유명한 포즈와 캐치프레이즈가 기억나는 것처럼 말이다.

14.7.9 — 역사의 정확성과 스타일에 대한 현대적 인식

역사의 정확성이 공연의 목적은 아니다. 관객을 감동시키는 것이 바로 공연의 목적이다. 반면 거의 모든 시대에 관한 자료들이 영상과 오디오로 기록되어 있기 때문에, 우리는 이 자료들로 충분히 학습할 수 있다. 이러한 자료는 오늘날의 관객을 감동시킬 수 있는 특별한 스타일과 그것을 가장 효과적으로 표현할 수 있는 방법을 찾으려고 할 때 비로소 가치가 있다고 할 수 있다. 이러한 역사적 기록물들은 과거의 연기 관습에 관한 유용한 자료이며, 우리가 현재 작업하고 있는 작품 스타일에 대한 기초를 제공해 준다는 점에서 그 가치가 매우 크다. 그러나 기록물이 반드시 과거와 현재를 이어주는 다리 역할을 하는 것은 아니다. 어쩌면 완전히 다른 종류의 관습들이 뒤섞여 있다고 비난받을 수도 있다. 과거의 특정 연기 관습이 오늘날의 기준으로 봤을 때에도 진정 믿을 만하고, 오늘날에도 여전히 통용된다면 관객은 그 공연을 받아들일 수 있을 것이다. 이에 대해서는 다음 장이 도움을 줄 것이다.

- 15장 -

스타일

우리가 앞에서 언급했듯이, 스타일을 효과적으로 드러내기 위해서는 내가 먼저 인지할 수 있어야 한다. 그리고 제작 과정의 처음부터 끝까지 적용되어야 한다. 게다가 당신이 작품의 스타일에 대해 이해해야만, 연기를 통해 그 작품의 가치관과 세계관을 전달할 수 있다. 어떻게 서 있고, 어떻게 노래하며, 어떻게 움직이고, 어떻게 말할까?

이 장을 학습한 후, 다음을 할 수 있어야 한다.

- 말투, 음색, 비브라토, 표현기법 등 가창 스타일의 특징을 파악할 수 있다.
- 가창 스타일을 탐구하고 분석할 수 있다.
- 자세와 실루엣, 행동의 격식, 패션과 의상, 제스처 등 신체 스타일의 특징을 파악할 수 있다.
- 연기 스타일의 특별한 태도와 가치관을 캐릭터의 구체적인 행동으로 표현할 수 있다.

음악의 다양한 스타일을 경험해보자

먼저 'I Got Rhythm'이나 'Popular' 또는 'I Dreamed a Dream'처럼 유명한 곡을 선정하자. 잘 알려진 고전 아리아나 가곡을 선택해도 좋다. 이제 같은 노래를 그룹의 모든 사람들이 불러본다. 하지만 각자 자신만의 스타일로 다르게 불러야 한다. 나중을 위해서 이것을 녹화하자. (더 추가할 수 있겠지만) 다음 스타일로 시작하는 것을 추천한다.

그랜드 오페라	컨츄리 웨스턴	펑크 록	랩
블루스	1990년대 파워 발라드	빅 밴드의 크루너	엘비스 프레슬리

지나치지만 않다면, 그 스타일을 완전히 내 것으로 만들기 위해 노래를 적절히 변형해보는 것도 괜찮다. 다른 사람들과 비슷하다면, 노래하는 방법에 변화를 주거나 제스처 혹은 서 있는 방법에 변화를 주도록 하자. 그리고 악기를 활용할 수도 있다. 스타일의 형태에 맞추어 본능적으로 자신의 목소리나 움직임에 변화를 주어보자.

15.1 스타일이란?

앞서 우리는 스타일과 연관된 공연 관습과 여러 관점을 알아보고, 배우들이 이를 어떻게 적용시켜야 하는지 살펴보았다. 엘비스 프레슬리의 흉내를 낼 때, 대부분의 사람들은 목소리를 낮추고, 입술을 비죽거리며, 남부 사투리로 어눌하게 발음하는 등 규격화되다시피 한 특징을 따라 해야 한다는 것을 본능적으로 알고 있다. 넓은 의미로 보았을 때 뮤지컬에서 다른 스타일에 접근한다는 것은 그 스타일을 똑같이 모방한다는 뜻이다.

공연을 연습하게 되면 목소리와 행동을 작품의 스타일에 맞추게 되는데 이는 스타일의 영향이라고 말할 수 있다. 우리는 이렇게 스타일에 적합한 목소리와 신체적 행동을 목록으로 만들 수 있다.

연습과제 15B

스타일 목록 만들기

1. 앞서 당신이 선택한 노래로 돌아가자. 자신이 선택한 스타일로 노래하기 위해서 목소리나 행동에 어떠한 변화를 주어야 하는지 목록으로 만들어보자. 파트너와 목록을 공유하고, 추가할 내용은 없는지 서로 조언해 주자. 그리고 구체화하거나 명확하게 할 사항은 없는지도 확인하자.

2. 파트너와 논의한 목록을 그룹 내 다른 사람들과 교환하자. 그들이 정한 스타일 목록에 대해 서로 조언해 주자. 그리고 목소리나 행동으로 스타일을 구체화시키기 위한 방법을 제안해보자. 구체적인 자세나 행동으로 작품의 세계관을 성공적으로 표현하고 있는지도 확인하라. 예를 들어, 엘비스 프레슬리는 자신이 섹시하다는 사실을 잘 알고 있다. 펑크 록의 가수는 세상을 향해 외쳐대고 있다. 그리고 파워 발라드 가수는 사랑에 대해 매우 진지하다.

스타일의 표현은 소리와 신체, 두 개의 범주로 나눌 수 있다. 이는 지난 연습과제로 이미 알고 있을 것이다. 우리는 스타일을 표현하는 가창과 신체 행동의 영역에 대해 알아보고자 한다.

가창 스타일

만일 노래를 배운 적이 있다면, 당신은 다른 사람의 소리를 흉내 냈던 경험이 있을 것이다. 그러면 원하는 결과를 얻기 위해서 신체에 어떠한 변화를 주어야 할지 구체적으로 이해하게 된다. 이것이 바로 가창 스타일을 탐구하면서 우리가 해야 할 일이다.

15.2

시작하기에 앞서서, 다음의 말을 기억해주기 바란다. 목을 혹사한다고 느껴지는 소리는 내지 마라. 목을 긁는다든가, 쥐어짜는 등 귀에 거슬리는 소리 말이다. 이는 웃음을 유도할 수도 있고, 물론 어떤 순간에는 적절하게 들릴 수 있겠지만, 대부분 허용되지 않는다. 예술가로 보이기 위해 맨발로 깨진 유리 위를 걷는 댄서와 무엇이 다르겠는가. 잠시 동안은 흥미를 끌 수 있겠지만, 다시는 춤을 추지 못할 것이다. 그러니 그런 소리를 내지 마라. 모방하고자 하는 소리의 본질을 꿰뚫어보고, 목을 혹사시키는 가창 스타일은 목록에서 제외시켜라. 이는 대부분의 경우에 해당된다. 지금까지 했던 말을 유념하고, 이제 시작해보자.

음반에 수록된 노래를 주의 깊게 들으면 당신은 그 노래의 스타일이 다른 노래들과 어떻게 다른지 가창의 특성으로 알게 된다. 가창의 특성은 말투, 음색, 비브라토, 그리고 표현기법 등 4가지 범주로 나눌 수 있다.

15.2.1 ── **말투**

버나드 쇼의 〈피그말리온(Pygmalion)〉(그리고 〈마이 페어 레이디〉)에서 중요한 전제 중 하나가 '어떤 사람이 말하는 것을 들으면 그 사람을 완벽하게 분류할 수 있다'는 것이다. 말투는 화자의 교육 정도, 사회적 계급, 출신지, 그리고 개인적인 심미안에 관한 정보를 준다. 때문에 청자는 화자의 출신지나 철학적 사상의 원천을 알 수 있다. 말투에는 장소뿐 아니라 시대도 반영된다. 1940년대의 영화를 살펴보면, 우리는 정확한 발음과 기관총보다 더 빠른 말, 격식 있는 말과 비속어, 심지어 서로 다른 발음 패턴까지 여러 가지 말하는 방식이 뒤섞여 있는 것을 감지할 수 있는데 이를 통해 그 시대의 사람들이 어떻게 말했는지 알 수 있다. 이제 말투에 대한 연구를 통해 스타일을 알아보려 한다. 말투에는 다음의 요소들이 포함된다.

- 유절 발음(Articulation): 작게 세분화된 소리의 형태, 특히 자음(현대의 많은 사투리에서 'street'라는 단어의 s–t–r 자음이 sh–ch–reet로 변화해온 것에 주목하라).
- 똑똑한 말투(Enunciation): 유절 발음보다 넓은 의미로, 단어의 명료한 발음이 더욱 중요하

다('probably'의 자음이 어떤 때는 'prolly', 심지어는 종종 'pry'로 발음되는 것과 비교해보자).

- 발음(Pronunciation): 단어를 "올바른" 방법으로 말하려는 생각(tune을 'toon'으로, 그리고 'tyoon'으로 발음해보라).

- 사투리(Dialect): 특정한 지역, 문화, 계급 또는 시대와 연관된 소리와 말하는 패턴

녹음된 자료를 들어보면, 그 시대에 맞는 정확한 말투가 얼마나 중요한지 알 수 있다. R 발음을 정교하게 굴리거나 고의적으로 마지막 자음을 과장하거나 또는 'been'을 'bean'으로 발음하거나 'I'를 'ah'로 발음하거나 'going'을 'gohne'로 발음하는 것을 비교해보면, 당신은 전혀 다른 두 개의 세상이 있다고 생각할 것이다. 사실 전 세계의 록 음악을 살펴보면, 약간의 남부 사투리가 가미된 편안한 미국 말투를 차용하고 있으며, 동시에 이를 굉장히 강조하고 있다는 것을 발견할 수 있다. 록 음악에서는 편안하면서도 약간은 반항적인 이미지가 중심이 되기 때문이다. 어떤 문화의 중심 사상과 거주자들의 말투 사이에는 깊은 연관성이 있다. 넬슨 에디(Nelson Eddy)와 자네트 맥도날드(Jeanette McDonald)의 오페레타 스타일 'Indian Love Call'을 들어보자. 그런 다음에 'ah caint git no sadisfaction'에서 쥐어짜듯 말하는 믹 재거(Mick Jagger)로 방향을 틀어보자. 믹 재거의 스타일은 굉장히 흥미로운 연구 대상이다. 왜냐하면 그는 록과 R&B 스타일의 사투리를 구사하기 때문인데, 하지만 그의 발음은 중산층 영국인 출신인 자신이나 그가 창조해낸 노동 계급 록커의 모습과는 동떨어져 있다.

음색

음색의 특징에 대해 알려면, 공명과 목소리의 색깔, 그리고 성량을 듣고 경험해볼 필요가 있다. 배우는, 오랜 습관으로 굳어버린 음색에서 벗어나기 위한 건강한 방법을 배우는 것이 꼭 필요하다.

모든 시대와 스타일에는 사람들이 좋아하는 일련의 음색과 그 음색에 대한 평가가 뒤따랐다. 오페라의 콜로라투라(coloratura)처럼 어두우면서 둥근 소리와 블루글래스(bluegrass) 가수의 콧소리(twang)를 비교해보자. 이 두 소리 모두 특유의 즐거움이 있다.

앞의 연습과제에서 당신이 'I Dreamed a Dream'을 오페레타의 아리아처럼 불렀다면 아마도 이것이 얼마나 어리석은 선택이었는지 깨달았을 것이다. 오페라에서 선호하는 음색과 브로드웨이에서 선호하는 음색은 전혀 다르니 말이다.

음색은 트럼펫이나 첼로처럼 음악적으로 유사한 소리를 내는 악기에 비유하거나, 따뜻하다, 밝다, 어둡다, 풍부하다와 같은 형용사를 사용하여 설명할 수 있다. 다음 용어들은 당신에게 영감을 주고, 음색을 규정하는 데 도움을 줄 것이다. 용어의 예를 살펴보자.

따뜻한(warm)	아주 부드러운(velvety)	클라리넷(clarinet)	바이올린(violin)
밝은(bright)	금속성의(metallic)	피리소리(reedy)	오페라(operatic)
쇳소리의(brassy)	둥근(round)	두툼한(thick)	벨트창법의(belty)
풍부한(rich)	첼로(cello)	경쾌한(breezy)	으르렁거리는(growl)
어두운(dark)	트럼펫(trumpet)	순수한(pure)	하늘하늘한(floaty)

위의 목록에 자신이 추가하고 싶은 형용사를 추가해도 좋다. 자신만의 무기가 될 수 있을 것이다.

연습과제 15C

소리에 색깔 입히기

어떤 음색이 당신에게 편한지 결정하라. 하나를 반복하거나 아니면 여러 개를 바꿔가며 해도 좋다. 하지만 매번 다른 음색을 내라. 위의 표를 활용해도 좋고, 나만의 목록을 적용해도 좋다. 만일 그룹으로 연습하고 있다면, 각각의 사람이 두 개의 대조되는 음색을 선택한다. 모두가 원을 그리며 선다. 한 사람이 첫 번째 음색으로로 소리를 낸 다음 두 번째 소리를 내기 위해 숨을 고르는 사이, 옆에 있는 사람이 조금 전에 냈던 소리가 무엇이었는지 그 음색을 말한다.

비브라토와 스트레이트

바이올린 연주자가 바이올린을 어떻게 사용하는지 주목하자. 이것이 비브라토 (vibrato)를 이해하는 방법 중 하나이다. 바이올린 연주자는 아름다운 소리를 유지하기 위해, 현을 잡은 손가락을 앞뒤로 흔든다. 이러한 행위는 음의 높이(pitch)를 위아래 (sharps and flats)로 약간 흔들리게 한다. 곧게 지속되는 스트레이트(straight) 소리는 찌르는 듯이 들릴 수 있지만, 비브라토는 귀에 거슬리는 소리를 더욱 부드럽고 풍성하게 만들 수 있다.

현악기 주자와 마찬가지로 가수도 비브라토와 스트레이트를 자유자재로 구사할 수 있어야 한다. 두 가지 모두 쓸모가 있다. 각기 다른 스타일과 시대의 노래를 들어보자. 그리고 그 노래를 부르는 배우가 이 두 가지 방법을 어디서 어떻게 사용하는지 주목하자. 비브라토를 사용할 때 음의 높낮이 변화가 크고, 속도가 빠르다면 그 배우는 비브라토를 확실히 좋아하는 것이다.

비브라토를 남용하지 않도록 조심하라. 비브라토는 많은 스타일의 요소 가운데 하나이고, 당신은 이를 모자를 바꿔 쓰는 것처럼 언제라도 바꿀 수 있어야 한다.

연습과제 15D

비브라토의 속도

1. 연습실 한가운데 편하게 앉는다. 충분히 숨을 들이 마시고 한 음을 소리내어보자.
2. 소리를 내기 시작했다면, 비브라토를 조금씩 넣어보자. 당신이 느끼기에 중간 빠르기로 시작했다면, 부드럽게 조금씩 비브라토의 속도를 높이거나 늦춰보자. 편해지기까지는 시간이 좀 걸릴 것이다.
3. 음의 높이에도 변화를 주자. 어떤 차이점을 발견했는가? 너무 과하지 않도록 주의하길 바란다. 목이 피곤하거나 아프면 멈춰야 한다!

비브라토의 시작

1. 다시 한 번, 이번에도 편안하게 연습실 중앙에 앉아 음의 높이를 잡는다. 그리고 한 음을 유지하면서 노래하기 시작한다. 이번에는 비브라토를 사용하지 말고, 사람들이 스트레이트라고 호칭하는, 곧은 음색으로 노래하기 시작해보자. 음의 높이를 바꿔가며 시도해보자. 비브라토 없이도 노래할 수 있는가?

2. 비브라토 없이 충분히 연습했다면, 이번에는 천천히 비브라토를 넣어보자. 비브라토를 노래 시작부터 넣어보기도 하고, 조금 늦게 넣기도 해보자. 음높이를 다르게 해서 여러 번 반복한다. 비브라토를 언제 사용해야 할지 결정할 수 있는가? 그렇지 않다면 비브라토의 시작점과 조절 방법을 탐구해야 한다. 1970년대와 1980년대의 많은 팝 가수들은 지속음의 끝부분에 비브라토를 넣어서 불렀다. 몇몇 빅 밴드의 크룬(croon) 창법을 구사하는 가수들은 비브라토를 넓고 느리게, 때론 지속음의 끝부분에 사용하여 자신들만의 특징으로 만들었다. 하지만 아주 옛날 오페라 녹음본을 들어보면 매우 빠르게 떨리는 비브라토[이를 '플러터 비브라토(flutter vibrato)'라고 부른다]를 가진 소프라노들도 있다. 그래서 이러한 비브라토가 자연스럽다고 생각할 수 있지만, 이것도 또한 우리가 주변에서 흔히 들을 수 있는 스타일 중 하나다. 당신이 선택하기 나름이다.

비브라토 기술을 결합하라

이제, 앞에서와 똑같은 연습을 해보자. 하지만 이번에는 비브라토의 시작 지점(처음, 중간, 끝)과 속도(느리게, 중간, 아주 빠르게)를 미리 결정하라.

이 개념은 11장에서 이미 언급한 적이 있다. 11장의 연습과제를 복습하길 바란다. 악보는, 음표의 역동성과 더불어 그 음표의 진정한 의미를 엄격히 고수할 때 완성된다. 그 악보를 얼마나 정확하게 노래하느냐에 따라 스타일의 세계를 더욱 풍성하게 표현할 수 있다. 하지만 팝이나 록 뮤지컬의 배우들은 좀더 융통성이 있는데 이들이 추구하는 음악은 리처드 로저스나 프랭크 로서 같은 작곡가들의 음악과는 매우 다르다. 늦춰서 노래하는 기법, 말하듯이 노래하는 기법, 가사와 음표를 강조하는 기법, 악기의 소리를 모방하는 기법 등을 통해 노래를 들으면 당신이 탐구하고 있는 스타일의 표현 기법 또한 파악할 수 있을 것이다.

11장에서 다루지 않았던 부분은 가창의 기교, 즉 장식음(vocal ornamentation)에 관한 것이다. 대부분의 스타일에서 가수들은 즉흥적으로 또는 의도적으로 기본적인 멜로디를 변형시켜 부른다. 어느 시대든 그리고 어느 스타일이든 고유의 장식음을 가지고 있는데, 빙 크로스비의 'Boo-boo-boos' 또는 루디 발리(Rudy Vallee)의 'voh-doh-dee-o-doh'가 그 예가 될 수 있다. 텔레비전 프로그램인 아메리칸 아이돌(American Idol)이나 그 밖에 많은 노래 경연 프로그램을 봐도 무대에서 장식음이 얼마나 중요한 역할을 하는지 확인할 수 있다. 이 프로그램의 출연자들은 음을 화려하게 장식하는 기교에 중점을 두고 노래하는데 이 때문에 악보의 멜로디는 자연히 2순위로 밀려난다. 21세기 초의 대중음악을 들어보면 그 스타일의 특징을 알 수 있는데, 의심할 것도 없이 가수가 장식음에 크게 의지하고 있음을 확인할 수 있을 것이다.

스타일을 연구하기 위해서는, 그 스타일의 기교가 어떤 종류인지 민감하게 포착해야 한다. 물론 이런 기교들은 음악을 꾸미는 데 중점을 두지 않고, 우리가 노래를 편안하게 부를 수 있는 방법으로 받아들일 필요가 있다. 여전히 중요한 것은 극적 상황과 목적의 추구다. 스타일과 기교의 관계는 간단히 정의할 수가 없는데, 심지어 스타일과 기교의 요소가 명확히 드러나고 있는 〈Rock of Ages〉나 〈럭키 루비(Dames at Sea)〉, 그리고 〈그리스〉와 같은 뮤지컬에서도 마찬가지다.

가창 스타일 조사하기

가창을 알기 위해서는 청취와 조사가 중요하다. 가창 스타일을 선택하기 위해서 목록을 만드는 것도 좋은데, 이를 위해서 과거의 자료를 찾아보는 것은 매우 좋은 훈련이 된다. 여러 가지 가창 스타일 가운데 한 가지를 선택해야 할 때, 다양한 장르의 노래를 듣는 것을 장려하고 싶다. 자신이 공연하게 될 작품에만 한정하여 생각하지 마라. 그리고 초연 공연 때 당신의 배역을 연기했던 배우를 보고 흉내 내지 않도록 여러 자료들을 찾아서 들어봐야 한다.

그리고 가끔은 한 시대에 유행했던 대중음악을 광범위하게 사용하는 공연도 있기 때문에, 공연 버전이 아닌 가수의 노래를 듣는 것이 오히려 초연 공연에 대한 정보를 알수 있는 단초가 될 수 있다. 우리가 말했듯, 스타일은 진화한다. 따라서 재공연이나 같은 작곡가와 작사가가 작업한 다른 공연을 보면 스타일의 변천사를 이해하는 데 도움이 될 것이다. 오래된 공연일수록 수차례 변화가 이루어지기 마련이다. 하나 더, 당신이 연구하고 있는 스타일과 그 시대를 대표하는 가수들의 노래를 듣는 것도 추천하는 바이다.

연습과제 15G

분석하기

같은 그룹의 동료들과 다양한 대중음악을 준비해보자. 주의 깊게 노래를 들으면서 가수의 가창 방식이 어떤 특성을 지니고 있는지 확인해보자. 각 멤버는 각자 다른 스타일 요소에 집중하여 듣도록 한다. 예를 들어, 한 사람은 비브라토에, 다른 사람은 음색에, 그리고 다른 사람은 나머지에 집중하여 듣는 것이다. 그리고 그 요소들을 모방해보자. 빌리 홀리데이, 루이 암스트롱, 스티븐 타일러(Steven Tyler), 주디 갈란드, 마이클 잭슨(Michael Jackson) 그리고 토니 베넷(Tony Bennett) 등의 가수들에게는 그 요소들이 분명히 드러난다.

신체의 스타일

자세와 실루엣

어떤 스타일의 세계관을 몸이나 몸짓으로 표현한다면 어떤 형상일까? 이는 당신과 관객이 스타일의 세계에 들어갈 때 생기는 궁금증의 하나일 것이다. 우리가 살고 있는 사회의 가치관은 옷차림에 고스란히 반영된다. 그러나 의상만 이러한 가치관을 강화하는 것은 아니다. 의상을 걸친 사람이 만들어내는 자세도 사회의 가치관을 강화시킨다. 배우와 의상의 결합이 만들어내는 신체의 형상이 바로 캐릭터의 '실루엣'이다. 실루엣은 말 그대로 그 사람 또는 의상의 전체적 윤곽을 의미하는데 모든 스타일과 각각의 캐릭터 유형은 그것에 걸맞은 이상적인 실루엣을 갖게 된다. 이를 채택하고 확인하는 것이 배우가 할 일이다. 배우는 역할을 위해 사투리를 배우기도 하는데 거듭되는 연습 후에는 토박이처럼 거의 무의식적으로 사투리를 사용하게 된다. 마찬가지로 자신의 배역에 어울리는 신체 형태와 행동 방식을 채택하여 체득할 필요가 있다. 예를 들어, 20세기 초의 이상적인 여성상은 부드러운 몸매와 섬세하고 곡선미가 있는 여성이다. 이 여성상을 1960년대 후반의 반항적인 여성상과 대조해보자. 폭동과 반항으로 대표되는 이 시대는 1950년대의 품위 있고 순종적인 이미지와는 정반대이다. 남성적인 몸매와 새로운 기풍의 실루엣은 단정치 못하며, 의도적으로 가벼움을 추구한다. 이 모습이 바로 그 시대의 세계관인 것이다.

행동의 격식

정적인 패션 사진이나 광고와 달리, 당신은 무대 위에서 끊임없이 움직이게 된다. 예쁜 포즈로 서 있기만 하는 것이 아니라는 말이다. 때문에 그 시대의 스타일을 벗어나지 않는 선에서 편안하고 융통성 있게 행동하는 방법을 찾는 것이 중요하다. 그 시대의 세계관과 가치관이 어떠한지 살펴보자. 그리고 캐릭터가 행동하는 방식을 예측하고 이해하자. 그러나 그 행동은 언제나 사회적 상황이나 대본이라는 특정한 틀 안에 존재한다는 점을 기억하길 바란다.

이전에 언급했던 예시를 떠올려보자. 20세기에 막 들어섰을 때, 중상위 계층의 여성은 아마도 순응이나 순종을 의미하는 부드러우면서도 우아한 행동을 추구했을 것이다. 그러나 1960년대 후반의 같은 계층 여성은 느릿느릿하면서 까딱거리며, 의도적으로 평범하지 않은 행동을 추구했다. 이는 태평스러우면서도 반항적인 '멋진' 라이프스타일을 표현하려는 하나의 방법이었을 것이다.

남녀 관계에서 허용되는 것은 무엇인지, 계층 간의 관계를 그 사회는 어떻게 바라보고 있었는지 이해하도록 하자. 그러면 뮤지컬에 등장하는 여러 캐릭터들 사이에서 자신이 어떻게 행동해야 하는지 명확한 감각이 생긴다. 빅토리아 시대의 영국에서 남녀 관계는 굉장히 형식적이면서도 공적이었다. 이러한 모습은 배우들이 서로를 매우 존중하는 길버트와 설리번의 오페레타에서도 그대로 드러난다. 연인 관계에 놓인 배우들은 서로에게 절하고, 충분한 거리를 유지하며, 직접적인 눈 맞춤의 수위를 조절하는데, 이는 모두 이 사회의 가치관을 반영하고 있으며, 연인 사이에 있어날 수 있는 일련의 행동을 창조하는 데 도움이 될 것이다. 사회적 행동과 관련된 가이드북[예를 들어 사회에서, 사업에서, 정치에서, 그리고 집에서 활용되는 에밀리 포스트(Emily Post, 예절에 대한 연구와 저서로 유명하다)의 '에티켓']을 보면, 사회의 상호작용 내에 얼마나 많은 규칙이 존재하는지 놀랄 수도 있다. 그럼에도 이러한 행동 방식은 당신의 연기에 도움이 될 것이니 참고하길 바란다.

15.3.3 — 패션과 연기

스타일에서 패션의 영향력은 아무리 강조해도 지나치지 않는다. 오늘날의 젊은 여성은 코르셋을 착용한 채로 연기하는 것을 낯설어할 것이다. 하이힐도 마찬가지다. 그러나 연기를 위해 불편한 의상과 액세서리를 착용해야 하는 경우도 있다. 젊은 남성도 정장을 입고 넥타이를 매는 것이 어색하게 느껴질지도 모르겠다. 그러나 1960년대만 해도 거의 모든 계층의 남성들에게 정장과 넥타이는 아주 일반적인 의상이었다.

어색함을 버려라. 자신에게 주어진 상황에서 자유롭게 연기할 수 있을 때까지 연습하라. 가급적 빨리 무대 리허설에서 이를 활용하길 바란다. 드레스 리허설이 되어서야 의상을 입어본다는 것은 공연을 망치는 지름길이 될 수 있다. 의상이 자신에게 익숙해지면 캐릭터에 대한 예상치 못한 통찰력이 생길 수 있다. 그리고 이는 배역을 훌륭히 소화하는 데 커다란 도움이 될 수 있다. 처음부터 적절한 의상을 갖추고 연습하는 것을 추천한다.

제스처의 사용

12장에서 노래를 부를 때 필요한 제스처나 움직임에 대하여 충분히 구체적으로 다루었다. 하나의 스타일 안에서 제스처를 만들어내고 직접 사용하는 것은 간단히 말해서 '노래를 무대화하기'의 연장선상에 있다고 할 수 있다. 우리는 종종 사회적 관습과 의상, 그리고 연기 관행에 따라 스타일의 패턴과 형태가 영향받는 것을 발견할 수 있다. 요즘 가장 유명한 힙합 뮤직 비디오 가운데 하나를 골라 시청해 보길 바란다. 단, 이때 볼륨은 줄여라. 내용보다 가수의 움직임에 초점을 맞추면 그 가수가 사용하는 제스처를 금방 발견할 수 있을 것이다. 양손의 엄지와 검지, 그리고 중지를 어떻게 뻗는지(또는 몇 개의 손가락만을 의도적으로 펼쳐 어떠한 모양을 만드는지)도 주목하라. 대략 허리 정도 높이에서 한 손이나 양손을 사용하여 반복적으로 원을 그리며 찌르는 모습이 보이는가? 그 가수가 허리를 오른쪽, 왼쪽으로 기울이는 모습도 관찰할 수 있을 것이다. 당신이 발견한 이 제스처들은 사실 랩이나 힙합과 관련된 것들이다. 그들은 자신들의 스타일에 맞는 패션과 실루엣을 매우 편안히 여기고 있으며, 이 음악에 깔려 있는 각자의 세계관을 충실히 표현해낸다.

힙합 뮤직 비디오를 관찰했던 방식으로, 당신이 원하는 모든 세계의 제스처 형태를 조사할 수 있다. 영향력 있는 가수의 음악을 들어보고, 다른 배우의 공연을 보면서 당신만의 제스처를 만들어내고 축적할 수 있을 것이다. 그리고 그 제스처는 분명 도움이 될 것이다. 다음 요소에 주목해보자.

● 배우가 어떻게 서 있는가? 체중이 어디에 실려 있는가? (한쪽 엉덩이, 발끝, 다른 발보다 앞에 나와 있는 발, 넓고 견고한 자세 등)

- 어떤 신체 형상을 만들었는가? (자세, 실루엣, 주머니에 넣거나 허리에 얹은 손, 가슴 앞에 교차시킨 두 팔 등)

- 제스처가 자연스러운가? (밀거나 찌르는 동작이 자주 보이는가? 손과 팔은 허공에서 자연스럽게 움직이는가?)

- 어느 정도의 범위 내에서 움직이는가? (어깨 위 또는 허리 아래를 자주 움직이는가? 팔이 양옆에 고정되어 있는가? 그 움직임은 얼마나 역동적인가?)

- 같은 제스처나 자세를 다른 배우가 사용하는 것을 보았는가? (이는 그 제스처가 그 당시의 유행이었다는 좋은 증거가 될 수 있다.)

이러한 작업을 통해서 자신만의 제스처를 만들었다면, 평소 자신 있는 노래부터 제스처를 적용해보자. 물론 처음에는 약간 어색할 수도 있지만 당신은 곧 제스처를 통해 자신의 충동을 표현할 수 있다는 사실을 금방 깨달을 수 있을 것이다. 시간이 좀 지나면, 나만의 제스처로 움직이고 행동하는 것이 굉장히 자연스러워질 것이다.

스타일과 태도

배우가 스타일에 내재되어 있는 태도와 가치관을 캐릭터의 목적과 전술로 치환시킬 수 없다면, 아마도 특정한 스타일을 이해하고 사용하는 것에 어려움을 느낄지도 모른다. 이 말을 쉽게 바꾸면 태도가, 캐릭터를 구축하는 당신과 주변 인물들을 자극할 수 있어야 한다는 것이다. 유럽의 오페레타를 예로 들어보자. 사랑에 빠진 남자는 대개 자신의 여자 앞에서 특별한 태도를 통해 기사도 정신이나 순수하고 로맨틱한 사랑을 표현한다. 그러면 이런 상황에서 남자가 상대 여성을 어떻게 묘사하고 있는지 살펴보자. 루돌프 프리멀(Rudolf Friml)과 허버트 스토다트(Herbert Stothart)의 〈로즈 마리(Rose Marie)〉의 가사를 보면, 어떻게 이러한 태도를 능동적이고 실행가능하게 만들 수 있는지에 대한 아이디어를 얻을 수 있다.

오! 로즈 마리, 당신을 사랑합니다.

나는 항상 당신을 꿈꾸죠.

어디에 가든, 당신을 잊을 수가 없어요.

때때로 당신을 만난 적이 없었더라면 하고 생각해요.

그래도 만약 당신을 잃게 된다면

'그 또한 나의 삶이겠죠.'

왕비를 한 명 선택해야 한다면, 당신을 선택하겠습니다.

나를 통치해주세요, 나의 로즈 마리!

이 가사를 보면, 화자는 문학적 표현의 한 방법으로 로즈 마리를 자신의 여왕이자 통치자로 묘사했다. 그리고 자신은 하인, 탄원자, 기사, 또는 숭배자로 묘사했다.

이 가사에서 실마리를 얻어, 로즈 마리에게 구애하기 위한 전술을 다음과 같이 선택할 수 있다.

"당신을 찬양합니다."

"당신을 나의 여신으로 삼겠습니다."

"당신을 숭배합니다."

"당신을 찬미하고 경의를 표합니다."

"당신을 소중히 여기겠습니다."

또는 약간 다른 각도에서도 가능하다.

"당신에게 복종하겠습니다."

"당신 앞에 무릎 꿇겠습니다."

"당신 앞에서는 하찮은 사람입니다."

"당신에게 사로잡혔습니다."

스타일을 이해한다는 것은 스타일에 적합한 구체적인 행동을 전술로 제공한다는 점에서 굉장히 중요하다.

유럽의 오페레타에 등장하는 남녀를 보면, 그들은 서로에게 지극히 예의 바르고 정중한 태도로 일관한다. 이러한 배경을 이해하면, 화자가 로즈 마리에게 절을 하고, 자신을 낮추고, 경의를 직접 표현하여 상대를 대우하는 것도 충분히 이해할 수 있는 부분이다. 그녀를 향한 숭배는 곧 순결한 방식으로 상대를 높이는 하나의 방법인 셈이다. 행동과 소리는 일종의 또 다른 언어로, 배역을 자유롭게 연기하고 그녀의 사랑을 쟁취하는 데 도움을 줄 것이다.

〈로즈 마리〉가 재즈의 최절정기였던 1924년에 작곡되었다는 사실에 속지 마라. 유럽 오페레타에서 보이는 태도와 행동의 스타일은 적어도 75년에 걸쳐 만들어졌다. 새로운 스타일이 등장하고, 유행 또한 변했지만, 오페레타는 여전히 오래된 가치를 보여주고 있다.

패션, 신체와 소리의 작용, 그리고 태도는 목적을 향해 나아갈 방향을 제시해 주는 요소들이다. 추구하는 캐릭터가 이상적인 남성의 세계관을 갖고 있다면, 이를 캐릭터의 행동 모델로 사용할 수 있다. "당신은 내가 (   )게 행동하길 바란다, 그래서 나는 당신을 기쁘게 하기 위해 그렇게 할 것이다." 또는 "당신은 (   )게 보이는 남성을 좋아한다, 그래서 나는 당신을 얻기 위해 그렇게 보이도록 노력할 것이다"와 같은 문장을 활용해보자. 이러한 방식은 목적을 달성하기 위한 하나의 방법이다.

스타일과 진실

스타일을 갖고 작업을 한다는 말에는 배우가 자신만의 정체성을 갖고, 진실한 연기를 위해 당신이 이해한 중요한 요소들을 결합시킨다는 의미가 함축되어 있다. 그렇지 않다면, 그것은 모두 거짓인 것이다. 당신이 할 일은 가장 적합하다고 생각하는 스타일이 무엇인지 확인하고, 그 스타일과 배역에 대한 당신의 감각 그리고 지금까지 당신이 쌓은 테크닉을 조화시키는 것이다. 기억하라. 당신은 주어진 배역 그 자체로 존재해야 한다. 다른 사람을 흉내 내라고 당신을 캐스팅한 것이 아니다. 카멜레온과 같은 배우가 되어야 한다.

스타일이란 당신이 진실을 말하기 위해 쓴 가면이다. 그 자체가 목적이 아니다.

- 16장 -

스타일 개요

이제 우리는 음악극의 형태 가운데 여섯 가지를 골라 지금까지 우리가 탐구해왔던 뮤지컬의 스타일을 적용하려 한다. 당신은 이제 세계관과 문화에 대한 시각이 어떻게 형성되는지, 스타일의 색채는 어디에서 나오는지, 그리고 그 스타일에서 어떻게 연기하고 노래하는지 알게 될 것이다.

이 장을 학습한 후, 다음을 할 수 있어야 한다.

● 유럽의 오페레타 스타일의 노래와 장면을 연기할 수 있다.

● 길버트와 설리반의 오페레타 스타일의 노래와 장면을 연기할 수 있다.

● 뮤지컬 코미디 스타일의 노래와 장면을 연기할 수 있다.

● 황금기 뮤지컬 스타일의 노래와 장면을 연기할 수 있다.

● 록 뮤지컬 스타일의 노래와 장면을 연기할 수 있다.

● 팝시컬과 주크박스 뮤지컬을 포함한 현대의 다양한 뮤지컬의 노래와 장면을 연기할 수 있다.

유럽의 오페레타

배경과 세계관

빈과 독일, 그리고 프랑스의 오페레타는 (이후 미국과 영국도 마찬가지로) 우아한 연인들과 귀족적이고 고귀한 캐릭터, 이국적 무대 그리고 오해로 빚어지는 사건들을 통해 환상의 세계를 만들어냈다. 당시의 오페레타는 거의 모든 계층에서 두루 인기를 끄는 장르였다. 그러나 다양한 계층을 대변하기보다는 귀족의 삶에만 초점을 맞춘 작품들이 대부분이었다. 이 오락거리는 오스트리아-헝가리 제국의 많은 공국과 민족국가가 위험에 처해 있다는 현실을 외면하고 있었다. 오페레타는 젊은 귀족이 아름다운 시골 소녀 혹은 집시(나중에 공주였음이 밝혀지는!)와 사랑에 빠지는 내용이 주를 이루고 있었다. 왈츠와 로맨틱한 음악, 잘생긴 젊은 남성과 화려하고 젊은 아가씨, 익살스럽고 코믹한 캐릭터들이 오페레타의 무대를 가득 메우고 있었다. 무대는 현실을 전혀 반영하지 않았고, 정치적 문제 또한 옳고 그름을 따질 이유가 없었다. 그 대신, 로맨스와 멋진 오케스트라, 아름다운 목소리, 스펙터클한 무대 배경은 섬세하리만큼 공들여 만들었다. 사실 초기의 오페레타는 고전 신화에서 기원한 풍자극이었다. 그 당시의 오페레타는 널리 알려진 정치적 사안에 대한 비판을 잠재우거나 부유한 유럽인들에게 이국적인 감흥을 맛보게 해주는 역할을 담당했다.

유럽의 오페레타는 대략 1850년대부터 대중들에게 가장 큰 인기를 끌었던 음악극이다. 1차 세계 대전 이후, 미국의 작곡가들은 이 형태를 당시 미국의 반독일 분위기에 맞춰 수정하였고, 1930년대에는 브로드웨이에서 정기적으로 공연되었다.

초기의 오페레타에서는 코믹한 캐릭터와 상황이 내용을 이끌었지만, 후에는 로맨틱한 이야기와 노래가 새로운 오페레타의 전형이 되었다. 오늘날의 많은 공연이 이에 큰 영향을 받아, 로맨스는 여전히 중요한 부분을 차지하고 있다. 오늘날의 뮤지컬에서도 로맨스는 중요한 요소이기 때문에 뮤지컬 배우는 이러한 전통에도 익숙해질 필요가 있다.

사회적 이상과 가치관

유럽 오페레타에서 꿈꾸는 사회적 이상은 바로 귀족 세계다. 남성과 여성 모두는 고귀하고 위엄이 넘치며, 늘 침착함을 유지하는 등 기품 있는 행동을 취해야 했다. 따라서 이러한 행동이나 몸가짐, 옷차림은 모두 서로 밀접하게 관련되어 있다.

무대 위에 등장하는 남성 캐릭터는 주로 귀족의 일원(공작이나 왕자)이거나 적어도 작은 동유럽 국가(보통은 허구의)의 부유한 귀족으로 그려졌다. 남자주인공은 국가에 대한 충성심과 기사도 정신이 투철한 전형적인 군인의 모습이었다. 여성 캐릭터는 보통 두 가지 모습으로 그려졌다. 하나는 방금 언급했던 남성 캐릭터의 구애를 받는, 때론 귀족 출신의, 우아하고 고결한 여성이다. 이 캐릭터는 순진한 처녀의 특징을 보여주는데, 때때로 이는 잘못된 결혼으로 이어지기도 한다. 다른 하나는 남자주인공을 유혹하는 여성으로, 이 캐릭터는 다소 이국적이면서도 어딘지 어두운 분위기가 감도는 집시의 모습으로 그려진다. 유럽의 사회에서 집시는 혐오의 대상이면서 동시에 매력의 대상이었다. 이 캐릭터는 이국적인 느낌을 물씬 풍기며, 사회적으로 허락되지 않는 애정 관계를 암시했다. 오페레타가 미국으로 넘어오자 이 캐릭터는 인디언 처녀나 혼혈로 대체되는 경향이 생겼다. 의심할 여지없이 이러한 캐릭터의 묘사는 인종차별이며, 우리는 이에 강력히 반대한다. 이제는 인종과 문화에 대한 이해와 경험이 없는 배우들을 이러한 역할에 캐스팅하는 것은 용납되지 않는다.

결국, 마지막에 승리를 거머쥐는 것은 기사도 정신이나 고귀한 목적, 선행 그리고 순수한 사랑이다. 영웅과 진정한 사랑은 늘 같은 편이 되어 질서를 회복시키는 방향으로 결론을 맺는다.

로맨스와 섹스

앞서 설명했듯이, 로맨스는 오페레타에서 일종의 미덕이자 중심축을 형성하는 하나의 원동력이었다. 관객 역시 이를 당연하게 받아들였다. 그래서 줄거리가 황당하고 오락가락해도 그 누구도 진정한 사랑이 승리한다는 결말에는 의문을 제기하지 않았다. 오늘날 남성과 여성의 스킨십은 가볍게 받아들여진다. 그러나 당시에는 절대 용납할 수 없는 행위였다. 즉 결혼 전에는 사회적으로 용인된 범위를 넘어 육체적으로 접촉할 수 없다고 여겼기 때문에, 남녀 사이의 스킨십은 늘 중요한 의미를 띠었다. 당시 결혼하지 않은 남녀가 할 수 있는 가장 수위 높은 스킨십은 입맞춤이었다(입술은 다물고!). 그래서 멋진 남성을 유혹하는 섹시한 '나쁜 여성'은 결코 사랑을 쟁취할 수 없었다. 섹시한 캐릭터는 조연에 불과했다.

16.1.4 — 아름다움과 패션

남성 캐릭터는 대개 훈장이 달린 군복이나 연미복을 입고 무대에 등장한다. 여성 캐릭터는 이브닝 가운(기본적으로 커다란 외투와 한 벌을 이룬다)을 입거나 혹은 집시나 소작농이라고 추측할 수 있는 의상을 걸치고 등장한다. 전통 웨딩 가운은 의상의 스타일을 가늠할 수 있게 해주는 하나의 단서가 된다. 19세기 후반에서 20세기 초반을 지배하던 이상적인 아름다움의 기준과 오늘날의 기준은 당연히 다르다. 당시는 지금보다 좀 더 나이가 들고 좀 더 건장한 모습이 아름다움의 이상적인 기준이라고 생각했다. 타이트한 바지를 입고 긴 부츠를 신은 약간 통통한 남성, 어깨와 가슴 부분이 과하게 드러나는 드레스를 입은 체격이 큰 여성의 모습이 대표적인 예이다. 오늘날의 시각으로 보면 어울리지 않는 한 쌍의 연인일지도 모른다. 그래서 당시에 선호하던 이미지를 그대로 재현하기보다는 현대적 이미지에 맞게 수정하는 경우가 많다.

16.1.5 — 권력과의 관계

오페레타의 주인공들은 귀족의 일원이거나 때론 권력자이기도 하지만, 주인공이라고 모두 권력에 완전히 또는 기꺼이 복종하기만 한 것은 아니었다. 지그문트 롬베르그(Sigmund Romberg)의 후기 작품, ⟨The Student Prince⟩를 보자. 남자주인공은 현실과 이상 사이에서 갈등한다. 장차 이 나라를 이끌어야 한다는 것이 그에게 주어진 현실이다. 그러나 그는 근심 걱정 없는 평범한 삶을 꿈꾼다. 그는 맥주 바에서 일하는 웨이트리스 캐시와 소박하면서도 열정적인 사랑을 경험하게 된다. 그러나 할아버지가 갑작스레 죽게 되자 왕위를 물려받기 위해 본래의 자리로 돌아간다. 이상을 포기하고 왕국 통치의 무거운 책임을 짊어지게 된 칼 왕자는 아름다웠던 '봄날'을 회상한다.

연기 관습

오페레타는 그랜드 오페라 이후에 등장했기 때문에 연기 관습도 매우 밀접한 관련이 있다. 소리(voice)[이탈리아인은 '라 보체(la voce)!'라고 말한다]에 있어서는 특히 그러하다. 남녀 모두 벨칸토(bel canto) 창법으로 노래하고, 움직임은 최대한 절제한다. 가수는 소리로 감정을 전달한다.

오페레타가 등장한 시기에 보드빌과 뮤지컬 쇼도 함께 등장했다. 등장 시기는 비슷하지만 공연 형식은 매우 다르다. 보드빌이 관객에게 직접 설명해주는 형식의 공연이라면, 오페레타는 일반적으로 관객이 공연을 보고 있지만 참여할 수는 없다. 제4의 벽이 존재하기 때문이다. 오페레타의 배우는 혼자 무대 위에서 노래할 때에도 무대 위의 다른 캐릭터들과 대화하듯이 노래한다. 코믹한 캐릭터들은 때로 관객에게 직접 말을 걸기도 한다. 이는 그들이 당시의 대중적인 코미디의 영향 아래에 있었기 때문이다.

20세기 후반의 뮤지컬에서는 냉소주의와 신랄한 유머가 자주 등장하지만, 오페레타는 이러한 요소들을 삼간다. 실수 연발의 코믹한 캐릭터들과, 인종과 관련된 풍자, 어리석은 술주정뱅이 같은 캐릭터의 등장은 오페레타의 특징이다. 코믹한 캐릭터들은 위트 있고 섬세하다기보다는 과장되어 있는 편이다. 다시 한 번 배우와 연출가들에게 당부한다. 작품에서 웃음을 주기 위해 인종을 희화화하는 일이 일어나지 않도록 코미디의 근원부터 꼼꼼하게 공부하자. 거기에 웃음을 줄 수 있는 더 좋은 방법이 많다.

스타일

가창 스타일

음색 : 오페라의 전통인 아름다운 벨칸토. 남성의 소리는 둥글고 풍부하며, 여성의 소리는 맑고 순수하다.

비브라토 : 노래의 시작 지점부터 비브라토를 지속적으로 사용한다. 과거의 기록을

보면, 높은 음에서 '플러터 비브라토'를 사용한다는 언급을 종종 찾아볼 수 있다. 이는 비브라토의 속도를 빠르게 하는 것을 말한다. 시대에 뒤떨어졌다고 간주할 수 있지만 여전히 하나의 전형이라 할 수 있다. 노래의 전체적인 균형을 위해 경험삼아 적용해 보아도 좋다.

말투 : 작품의 배경은 대부분 유럽이다. 그래서 미국에서 만들어진 오페레타의 경우, 대서양 연안의 말투(영국인도, 미국인도 아니고, 높은 계층의 말투)를 기준으로 적용했다. 배우는 표준어를 구사해야 한다. 오늘날, 우리는 모든 가사가 정확하게 전달되어 관객들이 이해하는 데 아무 어려움이 없기를 바란다. 그러나 그랜드 오페라에 등장하는 배우들은 아름다운 소리를 위해서 때로는 부정확하게 발음한다. 예를 들어, R 발음을 단타음('very'를 'veddy'로 발음)으로 발음하거나, 'ask'를 'ahsk'로 발음하는 식이다. 그러나 무대 위에서 노래하거나 말할 때 발음을 변용하는 것은 가급적 삼가야 한다.

표현기법 : 음악성과 서정성을 강조하기 때문에, 가사와 음색의 아름다움은 중요한 요소다. 다른 언어로 번역된 가사를 포함해서 대부분의 가사는 노래하는 사람이 소리로 감정을 표현할 수 있도록 만들어졌다. 다른 어떤 스타일보다 더 감상적이고 마음 가는 대로 감정을 드러낼 수 있다.

신체의 스타일

자세/실루엣 : 오페레타에 등장하는 배우는 완벽한 자세를 취해야 한다. 눈에 보이지 않는 위엄을 드러내야 하는 남성 캐릭터는 화려한 군복이나 멋진 정장을 입고, 실크 모자를 쓰고, 지팡이를 들고 있다. 어깨와 척추가 곧아야 하고, 가슴은 쫙 펴고 위를 향해야 한다(물론 과하지 않게). 차려 자세를 취하고 있는 군인을 생각하면 쉽게 연상이 될 것이다. 배역에 맞게 자세와 실루엣을 설정하는 것은 필수적이다. 처음 리허설을 시작할 때부터 단추를 다 채운 재킷과 바지, 셔츠, 타이 등을 착용하고, 밑창이 단단한 신발을 신도록 하자. 스스로를 배역에 어울리도록 만들 수 있을 것이다. 면도를 하거나 헤어스타일을 맞추는 것도 필요하다.

여성 캐릭터는 거의 항상 타이트한 코르셋 위에 밑이 넓게 퍼진 드레스를 입고, 가발을 착용한다. 이 의상에 액세서리까지 착용하기 위해서는 자세가 곧아야 한다. 남성 캐릭터처럼 여성 캐릭터도 바르고 곧은 자세에 익숙해져야 한다. 역시 리허설을 할 때부터 코르셋을 (숨은 쉴 수 있게) 입고, 중간 높이의 힐을 신고, 몇 겹으로 겹쳐진 스커트를 입는 것이 좋다. 기본 분장을 하고 플로럴 콜로뉴(향수의 제품명 – 역주)도 사용하도록 하자.

격식의 정도 : 오페레타의 전통과 복식은 우리가 알고 있는 어떤 스타일보다 더욱 높은 수준의 격식을 필요로 한다. 권위, 여성성, 선조에 대한 존중이 주요 세계관이기 때문이다. 오페레타의 배우는 훌륭한 예절이 몸에 배어 있어야 한다.

제스처의 사용 : 오페레타에서의 모든 동작과 제스처는 캐릭터의 위엄과 균형 잡힌 모습을 보여줄 수 있어야 한다. 그래서 허리를 곧게 펴고 가슴을 올리는 자세를 취한다. 의자에 앉거나 무릎을 꿇을 때도 마찬가지다. 허벅지가 의자에 많이 닿지 않도록 의자의 맨 가장자리에 앉는 것에 익숙해지길 바란다. 편안해 보이고 구부정한 자세는 용납할 수 없다.

오페레타에서 배우는 부드럽고, 때로는 화려하게 보이도록 과장하여 제스처를 취한다. 경박하게 움직인다든가 물건을 내동댕이친다든가 또는 정신없이 분주한 행동이나 제스처는 삼간다. 다른 스타일과 비교했을 때, 오페레타에서는 몸과 팔을 덜 움직이는 것이 어울린다.

그밖에도 구부정하게 서 있거나 벽에 기대어 있거나 주머니나 허리띠에 엄지손가락을 꽂고 있거나 다리를 꼬거나 무릎을 벌리고 앉거나 가슴을 웅크리고 있는 행동도 오페레타에서는 삼가야 한다.

스타일/장르의 예
16.1.8

명계로 간 오르페우스(Orpheus in the Underworld) – 자크 오펜바흐(Jacques Offenbach) (성공

을 거둔 첫 번째 오페레타)

호프만 이야기(Tales of Hoffman) – 자크 오펜바흐(그의 마지막 작품)

박쥐(Die Fledermaus) – 요한 슈트라우스 2세(Johann Strauss II)

집시 배런(The Gypsy Baron) – 요한 슈트라우스 2세

유쾌한 미망인(The Merry Widow) – 프란츠 레하르(Franz Lehar) (당대에 획기적인 성공을 거둔 작품)

The Student Prince – 지그문트 롬베르그

로즈 마리 – 루돌프 프리멀

The New Moon – 지그문트 롬베르그

말괄량이 마리에타(Naughty Marietta) – 빅토르 허버트(Victor Herbert)

The Desert Song – 지그문트 롬베르그

우리는 스티븐 손드하임의 〈A Little Night Music〉과 〈스위니 토드〉에서 이 스타일의 영향을 찾아볼 수 있다. 심지어 릭 베소얀(Rick Besoyan)의 〈Little Mary Sunshine〉에서는 오페레타가 풍자의 대상이 되기도 한다.

16.1.9 ── **자료**

오페레타에 관한 기록은 많이 남아 있다. 그중에서도 펄 레코드사(Pearl Records)가 발매한 초기 오페레타의 기록이 중요한데, 이는 오페레타에 대한 우리의 개념이 얼마나 많이 바뀌었는가를 깨닫게 해준다. 초기의 작품과 최근의 작품을 비교해 볼 것을 권한다. 뮤지컬 역사상 오페레타만큼 크게 발전하고 진화한 극은 없으니 말이다.

1930년대 자네트 맥도날드와 넬슨 에디가 출연한 영화들을 살펴보자. 제한적이긴 하지만, 공연의 전통을 바라보는 관점을 제시해주는 귀중한 자료이다.

말괄량이 마리에타, 1935

로즈 마리, 1936

Maytime, 1937

Sweethearts, 1938

The New Moon, 1940

1940년대 후반에서 1950년대, 마리오 란자(Mario Lanza)는 오페레타의 테너 역할로 영화에 출연했다. 그의 목소리는 영화 〈황태자의 첫사랑(The Student Prince, 동명의 오페레타를 토대로 만든 영화 – 역주)〉에서 들을 수 있다. 또한 〈위대한 카루소(The Great Caruso)〉에서는 전설적인 테너 엔리코 카루소(Enrico Caruso) 역할을 연기했다. 비록 영화배우로서 그의 경력은 짧지만, 그의 출연작은 지난 시대의 전통적인 유럽의 오페레타가 영화로 만들어졌다는 사실을 말해준다. 그렇기 때문에 이 영화들은 매우 중요한 자료이다.

오페레타의 전통을 더욱 완벽히 알고 싶다면, 월트 디즈니(Walt Disney)의 만화영화 〈백설 공주와 일곱 난쟁이(Snow White and the Seven Dwarfs)〉를 참고하라. 백설 공주와 그녀의 왕자님이 처음 만나는 장면을 보자. 그들의 행동과 소리에서 오페레타 공연 관습의 전형적인 모습을 바로 알아차릴 수 있을 것이다.

오페레타의 세계관에 대한 이후의 해석과 발전상을 알고 싶다면, 이번에는 디즈니의 〈신데렐라(Cinderella)〉를 감상해보자. 여주인공과 왕자가 등장하는 장면을 통해 1950년대부터 이어 내려오는 오페레타의 공연 전통을 확인할 수 있다.

로저스와 해머스타인은 처음으로 TV 방영용 〈신데렐라(Cinderella)〉를 제작했는데, 이 또한 훌륭한 자료이다. 그러나 로저스와 해머스타인의 〈신데렐라〉처럼 같은 내용의 작품을 새롭게 제작할 때 스타일과 문화적 배경을 혼합하다 보면, 의도와 다르게 전통과는 너무 동떨어질 수 있다. 하지만 이 스타일이 그 쇼에 어떤 영향을 끼쳤는지를 이해하는 것은 매우 중요하다.

미국과 영국의 공영 방송국은 최근까지 몇 년에 걸쳐서 오페레타를 방영했다. 많은 공연을 비디오나 온라인을 통해서 감상할 수 있기 때문에 당신에게는 큰 도움이 될 것이다. 이 자료가 오늘날 오페레타의 전통을 알 수 있는 가장 최신의 기록이기 때문이다.

길버트와 설리번의 오페레타

배경과 세계관

이번에는 다른 스타일의 오페레타를 살펴보자. 길버트와 설리번의 오페레타와 유럽의 오페레타는 동시대에 등장했다. 두 스타일에는 공통점도 물론 있지만 차이점도 분명히 존재한다.

작사와 오페라 대본을 담당한 윌리엄 길버트와 음악을 담당한 설리번은 논쟁의 소지는 있지만 영어권의 뮤지컬 장르에서 가장 영향력 있는 예술가로 꼽는다. 그들의 작품 속에는 여러 가지 요소가 잘 버무려져 있다. 고상하거나 저급한 문어체, 날카로운 위트가 가미된 음악, 오늘날까지 영향을 미친 기발한 패러디, 부조리한 것을 유쾌하게 표현하는 감각, 훌륭한 대본과 구성, 예술적 기교 등이 그들이 만든 작품의 특징이다. 덕분에 이전에는 볼 수 없던 재밌으면서도 매력적이면서 아름답고 사랑스러운 뮤지컬이 탄생할 수 있었다. 길버트와 설리번은 사보이 극장(Savoy Theatre)의 프로듀서 리처드 도일리 카르테(Richard D'Oyly Carte)와 함께 작업했다. 그래서 길버트와 설리번의 작품들을 '사보이 오페라(Savoy Opera)'로 칭하기도 한다.

길버트는 자신의 예술적 관점을 완벽하게 드러내는 '탑시 터비(Topsy-Turvy, 뒤죽박죽)'라는 신조어를 만들었다. '탑시 터비'란 평범한 상황을 거꾸로 뒤집고, 논리적인 사회적 반응을 비논리적이고 불합리한 모습으로 탈바꿈시키는 것을 의미한다. 그 결과 터무니없이 상반되는 가치를 지닌 캐릭터들이 탄생하게 된다. 예를 들어, 자신을 고아라고 주장하는 사람은 절대 죽이지 않는 철칙을 가진 해적 가면을 쓴 국회의원, 해군의 작전 계획을 전혀 모르는 해군 장성, 귀족 사형 집행인으로 임명된 사형수 등이 있다. 오늘날의 한 비평가는 길버트를 '이성의 광기를 꿰뚫어 보는 시각을 가진 인물'이라고 평했다.

길버트가 즐겨 사용하던 신랄한 위트의 타깃은 자신의 작품에 등장하는 모든 사회계층과 모든 캐릭터였다. 빈틈없이 줄거리를 구성하고 작곡을 하는 그는 풍자를 재미있게만 활용한 것은 아니었다. 그의 풍자에 타깃이 되는 사람들은 공정한 게임을 하는 셈이었다. 그래서 모두 평등했고, 어리석어 보이는 불완전한 모습도 늘 용서받았다. 길버트와 설리번의 작품은 사회를 반영했고, 중용과 이성, 그리고 상식과 투쟁하면서도 그 자신들은 웃음을 잃지 않았다. 너그럽기도 하고 재주도 많던 그들의 작품은 빅토리아 사회의 모든 계층에 걸쳐 두루 인기를 끌었다.

길버트는 영국의 연극과 문학에 존재하던 언어유희의 전통을 이었다. 그래서 우리는 셰익스피어의 시대까지 거슬러 올라가 당시의 코믹하고, 모순되고, 풍자적인 언어유희를 탐구할 필요가 있다. 길버트의 가사와 오페라 대본은 이 전통을 그대로 받아들이기 보다는 더욱 세련되게 발전시켰다. 그리고 이는 P.G. 우드하우스(P.G. Wodehouse)(1910년대부터 1920년대), 아이라 거쉰, 로렌츠 하트(Lorenz Hart), 콜 포터, 노엘 카워드(1920년대부터 1950년대) 그리고 스티븐 손드하임(1950년대부터 현재)에 이르기까지 끊임없이 직접적인 영향을 미쳤다. 사보이 오페라(Savoy Operas)가 길을 터놓지 않았다면, 〈Avenue Q〉와 〈유린타운〉과 같은 공연은 상상도 못했을 것이다. 위트 넘치는 언어유희와 복잡한 운율의 배치, 풍자적인 캐릭터와 부조리함을 바라보는 따뜻한 시선, 이것 모두가 길버트가 남긴 전통이다.

사회적 이상과 가치관

기사 작위를 받은 길버트와 설리번은 당시 최상류층이었다. 덕분에 예의를 중시했던 빅토리아 시대의 규율에 정통했다. 최고로 평가되는 작품 중에는 바르고 올곧은 빅토리아 사회(1837~1901)의 제도와 관습을 풍자하고 희화한 작품들이 많았다. 그들이 풍자한 제도와 관습들은 명예와 의무, 영국 사회의 계층 구조, 영국 군대의 절대적 우월감, 군주제에 대한 존경과 군주 통치의 정당성, 기사도와 로맨틱한 사랑 등이었다.

길버트와 설리번의 작품을 제대로 연기하기 위해서는, 빅토리아 시대의 근간을 이루는 엄격한 격식을 이해해야 한다. 그런 뒤에 그 특징을 잘 소화하여 표현할 수 있을 것이다. 당시의 사회적 이상은 엄격한 예의범절과 존경, 복종 등의 가치를 행동으로 드러내는 것이었다. 사회 제도에 순응하는 것이 바로 이 시대의 기본적인 기풍이었기 때문이다. 사람들은 열심히 일하고, 자기희생적이고 경건한 삶을 미덕으로 삼았다. 그러나 길버트와 설리번의 작품에 등장하는 사람들은 스스로를 너무 진지하게 받아들이는 모습으로 그려졌다. 길버트와 설리번은 당시의 가치관과 미덕을 엉망으로 만들어버리는 요소를 자주 작품에 등장시켰다. 예를 들어, 〈미카도(The Mikado)〉에서 코코는 아내가 아닌 여성을 쳐다봤다는 이유로 사형 선고를 받는다. '이웃의 아내를 탐하지 말라'는 십계명의 한 조항을 그들은 극단적으로 희화화한 것이다. 〈펜잔스의 해적들〉에서도 당시 절대적이었던 가치관을 풍자했다. 프레데릭은 스물한 살을 넘기기 전에 해적의 무리에 들어가겠노라 선언한다. 그의 결심은 한 번도 흔들린 적이 없는데 이는 유모가 '해적(pirate)'라는 단어를 '항해사(pilot)'로 착각한 덕분이다.

이러한 오페레타에 출연하게 되었다면, 배우로서 당신이 해야 할 일은 배경이 되는 당대의 가치관 가운데 어떤 가치가 풍자되고 있는지를 먼저 파악하는 것이다. 그리고 그 부분을 강조할 수 있어야 한다. 본분에 충실한 인물인가? 책임을 저버리는 인물인가? 가치관을 지키려는 인물인가, 아니면 파괴하려는 인물인가? 이러한 질문은 캐릭터의 정체성을 결정하는 데 도움이 될 수 있다.

16.2.3 ── 로맨스와 섹스

로맨스와 정조는 빅토리아 시대의 중심 가치였다. 당시 여성은 보호받고, 숭배받으며, 결혼을 하는 것이 미덕이라 여겨졌는데, 길버트와 설리번은 이러한 미덕을 일부러 우스꽝스럽게 표현했다. 그렇다고 해서 이를 음담패설이나 천박하게 표현한 것은 결코 아니었다. 〈펜잔스의 해적들〉에 등장하는 프레데릭과 메이벨은 거의 백치라고 할 수 있을 정도로 순진한 연인이다. 이 연인이 보여주는 아이 같은 모습이 웃음을 끌어내는 하나의 요소가 된다.

결실을 기약하기 어려운 진정한 사랑이 이 이야기의 근간이다. 젊은 연인은 결혼이라는 궁극적인 목표를 이루기 위해 노력하지만, 마지막까지 장애물(심지어 불합리하고 아주 이상한 방법까지 동원한다)이 등장하여 그들을 방해한다. 빅토리아 시대의 영국에서 혼전 성관계는 결코 입 밖에 내서는 안 되는 일종의 금기였다. 현실은 정반대였지만 말이다.

길버트와 설리번에게 로맨스는 또 하나의 재미있는 요소였다. 그들의 작품에서 연인 가운데 한 명의 캐릭터를 연기하게 된다면, 당신의 캐릭터가 사랑에 대해서 어떤 생각을 갖고 있는지 파악하는 것이 중요하다. 〈펜잔스의 해적들〉에 등장하는 프레데릭은 여자 경험이라고는 없는 순진하고 남을 잘 믿는 캐릭터다. 반면 〈미카도〉에 등장하는 황제의 아들 난키푸는 사랑하는 소녀 근처를 맴돌기 위해 유랑하는 음유 시인으로 변장할 정도로 영리한 캐릭터다.

아름다움과 패션

유럽 오페레타와 빅토리아 시대의 패션에 대한 이상은 매우 흡사하지만, 남성의 경우는 유럽의 오페레타가 좀 더 보수적이다. 길버트와 설리번의 작품을 보면, 이국적 장소가 배경으로 설정되는 경우가 많다. 그래서 작품에 등장하는 캐릭터들은 멋진 의상을 입는데, 이는 빅토리아 시대의 의상과 일치된다. 당시 여성은 코르셋 위에 여러 겹의 치마로 이루어진, 발목을 덮는 긴 드레스(결국에 드러나게 되는 속바지 또한)를 입었다.

상당히 지루해 보이는 색깔인 회색이나 갈색 또는 검은색 신사복이나 셔츠, 타이, 프록코트 그리고 특색 없는 중산모가 당시 남성을 상징하는 의상이었다. 이 무대 의상은 17세기와 18세기의 의상 스타일을 반영한다.

극중 연인에 대한 존경과 예의, 처녀성에 대한 관념은 구애하는 연인의 행동을 창조하는 데 큰 도움이 될 것이다. 당신은 이를 위해 아름다움, 패션, 군대의 우월성이나 위협적인 악행의 이미지와 의상을 충분히 활용할 수 있어야 한다.

권력과의 관계

빅토리아 당대에는 사회 전반에 걸쳐 권력에 대해 일말의 의심도 없는 절대적 존경이 뿌리 깊게 박혀 있었다. 서열 최상위에는 여왕이 있었고, 귀족과 상류층, 산업과 종교의 지도자가 그 뒤를 이었다. 그 다음으로 오페라 관객의 대부분을 차지하던 중산층이 있었고, 마지막으로 신분이 가장 낮은 노동자 계층이 뒤를 이었다. 길버트와 설리번은 자신들 대부분의 오페레타에서 이러한 사회 계층을 웃음의 소재로 삼았다. (펜잔스의) 해적들은 스탠리 소령과 그의 딸들에게 복수하려 한다. 그러나 여왕에게 절대적으로 복종하고 있었기 때문에 복수를 멈춘다. 그리고 해적들이 사회의 일원으로 흡수되면서 질서가 회복된다. 주목할 점은, 이 오페레타에서 경찰과 군대는 모두 악당들(그러니까 해적들)보다도 존경받지 못하는 사람들로 그려진다는 사실이다. 길버트와 설리번 작품의 포인트는 바로 이 부분이라고 할 수 있다.

이와 같이 사회 계급을 활용함으로써 캐릭터 간의 관계를 정의할 수 있다. 사실 스탠리 소령은 군인 계층에 속해 있기 때문에 존경받는 캐릭터로 그려져야 마땅하다. 그러나 고아라는 말이 거짓말로 드러나면서, 곤경에서 빠져나올 수 있는 구실이 사라지게 된다. 권력이 사라지면서 이제 그가 어떤 인물인지 명확히 알 수 있게 된다. 캐릭터들은 권력에 복종하거나 저항하는데, 당신이 연기 방식을 선택함에 있어서 이와 같이 권력과의 관계가 중요한 실마리가 된다.

16.2.6 — 연기 관습

길버트와 설리번의 오페레타가 바로 뮤지컬 코미디의 원형이다. 재미도 재미지만 로맨틱한 캐릭터들의 사랑스런 노래의 기원도 여기에서 찾을 수 있다. 작품의 즐거움은 우스꽝스러우면서도 영리하게 진행되는 줄거리와 명료하고 흥미로운 캐릭터에 있다. 배우가 스타일과 연기라는 이름의 광산에서 힘들게 일하고 있을 때야말로 비로소 관객은 즐거운 것이다. 이 점을 반드시 기억하길 바란다. 이것은 입센의 연극이 아니다!

당시의 연기 관습은 멜로드라마와 고도로 형식화된 연기 스타일이 지배하고 있었다. 이는 프랑수아 델사르트가 추구했던 방식이다. 이러한 전통에서는 배우들이 캐릭터의 감정 상태와 캐릭터 간의 관계를 암시하기 위해 행동을 과장하여 연기한다. 길버트는 동시대의 동료들에 비해서 더 현실적인 접근을 추구하는 사람이었다. 그러나 그럼에도 불구하고 이러한 전통의 영향은 무시할 수 없었다. 오늘날 이 전통에 입각하여 연기한다면, 멜로드라마는 오래 버티기 힘들 것이다. 미국의 보드빌과 유사한 영국의 뮤직 홀(music hall)도 마찬가지로 이 시대의 연기 관습에 큰 영향을 미쳤다. 완전히 오락거리인 이 장르는 관객에게 직접 설명하고, 코미디와 참신함을 특징으로 한다.

지금 길버트와 설리번의 오페레타는 두 가지의 서로 다른 관습을 기반으로 공연된다. 도일리 카르테 오페라 컴퍼니(D'Oyly Carte Opera Company)의 오리지널 공연은 섬세하게 잘 기록되어진 자료를 바탕으로 거의 수정 없이 수년간 공연되었다. 이는 일본의 전통 가부키가 지금까지 전해져 내려온 방식과 같다. 물론 이렇게 원작의 전통을 고수한다고 해도, 배우들 각자는 캐릭터를 새롭게 재해석할 수 있는 어느 정도의 여지가 존재한다. 그러나 여전히 원작의 해석과 거의 일치해야 한다는 압력이 존재하는 것도 사실이다. 그렇기 때문에 농담을 할 때도 명확히 설정되어 있고, 다소 의례적인 방식으로 응대한다. 〈미카도〉, 〈The Pirate King〉 또는 〈Katisha〉에서 사보이 극장 전속 배우(Savoyard)들은 당시의 전통적 연기 관습을 보여준다. 그리고 이러한 관습은 후에 〈코러스 라인(A Chorus Line)〉으로 재탄생하는데, 안무나 연출, 구성, 조명, 의상 등 여러 부분이 크게 다르지 않다. 이러한 전통을 따랐기 때문에 이 작품의 오프닝인 오디션 장면에서 그 와중에 무대 바닥만 내려다보는 헤어밴드를 한 소년이 등장할 수 있는 것이다. 이것이 우리가 공연에서 기대하는 즐거움 가운데 하나이다.

미국에서는 이미 사보이 오페라와는 다른 다양한 연기 스타일들이 만연해 있었는데, 이는 1980년대 초반부터 급속히 등장하기 시작했다. 이러한 스타일 덕분에 오늘날의 뮤지컬 코미디(〈유린타운〉, 〈Avenue Q〉, 〈프로듀서스〉 같은)에서 비속어들, 익살스럽고 외설적 유머를 구사하는 배역이 등장할 수 있었다. 그리고 이러한 스타일을 받아들여 원작을 수정한 새로운 작품들이 오늘날 공연될 수 있는 것이다. 이러한 스타일의 수용에 찬성하는 사람들은 뮤지컬의 특징이 유쾌한 유머와 음악에 있다고 보고, 21세기의 관객을 만족시키기 위해서는 이 점을 살리는 것이 옳다고 생각한다. 하지만 이러한 새로운 접근법이 대중적으로 인기를 끌고 있더라도, 그 뿌리는 여전히 도일리 카르테 프로덕션(D'Oyly Carte Production)의 전통에 있다. 전통을 거부하기 전에 먼저 그 전통을 이해하는 것이 현명한 판단이다.

스타일

가창 스타일

음색 : 설리번의 음악을 훌륭히 소화하려면 엄청난 가창 테크닉이 요구된다. 그러나 지금은 유럽의 오페레타처럼 아름다운 소리를 강조하기보다 배역 중심으로 노래하는 방식을 선호한다. 캐릭터에게 맞는 소리로 노래하는 것이 설리번의 레퍼토리에 더욱 잘 어울린다. 설리번의 오페레타에 등장하는 캐릭터들은 다른 뮤지컬 스타일보다도 매우 다양한 음색과 넓은 범위의 음역대를 가지고 있어야 한다. 배우는 자신이 캐릭터 그 자체가 된 것처럼 소리를 만들어낼 수 있어야 한다. 만화영화의 성우들이 캐릭터를 청각적으로 구현하기 위해서 목소리를 과장시켜 캐릭터를 창조해내는 것을 보라. 이를 부끄러워하지 마라.

비브라토 : 다른 장르에 비해 비브라토를 더욱 편하게 사용할 수 있다. 로맨틱한 캐릭터들은 아마 비브라토를 적극적으로 활용할 것이고, 반면에 코믹한 캐릭터들은 주어진 상황에 따라 선택해야 할 것이다.

말투 : 사실 길버트와 설리번의 작품에서 말투는 그렇게 중요한 요소가 아니다. 그러나 단어는 굉장히 중요하다. 이 두 명의 천재는 '패터송(Patter Song)'을 만들었는데, 여기서 캐릭터는 위험해 보일 정도의 빠른 속도로 노래한다. 체조선수처럼 자유자재로 언어를 활용하는데, 앙코르 요청이 쇄도하는 이유는 고된 훈련의 결과이다. 거슬러 올라가면 원래 이 캐릭터는 영국 상류층의 말투를 구사했었다. 몇몇 특정한 작품과 특정한 캐릭터에서는 지금까지도 분명히 드러나는 부분이다. 아무튼 여기에서 중요한 점은 어떤 캐릭터든 간에 모든 단어와 음절을 정확하게 발음하여 모두가 완벽히 이해할 수 있어야 한다는 것이다.

표현기법 : 화술의 유연성이라는 측면에서 보자면, 유럽의 오페레타보다 사보이 오페라의 표현기법이 더욱 제한적이다. 사보이 오페라의 악보를 보면, 단어와 음악이 얼

마나 면밀하게 연관되어 있는지 볼 수 있다. 그래서 자기 맘대로 자유롭게 부르게 되면 가사가 정확히 전달되지 않을 수도 있다. 빠른 노래일수록 더더욱 그럴 것이다. 이것이 사보이 오페라가 표현기법의 자유를 어느 정도 제한하는 이유다. 발라드나 로맨틱한 듀엣 같은 곡의 경우 음의 길이를 늘이거나 루바토(rubato, 자유로운 템포로 – 역주)를 사용할 수도, 기호나 관심사에 따라 다른 기법을 사용할 수도 있다. 하지만 감정을 지나치게 멋대로 풀어놓는다면, 스타일에 어울리는 연기를 할 수 없게 된다.

신체의 스타일

자세/실루엣 : 배우의 행동은 그 시대의 무대 관습에 영향을 받기 마련이다. 멜로드라마의 경우, 특정 자세와 특정 실루엣으로 감정 상태와 캐릭터 유형을 '암시'하는 스타일에 엄청난 영향을 받았다. 멜로드라마의 연기 스타일에서 우리가 주목해야 할 점은 감정이 너무 복잡해서 한 번에 이해할 수 없는 캐릭터는 존재하지 않는다는 것이다. 즉 '책의 표지를 보고 책을 판단하지 말라'는 속담과는 반대라고 생각하면 된다. 겉모습만 보고도 어떤 캐릭터인지 판단할 수 있어야 한다. 무대를 살금살금 걸어가는 불쾌한 악당의 모습, 연인을 기다리며 나무에 기대어 서 있는 모습이라든가 연인을 위해 한쪽 무릎을 꿇고 두 팔을 벌리고 앉는 모습이 바로 전형적인 예라고 할 수 있다. 19세기의 〈호두까기 인형(The Nutcracker)〉이나 〈코펠리아(Coppelia)〉 등의 발레를 감상하라. 무언극의 공연 관습을 인지할 수 있을 뿐 아니라 시각적 자료로서 도움이 될 것이다. 무성 영화(코미디와 드라마 모두)를 보는 것도 감각을 키우는 데 도움이 될 것이다.

격식의 정도 : 이미 앞서 언급한 바 있듯, 빅토리아 시대는 격식을 굉장히 중시했다. 이러한 사회적 분위기는 행동에도 큰 영향을 미쳤다. 사보이 오페라도 당시의 분위기를 공연에 그대로 반영한 규범적 캐릭터가 등장하는 것이 사실이다. 그러나 실제로 '정상적인' 캐릭터는 거의 찾아볼 수 없다. 때문에 캐릭터에 따라 격식의 정도를 조정할 필요가 있다. 프레데릭과 메이벨(〈펜잔스의 해적들〉)이 그나마 정상으로 보이는 캐릭터에 속한다. 그래서 그들은 매우 격식을 차리고, 서로를 특별히 존중하고 배려하는 모

습을 보인다. 그러나 〈The Pirate King〉을 보면, 특별한 경우나 코믹한 상황을 위해서 과장하는 경우를 제외하면 그렇게 격식을 차리진 않는다. 길버트와 설리번은 극적 상황에 맞는 진실과 더불어 당시 사람들이 원하던 기대를 충족시키는 것도 중시했다는 점을 기억하라. 그들에게 '격식'은 장애물이 아니라 유용한 도구였다.

제스처의 사용 : 초연 공연에서 배우들이 취했던 제스처를 살펴보면, 오늘날에 비해서 화려하고 과장된 것처럼 느껴질 것이다. 이는 캐릭터들의 제스처나 자세 그리고 움직임이 다른 스타일들보다 크기 때문이다. 그러나 배우는 이 캐릭터들의 모든 행동을 신체를 이용하여 명확하고 섬세하게 표현해야 한다. 배우는 설리번이 제시하는 음악적인 특수성에 어울리도록 정확하게 행동하고 연기해야 한다. 그러면서도 자신의 목적을 잃으면 안 된다. 애매한 행동은 허용되지 않는다.

16.2.8 — 스타일/장르의 예

가장 대표적인 작품들은 다음과 같다.

군함 피나포어(H.M.S. Pinafore: or The Lass That Loved a Sailor)

펜잔스의 해적들(The Pirates of Penzance: or The Slave of Duty)

미카도(The Mikado: or The Town of Titipu)

자주 공연되지는 않지만, 또 다른 훌륭한 작품들이 있다.

Ruddigore: or The Witch's Curse

The Gondoliers: or The King of Barataria

Patience: or Bunthorn's Bride

The Sorcerer

Iolanthe: or The Peer and the Peri

Princess Ida: or Castle Adamant

The Grand Duke: or The Statutory Duel

Utopia, Limited: or The Flowers of Progress

The Yeomen of the Guard: or The Merryman and his Maid

자료

— 16.2.9

길버트와 설리번에 대한 훌륭한 서적도 많은데, 그중 몇 권을 소개한다[저자, 도서명, 출판사(연고지: 출판사명), 출판연도 순 – 역주].

제시 본드(Bond, Jessie), *The Life and Reminiscences of Jessie Bond, the Old Savoyard(as told to Ethel MacGeorge)*, London: John Lane at the Bodley Head, 1930

이안 브래들리(Bradley, Ian C.), *Oh Joy! Oh Rapture! The Enduring Phenomenon of Gilbert and Sullivan*, New York: Oxford University Press, 2007

이안 브래들리(Bradley, Ian C.), *The Complete Annotated Gilbert and Sullivan*, New York: Oxford University Press, 2005

길버트(Gilbert, W.S.), *The Bab Ballads*, Charleston, SC: BiblioBazaar, 2007

앤드류 굿맨(Goodman, Andrew), *Gilbert and Sullivan's London*, London: Faber and Faber, 2000

이렇게 유쾌하고 우스꽝스러운 공연에 대한 영화나 비디오 자료도 많이 남아 있다. 다음은 그 가운데 최고의 자료들이다.

미카도 – 도일리 카르테 오페라 컴퍼니(D'Oyly Carte Opera Company)의 스타인 케니 베이커 2세(Kenny Baker II)가 출연하였으며, 1939년에 영화로 만들어졌다. 전통적인 연기 관습을 보여주는 좋은 예다. 이미지 엔터테인먼트(Image Entertainment).

길버트와 설리번의 오페라 전부는 영국의 텔레비전에서 방영되었고, 아콘 미디어 (Acorn Media)를 통해 이용할 수 있다.

다음의 작품들도 참고하길 바란다.

펜잔스의 해적들, Iolanthe, 미카도, The Gondoliers : 캐나다의 스트랫포드 페스티벌(Stratford Festival)을 통해 이와 같은 탁월한 작품들이 배출되었다. 이 작품들은 영화로도 만들어졌고, 아콘 미디어(Acorn Media)를 통해 볼 수 있다. 〈펜잔스의 해적〉과 〈미카도〉는 특히 재미있는 작품이다.

펜잔스의 해적 : 케빈 클라인(Kevin Kline), 조지 로즈(George Rose), 린다 론스태드(Linda Rondstadt) 그리고 렉스 스미스(Rex Smith)가 출연했다. 뉴욕 센트럴 파크(New York's Central Park)에서 상영된 이 영화는 길버트와 설리번에 대한 미국인들의 관심을 증폭시키는 계기가 되었다. 윌포드 리치(Wilford Leach)가 감독하고 그라시엘라 다니엘(Graciella Danielle)이 안무를 맡은 이 작품은 요란할 정도로 재미있다. 영화로 만들어질 때는 투박함이 약간 가미되었다. 브로드웨이 극장 기록보관소(Broadway Theatre Archive)에서 접할 수 있다.

미카도 : 영국 국립 오페라단(English National Opera)에서 제작하였고, 몬티 파이튼(Monty Python)의 일원인 에릭 아이들(Eric Idle)이 주연을 맡았다. A&E 홈비디오.

런던에서 공연할 당시의 길버트와 설리번을 알 수 있는 자료가 또 있다. 바로 마이크 레이(Mike Leigh)의 〈탑시 터비(Topsy-Turvy)〉이다. 이는 도일리 카르테 프로덕션의 작품을 세분화하고 그 단편들을 확장시켜 재창조했다. 폴리그램 USA 비디오(Polygram USA Video).

위에서 제시한 작품은 오디오 기록들도 많이 남아 있다. 그리고 이 오페라 하나하나는 지난 세기에 걸쳐 여러 차례 녹음되었다. 이런 다양한 녹음 버전들을 들어보면, 배우의 말투나 노래 부를 때의 특징, 사용하는 언어에 관한 유용한 정보를 얻을 수 있을 것이다.

뮤지컬 코미디

배경과 세계관

'뮤지컬 코미디'라는 용어는 사실 음악극이 태동하던 무렵부터 일반적으로 쓰이던 용어로 흥행업자가 붙인 이름이다. 하지만 오늘날 우리가 알고 있는 '뮤지컬 코미디'는 1900년대 초반 등장했다. 현재 뮤지컬 코미디라 부르는 장르는 끊임없이 진화해서 오늘날까지 이어졌다. 뮤지컬 코미디는 미국에서 처음 시작되었지만, 영국과 유럽에서 건너온 공연 전통들의 도움을 받아 새로운 가치와 용어를 탄생시켰다. 그리고 지금까지 장시간 이어오면서 새로운 가치와 음악적 특징들을 계속 받아들여 수많은 변종들을 낳았다. 그러니까 허황된 신데렐라 이야기, 정치적 비평, 판타지, 스펙터클 쇼, 패러디 등을 포함할 만큼 유연한 장르인 것이다.

현재 뮤지컬 코미디로 분류할 수 있는 공연으로는 〈프로듀서스〉, 〈스팸어랏〉, 〈유린타운〉, 〈금발이 너무해〉, 〈헤어스프레이〉 그리고 〈프롬〉 등이 있다. 좀 더 이른 시기의 작품 가운데에는 〈라카지(La Cage aux Folles)〉, 〈리틀 샵 오브 호러스(Little Shop of Horrors)〉, 〈42번가〉 그리고 〈크레이지 포 유(Crazy for you)〉 등을 이 장르로 분류할 수 있을 것이다. 그리고 이보다 더 앞서 만들어진 작품으로는 〈키스 미, 케이트(Kiss Me, Kate)〉, 〈아가씨와 건달들〉, 〈뮤직 맨〉, 〈Bye, Bye Birdie〉 그리고 〈헬로, 돌리!〉 등이 있다. 그리고 뮤지컬 코미디의 시초가 되는 작품을 '프린세스 극장(Princess Theatre) 뮤지컬'[1915년부터 1920년대 초반(1913년, 브로드웨이에 문을 연 프린세스 극장은 당시 미국 뮤지컬의 중심지였다. – 역주)]이라고 불렀는데, 〈No, No, Nanette〉, 〈Lady, Be Good!〉, 〈Anything Goes〉 그리고 〈Babes in Arms〉가 여기에 속한다고 할 수 있다. 뮤지컬 코미디로 분류할 수 있는 작품은 많이 있다. 그리고 뮤지컬 코미디의 일부 요소만을 차용한 작품까지 포함하면 더 많을 것이다.

뮤지컬 코미디는 이전의 뮤지컬 형식과는 달리 평범한 노동자들과 그들의 가치관 그리고 그들의 관심을 끄는 오락에 주목했다. 공연 초기에는 여직원과 여자 점원이 무대 위에 등장했다. 오페레타 무대에 등장하던 공주나 소작농 소녀와는 판이하게 다른, 자신들을 닮은 캐릭터였다. 처음에는 조지 코핸, 이후에는 제롬 컨과 그의 동료들이 보드빌과 민스트럴, 벌레스크에서 강한 영향을 받았다. 그들은 지난 세기 코미디의 전통인 언어유희에 속사포 같고 유창한 화술을 적절히 결합시켰다. 그 결과 새로운 종류의 대중적 오락 극이 탄생한 것이다.

뮤지컬 코미디는 대중의 취향에 민감하고 그 당시의 주류문화까지도 뭐든지 받아들여 자신의 것으로 융합시켰기 때문에 궁극적으로 가장 민주적인 오락 형태라 부를 수 있다. 그렇다고 전통을 외면했던 것은 아니다. 뮤지컬 코미디는 노동 계급의 캐릭터들과 그들의 상황을 중심으로 이야기를 전개했고, 대중적인 노래와 춤을 선보였으며, 풍부한 유머와 성적 매력이 담긴, 복잡하지 않은 이야기에 초점을 맞추었다. 로맨스도 줄거리를 관통하는 중요한 요소였기에 빠뜨릴 수 없다. 초기의 뮤지컬 코미디는 거의 모든 오페레타에서 드러나는 엘리트적 관습을 피했다. 음악은 틴 팬 앨리(Tin Pan Alley, 19세기 말에서 20세기 초, 미국 대중음악 출판계의 중심지였던 뉴욕을 뜻하나, 그 의미가 확장되어 대중들이 가볍게 즐길 수 있는 음악, 또는 대중음악 작곡가 그룹을 뜻함. – 역주)에 기원을 두고 있으며, 전혀 세련되지 않았다. 심포니 오케스트라가 아닌 대중적인 댄스 밴드의 음악을 추구했기 때문이다. 오페레타의 벨칸토 창법은 레드 핫 마마(red-hot-mamas, 7.5.4 '여성의 전형' 참조 – 역주)의 거친 벨트 창법과 가수 겸 코미디언의 재치 있는 말재간으로 바뀌었다. 많은 부분에서 뮤지컬 코미디의 배우에게는 숙련된 기술도 중요하지만 개성 있는 캐릭터 또한 요구된다.

이 새로운 형태의 뮤지컬이 대중들에게 인기를 끌기 시작했을 때, 20세기 초 뉴욕은 대중문화의 중심지로 부상했다. 이는 우연이 아니다. 같은 시기에 동유럽인과 아일랜드 이민자들, 지방의 아프리카계 미국인들과 다른 소수 민족들이 뉴욕으로 쏟아져 들어오면서 인종의 용광로가 형성되었고, 자연스럽게 다양한 공연 양식 또한 유입되었다. 이는 관객에게 새로운 충격을 주었다. 이국적인 캐릭터와 카리스마로 무장한 배우들은 열정적이면서도 기억하기 쉬운 선율과 좌충우돌의 코믹함, 각 민족 고유의 공연 전통기법 등을 무대에서 활용하였다. 이런 영향의 결과로 결국 현실에 있을 법하지는 않지만 결과는 만족스러운, 우스꽝스러운 이야기가 매우 빠른 속도로 진행되는 공연 형태가 만들어졌다.

사회적 이상과 가치관

미국은 유럽과는 달리 격식을 차리는 문화가 아니었고, 미국 사회의 중심은 엘리트가 아닌 중산층이었다. 그래서 탄생한 것이 바로 뮤지컬 코미디였다. 이는 중산층이 갑자기 확대되었기 때문이기도 하고, 다른 한편으로는 상류층이 결과적으로 사회를 제대로 이끌지 못했기 때문이기도 했다. 그래서 더욱 일반적인 사회적 이상이 등장한 것이다. 여기서 추구하는 이상적인 남성은 엉성하고, 거칠며, 더 친숙하고, 그리고 심지어 위험인물조차 익살스러워 보인다. 이 평범한 남자는 또한 매우 융통성 있고, 두뇌 회전이 빠르며, 아주 쾌활하다. 이런 남자의 파트너인 젊은 여성은 플래퍼(Flapper, 활기찬 여성. 7.5.4 '여성의 전형' 참조 – 역주)로 그려졌는데, 그녀는 오페레타의 세련된 여주인공보다 받아들이기가 더 쉬웠다. 또한 그녀는 사랑의 즐거움을 추구하고 장난꾸러기이면서 이성에 추파를 던지는 인물이었다.

남성과 여성에 대한 새로운 사회적 이상은 과거의 그것보다 훨씬 청춘을 강조하였다. 20세기 초반의 주요 캐릭터들을 보면 청춘 남녀들이 점점 더 많이, 그리고 자주 등장한다는 사실을 알 수 있다. 로맨스가 뮤지컬 코미디의 줄거리를 이끄는 중심 요소였기 때문에 주인공은 결혼 적령기의 젊은 남성과 여성이었다.

로맨스와 섹스

미국이 최고의 전성기를 누리고 있던 바로 그때, 뮤지컬 코미디가 등장했다. 그리고 사회적 변화는 섹슈얼리티와 로맨스에 대한 태도에서도 극명하게 드러났다. 1920년대 이전, 당시 사회적 분위기는 젊은 여성들에게 복종, 예절, 정숙함과 순결을 요구했다. 그러나 이런 고지식함을 거부하기 시작하면서, 빅토리아 시대의 가치는 새로운 행동 방식으로 변하기 시작했다. 갑자기 섹스가 문화적 소통의 한 부분이 되었다. 이러한 급작스런 변화는 이전 세대에게는 상당한 충격이었다. 통계에서도 드러나듯 이전 세대보다 젊은 세대가 성에 훨씬 더 관대했다.

뮤지컬 코미디는 이 주제를 노골적으로 드러내지는 않았지만, 어쨌든 여성에 점차 관대해지는 사회적 분위기는 남성과 여성의 캐릭터에 막대한 영향을 끼쳤다. 로맨스를 이끄는 캐릭터들은 여전히 과거 스타일의 가치관을 지니고 있는 경우가 많았지만, 조연 역할의 캐릭터들은 더 섹시하거나 대담한 방식으로 줄거리를 이끌었다. 신여성의 매력적이면서 반항적인 모습은 뮤지컬의 전형이 되었다. 〈No, No, Nanette〉에서 나네트는 남자친구는 있지만 결혼은 꺼린다. 그래서 그녀가 시대를 '조금 앞서서 살고' 있음을 보여준다. 〈Lady, Be Good!〉의 수지 트레버는 강하고 독립적이면서 사람을 조종하는 데 능하다. 이런 특징은 〈유쾌한 미망인〉에서는 상상도 할 수 없었을 것이다.

뮤지컬 코미디가 진화하면서, 콜 포터와 로렌츠 하트 등의 작사가들은 스캔들이 가미된, 진보적이고 흥겨운 가사를 선호했다. 'Anything Goes'에서 콜 포터의 가사나 로렌츠 하트의 'Bewitched, Bothered and Bewildered'를 살펴보자. 1930년대 말까지 섹스는 뮤지컬의 중심이었다.

16.3.4 아름다움과 패션

이 시대의 뮤지컬은 19세기의 사회적 관습이나 뮤지컬 형태는 물론이고 의상까지도 차용하지 않았다. 빅토리아 시대의 의상은 꽉 조이는 코르셋으로 몸매의 곡선을 살리고, 발목까지 내려오는 드레스를 입지만, 뮤지컬 코미디가 등장했던 당시의 여성은 더 곧고 짧으면서 헐렁한 의상을 입는다. 1910년대의 원기둥 모양의 드레스는 1920년대에 더 짧은 신여성의 드레스로 대체되었다. 여성의 몸매를 덜 강조하기 때문에 머리 스타일도 긴 머리보다는 마치 소년 같은 짧은 스타일로 바뀌었고, 때때로 남성 스타일의 옷을 입기도 했다.

새롭게 등장한 여성의 신체적 이상은 가슴이 작고, 단발머리를 하고 있으며, 나이든 여자일수록 곡선미는 찾아보기 힘들었다. 생리학적으로 봤을 때, 그녀는 성인 여성이라기보다는 청소년기의 소녀처럼 보였다.

남성들은 좀더 편안한 옷을 입을 수 있었다. 실용적인 정장 코트와 바지, 셔츠와 타이가 여전히 중심적인 의상으로 자리 잡고 있었지만, 캐주얼한 의상이 패션의 이상으로 등장한 것이다. 남성은 이제 골프복이나 테니스 복장을 아무 때나 입을 수 있었고, 캐주얼한 턱시도가 연미복과 긴 모자를 대체하기 시작했다(특별히 격식을 차려야 하는 경우는 제외하고). 체크 패턴과 다른 여러 패턴이 가미된 스포티한 코트와 이에 어울리는 바지, 밀짚모자, 챙이 좁은 모자와 야구 모자는 19세기 후반 경직됐던 실루엣을 좀 더 편하게 만들었다.

이상적인 남성의 신체는 깔끔하고, 젊고 전체적으로 늘씬하고, 팔다리는 길며 근육질은 줄어든 모습이다. 다시 말해, 이 모습은 성인 남성이라기보다는 젊은 대학생의 모습에 가깝다. 청년 문화를 보면 이상적인 남성의 모습이 고스란히 드러난다.

권력과의 관계

뮤지컬 코미디는 권력에 대해 두 가지 상반된 태도를 취한다. 하나는 경찰이든 정치인이든 권력을 가진 인물과 평범한 인물을 동등하게 보는 것이다. 여기서 귀족에 대한 숭배나 존경은 민주적 동료 의식에 방해가 되는 요소라 할 수 있다. 다른 하나는 더 일반적인 접근법으로, 권력을 가진 인물을 조롱의 대상으로 바라보는 것이다. 어리석은 경찰, 정신없는 재벌, 갈팡질팡하는 정치인들이 바로 그러한 캐릭터들이다. 〈Anything Goes〉에 등장하는 선장은 규율을 지키는 것보다는 유명세를 떨치고 과시하는 데 더 관심이 크다. 월 스트리트의 거물은 늘 취해 있고, 눈앞에 있는 것도 제대로 보지 못하며 방탕한 삶을 살고 있다. 이에 반해 주인공들은 자신의 능력으로 기존의 규칙을 깨뜨린다. 권력에 대한 불신은, 1930년대 경제 대공황을 예상하지 못하고, 예방하는 데에도 실패한 정부와 기업인들에 대한 불신에서 비롯되었다. 조지 코핸은 반(反) 영웅(anti-hero, 7.5.4 '남성의 전형' 참조 – 역주) 캐릭터를 주로 연기했는데, 그는 이러한 캐릭터를 대중화시켰다. 반(反) 영웅 캐릭터는 급속히 뮤지컬 코미디의 주요한 부분이 되었다. 주로 남성으로 등장한 이 캐릭터는 〈Anything Goes〉의 빌리 크로커, 〈아가씨와 건달들〉의 스카이 매스터슨, 〈뮤직 맨〉의 헤롤드 힐, 그리고 〈프로듀서스〉의 맥스 비알리스톡의 형태로 뻗어나갔다. 캐롤린 레이(Carolyn Leigh)는 〈Little Me〉에서 'We'll break the rules a lot. We'll be damned fools a lot!'(우리는 수많은 규칙들을 파괴할 것이다. 우리는 수많은 바보들을 파멸시킬 것이다!)'라는 가사를 썼다. 권력에 대한 불복종은 뮤지컬 코미디와 잘 어울리는 듯하다.

연기 관습

뮤지컬 코미디에서 버라이어티 쇼를 빼놓고 이야기하는 것은 불가능하다. 왜냐하면 보드빌이나 벌레스크, 민스트럴 쇼나 레뷰에서 뮤지컬 코미디의 시작점을 찾을 수 있기 때문이다. 이러한 형태의 오락물들은 수년간 공존했고, 브로드웨이 뮤지컬과 이러한 버라이어티 쇼 간에는 끊임없는 교류가 이루어지고 있었다. 결국 버라이어티 쇼는 사라졌지만, 뮤지컬 코미디에 끼친 영향은 오늘날까지도 강하게 남아 있다.

버라이어티 쇼는 관객과 직접 소통한다. 현대극은 가상의 제4의 벽을 활용하여 관객과 무대를 분리시키지만, 버라이어티 쇼의 배우들은 관객에게 직접 말하고 노래했다. 그래서 관객의 반응이 공연을 평가하는 기준이 되었다. 또한 공연을 공유하는 것이 중요했기 때문에 배우들은 정면을 바라보면서 크고 명확한 목소리로 노래 부르고 농담을 던졌으며, 중요한 메시지는 분명하게 강조하고, 관객이 반응할 수 있도록 시간을 주었다. 이런 요소들이 버라이어티 쇼의 중심을 이루었고, 관객의 박수갈채와 웃음소리를 통해 공연의 성공여부를 알 수 있었다.

버라이어티 쇼와 뮤지컬 코미디 속 노래들은 앞서 언급했던 초기 오페레타의 노래와는 완전히 다르다. 새로 등장한 노래는 더 짧고(한 곡당 대략 3분), 한 번 듣고도 따라 부를 수 있을 만큼 쉽다. 그리고 음역대도 훨씬 좁다. 이 노래의 기원은 대체로 20세기 초 미국 대중음악 공장이라고 할 수 있는 뉴욕의 틴 팬 앨리의 작곡가와 작사가에게서 찾을 수 있다. 어빙 벌린, 조지 거쉰 그리고 제롬 컨 등의 작사가들은 모두 틴 팬 앨리 출신이다.

뮤지컬 코미디에 등장하는 노래와 악기 편성은 과거 심포니 오케스트라가 아닌 댄스 밴드를 모델로 만들어졌다. 19세기의 군악대 그리고 랙타임, 재즈 음악을 반영하는 새로운 악기들은 뮤지컬 코미디의 상징이 되었고, 트럼펫, 트롬본, 색소폰 그리고 클라리넷과 함께 연주되는 피아노, 베이스 그리고 드럼의 리듬 섹션은 새로운 음악 구성의 중추가 되었다. 대부분 오페레타의 음악 구성에서는 왈츠와 폴카 그리고 다른 유럽 스타일의 노래와 춤이 기본적 구성 요소였다. 그러나 뮤지컬 코미디에서는 굉장히 다른 종류의 기법이 동원되었다. 폭스 트롯과 심플한 4/4박자는 이후 반세기 동안 음악을 지배했고, 재즈 스타일의 싱커페이션(syncopation, 당김음)은 대중음악의 기본으로 발 빠르게 자리 잡기 시작했다.

연주가 새로워지면서 노래에도 변화가 생겼다. 오페레타에서는 풍성한 현악기와 쿠션처럼 푹신한 목관악기가 노래 부르는 배우를 감싸고 있다면, 뮤지컬 코미디에서는 밴드를 뚫고 나오는 소리가 필요하다. 그래서 알 졸슨과 에델 머먼의 나팔 같은 소리는 새로운 미학이 되었다. 선박이 안개 속에서 울리는 무적(foghorn) 같은 이런 목소리는 역동적인 이야기와 활기찬 성격의 캐릭터하고도 굉장히 잘 어울린다.

뮤지컬의 새로운 형식은 또한 춤에도 새로운 형식을 불러왔다. 흑인과 아일랜드의 탭댄스 같은 상식적 범주를 벗어난 춤, 그리고 미국의 대중적 사교댄스가 유럽 오페레타의 귀족적인 춤의 형식을 대체하게 되었다. 새로운 춤의 열풍은 뮤지컬 코미디 무대에 그대로 나타나 그들만의 방식으로 자리 잡았다.

사람을 평등하게 바라보는 뮤지컬 코미디의 세계관은 역동적인 새로운 캐릭터를 만들어냈다. 7장에서 언급했던 캐릭터 유형과 전형들은 뮤지컬 코미디를 다루는 지금 더 유용할 수 있다. 쉽게 이해할 수 있는 캐릭터들이 뮤지컬 코미디의 중심을 이루기 때문이다. 얼른 납득하기 힘들지는 모르지만, 다양한 종류의 캐릭터를 조사하기 위한 이상적인 자료로 벅스 바니가 등장하는 워너 브라더스의 만화(Bugs Bunny cartoons)를 추천한다. 신체 표현이 명확하며, 소리가 캐릭터와 정확히 일치하고, 사회적인 행동들, 대화의 리듬과 속도 그리고 코미디와 음악의 상관관계가 매우 이상적이기 때문이다. 그리고 여기에 등장하는 캐릭터의 목적은 명백하고, 그 목적에 대한 욕구를 순수하게 표현한다. 그것을 얻기 위한 전술을 적절히 활용하면서 말이다.

뮤지컬 코미디 이전에 이민족의 캐릭터들은 대부분 악당이나 조롱의 대상이었다. 그러나 보드빌과 버라이어티 쇼의 캐릭터 유형이 통합되면서, 그 캐릭터들이 사기꾼이나 책략가 같은 캐릭터로 바뀌었다. 유대인과 아일랜드 이주민의 캐릭터가 사회에서 성공한, 그리고 창의적인 일을 하는 캐릭터로 등장하기 시작한 것이다. 막스 형제(The Marx Brothers)가 이러한 코믹 캐릭터를 유형화했다.

흑인은 뮤지컬 코미디에는 거의 등장하지 않는다. 단지 노예처럼 폄하된 역할로만 등장할 뿐이다(〈쇼보트〉처럼 인종차별의 비극을 다루는 작품도 있지만). 백인들이 압도적인 비율로 관객의 대부분을 차지하고 있기 때문에, 오늘날의 관객들에 비해 인종과 민족 문제에 예민하지 못했던 것이다. 지금은 점차 개선되고 있다. 다시 한 번, 이러한 형식의 작품을 만드는 배우와 연출가에게 당부한다. 특정 인종이나 소수 민족의 캐릭터를 연기할 때에는 각별히 주의해야 한다.

16.3.7 — 스타일

가창 스타일

뮤지컬 코미디의 스타일을 설명하기 전에, 우선 당신이 만나게 될 어떤 캐릭터는 뮤지컬 코미디 스타일이라고 명확하게 이름 붙이기 힘들 수 있다는 점을 밝힌다. 많지는 않지만 그런 캐릭터에 혼란스러워하지 말길 바란다. 그 대표적인 예가 바로 로맨틱한 캐릭터들이다. 왜냐하면 이 캐릭터들은 오페레타에 등장하는 연인들이 현대적으로 바뀐 것이라 할 수 있다. 뮤지컬의 구조만 보았을 때는 뮤지컬 코미디로 보이지만, 이 캐릭터들의 목소리나 신체 표현, 줄거리 그리고 태도 등은 초기 오페레타의 형식에 속한다. 이제부터 우리는 다양한 스타일의 여러 가지 요소들이 결합된 형식을 다룰 것이다.

음색 : 유럽의 오페레타에 등장하는 배우의 음색이 오보에 또는 바이올린과 어울린다면, 뮤지컬 코미디에서 선호하는 소리는 (밝고 쇳소리가 나는) 트럼펫과 색소폰이다. 소리를 머리의 앞부분에 위치시키고, 마스크(mask, 얼굴 표면)를 공명시킨다(코, 공명강, 이마). '핑' 소리가 나게(pingy), 허리벨트에 힘주고 큰 소리로(belty), 내지르는(shouted), 거친(brash), 힘 있는(forceful) 그리고 생기 넘치는(sassy) 등의 형용사는 뮤지컬 코미디에서 요구되는 소리의 특징을 묘사하는 용어들이다. 노래 부르는 스타일은 말하는 것과 비

숫하다. 이 당시에는 큰 소리로 부르는 벨트창법이 세련된 가창 스타일이었다. 이는 지금까지도 여성의 가창 스타일 가운데 중요한 창법이다. 현대에 와서는 여기에 좀 더 클래식한 창법이나 팝/록 창법을 가미한 브로드웨이 벨트창법을 선호한다. 하지만 아직은 시작 단계에 있다.

비브라토 : 오페레타에서도 비브라토를 지향했지만, 뮤지컬 코미디에서는 사용이 더욱 확대되었다. 일반적으로 비브라토는 노래 시작 지점부터 사용한다. 그러나 요즘의 배우들은 노래 초반에는 비브라토를 사용하지 않고 곧은 소리로 시작했다가 후반에 비브라토를 넣어 강조하는 방식으로 노래한다. 사실 조금 느린 속도로 초반부터 비브라토를 사용하는 것이 오래된 관습이다. 왜냐하면 밝은 음색과 얼굴 전면의 공명을 사용하면 소리의 특성이 뚜렷해지며, 그 결과 비브라토가 더 명확해질 수 있기 때문이다.

말투 : 길버트와 설리번의 작품에서와 마찬가지로 뮤지컬 코미디에서도 말은 확실히 전달되어야 한다. 아이라 거쉰, 콜 포터 그리고 로렌츠 하트 등의 작사가들은 관객이 단어를 놓치지 않으면서도 감동을 받을 수 있도록 가사를 썼다. 고전적인 말투가 아닌 명료한 발음이 뮤지컬 코미디의 연기 관습이다. 뮤지컬 코미디에 많이 등장하는 뉴욕식의 말투(rat-a-tat)는 또렷하고 때리는 듯한 울림을 사용하여 단어의 의미를 확실히 전달한다. 뮤지컬 코미디의 악보를 보면 음표의 높낮이 범위가 이전의 형식에 비해 폭이 좁다는 것을 알 수 있을 것이다. 그래서 이전 노래에서는 필요했던 모음의 변형이 거의 일어나지 않는다.

표현기법 : 뮤지컬 코미디에서는 가끔 자연스럽게 말하듯이 노래하는 것이 허용된다. 만약 당신이 뮤지컬 코미디 초기의 기록을 조사하면, 노래의 표현 기법이 상당히 바르고 엄격하게 제한되어 있다는 것을 알게 될 것이다. 하지만 어느 시기부터는 엄격성이 사라지고 느슨하게 변하는 것이 분명히 느껴진다. 당신이 원하는 만큼 느리게 부를 수 있도록 연습해보자. 배우가 너무 정확한 박자로 표현하면 가사의 느낌이 사라질

수 있다. 그러나 반대로 너무 느슨하게 표현하면 라스베이거스의 라운지에서 부르는 노래와 같을 것이다. 중간 지점을 찾자. 음악과 가사 둘 다 놓치지 않고 충실히 표현할 수 있을 것이다.

이와 같이 다소 느슨한 뮤지컬 코미디의 표현기법은 리듬에서도 찾아 볼 수 있다. 이 음악의 상당부분을 차지하는 4/4박자 폭스 트롯 리듬은 이전의 스타일에서는 발견할 수 없었던 당김음과 박자보다 늦춰서 부르는(back phrasing) 기법이 자주 사용된다. 11장에서 제시한 연습과제가 당김음과 늦춰서 부르기를 도와줄 것이다. 그 연습과제로 돌아가 연습해보는 것도 좋다. 왜냐하면 이 스타일의 음악은 여러 표현기법들을 유연하게 받아들이고 있기 때문이다.

뮤지컬 코미디 스타일에서 노래의 전형적인 구조는 다음과 같다. 절(verse) 부분은 노래하는 배우가 어떤 문제를 제기하거나, 혹은 고민을 탐색하는 과정을 담고 있고, 후렴구나 합창부에서는 이러한 문제를 해결하기 위한 생각들이 구체적으로 펼쳐진다. 그렇기 때문에 문제를 명확히 제시하고, 그 다음에 그 문제를 해결하려는 자세가 필요하다. 이는 노래를 능동적으로 부를 수 있도록 도와주는 드라마틱한 장치다. 왜냐하면 이러한 구조는 끊임없이 문제의 핵심을 파고들거나 아니면 새로운 각도에서 바라볼 수 있도록 이끌어주기 때문이다.

신체의 스타일

뮤지컬 코미디의 노래는 무대 위에서 신체 행동을 통해 명확하게 표현되어야 한다. 이 말은 곧 관객들이 쉽게 받아들일 수 있어야 한다는 뜻이다. 뮤지컬 코미디의 이러한 표현적 특성 때문에 사실주의 연기를 중시하는 배우들은 거북할 수도 있다. 그러나 이 스타일은 명료한 무대 움직임과 안무로 이루어져 있기 때문에 제스처가 서로 얼마나 유기적으로 연결되어 있는지 파악한 다음, 그 제스처를 하나하나 떼어내고, 연기 관습에 맞게 제스처를 강화시킨다면 멋들어지게 연기할 수 있다. 이 작업은 현대의 연기 스타일과 전통적인 연기 스타일의 조화가 관건이다. 하지만 그 전에 먼저 우리는 전통적 스타일을 거부하지 말고, 전통적 스타일의 대담하고 순수한 움직임을 활용하여 연기하라고 권하고 싶다. 당신이 그 스타일을 수정하기 전에 우선 본래의 제스처를 그대로 시도해보자.

자세/실루엣 : 사회적 분위기가 이전보다 편안해지면서, 뮤지컬 코미디 배우들의 자세 또한 편안해졌다. 남성과 여성 캐릭터 모두 활발하면서도 편안한 자세를 추구한다. 머리를 살짝 기울이며 갸우뚱하거나 손을 주머니에 넣고, 발을 꼬는 등의 행동은 대체로 남성들이 하는 자세다. 이전보다 더 짧은 드레스를 입게 된 여성은 다리의 위치(한쪽 또는 두 다리를 살짝 안쪽으로 향하게 하거나 다리를 꼬는 것 등)를 더욱 자유롭게 선택할 수 있게 되었다. 그리고 짧아진 드레스 덕분에 서 있든 앉아 있든 다리로 성적 매력을 표현하게 되었다. 여성의 몸매를 코르셋으로 강조했던 지난 시대의 수직적인 실루엣을 이제는 의도적으로 거부하고 있다.

격식의 정도 : 좀더 도발적인 자세를 시도하게 되면서, 여성은 오페레타의 엄격한 형식과 곧은 자세에서 벗어날 수 있게 되었다. 뮤지컬 코미디의 남성과 여성이 반드시 성적인 관계에 있는 것만은 아니다. 그러나 이성에게 추파를 던지고 구애하는 것은 줄거리에서 중요한 부분을 차지한다. 또한 대부분의 캐릭터가 중산층 출신이기 때문에 엄격한 귀족 사회의 규칙은 자연스럽게 제외된다. 젊은 혈기는 뮤지컬 코미디의 신체 행동과 움직임에서 보다 잘 드러난다.

제스처의 사용 : 뮤지컬 코미디에서 신체의 사용은 두 가지 측면으로 분류할 수 있다. 먼저 캐릭터가 관객을 향해 드러내놓고 노래하고 춤추는 명백한 공연의 측면과 다른 하나는 오늘날 뮤지컬에서 흔히 볼 수 있듯이, 노래가 곧 장면의 연장이라는 측면이다. 우리는 12장에서 뮤지컬에서 노래의 기능에 초점을 맞추었다. 이번에는 노래를 부를 때의 제스처에 대해 다루려 한다.

뮤지컬 코미디에서 노래를 부를 때 사용하는 제스처는 요즘의 스타일에 비해 매우 설명적이고 표현적이다. 손과 팔을 좌우 대칭적으로 사용한다거나, 기도를 드리거나 간청하는 것처럼 무릎을 꿇은 자세, 균형이 잘 잡혀서 밝은 분위기를 느끼게 해주는 제스처들이 그렇다. 약간 과장된 마술사 같은 제스처, 그리고 다른 부위는 멈춘 채 한쪽 팔 또는 머리만 움직이는 행동 등의 예도 있다. 이러한 신체 행동에는 에너지가 있기 때문에 관객을 계속 집중시킬 수 있다. (심지어 배우가 정지해 있더라도) 그 에너지는 표출된다.

16.3.8 — 자료

주요 영화

다음은 그 시대의 작품이거나 아니면 그 시대의 관습에서 영감을 받은 작품이다.

파티 대소동(Animal Crackers), 식은 죽 먹기(Duck Soup), 오페라의 밤(A Night At The Opera) − 막스 형제(The Marx Brothers)

The Gay Divorcee, Top Hat − 프레드 아스테어(Fred Astaire), 진저 로저스(Ginger Rogers)

Easter Parade − 프레드 아스테어, 주디 갈란드

재즈 싱어(The Jazz Singer) − 알 졸슨

싱잉 인 더 레인 − 진 켈리, 도널드 오코너(Donald O'Connor)

쇼보트(1936) − 헬렌 모건(Helen Morgan), 폴 로베슨(Paul Robeson) 외

Take Me Out to the Ball Game − 진 켈리, 프랭크 시나트라

There's No Business Like Show Business − 에델 머먼, 댄 데일리(Dan Dailey) 외

That's Entertainment Ⅰ & Ⅱ

Yankee Doodle Dandy − 제임스 캐그니(James Cagney)

쓰리 스투지스(The Three Stooges)가 출연한 단편 영화들

벅스 바니와 베티 붑(Betty Boop)의 만화영화들

밥 호프(Bob Hope), W.C. 필즈(W.C. Fields), 찰리 채플린(Charlie Chaplin, 신체 스타일의 연구에 큰 도움이 됨.)과 루실 볼(Lucille Ball)이 출연한 영화들

주요 가수들

루이 암스트롱

프레드 아스테어

에디 캔터(Eddie Cantor)

빙 크로스비

알 졸슨

거트루드 로렌스(Gertrude Lawrence)

에델 머먼

헬렌 모건

베시 스미스(Bessie Smith)

주요 음반들

당시의 원작은 녹음하지 않은 경우가 많았다. 그래서 다음의 음반들 중 상당수는 재공연 버전이다. 가능하다면 여러 음반을 서로 비교하며 듣는 것이 큰 도움이 될 것이다.

Anything Goes – 1962년 오프 브로드웨이, 1987년 링컨 센터 재공연, 1988년 스튜디오 녹음

Babes in Arms – 원작과 1998년 재공연

크레이지 포 유(Crazy for You) – 1992년 브로드웨이

Lady, Be Good!, Girl Crazy, Strike Up The Band, Oh, Kay! – 논서치 레코드(Nonesuch Records)/거쉰 재단 레코딩(Gershwin Estate Recordings)

No, No, Nanette – 1971년 재공연 캐스트

On Your Toes – 원작과 1983년 재공연

Of Thee I Sing, Let 'Em Eat Cake – 스튜디오 녹음

쇼보트 – 자료 많음.

Tintypes – 1981년 브로드웨이 캐스트

뮤지컬의 황금기

배경과 세계관

뮤지컬 스타일 중에서 가장 큰 영향력을 끼치는 스타일이 뮤지컬 코미디였다. 그럼에도 그 공연은 1930년대 이후 쇠퇴의 길로 접어들었다. 뮤지컬 코미디의 유머와 풍부한 선율은 부인할 수 없는 하나의 매력이었지만, 그 장르의 특성상 선천적인 한계가 있었다. 세파에 찌든 유머는 냉소적 경향이 강했고, 신랄한 캐릭터와 이중적 의미를 내포한 어구가 점차 누그러들면서 지겹게 느껴지기 시작했다. 또한 노래들은 매력적이고 정교하게 만들어지긴 했지만, 틴 팬 앨리의 형태에 갇혀 있었다. 노래의 자유로운 해석이나 다채로운 화음 진행 그리고 음악적 표현의 확장은 뮤지컬 코미디의 스타일에선 제한적일 수밖에 없었다. 1920년대와 30년대의 공연은 역시 스타 배우와 다리를 드러낸 쇼걸에게 의존하는 편이었다. 많은 예술가와 비평가와 관객은 주제와 캐릭터, 음악의 범위를 더욱 제한시켰고, 1940년대에 이르러서는 고갈되는 느낌마저 주기 시작했다.

뮤지컬 코미디뿐 아니라 문화 역시 근본적으로 변화하기 시작했다. 1920년대 미국은 10년 동안 지속된 호황 이후 경제 대공황의 극심한 고통 속으로 들어섰고 그 결과 1930년대에는 현실도피적인 경향이 사회 전반에 만연하게 된다. 경기 회복을 위해 엄청난 희생이 뒤따랐고, 2차 세계 대전의 위기가 가시화되면서, 뮤지컬 코미디의 경박함과 냉소주의는 당시 1940년대의 현실과 더 이상 어울리지 않게 되었다. 당시 사회는 뮤지컬 역시 나라의 새로운 출발에 진지하게 관심을 가져야 한다고 요구했다. 이렇게 뮤지컬의 황금기로 접어들기 시작한 것이다.

황금기의 뮤지컬을 알면 알수록, 앞서 우리가 다루었던 모든 요소가 이 스타일에 담겨 있다는 사실을 깨닫고 놀랄 수도 있다. 여기에는 코미디(뮤지컬 코미디보다 더 넓은 의미)와 로맨틱한 남녀 주인공이 존재한다. 이것은 유럽의 오페레타에서 비롯된 것이다. 음악과 가사는 틴 팬 앨리의 형식과 음악적으로 좀 더 풍성한 오페레타의 구조를 혼합하여 발전시킨 형태였다. 기존의 스토리와 캐릭터를 새롭게 수정하고 발전시켜 다시 구성한 것이 바로 황금기의 뮤지컬이다.

  1943년 3월 31일, 브로드웨이에서 리처드 로저스와 오스카 해머스타인의 〈오클라호마!〉의 막이 올랐다. 이는 완전히 새로운 예술 형태의 탄생을 의미했다. 공연은 상업적으로도 매우 큰 성공을 거두었지만, 더욱 중요한 것은 로저스와 해머스타인의 영향으로 뮤지컬에 대한 예술적인 평가와 인식이 미묘하게 바뀌었다는 점이다. 이러한 변화는 그들의 향후 공연에서도 뚜렷하게 드러났다. 그리고 이후 35년 동안(혹은 그 이상) 다른 예술가들은 로저스와 해머스타인의 작품을 완벽하게 모방했다. 왜냐하면 이들의 스타일이 뮤지컬에 대한 예술적 기대치를 완전히 바꿔놓았을 만큼 그 영향력이 매우 컸기 때문이다. 따라서 우리는 이러한 혁신적인 형식의 일부나마 알아보고자 한다.

  황금기의 뮤지컬은,

- 작품 안에서 일어나는 갈등의 중심에 도덕적인 투쟁이 자리한다.

- 뮤지컬 코미디보다 좀더 감정에 호소하고, 인간의 선함과 신뢰가 냉소주의와 책략을 넘어선다는 믿음을 강조한다.

- 하나의 이야기 형식(storytelling) 안에 대본, 서정시, 음악 그리고 춤이 완벽하게 통합되어 있다. 다른 어떤 뮤지컬 형식[푸치니(Puccini)의 〈라 보엠(La Bohème)〉과 같은 베리즈모 오페라(verismo opera, 베리즈모는 '사실주의'를 말한다. 이태리어로 'vero'는 'true'라는 뜻 – 역주)는 제외하고]보다 말이다.

- 이야기를 진행하는 기본적인 요소로 춤이 사용된다.

- 대본을 쓸 때 드라마를 코미디보다 더 우선순위에 둔다. 황금기의 뮤지컬에서 개그 스타일과 보드빌의 코미디는 사실상 사라졌다(또는 부차적인 이야기로 따로 다룬다).

- 드라마틱한 장면에는 반드시 주요 캐릭터의 노래가 존재한다. 이 장면은 그 캐릭터가 혼자 가만히 서서 노래하는 장면보다도 더욱 강조된다.

- 노래가 곧 움직임이고 연기이며, 캐릭터의 여정을 드라마틱하게 표현한다. 물론 어떤 때는 감정에 젖어 가만히 서서 노래하기도 하지만 말이다.

- 위트 있는 가사보다 시적인 운율이 더 중요하다.
- 후렴구, 반주, 배경 음악 가운데 오케스트라 전체가 연주하는 부분이 반드시 존재한다. 이 부분은 여러 성부로 나뉘고, 좀 더 복잡하게 편곡된다. 스타일은 20세기 중반이지만, 음악적인 배합은 오페레타의 그것만큼이나 다채롭다.

우리가 탐구했던 모든 다른 스타일들과 마찬가지로, 황금기 뮤지컬 역시 그 이후의 뮤지컬에 영향을 끼쳤다. 〈레 미제라블〉과 〈랙타임〉, 〈위키드〉, 〈컬러 퍼플(The Color Purple)〉, 〈Waitress〉 그리고 〈그레이트 코멧〉과 같은 최근의 뮤지컬들을 보면, 현대적 스타일과 문화도 적절히 혼합하면서 황금기 뮤지컬의 중요한 요소를 차용했다. 이는 심지어 〈카바레〉, 〈지붕 위의 바이올린〉 그리고 〈로스차일드(The Rothschilds)〉와 같은 1960년대 과도기의 뮤지컬에서도 느낄 수 있다. 인간의 본성은 선하며, 사랑은 위대한 힘을 가지고 있다는 점에 이 작품들은 약간 회의적이었다는 것만 빼놓고 말이다.

황금기 뮤지컬의 연기 스타일 또한 현대의 문제작들에 완벽히 들어맞는다. 캐릭터 간의 욕망이 복잡하게 얽히고 충돌하는 스티븐 손드하임의 작품 대부분은 이와 같은 종류의 연기 관습으로 접근할 수 있다.

16.4.2 —— **사회적 이상과 가치관**

황금기의 뮤지컬은 가족, 공동체, 국가 그리고 책임감과 신뢰가 중심 가치였다. 많은 사람들이 지금 전통적 가치라 부르는 것들이 이 장르에 명확하게 드러나 있으며 이러한 가치를 드러낼 수 있는 연기 스타일이 황금기 뮤지컬의 중심을 이루었다. 캐릭터의 주된 동기는 자신이 추구하는 가치에 대한 열성과 헌신이었다. 가치나 태도는 연기할 수 없지만, 그 가치가 연기에 동기를 부여할 수는 있다. 〈오클라호마!〉에서의 갈등을 기억하는가? 컬리와 로리, 그리고 공동체 구성원들에게 이러한 중심 가치가 얼마나 중요한지 엿볼 수 있다. 또한 〈브리가둔〉, 〈회전목마〉, 〈남태평양〉 그리고 이 스타일의 다른 예에서도 이러한 중심 가치들이 얼마나 중요한지도 알 수 있다. 캐릭터들은 공동체를 보호하고, 가족을 만들고, 편견을 극복하려 한다.

새로운 가치관을 도입하면서, 황금기 뮤지컬은 배경이 되는 장소에도 변화를 주었다. 그 이전까지 뉴욕에 집중되어 있던 배경을 전원(오클라호마 주, 메인 주 해안, 서부 탄광촌)으로 바꾼 것이다. 1935년 해리 워렌(Harry Warren)이 작곡하고, 알 더빈(Al Dubin)이 작사하여 히트한 뮤지컬 코미디 〈42번가〉의 수록곡 'Lullaby of Broadway'와 1943년의 뮤지컬 〈오클라호마!〉의 수록곡 'Oh, What a Beautiful Mornin''의 가사를 비교해보자. 배경이 되는 지역이 얼마나 다른지 파악할 수 있을 것이다. 〈42번가〉의 배경이 되는 맨해튼은 새벽까지 파티를 즐기는 (뮤지컬 코미디의 여성 캐릭터인) 플래퍼의 놀이터이다. 그러나 황금기 뮤지컬에서는 농장의 여성과 카우보이가 새벽 동이 트기 전에 일어나 들판 위 엷은 안개의 소리 없는 아름다움을 찬양한다. 목장의 삶에 대한 찬양은 다른 스타일에서 꿈꾸던 이상과는 매우 다르다.

때로 황금기 뮤지컬은 유럽의 오페레타에서 다루던 이국적 장소[샴(Siam) 왕국, 남태평양의 섬, 스코틀랜드의 산악지대]를 배경으로 설정하기도 했다. 하지만 대부분 도덕적인 이야기들을 다루었고, 캐릭터들은 다양한 형태의 도덕적 위협에 맞서 싸우는 강인한 시민들이었다.

황금기 뮤지컬의 세 번째 특징은 열심히 일하는 평범한 남성과 여성의 고군분투를 중심 가치로 다룬다는 점이다. 주인공은 소를 돌보는 일꾼, 카니발 노동자, 군인 아니면 선생님이다. 뮤지컬 코미디에서는 게으르면서 세련된 부자 또는 잘난 체하는 상인이 자주 등장하지만, 황금기 뮤지컬에서 이런 캐릭터는 찾아보기 힘들다.

황금기 뮤지컬에 등장하는 대부분의 주인공은 목표를 이루기 위해 내부와 외부에 존재하는 장애물을 정확히 인지하고 도덕적 방법으로 이를 극복한다. 우리는 뮤지컬 도입부에서 주인공이 감정적으로 그리고 심리적으로 고난에 처한 모습을 볼 수 있는데, 이런 표현 방식은 영화나 연극과 마찬가지다.

표면적으로, 황금기 뮤지컬의 남성과 여성들은 사회의 관습에 따라 자신에게 주어진 역할을 대부분 받아들인다. 남성들은 일반적으로 생계를 책임지는 가장으로서 행동의 주체인 반면, 여성들은 주로 가정에 충실하며 남성을 뒷바라지한다. 이것은 그들의 삶에서 명백한 사실로 받아들여지며, 일반적으로 의문을 제기하지 않는다. 그러나 조금만 더 깊이 들여다보면, 황금기 뮤지컬의 여성들은 때로는 매우 강하고, 관습적인 예상을 뛰어넘음으로써 독립적인 모습을 보인다.

우리가 다루고 있는 황금기 뮤지컬의 여주인공 모두는 독립적인 결정을 함으로써 자신의 뛰어난 능력을 드러낸다. 〈아가씨와 건달들〉의 사라 브라운은 타임스퀘어에서 복음을 전파하는 단체의 책임자다. 〈오클라호마!〉의 로리는 이모와 함께 즐겁게 농장을 운영한다. 〈왕과 나〉의 안나는 남편이 없지만 자립적인 어머니로서 머나먼 동쪽의 거대한 미지의 세계에서 위험을 감수할 만큼 의지가 강하다. 〈마이 페어 레이디〉의 엘리자는 독립적인 사업가로 신분 상승의 꿈을 이루기 위해 얼마 되지 않는 자신의 전 재산을 과감하게 투자하는 결단력을 보여준다. 이 각각의 캐릭터들은 남성 중심 사회에서 독립을 반영하는 여성으로 묘사된다. 이 시대의 가장 중요한 안무가가 〈오클라호마!〉, 〈회전목마〉, 〈브리가둔〉의 애그니스 데밀(Agnes De Mille)이고, 그녀가 자신의 춤과 창의적인 영향력을 통해 황금기 뮤지컬 스타일의 전반에 걸쳐 여성의 정체성을 드러내는 데 큰 역할을 한 것은 우연이 아니다.

16.4.3 로맨스와 섹스

황금기 뮤지컬에서 로맨스와 섹스는 결혼과 일부일처제 그리고 안정적이고 행복한 결혼생활에 초점이 맞춰져 있다. 뮤지컬 코미디와 오페레타는 늘 결혼을 하면서 막을 내린다. 그러나 뮤지컬 코미디에서 결혼은 중심 가치라기보다는 줄거리를 포장하는 기능에 지나지 않는다. 황금기 뮤지컬의 캐릭터는 가족을 만들고, 공동체를 강화하고, 신에 대한 믿음을 표현하고, 그리고 안정적인 결혼을 추구한다. 〈브리가둔〉에서 토미 앨브라이트는 시간과 과학을 초월한 진정한 사랑을 보여주었다. 〈마이 페어 레이디〉의 마지막 장면에서 권위주의적인 헨리 히긴스는 결혼에 대한 갈망을 보여준다. 종국에는 일라이자와 결혼하면서, 약자를 괴롭히는 사람도 사랑에 의해 유순하게 길들여질 수 있다는 한 가닥의 희망을 보여준다.

〈오클라호마!〉의 컬리와 로리가 어떻게 결혼에 이르게 되는지 보자. 두 연인이 일몰 속으로 사라질 때(꼭대기에 술 장식이 달린 사륜마차를 타고), 그들은 농부로서 안정된 삶을 향해 새 출발을 하는 것이다. 심지어 〈아가씨와 건달들〉처럼 일견 뮤지컬 코미디 같아 보이는 작품도, 결혼과 자신의 직업을 놓고 저울질하는 사기꾼들(네이슨 디트로이트와 스카이 매스터슨)이 등장한다. 한때 매력적인 도박꾼이었던 매스터슨은 과거의 삶을 정리한다. 그리고 영혼 구제를 목적으로 하는 구세군 밴드의 새로운 베이스 드럼 연주자가 됨으로써 경건한 사람으로 변모한다. 그리고 마침내 황금기 뮤지컬의 로맨스와 결혼에 대한 안정적인 가치관이 뮤지컬 코미디의 냉소주의를 누르고 승리한다.

황금기 뮤지컬의 캐릭터는 도발적이거나, 탐욕스러운 요부라기보다는 매력 있고 순수하다(〈오클라호마!〉의 아도 애니, 〈회전목마〉의 캐리 피퍼리지, 그리고 〈브리가둔〉의 메그 브로키처럼). 이것은 당시 사회 문화적 현상을 반영한 것이 아니라, 열망하던 가치를 표현했기 때문이다.

아름다움과 패션

황금기 뮤지컬에 등장하는 남성과 여성은 오페레타의 귀족 또는 뮤지컬 코미디에 등장하는 전형적인 도시의 협잡꾼과는 다르다. 이제 우리는 강인한 여성과 촌스러운 젊은 남성을 보게 된다. 소매를 걷어 올리고 땅에서 일하고, 때로는 그 땅을 지켜내는 캐릭터들이 등장한 것이다. 남성은 운동선수처럼 보이고, 여성은 현명하고 깔끔해 보이는데, 이는 2차 세계 대전 당시의 선전영화를 보면 잘 드러난다. 이 스타일에서 힘, 안정, 자립심, 재능과 판단력은 신체로 표현되었고, 이는 심지어 오늘날까지도 이어지고 있다.

남성은 더 이상 슈트와 턱시도가 아닌, 소매를 걷어 올리고 칼라를 풀어헤친 작업용 셔츠와 헐렁한 바지를 입었다. 남성의 육체적 힘은 이 세계에서 매력적인 모습이었다. 여성은 메이크업을 연하게 하여 싱그러움을 더해주는 얼굴로 등장했다. 화려한 파티 의상이 아닌 홈드레스와 깔끔하게 밑단을 자른 실용적인 작업 드레스 그리고 앞치마 등은 완벽한 아내와 엄마의 모습을 그려냈다. 이 세계에서 섹시한 신여성이나 이국적인 집시 또는 공주는 한물 간 모습이었다.

남성은 여전히 시원하게 뒤로 넘긴 헤어스타일이 유행이었다. 하지만 헤어제품을 이용한 스타일링은 자연스러움을 추구하던 당시의 유행과 맞지 않아 인기가 시들해졌다. 여성은 일을 할 수 있는 실용적인 헤어스타일로 바뀌었지만, 여전히 매력적이었다. 우아하게 하이힐을 신고, 단정하게 립스틱을 바르고, 진주 목걸이로 치장하고서 앞치마를 두르고 있는 이미지는 우스워 보이지만 이 스타일이 탄생시킨 주요 이미지다. 이러한 우스꽝스러운 모습은 오늘날에도 볼 수 있는데, 이는 그 시대의 가치를 상징하고 있기 때문이다.

당신이 작업하고 있는 작품을 앞에 놓고 스타일을 어떻게 해석할 것인가 고민하기보다는, 그 캐릭터의 실질적인 안정감과 책임감, 능력 등을 기준으로 패션을 선택하라. 최근에 황금기의 뮤지컬을 다시 제작할 때에는 "진부함"이라는 오명을 떨치기 위해, 1940년대에서 60년대 초반(황금기 뮤지컬이 처음 제작된)의 공연 관습에서 탈피하여 역사적인 고증을 철저히 따르는 경향을 보인다. 그래서 시대 의상의 경우 때로 초연 당시의 의상과는 다르기도 하다. 어쨌든 패션은 입고 있는 것 모두를 뜻한다. 역사적으로 정확한 의상을 입는다면 그 작품의 가치 또한 함께 높아질 것이다.

16.4.5 ── **권력과의 관계**

황금기 뮤지컬 속의 주인공은 종종 권력자이거나 권력의 대리인으로 그려진다. 〈브리가둔〉에서 토미는 마을 어른들을 도와 배신자 해리 비튼을 추적하는 일에 자원한다. 〈남태평양〉에서 에밀 드베퀴와 케이블 중위는 해군 특수 요원이다. 남자 주역들은 대개 좋은 사람들이다. 왜냐하면 이 스타일에서 중심이 되는 가치관은 공동체와 사회를 위협하는 사람들에 대항하는 것이기 때문이다. 그래서 권력과 남자주인공은 밀접한 관계이다. 용감한 여성과 절대 변치 않는 신념을 지닌 남성 캐릭터는 이 스타일이 권력을 옹호하는 입장을 취하고 있다는 것을 대변한다. 사회에 해가 되는 사람들(〈오클라호마!〉의 쥬드, 〈사운드 오브 뮤직〉의 나치 등)은 격퇴되어야 하는데, 보통 이는 주인공이 해결한다.

심지어 매력적인 캐릭터가 공동체의 안전을 위협하기도 한다. 하지만 이때도 사회에서 쫓겨나든가 아니면 사회의 가치에 맞춰 변모한다. 우리는 이미 〈아가씨와 건달들〉

에서 스카이의 재탄생에 대해 이야기했다. 〈110 in the Shade〉의 리지는 성실한 보안관 파일에 대한 애정 때문에 치명적인 매력을 지닌 스타벅을 무시한다. 그리고 〈뮤직맨〉의 매력적인 사기꾼 헤롤드 힐 교수는 가정적인 남편이자 성실한 시민으로 변모한다. 그들은 사회의 요구에 맞서 싸우기보다는 권위에 굴복한다.

연기 관습

황금기 뮤지컬의 연기 관습은 당시에 존재하던 여러 다른 공연 스타일의 관행들을 모두 담고 있었다. 서로 뚜렷하게 구별되는 세 가지 공연 스타일의 관습들을 융합시켜 수정을 가미한 형태였다. 오페레타의 벨칸토 창법은 여전히 환영받았는데 심지어 1940년대 초반의 새로운 스타일의 공연에서도 이 창법이 사용되곤 했다. 뮤지컬 코미디의 연기 관습은 여전히 주류를 이루었다. 20세기 중반, 진지한 연기 관행을 가지고 있던 사실주의는 대부분의 무대와 영화, 드라마에서는 보편적으로 사용되었지만, 뮤지컬에서는 실험적으로만 적용되었다. 로저스와 해머스타인, 안무가 애그니스 데밀과 연출가 루벤 마뮬리안(Rouben Mamoulian)이 〈오클라호마!〉의 제작에 착수했을 때 그들은 의도적으로 그런 것은 아니지만 다양한 표현 스타일과 여러 관습들을 융합하여 캐릭터의 감정과 작품의 세계관을 전달했다. 해머스타인의 제자, 스티븐 손드하임은 후에 자신만의 예술적 신조를 '내용이 형식을 만든다'라고 표현했다.

초기 황금기의 공연은 새로웠고 그래서 흥미로웠지만, 비평가들과 관객은 연기 관습을 명확하게 구별할 수 없었다. 사실 오늘날의 관객도 배우들의 특정한 연기 스타일보다는 공연의 내용과 도덕적인 분위기에 집중한다. 당신도 알다시피, 황금기 뮤지컬의 세계관은 작품 속 도처에 뿌리 깊이 박혀 있다. 그래서 사실상 분리해서 생각한다는 것이 불가능하다.

여기서 중요하게 집고 싶은 것은 황금기 뮤지컬이 현재 공연 탐구의 대상이며, 동시에 거대한 변화의 대상이 되고 있다는 것이다. 최근 주요 재공연작들을 보면, 우리가 여기에서 설명한 것 중 많은 부분을 의도적으로 거부하고, 21세기의 연기와 가창 기법을 명확하게 채택하고 있다. 로맨틱한 내용의 어떤 공연은 동성 커플을 캐스팅하기로 결정했다. 이러한 선택은 확실히 효과적이며 해볼 만한 가치가 있다. 이런 선택이 공연의 성공으로 이어지기 위해서는 이 공연의 가능성들을 다양하게 시도해보고, 다각도로 확장해서 재해석해보고, 이런 결과로 얻은 요소들을 공연 안에서 유기적으로 연결해야 한다. 이렇게 새롭고 흥미로운 제작 과정에서 관객이나 창작자들에게 익숙하고 명확한 스타일은 받아들여질 수도, 거부될 수도 있다. 뮤지컬은 살아있는 예술 형식이고, 끊임없이 진화한다. 우리의 조언은 전통에 대한 지식과 주의 깊은 인지 능력을 동원해 모든 가능성을 탐구하라는 것이다.

16.4.7 — 스타일

앞서 우리가 했던 방식으로 황금기 뮤지컬의 스타일에 대해 알아보자. 이 새로운 장르의 다양한 캐릭터들은 사실 그 이전부터 이미 존재했다. 이 스타일의 작가들은 그들의 작품에 변화와 다양성을 주기 위해 전통적 캐릭터 유형과 전통적 연기 관습을 적절히 활용하는 데 능숙했다. 때문에 당신이 어떤 배역을 맡게 되면, 그 캐릭터의 원조를 확인할 필요가 있다. 예를 들어 〈오클라호마!〉에서 알리 하킴을 뮤지컬 코미디의 연기 관습과 다른 방식으로 연기한다면 이상할 것이다. 뮤지컬 코미디는 이디시 극단(Yiddish Theatre)의 버라이어티한 무대와 커다란 관련이 있다. 알리 하킴을 황금기 뮤지컬의 주인공으로 만들려고 노력하는 것은 부질없는 짓이다.

황금기 뮤지컬의 노래(그리고 춤)에 접근할 때, 당신은 고전적인 양식의 테크닉을 갖고 있는 것이 좋다. 그러나 이를 그대로 활용하면 안 되고, 약간의 변형을 가해야 한다. 그래야 형식적이거나 잘난 체하는 것으로 보이지 않을 것이다. 이 스타일에 대해 알게 된다면, 격식에 얽매이지 않으면서 고전적인 테크닉을 사용하는 방법을 알게 될 것이다.

가창 스타일

음색 : 이 스타일의 드라마틱한 캐릭터들은 다시 넓은 음역대과 고전적인 가창기법을 의도적으로 사용하게 된다[존 레이트(John Raitt)는 〈리골레토(Rigoletto)〉의 아리아로 〈회

전목마>의 오디션을 보았다!]. 그러나 오페레타와는 달리, 황금기 뮤지컬은 화려한 장식음이나 벨칸토 창법을 추구하지 않는다. 대신 힘 있고 유연한 목소리로 캐릭터를 표현한다. 이 스타일에서는 어떻게 소리를 내는지가 곧 캐릭터의 내면을 설명하는 것이다. 이런 점에서는 오페라와 매우 유사하다. 이 스타일로 노래한다는 것은 앞서 언급된 모든 음색과 기술의 가장 진보된 형태를 요하는 일이 될 수도 있다. 왜냐하면 소리의 색깔과 복잡한 감정은 매우 직접적인 연관성이 있기 때문이다. 그러나 너무 테크닉을 의식하지 말길 바란다.

오페레타가 열린 모음과 아름다운 소리를 선호했다면, 뮤지컬 코미디는 자음과 단어의 정확한 발음을 선호했다. 황금기 뮤지컬은 이 둘을 모두 필요로 한다. 캐릭터는 노래하듯이 말하고, 말하듯이 노래해야 한다. 우리는 말하기에서 노래로의 전환이 알아챌 수 없을 정도로 매끄럽기를 원한다. 만약 말하는 목소리와 노래하는 목소리가 크게 다르다면 관객은 뮤지컬의 세계에 집중할 수 없을 것이다.

이 스타일의 음색을 접하면서, 당신은 덮인(covered) 소리(연구개를 들어 올리는 것이 중요하다)와 안면(mask)의 공명을 사용하여 연기하는 것이 중요하다는 것을 알게 될 것이다. 가장 고전적인 소리와 뮤지컬 코미디의 소리를 혼합한 것이 이 스타일의 특징이다. 그리고 이는 작품과 캐릭터, 노래를 분석할 때 중요한 부분이기도 하다. 왜냐하면 소리의 공명과 형태는 스타일을 이해하는 데 중요한 부분을 차지하기 때문이다. 여기서는 결코 고전적인 소리를 내지는 않지만, 고전적인 가창 테크닉을 가지고 있을 필요는 있다.

비브라토 : 드라마틱한 노래 그리고 발라드 곡을 부를 때는 노래 시작 지점부터 비브라토를 안정되게 그리고 지속적으로 사용해야 한다. 다시 말하면 작품의 스타일이 결정되어야, 비브라토를 어떻게 사용할지 또는 언제 시작할지 결정할 수 있게 된다. 하지만 거의 대부분 비브라토를 사용하고, 스트레이트 창법은 거의 사용되지 않을 것이다. 수브레트나 주브나일 같은 코믹 캐릭터는 뮤지컬 코미디의 가창 스타일을 사용할수도 있다. 비브라토는 빠른 템포의 곡에는 어울리지 않는다. 너무 빠르면 비브라토를

활용할 수 없기 때문이다.

말투 : 이것은 황금기 뮤지컬에서 가장 두드러지는 스타일 중 하나이다. 황금기 뮤지컬에서는 미국 표준 영어를 사용하기 때문이다. 뮤지컬 코미디의 뉴욕식 억양은 너무 도시적이고, 오페레타의 귀족적인 고급 화술은 일상적이지 않다. 이 스타일에서는 의도적으로 미국 표준 영어와 클래식 창법을 접목하고 있다. 때문에 간혹 관객이 혼란스러울 수도 있다. 하지만 클래식 창법과 일상적이지 않은 고급 화술이 결합되면 이 뮤지컬은 오페레타로 느껴질 수 있고, 황금기 뮤지컬이 아닌 그랜드 오페라에 어울리는 가수를 보게 될 것이다. 지방색이 뚜렷한 공연(〈오클라호마!〉, 〈마이 페어 레이디〉)을 제외하면, 일반적인 미국 영어는 알기 듣기가 쉽고. 미국인다운 말투는 관객이 무대와의 일치감을 느낄 수 있게 해 준다.

표현기법 : 앞서 말했듯, 캐릭터가 부르는 노래와 캐릭터의 논리는 관객에게 그대로 전달되어야 한다. 다행히도 황금기 뮤지컬에서 일종의 교과서가 되어 버린 작품들 대부분은 표현기법을 잘 다루는 뛰어난 작곡가와 작사가가 만든 것들이다. 근래에 이 작품들이 다시 제작될 때는 표현의 자유를 많이 허용하는 추세이지만, 초연 당시에는 그렇지 않았다. 리처드 로저스와 프랭크 로서는 자신들의 노래를 배우들이 마음대로 부르는 것을 극도로 싫어했다. 이런 경우가 발생하면 그 배우를 호되게 꾸짖는 것으로도 악명 높았다. 그러나 1940년대부터 60년대까지는 굉장히 느슨하게 부르는 가창 스타일이 지배적이었기 때문에, 요즈음은 표현기법에 대해 좀 더 유연하게 접근하는 것이 일반적이다. 물론 스타일의 표현은 명확해야 한다. 이는 표현의 엄격함이나 정직함과는 조금 다른 의미이다. 그렇다고 이 스타일이 감상에 빠져서 제멋대로 감정을 표현한다거나, 음악적으로 허세를 부리는 것은 절대 아니다.

신체의 스타일

황금기 뮤지컬의 신체 스타일을 알아보기 위해서는 그 시대의 춤을 살피는 것이 도움이 된다. 그 시대 남성을 대변하는 사람은 진 켈리였다. 그의 신체 스타일과 움직임은 당시 남성의 이상적인 모습을 매우 잘 표현하고 있었기 때문이다. 신체의 움직임 또한 표현에 있어서 매우 중요한 수단이다. 그는 움직임을 통해 자신의 정서를 표현하려 했는데, 이 모습과 그의 남성성이 결합하여 당시의 완벽한 신체 스타일을 만들어냈다. 남성과 여성의 상징적인 신체 스타일은 뮤지컬에서 온 것이 아니다. 마사 그레이엄(Martha Graham)의 〈애팔래치아의 봄(Appalachian Spring)〉이라는 현대무용에서 온 것이다. 〈애팔래치아의 봄〉은 애팔래치아라는 시골의 작은 농장에서 신혼생활을 시작하는 부부에 관한 이야기이다. 그레이엄은 황금기 뮤지컬에서 남성과 여성의 신체 스타일과 남녀의 이상적인 관계를 제시했다. 남성과 여성 모두 견고함과 강인함을 중요한 가치로 보고 이를 신체로 표현한다. 하지만 여성의 신체 스타일에서는 여전히 정숙한 여성스러움이 묻어난다.

자세/실루엣 : 황금기 뮤지컬에서 남성과 여성의 움직임을 간단하게 정리하자면 편안하면서도 민첩하다는 것이다. 여성의 경우 당당하지만 무겁거나 완고하지는 않다. 내면의 힘을 드러내는 것이 목표인데 지평선을 희망차게 바라보는 여성을 상상해보자. 여기서 여성은 강하면서도 여성적이다. 의존적인 느낌도 아니고 소녀 같은 이미지도 아니다. 〈오클라호마!〉에서 로리의 개척자 정신, 〈뮤직 맨〉에서 메리언의 자립하려는 노력 그리고 〈회전목마〉에서 줄리 조던의 용기가 바로 이 스타일의 전형적인 예다. 이들의 자세는 단순하면서도 정직하다. 황금기 뮤지컬의 여주인공들은 견고하게 두 발로 서 있지만, 남성적인 실루엣을 따라하지는 않는다.

남성은 여성과 유사하게 견고하면서 안정적이다. 다리를 어깨너비로 벌리고 굳건하게 서 있는 발, 앞으로 쑥 내민 가슴, 편안하게 척추와 일자로 놓인 머리, 양쪽에서 쉬고 있는 듯 보이지만 역동적인 느낌을 주는 팔의 자세가 당시의 구체적인 신체적 특징들이다. 이를 오페레타의 엄격한 몸의 실루엣이나 돌발적으로 움직이는 뮤지컬 코미디와 비교해보는 것도 좋을 것이다.

남성의 의상을 보자. 남성의 의상은 때때로 몸을 살짝 드러내기도 한다(단추를 잠그지 않은 칼라와 살짝 걷어 올린 소매). 심지어 체격이 건장하지 않아도 이 뮤지컬의 세계에 들어가면 남성성과 강인함을 의상으로 투사하게 된다. 남성의 이상적인 자세와 실루엣이 어떻게 구체화되었는지 알고 싶다면, 젊은 시절의 존 레이트나 율 브린너(Yul Brynner)의 사진을 보자. 로맨틱한 남녀 주인공은 영웅이나 삶에 결코 절망하지 않는 모습으로 그려진다. 코믹한 캐릭터들은 보통 천진무구한 순수함, 또는 이성과 사귀고 싶어 하는 열망을 통해 웃음을 선사한다. 이러한 특징을 신체로 드러내는 것이 이 스타일의 중심이다.

격식의 정도 : 이 세계는 편안하고 단순하며 격식을 차리지 않는다. 앞에서도 말했지만, 이 캐릭터들은 권력과 매우 가까운 인물로 그려지는 경우가 많았기 때문에 오히려 격식을 차릴 필요가 없어지는 것이다. 주인공들은 권력을 두려워하거나 거부하지 않는다. 계층 간 갈등이 중심이 되는 경우도 마찬가지다(〈왕과 나〉, 〈마이 페어 레이디〉). 당신은 대본의 주어진 상황에 충실하면 된다. 때로는 〈오클라호마!〉의 쥬드 프라이, 〈회전목마〉의 지거 크레이건 또는 〈브리가둔〉의 해리 비튼처럼 주류에서 벗어난 아웃사이더들도 마찬가지다.

제스처의 사용 : 여기에서 핵심은 단순함이다. 여기서는 당신이 취하고 싶은 제스처는 모두 취해도 된다. 그러나 남의 시선을 의식하는 것 같은 과장된 제스처(그것이 캐릭터로서 연기하는 경우는 상관없지만)는 안 된다. 노래의 가사는 특별한 상상으로 가득하다. 때문에 제스처는 그 상상의 이미지를 명확하게 표현하는 데 있어서 아주 중요한 부분이다.

이미지와 생각들을 구체적인 제스처를 사용하여 표현하라. 그러면 무대 위에서 당신과 같이 노래하고 있는 상대 캐릭터 그리고 관객들까지도 같은 이미지와 생각을 떠올릴 것이다. 노래를 부르거나 연기를 할 때 제스처를 사용하여 강조하는 것은 이 스타일의 특징이다. 그러나 이러한 제스처는 캐릭터의 갈망을 드러내야지, '보여주기' 위한 배우의 갈망을 드러내서는 안 된다. 앞서 12장에서 제스처에 대해 설명했던 예들을 다시 확인하는 것도 도움이 될 것이다.

현대 뮤지컬에서는 제스처를 최소화하거나 거의 사용하지 않으며, 배우는 일종의 무의식 속에 갇힌 듯한 상태에서 노래하기도 한다. 이렇게 내성적이고 내면화된 연기 유형은 황금기 뮤지컬과는 어울리지 않는다. 왜냐하면 황금기 캐릭터들의 강한 감정과 행동을 표현하려면 그것에 걸맞은 연기 양식이 필요하기 때문이다. 당신 자신을 표현하기 위해서는 당신의 온몸과 목소리 전부를 동원해야 한다. 이러한 표현이 내 것처럼 편안하게 느껴지려면, 특히 젊은 예술가들은 자신의 안전한 영역에서 벗어나 도전해야만 한다. 우리는 결코 과장하라는 것이 아니다. 앞서 말했듯이, 목소리나 신체의 크기와 진실성 또는 사실성 사이에는 근본적으로 아무런 관계가 없다.

연습 의상 : 여성이 황금기 뮤지컬 작품의 연습을 할 때에는 짧은 소매와 목선이 드러나고 무릎 바로 밑까지 오는 드레스나 둥근 스커트를 입고 연습을 해도 좋다. 꽉 끼거나 짧은 스커트는 안 된다. 스커트나 블라우스를 입든 드레스를 입든, 당신의 허리가 어딘지는 드러나야 한다. 신발은 힐(뾰족 구두나 편평한 신발은 말고)을 신어라. 헤어스타일은 얼굴이 드러나야 한다. 이런 의상에 편안해지면 무대 위에서 신체를 적절하게 사용하는 데 도움이 될 것이다.

남성은 실제 당신의 허리에 맞는 카키 바지를 입어라. 요즘 패션처럼 꽉 조이는 의상이 아니다. 긴 소매 셔츠의 단추를 잠그지 말고, 소매는 팔꿈치까지 걷어 올려라. 끈으로 묶는 편안한 신발(스니커즈나 구두 말고)을 신어라. 남성은 전형적으로 귀가 드러나고 얼굴을 드러내는 헤어스타일을 한다.

스타일/장르의 예

16.4.8

〈오클라호마!〉, 〈회전목마〉, 〈왕과 나〉, 〈남태평양〉, 〈사운드 오브 뮤직〉 – 로저스와 해머스타인

〈마이 페어 레이디〉, 〈Gigi〉, 〈카멜롯〉, 〈브리가둔〉 – 러너와 뢰베

〈아가씨와 건달들〉, 〈The Most Happy Fella〉 – 프랭크 로서

〈뮤직 맨〉 – 메리디스 윌슨

〈키스 미, 케이트〉 – 콜 포터

〈The Pajama Game〉, 〈Damn Yankees〉 – 아들러(Adler)와 로스(Ross)

〈헬로, 돌리!〉, 〈Mame〉 – 제리 헤르만(Jerry Herman)

〈110 in the Shade〉, 〈I Do, I Do〉, 〈판타스틱스〉 – 슈미트(Schmidt)와 존스(Jones)

〈Ragtime〉 – 플래허티와 아렌스

〈레 미제라블〉, 〈미스 사이공〉 – 부브릴(Boublil)과 쇤베르그(Schönberg)

〈Finian's Rainbow〉 – 하르부르크(Harburg)와 레인(Lane)

16.4.9 ── ## 자료

주요 가수들

크리스틴 안드리아(Christine Andreas)	브렌트 바렛(Brent Barrett)
바바라 쿡(Barbara Cook)	알프레드 드레이크(Alfred Drake)
멜리사 에리코(Melissa Errico)	셜리 존스(Shirley Jones)
거트루드 로렌스	레베카 루커(Rebecca Luker)
고든 맥라(Gordon MacRae)	에델 머먼
메리 마틴(Mary Martin)	브라이언 스톡스 미첼(Brian Stokes Mitchell)
존 레이트(John Raitt)	비비안 시걸(Vivienne Segal)
돈 업쇼(Dawn Upshaw)	리처드 화이트(Richard White)

주요 영화/비디오 기록

〈Annie Get Your Gun〉(1957), MGM – 허튼(Hutton), 킬(Keel) 외

〈카멜롯〉(1981), 브로드웨이 재공연 – 해리스(Harris), 부서트(Bussert) 외

〈Carmen Jones〉(1954), 20세기 폭스 – 댄드리지(Dandridge), 벨러폰테(Belafonte) 외

〈회전목마〉(1956), 20세기 폭스, 맥라, 존스(Jones) 외

〈신데렐라〉(1957&1965), – 로저스와 해머스타인의 획기적인 텔레비전 뮤지컬

〈Damn Yankees〉(1959), 워너브라더스 – 베르동(Verdon), 월스턴(Walston) 외(브로드웨이 공연을 훌륭히 영화로 제작함)

〈아가씨와 건달들〉(1955), MGM – 브란도(Brando), 블레인(Blaine) 외[비비안 블레인(Vivian Blaine)은 브로드웨이 공연과 같은 역할을 했으며, 브로드웨이 공연의 안무를 담당했던 마이클 키드(Michael Kidd)가 영화에서도 안무를 맡았다.]

〈왕과 나〉(1956), 20세기 폭스 – 브린너, 커[Kerr, 노래는 마니 닉슨(Marni Nixon)이 했다] 외(브린너의 연기와 제롬 로빈스의 브로드웨이 안무를 볼 수 있는 훌륭한 자료)

〈키스 미, 케이트!〉(1953), MGM – 킬, 그레이슨(Grayson) 외

〈키스 미, 케이트!〉(2003), 런던 공연 – 바렛(Barrett), 요크(York) 외

〈뮤직 맨〉(1963), 워너브라더스 – 프레스턴(Preston), 존스, 월스턴 외(브로드웨이 공연을 훌륭히 영화로 제작함)

〈마이 페어 레이디〉(1964), 워너브라더스 – 해리슨(Harrison), 햅번(Hepburn) 외

〈오클라호마!〉(1955), 할리우드 필름(Hollywood film) – 맥라, 존스 외[아그네스 데 밀(Agnes De Mille)의 획기적인 브로드웨이 안무]

〈오클라호마!〉(2003), 런던 공연

다음의 기록물도 유용한 자료이다.

Broadway's Lost Treasures, Vols. 1,2,3 – 아콘 미디어(Acorn Media)

Broadway: The Golden Age(2003) – 릭 멕케이(Rick McKay)의 훌륭한 다큐멘터리

레 미제라블(콘서트)(1995) – 런던 갈라(London Gala), 윌킨슨(Wilkinson), 살롱가(Salonga) 외

베스트 오브 브로드웨이 뮤지컬(The Best of Broadway Musicals)(2003) – 에드 설리번 쇼(Ed Sullivan Show) 셀렉션

위에서 언급된 모든 공연의 브로드웨이 출연진 녹음자료(Broadway Cast Recordings)와 황금기 뮤지컬의 모음집, 편집앨범들은 우수한 음질의 CD로 이용 가능하다. 이 스타

일의 대부분 작품은 신뢰할 만한(또는 매우 훌륭한) 스튜디오에서 제작된 것이다. 그리고 위에 나열된 자료들은 대부분 온라인에서 쉽게 찾을 수 있다.

16.5 — 록 뮤지컬

16.5.1 — 배경과 세계관

팀 팬 앨리의 작곡가들과 그들의 추종자들이 추구하던 스타일이 브로드웨이를 지배하고 있었지만, 다른 한편으로는 지금까지와는 다른 형태의 음악, 로큰롤(rock and roll)이 1950년대와 60년대에 걸쳐 대중을 사로잡았다. 록은 아프리카계 미국 흑인의 블루스 음악과 컨트리 스윙, 가스펠 등의 음악 형태로부터 큰 영향을 받으면서 이러한 여러 장르들이 결합되어 등장했다. 록은 브로드웨이 무대의 대중적 음악과는 분명히 구별되는 장르였다.

엘비스 프레슬리, 버디 홀리(Buddy Holly), 척 베리, 비틀즈 그리고 롤링 스톤즈(The Rolling Stones) 등의 가수들은 빅 밴드의 부드러운 흥얼거림과 재즈, 그리고 브로드웨이 음악을 완전히 거부한 새로운 연주와 노래 스타일을 창조했다. 10대들이 주로 즐긴 장르가 록이라면, 빅 밴드나 재즈 등의 음악은 자신들의 부모님이나 나이가 지긋한 사람들의 의견과 가치를 상징하는 음악 장르로 여겨졌다. 이 장르에 대한 거부 반응은 대중의 가치와 취향에 지각변동을 일으킨 계기가 되었고, 이후 20년 이상 서구 세계를 지배하게 되었다. 록 음악은 곧 반항의 상징이 되었고, 당시 서구 사회의 심오하고도 광범위했던 사회적 움직임의 배경음악 역할을 했다.

록은 대중음악 가운데 가장 인기 있는 장르가 되었다. 그러나 뮤지컬은 새로운 예술가 세대가 등장하기 전까지는 록에 드라마틱한 내용을 담을 수 있는 음악적 어휘를 고안해내지 못하고 있었다. 그 결과 뮤지컬은 다른 문화와 점점 더 고립되어 갔다. 로큰롤은 1960년대 초반, 특히 비틀즈가 미국을 방문한 1964년을 기점으로 엄청난 인기를 끌고 있었다. 그러나 브로드웨이는 이 장르를 어떻게 활용해야 할지 갈피를 잡지 못하고 있었다. 그 사이, 〈Bye, Bye, Birdie〉와 〈Do, Re, Mi〉처럼 슬쩍 겉만 록 음악의 선율로 포장한 공연이 제작되기 시작했다. 록 음악을 뮤지컬에서 활용하려는 하나의 술책이었다. 또한 공연을 현대적인 것으로 보이기 위한 방법이기도 했다. 그러나 60년대 말이 되어서도 록은 뮤지컬에서 두드러지게 적용되지 못했다. 그 이유로는 당시 브로드웨이의 공연 작가들이 완전히 다른 언어로 뮤지컬 극을 쓰고 있었기 때문이었고, 60년대의 록 음악이 여전히 유아기에 머물고 있는 상태였다는 것이 또 다른 원인이었다. 음악적 변화가 단순하고 반복적이었고, 음악 스타일 또한 다양하지 못했기 때문에 록은 아직 뮤지컬에 등장하는 캐릭터의 정체성과 그 순간의 반응들을 표현하기에는 충분치 않았다.

그러나 10년이라는 시간이 지나면서 록은 엄청난 속도로 진화하기 시작했다. 'Love Me Do'와 'She Loves You'처럼 단순한 선율의 곡을 부르던 비틀즈는 이제 〈Rubber Soul〉과 〈Sergeant Pepper's Lonely Hearts Club Band〉 등의 앨범에서 복잡하고 정교한 교향악을 접목시키고 있었다. 지미 헨드릭스(Jimmy Hendrix)는 일렉트릭 기타를 거장의 악기로 변모시켰고, 비치 보이스(The Beach Boys), 도어스(The Doors) 그리고 후(The Who) 등의 밴드는 음악적 복잡성과 팝/록 뮤직이 담고 있는 주제를 더욱 확장시켰다.

로큰롤이 대중음악의 중심이 되면서, 관련 스타일이 등장하기 시작했다. 밥 딜런(Bob Dylan), 주디 콜린스(Judy Collins), 피터 폴 앤 메리(Peter, Paul and Mary), 조안 바에즈(Joan Baez) 등의 싱어 송 라이터와 더불어 포크(Folk) 음악이 인기를 얻기 시작한 것이다. 아레사 프랭클린(Aretha Franklin)과 스티비 원더(Stevie Wonder)로 대표되는 리듬 앤 블루스[이를 대중화시켰던 디트로이트의 레코드사 이름을 따서 모타운(Motown)으로도 불린다]는 아프리카계 미국인의 문화를 지배하는 음악 스타일로 등장했다. 이러한 음악들 사이에서 카펜터스(The Carpenters)와 제임스 테일러(James Taylor) 등의 가수들은 감미로운 목소리로 인기를 끌었다. 이는 후에 소프트 록으로 불린다. 1967년이 되어서야, 로큰롤은 뮤지컬의 캐릭터와 드라마틱한 상황을 음악적으로 표현할 준비가 되었다.

〈헤어〉(1967)는 첫 번째 록 뮤지컬로 알려져 있다. 이 뮤지컬을 시작으로 록 뮤지컬이 줄줄이 무대에 올려졌는데, 〈지저스 크라이스트 슈퍼스타〉, 〈가스펠〉 그리고 〈피핀〉을 예로 들 수 있다. 이제 록 뮤지컬은 대표적인 뮤지컬 스타일로 발전하게 되었다. 그러나 그렇다고 해서 다른 스타일이 뮤지컬에서 완전히 자취를 감춘 것은 아니다. 큰 성공을 거둔 최근의 록 뮤지컬로는 〈스프링 어웨이크닝〉, 〈Waitress〉, 〈킹키 부츠〉, 그리고 〈멤피스〉가 있다. 록 음악의 영향은 〈레스타트(Lestat)〉, 〈레 미제라블〉 그리고 〈지킬 박사와 하이드〉처럼 오페레타나 황금기 뮤지컬과 밀접하게 연관된 뮤지컬에서도 명백히 드러난다. 몇몇 비평가들은 이 공연들을 '파페레타(Poperettas)'라 부르기도 하는데, 이는 유럽 오페레타의 주선율이나 작곡 기법에 소프트 록의 작곡 스타일을 상당 부분을 접목시켰기 때문이다.

16.5.2 — 사회적 이상과 가치관

1960년대는 사회적으로 엄청난 격동의 시기였다. 1950년대에 뿌리를 내리기 시작한 시민운동은 60년대에 이르러서는 본격화되었다. 아프리카계 미국인과 여성은 평등권을 주장했고, 때때로 폭력과 같은 치명적인 장애물을 만나기도 했다. 구세대들 대부분은 이해하거나 받아들이려고 하지 않았지만, 세대 간 갈등은 사회적 가치와 이상이 변화하고 있음을 보여주었다. 젊은이들은 자신들이 제국주의 정부와 유색 인종, 비서양인 또는 여성을 탄압하고 있는 기존가치에 대항하고 있다고 믿었다.

이 시기의 미국에서는 전통적으로 남자의 의무라고 여기던 군복무를 공개적으로 거부하기 시작했고, 종교적 사상은 심각한 수준의 도전에 직면했다. 많은 사람들이 환각 작용을 일으키는 약물을, 색다른 눈으로 세상을 바라보는 수단으로 사용하기 시작했다. 이러한 저항은 기존의 사회적 규범을 모욕하려는 시도였고, 사실상 문화의 전 분야에 엄청난 충격을 안겨주었다.

이와 같은 반체제 사람들이 추구하는 새로운 사회적 이상은 평화로운 세상을 만드는 것이었다. 다양한 인종과 남녀가 서로 사랑하고 존중하는 세상을 꿈꾼 것이다. 또한 인종과 성, 섹슈얼리티를 주요 잣대로 삼아 인간의 개성을 판단하는 것에 반대했다. 이러한 저항은 이 세대가 사회를 지탱하던 제도(결혼, 산업, 군대, 그리고 정부)가 전반적으로 잘못되었다고 생각했기 때문에 가능했다. 그래서 젊은이들은 그들만의 이상을 만들었는데, 이는 제도적 가치체계를 벗어나야 실현될 수 있는 것이었다. 그들은 성 역할과 성 정체성을 뒤섞고, 전통적인 직업과 교육 관습을 배척했으며, 군복무를 거부했고, 정부가 전통적인 역할에서 탈피하여 사회의 변화를 모색할 것을 촉구하고, 권리를 빼앗긴 수많은 시민들을 동원하여 사회변혁을 위한 행동에 동참할 것을 요구했다. 이러한 변화는 행동, 패션 그리고 대중음악과 공연 양식을 포함한 문화 전반에 걸쳐 여실히 드러났다.

로맨스와 섹스

16.5.3

록 뮤지컬에서 볼 수 있는 주요한 변화들 중 하나가 섹스와 로맨스를 바라보는 시각의 변화다. 이전까지 섹스는 뮤지컬에서 공개적으로 언급할 수 있는 내용이 아니었다. 1930년대의 외설적 노래는 대부분 '익살스러운' 은유를 사용해 간접적으로 섹스를 표현했다. 그러나 1960년대에는 여성의 피임이 쉬워지고 피임도구의 가격 또한 합리적으로 내려가면서 섹스에 대한 시각이 바뀌기 시작했다. 역사상 처음으로 여성은 임신에 대한 두려움 없이 섹스를 즐길 수 있는 상황에 이른 것이다. 이는 남성과 여성의 역할을 근본적으로 바꾸었고, 록 뮤지컬은 이에 주목했다.

로맨스와 사랑은 록 뮤지컬에서도 중요한 요소다. 그리고 이제 이성을 공공연하게 적극적으로 유혹하는 것이 가능해졌다. 뮤지컬의 황금기에는 순종적인 여성과 지배적인 남성이 사회적 이상이었다. 그러나 록 뮤지컬은 남녀를 동등하게 바라보고, 성적인 관계나 로맨틱한 관계의 주도권은 성별이 아닌 캐릭터 자체의 성격에 맡겼다. 또한 나이가 많은 남성의 등장으로 이야기와 캐릭터 간의 관계가 더욱 다양해질 수 있었다.

섹스는 록 뮤지컬에서 매우 중요한 주제이다. 뮤지컬의 황금기에는 금기였지만, 이제 섹스는 록 뮤지컬 덕분에 다양한 의상을 걸치고 옷장 밖으로 뛰쳐나올 수 있게 되었다. 이전의 스타일에서는 이성애만 다루었지만, 록 뮤지컬에서는 게이와 양성애에 대해서도 자유롭게 다루었다.

아름다움과 패션

1960년대의 많은 젊은이들은 당시의 '체제'와 중심 가치를 거부했다. 이들은 자신들의 외모와 행동, 언어 그리고 사회적으로 연계되어 있는 모든 측면을 다시 새롭게 실험함으로써 저항의지를 밖으로 표출했다. 머리카락을 기르는 것은 여성성의 상징이었지만, 남성들도 머리카락을 기르면서 성 역할이 모호해졌다. 마찬가지로 여성도 남성의 옷을 입기 시작했다. 특히 데님 진으로 만든 바지를 입으면서 남녀평등을 표현했다. 여성들은 사회에 대한 또 다른 저항의 형태로 브라와 다른 여성용 속옷의 착용을 거부하면서 육체적 자유를 과시했다. 낡은 군복을 변형해 입고, 자신들만의 은어를 만들어 사용했다. 전통적 결혼과 인종, 성뿐 아니라 훌륭한 교육과 경력이 가져다 줄 핑크빛 미래를 공공연하게 거부했다. 이 모든 저항 운동은 히피 운동[Hippie movement, 1950년대의 비트닉(Beatnik) 운동의 구성원들에 의해 만들어진 용어 'hip'에서 유래된]의 전조가 되었다. 다른 문화권(인도, 아프리카, 극동 지역)의 보석류는 남녀 모두에게 인기를 끌었다. 옷을 중성적으로 입는 것은 록 문화의 주요 원칙 중 하나가 되었다. 그러나 이러한 중성적 특징은 보편적으로 실현된 현실이라기보다는 이상에 가까웠다. 여성은 또한 새롭게 알게 된 힘과 자유에 대한 감각을 유지하면서도, 자신의 성적 매력을 분명하게 드러내는 옷을 입기도 했다.

권력과의 관계

록 뮤지컬은 권력에 대해 회의적이며 공개적으로 경멸을 드러내기도 한다. 이는 록 뮤지컬이 등장했던 사회적 배경을 반영한 것이다. 당시 반체제 진영의 의견에 따르면, 정부와 권력을 상징한 모든 기관은 부패했고, 시민들의 지지를 얻는 데도 실패했다. 권력은 불신과 조롱의 대상이 되었다. 반체제적 관점은 이 스타일에서 계속 유지되어 왔다.

연기 관습

록 뮤지컬의 연기 관습은 모든 뮤지컬에서 가장 독특한 관습 가운데 하나이다. 이는 황금기 뮤지컬이나 뮤지컬 코미디 혹은 오페레타의 공연 관습들보다는(의도된 인용을 제외하고) 앞서 설명했던 다양한 대중적인 록 음악 형식을 반영했음을 의미한다. 이러한 대중적인 록의 형식은 록 뮤지컬만의 몇몇 특징적인 스타일을 만들어냈다. 먼저, 록 뮤지컬은 모든 악기 소리와 목소리를 전기적으로 증폭시킨다. 포크 음악을 제외하고, 전자장치를 쓰지 않고 악기와 목소리를 자연스럽게 혼합하는 것은 록 뮤지컬 스타일에서는 저주 그 자체이다. 두 번째로, 악기는 리드 기타, 리듬 기타, 베이스 기타 그리고 드럼을 중심으로, 이따금씩 전자 키보드나 오르간이 추가되기도 한다. 관악기와 현악기의 추가 편성은 모타운과 소프트 록의 영향을 받았다는 증거이지만, 작곡과 공연의 경우 록 밴드 구성이 기본이었다. 록 뮤지컬의 세 번째 특징은 남녀의 가창 음역대가 비슷하다는 것이다. 이것이 의미하는 것은 여성과 남성이 이전보다 훨씬 더 비슷하게 소리를 낸다는 것이다.

록은 전통적으로 밴드 앞에서 스탠드 마이크나 아니면 핸드 마이크를 들고 노래를 부른다. 소형 무선 마이크가 보편화되었지만, 대부분의 록 가수들은 여전히 마이크를 손으로 직접 잡는다. 대중 앞에 서는 록 가수에게 마이크는 매우 개인적이고 내면의 감정을 표현하는 데 도움을 주었는데, 때문에 제스처 같은 신체 표현이 크게 줄어들었다. 그 결과 가수의 신체는 더 이상 공연의 내용을 전달하는 주요한 매개체가 아니었다.

록 음악은 꾸미지 않은 거친 음색을 선호한다. 이전보다 감정적이고 정서적으로 더 격렬하며, 날카롭게 비명을 지르거나 울부짖기도 한다. 이는 낡은 뮤지컬 스타일을 거부하는 또 다른 방법이다. 심지어, 가스펠이나 블루스, 리듬 앤 블루스에서도 록 뮤지컬의 가창 스타일이 사용된다.

록 뮤지컬은 피터 브룩(Peter Brook)이나 예지 그로토프스키(Jerzy Grotowski) 같은 연출가들의 실험적인 연극 기법도 받아들였다. 그래서 더욱 현대적이면서 신랄하고, 명확한 신체 행동이 수반되는 록 뮤지컬의 공연 기법이 가능해졌다.

마지막으로, 록 콘서트에서 가수들은 청중을 자극하고 뒤흔들며, 청중의 에너지에 반응한다. 이런 활동적이고 직접적인 록의 미학은 록 뮤지컬에 흡수되었다(콘서트의 자유로운 행위들 전부가 뮤지컬에서도 그대로 허용되는 것은 아니지만 말이다).

록 뮤지컬의 배우가 노래를 통해 캐릭터의 감정을 전달할 때에는 자신의 순수한 정서에 의존한다. 록 뮤지컬의 가사는 뮤지컬 코미디의 재치 넘치는 가사나 황금기 뮤지컬의 시 같은 가사를 추구하지 않기 때문이다. 이것은 미학적으로 완전히 다른 세계다. 다양한 이야기와 감정을 전달하기 위해 자신의 마음을 열고 무한한 열정을 느끼면서 목소리와 가창 테크닉을 사용하여 노래하는 것이 바로 록 뮤지컬의 연기 관습이다.

16.5.7 — ## 스타일

가창 스타일

이번 장의 끝에서 제시하는 가수와 노래의 목록이 얼마나 중요한지 아무리 강조해도 지나치지 않다. 록 음악의 다양한 가창 스타일과 그것의 영향을 받은 스타일 전부를 여기에서 다루는 것은 불가능하다. 스타일을 따지기 전에 음악을 듣고, 분석하고, 우리가 앞서 논의해 온 요소들을 적용하여 다양한 시도를 할 수 있는가가 중요하다. 우리는 여러분에게 주의를 당부하고자 한다. 21세기에 들어와 뮤지컬 배우들은 현대적인 가창 스타일과 록 시대의 가창 스타일을 자유자재로 혼합하여 사용한다. 그렇기에 우리가 록 뮤지컬의 스타일에 접근할 때, 우리는 이미 이것에 대해 잘 알고 있다고 착각할 수 있다. 인간의 역사를 통해 문화를 바라보는 문화인류학적인 접근법은 길버트와 설리반의 오페레타에서와 마찬가지로 중요하다. 잘 보이지 않는 세부 사항에 더 많은 주의를 기울이길 바란다.

1960년대와 70년대의 가수들은 록 뮤지컬에 엄청나게 큰 영향을 끼쳤다. 많은 록 뮤지컬 작곡가와 작사가들이 당시의 음악에 영향을 받아왔음을 공개적으로 인정하고 있다. 뮤지컬과 대중음악에서 유사한 부분을 비교해서 들어보고, 왜 그렇게 느꼈는지 이유를 탐구해보자.

가창의 특색을 거론하기 위해서는 기술적 설명을 피할 수 없다. 때문에 사실 책으로는 적절히 표현하기가 힘들다. 이 영역은 대부분 모방을 통해 탐구되기 때문에, 당신이 관심을 갖고 배워야만 한다. 그리고 다시 한 번 말하지만 '목이 아프면 멈추어라!'

어떤 선생님은 록 스타일의 가창을 강조하지 않는다. 가르치는 방법을 모르고(훌륭한 변명이다), 좋아하지도 않으며(개인적 취향), 노래 부를 때 목이 아픈 것이 정상이라고(경험상 이건 진실이 아니다) 믿기 때문이다. 훌륭한 코치와 훈련 방법들이 많이 있으니, 지속적으로 건강하게 노래하는 방법을 배울 수 있을 것이다.

음색 : 록 뮤지컬은 전통적 방법과 비전통적인 방법 모두를 두루 차용한다. 우리는 지금 뮤지컬 연기를 다루고 있기 때문에, 스타일과 장르의 혼합은 계속될 것이다. 그러나 록 뮤지컬에서는 울부짖음, 고함, 거친 소리, (남성의) 가성, 요들, 가성과 진성을 섞은 소리 등등 다양한 음색들이 사용된다. 이런 소리를 들을 때 우리는 신선하면서도 표현이 명료하게 잘 되었다고 느낀다. 절망에 빠진 캐릭터는 공격적이거나 분노에 차 있거나 아니면 자포자기의 심정이 느껴지는 음색을 사용하여 노래한다. 오페레타의 높고 둥글게 내는 "덮는" 소리 또는 뮤지컬 코미디의 밝고 쨍쨍거리는 소리가 록 뮤지컬에 사용되는 경우는 거의 없다. 대신 황금기 뮤지컬의 진성과 가성이 섞인 소리(mixed sound)는 종종 록 뮤지컬에서 사용된다. 황금기 뮤지컬의 말투나 화술이 록 뮤지컬에서는 현대적이고 좀더 가볍게 변모했음에도 말이다. 많은 지도자들이 주의를 주고 있듯이, 록 뮤지컬에서는 모음을 발음할 때 성대를 올바르게 사용하는 방법이 중요하다. 건강하게 노래하려면 이 방법을 터득해야 한다.

록 뮤지컬에서 여자의 소프라노 음역은 그야말로 무용지물이다. 록 뮤지컬은 팝/록 장르의 벨트 창법에 어울리는 좀더 낮은 음역을 사용하는데, 이는 대부분의 대중음악이 채택한 장르로, 앞서 설명했던 여성과 남성이 비슷한 음역대를 사용하기 때문이기도 하다. 여성과 남성은 이제 더욱 비슷한 음역대에서 노래한다. 여성에게는 최대의 음량으로 더 높은 음을 낼 것이 점점 더 요구된다. 동시에, 남성의 경우는 테너와 하이 바리톤 음색으로 더 높은 음을 내기를 요구한다. 이는 때때로 바리테너의 음역이라고도 한다. 많은 여성(그리고 남성)은 때때로 소름끼치는 기술적 효과를 위해 엄청나게 높은 음을 내는데, 그렇다 해도 이는 사실 과거의 소프라노 음역이나 남자가 가성의 음역에서 노래하던 것과는 다르다. "달콤한" 소리는 거의 허용되지 않는다.

비브라토 : 록 뮤지컬에서 비브라토는 거의 사용하지 않는다. 록 뮤지컬에서는 곧게 뻗는 스트레이트가 지배적이다. 때로 불가피한 경우, 가수들은 한 음을 길게 끌 때, 거의 끝부분에서 비브라토를 살짝 사용한다. 비브라토는 사실 선택 사항이다. 록 뮤지컬에서 사용되는 대부분의 소리는 압력이 높고 날카로운 쇳소리가 가미된 스트레이트 창법이다.

말투 : 대부분의 록 음악은 미국의 지방색이 강한 블루스나 흑인의 R&B, 또는 가스펠의 영향을 크게 받았다. 만일 〈컬러 퍼플〉에 출연한다면 그 지역의 사투리를 사용해야 할 것이다. 하지만 록 뮤지컬의 스타일로 노래할 때에는 때로는 좀더 강조하거나 때론 약하게 발음해야 하는데 이는 매우 미묘한 작업이다. 'T'를 'ah'로 발음한다든가, 센 'R'을 부드럽게 발음하는 것이 대표적인 예이다. 엘튼 존의 경우, 영국인의 악센트를 사용하면서 미국식 사투리와 말투로 노래한다. 그의 노래를 들어보면 도움이 될 것이다. 그는 록 가수의 전형이라고 할 수 있고, 록 뮤지컬에도 그대로 적용될 수 있다. 그러나 뮤지컬에서는 말할 때와 노래할 때의 차이가 분명해서는 안 된다. 캐릭터의 구체적 상황에 맞게 조심스럽게 조절해야 한다. 록 음악의 가사는 복잡하지 않다. 때문에 정확한 발음보다는 열정에 초점을 맞추는 것이 좋다. 당신이 느끼는 감정이 때로는 가사의 의미보다 더 중요할 수도 있다.

여기서 주의해야 할 점이 하나 있다. 뮤지컬의 가사는 언제나 극을 쉽게 이해할 수 있도록 쓴다는 것이다. 그래야 관객이 무대에 몰입할 수 있기 때문이다. 따라서, 당신은 가사의 전달에 신경을 쓰면서도, 그 작품의 스타일에 어울리는 다양한 말투를 개발해야 한다. 이것이 뮤지컬과 록 콘서트의 다른 점이다.

표현기법 : 록은 두 가지 요소에 큰 영향을 받았다. 첫 번째 요소는 연주에서 중요한 악기의 구성, 즉 리듬 섹션이다. 타악기를 사용하여 심장이 쿵쾅거리는 울림을 주고, 노래를 더욱 리드미컬하게 만든다. 심지어 발라드까지도 말이다. 두 번째 요소는 록 뮤지컬에서는 기본 리듬 체계가 바뀌었다는 것이다. 황금기 뮤지컬의 폭스트롯, 뮤지

컬 코미디에 영향을 끼친 재즈, 그리고 오페레타 대부분의 음악을 보면 각 마디의 첫 번째와 세 번째 박자에 강세를 준다. 그러나 록의 경우 두 번째와 네 번째 박자에 강세를 준다. 그래서 블루스에 기초한 이 리듬은 우리가 음악을 듣고 느끼는 방법을 바꾸어놓았다. 록 음악은 다른 스타일에서는 들어본 적이 없는 그루브(groove) 리듬과 싱커페이션(당김음)이 추가됐다. 이 책의 5부 초반으로 기억을 되돌려보자. 같은 노래를 다른 스타일로 불렀던 연습과제를 떠올려보면, 당신이 스타일을 바꾸기 위해 본능적으로 했던 시도 가운데 하나가 강세에 변화를 준 것이었다는 점을 깨닫게 될 것이다. 조지 코핸의 'You're a Grand Old Flag', 콜 포터의 'All Through the Night' 등의 노래를 들으면서 손뼉을 쳐보자. 자연스럽게 첫 번째와 세 번째 박자에서 손뼉을 치고 있음을 알게 될 것이다. 이번에는 제임스 브라운(James Brown)의 'I Feel Good', 비틀즈의 'She Loves You'를 들어보자. 강세가 바뀌었음을 본능적으로 알게 될 것이다.

표현의 자유로움은 황금기 뮤지컬부터 조금씩 느껴지기 시작하여, 록 뮤지컬에서 급격하게 확장되었다. 이러한 확장이 때로는 옛날 스타일에 익숙한 가수들에게는 버거울 수도 있겠지만, 일종의 자유를 주었다. 단어를 힘주어 발음하고, 늦춰서 노래하고(back phrasing), 가사에 붙어 있는 리듬을 강조하고, 기본 멜로디를 즉흥적으로 바꾸어 연주하는 것 등 이 모두가 자유롭게 표현하기 위한 전략적인 기법들이다. 당신은 밴드 연주자의 즉흥연주처럼 즉흥적으로 노래해야 할 수도 있다. 물론 이것은 연습 과정 속에서 발전시켜야 하며, 음악감독과 연출가와의 협의를 통해 결정된다. 하지만 이러한 표현기법들 모두 록 뮤지컬의 관습이라는 것을 잊지 마라. 록 뮤지컬의 어떤 작곡가도 자신이 하고 싶은 대로 반복과 변주를 마구 사용하진 않는다. 표현의 자유가 많은가, 제한적인가가 문제가 아니라 당신이 스타일을 다루는데 능통한가, 당신이 선호하는 취향은 무엇인가가 중요하다.

신체의 스타일

자세/실루엣 : 록 뮤지컬은 편안하면서도 격식에 얽매이지 않은 반체제적 자세를 취한다. 오페레타가 추구하는 자세와는 가급적 거리가 멀어야 한다. 록 뮤지컬에서 허용하는 자세는 앞서 우리가 다루었던 그 어떤 스타일보다도 오늘날 청소년들의 자세와 훨씬 더 많은 공통점을 가지고 있다.

록 뮤지컬의 전형적인 자세와 실루엣에 대한 감각을 키워야 한다. 이를 위해 한쪽 엉덩이(한쪽 무릎은 뒤로 고정하고 다른 다리에 무게를 약간 실어주면서)로 편안하게 앉고, 가슴도 자연스럽게 하며, 어깨가 약간 처진 자세에 익숙해지길 바란다. 그리고 상점에서 줄을 설 때나 친구와 이야기를 나눌 때, 엄지손가락이나 한쪽 손을 주머니에 넣고, 머리가 한쪽으로 기울어지게 하라. 가장 현대적이면서 격식을 차리지 않은 행동이 록 뮤지컬의 세계관이기 때문이다. 여성의 경우도 마찬가지다. 오늘날 남성과 여성의 캐주얼한 옷차림을 비교해보면 차이가 그렇게 많이 나진 않는다. 이는 다른 스타일과도 비교되는 점이다. 대부분의 여성은 드레스를 입듯이 자연스럽게 바지를 입는다. 어떤 종류의 드레스는 입는 사람이 드물기까지 하다. 헐렁한 셔츠(티셔츠 또는 단추가 달린)가 주를 이루는 패션이다. 거의 대부분의 사람들이 캐주얼 복장에 적합한 굽이 낮은 신발을 신고, 때론 스니커즈와 캐주얼화를 신기도 한다. 캐릭터가 강한 배역(〈렌트〉의 미미 또는 엔젤, 〈지저스 크라이스트 슈퍼스타〉의 예수)을 맡는다면, 캐릭터의 특성을 표현해야 할 것이다. 그러나 이미 이 문화의 편안하고 캐주얼한 본성이 이 캐릭터들에도 깊이 배어 있을 것이다.

록 뮤지컬은 주제와 시대를 확장시키기 때문에, 신체적 특징으로 캐릭터를 표현할 때는 그 시대와 문화의 관습을 록 음악의 관습에 통합시킬 수 있어야 한다. 예를 들어, 〈지킬 박사와 하이드〉와 같은 뮤지컬을 공연하는 배우는 영국 빅토리아 시대의 격식과 록 뮤지컬의 미학에 모두 익숙해야 한다. 〈하데스타운〉을 보면, 저승으로 통하는 입구는 뉴올리언스의 블루스 클럽처럼 보이는 곳에 있다. 이렇게 한 작품 안에 모순된 가치가 공존할 경우 배우는 이 가치들을 통합하는 방법을 명확히 이해하여 작품 속의 삶과 언어를 신체적으로 표현할 수 있어야 한다.

격식의 정도 : 록 뮤지컬은 일반적으로 탈문화적 가치를 고수한다. 의식적이고 의도적으로 격식을 차리지 않는 모습은 록 뮤지컬의 전형적인 특징이다. 허물없이 개인적

공간을 공유하고 가까이 접촉하려는 것도 록 뮤지컬의 특징이다. 캐릭터들 간의 구체적인 관계에 초점을 맞추어 격식의 정도를 조절하자.

제스처의 사용 : 많은 젊은 배우들은 과거의 스타일을 연기할 때 어색해한다. 그 이유 중 하나가 제스처가 정확하게 들어맞아야 하고, 또한 과장되어 있다고 느끼기 때문이다. 록 뮤지컬에서 연기하는 배우들이 집에 있는 것 같은 편안함을 느끼는 것과는 반대되는 현상이다. 사실, 록 뮤지컬의 제스처는 앞서 연구했던 다양한 스타일의 특징을 최소화한 것이다. 록 뮤지컬에서는 대칭적이고 균형 있는 제스처를 반복적으로 사용한다. 예를 들어, 팔을 옆에서 위로 가볍게 움직이고, 다시 아래쪽으로 늘어뜨린다. 그리고 팔을 양쪽으로 쭉 벌리고(십자가에 못 박힌 것처럼), 한쪽 또는 양쪽 팔을 앞으로 뻗는다. 욕구와 고뇌로 가득 찬 노래를 부를 땐 복부 또는 가슴을 어루만지기도 한다.

우리는 이러한 제스처를 볼 때 록 뮤지컬의 전형적인 스타일이라고 인식한다. 하지만 배우는 인식만 하는 것이 아니라 캐릭터를 나 자신으로 만들기 위해 이 제스처를 실제 행동에도 적용할 수 있어야 한다. 그렇게 하기 위해서 배우는 연습 과정의 모든 순간과 자신의 신체 행동을 일일이 구체적으로 기록해야 한다. 역할의 주어진 상황을 당신의 행동과 일치시키고, 작품의 관습과 작품의 스타일이 무엇인지 확실히 이해해야 한다.

스타일/장르의 예

록 뮤지컬은 그 범주가 매우 넓기 때문에 각각의 스타일에 따라 나누어 보면 다음과 같다.

하드록(하드록의 영향이 가미된 것들도 포함) – 헤어, 토미(Tommy), 지저스 크라이스트 슈퍼스타, 헤드윅(Hedwig and the Angry Inch), 렌트, 에비타, 스프링 어웨이크닝, American Idiot

레뷰와 주크박스 뮤지컬(특정 그룹이나 가수의 노래와 연주를 차용하여 만든 뮤지컬) – 맘마미아!(Mamma Mia!), Movin' Out, Leader of the Pack, Smokey Joe's Cafe, Rock of Ages,

Beehive, Buddy: The Buddy Holly Story, Ring of Fire, 올 슉 업(All Shook Up), 저지 보이스(Jersey Boys), Ain't Too Proud

패스티시(Pastiche) 뮤지컬(더 최근에 만들어졌지만, 초기 록 스타일과 같은 사운드를 시도하는 뮤지컬) – 리틀 샵 오브 호러스, 그리스, School of Rock

모타운/R&B – 드림걸즈, The Wiz, 컬러 퍼플, 피핀

소프트 록/팝 뮤직 – 피핀(모타운의 영향을 많이 받음), 가스펠(포크의 영향을 많이 받음), 지킬 박사와 하이드, 스칼렛 핌퍼넬, 레 미제라블, 미스 사이공, 아이다, 위키드, 라스트 파이브 이어스, Songs for a New World, Waitress, Bright Star[블루그래스(bluegrass, 1940년대 미국 남부 켄터키주 블루그래스 지역에서 시작된 음악, 빠르고 경쾌한 리듬과 고음의 하모니가 특징이다. – 역주)의 영향을 많이 받았다.]

16.5.9 ## 자료

위에 열거한 모든 작품의 사운드트랙과 캐스트 앨범.

다음은 영화와 비디오 기록이다.

드림걸즈(2006), 드림웍스(Dreamworks) – 놀즈(Knowles), 머피(Murphy), 허드슨(Hudson) 외

가스펠(1973), 콜롬비아 픽처스(Columbia Picture) – 가버(Garber), 티그펜(Thigpen) 외

헤어(1979), MGM – 윌리엄스(Williams), 새비지(Savage), 골든(Golden) 외

지킬 앤 하이드(2001), 굿 타임즈 비디오(Good Times Video) – 핫셀호프(Hasselhoff)와 브로드웨이 캐스트

지저스 크라이스트 슈퍼스타(1973), 유니버설(Universal) – 닐리(Neeley), 웨더스(Weathers) 외

피핀(1982), VCI 비디오 – 버린(Vereen), 캣(Katt), 피베라(Pivera) 외

렌트(2006), 소니 픽처스(Sony Pictures) – 거의 완벽한 오리지널 브로드웨이 캐스트

Smokey Joe's Cafe(2007), 이미지 엔터테인먼트(Image Entertainment) – 브로드웨이 캐스트

스타 이즈 본(A Star Is Born) – 1976년 버전과 2018년 버전, 록 공연이 어떻게 진화했는지를 확인할 수 있는 훌륭한 자료

주요 가수

: 록

비틀즈

포리너(Foreigner)

로버트 플랜트(Robert Plant)

배드 컴퍼니(Bad Company)

블러드, 스웨트 앤드 티어스
(Blood, Sweat and Tears)

롤링 스톤즈

재니스 조플린(Janis Joplin)

앤 윌슨(Ann Wilson)(Heart)

팻 베네타(Pat Benatar)

앨라니스 모리셋(Alannis Morrisette)

사라 바렐리스

: 리듬 앤 블루스/팝

레이 찰스(Ray Charles)

조지 마이클(George Michael)

빌리 조엘

엘튼 존

존 세카다(John Secada)

제임스 브라운(James Brown)

머라이어 캐리(Mariah Carey)

휘트니 휴스턴(Whitney Houston)

셀린 디온(Celine Dion)

루더 밴드로스(Luther Vandross)

패티 라벨(Patti Labelle)

아레사 프랭클린(Aretha Franklin)

: 포크

밥 딜런

조니 미첼(Joni Mitchell)

사이먼 앤 가펑클(Simon and Garfunkel)

피터, 폴 앤 메리

조안 바에즈

: 소프트 록

제임스 테일러

카릴 시몬(Carly Simon)

마이클 잭슨(Michael Jackson)   린다 론스태드

카펜터즈   아바(ABBA)

: 컨트리 음악

게리 모리스(Gary Morris)   보니 레이트(Bonnie Raitt)

래리 게이틀린(Larry Gatlin)   샤니아 트웨인(Shania Twain)

조니 캐쉬(Johnny Cash)   페이스 힐(Faith Hill)

윌리 넬슨(Willie Nelson)   마티나 맥브라이드(Martina McBride)

돌리 파튼(Dolly Parton)   트리샤 이어우드(Trisha Yearwood)

16.6 — 팝시컬과 주크박스 뮤지컬

16.6.1 — 배경

지난 20년 동안, 뮤지컬에는 두 가지 트렌드가 등장하여 그 영향력을 넓혀왔다. 첫 번째는 우리가 애정을 가지고 '팝시컬'이라고 부르는 것인데, 특정 팝 음악 스타일에 대한 향수를 불러일으키려는 의도를 가지고 만들어진 뮤지컬이다. 이는 팝 음악에서 이것저것 가져와 뒤섞어서 새롭게 만드는 파스티셰 기법을 의도했거나, 때로는 작곡가의 개인적인 음악적 특색 때문이다. 두 번째 트렌드는 주크박스 뮤지컬로, 어떤 작곡가나 어떤 가수의 히트곡들을 모아놓았기 때문에 이렇게 불린다. 서로 관련도 없는 노래들을 드라마의 틀 안에 잘 배치해 놓는다.

두 형식 모두 어떤 뚜렷한 팝 음악 스타일이나 매우 특정한 아티스트를 떠올릴 수 있도록 만들지만, 둘 사이에는 중요한 차이가 있다. 팝시컬은 150여 년 동안 뮤지컬이 잘 해왔던 것처럼 드라마의 큰 틀에서 장면마다의 목적을 가지고 작곡된다. 노래는 드라마의 특별한 순간을 위해 만들어진다. 캐릭터를 드러내고, 이야기를 진전시키며, 갈등을 키우는 등 뮤지컬에서 일반적으로 하는 모든 기능을 수행한다. 이런 뮤지컬의 전

형적인 예로는 〈멤피스〉가 있는데, 1960년대 미국 남부의 록과 리듬 앤 블루스를 떠올리는 작품이다. 또 다른 예는 힙합 문화의 다양한 음악적 질감을 의도적으로 차용하고 있는 〈해밀턴〉이다. 이러한 쇼의 노래는 특정 시대나 음악의 스타일을 충실하게 구체적으로 담아내면서도, 극적인 순간을 위해서 특별히 작곡된다.

반면에, 주크박스 뮤지컬은 서로 관련 없는 히트곡들을 모아서 새롭게 구성하는 방식으로 제작하는 뮤지컬로 드라마의 틀부터 짜는 뮤지컬과는 다르다. 이 뮤지컬의 목적은 어떤 가수나 작곡가, 그룹 또는 이런 비슷한 어떤 것들의 유명한 히트곡들을 활용하여 대중 관객을 끌어들이는 것이다. 이것은 새로 발표된 뮤지컬 곡 가운데 히트곡이 나오는 기존의 전통적인 모델과는 정반대 방식을 취한다. 이것은 프로듀서들이 이미 성공한 노래 목록으로 "되돌아가서" 입맛에 맞는 곡들만 골라 작품을 히트시키려는 영리한 꼼수처럼 보일 수 있지만, 이러한 쇼 중 많은 수가 중독성 있는 이야기, 흥미로운 캐릭터, 단순명료한 드라마 그리고 극작술의 또 다른 강력한 기법을 만들어내는 데 성공했다. 매 시즌 두 가지 범주에 해당하는 더 많은 쇼가 나오며, 똑똑한 뮤지컬 배우는 이런 스타일에서도 적응할 수 있을 것이다.

주크박스 뮤지컬의 다양한 형태

주크박스 뮤지컬은 세 가지 형태로 발전했다. 이 모두는 기존의 팝 히트곡에 의존한다는 공통점이 있다. 첫 번째 형태는 유명한 연주자의 일생을 다루는 전기(biographical) 뮤지컬이다. 〈Million Dollar Quartet〉, 〈Motown〉, 〈Beautiful : The Carole King Musical〉, 〈Ain't Too Proud〉, 그리고 엄청난 성공을 거둔 〈저지 보이스〉가 모두 이 범주에 속한다. 당연히 이러한 쇼는 모두의 우상이었던 스타의 모습을 가능한 한 충실하고 설득력 있게 재현하는 것이 중요하다. 두 번째 형태는 레뷰(revue)로 〈Ring of Fire〉(조니 캐쉬의 앨범), 〈Come Fly Away〉(프랭크 시나트라의 히트 앨범), 그리고 브로드웨이 역사상 가장 오랜 기간 공연된 레뷰인 〈Smokey Joe's Cafe〉[리버(Jerry Leiber)와 스톨러(Mike Stoller)의 초기 록 히트곡]와 같은 예가 있다. 레뷰는 일반적으로 배우들이 오리지널 아티스트를 연기하지 않으며, 대신에 잘 알려진 곡의 새로운 해석에 중점을 둔다. 마지막으로, 세 번째 형태는 북 뮤지컬(book musical)로, 새로운 줄거리 안에 기존의 히트곡을 잘 녹여내어 개연성을 부여한 대본 중심의 뮤지컬이다. 이러한 예로는 〈American Idiot〉[그린 데이(Green Day)의 동명 앨범], 〈올 슉 업〉(셰익스피어의 〈십이야(Twelfth Night)〉에 엘비스 프레슬리의 히트곡을 담아 재구성한 작품), 〈Holler If You Hear Me〉[투팍 샤커(Tupac Shakur)의 노래], 〈브로드웨이를 쏴라〉(1930년대 유명한 곡들), 〈Forever Plaid〉(1950년대 감미로운 하모니의 그룹들), 〈Rock of Ages〉(1980년대 헤비메탈 히트곡들), 〈The Commitments〉[더블린 젊은이들이 부르는 모타운(Motown) 히트곡들], 그리고 이 모든 것들의 대모 격인 〈맘마미아!〉[아바(ABBA)의 히트곡]가 있다. 당신이 참여하는 공연이 어떤 형태이든지 간에, 관객 대부분은 당신이 노래하기도 전에 이미 모든 가사, 음표, 선율을 알고 있으며, 그들은 당신이 매우 특별한 공연을 보여줄 것이라 기대하고 있다. 그들은 이런 노래들을 라이브로 즐기기 위해 극장을 찾는다.

우리가 이 장에서 다루고자 하는 또 다른 형식은 팝시컬이다. 기존의 히트곡을 사용하지는 않지만, 엘튼 존(〈라이온 킹〉, 〈아이다〉, 〈드라큘라〉), 스팅(〈The Last Ship〉), 데이비드 번(David Byrne, 〈Here Lies Love〉)과 같은 팝 음악 작곡가에 의해 만들어진다. 또는 매우 강력한 음악적 색채를 중심으로 만들어지기도 한다. 점점 더 많아지고 있는 이러한 작품들 가운데 몇 개를 예로 들자면, 〈Bloody, Bloody Andrew Jackson〉[이모 록(emo-rock, 펑크에서 파생된 록 음악의 한 장르-역주)을 변형시킨 음악], 〈스프링 어웨이크닝〉(인디 록), 〈시스터 액트〉(팝 가스펠 펑크), 〈High School Musical〉[버블검 팝(bubble gum pop)], 〈알타보이즈(Altar Boyz)〉(보이 밴드 팝), 〈브루클린(Brooklyn)〉(팝 디바), 〈멤피스〉(1950년대 미국 남부의 리듬 앤 블루스/록) 등이 있다.

이러한 뮤지컬들이 앞서 논의한 다른 뮤지컬 스타일과 다른 점은 새로운 도전과 동시에 책임을 배우에게 부여한다는 것이다. 이전의 스타일에서는 연기를 위한 기본이 되는 통일된 가치관과 스타일 패턴을 식별할 수 있었다. 그러나 이 새로운 뮤지컬에서 당신은 연기 또는 흉내 내고 있는 아티스트의 대표곡이나 새로운 파스티셰 기법에 사용된 음악 스타일들 각각의 패턴을 명확하게 파악하고, 이런 다양한 가치관과 패턴들 각각을 쇼에서 살려내야 한다.

하지만 한 번 더 말하겠다. 어느 경우든 당신은 기존의 대표곡을 단순히 흉내 내거나 특정 장르의 음악 스타일을 모방하는 정도에 그쳐서는 안 된다. 당신은 여전히 역할을 연기하는 배우로서, 이러한 음악들 뒤에 숨겨져 있는 인물의 목표(존재하는 경우)와 인간의 다면성을 찾아내야 한다. 역할을 맡은 배우의 근본적인 질문은 어떤 면에서 더 중요해지는데, 그것은 겉모양만 흉내 내기 쉬운 캐릭터에 인간성과 다양성을 부여해야 하기 때문이다. 평면적인 캐릭터를 요구하는 작품은 극소수에 불과하다. 프랭키 발리(Frankie Valli)나 캐롤 킹과 똑같이 노래하더라도, 당신은 여전히 그 캐릭터의 삶에서 중요한 순간을 사는 것이다. 작가는 잘 알려진 스타의 삶에서 어떤 부분을 선택하여 캐릭터를 구축한다. 작가의 상상 속에서 엄격하게 계획된 대본 속에서, 실제로 존재하는 역사적인 스타들의 음악 속에서 진실되게 사는 것, 이것이 우리의 목표다.

전기 주크박스 뮤지컬 16.6.3

우리는 먼저 전기 주크박스 뮤지컬을 다룰 것이지만, 여기에서 언급하는 규정들은 다른 주크박스 뮤지컬과 팝시컬에도 대부분 적용된다.

유명 배우가 될 수 있는 기회가 주어진다면, 스타일(보컬과 신체 둘 다)의 기본으로 돌아가서 스타일을 위한 가장 초기의 연습과제(15A와 15B)를 떠올려 보자. 그때 우리는 당신에게 스타일을 선택하고, 그 스타일의 특징을 자신의 것으로 만든 다음, 그룹의 다른 사람들과 그 스타일을 공유하고 서로 조언을 주고받을 것을 권했었다. 당신이 동료 배우들과 공연에서 할 일이 바로 이것이다. 온라인에서 영상과 오디오 자료를 쉽게 찾을 수 있기 때문에, 당신은 자신이 연기하고 있는 스타가 나오는 수십 가지의 자료를 얻을 수 있다. 배우로서 당신의 임무는 이 스타에 대한 전문가가 되는 것이다. 우리가 사랑에 빠진 스타의 매혹적인 보컬이 언제 어떻게 만들어진 것인지, 또는 언제 성형 수술을 했는지 등을 모두 알아야 한다. 〈오즈의 마법사〉에 등장했던 어린 주디 갈랜드(Judy Garland)는 TV 쇼나 팰리스 극장에서 연기할 때의 나이 든 주디와는 완전히 다르다. 스타의 인생 전반의 궤적을 이해하는 것은 당신의 작업이 올바르게 진행되는 데 큰 도움이 될 것이다. 나이가 들면서 생기는 생리적인 변화, 세월의 흐름과 성숙함 그리고 그에 따른 개인적인 음악 스타일의 변천사 등이 여기에 해당한다.

전기 주크박스 뮤지컬의 스타일

이 특별한 도전에 대한 가장 효율적이면서 효과적인 접근 방식은 '15장 : 스타일'로 돌아가서 우리가 개략적으로 설명한 신체와 보컬 스타일에 대한 상세한 목록을 작성하는 것이다. 캐롤 킹, 다이애나 로스(Diana Ross), 제리 리 루이스(Jerry Lee Lewis), 스티비 원더, 엘비스 프레슬리와 같은 대표적인 가수들은 자신만의 독특한 스타일을 고도로 발전시켜서 독보적인 명성을 얻었다. 당신은 고유의 음색, 독특한 무대 습관, 비브라토의 속도, 특이한 얼굴 표정(내면에서부터 일어나서 자연스럽게 드러나야 한다), 제스처, 자세, 실루엣, 그리고 그 밖에 수많은 주요 요소들을 체계화시키고 연구해야 한다. 이것이 그들의 작품 세계를 이루고 있는 것들이고, 관객들이 이것을 무대에서 본다면 당신의 연기에 믿음을 갖게 될 것이다. 이 목록은 철저하고 상세해야 한다.

만일 당신이 전기 주크박스 뮤지컬에 대해 작업하고 있지 않다면, 다음 장을 대비해서 편하게 다룰 수 있는 스타 가수를 한 명 선택하라. 우리는 당신이 선택한 가수의 주요 활동 가운데 최소한 세 가지를 선택하고, 각각 개별적으로 한 번에 하나씩 작업할 것을 권한다. 어쩌면 당신은 가수의 생애에서 서로 다른 시점에 같은 곡을 부르는 여러 자료나 한 시대에 부른 다양한 노래에 대한 자료를 가지고 공부할 수도 있다. 이러한 다양한 자료를 받아들여라. 이것은 당신이 그림을 그리는 데 필요한 다채로운 색깔의 물감이다. 독특한 비브라토를 사용하는지, 그/그녀의 말투과 발음은 어떤 특색이 있는지, 목소리의 높낮이와 음색, 그/그녀를 즉시 알아볼 수 있게 만드는 '–주의(ism)' 같은 사회적 구호 등의 다양한 특징들이 어떻게 상호 작용하고 서로에게 영향을 미치는지를 분석하라. 유명한 공연의 노래를 따라 부르는 것에 익숙해져라. 가능한 한 그 가수의 스타일을 똑같이 따라서 부르려고 노력해라. 마치 당신이 그 가수가 된 듯이, 완벽한 듀엣처럼 불러라. 나중에 다양한 물감을 잘 다룰 수 있게 되면 더 자유로워질 것이다. 그러나 지금은 성실하게 연습하라. 이것은 기계적인 과정처럼 보일 수 있으며, 이 책 전체에서 우리가 권장한 많은 작업과 모순되는 것처럼 보일 수 있다. 그러나 이것은 역할의 주어진 상황에서 자유롭고 진실되게 살아가기 위해 반드시 거쳐야 하는 첫 단계다.

당신이 재현해야 하는 대부분의 대표곡은 원곡의 느낌을 충실하게 살린 가라오케용 반주를 가지고 연습할 수 있다. 이것이 다음 단계다. 스타와의 '듀엣'을 통해 갈고닦은 실력을 당신만의 솔로 공연으로 이어가라. 개인용 컴퓨터나 휴대폰을 사용하여 자신의 목소리를 녹음한 다음, 원곡과 일치하도록 자신만의 공연을 꼼꼼하게 조정하라. 바로크 오페라 가수가 짧은 악절을 부를 때에도 조각가처럼 공을 들이듯이, 전기 주크박스 뮤지컬에서 보컬 스타일을 가사 한 줄도 놓치지 않고 연구하는 것은 지나친 일이 아니다. 당신이 노래 부를 때 진정 편안하고 익숙하다는 느낌을 받을 때까지 연구하고 연습하라.

같은 과정이 신체적 스타일에도 적용된다. 연습실에서부터 스타가 입었던 것과 똑같은 의상을 착용하라. 신뢰할 수 있는 자료 영상(유사한 스타일에 주의할 것)을 보고, 거울이 있는 연습실에서 당신이 연기해야 하는 스타의 신체적 특징을 따라 해보자. 척추/몸통의 라인, 두 팔이 만들어내는 모양, 머리와 시선의 각도, 골반의 방향, 발과 다리가 벌어진 각도 등을 자세히 살펴보고, 당신의 작품 세계에 그러한 신체적 행동을 세밀하고 조심스럽게 적용하라. 이렇게 세세하게 분류하고 체계적으로 연구한다면 그 역할의 본질에 도달하게 될 것이다. 조니 캐시(Johnny Cash)나 팻시 클라인(Patsy Cline)의 영상을 보면서 움직임을 재구성해 보자. 이때 영상의 볼륨을 켜고 영상과 노래를 같이 보다가, 볼륨을 끄고 영상만 보기도 하면서 작업한다. 그들이 기타를 잡고 연주하는 모습, 마이크 스탠드를 잡는 손의 모양, 한쪽 엉덩이에서 반대로 중심을 이동하며 자세를 바꾸는 것을 관찰하자. 이러한 세부적인 사항을 조합하기 시작하면서 자신의 움직임을 녹화하라. 이것을 토대로 평가하고 면밀하게 수정하는 과정을 갖는다. 이 작업이 마무리되면, 이러한 세밀한 움직임으로 인해 관객들은 당신을 그 역할로 믿게 된다. 관객들은 당신이 보여주는 섬세하고 정교한 표현에 놀라게 될 것이다.

고유의 특징들

　이렇게 세부적인 사항들을 단순히 익숙하게 다루는 것을 넘어, 당신 마음대로 조절할 수도 있다. 당신의 공연을 '진짜'처럼 보이게 하려면 스타를 설득력 있게 구현해야만 한다. 그러기 위해서는 각각의 장면마다 그만의 고유의 특징들을 도드라지게 보여줘야 한다. 초창기 엘비스를 연습하는 경우, 입술을 말아 올리고, 미국 남부 출신처럼 그르렁거리면서 바리톤의 음역대로 느리게 말하고, 엉덩이를 빙빙 돌리는 것은 수많은 엘비스의 특징 가운데 일부분이다. 이러한 특징을 실제로 잘 이용하는 사람은 어떤 사람을 모방하여 웃음을 선사하는 코미디언일 것이다. 에텔 머먼을 코믹하게 흉내내는 어떤 여배우는 종종 머먼이 말년에 사용하던 넓은 비브라토나 그녀의 뻣뻣한 움직임, 또는 모음을 길게 늘리며 요들링(yodeling)을 하는 부분을 과장하곤 했다. 이렇게 한 사람의 특정한 단면만을 선택해서 보면 문자 그대로 그 사람의 캐리커처를 그릴 수도 있다. 어쩌면 당신은 〈Forbidden Broadway〉와 같은 쇼에서 이러한 종류의 코믹한 연기를 하게 될 수도 있다. 하지만 좀 더 심각한 드라마라고 해도 이러한 부분은 미묘하게 조절될 뿐이지 여전히 존재한다. 일반적으로 주크박스 뮤지컬과 팝시컬에서는 몇몇 특정 요소만을 과장하고, 나머지는 숨긴다. 어쩌면 당신은 이 특별한 가수가 당신과는 근본적으로 다른 음색을 가졌다는 것을 알게 될 수도 있다. 캐롤 채닝(Carol Channing)의 비명 같은 날카로운 소리를 당신이 내야 한다면 긴 연습과 공연 기간 동안 당신의 성대는 버텨내지 못할 것이다. 그런 경우라면 당신은 그녀의 말투나 발음 또는 특유의 화려한 장식음과 같은 다른 요소에 의존함으로써 설득력 있는 공연을 만들 수 있을 것이다.

심층 탐구

　이러한 세부적인 사항들을 익숙하게 다루고 조절하는 것은 시작일 뿐이다. 어떤 스타도 겉으로 보이는 모습만으로 그 시대의 우상이 되는 것은 아니다. 독특한 목소리와 행동이 매력적이지만, 스타는 문화적으로 본질적인 어떤 것을 전달한다. 이제 당신이 할 일은 당신이 연기해야 하는 우상들의 스타일을 이루고 있는 요소들을 살펴보는 것이다. 프랭크 시나트라는 강인하면서도 부드러운 남성성의 상징으로서 남성의 이상적인 모습을 구현했다. 그는 자신의 목소리를 신중하게 선택하고, 감성적이면서도 남자다운 이중적인 모습을 보이며, 맞춤 양복과 중절모를 쓴 자태로 이를 표현했다. 당신은 그 캐릭터가 살고 있는 세계를 표현하기 위해서 그 본질을 파악하고 적절하게 활용해야 한다. 이것은 당신을 디즈니랜드의 단순한 캐릭터에서 벗어나게 해줄 것이다. 당신은 공연을 살아있게 만드는 배우다. 목소리나 신체 행동 같은 외형뿐만 아니라 내면의 삶까지 전달해야 한다. 사회적 이상과 가치관, 로맨스와 섹스, 미용과 패션, 권력과의 관계, 그리고 연기 관습을 포함한 스타일의 다양한 측면을 살펴봄으로써 등장인물의 행동을 특정 짓는 숨겨진 요인들을 찾아내야 한다. 핵심만 말하자면, 당신은 자신이 연기하는 인물에 대한 자신만의 스타일을 창조해야 한다. 앞서 스타일에 대해 우리가 당신에게 설명했던 것처럼 스타일의 다양한 요소들을 연구하고, 명료하게 표현하라.

여기서 개략적으로 설명한 전기 주크박스 뮤지컬의 역할을 개발하는 과정은 아마도 당신이 접하게 될 뮤지컬 스타일 가운데 가장 세밀하고 계획적으로 구성된 작업일 것이다. 그러나 스타일과 신체 표현이 매우 제한적인 세계 안에서도, 당신은 여전히 많은 자유를 누릴 수 있다. 모든 스타일과 마찬가지로, 이러한 제약은 단지 게임의 규칙일 뿐이다. 그리고 그 게임은 여전히 자유롭고, 활발하게 반응이 오고 가며, 진실되고 열정적으로 살아있는 연기 작업이다. 복고풍의 드라마나 멜로드라마 스타일에서 연기하는 것과 크게 다르지 않다.

주크박스 북 뮤지컬과 팝시컬의 연기 스타일 16.6.7

우리가 앞서 상세히 설명한 스타일의 연기는 다른 어떤 스타일보다도 신중하게 조사해야 하고, 제약도 많았다. 이제 여기에서 다루는 주크박스와 팝시컬 스타일은 훨씬 더 유연하다. 앞서 스타일의 개요에서 밝혔듯이, 우리는 세계관, 문화, 그리고 연기 관습을 기준으로 삼아 스타일을 정의하고 있다. 그러나, 지금 우리 주변에는 현대 음악과 사회 내에서 새롭게 출현한 문화들이 있다. 어떤 경우든지, 주크박스 뮤지컬과 팝시컬의 음악은 사회의 특정 부문에 대한 대중들의 취향을 반영한다. 여기에서 말하는 대중은 1970년대나 1980년대에 '톱 40' 히트곡을 들으며 자란 베이비붐 세대일 수도 있고, 1990년 이후에 태어나 인디 록을 선호하는 사람들일 수도 있으며, 심지어 보이밴드를 우상화하며 자란 사람들일 수도 있다. 우리 대부분은 이러한 여러 구역을 행복하게 차지하고 있으며, 각각의 특징과 문화를 이해한다. 특정 문화의 음악을 활용하는 뮤지컬에서 연기하려면, 인류학적 관점과 공연의 관점 모두를 가지고 음악을 이해해야 한다.

팝시컬과 주크박스 북 뮤지컬 그리고 레뷰 뮤지컬에 영향을 끼친 새로운 문화들을 따지자면 너무 많지만, 사실 아직은 각각의 카테고리마다 하나 또는 두 개의 뮤지컬만 있을 뿐이다. 제작자와 창작자들은 아직 개발되지 않은 틈새시장을 개척하려고 한다. 〈Rock of Ages〉, 〈맘마미마!〉, 〈Forever Plaid〉, 〈올 슉 업〉은 각 카테고리에서 유일한 작품이다. 따라서 모든 쇼에 적용할 수 있는 스타일을 설명하기보다는, 뮤지컬 〈맘마미아!〉의 스타일 요소들을 살펴보고, 그 결과물을 한데 모아 자신만의 스타일을 구축하는 방법을 탐구해 볼 것이다.

계속하기 전에, 대중음악과 관련해서 몇 가지 매우 중요한 문화적 문제들에 대해 이야기하고자 한다. 많은 대중음악이 특정한 민족, 인종 또는 문화 집단에서 유래하며, 그 집단 사람들의 삶이 깃들어있다. 우리가 이러한 스타일로 진입하려면, 이 음악 스타일의 겉으로 드러난 양식뿐만 아니라 왜 이러한 양식을 갖게 되었는지 그 근원을 이해해야 한다. 힙합 음악은 도시에 사는 아프리카계 미국인과 카리브해 이민자들의 문화에서 유래한다. 우리가 이러한 음악적 기법을 사용하려면, 그것이 유래한 세계의 사회, 경제, 문화를 조사해야 한다. 힙합은 이제 풍부하고 다양한 음악적 질감을 가진 지배적인 대중음악 형태가 되었지만, 여전히 문화적으로 특별했던 순간과 경험의 산물이다. 따라서 우리는 그것을 존중하고, 민감하게 다루어야 한다. 또한, 몇몇 특정 역할은 이 음악이 기원한 민족 출신의 배우가 연기해야 한다. 엄청난 성공을 거둔 뮤지컬 〈해밀턴〉은 특정 배역에 유색인종의 배우와 그 쇼의 음악이 가진 문화적 배경을 진정으로 이해하는 배우들로만 캐스팅한다. 이것은 이 쇼가 파장을 일으킨 중요한 이유이며, 만약 이러한 의도 없이 무대 위의 이미지만을 고려하여 캐스팅했다면 실패했을 것이다. 우리의 목표는 진정성, 감응성, 그리고 예술적 특성을 가지고 이러한 스타일의 세계로 들어가는 것이다. 이것은 단순한 인물 묘사와 고정관념이라는 위험에 빠지지 않도록 도와 줄 것이다.

사례 분석 : 〈맘마미아!〉

— 16.6.8

이러한 범주에 속하는 뮤지컬은 그만의 뚜렷한 특징이 존재한다. 〈맘마미아!〉의 경우, 스웨덴 팝 그룹 '아바(ABBA)'의 음악과 그들이 대표하는 1970년대 청년 문화의 특징이 도처에 깔려있다. 따라서 그들의 앨범이나 콘서트가 당신의 주요 조사 대상이 될 것이다. 전성기의 아바는 전 세계적으로 3억 8천만 장 이상의 앨범과 싱글을 판매하며 당시 팝 음악에 강력한 영향을 끼쳤다. 전기 주크박스 뮤지컬의 접근 방식을 따르면, 당신은 그들의 음성과 신체적 규칙을 분명하게 확인할 수 있다. 그러나 그 외에도 더 많은 것들이 존재한다. 왜냐하면 아바는 문화적으로 특별한 순간에 존재했고, 그들의 음악을 들으며 자란 사람들의 기억 속에 소중하게 자리하고 있기 때문이다. 그러한 향수가 〈맘마미아!〉를 성공으로 이끈 중요한 원인이다. 당신은 그 시대 이후에 태어나서 잘 모르거나, 무엇 때문에 그렇게 좋아했었는지 잊어버렸을 수 있다. 그러나 그 뮤지컬의 이상적인 세계로 들어가야 하는 배우로서, 당신은 대본과 그것이 담고 있는 더 큰 문화적 틀을 모두 살펴봐야 한다. 주크박스 뮤지컬이나 팝시컬에서 배역을 맡아 연기하는 것을 꿈꾸는 당신을 위해서 우리는 〈맘마미아!〉를 사례로 들어 이러한 뮤지컬에 어떻게 접근해야 하는지 설명하려고 한다.

가창 스타일

우리는 이 쇼에 적용되는 가창과 신체 스타일의 핵심적인 특징을 하나씩 다룰 것이다.

말투 : 아바의 멤버들에게 영어는 자신들의 모국어가 아니다. 사실, 그들은 미국 사

람들의 일상 대화체를 신중하게 연구하여 가사를 발음했다. 그들이 일상에서 나누는 대화를 자세히 들어보면, 스칸디나비아식 발음의 흔적을 느낄 수 있다(아마도 당신이 연기에 적용할 일은 없을 것이다). 이제 그들의 의도를 알았다면, 당신은 1970년대 미국 '젊은 세대의 말투'를 연구해야 할 것이다. 또한 아바는 마치 한 사람이 부르는 듯한 조화로운 보컬 사운드로 널리 알려져 있는데, 개개인의 노래 습관은 신중하게 제거됐다. 마치 광고용 징글벨을 부르는 것처럼 말이다. 그들의 조성과 발음 그리고 억양은 깔끔하고 통일되어 있으며, 소리에서는 거의 감정이 느껴지지 않는다.

음색 : 아바는 통일되고 조화로운 화음을 추구했다. 이를 위해 멤버의 개성은 축소되었다. 그들의 음악 세계는 '달콤'했고, 로맨틱한 청소년기의 순수함을 반영했다. 적절하게도, 그들이 일관되게 사용한 음색은 부드럽고, 어떤 고통이나 '어두움'도 없었으며, '핑크빛의', '물 흐르듯이', '탄력 있는', 그리고 '달콤한'과 같은 형용사로 간단하게 설명된다. 중성적인 사운드의 시대이기 때문에 여성은 중음에서 고음까지 벨트 창법(진정한 소프라노 음역대가 아님)으로, 남성은 거의 항상 테너 또는 높은 바리톤 음역대로 노래한다. 이것은 청춘남녀의 음역대이며, 청춘의 고뇌란 없는 젊은이의 음색으로 노래해야 한다.

비브라토의 사용 : 아바는 편안하고 미세하게 비브라토를 사용하면서 노래의 첫 음을 살짝 늦게 시작하는데 이를 극단적으로 일치시켰다. 두 명의 여성이 함께 노래하는 부분에서 비브라토의 속도나 시작 부분은 언제나 정확하게 일치한다. 훌륭한 백업 가수처럼, 그들은 개인적인 특성을 피하고 동일한 음색을 선호한다.

표현기법
이 그룹의 히트곡 가운데 가장 인기 있는 노래에는 일반적인 대화체의 음악 기법이 자주 등장하며, 때때로 음악을 중간에 끊기도 한다. 연극적인 음악과는 달리, 팝 음악은 종종 가사의 개연성보다 듣기 좋은 멜로디를 우선시한다. 반면, 아바는 가사를 좀 더 독백처럼 인식한다. 그래서 우리는 그들의 노래에서, 어쩌면 1970년대 중반의 사람들은 그렇게 듣지 않았을 수도 있지만, 말하는 것 같다는 느낌을 받는다.

신체의 스타일

비디오 이전 시대의 팝 음악은 주로 시각적 경험이 아닌 음향의 영역에 존재하기 때문에, 우리는 소리보다 신체적인 측면을 더 자유롭게 상상할 수 있다. 모든 스타일과 마찬가지로, 사회적 관습과 문화적 영향을 알아야 연기를 할 수 있다. 아바의 경우, 비디오 자료가 충분하다. 그러나 뮤지컬이 초연된 1999년과 뮤지컬에 등장하는 도나와 다이나모스의 전성기인 1975년경, 두 시기를 살펴보는 것도 유용할 것이다. 이 두 시대는 당신이 역할의 신체적 표현을 구축하기 위해 연구해야 하는 세계다.

자세와 실루엣 : 이 작품에는 두 가지 스타일이 있다. 첫 번째는 현재 젊은이들 시점의 문화이고, 또 하나는 부모의 문화다. 이는 이야기의 갈등 요소 가운데 하나다. 따라서 당신은 역할을 연기할 때 이러한 차이를 강조하고 싶을 것이다. 엄마인 도나와 그녀의 동료 다이나모스, 그리고 아버지일 수도 있는 세 명의 남자는 모두 어른의 세계에 살고 있으며, 청춘에서 멀어진 것처럼 보인다. 우리가 처음 봤던 어른들의 자세와 실루엣은 나중에 놀랍도록 변화한다. 딸 소피의 경우, 우리는 편안하면서 현대적인, 성인이 되기 전의 신체적 특성을 찾아야 한다. 죽어라 일만 하는 호텔 주인 도나든지, 흥분한 10대 후반의 소피든지, 당신의 자세는 당신의 세대를 반영한다. 도나와 소피의 관계를 볼 때, 그들 개개인과 그들이 속한 세계, 둘 다를 살펴보자. 그러면 당신은 이들은 본질적으로 잘 적응하고 모든 사람과 잘 지내는 조화로운 사람들이라는 것을 알게 될 것이다. 이것은 도시의 불안한 문화가 아니다. 따라서 신체적 태도는 아마도 이러한 문화를 반영할 것이다. 이 작품의 젊은이들과 〈스프링 어웨이크닝〉의 억압된 캐릭터들을 비교해 보자. 완전히 다른 10대의 문화를 보게 될 것이다.

패션과 움직임 : 이 쇼에서 나타나는 현재의 세상 그리고 패션은 도나와 다이나모스

의 과장된 (말 그대로) 디스코 패션과 뚜렷한 대조를 이룬다. 이 쇼의 대부분은 한여름 그리스의 섬 하면 연상되는 샌들을 신거나 맨발의 캐릭터들이 해변에 어울리는 옷을 입고 등장한다. 이것은 가장 편안하고 자유로운 최신 패션으로 매우 자유롭고 격식을 차리지 않는 움직임과 잘 어울린다. 그러나 1970년대의 굽이 높은 디스코 신발과 꽉 조이는 코르셋을 착용해야 하는 글램 록 의상은 매우 다른 방식으로 걷고 움직여야 한다.

관습적인 행동

아바의 공연을 그대로 재현하는 것은 아니지만, 당신은 그들의 행동이 어디에서 비롯되었는지를 알고 싶을 것이다. 아바는 1975년에서 1982년 사이가 전성기였다. 그러나 그들의 시작은 훨씬 이전이며, 상업적인 의도로 구성된 'the Partridge Family'와 'the Osmonds'(도니와 마리 오스몬드를 포함한) 등의 영향을 받았다. 이 그룹들은 매우 상업적인 제작사가 만들어낸 결과물이다. 아바의 동작에 대한 단서를 얻으려면, 1970년대 중반에 큰 성공을 거둔 영화 〈토요일 밤의 열기(Saturday Night Fever)〉나 〈제나두(Xanadu)〉, 또는 〈American Bandstand〉나 〈Soul Train〉과 같은 TV 쇼를 찾아보라. 그리고 문화적인 태도나 의상이 그 인물의 행동과 움직임에서 어떻게 드러나는지 확인하라. 그리고 아바의 공연 영상은 언제나 유용한 자료다.

세계관

이 책에서 다루고 있는 스타일에 대한 개요에는 사회적 이상과 가치관, 로맨스와 섹스에 대한 태도, 그리고 이상적인 아름다움과 패션에 대한 정보가 포함되어 있다. 〈맘마미아!〉에 대한 당신의 작업에도 이를 적용해야 한다. 이야기가 1970년대로 고정되어 있지는 않지만, 그 당시의 문화적 태도는 당신이 연기하는 음악의 모든 것에 영향을 끼치고 있다. 따라서 당신은 이 세계관을 이해해야 하고, 그것이 캐릭터와 작품을 통해, 현재를 살아가는 젊은이의 희망찬 미래를 담은 공연을 통해 전달되어야 한다.

이러한 계획적인 탐구 과정을 통해 스타일의 특징을 명료하게 이해할 수 있고, 실존했던 스타의 삶과 무대라는 허구의 세계가 혼합된 주크박스 뮤지컬에서 배우가 어떻게 연기해야 하는지를 알게 될 것이다.

아래에 열거한 연습과제들은 16장에서 언급했던 모든 스타일에 적용할 수 있다. 스타일을 비교하거나, 역할을 준비할 때 활용해보자.

연습과제 16A

…의 방식으로

당신이 탐구하는 스타일의 방식으로 아래의 상황에 맞게 언어, 몸짓, 노래와 춤, 패션 등을 적용해보자.

- 이성에 구애하거나 이성을 유혹하라.
- 친구, 연인, 사장, 하인, 시어머니(장모), 또는 이 작품의 주인공과 말다툼하라(이 스타일의 자료를 볼 것).

연습과제 16B

…에 대해 들어본 적 있나요

각기 다른 스타일의 작품에서 같은 농담을 시도해보자. 농담을 하면서, 유럽의 오페레타, 길버트와 설리번의 오페레타, 뮤지컬 코미디, 황금기 뮤지컬, 록 뮤지컬의 서로 다른 세계를 머릿속으로 떠올릴 수 있을 것이다. 아마도 각 스타일에 맞는 농담을 다시 생각해봐야 할 것이다. 당신의 행동, 목소리, 관객과 상대배우를 활용하는 방법도 바뀔 것이다.

각기 다른 스타일로 주인공의 결혼식 축배 장면에 이 연습과제를 수행하라.

연습과제 16C

내가 바로 그 모델

성별에 따른 이상적인 의상에 대해 언급한 적이 있다. 여러 스타일 가운데 하나를 택해 이 스타일에 알맞은 의상을 선택하라. 의상과 소품이 작품과 적절히 조화를 이루어야 한다. 중고품 할인매장의 물품을 창의적으로 재활용하는 것도 이 스타일의 실루엣에 접근하는 좋은 방법이다. 기억하라. 스타일을 만드는 것은 의상만이 아니다. 의상을 어떻게 입는가 하는 점도 중요하다!

스타일이 같든 다르든 여러 스타일의 옷을 입은 사람들을 초대해 파티를 열어라. 몇 가지 파티 게임을 만들어 모든 사람들이 서로 교류할 수 있도록 하자. 단 캐릭터를 유지하라. 그리고 문화적 충돌로 인해 무슨 일이 일어나는지 지켜보라.

연습과제 16D

소품을 가지고 노래하라

작품의 배경이 되는 시대의 노래를 알아야 한다. 그 시대의 소품을 사용해서 노래를 불러라. 예를 들어 부채, 망토, 정장용 모자, 지팡이, 마티니 잔, 밧줄, 부케, 마이크 등을 사용한다. 스타일을 표현하기 위해서 소품을 어떻게 활용할 것인가?

연습과제 16E

나의 …을 봐

작품의 스타일이 가장 잘 드러나는 신체 부위를 확인하라. 사랑을 쟁취하기 위한 유혹의 노래나 사랑의 노래를 불러라. 그리고 파트너를 적절히 활용하라.

연습과제 16F

연기 관습

당신이 연구하려는 스타일에서 대중적으로 널리 알려진 곡을 선택하라. 뮤지컬 곡이 아닌, 뮤지컬과 큰 관련이 없는 곡이어야 한다. 그리고 그 곡을 콘서트나 보드빌 또는 낭독하듯이 불러라. 뮤지컬 속의 캐릭터가 부르는 것처럼 해서는 안 된다. 록 스타, 빅 밴드의 가수, 보드빌 여가수 또는 코미디언, 영국의 코믹 뮤직 홀 또는 비엔나 합창단의 솔리스트가 되어 보자. 그 스타일에 영향을 미치는 연기 관습에 집중하라. 그룹의 다른 멤버들은 다른 스타일의 곡을 선택하자. 그런 다음 모두가 차례대로 이어서 부르도록 하자. 다양한 스타일을 어떻게 구체적으로 표현하는지에 주목하라.

연습과제 16G

나에게 약간의 문제가 있어요

당신이 연구하고 있는 스타일에 어울리는 관습과 태도를 유지하면서, 다음의 신체적 문제를 해결하라.

- 누군가 신발을 신는 것을 도와라.
- 누군가 보석을 착용하는 것을 도와라.
- 당신의 술 취한 모습을 감춰라.
- 소변이 급하다.
- 저녁 무렵, 한 쌍의 연인이 외출할 준비를 한다. 당신은 늦었다.
- 뭔가를 훔쳐라(연인으로부터, 라이벌로부터, 사장으로부터).
- 낯선 사람에게서 돈을 얼마 받아내라. 이유를 만들어라.

다양한 신체적 스타일과 가창 스타일을 적용하라. 스타일을 표현하는 데 도움을 줄 수 있는 주요 의상과 몸의 실루엣을 선택하라.

유명한 바베큐 파티

그룹 내의 각 멤버에게는 각기 다른 스타일이 있다. 그리고 모두들 선생님 또는 연출가를 위한 바베큐 파티에 참석해 있다. 모두들 자신만의 이야기와 농담, 노래 등을 선보인다. 멤버 중 한 명이 진행자 역할을 맡는다.

요, 베이비! 난 널 사랑해!

사랑의 메모를 쓰고, 스타일 가운데 하나를 선택해 미래의 연인에게 읽어주는 연기를 하자. 이상적인 상황을 설정하라. 이것을 뮤지컬로 만드는 것도 좋은 방법이다.

당신이 뭘 하든, 내 것이 더 낫다

당신이 선택한 스타일의 세계관이나 공연 관습, 음악이나 연극 등이 얼마나 훌륭한지 논쟁을 펼쳐라. 이 논쟁의 승리자는 당신이다. 그 스타일의 캐릭터로 논쟁에 참가하라. 그리고 지지자들을 획득하라.

스타일의 전형적인 인물

우리가 탐구했던 스타일 가운데 하나를 선택해서 그 스타일에 어울리는 전형적인 인물을 연기해보자. 앞서 7장에서 언급한 전형적인 인물 가운데 하나를 선택하라. 텍스트에서 중립적 스타일의 노래를 선택하라. 또는 강렬한 상황을 수반하지 않는 열린 장면을 선택해도 좋다. 같은 전형적인 인물로 각기 다른 스타일을 연기해볼 수도 있다. 아니면 그룹 내 다른 멤버들이 모두 같은 전형적인 인물로 각기 다른 스타일을 연기해도 좋다.

내가 최고의 스타다

그룹의 멤버에게 각각 스타일을 지정해준다. 그리고 전형적인 인물로서 노래를 부르게 한다. 배우에게 전형적인 인물을 지정해주거나 직접 고를 수 있게 하자. 배우는 특징 있는 노래를 선택해야 한다. 그러나 배우에게 옛것을 재창조하게는 하지 말고, 배우에게 중요한 스타일을 증폭시키도록 요구해야 한다. 에델 머먼의 지저귐, 존 레이트의 마초적인 바리톤, 조엘 그레이(Joel Grey)의 장난꾸러기 같은 매력, 벤 버린(Ben Vereen)의 정신없는 에너지 또는 캐롤 채닝(Carol Channing)의 얼빠짐을 정확히 찾아내고 패러디하라. 그리고 거기에 옷을 입혀라! 브로드웨이에서도 찾아볼 수 없는 당신만의 버전을 만들어라.

스타일의 날

지금 제시하는 일련의 연습과제들은 스타일을 3차원적으로 이해하는 데 도움을 줄 것이다.

그룹을 다시 6개의 소그룹으로 나누고, 앞서 다루었던 스타일 가운데 하나씩를 선택하게 한다. 일주일 정도의 리허설 준비 기간을 갖고, 모두 그 스타일에 몰두하도록 하자.

그룹의 모든 멤버들이 캐릭터를 창조하고, 계속 그 캐릭터에 몰입하는 것이 중요하다. 캐릭터에 이름을 붙여주자. 조 디어의 뮤지컬 코미디에 등장하는 인물의 이름이 조이라고 해보자. 로코 달 베라의 〈길버트와 설리번〉이라는 작품에 스탠리나 자넷, 미치, 또는 마들린이 등장할 수도 있다.

이 연습에서는 오감을 모두 활용해야 한다. 그 시대와 스타일에 어울리는 음식, 음악, 비주얼 아트와 이미지, 의상과 태도, 대중문화 등을 총동원하라. 그리고 모두들 그 당시에 유행했던 춤의 스텝을 배워라. 배우면서 즐겁고 창의적인 시간을 보내라. 이러한 과정을 통해 각 그룹은 짧은 공연(10분이나 그 이상)을 만들게 될 것이다. 시도해보자.

- 지금 여기는 독주회가 열리고 있는 비엔나 풍의 응접실이다. 짧은 축시, 밝은 음악, 약간의 전채요리를 준비하라. 이는 매우 우아한 자리다.
- 이곳은 영국의 뮤직 홀 공연장이다. 길버트와 설리번의 익살스런 노래 가사를 다시 써라. 당신의 극단이나 학급 또는 국가의 정치를 풍자하는 가사로 말이다. 〈미카도〉에 등장하는 곡이나 〈펜잔스의 해적들〉의 'I AM the Very Model of a Modern Major General'을 가지고 시도해보자. 이번에는 각양각색의 무대로 꾸며지는 보드빌 공연장이다. 뮤지컬 코미디 중에서 노래 몇 곡을 선택하자. 콜 포터, 아이라 거쉰 또는 로렌츠 하트의 가사를 재구성해보자. 오늘날의 문화적 가치에서 톡톡 튀는 재미를 가사로 표현하라.
- 이번에는 USO(United Service Organization, 미군 위문 협회 – 역주)의 공연 또는 2차 세계 대전 당시의 라이브 라디오 방송이다. 코미디 단막극, 노래와

춤의 스텝, 사랑을 속삭이는 노래, 집에서 온 편지, 소년들을 고취시키는 찬가들로 채워라. 또한 1950년대의 텔레비전 버라이어티 쇼를 시도해 볼 수도 있다.

● 록 콘서트나 1960년대의 '해프닝', 우드스톡(Woodstock) 콘서트 또는 MTV 비디오(당신이 직접 비디오로 촬영해도 된다)의 형식으로 10분 정도 분량의 짧은 공연을 만들어보자.

직업 배우

- 17장 -
자신만의 히든카드가 있는가?

　대부분의 배우들은 연습실의 거울 앞에서 노래하고 춤추는 데 만족하지 않는다. 그들은 자신의 연기를 관객과 공유하고, 박수갈채를 받는 모습을 꿈꾼다. 많은 배우들은 전문 배우가 되길 간절히 원하고 또 그만큼 무대를 사랑한다. 어떻게 하면 연습실에서 벗어나 전문 배우로 무대에 설 수 있을까?

　우선, 어려운 질문 하나를 해야겠다. 자신만의 히든카드가 있는가?

　어떤 한 분야에서 최고가 되기 위해서는 세 가지 요소가 필요하다. 끈기와 재능, 행운이 바로 그 세 가지 요소다. 그러나 쇼 비즈니스 세계에서 가능성을 보여주기란 여간 힘든 일이 아니다. 수백 또는 수천 명의 사람들이 하나의 배역을 위해 오디션에 참가한다. 반면 계속 증가 추세인 제작비 때문에 공연의 수는 줄어들고 있다. 그 결과, 재능 있는 배우도 오디션을 통해 배역을 따낼 수 있는 기회가 점점 사라지고 있다. 공연 전문 배우들의 단체인 배우조합(Actors' Equity Association)은 많은 극장들과 순회공연을 위해 급여와 노동 환경을 보장해주는 조합이지만, 지금은 근간이 흔들리고 있다. 그래서 고용이 되었다고 하더라도, 임금과 안전 그리고 건강한 노동 환경에 대한 보장은 불확실한 것이 현실이다.

이것이 당신이 직면할 수밖에 없는 힘든 현실이다. 당신은 이 일을 통해서 행복을 얻기 위해서라면 어떤 일이든 할 준비가 되어 있는가? 그렇다면, 도전하라.

현실을 알게 된 지금도 이 책을 읽고 있는가?

그럼에도 도전하기로 결정했다면, 좋다. 이제는 자신에게 비장의 '히든카드'가 있는지 알아볼 차례다. 성공의 열쇠는 당신의 (타고난 축복인) 재능, 당신의 (이미 앞서 중요하게 언급했던) 기술, (당신이 통제할 수 없는) 행운, 그리고 전문 배우에 걸맞은 (당신이 통제할 수 있는) 습관이다. 구체적으로 설명하면 다음과 같다.

- 재능
- 카리스마
- 캐스팅의 기준
- 기술과 노하우
- 시장에 대한 이해와 접근법
- 성공을 위한 자세
- 행운

만약 당신이 쇼 비즈니스 세계에서 경력을 쌓기로 결심했다면, (a) 당신이 이 직업을 간절히 원하고 있거나, (b) 이 분야에 특별한 재능을 가지고 있거나, (c) 누군가 당신의 가치를 알아보고 계약을 제안했기 때문일 것이다.

당신은 성공할 만큼의 충분한 열정, 재능, 그리고 시장 가치를 갖추고 있는지 한번 짚어보자.

이 장을 공부하고 나면, 당신은 다음을 할 수 있게 될 것이다.

- 직업 배우가 될 수 있을지 스스로를 평가할 수 있다.
- 엔터테인먼트 산업에서 당신은 무슨 역할을 맡을 수 있으며, (연기 이외에 당신이 가지고 있

는 기술과 재능까지 포함해서) 당신이 무슨 재능이 있는지를 설명할 수 있다.

- 공연자로서 자신의 가치를 보여주고, 포장하고, 널리 알리고 홍보하기 위한 구체적인 계획을 세울 수 있다.
- 이력서, 프로필 사진, 홍보용 릴스(reels), 웹사이트, 그리고 소셜 미디어와 같은 마케팅 도구를 개발할 수 있다.

재능

사실 재능이 있는지 없는지 알 수 있는 방법은 없다. 게다가 재능을 가르칠 수 있는 방법도 없다. 기교와 기술은 향상시킬 수 있다. 하지만 이를 완성하기 위해서는 이례적인 재능을 타고나야 한다. 그렇다면 재능이 있다고 어떻게 말할 수 있을까? 당신이 받게 되는 비평과 피드백에 주목하라.

연습과제 17A

재능을 어떻게 판단해야 할까?

될성부른 나무는 떡잎부터 알아본다. 무명 배우가 하루아침에 명성을 얻는 일은 굉장히 드문 일이다. 그런데 테크닉도 별 볼 일 없고 심지어 제대로 된 훈련도 받지 않았는데, 어떤 이들은 등장하자마자 이목을 집중시키기도 한다. 다음 질문에 주목해보자.

1. 선생님이 어떤 이야기를 해주는가? 춤과 노래, 연기를 가르치고 있는 선생님에게 가능성을 평가해 달라고 요청하라. 그리고 그 대답에 귀를 기울여라.
2. 직업 배우들이 어떤 충고를 하는가? 알고 있는 연출가나 제작자에게도 같은 질문을 던져보자.
3. 현재 캐스팅이 된 상태인가? 동료와 비교했을 때, 성공적으로 배역을 수행

하고 있는가? 주연(또는 비중이 어떻든 당신이 원하는 역할)을 맡고 있는가? 사람들이 당신의 재능을 어떻게 평가하느냐는 중요하지 않다. 연출자의 캐스팅 여부가 당신이 계속 이 길을 걸어갈 것인지 말 것인지를 결정하는 잣대다.

안 된다는 부정적 대답에 연연하지 않는 것은 일종의 성공을 향한 의지의 표현이다. 그러나 스스로를 속이는 행위는 지금까지 들인 노력에 비해 소득이 없어 공연히 시간만 허비하게 만들 수 있다는 점을 명심해야 한다. 〈아메리칸 아이돌〉 예비 오디션만 보더라도, 쇼 비즈니스 세계에서 상업성이 없다는 평가에 굴하지 않는 사람들을 심심치 않게 발견할 수 있다. 재능은 자신이 스스로 판단할 수 있는 것이 아니다. 그렇다고 엄마의 평가를 신뢰할 수도 없는 노릇이다. 때문에 전문가의 피드백에 집중해야 한다. 바로 이 방법이 연기를 취미로 해야 하는지, 아니면 전문 배우에 도전해도 좋은지 스스로 판단하는 최선의 방법이다.

17.2 — 카리스마

재능도 정의하기 어려운 요소지만, 카리스마도 마찬가지다. 그러나 사람들은 카리스마가 있는 사람을 만나면 단번에 이를 알아챈다. 카리스마는, 무대 위에서의 존재감, 활력, 매력, 마력, 흡인력, 유혹, 자신감, 에너지, 섹시함, 위압감 등으로 부를 수 있다. 앞에 나열한 이 단어들이 바로 배우에게 시선을 고정시키도록 만드는 특성들이다. 문제는 이 특성들이 무대에서 그대로 표현이 되느냐 그렇지 않느냐다. 많은 배우들이 사석에서는 수줍음을 많이 탄다. 그러나 무대에만 오르면 그들의 개성은 온몸에서 발산되어 무대 앞의 풋라이트(footlight)를 뛰어넘어 극장 전체로 퍼져간다. 에너지가 넘치는 활동적인 모습을 카리스마와 혼동하지 말길 바란다. 카리스마는 고요한 순간에 강력하게 드러난다. 재능처럼 카리스마도 부분적으로는 타고나는 경우가 대부분이다. 그러나 이 역시 발전되거나 계발될 수 있다.

캐스팅의 기준과 유형

상품의 관점에서 배우를 본다면 외모와 개성은 부인할 수 없이 중요한 부분이다. 외모와 개성을 보는 일은 사실 사람의 첫인상을 평가할 때 유용한 방법이기도 하다. 외모와 개성이 재능이나 능력과 잘 어우러지면 상품의 가치도 올라간다. 누군가를 평가할 때 우리는 가장 먼저 그 사람의 외모와 개성을 떠올린다. 세밀한 부분은 그 다음이다. 그래서 오디션을 볼 때, 첫인상이 당락을 좌우하는 경우가 많다. 그리고 뮤지컬(그리고 대부분의 다른 공연 예술)의 캐스팅은 오디션 참가자의 유형(type)에 집중한다. '유형'이라는 단어는 캐스팅에서 주로 많이 사용되는데, 배우에게는 부정적인 느낌을 주기도 한다. 배우는 언제나 변화무쌍한 이미지를 추구하기 때문이다. 이러한 심리적 성향 때문에 어떤 역할이든지 자신과 잘 맞을 것이라고 확신하는 배우도 많다. 변화무쌍한 기술은 훈련의 목표 중 하나이지만, 직업 배우의 세계에서는 실제로 그렇게 중요하진 않다. 오디션을 위해 방에 들어서는 순간, 심사위원들이 가장 먼저 알고 싶어 하는 것은 "이 배우가 우리 배역에 어울릴까"이다. 진실을 말하자면, 심사위원들이 그 질문에 대한 답을 당신에게서 빠르게 찾지 못했다면, 당신이 캐스팅될 가능성은 매우 낮다.

작품 대본을 읽거나 음악을 들으면 즉각적으로 캐릭터를 정의할 수 있을 것이다. 그리고 이러한 즉각적인 인상은 실제로 연기를 통해 드러날 수 있어야 한다. 예를 들어, 앤드류 로이드 웨버(Andrew Lloyd-Webber)의 〈오페라의 유령〉을 보거나 듣는다고 하자. 팬텀과 크리스틴의 캐릭터를 즉시 알아차릴 수 있을 것이다. 팬텀은 신비하고 강력한 캐릭터로, 바리톤의 음역이면서도 가성을 내는 능력이 뛰어나다. 크리스틴은 사랑스럽고 순수한 젊은 여성으로 깨끗한 소프라노의 음색을 가지고 있다. 캐릭터에 대한 첫인상은 오디션을 보는 방법과 오디션에서 자신을 어떻게 드러내야 하는지 그 방법을 알려주는 안내자 역할을 한다. 먼저, 당신은 저 배역을 맡기 위해서 스스로가 얼마나 노력하고 있는지 보여주고 싶을 것이다. 그러나 당신이 남자이긴 하지만 바리톤이 아니라면 그냥 집에 있거나 다른 배역의 오디션에 도전하는 게 낫다. 바리톤이긴 하지만 가성이 훌륭하지 않아도 마찬가지다. 그러나 바리톤에 가성 능력까지 겸비하고 있다면 일단 오디션을 보기로 결정해도 좋다. 결정했으면, '내가 이 역할에 맞는가?'라고 스스로에게 질문을 던져라. 역할에 '맞다'는 말은 나 말고는 이 역할에 적합한 사람이 없다는 뜻이다. 비극적이면서도 로맨틱한 팬텀 역할에 맞는 신장과 몸을 갖고 있는가? 키 167cm에 몸무게가 102kg라면 팬텀 역할에는 어울리지 않을 것이다. 노래를 완벽하게 부를 수 있더라도 말이다. 오디션에 참가할 때, 스스로가 그냥 단순히 그 배역에 어울리는 외모를 가졌다고 결론 내려서는 안 된다. 관객들에게 혼란만 줄 것이다. 그러나 팬텀 역이 아니라 〈The Most Happy Fella〉의 주인공 토니 역이라면 이야기는 달라진다. 팬텀 역에는 시각적으로 어울리지 않지만, 토니 역에는 굉장히 이상적일 것이다. 또 다른 경우로, 기술과 신체적인 조건을 포함한 모든 요소들이 이상적이지만 역할에 비해 너무 어리다면, 역시 캐스팅되기는 힘들 것이다[언더스터디(understudy)가 될 수는 있을 것이다]. 여기에 한 마디 덧붙이자면, 재능 있는 학생 몇 명이 있는 학교 작품에서 캐스팅되었다고 오해하면 안 된다. 프로의 세계에서는 제작자가 시장에 있는 모든 인재 가운데에서 캐스팅한다. 고등학교나 대학교에서 팬텀 역에 캐스팅되었을 수도 있지만, 그것이 전문 배우들과 경쟁할 때도 그 역할에 적합하다는 의미는 아니다.

자신의 유형을 고려할 때, 바꿀 수 있는 것과 바꿀 수 없는 것을 정확히 인지할 수 있어야 한다. 가창의 범위는 크게 바뀔 수 없다. 물론 나이가 들면서 발전할 수 있지만, 목소리라는 것이 근본적으로 생리적인 것이기 때문에 바뀌는 것이 쉽지는 않을 것이다. 그러나 음역대를 넓히거나 자신이 가지고 있는 기술을 향상시킬 수는 있다. 신장도 마찬가지로 바꿀 수 없는 부분이다. 신발로 어느 정도 변화를 줄 수는 있지만 말이다. 신장이 180cm의 여성이라면 이에 맞는 역할에 캐스팅될 수 있다. 체격과 신장은 역할에 따라 최고의 선물이 되기도 한다.

우리가 캐스팅의 기준에 관해 이야기한 내용 가운데 한 번도 인종이나 민족을 언급하지 않았다는 점에 주목하자. 현재 캐스팅 관행은 긍정적이며 진보적인 방향으로 놀랍게 발전하고 있다. 다양한 문화와 민족적 배경을 가진 배우들이 한때 백인 배우들의 전유물이었던 역할에 캐스팅되고 있다. 우리는 이것이 긍정적인 발전이라고 생각한다. 당신이 어떤 배역을 훌륭하게 구현할 수 있는 능력이 있다면 원래 그 역할을 맡았던 배우와 다르게 생겼다는 이유로 배제되어서는 안 된다. 즉, 그 쇼에 등장하는 특정 민족이나 인종 또는 문화 집단의 인물은 실제로 그것에 속한 사람이 연기하는 것이 맞다. 과거에는 〈왕과 나〉에서 아시아 캐릭터를 연기하는 배우는 피부에 색을 칠하고 눈 모양을 바꾸는 것이 일반적이었지만, 이제는 더 이상 그렇게 하지 않는다. 배우와 캐스팅 감독은 이러한 관행에서 벗어나야 한다. 현재 일부 쇼에서는 이러한 문제들을 해결하기 위한 요구사항을 계약서에 명시하고 있다. 그렇지 않은 경우라면, 당신은 캐스팅에 대해 불합리한 내용이 있는지 확인하고 또 확인하라. 어떤 역할은 때로 당신보다 다른 사람이 더 어울릴 수 있다는 사실을 받아들여라.

유형이라는 것은 외모 이상의 것들을 요구한다. 당신이 자연스럽게 느껴지는 것이 무엇인지 알아야 한다. 제리 헤르만의 노래를 좋아하지만 빌리 조 암스트롱의 노래를 부를 때는 망연자실할 수도 있다. 록 음악은 편안하지만, 좀더 오래된 황금기 뮤지컬의 음색은 낯설 수도 있다. 유연성이 중요하긴 하지만, 내가 좋아하는 것이 무엇이고 싫어하는 것이 무엇인지 이해하는 것 또한 중요하다. 어떤 유형에 접근했을 때는 무한한 열정과 에너지를 느낄 수 있지만, 다른 유형에 접근했을 때는 무력감을 느낄 수도 있는데, 이를 이해할 수 있어야 한다는 말이다.

유형을 결정하는 네 번째 측면은 (외모, 목소리 그리고 스타일의 취향에 이어) 개성이다. 객관적으로 판단하기 어려운 부분일 수 있지만 잠재적으로 캐스팅에 큰 영향을 미칠 수 있다. 개성은 자신의 본질적인 특성이다. 희망적인지 비관적인지, 걱정이 많은지 태평한지, 어리석은지 진지한지 등 어딜 가고 누구를 만나든 개성은 드러나기 마련이다. 물론 사람은 한 가지 일관된 개성만 갖고 있지 않다. 굉장히 다양한 특징들이 복잡하고도 오묘하게 섞여 있다. 그러나 그중 가장 크게 드러나는 본성이 전체적인 인상을 결정한다. 신뢰할 수 있는 사람들에게서 당신에 대한 솔직한 평가를 듣고 서로 이야기를 나누면 스스로를 정확히 인지하는 데 도움이 될 수 있다. 생기 넘치고 낙천적인 이미지의 젊은 여성이라면 스티븐 손드하임의 〈패션(Passion)〉 중 포스카 역에는 도전하지 않는 것이 좋다. 대신 이 작품의 클라라 역에는 도전해볼 만하다. 아니면 현대적 역할과는 어울리지 않아도 고전적인 뮤지컬의 배역에는 이상적일 수 있다.

다음의 연습과제 17B에서 유형을 결정하는 데 도움이 되는 몇 가지 방법을 제시하고자 한다.

연 습 과 제 1 7 B

기본 프로필

이력서에 필요한 기본 정보로 시작하자.

- 체형(몸무게보다 유용함)
- 키
- 머리카락의 색깔
- 눈동자의 색깔
- 나이(또는 연극계에서 사용하는 완곡한 표현으로 '연령대')

'기본 프로필'이 나와 똑같은 사람이 나 말고 또 누가 있는지 찾아보자. 아마 거의 없을 것이다. 그래도 '유형'이란 위의 특징만으로 결정되는 것이 아니기 때문에, 더 자세히 살펴볼 필요가 있다.

당신에게 맞는 유형을 찾아라

뮤지컬에는 필수적인 유형들이 있다. 이것이 뮤지컬의 특징이다. 당신에게 맞는 유형은 무엇인가?

가창의 유형

1. 자신의 음역대를 파악하라. 억지로 힘을 줘서 부르는 것이 아니라, 기능적으로 가장 훌륭한 소리를 낼 수 있는 음역대를 체크하라.

2. 자신의 음역대와 잘 어울리는 뮤지컬 **캐릭터**를 분류하여 목록으로 만들어라(이는 지속적으로 이루어져야 하고, 계속 확장하고 업데이트해야 한다).

3. 가창 지도 선생님에게 자신의 **목소리**가 어떤 **유형**인지 평가해 달라고 요청하라. 소프라노, 메조, 록/팝 벨트, 믹스 등 어떤 유형에 속하는지 조언을 구하라. 어쩌면 하나 이상의 유형을 소화할 수 있을 것이라고 생각할지 모른다. 완벽하게 할 수 없는 유형은 제외시켜라.

4. 목소리의 유형보다 중요한 것은 자신이 진정으로 잘 부르는 음악이 어떤 종류인지를 아는 것이다. 당신은 하드록 가수인가? 힙합? 페리에(faerie) 팝? 컨트리? 모든 배우에게는 다양한 가능성이 있지만, 어떤 스타일에 더 잘 어울리는지를 아는 것이 중요하다.

5. 2번 자신의 음역대와 어울리는 역할의 목록에서, 이제는 소리의 유형에 맞춰 범위를 축소하라. 예를 들어, 자신의 음역대는 80년대 팝의 벨트 유형에 적합하지만, 소리가 벨칸토에 가깝다면 캐스팅되기 힘들 것이다.

신체적 유형

여기에서는 신체적 캐릭터 유형의 기준을 제시하려 한다. 이 목록을 더욱 많은 하위 카테고리로도 분류할 수 있지만, 일단은 시작이니만큼 상위 카테고리만 제시한다. 그리고 음악의 스타일과 상관없이 이 유형들 대부분은 그대로 적용 가능하다. 당신과 친분이 있는 연출가에게 자신이 어디에 속하는지 물어보라.

- 어린이(20세 이하)
- 사춘기 직전(13~15세)
- 순진한 처녀(앤지뉴)와 젊은 남자 연인. 첫사랑을 하는 캐릭터로 연령층은 보통 16세에서 21세 사이이다. 로맨스, 순수함, 신선함, 이제 막 피어나는 낭만적인 매력 등의 특징을 드러낸다.
- 남녀 주인공. 보통 25세에서 45세의 이 캐릭터들은 매력적이고 낭만적인 경험이 있으며, 세속적이고 세련된 모습이다.
- 개성 있는 남자와 여자. 보통 나이가 좀 있다(30세 이상). 아름다울 수 있지만, 색다르거나 별난 면이 있다. 외모는 이상형과는 거리가 먼 경우가 많다. 키가 크고 마르거나, 작고 다부지거나, 분주하지만 세상 물정을 모르거나, 근육질의 캐릭터가 대표적인 유형이다.

조합
- 자신의 (a)캐릭터 유형, (b)음역대, (c)목소리/스타일 유형과 잘 어울리는 배역의 목록을 만들어라. 이 목록을 연출가나 선생님, 친구들과 공유해보자. 자신이 정확한 선택을 했는지 함께 확인하라.

자, 이제 기초를 넘어서서 더 깊이 들어가자. 당신의 실체는 무엇인가? 이 질문에 대한 답은 언어의 영역을 넘어서기 때문에 굉장히 까다롭다. 그러나 두려워할 필요는 없다. 답을 구할 수 있는 방법은 있기 마련이다. 먼저 이번에는 주변 사람들에게 의견을 구하지 말자. 실체는 대부분(우리가 '첫눈에 반했다'라고 표현하는 것처럼) 첫인상으로 결정된다. 풍부하고 복잡한 개성을 알게 될수록, 첫인상은 사라지기 마련이다. 첫인상은 캐스팅 감독과 관객이 당신을 평가하는 기준이다.

나를 보면 무엇이 떠오르나요?

1. 당신을 보고 어떤 사람이나 유명한 배우가 떠오른다는 말을 종종 들어봤을 것이다. 사람들이 한 말을 기억하고, 패턴을 파악하여 메모하라.

2. 모르는 사람들로 가득한 파티에 친구와 함께 참석하라. 그리고 친구와 역할을 분담하라. 친구는 당신을 모르는 사람들과 자연스럽게 이야기를 하고, 당신을 가리키며 그들에게 이렇게 말한다. "저기 저 사람(당신) 보여요? 누군가 떠오르는데, 생각이 안 나네요." 이렇게 약간 유도하면서 사람들이 이 질문에 함께 고민하도록 만들자. 각자 의견을 말하면 친구는 이를 모두 기억했다가 당신에게 말해주어야 한다.

3. 당신이 전해들은 사람들로 목록을 만들기 시작했다면, 이제 조사를 진행할 차례다. 당신을 보고 떠오르는 사람이 주변 인물이라면, 그 인물의 의상이나 태도, 스타일에 대해 가능한 한 많이 조사하라. 그리고 이렇게 수집한 정보를 가지고 유형을 파악해야 한다.

4. 만약 어떤 배우와 자주 비교가 된다면, 그 배우의 경력을 조사하고 어떤 역할을 맡았는지도 알아봐라. 사람들의 평가도 찾아서 읽어보길 권한다. 그 배우는 당신 나이 때 어떤 역할을 했나? 그 배우를 대표하는 역할은 무엇인가? 인터넷에서 "연극 리뷰, [배우 이름]을 떠올리게 하는, [배우 이름]만큼 훌륭한"과 같은 검색어로 검색하라. 당신과 같은 유형의 또 다른 배우들을 찾을 수 있을 것이다. 그들의 웹사이트를 방문하고, 리뷰를 읽어라. 그들이 연기했던 배역 리스트를 작성하라. 이 중 당신에게 맞는 역할은 몇 개인가? 배역 리스트를 작성했다면, 모든 곳에서 해당 연극에 대한 리뷰를 찾아서 읽어라. 당신에게 어울리는 배역에 누가 캐스팅되고 있는지 주목하라. 그 배우들이 머리를 어떻게 하고 옷을 어떻게 입는지 연구하라. 그들의 사진과 웹사이트 링크를 파일에 저장하라. 그들을 흉내 내려는 것이 아니라, 비슷한 유형의 사람들의 성공 패턴을 배우고, 당신이 이 업계에 어떻게 해야 들어갈 수 있는지를 파악하려는 것이다.

사회학 실험

이번에는 친구와 함께 동네 쇼핑몰이나 공원에서 열린 축제에 가보자. 일상적인 외출복을 입어라. 이제 당신이 해야 할 일은 커피를 홀짝거리거나 책을 읽거나 아니면 상점을 구경하는 일이다. 그동안 친구는 당신 근처에 있는 낯선 사람에게 접근하여 이렇게 말한다. "안녕하세요, 학교 과제로 사회학 연구를 하는 학생입니다. 잠깐 시간 좀 내주시겠어요? 초록색 재킷을 입은 저 여자 보이시죠? 떠오르는 이미지를 몇 가지만 말씀해주세요. 너무 깊게 생각할 필요는 없어요. 그냥 머릿속에 바로 떠오르는 생각들을 말씀해주시면 됩니다. 저 여자에 관한 것이라면 뭐든지 다요."

1. 나이는?

2. 교육 수준은?

3. 사는 동네는(교외, 도시, 시골)?

4. 수입은(또는 사회 · 경제적 계층은)?

5. 가장 좋아하는 TV쇼는?

6. 좋아하는 책은?

7. 취미는?

8. 반려동물을 기를까?

9. 이름은?

10. 별명은?

11. 그녀는 무슨 차를 몰까?

12. 직업은(또는 전공은)?

13. 정치적 관점은?

14. 종교는?

15. 미혼일까? 기혼일까?

16. 이상형은(그리고 당신이 생각하기에 그녀와 잘 어울릴 거라고 생각하는 사람의 유형)?

17. 유머 감각은(그녀는 평소 농담을 좋아할까, 음담패설을 좋아할까. 아니면 아예 농담을 하지 않을까)?

18. 만약 당신이 그녀를 특정한 시대로 옮긴다면, 언제가 좋을까?

19. 그녀를 보면 어떤 사람이 떠오르는가?

20. 영화, 연극, 텔레비전 쇼 등에 캐스팅한다고 하면, 어떤 역할에 캐스팅할 것인가?

시간이 허락한다면 아래에 제시된 캐릭터의 유형 리스트를 읽어보고, 인터뷰하는 사람에게 그녀와 어울리는 유형이 있는지 확인해 보자.

과거에 이루어졌던 사회학 연구에 따르면, 사람들은 일반적으로 어떤 사람의 특징과 특성에 대해 말하는 것을 꺼리지 않는다는 사실이 증명됐다. 그 사람에 대한 어떠한 사실도 전혀 제공되지 않았는데 말이다. 이는 관객이 캐릭터를 보았을 때 무의식적으로 하는 행동이기도 하다. 몇 가지 대답을 얻었다면, 패턴을 찾아라. 만약 자신에 대한 그림이 분명하지 않다면, 이 연습 과제를 활용해야 한다. 더욱 명확한 대답을 듣기 위해서는 구체적으로 질문해야 한다. 이 연습 과제를 반복하면서, 질문을 발전시켜 나가라.

연 습 과 제 1 7 F

유형(Typing)과 전형(Archetyping)들

영화나 텔레비전 분야에서는 캐스팅을 할 때 에이전트의 도움을 많이 받는데, 이들에게는 캐릭터의 유형을 분류할 때 사용하는 용어들이 많이 있다. 다음 표는 가장 일반적인 용어들을 담고 있다. 앞서 연습과제에서 얻었던 반응을 활용하여 자신이 어떤 인상을 주는 사람인지 확인하라. 그리고 '7.5 전형적인 캐릭터'로 돌아가서 자신에게 특별히 어울리는 전형적인 캐릭터가 있는지도 확인하라.

영화와 방송에 나오는 유형들

이 목록은 몇 개월 동안의 캐스팅 분석 자료를 바탕으로 직접 작성한 것이다. 여기에서 놀라운 점은 캐스팅 담당자들이 몇 가지 유형들을 반복해서 사용한다는 것, 그리고 유형에 대한 묘사가 너무나 단순하다는 것이다.

어린 남성

나쁜 소년	옆집 소년	샌님
약자를 괴롭히는 녀석	유행에 민감하고 재기발랄한 젊은이	건방진 녀석
잘생긴 운동부 남학생	똑똑한 젊은이	꼰대 같은 녀석

성인 남성

주인공	좋은 남자	농담을 즐기는 남자
운동을 좋아하는 남자	육체 노동자	교활한 사기꾼
간부	경찰/직업 군인	범죄자/폭력배/건달
아빠	변호사/정치인	촌놈
게으른 의사/간호사	교사/교수	포주
(게임/스포츠) 선수	컴퓨터 천재	징그럽고 이상한 남자
예술가/시인/음악가	영업사원	

어린 여성

공주	어색한/서투른 여자	사이코 같은 옛날 여자 친구
옆집 소녀	순진한 처녀	부잣집 딸
약자를 괴롭히는 사람	똑똑한 소녀	여동생
운동부 여학생	건방진 수재	남부 출신의 어여쁜 아가씨
유행의 선도자	어린 엄마	변덕스러운 외톨이

성인 여성

여주인공	욕구불만의 아내	매춘부 같은 요부
최고의 친구	교사/교수	여성 역할의 레즈비언
운동을 많이 하는 여자	의사/간호사	남자 역할의 레즈비언
관능적인 여신	익살스러운 이웃	수녀
멍청한/섹시한 여자	영업사원	엄격한 도서관 사서
간부/변호사/정치인	예술가/시인/음악가	거지같이 사는 여자
출세주의자/나쁜 년	늦깎이 커리어우먼	엄마가 잘 어울리는 여자/히피
경찰	범죄자	바이크를 타는 귀여운 아가씨
엄마	도시적이고 세련된 여자	

나이 든 배우들

빈집에 남은 부모	종교 지도자	판사
조부모님	영감/노파/치매 노인	지혜로운 노인

현재 상업적인 공연의 캐스팅에 대한 논점을 좀 더 넓혀보자면, 극 문학(뮤지컬을 포함한)은 그 탄생 초기부터 '유형'이라는 개념을 찾아볼 수 있다. 앞서 우리가 7장에서 다루었던 캐릭터 유형 가운데 몇 가지를 여기에 소개해 보았다. 여기에서 다시 되짚어본다면 또 다른 가능성을 발견할 수 있을 것이다. 여기의 유형 가운데 일부는 시대에 뒤떨어졌을 수도 있고, 그 묘사가 너무 뻔할 수도 있다. 우리는 뻔하거나 무신경한 표현을 절대 좋아하지 않지만, 이렇게 과거부터 내려온 유형들이 때론 배우 캐스팅뿐만 아니라 연출 및 연기에까지 도움이 된다는 점을 말하고 싶다.

고대그리스의 원형

위선자	구두쇠	중상모략하는 사람
무례한 사람	혐오감을 주는 사람	거짓말쟁이
소인배	남의 비위를 잘 맞추는 사람	까탈스러운 사람
아첨꾼	사교성이 없는 사람	나쁜 무리와 어울리기 좋아하는 사람
참견하기 좋아하는 사람	겁쟁이	건망증이 심한 사람
잘난 척하는 사람	수다쟁이	미신에 사로잡힌 사람
촌놈	거만한 사람	뻔뻔스럽게 탐욕스러운 사람

코메디아 델라르테의 캐릭터들
(이 캐릭터들에 대한 설명은 7.5.3 참조)

알레키노(할레퀸)	이나모라타(사랑에 빠진 젊은 여성)	프리마 돈나
브리겔라	이나모라토(사랑에 빠진 젊은 남성)	페드로리노
카피타노(허풍쟁이 군인)	판탈로네	라 루피아나(나이 든 여인)
도토레(박사)		

19∼20세기 초기 희극, 멜로드라마, 그리고 민스트럴

(이 캐릭터들에 대한 설명은 7.5.4 참조)

여성의 전형들

앤지뉴	팜므파탈	골드 디거
신데렐라	백치미인	사나운 아내[일명 전투 도끼 battleaxe)]
순수한 마음을 가진 창녀	수브레트	말괄량이
레드 핫 마마	플래퍼	

남성의 전형들

젊은 연인	쥬브나일	로맨틱한 영웅
고귀한 영웅	반(反) 영웅	반항적인 영웅
외로운 영웅	행복한 노예	거만한 노예
어리석은/무지한 노예	공처가	이민족 출신의 코미디언
고결한 야만인	자신감 없는 사람	운동을 많이 하는 사람
외모에 관심이 많은 남자	촌뜨기	전형적인 도시인
악마	여왕	

남녀 공통의 전형들

상식 있고 잘생긴 젊은이	조수(남성 또는 여성)	현명한 어머니/아버지/멘토
사기꾼	고상한 척하는 사람	

나이 든 배우들

빈집에 남은 부모	종교 지도자	판사
조부모님	영감/노파/치매 노인	지혜로운 노인

이러한 용어가 마음에 들 수도 있고, 안 들 수도 있다. 그리고 어쩌면 당신이 기대했던 것과는 다른 사람들의 대답에 놀랄지도 모른다. 하지만 이제 어떻게 하면 다른 사람처럼 보일 수 있는지 그 방법을 알고 싶다면, 가능한 한 이러한 유형에 자신을 맞추기 시작해야 한다. 관객은 결코 틀리지 않는다는 격언을 기억하라. 자신이 스스로를 어떻게 생각하는지, 상대에게 어떤 인상을 주고 싶은지는 상관없다. 반응

의 패턴을 분석했다면, 그것이 당신의 인상이다. 이를 받아들이고 대신 이를 적극 활용하는 방법을 배우길 바란다.

지금까지 모은 정보를 어떻게 처리할까? 그리고 어떻게 유용한 정보로 바꿀까? 이제 정보에 집중할 시간이다. 선명한 그림을 제시해주는 정보는 거의 없다. 그래서 정보를 바탕으로 그림을 선명하게 그리는 일이 중요하다.

연습과제 17G

초점 맞추기

파트너와 함께 작업하라(자기 스스로를 평가하는 일은 힘들다. 객관성이 떨어질 수 있기 때문이다). 그리고 다양한 정보를 수집하라.

1. 앞선 연습과제를 통해 얻은 정보를 유형별로 분류하여 목록으로 만들고, 패턴을 찾아라. 사람들이 당신을 보면서 어떤 배우를 반복적으로 언급했는가? 어떤 역할 또는 어떤 캐릭터 유형이 자주 언급되었는가?

2. 이제 모순되는 부분을 찾아보자. 예를 들어, 어떤 사람은 당신에게서 정직하고 단순한 사람이라는 인상을 받았을 수 있다. 반면 다른 사람은 섬세하고 신경질적인 사람이라는 인상을 받았을 수도 있다. 모순되는 부분을 발견하면 좌절할 수도 있겠지만, 반면 이 조사 과정에서 가장 유용한 순간이 될 수도 있다.

3. 모순된 점을 분석하라. 얼마나 자주, 얼마나 상반되게, 그리고 특별히 어떤 부분에서 모순점이 드러났는가? 어떤 특별한 범위로 문제점을 좁혀나가서, 모순의 중심에 접근할 수 있어야 한다.

4. 자신을 가장 잘 드러내고 있다고 생각되는 가장 강력한 이미지를 선택하라. 그리고 이 이미지를 기준으로 모순점들을 비판적 시각으로 평가하라. 왜 정반대의 대답이 나왔는지 그 이유를 찾아라. "난 ……만 빼면 ……이 될 수 있을 것 같아." 이러한 모순을 없애기 위해 무엇을 수정해야 할지 알겠는가? 머리

스타일에 문제가 있는지(머리 길이와 색깔), 의상, 몸무게, 근육, 메이크업 등을 확인하라. 어떤 요소가 그림을 흐릿하게 만드는지 알 수 있을 것이다.

5. 수정을 거쳐 당신의 실체가 투영된 그림이 명확해졌다면, 위의 사회학 실험을 반복하여 결과가 확실한지 확인하라. 시종일관 일치된 대답을 들을 수 있는 이미지를 만들기 위해서는 몇 번의 시도가 필요할 것이다. 그렇게 시도가 이루어진 끝에 명확한 이미지를 잡게 되면 비로소 당신은 캐스팅될 준비가 된 것이다.

이제 가장 어려운 관문이다. 다른 사람들이 당신을 보듯이 당신은 자기 스스로를 바라본 적이 있는가? 캐스팅이 가능한 유형에 적합해지기 위해서는 자신의 건강과 영양 패턴을 재조정해야 한다는 것을 깨달았을 수도 있다. 콘택트렌즈를 착용해야 할 수도 있고, 염색을 해야 할 수도 있다. 심지어는 모발 이식을 위해 돈을 모아야 할 수도 있다. 지금 당신 모습의 초점이 흐리다면 이를 바로 잡는 일은 당신에게 달렸다. 이게 불가능하면 캐스팅은 힘들 것이다. 무엇을 조절해야 할지 알았다면, 변화를 위해 상식적인 선에서 계획을 세워라.

아마 여기서 '절제'라는 단어를 언급할 필요가 있겠다. 이 과정을 정확하고 철저히 진행하기 위해 생각할 시간을 가져라. 몇 번의 수정과정을 거쳐야 할 것이다. 자신의 선택을 확신하지 못한 채 성형 수술 같은 영구적인 변화를 무턱대고 시도하지 마라. 또한 몸무게나 몸매 같은 문제에 극단적으로 반응하지 마라. 배우의 목표 중 하나가 바로 건강한 몸을 유지하는 것이다. 강박적인 행동이나 극단적인 다이어트 또는 무절제한 약물 남용은 피해야 한다. 그런 행동들은 결국 자포자기에서 비롯된 것일 뿐, 장기적인 관점에서 볼 때 절대 지속 가능하지 않으며, 자기 계발에도 도움이 되지 않으니, 부정적인 방법은 시도하지 마라. 대신 꾸준히 훈련하며 장기적인 관점으로 문제를 바라보길 바란다. 급할 필요는 없다.

학생 신분의 배우 지망생들은 이런 문제 때문에 학창 시절을 온통 허비한다. 2주 이상 이 문제에 매달리지 마라. 어떤 내용물이 들어 있는 어떤 상품인지, 그것을 어떻게 포장해서 팔아야 하는지 정확히 파악하기 전까지는 스스로를 공연 시장에 내놓을 준비가 되지 않았다는 사실을 인정하라. 이는 매우 중요하니 주의해야 한다.

기술과 노하우

나만의 히든카드는 반드시 필요하다. 그리고 무엇이 히든카드인지 알아야 한다. 당신은 뮤지컬에 필요한 노래, 춤, 연기 세 가지 분야의 기술에 통달해야 한다. 만일 당신이 이 세 분야에서 갖추고 있는 기술 간의 격차가 심하다면, 캐스팅이 어려울 수도 있다. 또한 한 분야에서 높은 수준의 기술을 보유하고 있다면, 이를 전문적인 수준으로 유지하도록 끊임없이 노력해야 한다.

연습과제 17H

기술 목록

우리는 재능이 아니라 기술에 대해 말하려는 것이다. 이 점을 기억하라. 기술은 측정할 수 있고, 증명할 수 있다. 당신이 훌륭한 재능을 부여받았다고 할지라도, 피루엣 3회전을 깔끔하게 수행하지 못할 수도 있다. 그것이 기술이다. 기술은 긴장하지 않고 자신 있게, 그리고 지속적으로 할 수 있는 능력을 말한다. 이것을 명심하라.

아래에 제시하고 있는 영역 별로 정확성, 유연성, 파워와 우아함으로 나누어 도표를 만들고 자신의 등급을 매겨보자(직업 배우들에게 적용되는 최고 수준을 기준으로 삼자).

춤

1. 피루엣(Pirouette)
2. 투르 앙 레르(Tours en l'air)

---

3. 점프(발롱, ballon)

4. 파트너링(Partnering work)

5. 포앵트(Pointe work)

6. 물구나무서기

7. 핸드스프링

8. 뒤 공중제비

9. 평균 이상의 탭 댄스 실력

10. 탭 댄스의 풀백(Pullbacks) 스텝

11. 탭 댄스의 윙(Wings) 스텝

공중에서 다리를 교차시키는 스위치 립(switch leaps)과 같은 기술이나 힙합, 즉흥적인 탭 댄스, 민속 춤, 스윙 댄스 등의 스타일도 추가할 수 있다. 어릿광대놀음, 저글링, 팬터마임, 아크로바틱, 외발 자전거 타기, 무대 격투술 등의 특별한 기술에도 주목하라.

노래

12. 벨트 창법(고전적인 브로드웨이 뮤지컬, 팝/록)

13. 팝 창법(종류가 너무 많다)

14. 리짓(legit) 창법(황금기 뮤지컬에서 주로 사용되는 힘 있고 유연한 소리 – 역주)

15. 믹스(Mix) 창법(가성과 진성을 혼합하는 창법 – 역주)

16. 음역(당신이 낼 수 있는 가장 낮은 음과 가장 높은 음을 정확히 알고 있어야 한다)

17. 브레이크/팟사지오 – 이 부분을 부드럽게 처리하는 능력

18. 시창

19. 화성

20. 음악이론

21. 건반악기를 다루는 기술

요들, 새가 지저귀는 소리와 같은 기술들, 프리스타일 랩이나 재즈, 또는 스캣 같은 음악 장르를 추가할 수 있겠다. 또한 당신이 연주할 수 있는 다른 악기에도 주목하라(색소폰 연주가 당락을 결정할 수도 있다. 옷장에서 꺼내서 꾸준히 연습하라!).

다 잘하는 사람은 거의 없다. 그러나 캐스팅되는 사람들은 작품에서 요구되는 것들을 거의 다 할 수 있는 사람이다! 한 사람이 여러 가지 특별한 기술을 가질 수 있다. 예를 들어 신체 표현에 능한 광대는 체조 동작이나 무대 격투 기술에도 능하다. 자신이 얼마나 경쟁력 있는 사람인지 평가하라. 어떤 사람들은 재능을 타고 났다. 그러나 땀은 이를 극복할 수 있다. 자, 이제 연습실로 가라. 그리고 캐스팅될 가능성을 높여 줄 수 있는 기술부터 시작해서, 당신이 경쟁력을 갖추는 데 방해가 되는 부분들을 해결해 나가라.

마지막으로 질문해보자. 당신의 연기는 어떤가? 연기란 증명하기 조금 힘든 기술일 수 있다. 가장 중요한 기술에 속하지만, 객관적으로 측정하기가 어렵다. 피루엣 3회전을 할 수 있는지 없는지는 확인할 수 있지만, 연기는 이기고 지는 게임이 아니다. 그러나 배우로서의 성공 여부에는 중요한 열쇠가 될 수 있다. 노래와 춤 실력은 뮤지컬에서 버림받지 않을 수 있는 요소다. 이 실력으로 자신의 내면하고만 소통하고 자기가 믿을 수 있을 때만 표현하려는 것이 아니라면 말이다. 이제 전문가의 모습으로 신뢰를 보여줄 때다.

17.5 ── ## 시장에 대한 이해와 접근법

지금까지 어떻게 하면 당신을 훌륭한 상품(당신이 제공할 수 있는 연기 서비스)으로 발전시킬 수 있는지, 어떻게 그 서비스를 유용하게 만들어 사람들한테 돈을 받고 팔 수 있을지에 관해 논의했다. 이제 그 상품을 시장에 가져가보자. 자신을 판매하는 것이다.

"어떻게 이렇게 비인간적일 수 있지? 난 상품이 아니야." 이렇게 말할 수도 있겠다. 슬프지만, 감상적인 생각은 멀리 던져버려라. 당신은 그냥 상품이다. 쇼 비즈니스 세계를 '비즈니스' 그 자체로 볼 수 있어야 한다. 그래야 생계를 꾸려갈 이유가 생길 것이다. 자신이 훌륭한 배우라 가정해보자. 다른 사람들도 이 점에 수긍해야 한다. 자신이 얼마나 훌륭한 배우인지 본인만 알고 있다면, 그냥 혼자 샤워하면서 노래 부를 것을 추천한다. 자, 이제 밖으로 나오자.

목표를 계획하고 설정하라

비즈니스에서 계획은 필수적인 첫 번째 단계다. 어떤 오디션을 봐야 할지, 어떤 역할로 응시해야 할지, 어떤 훈련에 시간과 돈을 써야 할지 전략적으로 접근하여 자신의 경력을 쌓아가야 한다. 카운터에서 일하다가 아니면 코러스에서 발탁되어 일약 스타덤에 올랐다는 이야기가 여전히 전설처럼 떠돌아다니지만, 대부분의 배우들은 경력을 차근차근 쌓아 성공을 이루어냈다. 그들은 수년 동안 훌륭한 배우가 되기 위해 노력했다. 뮤지컬에서의 성공은 하루아침에 달성되는 것이 아니라는 점을 받아들이자. 그러면 자신의 기술과 경험에 맞춰 올바른 단계에서 시작할 수 있고, 경력이 쌓이기 시작하면서 훨씬 더 큰 행복감을 맛볼 수 있다. 당신이 어떤 대학을 졸업했든, 또는 어느 대학을 다니고 있든, 모든 사람의 경력에는 시작점이 있다.

연습과제 17J

구체적인 계획을 세워라

이번 연습과제는 현재 당신이 어디쯤 있는지를 점검하기 위해 준비한 것이다. 앞서 우리가 다룬 몇 가지 개념과 이번 장에서 다루고 있는 개념들을 활용하자. 이장을 마무리할 때까지 계속해서 다듬고 수정해 나갈 과제라고 생각하라.

현재의 위치

우리 모두는 어딘가에서 출발한다. 자신의 이력서를 보자. 현재 자신의 기술은 어느 정도인지, 이 세계에서의 인맥은, 시장에 대한 지식과 경험은 어느 정도인지 평가해 보자. 아래의 요소들을 참고하여 현재 어느 단계에 있는지 판단하라. 다음은 직업 배우가 끊임없이 탐구하고 연구해야 할 영역들을 간략하게 정리한 것이다.

시장 조사

● 시장을 배우기 위한 도구를 가지고 있다. – 온라인 홍보 간행물 또는 웹사이트, 홍보 책자, 동료

- 누가 누구인지, 누가 무엇을 하는지 등을 알고 있다. – 캐스팅 감독, 창작팀의 구성원, 작가, 제작자들을 공부하라. 창작자와 캐스팅 담당자에 대해 조사하지 않았다면 절대 오디션장에 들어가지 마라. 지금 당장 당신이 속한 커뮤니티부터 시작하라.
- 나의 근거지로 삼고 싶은 곳은 어딘지 결정하라. – 특정 시장에 들어가기 위한 계획
- 뮤지컬뿐 아니라 다양한 공연 활동 계획을 포함시키고 조사하라.

상품 개발

훈련과 조율은 모든 예술가에게 숙명과도 같다. 선택의 폭을 넓히기 위해 새로운 기술을 배우고, 예전에 익혔던 기술을 다시 연마하고, 목소리, 신체, 상상력, 그리고 건강한 정신을 유지하기 위해 기울이는 모든 노력은 평생 계속되어야 한다.

- 경쟁자를 연구하라.
- 누가 캐스팅되었나? 그 이유는 무엇인가?
- 시장이 요구하는 상품이 돼라.
- 당신의 유형을 파악하고 명확하게 만들어라.
- 당신의 기술을 발전시키고 조율하라.

상품 출시 및 판매

- 광고, 프로필 사진, 디지털 메모 카드, 이력서, 웹사이트, 데모, 온라인 포트폴리오
- 동맹관계 – 에이전트, 매니저, 캐스팅 감독
- 인맥을 만들고 관리할 것
- 오디션을 볼 것

공연 중 해야 할 것

- 춤, 노래, 연기를 잘할 것
- 재고용되고 추천받을 것

재정 관리

● 전부 나를 위한 투자다.

● 예산과 계획 – 당신이 처한 상황을 파악하라

지출 명세서를 만들어라. 프로필 촬영부터 댄스 슈즈에 이르기까지 사소한 지출도 모두 기록하라. 통신료와 인터넷 요금, 옷, 화장품, 헤어, 교통비, 수업료, 식대, 집세, 공공요금, 컴퓨터 장비 구입비, 모두 다 말이다.

생계를 위한 일자리

● 생활비를 벌 수 있는 기술이 있는가? 가르치는 일, 과외, 식당 서빙, 바텐더, 비서 등을 할 수 있는가?

● 당신의 진정한 목표가 방해받지 않도록 잘 관리하라.

미래를 준비하라

배우 중에는 선천적으로 지나치게 조심스러워서 비관적인 사람들도 있다. 배우는 열심히 노력해야 하고, 이러한 노력이 성공을 부른다. 하지만 성공이 꼭 유명해지는 것을 뜻하는 건 아니다. 명성은 우리가 노력한다고 얻을 수 있는 것은 아니다. 대부분의 배우들에게 성공이란 쇼 비즈니스계의 안팎에서 다양한 일을 꾸준히 하며 살아가는 것을 의미한다. 당신의 경력에서 어떤 때는 정점도 찍겠지만, 평범한 시기가 더 많을 것이고, 힘든 순간도 있을 것이다. 중요한 것은 지금 무엇을 하고 있는지, 앞으로 몇 년 안에 무엇을 하고 싶은지, 그리고 장기적으로 어떤 목표를 가지고 있는지 끊임없이 고민하는 것이다.

시간이 흐르면서 당신은 어떻게 변할까? 예를 들어 당신은 어떤 유형으로 변했을까? 향후 5년 또는 10년 후 얼마나 발전했을지 예상할 수 있겠는가? 시간이 지남에 따라 당신의 계획은 어떻게 변할 것 같은가?

한 계단씩 올라가라

자신이 지금 어느 단계에 있는지 고민하는 것은 좋은 아이디어를 불러일으킨다. 당신이 가려는 곳이 어디인지, 그 목표에 대한 윤곽을 잡는 것은 매우 중요하다.

당신을 한 걸음 한 걸음 앞으로 나아가게 할 수 있는 계획을 만들어보자.

- 5년 후의 목표를 세워라. 어떤 작품을 하고 싶은지, 어디에서 활동하고 싶은지, 함께 일하고 싶은 사람이나 단체를 구체적으로 적어보자.
- 작년에 당신은 무엇을 목표로 삼았었는지 상기하라.
- 목표에 다다르기 위한 월별 계획을 세워라.

사업 계획을 아무리 빈틈없이 세워도 예상치 못한 행운이 찾아오고, 사사건건 무언가가 끼어들고, 새로운 관심사가 생길 수 있다는 것을 모든 예술가는 이해할 것이다. 끈기 있는 자세도 중요하지만, 당신이 성장하고 변화함에 따라 목표를 위한 계획을 수정할 수 있는 유연함도 필요하다. 인생은 끊임없이 변하기 때문에 계획을 연필로 적어 놓고, 언제든 수정할 수 있도록 하자.

나의 목표는

아래의 문장을 완성하라. 떠오르는 생각을 그대로 적어라. 나중에 영역별로 최대 세 개씩 선택할 것이다.

- 다음 학기(시즌), 나의 ~을 해낼 것이다. (합리적이고, 작은 목표)
- 졸업 전까지, 나는 ~을 해낼 것이다. (2년, 3년, 또는 4년의 기간을 고려한 좀 더 큰 목표)
- 올해, 나는 ~을 해낼 것이다. (체력 향상, 기술 습득, 또는 자격증 취득 등의 목표)
- 5년 이내에, 나는 ~을 해낼 것이다. (더 큰 목표를 세워보자.)
- 각각의 약속("나는 ~을 해낼 것이다"라는 서약)마다, 그것을 달성하기 위한 구체적인 실행 계획을 세워라.

이 계획은 실현 가능한 것이어야 하고, 또한 상황에 따라 유연하게 대처할 수 있는 계획이어야 한다. 그렇다고 자신을 너무 자유롭게 놔둬서도 안 된다. 실제로 가능성이 있다는 확실한 근거가 없는 이상, 이번 크리스마스 전까지 브로드웨이 무대에 주연으로 서겠다는 말을 하지 마라. 그렇다고 또 자신을 너무 싸구려로 취급해서도 안 된다. 그리고 이 업계는 변덕스럽기 때문에, 변화된 환경에도 적응할 수 있어야 한다.

많은 사람들이 자신보다 오랜 경력을 쌓아 온 사람들 가운데에서 멘토나 조언자를 찾는다. 이들은 우리에게 본보기가 되어주고 자신들의 의견을 기꺼이 제공해주는 고마운 사람들이다. 멘토들은 자신이 직접 경험했거나, 주변 사람들이 성공하고 실패하는 것을 보면서 얻은 교훈들을 알려준다. 멘토의 조언을 참고하되, 맹목적으로 다른 사람이 걸었던 길을 따라 하기보다는 자신의 길을 개척하는 것이 중요하다. 이것은 취업 컨설턴트에게 주기적으로 진로 상담을 받는 것과 비슷하다고 할 수 있다. 실제로 전문가를 고용하여 조언을 얻는 사람도 많다.

시장 조사

뮤지컬 〈뮤직 맨〉의 오프닝곡에서 모든 세일즈맨이 동의하듯이, "내 구역을 잘 알아야 한다." 성공한 사업가는 시장을 주의 깊게 살펴보고 중요한 사람이 누구인지, 경쟁상대는 누구인지, 무엇을 제공해야 하는지 명확하게 알고 있다. 성공한 벤처 기업은 소비자의 무엇을 원하는지 이해하고 경쟁사만큼, 혹은 그보다 더 나아지기 위해 노력한다. 이는 쇼 비즈니스계에서도 마찬가지다. 당신을 고용한 사람은 누구인지, 창작자는, 실무자는, 동료는 누구인지 파악하기 위해 업계를 분석해야 한다. 그래서 오디션장에 들어갈 때, 그들이 무슨 일을 해왔는지, 당신의 인맥이 그들과 어떻게 연결되는지 알고 있어야 한다. 또한, 그들이 원하는 것과 싫어하는 것을 파악해서 그에 맞춰 자신을 보여줘야 한다.

당신이 활동하는 지역의 업계 소식지를 꾸준히 읽는 습관을 들여라. 미국에서는 〈Backstage〉(온라인), 〈American Theatre〉, 〈New York Times〉, 〈Playbill.com〉, 〈Variety.com〉, 〈Hollywood Reporter〉, 〈broadwayworld.com〉, 〈Theatre Directory〉,

〈Internet Broadway Database〉(ibdb.com) 등에서 최신 정보를 얻을 수 있다. 영국에서는 〈The Stage〉, 〈After Dark〉, 〈London Theatre Guide〉, 〈Online Review London〉 등에서 주요 정보를 얻을 수 있다. 점점 사라지고 있지만, 연극 전문 서점도 최신 자료를 찾기에 좋은 곳이다. 다만, 출판 및 업계의 내부 소식통은 매우 빠르게 변하기 때문에 지금 추천하는 매체들은 언제 바뀔지 모른다. 특히 온라인 자료의 경우는 더욱 그렇다. 업계가 어떻게 변화하는지 항상 관심을 가져라. 업계 사람들과 관계를 맺고, 그 관계를 유지하면서, 최신 트렌드에 민감하게 반응해야 한다. 당신이 학생이라면, 졸업할 때까지 기다리지 마라. 업계에 일찍 관심을 가지고 배우면 현장에 더 쉽게 적응할 수 있을 것이다. 당신이 현재 배우로 경력을 쌓고 있다면, 동료들 가운데 가장 정보력이 풍부한 사람이 되기 위해 노력하라. 정보는 경쟁력이다. 새로운 대본을 읽고 음악을 듣는 데 시간을 투자하는 것처럼, 매일 업계의 소식을 공부하는 데 시간을 투자하라. 어떤 오디션이 예정되어 있는지와 같은 기본적인 정보 외에도, 누가 그 일에 참여하는지도 알아야 한다. 누가 연출을 하고, 누가 캐스팅을 하고, 어떤 제작사인지, 그 공연의 일정은 어떻게 되는지 알아야 한다. 연출자를 만났을 때, 당신은 그 사람의 과거 연출작에 관해 잘 알고, 그 사람이 추구하는 스타일을 이해하고 있어야 한다. 당신이 어떤 오디션에서 만난 캐스팅 감독이 다른 작품의 캐스팅도 담당하는지, 그 작품에 자신이 어울릴 만한 배역은 있는지를 아는 것은 큰 도움이 된다.

오디션 공지를 보면, 제작진에 대한 정보가 나와 있다. 없다면 당신이 인터넷에서 찾아볼 수 있을 것이다. 어느 쪽이든, 오디션장에 도착했을 때 누구를 만나는지 알고 있어야 한다. 쇼 비즈니스계에서 일하는 사람들에게 열한 번째 계명이 있다면 바로 이것이다. "창작진과 제작진이 누구이고, 그들이 무슨 작품을 만들었는지 모르는 상태로 오디션장에 들어가지 마라."

조사를 하다 보면 뮤지컬 배우에게 유용한 기회를 잡을 수 있는 감각이 생길 것이다. 원래 예상했던 것보다 훨씬 다양할 수도 있다. 다음으로 우리가 소개할 것은 당신이 고용될 수 있는 몇몇 일자리에 대한 정보이다.

일자리

뮤지컬에서 경력을 쌓는 사람이라면 거의 모두 브로드웨이 또는 웨스트 엔드에서의 성공이라는 같은 꿈을 꾼다. 엄청난 예산(그리고 마찬가지로 엄청난 티켓 가격)을 쏟아 부을 수 있는 풍족한 제작사의 공연은 아마도 가장 눈에 띄는 일자리일 것이다. 그러나 이러한 공연은 시장 전체에서 아주 극소수다. 브로드웨이에서는 대형 뮤지컬뿐만 아니라 말 그대로 수백 개가 넘는 공연들이 다양한 매체 또는 장소에서 제작된다. 많은 배우들은 이러한 다른 일자리에서 대부분의 시간을 보낸다. 그곳에는 브로드웨이 무대에 아직 서보지 못한 재능있는 뮤지컬 배우들이 존재한다. 그들이 그곳에서 쌓고 있는 경력 또한 브로드웨이 무대에 서는 것만큼 중요하고 가치 있다. 경력을 쌓다 보면 나에게 기회를 제공해 줄 수 있는 어떤 일자리가 있는지 알고 싶어질 것이다. 여기 다양한 일자리 가운데 일부를 소개한다.

조사를 해보면 주요 도시에서는 매주 수많은 오디션이 열린다. 물론 그중에는 브로드웨이 쇼나 배우조합의 지방 순회공연을 위한 오디션도 있지만, 여름 극장, 쇼케이스, 지역 극장 공연, 콘서트, 아동극 순회공연 등의 오디션이 훨씬 더 많다. 무대 경력을 쌓기 시작할 때는 이런 유형의 공연에서 일할 기회가 훨씬 많을 것이다. 이러한 곳에서 경력에 도움이 되는 인맥을 만들고, 프로 의식을 배우고, 다양한 환경에서도 장기 공연을 소화할 수 있는 체력과 끈기를 기를 수 있다.

물론 대형 뮤지컬의 오디션도 볼 수 있고, 봐야 하지만, 아직 그런 오디션을 통과하기에는 준비가 부족할 수도 있다는 점을 염두에 두어야 한다. 그래서 이런 종류의 오디션을 보면서 경험을 쌓고, 함께 오디션을 보는 실력 있는 배우들에게 배우고, 연출가, 안무가, 음악 감독, 그리고 캐스팅 담당자들이 무엇을 원하는지 주의 깊게 살펴라. 이 모든 과정을 오디션 보는 법을 배우는 무료 수업이라고 생각하라. 하지만 탈락할지도 모른다는 생각 때문에 스스로에게 너무 부담을 주지 말자. 준비가 되었다면, 합격할 것이다.

그때까지는 지방의 소규모 공연, 여름 휴양지 공연, 극장식 식당, 테마파크 공연, 심지어 수준 높은 지역 극단에서 배우로 활동하면서 좋은 경험을 쌓을 수 있다. 이런 곳에서 만족스럽고 도전적인 역할을 소화하면서 자신감, 경험, 그리고 좀더 경쟁이 심한 쇼 비즈니스계에서는 얻기 힘든 기술을 습득할 수 있다. 한 단계를 마스터했다면, 다음 단계로 나아갈 준비가 된 것이다. 이 모든 것은 평생의 배우 활동을 위한 탄탄한 기초를 다지는 일이다.

어떤 일자리가 당신에게 유용할지를 조사하고, 그중에서 가장 좋은 공연을 목표로 삼아 경력을 쌓을 계획을 세우자. 당신이 존경하는 성공한 친구들을 만나 그들이 선호하는 제작사는 어디인지, 함께 일하며 배울 점이 많은 연출가는 누구인지 들어라. 계절이 바뀌고 해가 갈수록, 좋은 작품을 하고 경력을 쌓으면서 성장하는 자신을 발견하게 될 것이다. 그리고 지난 여름 테마파크에서 함께 일했던 멋진 동료들도 당신과 함께 성장해 나가는 것을 보게 될 것이다. 배우 생활 초기에 맺은 관계는 당신이 앞으로 성장해 나가는 동안 가장 소중한 인연이 될 것이다.

이제부터 우리는 당신이 시작하기 좋은 몇몇 일자리를 살펴보려고 한다.

17.7.1 ── 아동극

중요도에 비하면 눈에 덜 띄는 쇼 비즈니스 분야가 바로 아동극 산업이다. 보통 4세에서 13세의 아이들을 대상으로 제작되는 아동극은 대중문학과 고전문학을 각색하여 선보이기도 한다. 만약 당신이 60분짜리 뮤지컬 〈니콜라스 니클비(Nicolas Nickelby)〉를 공연하게 된다면 4명의 다른 배우들과 무대 감독과 함께 밴을 타고 투어를 다닐 것이다. 무대 감독이 총괄하는 이 공연에서 당신은 특이한 모자와 재미있는 보이스로 12명의 다른 캐릭터를 연기하게 될 것이다. 이러한 경험은 배우로서 창의력을 향상시키고 개인적으로도 발전할 수 있는 기회를 제공한다. 그리고 쇼 비즈니스의 한 부분으로서 다양한 연기 환경, 캐릭터 그리고 관객을 다루는 방법도 배울 수 있을 것이다. 시어터 워크 USA(Theatreworks USA), 아메리칸 패밀리 시어터(American Family Theatre), 네브래스카 순회 극단(Nebraska Theatre Caravan) 등의 회사는 매년 수많은 투어로 경력과 명성을 쌓았다. 여기서 만나게 되는 배우들은 대체로 대학을 갓 졸업한, 열정으로 가득 찬 사람들이다. 그들은 때론 힘들고 고된 투어공연도 마다하지 않는다. 규모가 더 큰 회사의 경우에는 당신에게 배우조합 카드를 제공할 수도 있는데, 이는 후반부에 다시 설명하도록 하겠다.

야외 공연

미국의 어느 지방을 가든 영웅의 용감한 모습을 그린 대규모 역사드라마를 최소 한 편은 찾을 수 있을 것이다. (오하이오 토착 인디언을 기리는) 〈Tecumseh〉 (스페인 이주민들을 기리는) 〈The Sword in the Land〉이나 〈젊은 링컨(Young Abe Lincoln)〉, 아니면 50명 이상의 사람들이 말에 올라타 원형 극장에서 불화살을 쏘는 공연 등이 있다. 어떤 공연이 되었든 젊은 배우들에게 장기 공연이나 대극장에서의 연기, 그리고 스펙타클한 요소 등을 경험할 수 있는 기회를 제공할 것이다. 게다가 이 공연들은 자체로 재미있다. 야외 공연 협회(The Institute of Outdoor Theatre)는 해마다 이 공연들의 공동 오디션을 연다. 더 많은 정보를 얻고 싶다면, 웹사이트에 방문해 보자.

테마파크 공연

테마파크 공연과 크루즈 공연은 연기 스타일이 비슷해 같은 경력을 쌓을 수 있지만, 바다에 나가 있지 않는 테마파크 공연은 개인적 시간을 가질 수 있다는 장점도 있다. 계절별로 공연이 이루어지기 때문에 오프시즌일 때는 개인 트레이닝이나 다른 극장 일을 할 수도 있다. 월트 디즈니 월드(Walt Disney World)와 같은 몇몇 테마파크는 배우조합(Actors' Equity Association)의 관할권 아래 있지만, 대부분은 조합에 소속되어 있지 않다. 하지만 젊은 배우들에겐 꽤 괜찮은 급여를 제공한다. 굉장히 더운 날씨에도 두꺼운 의상을 입어야 하는 경우는 야외 작업만큼이나 힘들 수 있다. 그러나 몇 달 만에 수백 번의 공연을 경험할 수 있다는 장점이 있다. 전통적인 극장의 경우라면 수년은 걸려야 가능한 일이다. 그리고 빠르고 전문적인 연습 일정과 팝 중심의 쇼는 당신의 레퍼토리, 기술, 그리고 체력을 향상시키는 데 매우 이상적이다.

원형 극장 공연

포 패트롤 라이브(Paw Patrol Live)와 마블 유니버스 라이브(Marvel Universe LIVE!), 디즈니 온 퍼레이드(Disney on Parade)는 여러 가지 면에서 아동극과 비슷하다. 원형 극장 공연(Arena show)은 엄청나게 많은 배우를 채용하는데, 대부분은 큰 캐릭터 의상을 입고 퍼레이드를 하거나, 녹음된 음악과 대화에 맞춰 춤을 추고 립싱크를 한다. 원형 극장 공연은 매우 대중적이고, 수년간 이어지기도 한다. 급여 수준도 괜찮은 편이다. 원형 극장 공연이 열리는 지역에 가서 직접 공연을 관람해보는 것이 최고의 방법이다. 이들의 설명에 따르면 창의력과 표현의 자유가 다른 유형의 공연보다는 제한되어 있다는 것을 알 수 있다. 그럼에도 역시 배울 수 있는 점이 많다. 장기공연은 완전한 헌신과 직업정신을 요하기 때문에 이 부분을 배울 수 있을 것이다.

크루즈 공연

휴가철이 되면 수십 가지의 크루즈 여행 상품이 나오는데, 이 여행 기간 동안 유람선에서 브로드웨이나 〈TOP 40〉 스타일의 레뷰, 그리고 심지어는 완전한 뮤지컬을 공연하기도 한다. 이것은 모두 고객을 위한 엔터테인먼트 패키지의 일부분이다. 크루즈 공연은 전통적인 공연과 마찬가지로 모든 기술과 재능을 요구한다. 배우들은 종종 한 번에 세 개의 공연에 참가하기도 하고, 혼자만 출연하는 자그마한 쇼의 스타가 되어 카바레 무대에서 노래를 부르는 기회를 잡을 수도 있다. 요즘 최고 수준의 창작진, 예를 들어 브로드웨이 연출가, 작가, 그리고 안무가들이 이런 공연에 참여하는 경우가 늘고 있기 때문에, 당신은 이들과 함께 일하고 그들의 지도를 받을 수 있는 기회를 잡을 수도 있다. 크루즈 공연은 다른 일을 할 때도 매우 유용한 체력과 인내심을 배울 수 있다. 이는 배우에게 반드시 필요한 요소이기도 하다. 급여도 괜찮은 편이다. 배 위에서 생활하기 때문에 다른 유형의 공연보다 더 많은 돈을 저축할 수 있을 것이다. 대개 배는 일주일에 한 번 항구에 들른다. 그때, 개인적인 일을 할 수 있다. 아마도 크루즈 공연의 유일한 단점은 며칠 또는 몇 주 동안 배 안에 갇혀 있어야 한다는 점일 것이다. 그리고 크루즈 공연의 계약 기간은 최소 6개월이다. 따라서 그 기간에는 다른 오디션을 보거나 다른 훈련을 받을 수 없다. 이것은 배 안에 머무는 동안 건강을 유지하고 선상에 있는 바나 카지노의 유혹에 넘어가지 않도록 자기 관리에 철저해야 한다는 뜻이다. 그러나 크루즈 공연은, 특히 경력을 쌓기 시작하는 초기 단계에서 이점이 굉장히 크다.

여름 휴양지 공연

연극이나 뮤지컬을 하는 레퍼토리 극단 가운데 몇몇은 1주일이나 2주일 동안 산에서 여름을 보내는 전통을 가지고 있는데, 지금도 여전히 많은 지역에서 볼 수 있다. 이때는 최고의 훈련을 받고 최고의 경력을 쌓을 수 있는 기회이기도 하다. 〈The Foreigner〉의 엘라드를, 〈The 39 Steps〉의 해니를, 〈웨딩 싱어〉의 토미 로비를, 〈The Lion in Winter〉에서 제프리를 연기할 수 있는 완벽한 기회다. 그리고 어느 여름 시즌은 〈뉴시즈〉에서 신문팔이 소년을 하고 있을 수도 있다. 여름 휴양지 공연(Summer stock)은 낮에 연습을 하고, 밤에 공연한다. 대부분 연습이 끝나면 무대 장치를 만든다. 공연이 시작되기 전이나 인터미션에 간이매점에서 음료를 팔기도 하고, 정규 공연이 끝나고 난 후에는 카바레 공연을 한다. 하루 일정이 끝나면 잠을 자고, 다음날 아침을 맞이하며 하루를 시작하는 것이다. 고된 나날처럼 보일지 모르지만 이 훈련은 그 무엇으로도 대체할 수 없는 경험이다. 몇 달 만에 실력이 엄청나게 향상될 수 있다. 여름 휴양지 공연은 평소에 맡기 힘든 역할을 맡을 수 있는 기회를 제공한다. 배우로서의 폭을 넓히고, 기량을 갈고 닦을 수 있으며, 창의력을 키울 수 있다. 다른 유형의 공연과 마찬가지로 여름 휴양지 공연은 고군분투하는 말라깽이 예술가부터 모든 것을 다 갖춘 스타 투어에 이르기까지 장소마다 다양하다. 이렇게 다양한 극을 경험하다보면 투박해질 수도 있고, 장기공연처럼 많은 돈을 벌지 못할 수도 있다. 그러나 이 경험은 그 어떤 보상보다 더 큰 가치가 있다.

극장식 식당

예전의 큰 도시들은 적어도 하나 이상의 극장식 식당이 있었다. 관객은 연회장을 향해 의자를 돌리기 전까지 식사와 디저트, 음료를 즐길 수 있었다. 연회장에서는 왕년의 텔레비전 스타가 오래된 뮤지컬의 주인공을 연기하고 있거나, 외설적인 소극(farce) 이 공연되었다. 지금은 거의 사라졌지만, 스타가 있건 없건 여전히 연극과 뮤지컬을, 심지어 관객이 극에 참여하는 살인 미스터리극까지 고집스럽게 무대에 올리는 극장식 식당이 남아 있다. 이러한 공연들은 열심히 일하는 그 지역의 배우를 고용하는 경우가 많다. 배우들은 훌륭한 극을 만들고, 관객은 생생한 공연을 즐길 수 있는 것이다. 극장 식 식당은 상대적으로 안정된 장기공연(최대 10주까지)을 허용하는데, 이는 배우가 다시 기력을 회복하고 기술을 쌓을 수 있는 기회다. 저녁만찬을 덤으로 먹을 수도 있다. 급 여가 넉넉한 편은 아니지만, 대신 값진 경험을 쌓고, 이력서를 풍성하게 만들 수 있다.

17.7.8 — 기업 공연

많은 대기업들은 여전히 연례 주주총회나 세일즈 미팅을 위한 여흥거리를 준비한다. 그래서 공연 제작사와 계약하는데, 최근에 다큐멘터리 〈Bathtubs Over Broadway〉를 통해 세상에 널리 알려졌듯이 이러한 공연은 보험 상품이나 콜라, 컴퓨터 소프트웨어 등 회사의 수익과 번창을 위해서라면 무엇이든 소재로 활용하고 찬양한다. 단기간에 높은 수익을 올릴 수 있다는 것이 이 공연의 특징이다. 당신은 며칠 만에 55분짜리 공 연을 익히게 될 것이고, 그 공연은 아름다운 호텔이나 컨벤션 센터에서 열릴 것이다. 엄청난 예산이 소요되는 이 공연이 배우에게 주는 장점은 쇼 비즈니스계에서 최고의 가치를 인정받는 사람들과 함께 일할 수 있다는 점이다. 주인공은 톱스타가 맡는 경우 가 대부분이니 말이다. 창조적인 재능은 업계 최고 수준의 공연뿐만 아니라 여기서도 효과가 있다. 능숙한 배우들이 참여하는 만큼 복잡한 음악과 무대에도 쉽게 적응하고 연기한다. 때로 배우는 무대 위에서 강렬한 존재감을 드러냄으로써 자신의 주가를 높 이기도 한다.

17.7.9 — 지역 극장

'지역 극장'이라는 용어는 극장의 범위가 매우 넓기 때문에 그것을 구분하기 위해서 사용되어 왔다. 사실 몇몇 극장들은 여름 휴양지 극장으로 분류되어야 하는데, 순수한 오락물이라기보다는 고품격 예술을 지향하는 우수한 공연을 올리는 극장도 있기 때문이다. 이 경우가 아니라면, 지역 극장들은 주로 고전이나 신작 연극과 뮤지컬, 워크숍, 독회 공연, 교육적인 체험 여행, 그리고 그 밖의 다양한 공연들을 제작한다. 이런 공연은 보통 연중 내내 계속되며 미국 대부분의 큰 도시에는 적어도 하나 이상의 지역 극장이 있다. 점점 캐스팅이 뉴욕에서 치러지고 있는데, 일부 작은 배역만이 해당 지역에서 캐스팅되고 있다. 이런 경우 주체는 뉴욕, 시카고, 또는 LA의 대형 제작사다. 하지만 어떤 극장들은 진정한 지역적 정체성을 가지고 있으며, 그 지역의 배우들을 캐스팅한다. 당신이 특정 지역에서 활동한다면 어떤 극장이 어떤 특징을 가졌는지 자연스럽게 알게 될 것이다. 이러한 작업은 매우 보람 있고, 대중적으로 사랑받는 고전의 리바이벌 작업에 참여할 수 있는 기회가 된다. 지역 극장과의 관계도 돈독해질 것이고, 계속해서 이 극장에서 올리는 작품에 참여할 수 있는 가능성도 높아질 것이다. 많은 극장들이 대학 졸업생들을 위한 인턴십 프로그램을 연중 운영하고 있다. 인턴들은 연기를 하거나, 대역을 맡거나, 매표소 업무 또는 판매 등 다양한 일을 하는데, 근근이 생활을 유지할 수 있을 만큼의 주급을 받으며 배우 경력을 시작하는 방법을 배운다. 급여 수준이 천차만별인데, 이는 관객의 수와 극장의 수입에 따라 달라진다. 배우조합은 이러한 지역 극장에서 벌어질 수 있는 분쟁에 적극적으로 개입하여 조정하는 역할을 하고 있으며, 극장과 유용하면서도 공정한 계약이 성사될 수 있도록 노력한다. 지역 극장에서 만든 공연이 수정을 거쳐 뉴욕에서 공연되는 경우가 많아지고 있다. 지역 극장은 공연 산업에서 가장 보편적인 '트라이아웃(시험 공연)' 과정으로 자리잡아가고 있다.

비(非)배우조합 순회공연(미국과 유럽)

17.7.10

뉴욕을 벗어난 곳에서는 '브로드웨이 순회공연'라는 이름을 건 공연들이 해를 거듭할수록 늘고 있다. 이런 공연은 배우조합에 가입하지 않았거나 아직 브로드웨이 무대에서 경쟁할 준비가 되지 않은 배우들이 참여한다. 이런 순회공연은 배우조합 공연과 마찬가지로 주로 대도시의 어떤 장소라든가 연극적으로 의미가 있는 현장에서 공연한다. 사실 단순히 광고나 무대, 의상만을 놓고 본다면 '배우조합 공연과 비(非)배우조합 공연의 차이점은 거의 없다고 말할 수 있다. 그러나 비(非)배우조합 투어는 대부분 경험이 부족하거나 대학을 갓 졸업한 사회초년생을 캐스팅한다. 어떤 학생들은 이 순회공연에 합류하기 위해 학교를 그만두기도 한다.

우리는 이 선택에 반대한다. 먼저 훈련하라. 기회는 졸업을 한 후에도 있을 테니 말이다. 순회공연은 수년간 이어지기도 하고 보수도 그리 나쁘지 않다(건강보험과 연금은 대개 기본적으로 제공된다). 순회공연을 하다보면 일주일을 계획한 중소도시에서 하룻밤만에 떠나야 할 때도 있고, 아주 작은 마을의 고등학교 강당에서 일주일간 머물기도 한다. 버스를 장시간 타는 경우도 있다. 때문에 쉬는 날이나 휴식을 보장할 수 없다. 전문 기술을 쌓을 수도 있지만, 경험 많고 수준 높은 배우가 없는 경우 대학교 수준의 공연물이 나올 수도 있다. 숙련된 배우들과 작업하는 환경에서는 상상도 할 수 없는 일이다. 우리는 배우로서 경력을 쌓기 위해서는 높은 수준을 요구하는 예술가들과 함께 일하는 것이 중요하다고 믿는다. 하지만 이러한 일자리들은 장기적인 관점에서 배우가 되기 위한 하나의 과정으로 많은 이점이 있다.

다수의 유럽 제작자들은 미국의 고전 뮤지컬을 수입하여 장기 순회공연을 만들었고, 미국 배우들을 대거 캐스팅했다. 유럽은 미국 배우조합의 관할 아래 있지 않았기 때문에 자유롭게 배우들을 캐스팅할 수 있었다. 그래서 음악학교를 갓 졸업한 학생부터 브로드웨이 베테랑에 이르기까지 캐스팅 범위가 굉장히 다양하다. 연습이나 공연 환경도 다른데, 부도덕한 제작자를 만난다고 해도 법적 대응책이 따로 없다. 그럼에도 불구하고 이는 좋은 공연과 세계를 보고 경험할 수 있는 훌륭한 방법이다.

17.7.11 ── ### 오프–브로드웨이

오프–브로드웨이(off–Broadway)는 폭넓게 정의될 수 있지만(그리고 대부분 이력서에는 어떤 것이든 다 적어 넣는다), 보통은 뉴욕에서 이뤄지는 공연 제작물을 뜻할 때 사용한다. 그렇다고 이는 브로드웨이 공연을 뜻하는 것은 아니다. '오프–오프–브로드웨이(off–off–Broadway)'라는 용어를 들어본 적이 있는가? 뉴욕 자치구 내에 있지만 오프–브로드웨이보다 좀더 멀리 떨어져 있는 극장들을 말한다. 이러한 극장은 아주 소규모의 실험적 작품을 만들기도 하고, 브로드웨이 공연만큼 규모가 큰 작품을 공들여 개발하기도 한다. 급여도 제작만큼이나 편차가 심하다. 이런 공연의 장점은 세계에서 가장 경쟁이 치열한 캐스팅 시장 중 하나에서 인정받을 수 있다는 점, 창의적인 동료들과 네트워크를 형성할 수 있는 기회, 그리고 새로운 작품을 개발하는 데 참여할 수 있다는 점 등이다.

배우조합 지방 순회공연

오리지널 브로드웨이 공연과 거의 같은 수준의 공연이라고 할 수 있는 배우조합 지방 순회공연은 최고로 재능 있고 숙련된 배우를 캐스팅한다. 급여나 명성 역시 브로드웨이의 공연과 어깨를 나란히 한다. 이런 공연은 공연장 근처에 임시 거주지를 마련해 주거나, LA나 시카고에 몇 달간 '눌러앉는' 경우가 대부분이다.

브로드웨이

'대성공(The big time)', '불야성의 거리(The Great White Way)'라고도 불린다. 맨해튼의 타임스퀘어와 그 주변의 33개 극장을 의미한다. 브로드웨이에서 제작되는 대부분의 공연은 뮤지컬이다. 지난 수년 동안 브로드웨이에서는 '오로지' 뮤지컬만 공연되었다. 브로드웨이 무대에 서는 것이 꿈일 수도 있지만, 브로드웨이는 연극, TV, 영화, 미디어 등 다양한 분야 가운데 하나일 뿐이다. 브로드웨이에서 영원히 일할 수 있는 사람은 없으며, 훌륭한 배우 중에도 브로드웨이 경력이 없는 사람들이 많다.

쇼케이스

쇼케이스(showcase)는 비교적 최근에 만들어진 공연 제작 형태이다. 신출내기 제작자에게 최소한의 급여만을 주면서 뉴욕, 시카고 또는 LA의 소극장에서 짧은 기간 동안 공연을 제작하도록 만드는 방법으로 자리 잡았다. 쇼케이스는, 늘 그런 건 아니지만, 대부분 신인 극작가보다는 연기나 연출, 디자인의 재능을 강조한다. 쇼케이스는 기껏

해야 지하철 요금만 부담하고 그 어떤 비용도 지불하지 않는다. 그러나 에이전트들과 캐스팅 담당자의 눈에 뜨일 수 있다는 희망으로 굶주린 예술가들이 모여들어 성공의 기회를 노린다. 그리고 이따금 에이전트와 계약을 맺는 사람이 나온다. 하지만 기대가 크면 실망도 크다. 그냥 이력서에 뉴욕이라는 한 단어를 추가할 수 있는 방법쯤으로 생각하라. 젊은 배우들은 이 작업을 '오프-브로드웨이'라고 쓰고 싶겠지만, 그렇게 하지 마라. 엑스트라 역할을 맡았으면서 그럴듯한 역할을 맡았다고 말하는 것과 다를 바 없다. 어떤 쇼케이스는 배우에게 공연이나 레뷰에 참여하는 대가로 돈을 요구한다. 배우가 돈을 내고 출연한다면, 에이전트가 만나러 올 거라는 생각이다. 그러나 이런 쇼케이스는 피해야 한다. 대부분은 배우에게 비용을 지불하게 하고, 제작자는 대표작이라고 부를 만한 작품이 한 편도 없는 경우다. 실망스러울 뿐 아니라 젊은 배우에겐 지출이 너무 클 수도 있다. 한편, 당신이 돈을 지불하면 에이전트가 당신의 연기(보통 짧은 작품 몇 개)를 보고 개인적인 피드백을 제공하는 오디션 쇼케이스가 점점 많아지고 있다. 이런 쇼케이스는 기대만큼 효과가 없는 경우가 많지만, 이제는 업계의 한 부분으로 자리 잡았다.

17.7.15

워크숍

주요 제작자들 대부분은 배우조합에서 제공하는 워크숍(workshop)을 통해 작품의 창작 그룹에게 연습 기회를 제공하고, 초기 단계의 작품을 발표하는 장으로 활용하기도 한다. 새로운 연극이나 뮤지컬의 개발 과정에 참여하면, 배우는 최소한의 급여나 공연 수익 중 일부를 받을 수 있다. 수익이 있을 경우 말이다. 1970년대에 처음 등장한 워크숍이란 개념을 가장 성공적으로 활용한 예가 바로 〈코러스 라인〉이다. '워크숍'이라는 단어에는 발전 가능성이 있는 작업을 연습해본다는 의미가 함축되어 있지만, 때로는 단순히 연습시간을 갖는다거나 실제 제작비보다 비용을 적게 들인 공연이라는 것을 의미하기도 한다. 최근의 여러 주장을 통해 이러한 프로젝트가 가진 문제점들이 드러났다. 그럼에도 워크숍은 새로운 작품을 발전시키고 미래의 삶을 이야기하고 있는 작품 속 역할을 창조해낼 수 있는 하나의 기회다.

카바레

자기 홍보를 하려면 돈은 없어도 계속해서 많은 비용이 들어간다. 그렇기 때문에 뉴욕과 런던, 그 밖의 주요 도시(그리고 몇몇 휴양지)에 있는 카바레 무대에 오르는 배우들이 소수이긴 하지만 꾸준히 있다. 카바레에서 배우는 자신의 연기에 대한 정체성을 발전시킬 소중한 기회를 잡을 수 있다. 또한 전통적인 극장에서는 허용하지 않는 방법을 실험하며 관객과의 친밀한 관계를 만들 수 있다. 대개 배우 혼자서 45분에서 60분 정도 무대에 서는데, 무대에는 배우와 피아니스트 겸 음악 감독만 오른다. 전통적인 극장에서 연기하는 배우들도 카바레 무대에 선다. 이런 종류의 무대 경험이 주는 여러 가지 장점이 있다. 관객 앞에 서서 직접 말을 건네는 것에 익숙해지고 자신감이 생기며, 전통적인 연기의 틀에서 벗어나 스스로를 드러낼 수 있다. 당신은 관객 앞에서 완전히 노출된다! 대부분의 클럽에서 고객은 입장료를 내고 입장한 후, 배우를 보려면 두 잔의 음료를 주문해야 한다. 배우는 입장 수익의 일부를 받는다. 많은 카바레 배우들이 이 돈으로 생계를 유지하고 있다. 어쨌든 이 경험은 다른 어떤 경험과도 다르고, 이를 발판으로 크루즈 공연이나 콘서트 무대에 설 수도 있다. 잠재력이 있기 때문이다.

지금까지 뮤지컬에서 경력을 쌓으려는 당신을 위해 직면할 수 있는 다양한 공연 중 일부만 제시했을 뿐이다. 그리고 이 분야 중 한 곳에서만 일하는 사람은 없다. 경력이란 매우 다양한 경험을 통해 쌓는 것이다.

오디션 찾기

오로지 젊은 배우들에게 체계화된 오디션 기회를 제공하는 것을 목표로 하는 수많은 단체들이 있다. 이런 단체는 말 그대로 수백 개의 여름 휴양지 극장들과 일반 극장들의 오디션 정보를 갖고 있다. Eastern Theatre Conference(SETC), New England Theatre Conference(NETC) 그리고 United Professional Theatre Auditions(UPTA) 등을 예로 들 수 있다. 지방 순회공연을 위한 오디션(Straw Hat Auditions, 보통 뉴욕에서 열린다)도 있다. 어떤 오디션은 대학교 봄방학 스케줄에 맞춰서 진행된다. 웹사이트에 방문하면 오디션 참가 정보를 얻을 수 있다. 이것은 엄청나게 인기가 많기 때문에 참가하려면 몇 달 전에 미리 등록해야 하고, 현장 오디션 기회를 얻기 위해서는 온라인 심사를 거쳐야 한다. 참가비가 환불이 안 되는 경우도 있다. 사진, 이력서(어떤 단체는 지원서 양식을 따로 제공하기도 한다), 지도교수의 추천서를 하나 내지 두 개 정도 준비해야 한다.

실수는 금물이다. 이런 오디션에는 온갖 사람들이 다 모인다. 당신 말고도 수백 명의 사람들이 이 오디션에 참가한다. 시간제한이 매우 엄격하기 때문에 제한 시간을 1초만 넘겨도 바로 중지된다는 점을 알아두기 바란다. 그러니 시간을 약간 여유 있게 적절히 배분하라. 이러한 종류의 오디션을 경험해 보는 것은 매우 중요한 일이고, 오디션을 통과하는 방법도 터득할 수 있다. 오디션이 끝나면 전 지역의 극장이 그날 1차 합격자를 게시한다. 그 후 방마다 돌아다니며 미래의 고용주와 만나게 될 것이다. 여기서도 콜백(callback, 캐스팅 담당자가 그 배우를 더욱 세밀히 관찰하기 위해 2차 혹은 3차 오디션에 그 배우를 부르는 것을 의미한다. 이때 지정 대사나 지정곡을 제시하기도 한다. – 역주)을 받는다면, 최고의 여름방학 아르바이트를 얻을 수 있을 것이다.

17.9 — **일자리를 파악하라**

몇 가지 일자리 제안을 받는다. 어떤 제안을 수락해야 하는가? 어떤 것이 좋은 일자리일까? 만약에 당신이 배우로 성공하고 싶다면, 이 일자리가 자신에게 도움이 될지 안 될지 판단해야 한다. 이 일자리가 더욱 뛰어난 제작자를 만날 수 있는 기회를 제공하는지, 주요 연출가와 안무가의 관심을 끌 수 있는지, 한 단계 더 발돋움할 수 있는 기회인지 말이다. 더불어, 몇 가지 주의해야 할 사항이 있다.

컴퓨터 폴더나 노트에 당신에게 제안이 들어온 작품에 대한 정보를 기록하라. 대부분의 극장에는 공연 일정과 기본 정보를 담은 전단지나 책자가 구비되어 있다. 최종적으로 함께 일하자는 제안을 받으면, 출연료도 중요하긴 하지만 그 이상의 것들을 고려해야 한다. 모든 공연 분야의 고용 계약서(혹은 단지 협상 과정이더라도)에는 다음 사항이 포함되어야 한다.

- 출연료는 일주일 단위로 계산하는가? 어떤 제작사는 기간별이 아니라 작품당 얼마씩 계산하기도 한다. 출연료를 받는 날짜는 언제인가? 가장 좋은 것은 공연 도중에 받는 것이다.

- 출연료는 어떤 주기로 받는가? 매주? 2주일? 아니면 달마다 받는가?

- 근처에서 수표를 현금으로 바꿀 수 있는가? 당신의 은행 계좌로 바로 입금되는가?

- 제공받는 주거 공간은 어떠한가? (개인 전용인지, 개인 전용에 가까운지, 욕실은 공용인지 등)

- 주거 공간에 추가되는 요금이 있는가? 이는 협상이 가능하다.

- 부엌과 냉장고가 있는가? (잘만 하면 수백 달러를 절약할 수 있다.) 그렇지 않다면, 전자레인지는 가져갈 수 있는가?

- 인터넷은 제공되는가? 아니면 합리적인 요금으로 이용 가능한가?

- 제작사에서는 고용 시점부터 운송수단을 제공하는가?

- 교통비를 제공하는가? 당신의 교통비에 준하는 금액을 현찰로 요구할 수 있다. 그리고 그 돈을 당신 소유의 자동차 연료비로 쓸 수 있다.

- 당신 소유의 자동차가 필요한가? 식료품 가게나 세탁소를 갈 때 필요한 운송수단이나 차를 제공하는가?

- 어떤 역할을 연기하게 되는가? (미리 확인하라.)

- 당신은 부가적으로 다른 일을 맡게 되는가? (무대 전환수, 바텐더, 식당 웨이터, 아동극이나 카바레 배우, 무대 제작 등)

- 연습은 기본적으로 하루에 몇 시간을 하는가?

- 공연은 몇 회 하는가?

- 개인 신발이나 부분 가발, 또는 다른 의상이 필요하다면, 사용료나 세탁비는 제공하는가?

- 제작사 측에서 계약을 파기할 때는 얼마나 전에 미리 알려주는가? 그리고 만약 당신에게 다른 좋은 기회가 생겨서 그만둬야 할 때는 얼마나 전에 제작사에 알려야 하는가?

계약 기간을 채우지 못하고 그만둘 경우 위약금을 내야 하는가? (계약서에서는 이를 "계약 해지(out)" 조항이라고 한다.)

위 질문 중에서 합리적이지 않은 질문은 없다. 한 계절 이상 진행되는 작업이라면 제작사 측은 몇 번이고 모든 질문에 대답할 것이다. 너무 심한 것 아니냐고 걱정할 필요는 없다. 모두 계약서에 포함된 내용들이다. 그렇다, 계약서에 있는 말들이다. 어떤 제작사든 이러한 질문들에 대한 답변을 담은 서면 계약서를 반드시 제공해야 한다. 제작사 측 대표와 당신 둘 다 서명한 계약서 없이는 그 극장에 갈 필요가 없다. (왕복 티켓을 제공하지 않으면 순회공연에 합류하지도 마라.) 법적인 계약서 없이 배우에게 그 어떤 것도 요구할 수 없다. 그들이 막무가내라면 예의 바르게 일자리를 거절하면 된다.

계약하기 전에 꼼꼼하게 조사하라. 거의 모든 제작자, 극단, 창작자들에 대한 정보는 인터넷에서 찾아볼 수 있다. 다른 사람들이 남긴 후기나 평판을 찾아서 읽어라. 뜬소문과 사실을 잘 구분하면 어떤 곳인지 파악하는 데 도움이 될 것이다.

당신이 일자리를 얻고자 한다면, 당신과 고용주 사이의 기브 앤 테이크(give and take), 즉 주고받는 협상이 중요하다. 어떤 예술가들은 협상에 소극적인데, 일자리 제안을 받은 것을 자신이 은혜를 받았다고 생각하거나, 특별한 요구를 하는 것 같아서 부담스럽거나, 심지어 더 많은 돈을 요구하면 일자리를 잃을까 봐 두렵기 때문이다. 이것이 결국 우리가 에이전트와 대리인을 두는 이유다. 그전까지는 스스로 협상에 임해야 한다. 다음은 협상을 준비할 때 염두에 두어야 할 몇 가지 유용한 원칙이다.

- 일자리를 제안받았다는 것은 그들이 당신을 필요로 한다는 뜻이다. 당신이 계약조건에 대해 따지거나 또는 더 나은 조건을 요구한다고 해서 일자리를 잃는 것은 아니다. 설령 거절당한다 해도 "안 됩니다."라는 답변을 듣는 것이 전부다. 일자리 제안은 당신의 가치를 인정한다는 의미이며, 당신은 제작사가 원하는 상품(당신의 연기력)이므로 그들과 동등한 입장에서 협상하라.
- 요구사항의 우선순위를 정하라. 제작사 측에 여러 가지를 요구하고 싶겠지만, 무엇이 꼭

필요하고, 무엇을 하면 "계약 위반"이 되는지 알아야 한다. 요구사항을 표로 만들고 가장 중요한 것부터 순서대로 적어라. 협상할 때는 먼저 간단한 것들(요구조건, 급여 지급 방식, 분장실 환경 등)부터 요구하게 된다. 급여 이야기는 좀더 나중에 꺼내도 된다.

- 사소한 것들 때문에 시간 낭비하지 마라. 냄비와 프라이팬, 베개가 몇 개인지, 내 자리가 창가 쪽인지 같은 사소한 것들을 당신이 요구한다면 제작사 측은 질려버릴 것이다. 당신이 에이전트가 없다면, 가장 중요한 것들에만 집중하라. 마음에 들지 않는 부분이 너무 많다면, 애초에 그 일은 하지 않는 것이 좋다. 그렇지 않다면, 합리적인 선에서 요구하라.

- 중요한 요청을 할 때는 칭찬을 곁들여라. 긍정적인 말로 협상을 시작하고, 요청 사항을 이야기한 다음, 다시 칭찬으로 마무리하는 것이 좋다. 예를 들어, "제안해 주셔서 정말 기쁩니다. 멋진 공연이고 멋진 역할입니다. 다만, 기본적인 생활비를 감당하기 위해서는 주급이 50달러 정도 더 필요합니다. 여러분 모두 좋은 분들이라고 얘기 많이 들었습니다. 꼭 함께 일할 수 있으면 좋겠습니다."처럼 말이다. 물론 진심을 담아서 말해야 한다. 이렇게 하면 긍정적인 분위기 속에서 협상을 진행할 수 있다. 협상 과정에서 너무 긴장할 필요는 없다. 제작자들은 협상에 익숙하다. 공연 시즌마다 수십 번씩 협상하는 것이 그들의 일이다.

- 협상을 하기 전에 친구와 연습하라. 그러면서 중요한 점들을 종이에 명확하게 정리해 보자. 대부분의 협상은 전화나 이메일로 진행된다. 친구와 역할극을 하면서 실제 협상을 하듯이 연습해 보는 것이 필요하다. 협상 경험이 여러 번 있는 친구에게 도움을 요청하는 것이 좋다. 서면으로 협상할 때는 요구사항을 꼼꼼하게 확인하고, 긍정적이고 간결하게 작성하라.

뮤지컬 이외의 경험

— 17.10

배우로서의 경력에는 오디션에 참가했던 경험뿐 아니라 직업으로 활동했던 모든 것이 포함된다. 연극을 비롯해서 영화, 시트콤, 주간 드라마, TV광고, 인쇄물 광고, 온라인 콘텐츠, 오디오북, 해설(내레이터 등의 목소리 출연) 등에서 경험을 쌓을 수 있다. 오디션을 위해서라면 셰익스피어만 준비할 것이 아니라 마술도 할 수 있어야 한다.

다양한 분야에서 쌓은 경험들 모두가 뮤지컬을 준비하는 당신에게는 최고의 훈련이다. 당신은 높은 C음을 내려고 분투하는 와중에도 환경연극에 관한 수업에 참석해야한다. 그리고 자신의 목소리로 녹음된 데모 테이프를 제작할 수 있는 기회를 결코 놓쳐서도 안 된다. 이 부분은 뮤지컬의 여러 분야에 관한 자세한 정보를 제공하려는 이 책의 목적을 뛰어넘는 이야기일 수 있지만, 다양한 경험을 쌓는 것은 배우에게 매우 중요하다. 이를 강조하고 싶다. 당신은 뮤지컬 배우를 넘어서서 그 이상을 해야 한다. 당신에게는 더 많은 기회가 있기 때문이다. 기회를 최대한 이용하라. 당신이 하기에 달렸다.

17.11 — 배우조합

배우조합(Actors' Equity Association)(AEA)은 무대 현장의 배우들에게 매우 중요한 노동조합이다. 당신은 The American Guild of Variety Artists(AGVA), The American Guild of Musical Artists(AGMA), 또는 Screen Actors Guild-American Federation of Television and Radio Artists(SAG-AFTRA)의 보호 아래에서 일하고 있음을 차츰 깨닫게 될 것이다. 이러한 배우조합은 안전한 노동 환경을 감독하고, 예술 활동에 대한 최저임금을 제정하고, 에이전트들을 관리한다. 그리고 건강 보험과 은퇴 후 연금을 관리한다. 직업 배우라면 하나 이상의 조합에 가입되어 있을 것이다.

배우조합의 회원에게는 몇 가지 책임이 따른다. 가입을 했다는 것은 이제부터 당신의 남은 배우 경력 동안 조합에 속해 있지 않은(non-union) 단체의 공연에는 끼어들지 않겠다고 동의한 것이다. 때문에 가입 시기를 고민할 필요가 있다. AEA에는 예비회원제도가 있는데, 가입하지 않고도 배우조합에 가입된 제작사에서 경험을 쌓을 수 있는 프로그램이다. 이러한 프로그램은 젊은 배우와 제작자 모두에게 유용하다. 제작자는 임금을 적게 지불해도 되고, 배우는 숙련된 전문가와 함께 일할 수 있는 기회를 얻는다. 시간이 지나면, 회원 자격에 달하는 점수를 얻게 된다. 아니면 제작자가 배우조합 계약서를 내밀 것이다. 당신이 준비가 되었다고 생각하는 그때가 조합에 가입할 때다. 배우조합 오디션에 참가할 수 있는 자격이 생기고, 숙련된 직업 배우와 경쟁하게 될 것이다.

이제 막 경력을 쌓기 시작한 배우들은 너무 이른 시기에 배우조합에 가입하지 않는 것이 좋다. 숙련된 전문 배우와 경쟁할 수 있다는 자신감이 생겼을 때 배우조합에 가입해야 한다. 당신이 살고 있는 도시에 찾아온 배우조합 지방 순회공연의 무대 위 배우들을 보면서 스스로에게 물어보자. 나는 저들과 경쟁을 펼칠 준비가 되었는가? 조합원이 아니어도 자리가 있다면 배우조합 오디션에 참가할 수 있는 경우가 종종 있다. 이를 통해 당신의 경쟁력을 가늠해 볼 수도 있고, 운이 좋으면 일자리를 얻거나 제작진에게 좋은 인상을 남길 수도 있다. 하지만 진정한 경쟁력을 갖추기 전까지는 꾸준히 실력과 경험을 쌓는 것이 현명하다. 다양한 오디션에 참가하고 열심히 노력하면, 적당한 때에 배우조합 회원카드가 눈앞에 있을 것이다. 제작자가 당신에게 배우조합 계약서를 제시하면, 그때 배우조합에 가입할지 결정해도 된다. 기억하라. 배우조합의 가입은 일방통행이다. 일단 가입하면, 아무리 힘들어도 비조합의 작품은 절대 할 수 없다.

배우조합의 회원이 되기 전에 배우조합 웹사이트에 방문해서 어떤 규칙과 어떤 프로그램이 있는지 알아보길 바란다. 가입비를 낼 만큼의 돈을 모으기 시작하라. 배우의 미래는 배우조합에 있다. 배우조합에 대해 알면 알수록, 적당한 때에 배우조합을 효과적으로 활용할 수 있을 것이다.

에이전트와 개인 매니저

17.12

먼저 '에이전트'란 예술가의 대리인이다. 당신을 위해 일하고, 당신을 대신하여 계약을 맺고 협상할 수 있는 권리를 부여받은 사람이다. 평판이 좋은 에이전트의 경우 하나 이상의 배우조합이 그 에이전트에게 자격을 부여한다. 배우조합에 소속된 에이전트는 배우조합의 규칙을 따라야 하고, 당신이 받는 수입 중 일부를 수수료로 받는다.

수수료의 적정 비율은 조합에서 결정한다. 단 한 곳도 배우조합에 가입되어 있지 않은 에이전트와는 절대 대리 계약을 하지 마라.

'캐스팅 감독'은 제작자를 위해 일하는 사람으로 역할에 어울리는 배우를 찾는 게 일이다. 부동산 중개업과 하는 일이 같다. 팔려고 내놓은 소유물을 적당한 사람에게 파는 일이니 말이다. 캐스팅 감독은 연출가와 제작자의 시간을 최대한 아껴야 한다. 때문에 시내의 연립주택을 찾는 사람에게 바닷가 단독주택을 선보이면 곤란하다. 많은 연출가와 예술 감독은 직접 캐스팅을 하고 있지만, 최근에는 중상위권 지역 극장부터 브로드웨이와 지방 순회공연에 이르기까지 캐스팅 감독을 고용하는 것이 관행이 되었다. 이들이 에이전트를 통해 배우들을 모집하고, 가장 적합한 배우를 찾기 위해 자신이 가진 배우 정보 파일을 뒤지고, 캐스팅 과정에도 관여한다. 캐스팅 감독은 단순히 연출가의 지시를 따르거나 배우들을 선별하는 사람이 아니다. 적합한 배우를 선택하는 것은 공연 제작에서 가장 중요한 부분이기 때문에, 캐스팅 감독은 작품의 형태를 결정하는 데 있어 상당히 창조적인 영향력을 행사한다고 말할 수 있으며, 그들의 노력은 존중받아 마땅하다. 그들은 모든 종류의 배우들을 파악하기 위해 많은 시간과 노력을 투자하고, 때로는 전망 있는 배우들을 직접 육성하기도 한다. 배우와 제작진 모두의 진정한 파트너다. 훌륭한 캐스팅 감독은 제작자, 창작자들, 배우들과 장기적인 관계를 구축하고, 오랜 시간 동안 배우들의 경력 개발을 돕는다.

이미 알고 있겠지만, 이런 사람들을 알고 있는 것은 필수적인 일이 되었다. 그리고 그들 역시 당신이 누구인지, 당신의 재능과 유형은 무엇인지 파악하는 것이 중요하다는 사실을 알고 있다. 이것이 바로 쇼 케이스의 주요 목표이다. 이제 많은 배우들이 캐스팅 감독과 함께 일하고, 때론 인턴으로 오디션을 보조하는 일이 자신에게 얼마나 큰 도움이 되는지 깨닫고 있다. 이러한 경험은 당신에게 캐스팅 과정에 대한 귀중한 통찰력을 제시해줄 것이다.

"개인 매니저"는 당신이 경력을 쌓을 수 있도록 도와주는 사람이다. 이 사람은 당신이 개인적으로 고용하는 것이다. 개인 매니저의 경우 배우조합의 통제 아래 놓여 있지 않고, 배우조합에 가입되어 있지도 않다. 그 결과, 명성 있는 훌륭한 매니저가 있는 반면 비윤리적이고 부도덕한 사기꾼들도 굉장히 많다. 과거에는 일이 너무 바빠 더 이상 그 일을 관리할 수 없게 되었을 때만 개인 매니저를 고용했다. 그러나 추세는 점점 변하고 있다. 매니저는 자신의 배우가 에이전트와 캐스팅 담당자들, 연출가 등의 사람들과 친분을 쌓을 수 있게 자신의 사업적인 연줄을 동원한다. 그들은 알려져 있지는 않지만 충분한 가능성이 있고 재능 있는, 미래의 돈줄이 될 배우를 찾아낸다. 그리고 그 배우의 경력을 위해 상당한 시간과 에너지를 투자한다. 이는 막 시작한 배우에게는 도움이 될 수 있지만 문제의 소지도 있다. 매니저는 배우에게 무엇이든 청구할 수 있다. 때로 매달 요금에 또는 높은 비율의 수수료를 청구할 수도 있다. 그들은 빠져나갈 구멍이 없는 장기 계약서로 배우의 발에 족쇄를 채울 수도 있다. 특정 사진사와 일하게 하거나, 특정 연기 수업을 들으라고 요구할 수도 있다(뇌물을 받았을 가능성이 있다). 강요와 절도의 가능성도 높다. 당신에게는 어떤 계약도 협상해주는, 배우조합의 위임을 받은 에이전트가 필요할 것이다(이 에이전트는 배우에게 특정 사진사와 일하게 하거나 특정 수업에 참여하게 할 수 없다. 그리고 청구할 수 있는 수수료도 한계가 있다). 그러면 배우는 25퍼센트의 수수료는 개인 매니저에게, 10퍼센트는 에이전트에게 지불하게 된다. 수익 중 상당부분을 포기하게 되는 셈이다. 그러니 늘 조심하라. 계약서에 서명하기 전에 상대의 평판 등 확인할 수 있는 모든 사항을 확인하라. 그리고 변호사와 함께 계약서를 살펴보아라.

에이전트는 필요한가? 대답은 '그렇다'다. 영화와 텔레비전, 그리고 다른 미디어에서 기회를 얻기 위해서는 어쩔 수 없다. 이런 오디션은 에이전트를 통하기 마련이다. 그러니 에이전트가 없으면 오디션 정보를 얻기 어려울 것이다. 제작 현장의 경우는 상황이 좀더 절대적이다. 많은 에이전트들은 캐스팅 담당자와 좋은 관계에 있다. 그리고 생각지도 못했던 배역에 당신을 넣을 수도 있다. 제작 현장의 경제 사정 때문에, 배우들은 때론 배우조합에서 정한 최저임금을 받는다. 에이전트가 배우의 임금을 협상하는 자리에 함께 있다는 것은 곧 배우가 한 단계 올라섰음을 의미한다. 어떤 공연은 에이전트를 거치지 않고 공개 오디션을 통해서만 배우를 캐스팅하기도 한다.

자신의 인맥을 관리하라

한 번 일을 구하면 다음 일은 쉽게 구할 수 있다. 단, 당신이 역할을 훌륭히 수행하고, 투철한 직업정신을 보여주었으며, 작품의 성공에 기여했고, 공연이 끝나고도 감동이 남아 있을 때만 그렇다. 감동이 남아 있다는 부분이 핵심이다.

언제 누구의 도움을 받을지는 예상할 수 없다. 공연계는 굉장히 좁아서, 두 사람을 건너면 모두 다 알 수 있을 정도다. 즉 모든 사람에게 영락없이 예의 바르고 신뢰가 가는, 투철한 전문 배우로 보여야 한다. 매표소 뒤에서 얼쩡거리는 어리숙한 남자가 내년 여름에 함께 일하게 될 제작자일지도 모르는 일이다. 자신의 파트너(바로 당신)가 발목을 삐었다면서 투덜거리고 있는 저 순진한 처녀가 나중에 브로드웨이 무대에 설 수도 있다. 모든 관계자가 당신을 굉장히 긍정적으로 기억하고 있거나, 당신의 개인 연락처를 가지고 있다면 이는 좋은 신호다.

전문 세일즈맨은 사람들과의 관계가 자신의 밥줄이라는 것을 잘 알고 있다. 이는 여느 배우에게도 똑같이 적용된다. 오늘부터 인맥을 잘 관리하는 습관을 들여라.

우리 대부분은 친구, 직장 동료 등 넓은 인맥을 가지고 있다. 영화 〈Six Degrees of Separation〉에서처럼, 우리는 친구, 지인, 동료를 통해 수많은 전문가와 연결될 수 있다. 이렇게 사람들과 관계를 맺고, 직업적으로 꾸준히 소통하는 것은 성공적인 경력을 쌓는 데 매우 중요하다. 많은 사람들처럼 당신도 아직 이런 습관이 없다면, 수줍음을 극복해야만 한다. 이런 연락은 누구에게 자기를 자랑하기 위해서 하는 게 아니라, 당신의 배우 활동을 위해서 그리고 당신이 필요해서 하는 것이다. 익숙해지려면 의식적인 노력이 필요하다. 자, 이제 시작해 보자.

이제부터는 단계적으로 살펴보겠다.

1. 당신의 인맥을 점검하라.

2. 당신의 연락망을 정리하라.

3. 연락처 정보를 업데이트하라.

4. 직업적으로 연관된 인맥을 활성화하라.

당신의 인맥을 점검하라

인맥 관리에서 첫 번째 단계는 그 범위를 파악하는 것이다. 이 단계에서는 누구도 빼놓으면 안 된다. 나중에 추려내더라도, 일단은 모든 사람을 포함하는 연락망을 만드는 것부터 시작하라.

a. 당신이 배우로서 경력을 시작하고 싶은 도시에 살고 있는 같은 학교 출신들의 목록을 만들어라. 동문이라면 '한 명도 빠짐없이' 말이다. 당신을 별로 안 좋아하는 것 같거나, 당신보다 20년 먼저 졸업한 선배라도 상관없다. 교수님이나 친구들에게 연락해서 목록에 추가할 이름을 얻어내라. 페이스북, 링크드인(LinkedIn), 그리고 요즘 유행하는 소셜 네트워크를 활용해서 이런 사람들을 찾아라. (아직 당신을 모르는 사람들에게 '친구 요청'을 보내는 것은 삼가라.)

b. 함께 작업했던 모든 배우, 연출가, 안무가, 음악 감독, 무대 감독의 목록을 만들어라. 연락처를 다시 확인하고, 필요하다면 이 사람들에게 연락해서 도움을 받아라.

c. 당신이 배우로서의 경력을 시작하려는 도시에 당신 가족들의 친구가 살고 있는지 알아봐라. 반드시 쇼 비즈니스계의 사람일 필요는 없고, 단순히 당신의 가족을 알고 있는 사람이면 된다.

d. 지금까지 작성한 목록에서 당신이나 당신과 가까운 가족 친지와 친분이 있는 쇼 비즈니스계의 사람 가운데 누가 빠지진 않았는지 확인하라.

연락망을 정리하라

이제 당신의 목록에는 수백 명의 사람들이 있을 것이다. 당연히 그들 모두가 중요한 사람은 아닐 것이고, 심지어 어떤 사람들은 연락하기가 매우 어려울 수도 있다. 몇 년 동안 연락하지 않은 사람도 있을 것이다. 하지만 그들 모두가 미래의 인맥이다.

목록에 있는 모든 연락처를 아래와 같이 단계별로 정리해 보자.

1단계: 부담 없이 오늘 당장 전화할 수 있는 사람들
2단계: 친구나 가족을 통해서 연락할 수 있는 사람들
3단계: 지금은 연락하기 불편하지만, 나중에 도움이 될 수 있는 사람들
4단계: 위의 범주에 속하지 않는 사람들

연락처 정보를 업데이트하라

당신만을 위한 연락처 관리 시스템을 구축하라. 이는 사용하기에 간편하고, 그때그때 쉽게 변경할 수 있어야 한다. 당신의 컴퓨터 데이터베이스와 휴대폰을 동기화시킬 것을 권한다. 그러나 종이에 쓰는 것이 좋다면, 그렇게 하라. 본인이 직접 결정할 문제다.

1. 누군가에게 접근할 수 있는 모든 방법을 고안하라. 그리고 그 사람의 정보를 알아낼 수 있는 방법 또한 고민해야 한다. 주소와 연락처, 생일이나 기념일, 결혼한 사람이라면 아이와 배우자의 이름을 메모하라. 더불어 어떻게 만났는지 알게 된 연유와 마지막으로 이야기를 나누었을 때와 같은 사소한 정보들

까지 모두 기록해야 한다. 요즘은 정보를 자동 입력해 주는 소프트웨어가 다양하게 나와 있다.

2. 그 사람에게 접근할 수 있는 통로를 만들어야 한다. 주변을 둘러보자. 당신이 지금 학교에 있다면 교직원이나 동급생부터 시작하자. 당신이 지금까지 참여했던 공연 프로그램을 모두 기억해내라. 함께 일했던 사람들을 떠올려야 하는데, 무대장치 담당자부터 스타에 이르기까지 모두 다 떠올려야 한다. 심지어 불완전한 정보라도 동원하라. 그리고 얻을 수 있는 모든 정보를 얻어라. 그렇다, 그 사람과 일적인 관계가 아닌 사적인 친구들도 알아두면 좋을 것이다. 심지어 당신의 가족까지도 이용하라.

3. 정기적으로 인맥을 업데이트하는 습관을 가져라. 세일즈맨이라면 하루에 몇 번씩 이 작업을 한다. 어디에 가든 명함을 달라고 하고, 관련 정보를 파일로 정리하라. 오디션에 참가할 때마다 연출가, 무대 감독, 조감독 등 당신이 접촉할 가능성이 있는 사람이 누구인지 정리하자.

4. 얼굴이 나온 사진을 그림엽서로 만들어라. 구실이 생길 때마다 이를 관계자에게 보내라. 이제 당신이 공연을 시작하거나, 광고를 찍었다거나, 지방 순회 공연에서 막 돌아왔거나, 오디션에 대한 감사의 인사를 할 때나, 훌륭한 음악 강의에 감사할 때나, 생일 축하나 봄이 시작될 때 등이 바로 그 구실들이다. 엽서에는 당신과 에이전트의 가장 최근 연락처가 정확하게 기재되어 있어야 한다. 엽서가 반송될 때 "주소 확인 서비스"를 요청하면(돈을 내야 한다) 우체국에서 주소 변동 사항을 알려 줄 것이다. 1년에 최소 두 번 이상은 알고 있는 모든 사람들에게 연락해야 한다. 당신의 목표는 세계 최고의 엔터테인먼트 데이터베이스를 구축하는 것이다!

직업적으로 연관된 인맥을 활성화하라

이제 누구에게 도움을 요청할지 알았으니, 연락망을 시험 운용해 볼 차례다. 부담 없이 시작하는 방법은 전화로 가볍게 안부를 묻는 것이다. 모르는 사람에게 전화를 걸어 물건을 판매하는 사람들도 연습이 필요하다. 우리는 다른 사람들에게 부탁하는 걸 부끄럽게 생각한다. 하지만 사람들 대부분은 사소한 부탁이어도 기꺼이 도와준다.

당신의 연락처 목록에서 1단계 그룹의 사람들 가운데 네 사람을 선택하라. 그들과는 나중에 당신의 직업에 관한 주제로 의견을 주고받겠지만, 지금은 일단 대화를 시작하기 위한 이메일을 작성하라. 아래의 내용을 참고하라.

> 안녕하세요,
>
> 저는 _____입니다. "(작품명 또는 지인의 이름 또는 극장명)"에서(와) 함께 했었습니다. 이번 여름이 끝나면 뉴욕으로 이사할 계획인데, 혹시 전화로 조언을 좀 구할 수 있을까 해서 연락드렸습니다. 괜찮으신 시간대를 알려주시면, 그때 제가 연락드리겠습니다.
>
> 곧 통화할 수 있기를 바랍니다. 시간 내주셔서 미리 감사드립니다.
>
> 감사합니다.
>
> [본인 이름]

위 이메일에는 주목해야 할 몇 가지 중요한 점이 있다.

1. 상대방이 당신을 어떻게 알고 있는지 상기시킨다(정기적으로 연락하는 사이가 아니라면).
2. 당신이 상대방에게 무엇을 바라는지, 그리고 그것이 상대방에게 어떤 부담도 되지 않는다는 것을 명확히 밝혀라. 일자리, 숙소, 에이전트 등을 소개해 달라고 하면 안 된다.
3. 구체적으로 무슨 내용으로 통화하고 싶은지 밝히고, 상대방이 편한 시간에

당신이 전화하겠다고 제안하라. 연락은 당신이 하는 것이지, 상대방이 당신에게 전화하게 만들면 안 된다.

4. 친근하면서도 약간은 사무적인 어조를 사용하라. 너무 편한 말투는 전문성이 떨어져 보이고, 너무 격식을 차리면 상대방이 불편해할 수 있다.

5. 간단명료하게 요점만 말하라. 쓸데없는 말을 하거나 빙빙 돌려 말하지 마라. 친절하지만 직접적으로 말하는 것이 좋다. 이것은 비즈니스다.

당신의 연락처 목록에서 2단계 그룹의 사람들 가운데 두 사람을 선택하라. 이들은 당신이 직접 연락하기는 어렵지만, 당신의 지인을 통해 연결될 수 있는 사람들이다. 그들과 연결해 줄 수 있는 지인에게 이메일을 보내라. 다음의 내용을 참고하라.

안녕하세요, 마사 이모,

매기의 아들 _____입니다. 엄마께서 말씀드렸겠지만, 저는 _____로 이사 가게 됐어요. 이사와 관련해서 전문적인 조언을 좀 얻고 싶어서요. 이모께서 _____님과 친하신 걸로 알고 있는데, 그분께 조언을 구하고 싶어서 연락드렸습니다. 소개해 주시면 정말 감사하겠습니다.

_____님과 통화하게 되면 이모께 부끄럽지 않도록 잘 이야기 나누겠습니다. 그리고 조언만 구할 뿐, 일자리나 다른 부탁은 절대 하지 않겠습니다.

이런 부담스러운 부탁을 드려서 죄송하고, 혹시 곤란하시다면 거절하셔도 괜찮습니다. 조만간 뵙기를 바라고, _____에게도 안부 전해주세요.

사랑합니다.

[본인 이름]

이 이메일에서도 짚고 넘어가야 할 중요한 부분이 있다.

1. 본론으로 들어가기 전에 진심으로 안부를 묻고 그들의 삶에 관심을 가져라. 당신만 중요한 게 아니다. 우정이란 서로의 삶에 관심을 갖는 것이다.

2. 당신이 그들에게 바라는 건, 당신을 위해 기회를 열어달라는 것, 단지 그것 밖에 없다.

3. 상대방을 존중하면서 연락을 취할 것이라는 확신을 줘라. 일자리, 숙소, 에이전트 등을 소개해달라고 하면 안 된다.

4. 구체적으로 무슨 내용으로 통화하고 싶은지 밝히고, 상대방이 편한 시간에 당신이 전화하겠다고 제안하라. 연락은 당신이 하는 것이지, 상대방이 당신에게 전화하게 만들면 안 된다.

지인의 도움을 받아 그 사람과 연결이 되었다면, 위의 첫 번째 이메일을 참고하여 이메일을 보내라. 다음과 같은 구체적인 질문들을 미리 몇 가지 생각해 두면 도움이 될 것이다.

- 그들은 당신이 어떻게 이사할 집을 구할 거라고 생각할까?(직접 동네를 돌아다니면서? 광고를 보고?)
- 좋은 보컬 선생님, 댄스 학원, 연기 코치를 추천해 주실 수 있나요?
- 이 업계의 초보자를 위해 어떤 조언이든 부탁드립니다.
- 이야기가 잘 되었다면, 당신이 그곳으로 이사한 후에 만날 수 있는지 물어봐라. 꼭 만나야 하는 것은 아니고, 그냥 가볍게 커피 한 잔 하라.
- 감사 편지를 꼭 보내라. 그러려면 주소를 물어봐야 할 거다.

연습과제 170

어떻게 부탁할까?

인맥을 관리한다는 것은 두 가지 의미가 담겨 있다. (a) 연락망을 활성화하고, 그들과 좋은 관계를 유지하는 것, 그리고 (b) 특별한 이유로 연락망에 있는 사람과 소통하는 것. 몇 년 동안 연락이 없던 사람을 어떤 작품에서 보고 갑자기 안부를 묻는 척 연락하는 것은 정직하지 못한 행동이다. 이럴 때는 솔직하고 정직한 것이 훨씬 낫다. 다음과 같은 이메일을 보내거나 통화를 하는 것이 가장 바람직하다.

안녕하세요,

저는 [극장명]에서 "(작품명)"을 함께 했던 _____ 입니다. 오랜만이네요. 잘 지내시죠? 요즘 〈Backstage〉에서 자주 이름을 뵙게 되네요. 축하드립니다. 이번 여름에 _____을 연출하신다고 해서 연락드렸습니다. 이 작품에서 다시 함께 작업할 수 있으면 좋겠습니다. _____역으로 오디션을 보려고 합니다. 화요일 공개 오디션에 참여할 예정인데, 그때 뵙겠습니다.

행운이 함께 하길.

[본인 이름]

이 이메일에서 주목할 점은 받는 사람에게 당신이 누구였는지 떠올리게 해주고, 당신이 무엇을 원하는지 말하고 있다는 것이다. 그저 당신은 그들에게 당신을 기억나게 하고, 당신의 관심사를 알리는 것뿐이다. 가식적인 아부가 아니라, 단지 "알려만 주는 것"이다.

인맥 관리에서 중요한 것은 당신이 누구인지 사람들이 계속 기억하도록 하는 것이다. 많은 사람들이 페이스북 업데이트, 연말 연하장, 짧은 이메일, 개인적인 문자 등을 통해 자신을 알린다. 이런 방법들은 모두 괜찮고 효과적이다. "누구를 아는지가 아니라 누가 당신을 아는지가 중요하다."는 옛 속담은 쇼 비즈니스계에서도 여전히 통한다.

지난 6개월 동안 있었던 일을 한 단락으로 요약해서 적어라. 그 기간 동안 좋았던 일이나 성과가 있었다면 그 내용을 중심으로 간략하게 적어서 공유해라. 예를 들어 당신이 소셜 네트워크에 근황을 업데이트한다면 아래의 글을 참고하라.

안녕하세요.

_____에서 우리가 함께 공연했던 이후(또는 우리가 마지막으로 이야기를 나눈 이후) 제가 어떻게 지냈는지 간단하게 소식 전해드립니다. 저는 뮬렌버그 플레이하우스(Muhlenberg Playhouse)에서 멋진 여름 시즌을 보냈습니다. 제

가 꿈꿔왔던 역할 중 하나인 42번가의 빌리 역을 맡았어요. 릭 코넌트(Rick Conant)가 원작 안무(거대한 동전 위에서 추는 탭댄스요!)를 우리 무대에 맞게 다시 짰는데, 정말 재밌었습니다.

그 후, 뉴욕으로 이사를 왔습니다. 운 좋게 대학 친구들과 아파트를 같이 구해서 워싱턴 하이츠를 돌아다니며 즐겁게 지내고 있습니다. 카페 쇼콜라(이 도시 최고의 디저트!)에서 생계를 위한 아르바이트도 구했습니다. 미친 듯이 오디션을 보러 다니는 중이고, 좋은 선생님들도 만났습니다. 가장 좋은 소식은 NYU 대학원 창작 프로그램에서 〈SKY DIVERS〉(xxxxxxx 작, xxxxxxx 작곡)라는 신작 뮤지컬의 리딩을 마쳤습니다!

전반적으로 삶은 만족스럽습니다. 모두가 그렇듯 힘들지만, 즐겁게 지내고 있습니다. 언제든지 연락 주세요. 혹시나 해서 저의 주소와 연락처를 남깁니다.

(###) ### - ####

xxxxxx@xxxxx.com

www.xxxxx.com

건강하세요.

[본인 이름]

이 업데이트 글에서 주목할 점은 가장 중요한 사건 몇 가지만 강조하고, 당신이 이 상황을 어떻게 느끼는지 보여준다는 것이다. 자기 자랑을 늘어놓는 대신, 중요한 내용만 일목요연하게 간추렸다. 이 업데이트는 단순하고, 불평하는 내용은 없다. 불평은 나중에 가까운 사람을 따로 만나서 해도 된다. 이 업데이트는 배우라는 직업의 연장선상에서 당신을 긍정적으로 보여주기 위한 것이다. 좋은 기사나 웹 기사가 있다면 링크를 걸어놓는 것도 좋다. 읽을지 말지는 독자의 선택이다.

17.13.1 ── ### 인맥 관리를 위한 다양한 방법

일이 잘 되려면, 다양한 동료들 그리고 미래의 고용주들과 정기적으로 직업상의 소통이 이루어져야 한다. 이러한 소통 방식으로는 일반적으로 공적인 업무 내용을 담은

문서나 감사를 전하거나 안부를 묻는 간단한 메시지 등이 있다. 사적인 메시지나 공적인 문서라도 당신의 개성과 전문성이 드러나야 한다. 앞서 연습한 이메일처럼, 이러한 글은 유연하면서도 표준화된 형식을 가지고 있으며, 각각은 구체적이고 개인적인 내용을 담아야 한다.

　인맥을 쌓고 좋은 관계를 유지하기 위해서는 많은 사람들의 도움이 필요하다. 이것을 잊지 마라. 캐스팅 담당자, 연출가, 안무가, 선생님, 동료 배우 등은 모두 자신의 시간과 노력을 들여 당신을 돕고, 그에 대한 칭찬이나 대가를 요구하지 않는다. 누군가가 당신을 도와주었다면, 개인적인 방식으로 그 사람의 도움에 감사를 표현하는 것이 관례다. 어떤 오디션을 위한 개인 레슨 등 특별한 도움을 받았을 때도 감사를 표해야 한다. 어떤 배우들은 감사의 마음을 전하기 위해 자신만의 특별한 방법을 쓰는데, 심지어 〈Seussical〉의 오디션을 본 후에는 Dr. Seuss 풍의 시를 써서 감사를 표현하기도 한다[뮤지컬 〈Seussical〉은 아동문학 작가이자 만화가인 시어도어 수스 가이젤(Theodor Seuss Geisel, 그의 필명은 Dr. Seuss)의 여러 이야기를 엮어서 만들어졌다.-역주]. 선물을 보내는 사람들도 있는데, 이는 과도하며, 원치 않는 부담을 줄 수 있다. 결론적으로, 짧고 구체적이며 진심 어린 메시지가 적당하다. 이러한 메시지는 받는 사람에게 당신의 작품에 대한 열정과 함께 좋은 관계를 맺고 싶어 하는 당신의 마음을 떠올리게 해준다. 또한, 앞으로도 최선을 다할 것이라는 믿음을 줄 수 있다.

연습과제 17P

감사 카드

30분 정도 시간을 내서 감사의 마음을 전하거나 안부를 묻는 카드를 써 보자. 최근에 당신에게 직업적으로 도움을 준 사람들을 떠올려 보자. 고등학교 시절이나 여름 극장에서 만난 선생님, 코치, 또는 연출가가 생각날 것이다. 그들이 당신에게 시간을 내주고 기회를 준 것에 감사하는 마음을 카드에 담아보자. 간단하고 진솔하게 쓰는 게 좋다. 짧은 시간에 생각보다 많은 카드를 쓸 수 있다는 사실에 놀랄 것이다. 이 작업은 시간 낭비가 아니며, 오히려 개인적으로 보람 있는 일임을 알게 될 것이다.

일반적으로 감사 편지를 쓸 때는 이런 식으로 쓴다.

> 친애하는 무어 씨에게.
>
> 지난주 〈80일간의 세계 일주(AROUND THE WORLD IN 80 DAYS)〉의 오디션에서 저에게 보여주신 특별한 관심에 진심으로 감사드립니다. 저는 픽스 형사 역할이 정말 마음에 들었고, 오디션은 정말 즐거웠습니다. 휴먼 레이스 극단(The Human Race Theatre Co.)의 분위기는 정말 좋았습니다.
>
> 이번 시즌에도 행운이 함께 하길 기원합니다.
>
> 배우 수지 드림

이제 카드를 보내라! 다시 한번 말하지만, 받는 사람이 이 카드를 받았을 때 당신을 어떻게 만났었는지 떠올릴 수 있게 써야 한다. 짧고 간결하게, 하지만 편안하고 개인적인 느낌을 담아라. 아부하거나 겉치레의 말은 좋지 않다. 진심 어린 감사와 과장된 칭찬은 다르다. 받는 사람과 친해서 이름으로 부르는 사이라면 이름을 사용하고, 그렇지 않으면 '씨' 또는 '님'을 붙이는 것이 적절하다.

어떤 배우들은 자신의 사진이 들어간 홍보용 카드나 엽서를 사용하는 사람들도 있다. 꽤 흔한 일이지만, 꼭 그럴 필요는 없다. 손으로 직접 쓴 카드만으로도 충분하다.

공연의 개막일과 폐막일, 그리고 특별한 날에는 이런 감사 카드를 쓰는 것이 좋다. 예를 들어, 어떤 배역의 언더스터디(understudy)였던 당신이 처음으로 주인공을 대신해 무대에 오르게 되었다면 무대 감독, 음악 감독, 댄스 캡틴, 그리고 당신을 도와준 모든 사람에게 감사 카드를 써라. 게시판에 출연진에게 감사의 메모를 붙이는 것도 잊지 마라. 그리고 상대 배역에게 특별히 감사 메모를 전달하는 것도 좋다.

진심을 담은 감사 카드는 아첨과 다르다. 많은 사람들이 당신의 성공을 위해 도와주고 있다는 사실을 인정하는 것이다. 오디션 담당자가 당신을 예정에 없던 오디션에 참가할 수 있도록 방법을 알려주었을 수도 있고, 캐스팅 사무실의 접수원이 엉뚱한 곳에 있는 당신의 사진을 제자리에 놓았을지도 모른다. 이런 도움을 받았다면 감사를 전해야 한다. 공연 중인 친구가 당신을 어떤 배역으로 연출가에게 추천할 수도 있다. 이런 경우도 감사를 표해야 한다. 잠깐 시간을 내서 감사 카드를 쓰고 우편으로 보내는 것은 그들에게 큰 기쁨을 줄 것이고(보장한다), 장기적으로는 당신에게도 좋은 결과로 돌아온다.

중요한 점은 이러한 카드는 우편으로 보내거나 직접 전달해야 한다는 것이다. 이메일은 효과가 없다. 손으로 직접 썼다는 것은 그만큼 당신이 좋은 관계를 맺기 위해 노력하고 있으며, 상대방이 그만한 노력을 기울일 만큼 소중한 사람이라는 것을 보여주는 것이다.

공식 서한

배우들이 접하는 가장 일반적인 공식 서한이라면 오디션을 신청할 때 사진과 이력서와 같이 동봉하여 보내는 자기소개서다. 21세기에는 컴퓨터 없이 살 수 없으니, 당신의 이력서와 어울리는 멋진 서한을 만들어서 전문가처럼 보일 수도 있다. 전문적인 인쇄 업체에 맡기는 사람도 있지만, 꼭 그럴 필요는 없다. 워드 프로세싱 프로그램에 있는 템플릿을 활용하면 당신에게 맞는 서식을 쉽게 만들 수 있다.

서식에 관해 몇 가지 조언을 하겠다. 당신의 이력서와 자기소개서는 같은 색상의 종이에 인쇄하고, 이름과 주소는 같은 글자체를 사용한다. 개인 로고나 식별 마크 같은 문양이 들어간다면, 이력서와 자기소개서 모두에 똑같이 사용해야 한다. 색깔은 너무 많이 사용하지 않는 것이 좋다. 자기소개서 본문에 사용하는 글자체는 이름과 주소에서 사용했던 글자체와는 다른 걸로 써라. 타임스(Times), 헬베티카(Helvetica), 개러몬드(Garamond), 팔라티노(Palatino) 같은 표준 글자체는 본문에 잘 어울린다. 너무 화려하거나 특이한 글자체는 사용하지 않는 게 좋다. 읽기도 어렵고 전문적인 느낌을 주지 못한다.

다음을 참고하라.

- 인적 사항에는 당신의 주요 연락처를 모두 적어라.
- 우편물을 받을 수 있는 주소를 정확하게 적어라.
- 우편물을 받는 사람을 적을 때는 격식을 갖춘 호칭(Mr. 또는 Ms. 등)을 사용하라. 친구라면 이름이나 평소 부르는 호칭으로 불러도 괜찮다("멋쟁이" 같은 호칭은 안 된다).
- 연락한 이유와 (매우 가까운 사이가 아니라면) 둘 사이의 관계를 명확히 밝혀라.
- 이 서한의 목적을 분명하게 표현하라(특정 작품의 특정 역할에 대한 오디션 기회를 얻는 것).
- 만약 허용된다면, 당신을 긍정적으로 평가해 줄 수 있는 추천인의 연락처를 적어라. 물론 그전에 추천인에게 미리 연락해서 동의를 구하는 것이 예의다(이미 허락을 받았더라도, 추천인에게 언제 연락이 갈 것이라고 알려주어야 한다).
- 짧고 읽기 쉽게 작성하라. 이런 공식 서한은 한 페이지를 넘기지 않아야 한다. 간결할수록 좋다.
- 전문가답고 예의 바르게 마무리하라.

사진과 이력서를 이 서한에 클립으로 고정하고(스테이플러는 사용하지 말 것), 튼튼한 마닐라 봉투에 넣어라. 그리고 봉투 앞면에 당신의 이름, 그리고 받는 사람의 이름과 주소를 적어서 보내라.

연습과제 17Q

공식 서한

인터넷에서 오디션 정보를 찾고(학교 공연의 오디션이라도 괜찮다), 해당 공연의 관계자에게 당신이 관심 있는 작품과 역할에 대한 공식 서한을 작성해 보자. 오탈자는 없는지, 모든 이름의 철자가 정확한지 꼼꼼하게 확인하라. 전체적으로 전문가다운 느낌을 주는 것이 중요하다. 다른 사람에게 검토를 부탁해서 오류나 수정할 것이 있는지 확인하라. 사진과 이력서도 함께 보내라.

공식 서한은 사람들에게 다가가고 경력을 발전시킬 수 있는 훌륭한 도구다. 업계의 동료들과 미래의 고용주에게 당신이 전문가라는 인상을 주고, 그들이 좋아하는 방식으로 행동하는 사람이라는 것을 보여줄 수 있다. 당신의 인맥을 활용하고, 유지하고, 확장하고, 전문적으로 소통하는 방법을 터득하지 못하면 배우로서의 경력은 멈추게 될 것이다.

홍보를 위한 도구—이력서, 프로필 사진, 데모, 웹사이트

1945년, 배우 콘라드 칸트젠(Conrad Cantzen)은 자신의 재산을 배우기금(The Actor's Fund)에 기부했다. 배우들이 오디션을 볼 때 '구두 뒤축이 닳아' 초라해 보인다며 배우들의 신발 구입비용을 지원해야 한다는 조건이었다. 칸트젠은 좋은 신발이 좋은 첫인상을 만든다고 생각했다. 실제로 당시 배우들은 오디션을 보면서 제작자의 사무실을 직접 찾아다녔는데, 너무 많이 발품을 팔아 신발이 헤진 경우가 많았다(배우조합 회원들은 이 기금에서 지금도 신발 한 켤레 값으로 매년 40달러를 받는다).

신발값을 지원한다는 것은 오늘날에는 다정다감해 보이기도 하고, 신기해보일 수도 있다. 배우는 이제 일을 찾기 위해 신발 그 이상의 것들이 필요하다. 배우에게는 완벽한 홍보 자료가 있어야 한다. 주변 사람들에게 이메일로 자신의 웹사이트 정보를 보내라. 그 웹사이트에 방문하면 포트폴리오를 훑어볼 수 있고, 데모 음원을 통해 당신의 목소리를 들을 수 있으며, 당신이 출연한 영화의 편집 영상도 볼 수 있게 만들어라. 배우는 명함과 프로필 사진, 이력서, 데모 음원과 영상, 얼굴 그림엽서 등을 돌려야 한다. 이는 에너지 낭비가 아니다. 한 무더기씩 가지고 다니면서 사탕처럼 나눠줘라. 사실 버려지거나 잊어버리는 경우가 대부분이다. 그러나 몇몇 씨앗들은 비옥한 토양 위에 떨어질 것이다.

브랜딩

당신은 상품을 판매하는 중소기업과 같다. 세계 경제는 재화와 서비스를 제공하는 사람과 소비하는 사람에 의해 움직인다. 자신을 "공연 서비스"를 제공하는 사람이라고 생각하면, 소비자(에이전트, 매니저, 캐스팅 감독, 연출가, 안무가 등)가 당신이라는 제품의 성능을 빠르고 정확하게 파악하는 것이 얼마나 중요한지 이해할 것이다. 즉, 당신이 무엇을 판매하는지 "자동차 스티커"의 짧은 문구처럼 간단명료하게 설명할 수 있어야 한다. 아침 식사용 시리얼 제조업체가 자사의 밀 시리얼이 다른 회사 제품과 거의 같다는 것을 인정하면서도, 자신만의 차별화된 매력 포인트를 찾아내야 하는 것과 같다. 그래서 "건강을 위한 또 다른 선택", 또는 "멋진 아이들을 위한 시리얼"과 같은 홍보문구가 등장하는 것이다. 무슨 말인지 이해했을 것이다. 이제 이것을 우리 자신에게 적용해 보자. 당신은 "복고풍 소녀"인가? "인디 록커"? "로커빌리(rockabilly) 스타일의 컨트리 소녀"? "소년합창단원"? "사립 기숙학교의 부잣집 딸"? 이처럼 당신을 나타내는 짧은 문구를 만드는 데는 시간이 필요하다. 비록 당신 외에는 아무도 이 문구를 듣지 못하더라도, 당신이 무엇을 제공할 수 있는지 명확하고 간결하게 표현하는 것이 중요하다. 여기서 논의하고 있는 모든 마케팅 전략은 이러한 차별화된 브랜드(brand identity)에서부터 출발해야 한다.

배우 이력서

분야와 관계없이, 모든 전문가는 자신이 보유하고 있는 기술과 경험을 명확하고 간결하게 알릴 수 있는 이력서가 필요하다. 엔지니어, 선생님, 변호사 또는 소위 전문직이라 불리는 다른 직업과는 달리 배우 이력서는 한 페이지를 넘기면 안 된다. 1~2분 안에 읽을 수 있어야 하기 때문이다. 보통 다른 이력서는 시간을 들여 집중하여 읽지만, 배우 이력서는 다르다. 배우가 오디션장에 들어와 노래를 시작하기 직전에 심사위원들이 빨리 훑어볼 수 있어야 한다. 정성스러운 작업은 여기에 적절하지 않다.

다음으로 우리는 진지한 젊은 직업 배우를 위해 배우 이력서를 작성하는 데 기본이 되는 가이드라인을 제시하겠다.

이력서의 기능

프로필 사진과 마찬가지로 배우 이력서는 일자리를 얻기 위해 내미는 명함이나 마찬가지다. 이력서는 다음의 중요한 기능을 수행한다.

- 연락처를 제공한다. 일자리를 제안하려는 곳에서 이 번호로 연락해 올 것이다.
- 명확하고 간결하게 대표적인 작품 경력을 제공한다.
- 이력서를 통해서 캐스팅 담당자는 그 배우가 과거에 했던 역할이 무엇이며, 그래서 이번 작품에서 어떤 역할을 하는 것이 좋을지 판단할 수 있다.
- 당신이 마스터한 기술이 무엇인지 알려준다.
- 당신이 배우로서 보여주고자 하는 이미지가 무엇인지 알 수 있다.

이력서 작성 요령

배우 이력서는 개성 있게 작성되기도 하지만, 규격화된 일련의 규칙과 관습도 존재한다. 당신은 담당자가 중요한 정보를 정확하고 빠르게 찾을 수 있도록 이력서를 작성해야 한다. 여기 몇 가지 가이드라인이 있다.

- 맨 위에 깨끗하고 크게 이름을 표시한다. 한 번에 쉽게 읽을 수 있어야 한다. 너무 작거나 너무 멋을 부리면 캐스팅 담당자는 당신이 누군지 알 수 없을 것이다.
- 맨 위(오른쪽이나 왼쪽)에 연락처를 정확히 기재하라. 다른 정보와 확실하게 분리시켜라. 여기에 에이전트의 로고와 연락처를 적어도 된다.
- 다른 페이지에는 (제공하기로 결정한) 중요한 정보를 기록하라. 예컨대 키, 머리카락과 눈동자 색깔(물론 당신의 프로필 사진에 명확히 드러나야 한다), 몸무게(선택 사항), 음역(밤늦게까지 식당 웨이터 일을 하고도 다음날 아침에 쉽게 부를 수 있는 가장 높은 음과 낮은 음) 등. 여권을 항상 유효한 상태로 유지하고, 이력서에 이 사실을 적어라. 여권이 있느냐 없느냐가

캐스팅에 영향을 미칠 수 있다. 만약 여권이 없다면 최대한 빨리 발급받아라.

- 당신이 연기했던 배역을 비슷한 영역끼리 묶어라(일반적인 공연과 엔터테인먼트를 구분하여 적는다). 예를 들어 대학 연극, 여름 휴양지 공연, 지역단체 공연, 페스티벌 및 박람회, 극장식 식당, 지역 극장, 뉴욕 소재의 극장, 브로드웨이와 지방 순회공연, 서커스와 원형 극장 공연, 콘서트, 연극, 뮤지컬 또는 그 밖에 당신이 일했던 공연 분야로 분류할 수 있다. 이렇게 분류하는 이유는 그래야 쉽게 경력을 읽을 수 있기 때문이다. 만약 당신에게 광고, 목소리 더빙, 제품 설명회 등의 광범위한 부차적 경력이 있다면, 가급적 이를 따로 분리하여 다른 페이지에 적어라. 이 정도면 그 정보에 호기심을 가졌던 사람까지도 짜증나게 만들 수 있을 만큼 충분하다.

- 각 작품에 대한 정보를 공연 제목, 당신이 맡았던 배역, 공연장의 세 가지 항목으로 구분하여 적어야 한다. 작품을 같이했던 스타나 친분이 있는 연출가, 안무가 또는 음악 감독의 이름을 포함시킬 수도 있다. 읽기 힘들 수도 있으니, 페이지를 너무 꽉 채우지 않도록 하라.

- 훈련기간, 학력, 특기는 이력서의 맨 아래에 기재하라. 자신의 기술연마에 영향을 끼칠 만큼 오랫동안 함께했던 선생님들만 적어라. 서튼 포스터(Sutton Foster)에게 한 번 수업을 들었다고, 주요 선생님으로 기재하는 것은 옳은 방법이 아니다. 그러나 그 수업이 마스터 클래스였다면 정확히 밝히고 적어도 괜찮다. 여름 워크숍에서 만난 선생님이나 현재 진행 중인 수업에 대한 정보도 적어도 된다. 당신을 기억할 것이라 판단되는 사람을 포함시키는 것도 좋다. 대학이나 음악학교(conservatory)에 재학 중이거나, 특정한 시점에 졸업할 수 있다면, 이 또한 목록에 추가할 수 있다.

- 특별한 기술에는 저글링, 펜싱, 사투리, 곡예, 악기 연주 또는 특별한 음악적 능력(초견 능력 또는 절대음감), 당신이 진짜로 구사할 수 있는 언어, 정말 특이한 것들(입에 주먹을 넣을 수 있다든가!), 특별한 자격증(운전기사 자격증, 아동보육 전문자격증, 용접기술 자격증 등) 등이 있다. 거짓말은 하지 마라. 오디션에서 시켜볼 수도 있다.

- 어떤 배우는 예정 중인 공연을 위해서 페이지 아래에 여백을 남겨둔다. 이력서를 업데이트하고, 전문적인 관점을 유지하라.

양식은 이력서에서 중요한 부분이기는 하지만 쉽게 읽을 수 있어야 한다는 점이 더욱 중요하다. 무슨 수를 써서라도 당신의 정보를 직관적이게 전달하는 것이 중요하기 때문에 다음에 제시하고 있는 글자체 정도는 너무 고집하지 않아도 된다. 정보는 한 번에 볼 수 있게 짜임새 있게 배치되어야 한다. 다음은 일반적으로 적용되는 규칙들이다(당신이 원래 해오던 방법이 더 좋을 수도 있다. 참고하라).

- 한 페이지에 두 가지 폰트만 사용하라. 폰트란 활자체의 특정 디자인을 지칭할 때 사용되는 용어다. 보통 이름과 카테고리의 제목 정도는 눈에 잘 띄는 폰트를 사용한다. 눈에 잘 띄는 폰트가 너무 장식적이거나 진하고 정교하면 프린트되었을 경우 읽기 어려울 수 있다. 그러나 이름이나 제목에는 괜찮다. 또 다른 종류의 폰트는 당신이 했던 작품, 맡았던 배역, 극장 등을 작성할 때 사용될 것이다. 많이 사용되는 폰트로는 표준체(또는 로마체), 이탤릭체, 고딕체, 진한 이탤릭체 등이 있다. 두 번째 폰트는 더 간단하고 더 읽기 쉬워야 한다. 타임스체, 개러몬드체, 헬베티카체, 보도니체(Bodoni) 그리고 스톤체(Stone)와 같은 폰트들은 글자가 많을 때에도 읽기가 편하다.
- 과도하게 멋지거나 읽기 어려운 폰트는 이름으로도 쓰지 마라.
- 작품 오디션에서 사진과 이력서의 표준 크기는 가로 8인치에 세로 10인치다. 이것은 뉴욕에서도 마찬가지다. 그러나 미 서부의 영화와 TV 산업에서 통용되는 기준이 미국 동부지역까지 퍼지면서, 이력서와 사진의 크기는 더 유동적이 되었다. 지금은 페이지 크기의 표준이 가로 8.5인치에서 세로 11인치까지도 허용된다. 요즘은 사진과 이력서에 심지어 구멍을 3개 뚫어 가져오는 경우도 있다. 캐스팅 담당자가 파일에 쉽게 끼울 수 있도록 만든 것이다. 예외적이기는 하지만 이러한 기준이 허용되는지도 눈을 크게 뜨고 확인해야 한다. 작품 오디션의 기준도 진화한다.
- 사진은 종이 위에 단단히 고정되어야 한다. 사진을 종이에 붙인 다음에 프린터로 출력하는 것이 가장 깔끔한 방법이다. 이력서와 사진을 다른 페이지에 나눠서 프린트한다면, 크기를 똑같이 맞추는 것이 깔끔하다.

- 이력서는 밝은 색상의 종이에 인쇄되어야 한다(흰색, 황백색, 매우 밝은 크림색, 옅은 파랑 등). 너무 빛나는 색이나 어두운 색은 피하라. 읽기 힘들 수 있다.

- 검정, 짙은 블루 또는 짙은 갈색 잉크로 글씨가 인쇄되어야 한다. 복잡한 색은 피하라. 눈을 어지럽힐 수 있다.

- 페이지 여백을 최대화하라. 빽빽하게 쓰면 질려버리고 만다. 장대하고 화려한 경력이 좋은 인상을 심어주리라고 믿는 사람들이 있다. 그러나 이력서를 내려놓게 만들 뿐이다.

- 폰트 크기는 10에서 20 사이가 일반적이다. 각 항목의 제목은 더 커도 된다.

여기 다양한 양식의 이력서 가운데 몇 개의 샘플을 준비했다. 이를 참고하라. 개인적인 정보는 별도의 공간을 만들어 분류하면 깔끔해 보이고, 쉽게 볼 수 있다. 일반적인 규칙을 말하자면, 이력서를 화려하게 꾸미지 마라. 읽기 쉽게 만들어라.

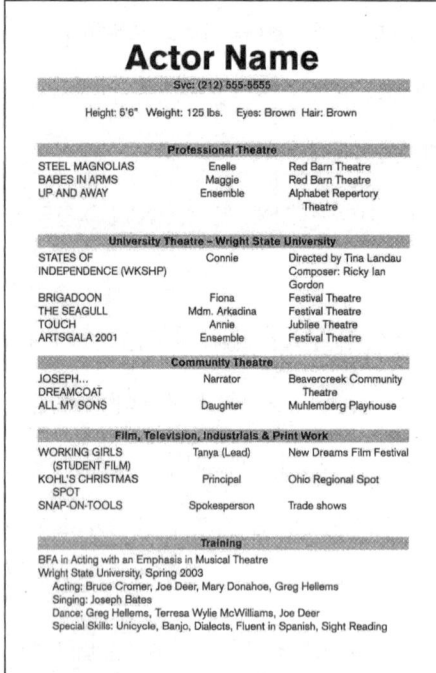

Actor Name

Svc: (212) 555-1212

Height: 5'6"
Weight: 120 lbs.
Range: —

Professional Theatre

STEEL MAGNOLIAS	Enelle	Red Barn Theatre
BABES IN ARMS	Maggie	Red Barn Theatre
UP AND AWAY	Ensemble	Alphabet Repertory Theatre

University Theatre

STATES OF INDEPENDENCE (WKSHP)	Connie	Directed by Tina Landau Composer: Ricky Ian Gordon
BRIGADOON	Fiona	Festival Theatre
THE SEAGULL	Mdm. Arkadina	Festival Theatre
TOUCH	Annie	Jubilee Theatre
ARTSGALA 2001	Ensemble	Festival Theatre

Community Theatre

| JOSEPH...DREAMCOAT | Narrator | Beavercreek Community Theatre |
| ALL MY SONS | Daughter | Muhlemberg Playhouse |

Film, Television and Industrials

WORKING GIRLS (STUDENT FILM)	Tanya (Lead)	New Dreams Film Festival
KOHL'S CHRISTMAS SPOT	Principal	Ohio Regional Spot
SNAP-ON-TOOLS	Spokesperson	Trade shows

Training

BFA in Acting with an Emphasis in Musical Theatre
Wright State University, Spring 2003
 Acting: Bruce Cromer, Joe Deer, Mary Donahoe, Greg Hellems
 Singing: Joseph Bates
 Dance: Greg Hellems, Terreaa Wylie McWilliams, Joe Deer
 Special Skills: Unicycle, Banjo, Dialects, Fluent in Spanish, Sight Reading

Actor Name

Svc: (212) 555-1212

Height: 5'6"
Weight: 120 lbs.
Vocal Range: —

PROFESSIONAL	STEEL MAGNOLIAS	Enelle	Red Barn Theatre
	BABES IN ARMS	Maggie	Red Barn Theatre
	UP AND AWAY	Ensemble	Alphabet Repertory Theatre
UNIVERSITY	STATES OF INDEPENDENCE (WKSHP)	Connie	Directed by Tina Landau Composer: Ricky Ian Gordon
	BRIGADOON	Fiona	Festival Theatre
	THE SEAGULL	Mdm. Arkadina	Festival Theatre
	TOUCH	Annie	Jubilee Theatre
	ARTSGALA 2001	Ensemble	Festival Theatre
COMMUNITY	JOSEPH...DREAMCOAT	Narrator	Beavercreek Community Theatre
	ALL MY SONS	Daughter	Muhlemberg Playhouse
FILM, TELEVISION AND INDUSTRIAL	WORKING GIRLS (STUDENT FILM)	Tanya (Lead)	New Dreams Film Festival
	KOHL'S CHRISTMAS SPOT	Principal	Ohio Regional Spot
	SNAP-ON-TOOLS	Spokesperson	Trade shows
TRAINING	BFA in Acting with an Emphasis in Musical Theatre Wright State University, Spring 2003 Acting: Bruce Cromer, Joe Deer, Mary Donahoe, Greg Hellems Singing: Joseph Bates Dance: Greg Hellems, Terreaa Wylie McWilliams, Joe Deer Special Skills: Unicycle, Banjo, Dialects, Fluent in Spanish, Sight Reading		

최신 정보를 담아라

당신의 경력이 변함에 따라, 배우의 현재를 보여주는 이력서 또한 계속 수정되어야 한다. 주요 경력으로 이력서에 〈애니(Annie)〉를 기재하는 성인 여자만큼 최악의 경우는 없을 것이다. 이는 10년간 일을 하지 않았거나, 성인이 되었다는 것을 깨닫지 못했다는 것을 대놓고 광고하는 꼴이다. 결과적으로 이 여배우는 이력서를 제대로 활용하지 못한 것이다. 자신이 여전히 신뢰할 수 있는 배우라는 점을 강조할 수 있는 경력을 기재해야 한다.

인터넷 마케팅

공연 예술가로서 자신을 홍보하는 것은 그 어느 때보다 쉬워졌다. 노트북 컴퓨터와 몇 장의 고품질 디지털 사진만 있으면 전문가 수준의 홍보 자료를 만들 수 있다. 마케팅 계획이 모두 그렇듯이 마케팅 캠페인의 모든 요소들을 조화롭게 활용할 줄 알아야 잠재 고객에게 보여주고 싶은 일관되고 명확한 이미지를 만들 수 있다.

당신이 진출하려는 시장에서는 인터넷상에서의 효율적인 소통이 정말 중요하다. 오디션에 제출하는 사진과 이력서 다음으로 중요하다. 요즘에는 사진과 이력서를 종이로 제출하지 않는 경우도 많다. 아래는 당신의 인터넷 활동을 위해 참고할 사항이다.

- 확실한 대표 이메일 계정 – 개인 계정을 사용하거나, 개인 계정으로 전달되는 별도의 주소(예: joedeer@joedeer.net)를 사용해도 된다. 어떤 것을 선택하든, 이 이메일 계정은 하루에도 몇 번씩 확인해야 한다. 이메일 주소는 전문적인 이미지를 주어야 하고, 가급적 실제 이름을 사용하는 것이 좋다.

- 웹사이트 – 미래의 고용주가 당신의 프로필 사진, 이력서, 댓글, 영상 클립, 오디오 샘플, 그리고 기타 중요한 정보에 쉽게 접근할 수 있어야 한다. 웹 주소는 당신의 이름에 .com, .net 등을 붙여서 만드는 것이 좋다. 당신을 쉽게 찾을 수 있도록 만들어라.

- 인스타그램과 X(엑스) – 소셜 미디어라는 거대한 세계는 공연 예술가 자신과 작품을 홍보하는 필수적인 창구가 되었다. 많은 예술가들이 인스타그램과 X의 계정을 가지고 있다. 어느 계정을 선택할지는 당신 몫이다. 하지만 이 디지털 세계에 맞게 자신을 포장하여 보여주고, 긍정적인 이미지를 홍보하는 것은 매우 중요한 일이다. 공연이라는 서비스를 제공하는 사람으로서, 이것은 자신을 위한 광고 캠페인을 만드는 것이라고 할 수 있다. 당신이 어떤 사람이고, 무엇을 홍보하고 싶은지에 따라 고급스럽거나 기발하게, 재미있거나 펑키하게, 상업적으로 또는 예술적으로 표현할 수 있다. 인스타그램은 이미지와 짧은 영상 중심이고, X는 글 중심이다. 둘 중 어느 것이 더 당신에게 맞는지 판단하면 된다.

- 페이스북 – 페이스북을 사용한다면(점점 더 나이 든 세대가 사용하는 플랫폼이 되어가고 있지만), 그것은 배우라는 당신의 이미지에 큰 영향을 끼친다. 페이스북에 올리는 사진과 댓글은 당신의 직업과 떨어뜨려 놓고 생각할 수 없다. 만약 당신이 좋지 않게 나온 사진이나 글이 있다면 삭제하고, 태그를 해제하고, 전문가다운 프로필과 일치하도록 이미지를 깨끗하게 정리하라. 제작 담당자가 당신을 검색하고, 구글링한다고 생각해 보라. 이러한

일은 모든 캐스팅 과정에서 흔히 일어난다. 어떤 사람들은 개인적인 용도와 직업적인 활동을 위한 두 개의 프로필을 사용하기도 한다. 하지만 그렇게 하더라도 개인적인 이미지와 댓글은 당신을 따라다닐 것이다.

- 유튜브 또는 비메오 – 본격적으로 당신의 동영상 자료를 올릴 수 있는 유튜브 또는 비메오 채널을 만드는 것이 좋다. 이 채널의 동영상 클립을 웹사이트에 연결하거나, 기존에 이미 만든 오디션 동영상이나 새로 촬영한 오디션 동영상의 개인 링크를 고용주에게 보낼 수도 있다. 많은 제작사들은 배우를 뽑을 때 동영상 오디션을 활용한다. 여러 나라의 배우들을 한곳에 모아서 오디션을 보는 대신, 최소한 오디션의 첫 번째 단계에서는 배우를 직접 만나보지 않고 동영상으로 캐스팅하는 경우가 많다. 따라서 자신의 홍보 동영상을 제작할 때 다음과 같은 기본적인 요소들을 알아두어야 한다. 동영상 클립은 고품질의 영상과 음향으로 제작되어야 하고, 당신이 긍정적이면서도 전문가답게 보여야 하며, 조금의 실수도 없어야 한다(물론 의도한 것이 아니라면, 음정이나 가사를 실수하면 안 된다). 이런 동영상들은 당신의 브랜드를 널리 알리기 위한 것으로, 누군가가 당신에게 관심을 가지거나 연락할 수 있다. 좋은 동영상을 만들기 위해 돈을 쓰는 것은 충분히 가치 있는 일이다.

웹사이트의 기본 요소

17.16.1

잘 구성되고 탐색하기 쉬운 웹사이트는 모든 독립적인 예술가에게 필수적인 도구다. 멋지게 꾸밀 필요는 없다. 이미지와 텍스트를 넣으면 완성되는 저렴하거나 무료인 웹 템플릿이 많이 있다. 하루 이틀이면 기본적인 웹사이트를 만들어서 운영할 수 있을 것이다. 웹사이트에는 다음과 같은 페이지들이 포함되어야 한다.

- 홈페이지 – 당신의 이미지와 함께 사이트의 다른 페이지로 이동할 수 있는 간단한 버튼들을 넣어라. 당신이 했던 작품에 있는 짧은 대사나 공연 사진 몇 장을 추가하면 좋다. 하지만 여기에 글은 되도록 넣지 말아라. 버튼을 클릭하면 다른 페이지로 이동할 수 있어야 한다.

- 사진 – 다양한 표정이나 분위기를 보여주는 얼굴 사진 몇 장(너무 많지는 않게)과 멋진 공연 사진을 모아서 앨범을 만들어라. 전문가가 찍은 사진이어야 하고, 분장실에서 찍은 스냅 사진 같은 건 안 된다. 개인적인 사진을 꼭 넣고 싶다면, 별도의 앨범을 만들어서 따로 모아 놓아라. 유명인이나 중요한 사람과 함께 찍은 사진이 있다면 여기에 넣어도 괜찮다. 하지만 이 웹사이트는 비즈니스 용도이므로, 아마추어처럼 보이는 사진은 넣지 않는 것이 좋다.

- 영상/노래 샘플 – 다양한 오디션 곡을 노래하거나 연기하는(가장 자신있는 발라드나 빠른 템포의 곡, 현대적인 곡, 고전풍의 독백 등) 고품질 동영상 클립을 만들어라. 조명, 음향, 반주까지 신경 써서 잘 만들어진 영상이어야 한다. 노래 영상을 만들 때는 가라오케 반주를 사용해도 괜찮다. 품질이 꽤 좋은 경우가 많다. 총 4곡은 넘지 않는 게 적당하다. 그 이상은 너무 많다. 이 영상들은 어디까지나 관심을 끌기 위한 티저 영상이라는 것을 잊지 말자.

좋은 품질의 공연 영상이 있고, 관련된 모든 사람의 허가를 받았다면, 잘 골라서 웹사이트에 올리면 된다. 다시 말하지만, 음향, 조명, 영상의 품질이 중요하다. 극장 뒤쪽에 카메라를 설치해서 녹화하던 시대가 아니다. 공연에 함께 출연하는 배우들에게 부탁해서 당신을 가까이에서 촬영하고, 그 영상을 편집해서 당신의 연기를 잘 보여줄 수 있는 짧은 동영상으로 만들어라. 많은 사람들이 자신에 대한 강렬한 인상을 심어주기 위해 "메들리" 또는 "sizzle reel"처럼 짧은 영상을 이어 붙여 편집한 동영상을 활용한다. 이런 영상의 길이는 보통 1분 30초 정도다. 이것은 당신이 어떤 배우인지 알려주고, 당신이라는 브랜드를 명확하게 보여주는 티저 영상이라고 할 수 있다.

내레이터나 오디오북 낭독, 목소리 더빙 등의 일을 하고 싶다면, 그에 맞는 좋은 오디오 샘플을 만들어야 한다. 이러한 샘플은 보통 정해진 형식이 있다. 웹사이트에 올리기 전에 다른 전문가들이 만든 샘플을 참고하는 것이 좋다.

- 약력 또는 자기소개 – 이력서에는 직업상의 경력을 적지만, 고용주는 당신이 개인적으

로 어떤 사람이고 무엇에 관심이 있는지 알고 싶어 한다. 따라서 당신의 개성을 소개하는 흥미로운 글을 통해 더 깊은 관심을 끌 수 있다. 예를 들어, 과거 맞춤법 대회 우승자였다든지, 비건 요리 전문가, 잉꼬새 전문가, 위험에 처한 청소년을 돕는 자원봉사자, 아니면 테니스 열혈 팬인지 등을 소개할 수 있다. 당신이 살아온 환경과 삶의 목표에 대해 간단하게 이야기하는 것도 좋다. 하지만 이력서에 있는 내용을 반복해서 적을 필요는 없다. 고용주는 따로 이력서를 볼 것이다.

● 이력서 – 다운로드할 수 있도록 최신 이력서를 PDF 파일로 제공해야 한다. 최근의 정보를 적었느냐가 중요하다. 연락처와 공연 경력은 모두 최신 정보로 업데이트해야 한다.

● 연락처 페이지 – 여기에 당신의 비즈니스용 연락처를 적는다. 이 웹사이트는 당신을 검색하는 누구나 볼 수 있다는 것을 기억하라. 그러니 공개해도 괜찮은 휴대폰 번호를 올려라. 에이전트나 당신을 대리하는 담당자가 있는 경우, 여기에 그들의 연락처를 적어라. 에이전시를 통해서만 연락을 받는다면, 당신의 전화번호는 적지 말고 에이전시 연락처만 적어야 한다. 또한, 당신에게 이메일을 보낼 수 있는 링크도 올려라. 당신의 집 주소는 밝히지 말고 에이전시 주소만 적도록 한다. 요즘에는 대부분의 서류를 PDF 파일로 전송하기 때문에 팩스 번호나 우편 주소는 적지 않아도 된다.

선택 사항

● 공연 리뷰 및 기사 – 알리고 싶은 언론 기사가 있다면 가장 좋은 부분을 발췌하여 공연 사진과 함께 '리뷰 및 기사' 페이지에 올려서 자랑할 수도 있다. 당신이 연기하는 사진과 함께 기사 내용을 인용하면 된다. 유튜브 동영상 클립 링크를 올리는 것도 괜찮다. 이 페이지는 앞으로 어떤 활동을 할 예정인지 사람들에게 알리는 홍보 공간이다. 아직 계약하지 않은 작품이나 제작사가 공개하는 것을 허락하지 않은 작품은 올리면 안 된다. 소셜 미디어에서 오디션의 뒷얘기를 공개하는 것은 좋지 않다. 이미 했거나 앞으로 할 것이 확실한 작품만 올려라.

● 좋아하는 링크 – 이 페이지에는 당신이 일했던 모든 극장, 좋아하는 모든 예술 단체, 좋아하는 배우/가수/댄서/밴드 등의 링크를 올리는 곳이다. 단, 불쾌하거나 정치적인 내용

은 올리지 않는 것이 좋다. 이 웹사이트는 당신의 종교, 정치적 성향 등을 드러내는 곳이 아니다(물론 그게 목적이었다면 예외다). 이 페이지는 순전히 전문적인 내용으로 채워져야 한다.

웹사이트 만들기

웹사이트를 만들려면 두 가지 비용이 발생한다. 첫 번째는 도메인 이름(예를 들면, www.deniseactor.com이나 www.joedeer.net)을 구매해야 한다. 다양한 온라인 사이트에서 구매할 수 있는데, 이 도메인을 유지하려면 매년 약간의 비용을 지불해야 한다. www.godaddy.com과 같은 사이트에서 안전하게 구매할 수 있다. 가능하면 당신의 이름을 웹사이트 주소에 넣는 것이 좋다.

두 번째는 웹 호스트이며, 약간 더 큰 비용이 든다. 웹 호스트는 웹사이트가 "거주하는" 공간이다. 일부 사용자는 휴대폰이나 케이블 요금제에 호스팅이 포함되어 있을 수 있다. 하지만 향후 몇 년 동안 이리저리 이사를 다녀야 하는 상황이라면 별도의 웹 호스트를 구하는 것이 좋다. 웹 호스트를 구했다면, 호스팅 서비스에서 제공하는 기존 템플릿을 사용하여 웹사이트를 만들 수 있다.

당신은 도메인과 호스팅, 사이트 구축을 동시에 할 수 있는 올인원 서비스를 선택할 수도 있다. 이러한 서비스는 다양한 페이지 레이아웃과 옵션을 갖춘 템플릿을 제공하여 완전한 기능을 갖춘 매우 세련된 사이트를 당신의 목적에 맞게 만들 수 있도록 지원한다.

계획을 세워라

웹사이트를 구축하기 전에 웹사이트에 무엇을 넣을지 결정해야 한다. 사이트의 각 페이지에 어떤 내용을 포함할지 메모장에 간단하게 적으면서 계획을 세우는 시간을 가져라. 이후 웹사이트를 구축할 때 도움이 될 것이다. 당신의 취향을 잘 모르겠다면, 다른 배우들의 웹사이트를 둘러봐라. 유명 배우뿐만 아니라 잘 모르는 배우들까지도 웹사이트를 가지고 있을 것이다. 그들의 사이트를 탐색하여 마음에 드는 것을 찾아보

자. 다른 사람의 사이트를 모델로 삼는 것은 잘못된 것이 아니다.

사이트 제작의 마지막 단계는 웹사이트에 페이지를 업로드하는 것이다. 모든 호스팅 서비스는 이 작업을 수행하는 방법에 대한 간단한 지침을 제공하고 있다. 인내심을 갖고 시간을 투자하면 매우 창의적이고 기술적인 결과물을 마음껏 활용할 수 있을 것이다.

프로필 사진

— 17.17

드디어 이 얘기를 꺼낼 때가 되었다! 자신을 홍보하는 데 있어서 가장 말이 많고 의견이 분분한 것 중 하나가 바로 프로필 사진이다. 훌륭한 프로필 사진이란 무엇인지에 대해서는 전문가들 사이에서도 의견 일치를 보기 어렵다. 하지만 예술과 마찬가지로, 좋은 프로필 사진은 보면 바로 알 수 있다.

다양한 의견이 있지만, 좋은 프로필 사진이라면 갖춰야 할 몇 가지 공통적인 요소가 있다. 다음을 참고하라.

- 컬러 사진이어야 한다.
- 전문가가 촬영한 사진이어야 한다. 아마추어는 전문적인 사진을 찍을 기술이 부족하다. 다른 데서 돈을 아껴라.
- 전문적인 곳에서 인화해야 한다(동네 약국이나 집 프린터로 인화하지 말 것).
- 무광택 용지에 인화해야 한다.
- 사진 앞면 아래쪽에 당신의 이름을 인쇄해야 한다(이는 업계마다 다르니 확인할 것).
- 실제 모습과 같아야 한다 – 글래머처럼 나온 사진이나 연예인 화보처럼 나와서는 안 된다.
- 당신의 진정한 본질, 즉 상품으로 팔리기 위해서 나만이 가지고 있는 핵심적인 그것이 담겨야 한다.

마지막 두 가지 요소는 의견이 일치하지 않는 부분이다. 자신의 사진을 보면, 당신은 어딘가 부족해 보이거나 섹시하다고(또는 당신 생각에는 전혀 섹시해 보이지 않는다고) 생각한다. 하지만 다른 사람들 눈에는 그렇게 보이지 않는다. 객관적인 관찰자(어머니, 남자 친구나 가장 친한 친구 말고)는 진정한 활력, 즉 생명의 표식을 본다! 진정으로 살아있는 느낌을 주는 사진은 프로필 사진의 금메달과 같다. 그것이 바로 당신이 찾는 것이다. 아주 간단하다.

사진 촬영에 들어가기 전에는 당연히 좋은 모습을 유지해야 한다. 촬영 몇 주 전부터는 카페인 음료와 정크 푸드는 끊어라. 여유가 된다면 훌륭한 메이크업 스타일리스트를 고용하는 것도 좋다. 몇 달 전부터 (현실성 없는 무게가 아닌) 약간의 체중을 감량하라. 단, 감량 후에도 그 체중을 유지할 수 있는 범위 내에서 해야 한다. 그리고 헤어스타일과 색상은 당신이 원하는 스타일이어야 하고, 언제든지 그 헤어스타일을 만들 수 있어야 한다. 헤어스타일을 크게 바꾸었다면 프로필 사진도 다시 촬영해야 한다.

다음은 사람마다 의견이 다른 부분이다.

- 세로 방향 또는 가로 방향 – 이것은 항상 바뀐다. 이것은 그 사진이 무엇에 어울리느냐의 문제다. 세로 방향으로 찍으면 실패하지는 않는다. 하지만 당신은 최고의 사진을 찾으려는 것이다.

- 테두리 – 사진은 전면 인쇄가 일반적이다. 넓은 테두리가 있는 경우는 드물다. 경험에 따르면 얼굴(그리고 상체 일부) 이미지가 가장 일반적이고 유용하다. 멋진 몸매를 보여주고 싶다면, 다른 곳에 싣는 것이 좋다(프로필이나 이력서의 다른 페이지, 그리고 확실하게는 당신의 웹사이트).

- 크기 – 뉴욕에서는 8x10인치의 프로필 사진이 여전히 업계 표준이다. 로스앤젤레스에서는 8.5x11인치 크기에 측면에 세 개의 구멍을 뚫는 것이 일반적이다. 하지만 어느 도시에 정착하든, 그곳에서 활동하는 전문가로부터 프로필 사진과 이력서에 대한 조언을 얻는 것이 좋다. 프로필 사진 촬영과 인화는 매우 비쌀 수 있으므로, 3~5년에 한 번 이상 하는 것은 바람직하지 않다.

- 비용 – 저렴하면서도 실력 있는 사진작가가 있는가 하면, 비싸면서도 형편없는 사진작가도 있다. 고려 중인 사진작가의 포트폴리오를 검토하고, 직접 만나서 그 사람과 편안하게 촬영할 수 있을지 확인해야 한다. 어떤 곳에서는 150달러 미만으로 괜찮은 사진을 얻을 수 있다. 주요 도시에서는 약 1,000달러가 될 수도 있다. 현재 거주하거나 공부하는 곳에서 좋은 사진을 찍어라. 그 사진은 시작일 뿐이며, 마지막으로 사용할 사진이 아니다. 많은 배우들이 처음 프로필 촬영을 할 때 어색해한다. 가끔 친구와 연습을 하면 카메라 앞에서 긴장을 풀고 더 나은 사진을 찍는 데 도움이 된다. 만일 당신이 에이전시와 계약하게 된다면, 그들이 좋아하는 프로필 사진을 찍어야 한다. 그리고 그들은 사진작가 추천리스트를 당신에게 내밀 것이다. 돈을 저축해 놓았다가 그때 제대로 촬영하면 된다.
- 머리나 얼굴에 손을 올리는 포즈 – 이것은 "예술적"이고, 인위적으로 "자연스럽게" 보이고 싶을 때마다 하는 짜증 나는 흔한 포즈다. 프로필 사진의 목적은 당신의 얼굴이 어떻게 생겼는지 보여주는 것이다. 당신이 손 모델이 아니라면, 얼굴을 드러내라.

마지막으로 당신은 촬영된 모든 사진을 모아놓은 디지털 콘택트 시트(digital contact sheet)를 받아 검토하고, 신뢰할 수 있는 조언자들의 의견을 구한 후, 전문가의 이미지가 잘 드러난 몇 장의 사진을 선택하게 된다. 이때, 이 사진의 목적이 자신이라는 '상품'을 홍보하는 것임을 명심하라. 자신의 자존심을 만족시키거나, 미래의 애인에게 좋은 인상을 주기 위한 사진이 아니다. 그런 목적이라면 다른 사진을 찍어도 된다. 이 이미지는 당신이 판매하는 '상품'의 포장지와 같은 것이다. 따라서 이 이미지가 무엇을 전달하는지 객관적으로 바라보는 것이 중요하다. 예를 들어, 당신이 섹시하면서도 진취적인 여성인데 사진이 건전한 소녀 같다면, 잘못된 메시지를 전달하는 것이다. 마찬가지로, 당신이 매력적이고 상냥한 친구 연기를 하는데, 방탕하고 남자다운 프로필 사진은 보는 사람을 혼란스럽게 할 것이다.

프로필 사진은 당신이 가장 자주 캐스팅되는 역할의 이미지에서 벗어나지 않는 범위 내에서 당신의 본질을 명확하게 전달해야 한다. 당신이 배역으로서 보여준 이미지가 두 개라면, 두 개의 프로필 사진을 찍어라. 당신이 좀더 전통적이고 보수적인 사람으로 보이는 사진과 약간 까칠해 보이거나 야성적인 사진을 찍는 것은 전혀 이상한 일이 아니다. 어떤 사람은 광고 오디션를 위한 프로필 사진과 드라마 오디션을 위한 프로필 사진을 따로 가지고 있다.

프로필 사진은 전체 페이지 크기로 인쇄했을 때 가장 좋아 보여야 한다. 하지만 인터넷에 있는 대부분의 캐스팅 서비스 사이트에서는 우표 크기로 보일 것이다. 다양한 서비스 사이트('Actors Access' 같은)에 하나 이상의 계정을 만들 것을 권한다. 이러한 사이트는 한 화면에 썸네일 사진이 5~6개씩 줄지어 나타나는데, 100개 이상의 에이전시와 더불어 배우가 직접 제출한 프로필 사진들까지 함께 노출된다. 따라서 당신의 사진은 화면에서 튀어나와야 한다. 이러한 사이트에서 사용할 사진과 실제로 인쇄할 사진을 따로 선택하는 것도 하나의 방법이다.

돈이 되는 일

경력을 쌓는 동안 어떻게든 살아가기 위해서는 연기나 노래, 춤 말고도 다른 능력이 있어야 한다. 이 점은 지금쯤 명확하게 인지하고 있을 것이다. 이 세계에서 대부분의 배우들은 공연이 없을 때 생계를 유지하기 위한 다양한 기술을 보유하고 있다. 식당 웨이터, 임시 사무직에서 음식 배달 또는 아파트 청소직까지 일은 다양하다. 단기간 일을 해서 괜찮은 벌이를 할 수 있는 전문 기술에 흥미를 느끼기도 한다. 실제로 교정 업무, 소프트웨어 기술, 의료 홍보 등을 할 수 있는 능력을 개발하면 평균 이상의 돈을 벌 수 있다.

돈을 버는 것도 중요하지만, 배우로서 경력을 쌓는 일에 차질을 빚어서는 안 된다. 먼저, 그 일은 오디션, 수업, 레슨, 인터뷰에 시간을 충분히 할애할 수 있어야 한다. 주요 도시의 고용주들 대부분은 자신의 돈벌이를 위해 연습 스케줄을 조정해달라는 배우들에게 이미 익숙하다. 그러나 이해하는 것도 정도가 있다. 급할 때, 자신을 대신해 줄 동료가 필요할 것이다. 그리고 근무 시간이 오전 9시에서 오후 5시인 일자리는 안 된다. 오디션, 레슨, 수업이 이루어지는 시간이기 때문이다. 풀타임 사무직으로 일하거나 가르치는 직업은 결과적으로 당신의 경력에 방해가 될 수 있다. 실제로 많은 배우들이 수입이 괜찮다는 점에 매료되어 배우를 포기하고 다른 길을 걷기도 한다. 배우가 아니라 비서가 된 자신의 모습을 발견할지도 모른다. 마지막으로 세 번째 함정은 매일 새벽 4시까지 깨어 있어야 하는 일자리다. 아침 오디션과 수업을 감당할 수 없을 것이다. 늦은 밤 레스토랑에서 가끔 일하는 것은 이해할 수 있다. 그러나 매일 야간 근무를 한다는 것은 당신의 경력에 심각한 부작용을 초래할 것이다.

우리가 해줄 수 있는 가장 강력한 충고는 바로 이것이다. 학교를 떠나 큰 도시로 향하기 전, 하나 이상의 전문 직종을 경험하라. 여기서 쌓은 능력이 경력을 시작하는 당신에게 큰 쓸모가 있을 것이다. 어떤 젊은 배우는 대학 시절 작은 중서부 마을에 있는 고급 레스토랑에서 웨이터로 수년간을 일했다. 그리고 그 후 뉴욕으로 건너가게 되었는데, 이러한 배경 덕분에 바로 맨해튼 중심가의 훌륭한 레스토랑에서 일자리를 얻을 수 있었다. 식사 시중을 들면서 팁과 급여로 일주일에 600달러 이상을 벌었다. 첫 번째 기회는 비(非)배우조합 지방 순회공연의 주연 자리였는데, 이를 위해서는 일주일에 250달러 더 낮은 급여를 받아야 했다. 순회공연을 마친 후, 이는 다른 배역으로 이어져 계속 일을 할 수 있었다. 여기에는 한 가지 교훈이 있다. 첫째, 그는 부수적 직업을 위한 능력을 키웠다. 둘째, 기회가 왔을 때 무엇이 자신의 경력에 도움이 될지 신중하게 고민했다. 그는 뉴욕, LA 또는 런던보다 더 우호적이고 생활비가 더 저렴하게 드는 도시에서 식당 웨이터로 일할 수도 있었고, 사무실에서 일할 수도 있었으며, 아파트를 청소하는 일도 할 수 있었다. 만약 당신이 저런 도시에서 일하고 살면서 고된 삶을 인내하고 있다면, 이 이야기를 떠올려라.

이제 자신의 유형과 능력에 관한 좋은 아이디어가 떠올랐을 것이다. 시장을 공부했고, 몇몇 오디션 기회도 잡았다. 자신을 홍보할 수 있는 자료를 모았고, 생계를 유지할 수 있는 방법도 찾았다. 그럼 이제는 고용만 되면 된다. 다음 장에서는 어떻게 하면 오디션을 성공적으로 치르고 이를 긍정적인 경험으로 만들 수 있는지 알아보도록 하자.

오디션이란

오디션은 극장이나 영화, 방송에서 일을 하고자 한다면 반드시 거쳐야 하는 관문이다. 훈련을 받은 기술을 선보일 기회를 잡으려면 우선 경쟁자들 사이에서 선택받아야 한다. 일반적인 직장은 지원자에게 이력서를 제출하고 면접을 볼 것을 요구한다. 2차 면접을 보거나 업무 능력 테스트를 받기도 한다. 그리고 이 모든 과정을 거쳐야 비로소 고용이 결정된다. 배우가 오디션을 볼 때도 비슷한 과정을 거친다. 지원서 양식과 면접 방법에 차이점이 있긴 하지만 말이다. 원하는 역할을 맡고 싶다면 오디션에서 경쟁해야 한다. 경쟁에서 이기기 위해서는 자신이 가장 적합한 지원자라는 것을 확실하게 보여줘야 한다.

사실 오디션으로 한 사람의 재능을 완전히 평가할 수는 없다. 캐스팅 심사위원들(제작자, 연출가, 음악감독, 작곡가, 안무가, 캐스팅 감독 등)은 지원자를 몇 분만 보고 어떤 지원자를 합격시킬지 결정한다. 그들의 결정은 작품뿐 아니라 배우의 삶에도 큰 영향을 끼칠 수 있다. 한 번의 짧은 만남으로 자신의 모든 것을 보여준다는 것은 사실상 불가능한 일이다. 아마도 당신은 오디션이 끝난 후 최선을 다하지 못했다는 것을 뒤늦게 깨달았던 적이 있었을 것이다. 아니면 기량은 맘껏 발휘했지만 심사위원이 이를 제대로 이해하지 못했을 수도 있다. 과거에 지원했던 작품에 또 지원하는 경우도 있고, 심지어는 똑같은 기술을 나는 하고 그는 못했는데 그가 최종 합격자 명단에 이름을 올리기도 한다. 오디션은 굉장히 주관적인 평가다. 캐스팅하는 사람들은 본능이나 개인적인 취향에 따라 배우를 고르기도 한다. 그럼에도 오디션은 감춰져 있었던 인재를 발굴하고, 잘 알려진 배우라 하더라도 해당 역할에 얼마나 잘 어울리는지를 평가하기 위해 고안된 최고의 방법이기도 하다. 지원자는 이러한 오디션의 성격을 이해하고 편안하게 자기가 가장 잘할 수 있는 것을 보여주면 된다.

오디션을 보는 배우는 심한 스트레스를 받는다. 심사위원들이 당신을 예의주시하고 있기 때문이다. 이러한 상황은 배우를 자기 안으로 움츠러들게 만든다. 지원자는 재능, 개성, 외모, 특기 등을 바탕으로 평가받는다. 그 밖에도 설명하기 어려운 보이지 않는 특성들도 심사위원들의 평가 대상이다. 하지만 오디션을 고문받는 것처럼 생각할 필요는 없다. 실제로 오디션 참가는 매우 긍정적인 경험이 될 수 있다. 오디션 절차를 이해하고 잘 준비하면 숨어 있는 위험들을 피해갈 수 있다. 오디션은 배우에게 최고의 기회다.

이 장을 마치면 다음을 할 수 있다.

- 자신에게 맞는 오디션 정보를 종합적으로 수집할 수 있다.
- 다양한 스타일의 뮤지컬 오디션을 철저히 준비하고 자신있게 펼쳐 보일 수 있다.
- 오디션 중 예기치 못한 상황에서도 경험 많은 전문가처럼 대처할 수 있다.

18.2   격려 몇 마디

지방 단체의 공연에서부터 브로드웨이에 이르기까지 어떤 무대에서든 일자리를 얻으려면 재능과 경쟁력 있는 기술을 갖춰야한다. 훤칠한 외모나 매력, 공연을 향한 열정만으로는 충분치 않다. 좋은 배우이자 가수, 댄서가 되기 위해 노력해야 한다. 동시에 건강을 유지하고, 자신이 일할 때의 습관이나 태도를 진지하게 분석해서 잘못된 점이 있다면 고칠 수 있어야 한다. 이를 실천에 옮기면 오디션은 자신의 능력을 발휘할 수 있는 기회가 될 것이다.

뮤지컬 배우가 되기 위한 훈련은 끊임없이 자신의 결점을 되돌아보는 과정이다. 이는 교육 과정에서 흔히 겪게 된다. 하지만, 오디션에서는 자신의 능력을 믿어야 한다. 못하는 것에 집중할 때가 아니다.

어떤 배우는 신인 시절에 어떤 오디션에서 조언을 받은 적이 있었다. 그 배우는 그 조언을 지금도 기억하고 있다. 당시 한 심사위원은 호의를 가지고 말했다. "당신이 갖고 있는 자신감을 우리에게 보여줄 수 있어야 합니다. 그러면 합격할 수 있을 것입니다." 그러나 그 배우는 자신의 자신감을 다른 누구에게도 보여줄 필요가 없다는 것을 나중에 깨달았다. 정말 필요한 것은 진정한 자신감을 자신이 깨닫는 것이었다. 열심히 노력하고, 끊임없이 오디션에 참가하고, 모든 오디션에 진지하게 임하면서 이를 깨닫게 된 것이다. 그 결과 그 배우는 능력에 대한 의심을 버리고 그날 할 수 있는 최선을 다해 즐길 수 있게 되었다. 그리고 주어진 일에 최선을 다할 수 있었다. 자신감은 이렇게 얻어지는 것이다. 지금은 할 수 없더라도, 노력해서 자신의 것으로 만들어야 한다. 연습실은 연기와 노래, 춤 등을 집중해서 향상시킬 수 있는 장소다. 오디션장은 자신과 자신의 능력을 믿고 완전한 자신감으로 무장하여 지금 자신이 할 수 있는 그것을 보여주는 장소다. 오디션 과정이 모두 끝나고 나면 다음에는 어떤 점을 개선해야 할지 판단할 수 있을 것이다.

그들은 당신 편이다 18.3

지원자와 심사위원은 테이블을 사이에 두고 마주한다. 심사위원이 위협적이거나 야만적이고 지루해보일 수도 있다. 그러나 오디션은 그들의 작품에 어울리는 사람을 찾기 위해서 개최한 것이다. 항상 이 점을 명심하라. 심사위원은 지원자가 정말 잘하고 잘 되길 바란다. 배우가 싫은데도 불구하고 하루에 8시간 넘는 시간을 할애하면서까지 오디션을 개최하는 사람은 없다. 다시 한 번 말하지만, 심사위원은 당신이 정말 잘하기를, 당신이 멋진 무언가를 보여주기를 바란다. 배우 없이는 작품을 만들 수 없기 때문이다.

그들은 가능한 한 최선을 다해 캐스팅 문제를 해결하기 위해 애쓴다. 오디션은 그들에게 큰 이해관계가 걸려 있다. 오디션장에서 심사위원들이 당신에게 집중하지 않고, 당신을 존중하지 않는다고 생각하는가? 고음의 노래를 큰 소리로 불러대는 지원자의 노래를 7시간 동안 스튜디오에 앉아서 듣는다고 생각해 보라. 재능 있는 지원자를 구별해내기란 쉬운 일이 아니다. 아주 짧은 오디션 시간 내에 지원자의 이력서를 보고, 지원자를 지켜보면서, 일회성 공연이나 한 시즌의 공연에 어울리는 캐스팅을 고민해야 하는 것이 심사위원의 역할이다. 그리고 이는 모두 동시에 이루어진다. 자신이 형편없는 대우를 받았다고 생각한다면, 감정적으로 매우 민감한 상황에서 당신이 예민해졌기 때문이라고 생각하라.

또한 심사위원들은 누군가를 반드시 선택해야 한다는 점도 기억하라. 당신이 어떤 배역의 고려 대상이 됐다는 그 자체가 좋은 기회로 이어지기도 한다. 이번의 오디션에서는 탈락시켰더라도, 다음 작품을 준비할 때 당신을 떠올릴 수도 있다. 쓸모없는 오디션은 없다. 모든 경험을 소중하게 생각하라. 배우로서 당신의 경력에서 제작자, 연출가 또는 캐스팅 감독과의 관계는 이번 한 번의 오디션이나 한 편의 공연보다 훨씬 더 길다.

18.4 — 최고의 모습을 보여라

오디션에 참가한다는 것은 심사위원 앞에서 자신을 보여주는 것이다. 당연히 당신이 할 수 있는 최고를 보여주어야 하고, 자신이 합격할 만한 사람이라는 것을 납득시켜야 한다. 자신을 보여줘야 한다. 평상시의 자신이 아니라, 가능한 한 최고의 자신을 말이다. 삶이나 일, 사랑 때문에 힘들다 해도 상관없다. 새옹지마라는 말도 있지 않은가.

자동차의 시동이 안 걸리고, 날씨조차 도와주지 않는 날이 있다. 강아지가 숙제를 망쳐버리고, 부모님이나 남자친구와 싸우는 날도 있다. 하지만 캐스팅에 합격하고 싶다면 어두운 현실은 제쳐두고 오디션에 집중해야 한다. 먼저, 문제를 피하는 방법을 배우자. 그리고 문제가 발생했다면, 그 문제를 관심 밖에 두고 중요한 일에 집중할 수 있어야 한다. 이는 인생을 살아가는 기술이기도 하다. 작은 일에 웃을 수 있고 큰 문제에 휘둘리지 않으면, 상황을 통제할 수 있는 능력이 생긴다. 즉 오디션에 집중할 수 있게 되는 것이다. 집중력을 높이기 위해 마음의 안정을 찾고, 몸을 이완시키는 기술을 터득하라.

외모에 신경 써라

옷을 차려입는 것은 나를 포장하는 것과 같다. 외모는 겉으로 드러나는 모습이기 때문에 말하지 않아도 어느 정도의 정보를 제공한다. 오디션마다 포장은 바뀔 수 있다. 역할에 맞게 의상을 갈아입는 것처럼 말이다. 심사위원이 원하는 이미지가 무엇인지 모른다면 자신을 가장 돋보이게 하는 의상을 선택하라. 당신을 최고로 빛나게 하고, 개성을 잘 드러내는 의상이면 좋다. 외관의 시각적 효과가 얼마나 중요한지는 아무리 말해도 지나치지 않다. 다음 질문에 고민해서 대답해보자.

자신의 몸에서 가장 매력적인 부분은 어디인가? 눈, 얼굴, 몸매, 다리, 체형을 말한다. 자신의 매력을 강조하는 의상과 화장, 헤어스타일을 선택하라. 돈을 모아 오디션 의상을 구매하는 것도 중요하다. 맞춤 코트나 드레스는 완벽한 크리스마스 선물이 될 수 있다. 맞춤 양복을 입으면 몸매를 살릴 수 있고, 깔끔하고 날씬해 보일 수 있다.

헤어스타일과 화장이 오디션의 배역과 잘 어울리는가? 자신이 그 배역에 가장 잘 어울린다는 인상을 주는가? 젊은 주인공이나 옆집 소년 같은 이미지인데 코걸이를 하고 빗지 않은 헝클어진 머리에 "권위는 엿이나 먹어!"라는 글자가 박힌 티셔츠를 입고 있진 않은가? 극단적인 예이긴 하지만, 충분히 이런 실수를 저지를 수 있다. 공연 제작자와 관객은 때론 예술가보다 더 보수적이다. 하지만 캐스팅이 되고 싶다면 이 사람들을 납득시켜야 한다. 반항적인 모습과 순종적인 모습 사이에서 균형을 잃지 마라. 오디션은 사회를 바꾸는 곳이 아니다. 사회를 바꾸고 싶다면, 열정적인 연기를 통해 일자리를 얻고, 성공을 위한 발판을 마련한 후에 하면 된다.

자신의 '유형'을 잘 표현하고 있는가? 앞서 이 질문을 다루었지만, 여기서 한층 더 중요해진다. 당신이 숙제를 열심히 했다면, 자신이 어떤 배역에 어울리는지, 어떤 의상을 입을지, 자신을 어떻게 표현해야 할지 알고 있을 것이다. 이는 완벽하게 여러분 자신을 해당 역할에 적합한 인물로 보이기 위한 방법이다. 덧붙이자면 어떤 소품이 역할에 잘 어울릴지도 알아야 한다. 당신은 일상복을 입고 있겠지만, 이것은 당신이 맡고 싶은 배역의 세계에 자연스럽게 녹아들도록 돕는 의상이기도 하다. 일반적으로 오디션에서 '의상'을 입지는 않는다. 하지만 1930년대 고전 뮤지컬 코미디의 오디션이라면 무릎 높이의 귀여운 드레스와 굽 있는 구두, 깔끔하게 스타일링한 머리, 립스틱으로 포인트를 준 단순한 메이크업이 어울릴 것이다. 길거리에서는 별로 눈에 띄지 않겠지만, 오디션장에서는 청바지와 농구화를 신었을 때와는 달리, 당신이 그 작품 세계의 사람 같을 것이다.

당신은 의상이나 소품을 준비할 수 있다. 오디션에 필요한 소품과 의상을 선택하고 어떤 인물로 오디션장에 등장할지 생각해야 한다. 이런 준비를 하면서 자신이 선택한 배역의 유형을 확인하고 발전시켜야 한다. 만약 소품이나 준비물을 허용하지 않는 오디션이라면 바로 '자신'이 준비물이 될 것이다. '자신'이 준비물이 될 때, 명확함과 집중력, 긍정적 에너지와 진실성은 최고에 달하게 될 것이다.

오디션 곡

오디션을 위해 준비한 노래는 나를 보여줄 수 있는 또 하나의 강력한 도구다. 자신의 취향, 개성, 이미지, 배역에 대한 이해력, 그리고 당신에게 어떤 역할이 가장 어울리는지 심사위원들에게 보여줄 수 있기 때문이다. 만약 당신의 레퍼토리 가운데 두 개만을 보여주어야 한다면, 자신의 개성을 표현할 수 있는 적당한 곡을 두 개 준비하라. 선곡한 두 개의 노래가 하나는 갈망, 또 하나는 외로움을 주제로 하는 곡이라고 가정하자. 원래 우울한 사람이라는 인상을 줄 수 있다. 하지만 외로움과 즐거움을 주제로 하는 곡을 선택했다면, 상반된 면을 보여줄 수 있는 기회로 작용할 것이다. 당연히 후자가 더 나은 선택이다.

과도한 준비물이 필요하거나 또는 유명한 배우나 장면을 떠올리는 노래는 피하라. 'Defying Gravity'는 이디나 멘젤(Idina Menzel)의 노래이다. 이 노래의 기술적인 부분이나 정서적인 부분에 변형을 주어 곡을 재해석할 작정이 아니면(또는 그녀를 떠올리게 할 작정이 아니라면), 이 곡은 피하라. 덜 유명하고 덜 각인된 곡을 부르는 것이 좋다.

자신에게 적합한 노래를 선택해야 한다. 쿠르트 바일(Kurt Weill)의 'September Song'은 잃어버린 젊은 시절을 회상하는 노인에 관한 노래다. 17살의 고등학생과 이 곡은 어울리지 않는다. 또 다른 예로 당신이 잘생겼거나 아름다운데 'Nobody Makes a Pass at Me'를 부른다고 가정해보자. 겸손해 보이거나 눈에 띄지 않을 것이다(아주 기발하게 표현한다면 해도 좋다).

놀랄 정도로 코믹하거나 아이러니한 상황을 삽입하여 당신에게 어울리지 않는 곡을 재구성할 수 있다. 이를 할 수 있으려면 배우로서의 기술과 세련됨이 있어야 한다. 위험한 시도이긴 하지만 잘만 하면 독특한 무언가를 보여줄 수 있다. 대담한 위트와 불쾌한 취향은 종이 한 장 차이다. 공원에 있는 지저분한 노인이 'Thank Heaven for Little Girls'라는 곡을 부른다고 하자. 어떤 사람은 그 노인이 히스테릭한 상태라고 여기며 즐겁게 볼 수도 있고, 또 어떤 사람은 혐오감을 느낄 수도 있다. 중요한 오디션이라면 위험한 시도를 하기 전 다른 사람들의 의견을 들어보도록 하라.

최고의 노래를 선택하라. 노래를 들을 때나 노래를 할 때, 당신의 마음을 울리는 곡은 강한 감정적 반응을 불러일으키기 때문에 영향력이 클 수밖에 없다. 이런 곡을 선택하라. 다양한 곡을 선택하되, 노래에 배우의 내면이 너무 휘둘리거나 압도되는 것은 좋지 않다. 오디션과 공연은 관객이 먼저 감동을 받아야 한다. 그 다음이 배우 차례다.

열정이 최고의 오디션을 만든다. 지금 당신이 준비한 캐릭터의 감정 상태가 분노에 가득 차 있든지, 즐겁든지, 절망에 빠져 있든지, 혼란스럽든지 간에 이를 표현할 때는 열정에 가득 차 있어야 한다. 심사위원과 만날 수 있는 시간은 굉장히 짧다. 이 값진 시간이 재미없고 상상력 없는 순간들로 낭비되어서는 안 된다. 열정을 가져라. 가볍게 연출을 하는 것도 도움이 될 수 있다. 그냥 시간을 낭비해도 괜찮은 심사위원은 없다. 심사위원은 자신의 시선을 사로잡고 그 순간을 지배하는 배우를 원한다. 그래도 주의할 점은 있다. 열정을 보이라는 말이 단순히 소리를 지르거나 분노하거나 의자에서 뛰어오르는 것을 의미하진 않는다. 당신이 부르고 있는 노래가 어떤 이야기를 하고 있는지, 그 노래와 당신 내면이 얼마나 깊게 연결되어 있는지, 그리고 노래의 그 부분이 당신에게 얼마나 중요한지에 집중하면 된다. 당신의 목적을 달성하느냐에 집중할 수 있다면, 연기에 몰입하게 될 것이다.

오디션을 위한 포트폴리오를 만들어라

오디션 공고, 웹사이트, 극장 게시판을 살피다 보면, 먼저 그 수에 놀라고, 또한 모두 다 다른 노래와 연기를 준비해야 한다는 것을 알고 깜짝 놀랄 것이다. 오디션에 따라 그에 적합한 곡을 준비해야 하는데, 때로는 굉장히 급박하게 준비해야 할 때도 있다. 오디션마다 새로운 곡을 찾고, 배우고, 완벽하게 부를 때까지 연습해야 하는데 이는 쉬운 일이 아니다. 지치고, 비용이 들고, 비효율적인 과정일 수 있다. 좋은 방법은 다양한 스타일과 장르의 곡을 정리해 하나의 포트폴리오로 만드는 것이다. 오디션이 발표되면, 포트폴리오에서 적당한 곡을 선택하면 된다. 계속 업데이트하면서, 그때그때 오디션에 따라 자신에게 필요한 만큼 조정하면 된다. 기억해야 할 것은 장르와 스타일을 불문하고 포트폴리오의 모든 노래는 자신의 나이와 유형에 어울려야 한다는 것이다. 여기에 뮤지컬 배우라면 일반적으로 준비하는 오디션 곡의 몇몇 유형을 소개하겠다. 곡 리스트를 유형별로 나누었으며, 기본적인 오디션 포트폴리오를 구성하기 위한 몇 가지 옵션을 추가했다. 자신에게 잘 맞는 곡 리스트를 만드는 데는 몇 년이 걸릴 수 있다는 점을 이해하고, 이러한 유형의 노래를 개발하라. 개인적인 취향에 따라 어떤 유형을 선호하게 될 것이다. 그것 또한 예술가로서 당신을 정의하는 요소 중 하나다. 이 기본적인 리스트가 당신의 레퍼토리를 채우는 데 도움이 되길 바란다.

연습과제 18A

오디션 곡 포트폴리오

다음에 분류한 뮤지컬 스타일에 대해 공부하라. 전체악보와 그 가운데 16마디나 32마디만 발췌한 악보도 필요하다. 이 모두를 체크리스트에 기록하라. 여기서 중요한 것은 자신의 역할에 잘 어울리는 노래여야 한다는 점이다. 그리고 자신의 음색과도 잘 어울려야 한다. 포트폴리오를 만들면서 이러한 점을 보완할 수 있는 계획을 세워야 한다.

A 유형 – 다음 그룹 가운데 적어도 한 곡은 선택하라.

● 오페라 풍의 아리아 또는 고전 가곡 : 혹시 모르니 포트폴리오에 하나 정도의 고전 작품은 넣도록 하자. 자신이 이러한 스타일의 기술도 정확히 구사할 수 있으며, 이 레퍼토리에 대한 기본 지식이 있다는 것을 보여줄 수 있다. 발음이 완벽해야 하며, 가사의 의미를 우리말로 정확히 알고 있어야 한다. 여기에는 대중적으로 널리 알려진 아리아와 나폴리의 민요 등이 포함될 수 있다. 아니면 자신이 완벽하게 노래할 수 있는 고전 레퍼토리를 선택해서 포함시켜도 좋다.

● 빈 오페레타의 노래(영어 버전) : 〈유쾌한 미망인〉, 〈The Desert Song〉, 〈The Student Prince〉 등의 작품들은 지금도 계속 제작되고 있다. 이 작품들은 올바른

가창 테크닉과 열정적인 연기의 적절한 혼합을 보여준다. 이 점은 다른 어떤 스타일의 뮤지컬에서도 볼 수 없는 것이다.

- 길버트와 설리번의 노래 : 빈 오페레타와는 다르게 길버트와 설리번의 오페레타에는 정확한 화술과 유머 감각이 필요하다. 여성에게는 자신의 음역과 음색에 맞는 노래가, 남성에게는 익살스런 노래나 발라드가 적당하다. 이 장르에서는 최고의 가창 테크닉을 보여주는 것이 유리하다.

B 유형 – 다음 그룹 가운데 적어도 두 곡은 선택하라.

- 초기 뮤지컬 코미디/틴 팬 앨리의 노래 : 20세기 초에 만들어진 곡들은 외우기 쉬운 단순한 멜로디를 특징으로 한다. 'Under the Bamboo Tree', 'Meet Me in St. Louis', 조지 코핸의 노래, 보드빌에서 인기를 끌던 노래 등이 이 장르에 해당된다.

- 선택 사항 : 20세기 초의 색다른 코미디 노래. 보드빌은 우스꽝스런 노래를 계속 만들어냈는데, 오디션을 준비하는 입장에서는 아주 유용한 곡들이다. 음악 자료 도서관을 조금만 조사해도 알려지지 않은 보석을 발견할 수 있다. 이런 곡은 심사위원의 이목을 끌 수 있고, 자신의 재치와 개성을 완벽하게 보여줄 수 있다. 이런 곡들은 남성과 여성의 캐릭터를 보여주기에도 매우 좋다.

- 뮤지컬 코미디의 발라드와 빠른 템포의 노래 : 어빙 벌린의 초기 음악, 조지 거쉰, 로저스와 하트, 제롬 컨 또는 콜 포터의 초기 음악(이를 추천한다). 이 레퍼토리 가운데 여전히 인기 있는 작품으로는 〈Anything Goes〉, 〈The Boys from Syracuse〉, 〈Girl Crazy〉(그리고 〈크레이지 포 유〉) 등이 있다. 이러한 작품들에 나오는 노래들은 특별한 스타일을 가지고 있다. 재치 넘치고 섹시한 가사와 유쾌한 멜로디의 노래는 포트폴리오에 반드시 포함시켜야 한다. 이런 요소들은 발라드와 빠른 템포의 곡, 모두에서 발견할 수 있다. 선택의 폭을 넓히기 위해서는 작곡가가 다른 두 개의 곡을 고르는 것도 좋다. 이 장르에서 적어도 두 곡 이상을 가지고 있으면 유용하게 활용할 수 있을 것이다.

C 유형 – 다음 그룹에서 적어도 빠른 템포의 곡 중 하나, 발라드 곡 중 하나를 선택하라.

● 황금기 뮤지컬의 발라드와 빠른 템포의 노래 : 로저스와 해머스타인, 러너와 뢰베, 프랭크 로서, 해럴드 알렌, 콜 포터와 어빙 벌린의 후기 음악. 황금기의 뮤지컬은 〈오클라호마〉에서 시작되어 〈카멜롯〉을 거쳐 계속 이어져왔다. 당시는 그야말로 그들만의 세상이었다. 이 작품들에 참여하고 싶다면 당시의 스타일과 유명한 음악 레퍼토리를 알고 있어야 한다. 당시의 작품이 포함되지 않은 여름 휴양지 공연물은 찾기 힘들 정도다.

D 유형 – 다음 〈Top 40〉의 노래들 가운데 적어도 세 곡은 선택하라.

● 〈Top 40〉의 노래들 : 뮤지컬은 이제 시대별 최고의 히트곡들을 담은 '주크박스 뮤지컬', 또는 유명 스타의 실제 공연을 방불케 하는 전기 뮤지컬의 세계다. 다른 어떤 장르보다 이러한 세계를 그린 뮤지컬이 더 많이 만들어지고 있다. 따라서 이러한 노래 몇 곡을 포트폴리오에 집어넣고, 그 시대의 작곡 스타일을 살려서 노래하는 것은 이제 기본적으로 갖춰야 할 오디션 기술이다. 여기에 소개하는 뮤지컬 곡들은 실제 〈Top 40〉에 오른 곡으로, 그것처럼 작곡된 뮤지컬 곡이 아니라는 점에 유의하라. 유형별 제목 다음에 이러한 곡을 담고 있는 뮤지컬을 소개하였다. 이 모든 스타일을 완벽하게 소화할 수 있는 사람은 거의 없다. 하지만, 다양한 스타일을 시도해 보고 자신에게 잘 맞는 스타일로 발전시키기를 바란다.

– 1940년대/세계 2차 대전 기간 : 〈Swingin' on a Star〉, 〈My Way〉, 〈Over Here〉

– 1950년대 록 음악이 등장하기 전 : 〈Forever Plaid〉, 〈The Taffetas〉

– 초기 로큰롤 뮤지컬 : 〈그리스〉, 〈Leader of the Pack〉, 〈헤어스프레이〉, 〈멤피스〉 1950년대부터 사이키델릭(psychedelic) 록이 나오기 전인 1960년대 초반까지의 초기 로큰롤 〈Top 40〉 곡(들).

– 1960년대/70년대 팝 록[조니 미첼, 캐롤 킹, 사이먼 앤 가펑클, 빌리 조엘, 스티비 원더, 아바, 모타운 등] : 〈맘마미아!〉, 〈풀 몬티〉, 〈드림걸즈〉, 〈The Wiz〉, 〈Ain't Too Proud〉

– 컨트리 앤드 웨스턴/현대의 컨트리 : 시대의 범위가 넓다. 무심코 비아냥거리듯이 노래하지 말고, 정직하게 노래하라. 〈Big River〉, 〈Pump Boys and

Dinettes〉, 〈The Best Little Whorehouse in Texas〉, 〈million dollar Quartet〉, 〈Hands on a Hardbody〉

- 1980년대 코퍼레이트 록(corporate rock)과 메탈 록(metal rock) : 〈Rock of Ages〉, 〈웨딩 싱어〉

- 현대의 록 : 이모(emo) 또는 그런지(grunge) 록(〈Bloody, Bloody Andrew Jackson〉, 〈American Idiot〉)

- 디스코 : 〈맘마미아〉, 〈Here Lies Love〉, 〈토요일 밤의 열기〉, 〈제나두〉

- 인디 록 : 〈스프링 어웨이크닝〉, 〈넥스트 투 노멀(Next to Normal)〉

- 모타운, R&B(리듬 앤 블루스), 소울 : 〈Motown〉, 〈Beautiful〉, 〈Leap of Faith〉

어떤 시대의 노래 스타일이 특별히 당신과 잘 맞는다면, 그 시대의 곡으로 당신만의 레퍼토리를 만들어 보자. 크룬(croon) 창법의 가수가 될 수도 있고, 포크 송 가수, 아니면 록 가수의 배역으로 경력을 쌓을 수 있는 기회가 올 수도 있다. 이것이 현대 뮤지컬의 음악적 언어이다.

E 유형 – 다음 그룹들 가운데 적어도 각각 한 곡씩 선택하라.

● 손드하임의 노래 : 그의 작품은 지성과 숙련된 음악적 기술을 요구한다. 이는 다른 작곡가의 작품과 구별되는 특징이다. 여기서 발생할 수 있는 문제점은 오디션장에서는 이 곡을 연습하지 않은 반주자가 연주한다는 점이다. 그래서 〈Company〉의 'Another Hundred People'을 선택하는 것은 그다지 좋지 않다. 더 간단한 〈스위니 토드〉의 'Joanna'가 낫다. 반주가 덜 복잡하기 때문이다.

● 록 뮤지컬 : 〈지저스 크라이스트 슈퍼스타〉, 〈피핀〉, 〈가스펠〉, 〈헤어〉, 〈렌트〉, 〈드림걸즈〉 등의 작품은 1960년대와 70년대 가창 스타일과 연기를 적절히 혼합할 줄 아는 배우가 필요하다. 이것은 당신의 포트폴리오에서 가장 활용도가 높은 장르 중 하나다. 그러니 개발하라.

● 1960년대 작품의 노래(발라드와 빠른 템포) : 칸더와 엡, 싸이 콜맨, 줄 스타인, 제리 헤르만 등은 풍부하고 대중적인 레퍼토리를 만들었는데, 많은 사람들은 이를 '쇼 튠즈(show tunes, 뮤지컬에 어울리는 선율을 뜻함. – 역주)'라고 부른다. 〈헬로, 돌리!〉, 〈Mame〉, 〈시카고〉, 〈카바레〉, 〈집시〉 등과 같은 작품들이 인기를

끌었고, 다른 공연과는 다른 음악적 기술과 스타일을 요했다.

- 디즈니 또는 영화 음악 : 멘켄과 애쉬먼(Menken and Ashman), 스티븐 슈왈츠 (Stephen Schwartz), 셔먼 형제(Sherman Brothers) 등. 레뷰, 테마파크 공연, 크 루즈 공연 또는 가족 동반 오락행사 등에 참여할 경우, 이 곡들을 만날 수 있을 것이다. 기억하기 쉽고 젊은 음색에 특히 잘 어울리는 곡들이다. 브로드웨이는 이미 테마 파크의 일부분이 되었다. 시장에서 매우 중요한 부분이 되었으니 확 실히 준비하라.

- 현대의 가곡 : 리키 이안 고든(Ricky Ian Gordon), 아담 궤텔, 존 부치노(John Bucchino) 등의 작곡가들은 현대 오페라와 뮤지컬을 혼합한 형태의 곡을 썼다. 그들의 곡들은 뮤지컬 곡보다는 가곡에 가깝다. 이런 곡들에게 적합한 연기나 음악 스타일은 현대연극이나 대중음악과는 다르다. 때문에 여기에 속하는 곡들 은 적합할 때에만 사용하도록 하라. 어쨌든 훌륭한 작품들이다.

F 유형 – 다음 그룹 가운데 최소한 발라드에서 한 곡, 빠른 템포의 곡에서 하 나를 선택하라.

- 현대의 뮤지컬(발라드와 빠른 템포의 곡) : 프랭크 와일드혼(Frank Wildhorn), 제 이슨 로버트 브라운(Jason Robert Brown) 그리고 마이클 존 라키우사. 뮤지컬은 점점 새로운 세대의 작곡가들이 이끌고 있다. 이들은 지난 25년의 대중음악에 영향을 받아왔다. 이 작곡가들은 향후 10년 이상 영향을 미칠 것이기 때문에 그 들의 레퍼토리를 알아야 한다.

이제 마지막이다. 그렇다고 중요하지 않다는 것은 아니다.

- 머니 커팅(The 'money' cutting) : 스타일이나 시대와 상관없이 노래의 일부만을 따로 떼어내어 편집한 이런 노래는 목소리, 개성, 다양한 에너지를 이상적으로 드러내준다. 이런 노래는 언제 불러도 왠지 정말 잘 부를 수 있다고 느껴진다. 포트폴리오의 다른 어떤 곡보다 더 콜백(callback)을 기대해볼 만한 곡이기도 하다. 당신은 이 노래를 32마디, 16마디, 8마디로 편집한 버전을 모두 준비해야 한다.

더 작은 카테고리로 들어가 찾아보면 당신의 레퍼토리로 선택할 수 있는 노래가 더욱 많을 것이다. 당신이 이 메뉴를 채우기 위해 노력한다면, 당신은 12곡이 조금 넘는 노래를 당신의 레퍼토리에 안전하게 넣어두게 된 것이다. 이 정도면 확실히 충분하다. 당신이 기회를 얻기 위해서는 이러한 스타일 중 하나, 때로는 여러 스타일의 노래를 부르게 되며, 심지어 또 다른 독특한 노래들까지 알아야 한다는 것을 깨닫게 될 것이다. 그런데도 이렇게 노래를 분류하는 이유는 만일의 사태에 대비하기 위해서다. 유형은 계속 변하고 있으니 이에 적응할 필요가 있다. 자신의 레퍼토리를 반복적으로 복습하라. 그래야 익숙해질 수 있을 것이다.

18.8 — 오디션용 악보를 준비하라

모든 뮤지컬 오디션은 듀엣으로 진행된다. 이 말은 지원자와 반주자가 함께 무대에 선다는 뜻이다. 때문에 오디션을 성공적으로 마치기 위해서는 반주자를 최대한 활용할 수 있어야 한다. 반주자가 당신이 선곡한 곡을 알 수도 (혹은 모를 수도) 있다. 그러나 반주자는 당신이 어떻게 그 곡을 부를지 모른다. 당신이 직접 결정한 템포나 어디부터 어디까지 부를 계획인지 등의 구체적 사항은 전혀 모르는 것이다. 그래서 노래를 시작하기 전에 악보를 준비해야 한다. 이것이 건반 앞에 앉아 있는 반주자와 소통하는 방법이다.

커팅(Cuttings)

포트폴리오에 있는 곡들은 전부 다음의 세 가지 형태의 악보로 준비해놓으면 편리할 것이다. 전곡 악보, 32마디만 부를 계획으로 커팅한 악보, 16마디만 커팅한 악보. 큰 오디션에서는 8마디 길이로 커팅한 악보를 요구하는 경우도 있다. 어디부터 어디까지를 부를 것인지 커팅한 표시는 반주자가 쉽게 인지할 수 있도록 악보에 정확히 표기해두어야 한다. 당신이 이 노래를 잘 부르려면, 시작되는 부분을 명확하게 인지할 수 있도록 커팅해야 한다. 마지막도 확실해야 한다(한 프레이즈의 중간에 커팅 표시를 하면 안 된다. 왜냐하면 심사위원들이 그 프레이즈를 끝까지 들을 수도 있기 때문이다.). 대부분의 곡은 커팅이 가능한 구조로 되어 있다(그러나 현대의 곡들 가운데에는 정확하게 떨어지지 않는 경우도 많다. 이런 경우, 적당하다고 판단되는 마디에서 커팅하라).

악보 준비

악보는 복사해서, 잘 접히거나 구부려지지 않는 두꺼운 종이에 복사하거나 붙여야 한다. 사무용품점이나 인쇄소에서 두꺼운 종이를 구매할 수 있다. 낱장 악보는 뒷면에 천 테이프나 제본용 테이프를 붙인 다음 두꺼운 종이에 붙이고, 아코디언 접기 방식으로 연결하면 된다. 스카치테이프나 마스킹테이프도 튼튼하다. 그러나 강력 접착테이프는 너무 끈끈해서 페이지가 서로 달라붙을 수 있다. 악보는 아코디언 모양으로 접어야 하는데, 그래야 피아노 위의 악보대에 쉽게 펼쳐 놓을 수 있다. 아니면 페이지를 쉽게 넘길 수 있도록 책 모양으로 접어서 준비해야 한다.

조 바꿈, 표시, 그리고 임의의 컷

오디션장에서 반주자에게 조를 바꿔달라고 하는 것은 절대 허용되지 않는다. 다른 조로 변경해야 한다면, 사람을 고용하여 돈을 주고 악보의 조를 바꾼 다음, 그것을 복사해서 가져와라. 노래에 자기 임의의 컷을 만들었다면, 이 또한 필요 없는 부분은 삭제하고 편집해서 다시 복사해야 한다. 당신이 부르지도 않을 부분까지 반주자에게 보여줄 필요는 없다. 본래 컷이 없는 곡에 임의로 컷을 설정했다면 반주자에게 직접 설명하라. 삭제할 부분이 많지 않으면 그냥 줄을 그어도 된다. 그럼 잘 보일 것이다. 악보에 표시할 때는 정확하고 간단하게 표시해야 한다. 길게 설명을 쓰거나, 낙서처럼 대충 동그라미를 친다거나, 지그재그 모양의 화살표를 그렸다가 지웠다가 다시 쓰는 것은 피하라. 곤란한 상황을 일으킬 수 있다. 필요하면 눈에 띄게 표시하라. 음악 기호는 표준 음악 용어여야 하고, 악보를 보면서 간단히 설명할 수 있어야 한다. 노래를 부를 때 잠시 멈추거나 길게 늘이거나 빠르게 몰아칠 계획을 세웠다면, 이것이 어느 부분인지 반주자에게 정확하게 설명해주어야 한다. 오디션의 반주자는 당신과 친밀한 사이가 아니다. 그러니 당신에게 좀 더 유리한 오디션 환경을 만들기 위해서는 당신 스스로 준비를 철저히 해야 한다.

가장 이상적인 상황은 반주자가 당신의 오디션 곡을, 템포를 제외하고, 이미 속속들이 잘 알고 있는 것이다. 설명이 필요 없을 정도로 말이다.

오디션 '북'

오디션을 위해 커팅된 악보를 담아서 가지고 다니는 노트를 보통 '북(book)'이라고 부른다. 여기에 북에 대한 몇 가지 조언을 하겠다.

- 자신에게 정말 익숙한 곡들만 가지고 다녀라. 오늘 부를 준비가 되지 않은 곡은 가지고 다니지 마라. 앞에서는 할 수 있을 것처럼 말해놓고, 제대로 부르지 못하는 것만큼 음악 감독을 실망시키는 것은 없다.

- 북의 첫 번째 페이지에 목차를 만들고, 북에 있는 노래 리스트를 명확하게 정리하라. 5곡이든 15곡이든, 이렇게 하면 다른 곡을 부르도록 요청받았을 때 모두의 시간을 크게 절약할 수 있다. 리스트를 쉽게 꺼내서 캐스팅 팀에게 전달할 수 있도록 플라스틱 파일에 보관하라. 이는 당신의 투철한 직업정신을 은근히 드러낼 수 있다. 다음 곡을 찾기 위해 북을 뒤적거리는 것만큼 오디션을 빨리 끝내는 방법은 없다.

- 북에서 노래를 쉽게 찾을 수 있도록 악보에 탭을 붙여 분류해 놓아라. 어떤 사람들은 목차 번호를 악보 탭에 적기도 한다. 중요한 것은 반주자가 북 안에서 노래를 쉽고 빠르게 찾을 수 있도록 하는 것이다.

- 북에 있는 모든 노래의 사본을 집에 백업해 놓아라. 버스, 식당 또는 오디션장에서 북을 잃어버렸을 때를 대비해 여분의 사본이 필요하다.

- 북을 소중히 여기고 다른 용도로 사용하지 마라. 주소록이나 일정표가 아니다. 이것은 마케팅을 위한 도구다.

- 최근에 찍은 프로필 사진 3장과 이력서를 북의 앞이나 뒤의 수납할 수 있는 공간에 보관하라.

● 마지막으로, 항상 북을 가지고 다녀라. 예상치 못한 오디션 기회가 언제 생길지 모른다.

오디션의 구조

모든 오디션은 순서가 확실하다. 순서를 인지하고 준비하면 자신감은 높아지고, 동시에 두려움은 최소화할 수 있을 것이다. 일반적으로 개인 오디션에서는 한 곡, 때로는 두 개의 상반된 곡을 준비해야 한다. 그 다음에 할 일은 오디션의 상세한 윤곽을 살피는 일이다. 어쩌면 이것이 당신이 지원한 오디션과는 정확하게 일치하지 않을 수도 있지만, 거의 모든 오디션에 다 적용할 수 있는 중요한 것들을 소개하겠다. 오디션을 연습할 때(그렇다. 오디션의 과정을 연습하는 것이다!), 실제 오디션 순서대로 모든 과정을 빼놓지 말고 연습하라. 그렇게 하면 이 매우 짧은 일인극을 당신의 몸이 기억할 것이다. 최고수들과 경쟁하는 상황에서 예기치 못한 변수는 적을수록 좋다. 예를 들어, 노래를 정해진 순서와 다르게 연습한다든지, 자기소개를 하지 않는다든지, 오디션 곡에 대해 반주자에게 설명하는 것을 잊어버리는 일은 절대 일어나선 안 된다. 가능한 한 오디션장에 들어가는 순간부터 나가는 순간까지 당신이 해야 하는 모든 것을 순서대로 연습하라.

도착

오디션장에는 10분에서 20분 일찍 도착해야 한다. 옷을 갈아입어야 한다면(오디션장에는 옷을 갈아입을 수 있는 장소가 마련되어 있다), 더 일찍 도착해야 할 것이다. 자신을 바깥 세상과 분리시키고 오디션장과 친숙해질 수 있는 시간이 필요하다. 댄스 오디션의 경우 몸을 풀 수 있는 공간이 있을 것이다. 그러나 항상 그런 것은 아니니 대비하길 바란다. 연기만을 보는 오디션이라면 근처에 놓고 슬쩍 볼 수 있는 대본을 가지고 들어갈 수 있는지, 소품을 사용해도 괜찮은지 등 여러 중요한 정보들을 알아봐야 할 것이다. 당신이 알고 있던 정보와 달리, 노래를 짧게 듣는다든가 아니면 길어지는 등 조건이 변하는 경우도 있다. 이러한 변화는 예상하기 힘들지만 조금만 시간을 투자해도 이에 적응할 수 있다. 뉴욕의 코러스 오디션의 경우, 이름을 목록에 올려야 하기 때문에 몇 시간 전에 도착해야 한다. 그래서 많은 배우들이 오디션 당일 이른 아침에 왔다가, 집에 돌아가 오디션 준비를 한다.

준비

몇 분 동안 조용히 앉아서 호흡과 이완 운동을 하면서 마음을 비워라. 준비한 곡들을 보면서 기본적인 내용을 떠올려보자. 중요한 파트너는 누구인가? 무엇을 이루기 위해 노력하고 있나? 목적을 달성하는가? 요점만 간단하게 말한다면? 때로 배우들은 이러한 짧은 메모를 카드에 적어 놓기도 한다. 또한, 자신에게 긍정의 응원을 보내는 것도 도움이 된다. '넌 할 수 있어!' '난 이 노래를 정말 사랑해!' '내 이야기를 들려주고 싶어!' 이러한 긍정의 힘을 과소평가하지 마라. 냉소주의는 문밖에 두고 와라. 지금은 당신이 사랑하는 일을 할 시간이다.

입장

오디션장에 입장하면 당신은 심사위원들과 첫 대면을 하게 된다. 첫 인상은 굉장히 중요하다. 입장하기 전 최상의 모습인지 확인하라. 로비에 있는 동안 불평을 하거나 부정적인 언사, 자신을 비하하는 말은 하지 마라. 긍정적인 태도를 유지하고 밖에서부터 좋은 상태를 유지하려고 노력하면 입장 후에도 계속 그 태도를 유지하기 쉬울 것이다. 원기왕성하고 긍정적인 모습은 좋은 인상을 준다. 반주자에게 가기 전 심사위원들에게 간단한 인사를 건네는 것도 좋은 방법이다. 테이블 건너편에 있는 사람들과 시선을 맞추는 것은 매우 중요하다. 극장에서 미리 이력서를 수거하지 않았다면, 지금이 심사위원들에게 이력서를 제출해야 할 때다. 다시 강조하지만, 심사위원의 눈을 바라보면서 간단하게 "안녕하세요!"라고 인사하는 것만으로 충분하다. 만일 당신이 캐스팅 담당자들을 알고 있다면, 당신은 그들과 친분이 있는 것이다. 모르는 척하지 마라! 숨기는 것이 오히려 오해를 부를 수 있다. 오디션 기회를 얻었다면, 그들은 당신에게 좋은 감정을 가지고 있을 것이다. 그것은 플러스 요인이다. 이제 반주자에게 가라.

반주자와의 관계

당신은 반주자에게 의존하게 된다. 반주자와 진심으로 눈을 마주치면서 예의바르게 인사하라. 이제 노래의 템포와 커팅된 부분에 관한 정보를 간결하게 전달하면 된다. 템포를 설명하기 위해 짧게 노래를 들려주는 것도 괜찮다. 때론 그루브의 리듬을 알려주기 위해 가볍게 몸을 두드리면서 대화를 나누는 것도 도움이 된다. 긴장된 상황 속에서도 원하는 템포와 그루브를 느낄 수 있도록 미리 연습하라. 이제 노래를 부를 준비가 끝났다. 연습을 충분히 했다면 이 모든 과정은 최대 10~15초 정도 걸릴 것이다. 여기서 중요한 것은 반주자에게 언제 연주를 시작해야 하는지 알려주는 것이다. 예를 들어, "제가 고개를 들면 시작해 주세요." 또는 "제가 무대 뒤쪽을 바라보고 서있다가 앞으로 돌아서면 연주를 시작해 주세요."와 같이 말할 수 있다. 당신이 두 곡 이상을 부르는 경우라면, 곡 사이에 반주자에게 다시 설명할 필요가 없도록 미리 알려줘야 한다. 이것이 악보에 표시를 명확하게 해야 하고, 반주자에게 설명을 간결하게 해야 하는 또 다른 이유다.

자기소개

반주자와 이야기를 마치면, 오디션장의 중앙, 연기공간으로 간다. 이것이 무대 입장이다. 이제 혼자서 자신에게 주어진 역할을 연기하면 된다. 우선 중앙에 자리를 잡아라. 이제 "안녕하세요, 저는 ……입니다. 그리고 저는 ……을 노래할 것이고…" 같은 간단한 자기소개를 한다. 작품의 작곡가나 역사, 캐릭터 또는 이야기의 배경에 대해서 설명할 필요는 없다. 그들이 궁금하면 물어볼 것이고, 그럼 대화할 기회가 생기는 것이다. 그렇지 않으면, 간단하게 끝내라.

간단한 준비

첫 번째 곡을 부를 때 작품의 분위기와 상황에 몰입할 수 있는 시간은 불과 몇 초도 되지 않는다. 이러한 상태로 쉽게 변환하려면 연습이 필요하다. 거의 즉시 노래를 시작할 수 있도록 연습하는 것이다. 여러 가지 방법으로 이것을 연습할 수 있다. 어떤 사람은 잠시 아래를 내려다보기도 하고, 어떤 사람은 가볍게 고개를 끄덕이는 것만으로도 충분하다. 이제 당신만의 단막극이 시작된다. 그 첫 장면에 자신을 몰입시켜라. 이것의 핵심은 바로 직전 장면에서 느꼈던 감정이 무엇인지를 아는 것이다.

반주자와의 신호

당신은 이미 반주자에게 신호를 알려주었을 것이다. 이제 신호를 보내라. 무슨 일이 있어도 반주자를 쳐다보면서 고개를 미친 듯이 끄덕이는 행동은 하지 마라. 이는 당신과 지켜보는 사람 모두의 몰입을 방해하는 행동이다. 반주자는 이미 이러한 과정에 익숙하며 지원자를 도와주기 위해 그곳에 있는 것이다.

첫 곡

상상 속의 파트너를 쳐다보거나, 허공의 한 점을 바라보며, 무언가를 갈구하는 열정의 세계로 들어가라. 작품 속의 파트너와 함께 있다고 상상하라. 그 상상이 끝나야 단막극도 끝나는 것이다. 당신의 연기는 음악과 함께 끝나야 한다. 반주자가 연주를 마치기 전이나 그 후가 아니다.

짧은 휴식과 두 번째 곡

분위기를 바꿀 수 있는 짧은 순간이 주어진다. 반주자에게 다시 간단한 신호를 주고 두 번째 곡을 시작하면 된다. 신호를 주기 전에 반주자가 준비된 상태인지 확인하라. 그렇지 않으면 불안하게 시작해야 할 수도 있다.

마무리

연주의 마지막 한 음이 끝날 때까지 몰입하라. 그리고 다시 긍정적인 모습으로 돌아와서 심사위원들에게 "정말 감사합니다." 또는 "좋은 하루 보내세요."라고 인사를 건네라. 귀엽거나 매력적인 모습으로 인사하지 마라. 그냥 긍정적인 에너지만 보여줘도 충분하다. 어떤 오디션의 경우 이름을 다시 말하는 것도 좋다.

퇴장

심사위원이 궁금한 것이 있으면 질문할 것이다. 질문을 기대하거나 유도하지 마라. 끝나면 돌아서서 가져왔던 악보와 소지품을 챙기고 떠나면 된다. 자신감은 계속 유지해야 한다. 배우들이 노래를 마친 후 피아노 위에 오디션 악보를 두고 가는 것은 상상 이상으로 흔한 일이다. 그러니 악보에 이름과 연락처를 정확하게 적어라.

대기 장소

오디션이 끝난 후 복도나 무대 끝에서 자신의 연기를 부끄러워하면서 비명을 지르는 배우도 있다. 정말 아마추어 같고 불안해 보인다. 복도에서 너무 조용히 있는 것도 적절하지 않다. 무대나 로비 어딘가에 무대감독이나 조감독 또는 제작자가 있을지도 모르는 노릇이다. 건물을 나갈 때까지 전문가다운 점잖은 모습을 유지해야 한다. 건물 밖에서는 울거나, 기뻐서 뛰어다녀도 괜찮다.

오디션에서 하지 말아야 할 것 — 18.10

오디션에는 반드시 지켜야 하는 규칙 몇 가지가 있다.

- 소품은 허용되지 않는 경우가 대부분이다. 속임수로 보일 수 있으며 연기에 혼란을 줄 수도 있기 때문이다. 〈Avenue Q〉 오디션을 보거나 인형 조종 기술을 증명해야 하는 경우가 아니라면, 소품은 피하라. (그러나 당신이 할 수 있다고 말했다면, 저글링 공 정도는 가져가도 좋다.)
- 특수 의상도 허용되지 않는다. 재킷을 벗거나 타이를 느슨하게 하는 정도만 허용될 뿐이다.
- 의자는 꼭 필요한 경우만 사용할 수 있다. 공간을 지배하라. 반드시 필요하다면 의자를 사용할 수 있겠지만, 이는 당신의 연기에 손해라는 것을 기억하라.
- 바닥에 앉지 마라.

- 노래할 때 심사위원을 똑바로 쳐다보지 마라. 그들은 연기 파트너가 아니다. 심사위원이 자유롭게 지원자를 바라보고, 메모하고, 이력서를 읽는 등의 행동을 하는 데 방해가 될 수 있다. 보통은 그들의 머리 위를 바라보거나, 사선을 쳐다본다. 가끔은 심사위원이 당신에게 자신들 가운데 한 명을 파트너로 삼아 연기하라고 요구할 수도 있다. 만약 그렇다면, 살아있는 파트너와 연기하는 상황을 즐겨라.

- 의자를 상대로 연기하지 마라. 의자를 합격시키고 당신은 떨어트릴 것이다.

- 준비한 소품으로 심사위원을 공격하거나 괴롭히지 마라. 제작자를 증오하거나 합격에 필사적인 배우의 노래나 독백은 친구들에게나 귀여워 보인다. 심사위원은 절대 합격시키지 않을 것이다. 오디션 그 자체를 연기의 수단으로 이용하지 마라. 오디션 절차가 얼마나 불공정하고 잔혹한지에 대해 떠드는 것은 심사위원을 모욕하는 짓이다. 오디션에서의 연기는 정확하고 통찰력이 있으면서 재미도 있어야 한다. 심사위원을 모욕하지 마라. 집으로 돌아가는 지름길일 뿐이다.

- 심사위원을 위협하는 행동은 삼가라. 누군가의 셔츠를 잡거나 테이블로 돌진하는 것은 당신의 정서불안만 드러낼 뿐이다.

- 신성 모독은 절대 좋은 아이디어가 아니다. 이를 받아들여라.

- 심사위원을 향해 추파를 던지지 마라. 일은 주어지지 않을 것이고, 불쾌한 전화만 받게 될 것이다.

- 오페라 가수가 아니라면, 그리고 심사위원이 특별히 요청하지 않았다면, 영어로 된 곡을 준비하라(우리의 경우도 마찬가지로 우리말 가사로 가창하는 것이 원칙으로 자리잡아가고 있다. 라이센스 작품의 오디션인 경우, 제작사에서 번역된 가사의 악보를 미리 제공하기도 한다. – 역주). 그리고 대중음악이나 뮤지컬 레퍼토리에서 곡을 선정하라. 어떤 경우에도 그 가사가 무엇을 의미하는지 이해할 수 있어야 한다. 클래식 음악의 테크닉을 공부한다는 것은 예술가로 발전하는 데 굉장히 유용한 일이다. 그러나 이러한 노래는 뮤지컬 오디션에는 적합하지 않다. 극장 측에서 따로 요청하지 않았다면 말이다.

- 연주하기 어려운 곡은 피하라. 전조(modulation)가 많거나, 읽거나 연주하기 힘든 복잡한 조성이거나, 연습하지 않으면 쉽게 연주할 수 없는 곡이라면 다른 곡을 찾아라. 아니면

반주자를 따로 데리고 와라.

● 지시에 따라라. 심사위원이 1분의 시간을 주고 그 안에 독백과 빠른 템포의 곡을 8마디 부르라고 요청했다면, 그대로 하면 된다. 많은 배우는 규칙이 자신에게는 적용되지 않는다고 생각한다. 규칙을 깨면 사람들을 짜증나게 만들 뿐이다. 심사위원은 리허설 동안 당신과 함께 일을 할지 안 할지 생각한다. 그들이 당신과 일하는 것이 싫거나 재미도 없고 앙상블을 깰 거라고 생각하면 당신을 그냥 떨어트릴 것이다. 대부분의 연출가는 문제를 일으키는 배우를 한눈에 알아본다. 일할 때 까다로울 수 있다는 그 어떤 인상도 주어서는 안 된다.

긴장

오디션에서 가장 곤란한 것들 중 하나가 바로 긴장이다. 때로는 정말 긴장이 된다. 계속 말해왔지만, 심사위원은 당신의 외모, 목소리, 개성, 매력, 재능 등을 하나하나 면밀하게 관찰하기 때문에 긴장은 자연스러운 반응이다. 당신에게는 다음 단계로 넘어갈 수 있을지 없을지가 달려 있다. 그렇다면 왜 긴장할까? 중요한 오디션은 꿈에서 그리던 소녀와 처음 갖는 데이트와도 같기 때문이다. 그렇다고 긴장에 휘둘려 오디션을 망쳐도 된다는 말이 아니다. 그런 경험이 있다면 긴장이 어떻게 오디션을 망치는지 잘 알고 있을 것이다. 긴장했을 때의 증상은 사람마다 다르다. 어떤 사람들은 제대로 숨을 쉬지 못한다. 다리가 후들거리거나 얼굴에 경련이 일어나는 사람도 있다. 땀으로 흥건해지는 사람이 있는 반면 오한이 오는 사람도 있다. 이 모두가 긴장했다는 증거다. 이것은 실제로 공황 상태에 빠졌을 때 나오는 반응인데, 인간의 가장 기본적인 생존 본능에 뿌리를 두고 있다.

오디션에서는 긴장에 휘둘리던 사람이 공연 때는 완전히 달라지는 경우가 있다. 이는 굉장히 흥미로운 사실이다. 침착하게 감정을 통제하고, 무대 위에서 자유롭게 연기한다. 왜 이런 차이가 생길까? 오디션이든 공연이든 연습한 것을 선보이는 자리다. 신중하고 적절하게 준비했을 것이다. 음정도 완벽하게 익히고, 노래 분석 또한 다 끝냈을 것이다. 그러나 중요한 차이점이 있다. 오디션에 참가한 경우에는 자신이 평가되고 있으며, 자신은 반드시 합격되어야 한다는 점을 과도하게 의식한다. 그 결과 목소리는 예쁜지, 섹시해 보이는지, 여드름은 없는지, 너무 크거나 작아 보이지는 않는지, 너무 뚱뚱하거나 말라보이지는 않는지 자꾸만 신경이 쓰인다. 그러다가 당신은 하루 종일 거울만 쳐다보고 있어야 할지도 모른다. 자신을 의식하고 걱정하는 것은 당연하다. 머리로는 알고 있지만, 긴장을 푸는 게 쉽지는 않을 것이다. 그러나 탈출구는 있기 마련이다.

인간의 특징 중 멋진 것이 바로 두 가지 생각을 동시에 할 수 없다는 점이다. 한 번에 한 가지 생각만 할 수 있다. 두 가지 걱정을 번갈아가면서 하는 것은 가능하다. 그러나 동시에 두 가지 걱정은 하지 못한다. 다음과 같이 따라 해보자. 세상에서 가장 완벽하게 다듬어진 물방울 다이아몬드가 있다고 상상해보자. 다이아몬드는 밝은 조명이 비추고 있는 검푸른 벨벳 위에 놓여 있다. 이번에는 오늘 저녁식사에 사용할 음식 재료를 생각해보자. 알파벳 순서대로 가장 좋아하는 요리의 레시피와 요리 재료를 모조리 떠올려라. 그런 다음, 이제 동시에 이 두 가지 생각을 떠올리려고 노력해보자. 이것이 얼마나 어려운지 깨닫게 될 것이다. 다이아몬드나 칠리고추를 넣은 고기, 혹은 강낭콩 스튜 가운데 한 가지만을 생각하게 될 것이다. 아니면 아무것도 떠올리지 못할 수도 있다. 간단한 게임이지만 이것이 오디션의 긴장에서 당신을 구원해줄 수도 있다. 내 목소리가 어떤지, 내가 얼마나 못생겼는지 자꾸 엉뚱한 곳으로 향하는 마음을, 매 순간 정말 중요한 곳으로 집중할 수 있도록 도와주기 때문이다. 이것이 좋은 연기를 만드는 핵심이다. 이제 당신 스스로에게 다음과 같이 질문해보자. "나는 누구와 이야기하고 있는가? 그와의 관계에서 중요한 것은 무엇인가? 그에게 무엇을 원하는가? 그것을 얻기 위해 나는 무엇을 하고 있는가? 내가 원하는 것을 그에게서 얻었는가?" 이 질문은 지금 이 순간 다른 어떤 것보다 중요하다.

몸무게가 많이 나간다고 생각하면, 오디션을 마친 뒤 다이어트를 시작하라. 안색이 엉망이라고 생각한다면, 다음날 피부과 전문의를 찾아가라. 높은 C음을 내고 싶다면, 오늘밤 노래 선생님을 불러라. 그러나 지금 당장 정말 중요한 것은 그 일자리를 얻을 수 있는가이다. 그리고 상상의 세계에서 당신을 자극하는 질문들에 집중하는 것이다. 기회, 두려움, 자기 의심은 비합리적이고 근거도 없다. 우리는 항상 바보 같은 것들을 걱정한다. 나중에, 감정이 안정된 다음에도 살을 빼고 싶다거나, 코 성형을 (또 그 밖에 걱정되는 것들을) 해야겠다는 마음이 들면, 솔직한 의견을 줄 수 있는 전문가에게 (엄마나 남자친구는 제외하라) 조언을 구하라. 결국 당신이 선택하는 것이다. 그러나 오디션장은 이런 문제들을 걱정하는 장소가 아니다. 기억하라. 긴장이 된다면, 자신에 대한 생각은 멈추고, 연기 파트너에게 집중하라. 실제 눈앞에 있든 상상 속에만 있는 캐릭터든 상관없다.

긴장을 다루는 또 다른 방법으로는 마음챙김(mindfulness) 훈련, 요가, 그리고 호흡 조절 운동이 있다. 이러한 신체적 양식들은 신경계를 재구성하고 평온함을 찾는 데 도움이 된다. 만약 당신이 긴장과 불안으로 고통받고 있다면, 온라인에서 무료로 쉽게 이용할 수 있는 이러한 접근법들을 적극적으로 탐구해 보기를 강력히 권한다.

상황이 잘 안 풀릴 때

때로는 오디션을 망칠 때도 있다. 때로는 준비한 것을 다 보여주기도 전에 무대감독이 그만 하라고 말하기도 한다. 때로는 반주자가 노래를 망칠 수도 있다. 하지만 어떠한 경우에도 전문가처럼 행동하고 품위와 유머를 갖춰야 한다. 소리를 지르거나 누군가를 비난하고 다른 사람 탓으로 돌리지 마라. 필요하다면 예의바르게 반주자에게 다시 다가가 시작하는 곳과 조성을 알려주면 된다. 전문가다운 모습을 보여줘야 한다. 그 공간에서만 전문가이더라도 말이다. 품위 있게 행동하라.

살다보면 안 좋은 날도 있다. 하지만 오디션은 많다. 안 좋은 행동이 당신의 마지막 인상으로 남으면 안 된다. 고쳐야 한다. 쇼 비즈니스 세계에서 노상 나오는 말이 있다. "좋았던 오디션과 엉망인 지원자는 심사위원의 기억에 남는다. 나빴던 오디션은 기억에서 사라진다." 실패했다면, 품위와 명성에 금이 가지 않게 탈출하라. 그리고 다음 오디션을 준비하면 된다.

연습

오디션의 가이드라인과 순서, 주요 요소들, 그리고 의상이 편안하다고 느껴질 때까지 연습하라. 이것은 자신감을 갖고 오디션에 임하기 위한 필수적인 단계이다. 이 단계에서 재능은 필요 없다. 오디션에 임하여 그냥 자동적으로 작동할 수 있도록 숙련되면 된다. 그래서 당신의 재능이 쓸모 있다는 것을 미래의 고용주에게 명확하게 인식시키면 된다. 오디션이라는 시스템은 실패를 위한 것이 아니라, 성공을 위해 설계되었다.

오디션을 연습할 수 있는 모든 기회를 활용하라. 누구라도 긴장을 느낄 수밖에 없는 긴급한 상황이 벌어졌다면, 오디션에서의 긴장에 익숙해질 수 있는 기회가 될 것이다. 중요도가 상대적으로 떨어진다고 여기는 오디션에 참가하는 것도 도움이 될 것이다. 선생님, 친구들과 모의 오디션 상황을 설정하여 연습하자. 근처에 있는 클럽의 '오픈 마이크(open mic)' 행사에 가는 것도 좋다. 일자리가 걸려있지 않으니 사람들 앞에서 새로운 노래를 시도해 볼 수 있을 것이다. 낯선 곳에서의 시도가 익숙해지면 자신을 평가하는 사람들 앞에 서야 한다는 부담에서 좀 더 자유로워질 것이다. 그러면 오디션을 하나의 기회로 바라볼 수 있을 것이다.

연습과제 18B

기록하고 기억하라 – 오디션 기록

만약 일이 잘 풀린다면, 오디션을 많이 보게 될 것이다. 만난 사람, 불렀던 노래, 심지어 입었던 옷까지 기록하는 것이 중요하다. 이 기록을 연락처 목록과 연결할 수도 있다. 다음은 당신이 활용할 수 있는 양식의 예시다.

오디션 기록
공연명 :

단체/제작자/연락처 정보 :	
날짜 :	장소 :
지원자/추천인 :	
오디션 곡/연기/춤 :	
오디션장 사전 등록/오디션 당일 등록 :	
의상 노트 :	
관찰 내용/자기 평가 :	
오디션 공지 사항 (파일첨부) :	

오디션에서 연기와 노래를 잘하려면

이상으로 오디션의 기술적 측면에 대해 세밀하게 다루어 보았다. 결국 뮤지컬 배우는 노래를 통해 자신의 능력을 보여주어야 한다. 그래서 뮤지컬의 노래나 장면에 접근할 때 사용하는 방법을 오디션에도 똑같이 적용해야 한다. 먼저 자신과 상상의 파트너 사이의 관계를 명확하게 구축해야 한다. 비트를 나누고, 목적과 장애물을 확인하고, 목적을 달성하기 위한 자신만의 전술을 선택하고, 캐릭터의 여정을 만들고, 노래 속 가상의 환경에서 자유롭고 진실한 모습으로 살아야 한다. 연습과제를 통해서 익혔던 연기도 기억하길 바란다. 오디션에도 마찬가지로 적용할 수 있다. 오디션이란 매우 짧은 시간 안에 배우로서 당신이 할 수 있는 것을 압축해서 보여주는 과정이다. 철저하게 준비하고, 테크닉과 상상력을 총동원하라. 오디션을 위해 항상 몸을 풀고, 연기의 주요 요소들을 적용하라. 그러면 당신은 오디션장에서 최고의 모습을 보여줄 수 있을 것이다.

- 19장 -

성공을 부르는
태도

사람들은 각기 다른 방법으로 경력을 쌓아간다. 장기 공연을 하거나, 다른 작업 환경을 경험하고, 불황기에서도 살아남고, 언젠가 찾아올 성공을 목표로 전문적인 쇼 비즈니스 세계에서 자신만의 방법으로 살아간다. 성공한 배우들은 대부분 의식적이든 무의식적이든 일련의 원칙을 따른다. 이 원칙은 수년에 걸쳐 배우가 다양한 분야에서 성장할 수 있도록 돕는다.

이 장을 마치면 다음과 같은 것을 할 수 있다.

● 배우라는 꿈을 이루기 위해 긍정적인 태도를 갖출 수 있다.

● 동료 예술가들의 헌신에 대해 존중하는 마음을 갖는다.

● 비판을 수용하고 지속적인 훈련에 대한 책임감을 증명할 수 있다.

● 장기적인 목표에 집중하면서 긍정적인 태도를 유지할 수 있다.

● 전문가로서 경력을 쌓아 나가기 위해 올바른 습관을 설계하고 적용할 수 있다.

19.1   자신이 통제할 수 있는 것에 집중하라

배우로서 경력을 쌓아가는 일이 자신의 노력만으로 이루어지는 것은 아니다. 배우는 변덕스러운 캐스팅, 극장의 자금 사정, 예술 감독의 공연 일정 선택 등 무수한 환경에 영향을 받는다. 성공한 배우도 기복이 심하긴 마찬가지다. 때로는 매우 짧은 시간만 일하는 경우도 있다(15분짜리 목소리 녹음이나 몇 주 동안의 공연처럼). 하지만 브로드웨이의 장기 공연도 어느 순간에는 막을 내린다. 운이 좋다면 항상 일을 찾을 수 있을 것이다 (하지만 운이 없다면 공연 제의가 단 한 번도 들어오지 않는다). 지원한 오디션 중에서 10퍼센트 정도만 연락이 와도 정말 운이 좋은 경우다. 최고의 배우들도 90퍼센트 이상 연락을 받지 못할 테니 지방공연이나 순회공연을 주로 다닐 수도 있다. 〈비즈니스 인사이더 매거진(Business Insider Magazine)〉과 미국 공영 라디오(National Public Radio)에 따르면, "배우조합의 49,000명 회원 중 약 17,000명만이 1년 중 어느 때라도 일을 하는 것으로 추정된다. 일을 하는 회원들의 경우, 공연 활동으로 얻는 연간 평균 소득은 약 7,500달러! 이는 주당 약 144달러에 해당한다." 이러한 현실적인 문제들과 냉정한 현실들은 성공적인 경력조차(이것이 얼마나 드문 일인지 생각해 보라.) 너무나 불안정하고 혼란스럽게 만들어서 정상적인 삶을 영위하기 어렵게 만들 수 있다. 배우들은 모두 생계유지를 위한 어떤 방법을 가지고 있다. 그것으로 당신의 연간 소득의 나머지를 채운다.

성공을 부르는 태도 중 첫 번째는 바로 당신이 통제할 수 없는 일에는 신경 쓰지 말라는 것이다. 대신 통제할 수 있는 일에 집중해야 한다. 가장 중요한 건 자신에게 집중하는 것이다.

19.2   스스로에 대한 마음가짐과 믿음

불확실하고 끊임없이 변하는 분야에서는 변하지 않는 무언가가 필요하다. 그 무언가란 주위 환경이나 비평가, 연출가 또는 캐스팅 감독의 비평에도 흔들리지 않는 가치관과 자신에 대한 인식이다. 삶의 의미와 목적은 뭔가 깊고 개인적인 부분에 있다. 다른 사람들의 표면적인 인정이나 대중의 박수갈채에 있는 것이 아니다. 공연 예술에 매료된 사람들은 대중에게 사랑받거나 인정받기를 갈망하기 때문에 이러한 말은 충격으로 다가올 수 있다. 물론 많은 배우들과 지망생들이 이러한 갈망 때문에 공연에 매료된다. 그러나 역설적이게도, 만일 당신이 내면의 더 깊은 무언가가 아니라 대중적 인기만을 추구하게 되면 비즈니스적인 상황에 취약해지기 쉽고, 성공의 가능성은 줄어들 것이다. 연출가나 관객이 당신의 이러한 상황, 즉 당신이 박수갈채에 굶주려 있다는 사실을 알게 되면, 당신은 일자리를 얻지 못할 것이다. 은행과 비슷하다. 은행이 돈을 빌려주려고 하는 사람은 사실 돈을 빌릴 필요가 없는 사람들이다. 마찬가지로 연출가나 관객은 더 이상 박수갈채가 필요없는 배우에게 박수를 보낸다.

큰 무대로 나가기 전에 기초과정과 실습과정을 거치는 이유는 자신의 재능과 능력, 그리고 무엇보다 자기 자신에 대한 확신을 갖기 위해서다. 힘든 연습 과정과 그리고 많은 관객 앞에 서면서 당신은 자신의 가치를 계속 증명하게 될 것이다. 자신에 대한 확신을 갖는 것이 가장 힘든 과정일 수도 있다. 그리고 이런 믿음을 갖기까지 오랜 시간이 걸릴 수도 있다.

당신 주변의 배우들을 보라. 지혜로운 배우들은 자기 자신을 잘 알고 있다. 수준 높은 배우들에게서는 자신감이 느껴진다. 그리고 실제로 그들은 스스로에 대한 확신을 가지고 행동한다. 그러나 자신감만 있는 것은 아니다. 그들에겐 성공을 이루어낸 특별한 습관이 있다는 것을 알게 될 것이다.

- 습관 1: 계획을 세워라.
- 습관 2: 존중하라.
- 습관 3: 작품의 성공을 위해 최선을 다하라.
- 습관 4: 비평을 수용하라.
- 습관 5: 훈련과 자기계발을 게을리하지 마라.
- 습관 6: 성공한 사람들은 성공한 사람들과 어울린다.
- 습관 7: 미래를 장기적으로 내다보라.

습관 1: 계획을 세워라

성공한 사람들의 첫 번째 습관은 성공을 시각적으로 구체화하는 연습을 꾸준히 한다는 것이다. 이는 성공의 화려한 결과(할리우드의 파티, 아름다운 애인, 당신이 미소 짓는 얼굴이 실린 잡지 표지)를 떠올리는 것과는 다르다. 시각화란 성공의 실질적인 요소들을 파악하고, 그 성공에 이르는 구체적이고 현실적이며 합리적인 방법을 설계하는 것을 의미한다. 이 연습의 핵심은 "나는 ~할 것이다."라는 문구다. 이는 성공을 향해 한 계단 한 계단씩 밟아 올라가는 현실적인 노력이 필요하다. 예를 들어, 1등급 크루즈 선박에서 가수나 댄서로 캐스팅되는 것을 목표로 삼아 시각화한다면, 그 목표에 도달하기 위한 계획을 구체적으로 세우고, 그 과정을 따라야 한다. 이는 성공으로 향하는 하나의 계단으로 적당하다. 자, 이제 졸업 후 어떻게 하면 '디즈니 매직(Disney Magic)' 무대에 설 수 있을지 계획을 세워보자.

연습과제 19A

성공을 구체적인 현실로 만드는 방법

우리가 여기서 제시하는 과정을 '목표' 바인더를 만들어 정리하라. 이 바인더에는 당신의 목표를 달성하기 위한 구체적인 계획과 그것에 필요한 모든 자료가 담겨 있어야 한다.

1단계: 그 목표의 요구 사항을 확인하라. 웹사이트나 오디션 공지에 노래와 춤을 본다고 나와 있는가? 과거에 이 일을 했던 사람을 만나 물어볼 수 있나? 당신이 그들의 기준에 부합하는지 필요한 정보를 얻어라. 정확히 무슨 일을 하는지, 그곳에서 일하는 사람들은 어떤 사람들인지, 제작진 및 캐스팅 담당자는 누구인지, 그리고 그 밖에 다음 단계에서 당신에게 도움이 될 만한 모든 사항을 자세히 조사하고, 캐물어라. 직장이나 사람들에 대한 험담이나 소문을 많이 듣게 될 것이다. 귀 기울이되, 그것이 당신의 계획에 지장을 주지 않도록 조심하라. 대개 이런 것은 쇼 비즈니스가 가지고 있는 전형적인 '심술궂은' 본성 때문이다.

2단계: 요구 사항을 충족시킬 수 있는 계획을 세워라. 만일 당신이 조사해 본 결과, 배역의 신체적 특징을 파악했고, 처음 보는 악보도 한 번에 부를 수 있는 기술을 가지고 있고, 팝 음악을 잘 부르는 사람을 필요로 한다는 것을 알아냈다면, 이러한 요구 사항을 어떻게 충족시킬지 분석하라. 아마도 당신은 좋은 몸매를 가지고 있겠지만, 좀더 탄탄하고 균형 잡힌 몸을 만들어야 할 수도 있다. 그렇다면 당신은 집에 운동기구를 설치하거나(저렴한 것으로), 온라인에서 운동 영상을 구매하거나(저렴한 것으로), 에어로빅이나 격렬한 댄스 수업이 포함된 피트니스 프로그램(적당한 가격의)에 등록하여 당신의 신체 능력을 끌어올릴 수 있다. 시창 능력을 발전시키기 위해 특별히 무엇을 할 수 있을까? 교회 합창단에 가입하거나(무료), 시창 능력이 뛰어난 친구와 서로 잘하는 것을 가르쳐주기로 협상할 수도 있고(무료), 도서관이나 온라인에서 연습용 DVD를 구할 수도 있고(무료), 선생님에게 배울 수도 있다(유료). 팝 음악의 가창 실력을 향상시키려면 어떻게 해야 할까? 개인 레슨을 받을 수도 있고(어느 정도 비용이 발생한다), 여러 명이 함께 받는 수업을 찾아볼 수도 있다(좀 더 저렴하다). 아이튠즈에서 가라오케 연주 트랙을 구매하거나 노래를 직접 연주하여 녹음하는 방법도 있다. 그런 다음 당신이 가지고 있는 기술을 동원해서 음질이나 악기를 보완하라(매우 저렴하다). 목표가 무엇이든 당신이 하기로 결심했다면, 목표 달성을 위한 저렴한 방법은 항상 존재한다.

3단계: 목표 달성을 위한 계획에 전념하라. 종이나 '목표' 바인더에 일련의 목표들을 간단하게 적어라. 예를 들어, "나는 이번 주 운동 수업에 세 번 참석하겠다." "매일 10분 동안 새로운 곡으로 시창 연습을 하겠다." "이번 달 안으로 레퍼토리에 팝송 네 곡을 추가하겠다." 같이 적어라. "… 하고 싶다" 또는 "… 해야 한다"는 안 된다. 만일 "목표 달성을 위해 다음과 같이 합리적으로 계획을 진행하겠다."라고 적었다면, 언제까지 이 계획을 마칠 것인지 기간을 명시하라. 이러한 단순한 진행 계획이 당신을 목표에 도달할 수 있도록 도와줄 것이다. 이 계획은 구체적이고 간단하며 실현 가능한 방법이어야 한다. 꿈으로 시작하는 것은 좋지만, 행동이 뒤따라야 한다.

4단계: 합리적인 목표를 설정하라. 불합리하거나 과도하고 불가능한 기대치를 설정했다면 실패는 확실하다. 습관적으로 실패가 되풀이되면 목표를 달성할 수 없다는 생각에 쉽게 빠지게 된다. 따라서 "난 이번 달 안으로 35파운드를 감량하겠다"

라는 말은 비현실적이며, 달성한다고 해도 건강에 좋지 않고 유지하기도 어렵다. 마찬가지로 "난 올해 토니상을 받겠다"라는 목표는 현실적이지도 않고, 솔직히 그것은 당신이 어떻게 할 수 있는 것이 아니다. 배우로서 당신이 추구하는 큰 목표를 달성하기 위한 '작은 한 걸음'을 소중하게 여기는 것이 중요하다. 단기, 중기, 장기적인 목표에 대해서는 나중에 더 자세히 설명할 것이다. 각각은 당신의 성공을 계획하고 달성하는 데 중요한 기능을 담당한다.

이러한 목표에 전념하게 되면 성공에 훨씬 더 가까워지고 당신이 꿈꾸던 일자리나 기회를 잡을 수 있는 확률이 높아질 것이다. "나는 …하겠다"라고 말하고 그것을 실천하는 습관을 들여라.

습관 2: 존중하라

19.4

연극, 뮤지컬, 텔레비전, 그리고 영화 분야의 성공한 연출가 제리 작스(Jerry Zaks)는 매번 같은 이야기로 연습을 시작한다. 존중하라. 그의 지도 원칙은 모든 사람들이 서로에 대해, 작품에 대해, 대본에 대해, 관객에 대해, 공연을 성공적으로 만들어가는 여러 관계자들에 대해, 존중하는 태도로 일해야 한다는 것이다. 이는 성공한 배우들의 가장 훌륭한 습관 중 하나다. 진정한 직업 배우에게서는 자주 드러나는 모습이기도 하다. 배우는 동료를 친절하고 따뜻하게 대해야 한다. 그리고 그들에게 사소한 불평도 늘어놓지 마라. 대본과 악보를 빠르고 정확하게 숙지하는 태도에서 작품에 대한 존중을 보여줄 수 있다. 연습실에 일찍 도착하여 몸을 풀면서 연출가와 안무가에 대한 존중을 보여줄 수도 있다. 자신의 연기에 최선의 노력을 다하고, 연습에 적극적으로 참여하면서 말이다. 진정한 직업 배우들은 해석상의 이견이 발생하면 자신의 의견을 정중하게 제시하며 상대방의 의견에 동의할 때를 잘 알고 있다. 의상 담당자와 무대 담당자, 안내하는 직원까지 동료로 대하면서 극장 식구에 대한 존중을 보여준다. 극장 예술가들의 지원 없이 공연을 성공적으로 치를 수 있는 스타는 없다. 공손한 태도로 작업하면 동료에게도 존중받을 수 있을 것이다. 그리고 다음 작업에서도 매우 매력적인 배우로 설 수 있을 것이다.

습관 3: 작품의 성공을 위해 최선을 다하라

— 19.5

우리 각자는 모두 야망을 갖고 있다. 스타덤과 적당한 정도의 사리사욕을 꿈꾼다. 우리는 자신이 최고이길 바라는데, 이는 치열한 쇼 비즈니스에서 살아남기 위해 필수적인 것이다. 그러나 일단 작품에 캐스팅이 되면 배역의 크기나 중요도에 관계없이 그룹의 일원이 되어 작품의 성공을 목표로 함께 일할 수 있어야 한다. 당신이 등장하는 장면이 연습 도중에 없어질 수도 있고, 맨 앞줄에서 춤을 추기로 정해졌다가 뒷줄로 밀려나는 경우도 생긴다. 받아들이기 힘든 경험일 것이다. 하지만 창작자들에 대한 믿음이 있다면, 이 모든 변화가 공연의 성공을 위한 결정이라는 것을 알게 될 것이다. 공연의 성공을 최우선순위로 두면 스타는 작품과 함께 빛난다는 것을 알게 될 것이다. 당신은 혼자서 뛰는 마라톤 선수가 아니다. 이제 승리를 목표로 하는 팀의 한 일원이다. 포스터에 이름을 올리는 대스타도 작품의 성공을 위해 노력한다. 그 스타가 새로운 동작을 궁리 중인 자신의 언더스터디를 돕거나, 무대 담당자와 오케스트라가 전환을 더욱 부드럽게 하려고 노력하는 모습을 보라. 전문가는 자신의 작은 노력이 관객을 감동시키는 데 일조한다는 것을 알고 있다. 그 결과 당신을 포함한 모든 사람이 성공하는 것이다.

습관 4: 비평을 수용하라

— 19.6

연기를 배우고 있는 학생들에게 가장 어려운 것들 중 하나가 비평을 진심으로 간절하게 받아들이는 것이다. 1장에서 우리가 이미 논의한 주제다. 중요한 부분이다. 창의적인 그룹의 동료들이나 선생님의 도움을 받고 있다면, 역할을 발전시키고 깊게 들어갈 수 있는 기회를 얻은 셈이다. 연출자가 지적할 때, '네, 감사합니다.' 또는 '네, 그리고…'로 반응하라. 받아들이기 힘든 경우에도 '네, 그런데…'라고 반응하자. 당신의 연기를 아무도 좋아하지 않는다고 분노해서는 안 된다. 감정을 숨겨라. 최고의 배우는 능력과 상관없이, 자신의 연기를 발전시키고 개선하기 위해 타인의 지적을 적극 수용하는 사람이다.

또 하나의 중요한 비평은 내 안의 목소리다. 많은 사람들은 내면의 목소리를 또 다른 사람으로 개념화한다. 당신에게 '넌 못생겼어', '그 지적은 평범해', '그들이 비웃는 사람은 바로 너야'라고 비평하는 사람은 바로 자기 자신이다.

성공을 부르는 태도를 가진 사람도 내면의 목소리를 갖고 있다. 그러나 약간 다르게 개념화한다. 내면의 비평 대신 부조종사를 갖고 있다. 이 부조종사는 당신이 중요한 비평을 무시하지 않게 도와주고, 비평을 행운이라고 생각하도록 유도하며 당신이 암전 중에 무대 가장자리에서 떨어지지 않도록 도와주는 친구인 것이다. 또한 헤어스타일이 오늘 멋지다든가, 지난밤에 노래가 끝난 후 모두가 박수갈채를 보냈다는 등의 내용도 상기시켜 준다.

내면의 목소리는 우리의 정신세계에서 중요한 부분이다. 이 비평가를 잠재우려 한다면, 더 크게 소리칠 것이다. 내면의 목소리를 내 편으로 인정하고, 유용하게 활용한다면, 이 부조종사는 최고의 친구가 될 것이다.

성공은 내 안의 비평가가 아닌, 나의 부조종사에게 달려 있다.

습관 5: 훈련과 자기계발을 게을리하지 마라

19.7

몇몇 독자들은 어린 시절의 조기교육 또는 수년간 참가해왔던 특별 여름 프로그램을 제외하고서도 거의 16년 동안 학교에서 배우 수업을 받았을 것이다. 이런 친구들은 아마 정규과정을 끝내고, 직업 배우로서 경력을 시작할 준비가 되었을 것이다. 자, 서두르지 마라. 새로운 기술을 발전시키고, 보유하고 있는 기술은 유지하기 위해 평생 훈련을 요하는 직업을 선택했으니 말이다.

당신이 경험하게 될 오디션과 공연 연습은 항상 당신이 할 수 있는 최고의 능력을 발휘할 것을 요구한다. 시합 일정이 정해져 있는 마라톤 선수나 운동선수의 경우, 시합

이 없는 평상시에는 몸이 상대적으로 덜 준비된 상태로 있어도 지장이 없는 것과 달리 배우는 매일 최고의 공연을 준비해야만 한다. 이 말은 당신이 일주일에 몇 번씩 무용 수업을 듣고, 보컬 코치에게 가창 레슨을 꾸준히 받고(혼자 연습하는 것이 아니라), 끊임없이 기술을 연마하고, 정서적 상태를 유지하기 위해 정기적으로 연기 수업에 참여해야 한다는 것을 의미한다. 그런데 이러한 훈련 방법은 시간과 돈이 많이 든다. 특히 경력을 이제 막 시작한 단계에서는 우선순위에 따라 돈과 시간을 쓸 필요가 있다. 심지어 아무리 원해도, 학교에서 배웠던 것보다 더 나은 훈련을 받는 것이 불가능할 수도 있다. 하지만 앞서 연습과제 19A 안의 2단계 '요구 사항을 충족시킬 수 있는 계획을 세워라'에서 다루었듯이, 매일 레슨을 받지 않아도 훈련할 수 있는 방법들이 있다. 뮤지컬 배우로 성공하려면 훈련은 필수적이다. 이러한 중요한 습관을 무시하면 더 큰 비용을 낭비할 수 있다. 당신의 경력에도 타격을 줄 수 있다. 대학 때 연기를 잘한다는 이야기를 듣고, 배우가 되기 위해 뉴욕에 갔지만, 경쟁이라는 치열한 환경을 견디지 못하고 포기한 친구 이야기를 들어보았을 것이다. 그들은 초기에 쌓았던 것들을 곧 모두 잃어버리게 된다. 직업은 불안정해지고, 경쟁력을 되찾으려면 이전의 기술을 처음부터 다시 연마해야 한다. 사기가 꺾일 수밖에 없다.

훈련과 자기계발은 신체적 상태와 외모에도 적용된다. 앞서 논했듯, 성공한 배우의 신체는 건강해 보인다. 너무 마르지도 않았고 너무 찌지도 않았다. 꾸준한 운동과 균형 잡힌 식단이 필요하지만 잘못된 라이프스타일처럼 돈이 많이 들지 않는다. 사실, 더 적게 든다. 배우가 되기 위해서는 끊임없이 자신의 상태를 점검하고 측정하는 것이 필요하다. 그리고 이것은 계획과 준비 없이는 불가능하다.

예를 들어, 잘못된 식습관이나 운동 습관 때문에 몸무게가 불었다면, 건강한 방법으로 몸무게를 조절해야 한다. 주인공 같은 외모를 가지고 있는데 영양실조로 아파 보인다면, 라이프스타일을 조절해야 한다. 지저분하고 헝클어진 상태라면, 몸단장에 신경 써야 한다. 안색, 머리 색깔, 근육 그리고 다양한 다른 외적인 요소들도 마찬가지다. 시장 경쟁이 치열해질수록, 외형적인 특징들이 캐스팅에서 결정적인 요소가 된다.

첫인상을 결정짓는 다른 요소들도 있다. 긴장할 때 화난 표정을 짓는 습관이 있다면,

다른 사람들의 눈에는 정말 이상해 보일 것이다. 긴장된 상황에서 습관적으로 눈을 피한다면, 일자리를 얻을 가능성은 줄어들 것이다. 대부분의 역할은 건강하고 몸매가 좋고 긍정적인 성격을 요구한다. 이것이 현실이다. 이 모든 것을 고려하면, 당신이 팔고 있는 것은 바로 자신인 것이다. 활력, 건강, 잘 다듬어진 몸매, 재능 그리고 기술이 갖춰지면 당신은 최고의 날을 맞이할 것이다.

19.8

습관 6: 성공한 사람들은 성공한 사람들과 어울린다

사람의 건강한 정신은 건강한 삶에서 비롯된다는 것이 심리요법의 원리다. 건강한 사람은 주변에 건강한 친구들이 있고, 그들로부터 긍정적인 것을 이끌어낼 수 있는 요령도 알고 있다. 한 사람이 놓여 있는 환경과 주변 친구들을 보면, 그 사람에 대해 많은 것을 알 수 있다.

주변을 둘러보라. 친구들은 당신이 발전하는 데 도움이 되는가? 아니면 빈둥거리며 불평만 늘어놓고 있는가? 그 친구들은 매일 매일 배우로서 경력을 쌓고, 건강을 관리하고, 인맥 관리를 잘하며, 훈련을 받고, 관련 분야의 자료를 읽고, 공연 연습에 참가하는가? 아니면 극장에 대해 불평을 늘어놓으며 담배를 피우고 있는가?

진정한 승리자는 불평할 시간이 없다. 불평하는 데 관심이 없다. 그들의 관심사는 불평이 아니라 자신이 해야 할 일이다. 이 습관은 당신이 노력하면 얼마든지 계발할 수 있다. 타고나는 것이 아니다. 당신은 다른 사람들에게 그리고 당신 스스로가 어떤 사람이 될지 선택할 수 있다.

연 습 과 제   1 9 B

연습 친구

● 주변 친구를 평가하라. 좀 잔인하게 들린다는 것을 알고 있다. 하지만 당신 주

변 사람들을 잘 살펴보는 것은 매우 중요하다. 이번 장에서 다루고 있는 태도를 기준 삼아 주변 사람들을 평가해보자. 물론 그 누구도 완벽하지 않다. 문제는 전진하고 있는 사람인가, 정체되어 있는 사람인가, 퇴보하는 사람인가 하는 점이다. 이들과 보내는 시간이 많다면, 그들이 곧 자신을 비추는 거울이라는 점을 기억하라!

- 자신을 평가하라. 당신의 삶이 더욱 나아질 수 있는 (직업적으로 그리고 개인적으로) 특별한 무언가를 가지고 있는가? 있다면 그것을 메모하고, 그중에서 하나를 골라 시작하라.

- 당신 주변 사람들을 관찰하라. 누가 특정한 부분에서 뛰어난 것 같은가?

- 연습 친구를 고르자. 이는 꽤 일반화되었는데, '연습 친구'를 신중하게 고르는 것은 매우 중요하다. 이 친구는 당신이 발전할 수 있도록 도와줄 것이다. 그리고 당신이 제멋대로 굴게 놔두지 않을 것이다. 이 친구는 당신 혼자서는 할 수 없는 단계까지 이끌어주는 역할을 한다. 그리고 당신도 그 친구에게 그런 사람이 되어야 한다. 경쟁심을 느끼고 있는 사람이나 같은 배역을 목표로 하는 사람은 선택해선 안 된다.

- 목표를 세워라. 5년 내에 어떤 위치에 오르고 싶은지 생각하라. 그리고 이제 거꾸로 3년 후, 1년 후, 6개월 후, 한 달 후, 이런 식으로 그 목표를 달성하기 위해 필요한 단기적인 계획을 짜라. 현실적으로 가능한 목표를 구체적으로 단계마다 설정하라. 너무 이상적이거나 불가능한 목표는 피해야 한다.

- 계획을 세워라. 이제 목표를 정했으니, 그것을 이루기 위한 구체적인 계획을 세워라. 연습 친구와 서로 검토해주고 평가해주자.

- 각자의 책임을 정해라. 계획을 성공하기 위해서 어떻게 서로를 도와줄 수 있을지 생각하라. 구체적인 행동방법을 결정하고, 각 단계마다 결과를 예측해서 그것을 어떻게 해낼 것인지 그 방법도 생각하라.

- 보상과 벌을 정하라. 너무 가혹할 필요는 없지만, 제대로 만들 필요는 있다. 예를 들어 미팅에 늦거나, 약속을 지키지 않았다면 5달러를 내거나 자선 단체에 기부하라. 이건 정하기 나름이다. 좋은 아이디어를 내라. 목표를 이루면 자신에게 선물을 주자. 어떤 선물을 할지 미리 결정해놓으면 기대감을 갖고 열심히 하게 될 것이다. 그렇다고 그 보상이 그동안의 노력을 수포로 만들어서는 안 된다

(아이스크림을 1갤런이나 먹어치워 기껏 만든 몸을 다시 찌운다든지). 계획한 대로 되지 않았다고 너무 죄책감에 빠지지는 마라. 이런 경우 목표를 이루지 못할 것이라고 지레짐작할 수 있는데, 이렇게 기분을 망치지 마라. 나쁜 감정에서 빠져나올 수 있도록 서로 도와라. 이렇게 말할 수 있을 것이다. "좋아, 나는 너를 바람 맞혔고, 체육관에 나가지 않았어. 이미 동의했듯, 내가 너희 집 부엌 바닥을 닦으면 빚지지 않은 거야." 이 벌칙을 수행하고 다시 시작하면 된다.

- 목표와 계획을 검토하라. 자신이 얼마나 발전했는지 연습 친구에게 주기적으로 평가를 부탁하라. 평가에 따라 계획을 수정해야겠다는 생각이 들면, 자유롭게 그렇게 하라.

- 이 과정을 반복하라. 새로운 계획을 준비하고 있다면, 또 다른 연습 친구를 구하라. 그 계획에 적당한 사람을 찾아라. 얼마 안 가서 당신은 자신에게 힘이 되어주는 친구들이 주변에 가득하다는 것을 깨닫게 될 것이다. 그들은 당신을 다음 단계로 이끌어 줄 것이다. 우리 모두 성공할 수 있다!

공연은 협력의 예술이다. 잘 되기 위해서는 다양한 관심사와 기술을 가진 많은 사람들이 필요하다. 대인관계에서 가장 중요한 기술은 다른 사람들에게서 흥미로운 점을 찾고 진심으로 그들에게 감사하는 것이다. 이것은 궁극적으로 당신의 삶을 풍요롭게 하는, 이타적인 행동이다. 첫 데이트에 나가는 사람에게 하는 조언은 직업상의 관계를 맺는 데에도 똑같이 적용된다. 자신보다 대화하는 상대방에게 더 많은 관심을 기울여라. 다시 말해, 공연에서 만난 이 새로운 사람을 훌륭한 연기 파트너인 것처럼 대하라. 그들에게 쏟는 당신의 관심은 완전하고 이타적이어야 한다. 역설적으로, 이런 행동은 언제나 당신을 돋보이게 해준다.

비즈니스계에서 가장 오래된 격언 중 하나는 성공하려면 대인관계를 잘해야 한다는 것이다. 특히 예술가들에게 이것은 위선적이고 자기를 홍보하려는 술책이며 이기주의의 냄새가 난다. 하지만 대인관계를 맺는다는 것은 본질적으로 비슷한 관심사를 가진 사람들을 만나고, 직업적으로 창의적인 관계를 맺고, 심지어 그들과 우정을 쌓는 것을 포함한다. 또한 지금 당장 당신에게 도움이 되지 않을 수도 있지만, 전문가 집단 간의 협력을 이끌어낼 수도 있다. 여기에는 어느 정도 당신에게 돌아오는 이익이 있겠지만, 사람들이 원하지 않는데도 당신이 추진해야 한다거나, 당신이 좋아하기 때문에 두 집단의 만남을 강요해도 된다는 의미는 아니다. 또한 당신이 만남을 주선했다고 해서 당신에게 아무런 이익이 없을 수도 있다. 그래도 괜찮다. 친구를 위해 좋은 일을 하는 것 자체가 보상이다.

이 시점에서 17.13단원에서 다루었던 내용을 떠올려보자. 효과적으로 관계를 형성하고 인맥을 관리하는 데에 있어서 핵심 요소는 업계 관계자의 연락처를 알아내고, 배우라는 직업의 모든 면을 파악하고, 이를 명확하게 시스템으로 구축하는 것이다. 예술을 실현하려면 창작의 순간에는 충동적이고 즉흥적이어야 하며, 그 예술을 둘러싼 또 다른 세계에서는 매우 체계적이고 논리적이어야 한다. 아폴론적 측면과 디오니소스적 측면은 동등하게 그리고 동시에 길러져야 한다. 주소록(디지털 또는 아날로그)을 잘 챙기고, 동료들의 소재와 활동을 추적하고, 그들의 성공을 기뻐하고 축하하며, 그들과 연락을 유지하는 것 모두 관계를 맺고 관리하는 일련의 노력이다.

자신의 직업에 대한 자부심을 가져라. 그리고 당신이 가장 편한 방식으로 사람들에게 연락하는 것을 부끄러워하지 마라. 업계 관계자에게 연락하여 그들과 함께 작업하고 싶다고 밝히는 것은 이기적인 것이 아니다. 그들이 당신을 오디션에서 떨어트릴 수도 있지만, 이것이 당신을 개인적으로 또는 영구적으로 싫어해서 그런 것이 아니라는 것을 이해하라. 오히려 당신이 그들에게 연락했다는 사실이 그들에게는 우쭐댈 일일 수도 있다. 단지 이번 오디션은 아니라는 것뿐이다.

그리고 주기적으로 주변을 둘러보고 당신의 주변이 승리자들로 채워져 있는지, 즉 당신이 최선을 다하도록 자극하고 그러면서도 당신을 도와주려는 사람들로 구성되어 있는지 확인하라. 만약 당신의 삶이 그 범주에 속해 있지 않은 사람들로 가득 차 있다면, 그들을 걱정하는 데 시간을 낭비하지 마라. 자신을 되돌아보라.

습관 7: 미래를 장기적으로 내다보라

경력을 이제 막 쌓기 시작한 배우는 자신에게 운이 따라줄지, 계속 경력을 쌓으며 무대 위에 설 수 있을지 예측하기 힘들 것이다. 이는 당신과 같이 이제 시작하는 대부분의 사람들도 마찬가지다. 그리고 확실히 이 분야에서 자리를 잡은 사람들이나 당신보다 늦게 입문하는 사람도 매한가지다. 이들은 모두 당신의 인생에 긍정적인 영향을 줄 수 있다. 오늘 함께 코러스를 하는 사람이 몇 년 후에는 무대 위에서 당신에게 지시를 내리는 사람이 될 수도 있다. 언젠가는 유명한 극장을 운영하게 될 수도 있고 말이다. 어떤 공연에서 무대조감독으로 일하던 사람이 이내 다른 공연의 제작자가 되어 있는 경우도 있다. 함께 일하는 동료들과 좋은 관계를 유지하고 일을 잘한다는 인상을 주어라. 이는 생각보다 정말 중요하다. 작품은 보통 짧게는 몇 주, 길게는 1~2년 이어진다. 그러나 동료들은 대부분 평생 이 분야에 몸담고 있다. 당신도 마찬가지다. 일터에서 자신에 대한 부정적 분위기가 감돌지 않도록 조심해라. 직업 배우란 팀의 일원으로 오랫동안 함께 일할 수 있는 사람이다.

이 직업을 위해 어떤 태도를 취할지 결정했는가? 그렇다면 확실하게 하라. 이 태도는 당신의 성공에 엄청난 영향을 줄 것이다.

어느 시점이냐, 그리고 무엇을 추구하느냐에 따라 각자의 습관은 모두 다를 수 있다. 살면서 예상치 못한 기회와 장애물들이 우리를 덮칠 수 있으며, 균형을 유지하기 어려운 상황이라 다른 것에는 신경을 쓰지 못할 때도 있다. 이러한 습관들을 효과적으로 실천하기 위해서는 많은 헌신과 함께 명확한 주관이 확립되어야 한다. 그리고 이러한 습관을 기르기 위해 우리는 열심히 노력해야 하지만, 개인적으로 최선을 다했다고 해도 모든 좋은 습관을 다 내 것으로 만들 수 없다는 것도 이해해야 한다.

성공을 부르는 마지막 습관은 자기 용서, 자기애, 그리고 자책하기보단 다시 자기가 해야 할 일로 돌아가 집중할 수 있는 능력일 것이다. 삶이 어떻게 전개되든, 이러한 습관들은 모두 전문가가 되기 위한 노력이며 그것을 실천하는 것만으로도 당신에겐 가치가 있다.

개인적인 트라우마나 과거의 경험이 성공을 위해 노력하는 당신의 마음속에 계속 떠올라 괴롭힌다면, 자격을 갖춘 정신 건강 상담사를 찾아가 도움을 받는 것을 강력히 권장한다. 이는 많은 사람들이 자신의 건강을 돌보는 방법이며, 깊이 숨어있는 마음의 상처를 극복하는 데 도움이 될 수 있다. 내 건강부터 챙겨라!

행운

당신에게 행운을 빈다는 판에 박힌 말은 않겠다. 하지만 여기서 행운을 언급한 이유는 다름이 아니라 당신의 성공을 위해서는 반드시 필요하기 때문이다. 독단적이고 불공정하며 불합리적인 쇼 비즈니스의 특징을 아는 것은 중요하다. 안 그러면 마음에 상처를 입게 될 것이다. 일하다 보면 놀라울 정도로 재능 있는 사람이 작품에서 제외되기도 하고, 천박하고 할 줄 아는 게 아무것도 없는 사람이 스타가 되기도 한다. 당신이 할 수 있는 것은 없다. 다만 자신이 통제할 수 있는 부분에 집중해야 한다. 시간이 흐르면서 기본기가 탄탄하고, 훈련에 열심히 참여하고, 동료에게 사랑받고, 연기에 대한 열정이 많은 배우가 가장 큰 보상을 받으며 오래도록 주인공의 위치에 있는 것을 보게 될 것이다. 스타는 변덕스러운 자리다. 그러나 탄탄한 능력을 가진 배우는 다르다. 당신도 될 수 있다는 말이다.

그리고 물론, 당신에게 엄청난 행운이 따르길 바란다!

[개정증보판]

뮤지컬 배우는
어떻게 탄생하는가

개정증보판 1쇄 발행 2025년 12월 3일

지은이 조 디어, 로코 달 베라
옮긴이 이계창
펴낸곳 (주)센시오

책임편집 정아영
디자인 엔드디자인, 송은정
경영지원 임효순
펴낸이 정덕식, 김재현

출판등록 2009년 10월 14일 제300-2009-126호
주소 서울특별시 마포구 성암로 189, 1707-2호
전화 02-734-0981
팩스 02-333-0081
메일 sensio@sensiobook.com

ISBN 979-11-6657-209-8 (03670)

소중한 원고를 기다립니다. sensio@sensiobook.com